平安京・京都研究叢書 4

室町政権の首府構想と京都

室町・北山・東山

桃崎有一郎
山田邦和【編著】

文理閣

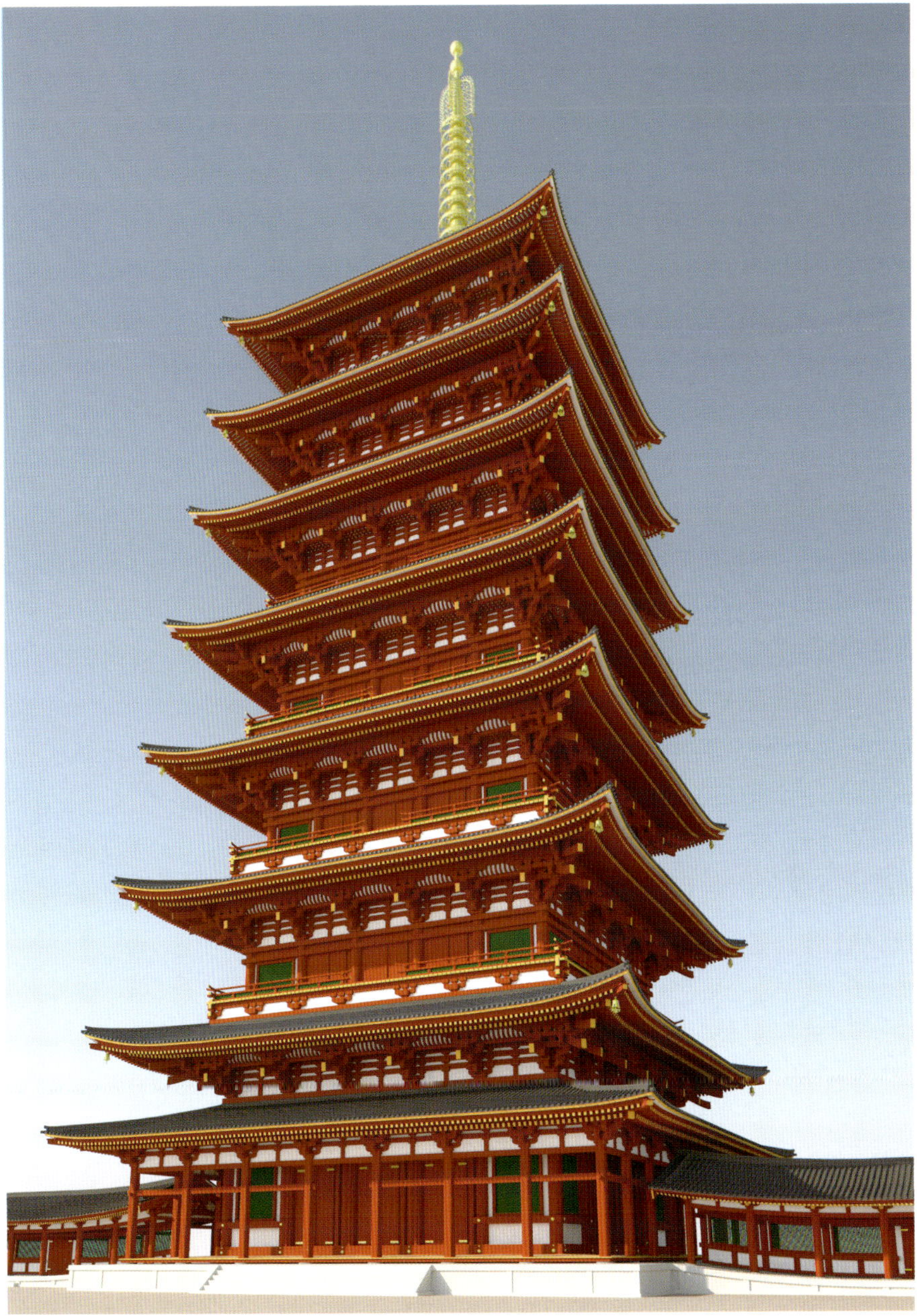

第一期相国寺七重塔復元 CG

復元考証：冨島義幸、CG 制作：竹川浩平

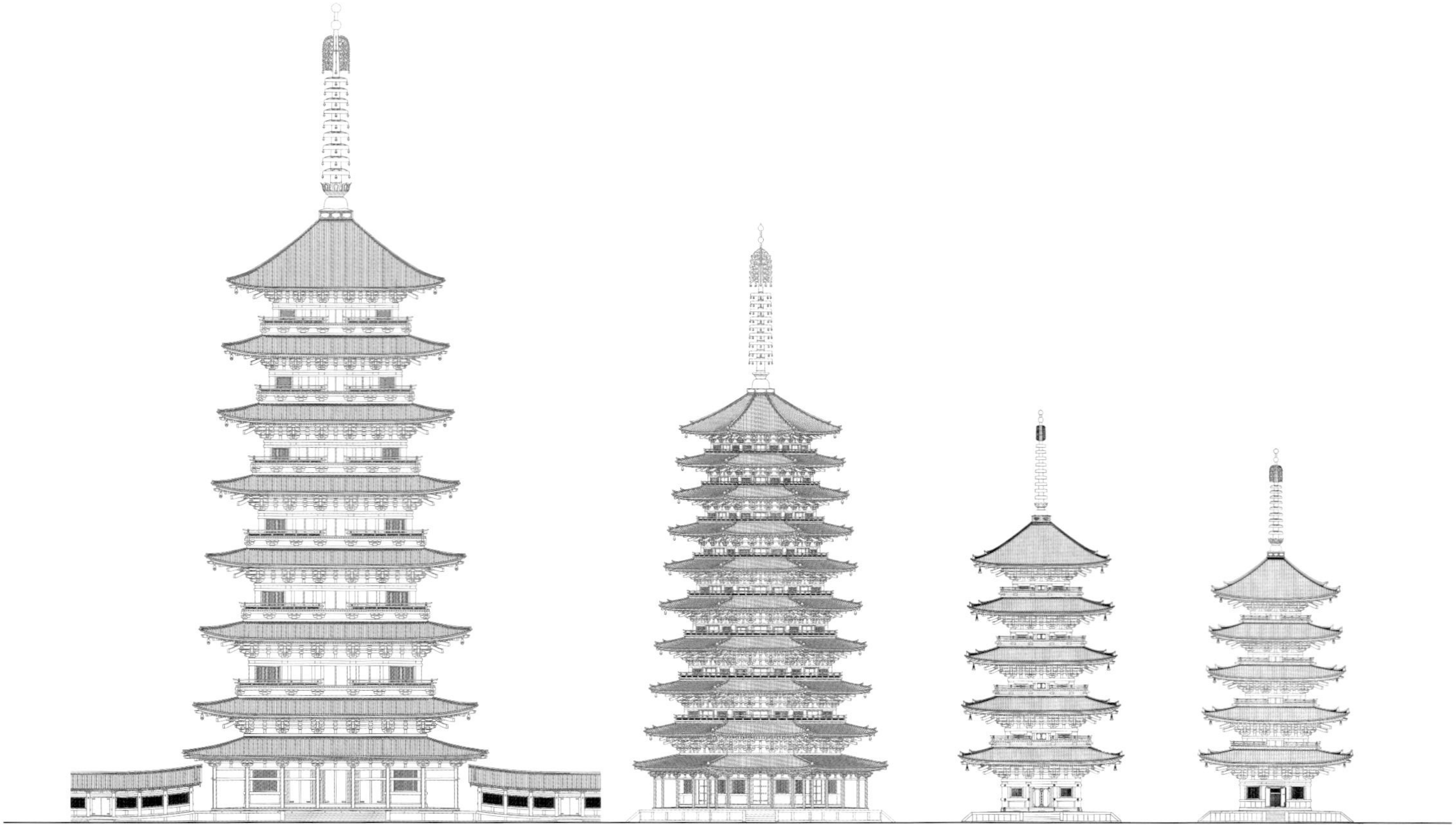

相国寺七重塔推定復元立面図　付 法勝寺八角九重塔復元立面図・東寺五重塔立面図・興福寺五重塔立面図

東寺五重塔立面図・興福寺五重塔立面図は『日本建築史基礎資料集成 11』(中央公論美術出版、1984) より転載

室町政権の首府構想と京都

——室町・北山・東山——

◆もくじ

第一部　室町期京都の空間構造と地政学

第二部　室町殿と相国寺

第三部　北山殿と鹿苑寺・北野

第四部 東山殿と慈照寺

第五部　資料編　中世京都・京郊の構造復元と基礎史料

中世後期京都・京郊における公武寺社の在所一覧表

緒言

桃崎有一郎

一　本書の趣旨

一四世紀末から一五世紀初頭にかけて、足利義満は将軍と廷臣筆頭を兼ねて朝廷・幕府を一身に従える室町政権（いわゆる公武統一政権）[1]を成立させた。その政権は首府としてまず室町を開発し、次いで北山に進出し、義満の死により北山を放棄して洛中を転々としつつ、義政期に東山を開発した。一般に政権首府の所在地は、〝これからいかなる政権を創ろうとするのか〟という政権構想と一体である。ならば右の所々、特に室町政権が初めて本格的都市域として室町・北山・東山を新規開発した事実は、いかなる政権構想を示すのか。

平安京・京都研究集会（以下「本会」）はこの問題に対して、文献史学（政治史・宗教史・都市史等）・建築史学・考古学等の各視点から立体的に取り組むべく、二〇一二年に連続シンポジウム「中世京都と室町政権の首府構想①〝北山〟エリアの歴史的位置」（七月一五日、以下「北山シンポジウム」）と「同②〝室町〟エリアの歴史的位置」（一一月四日、以下「室町シンポジウム」）を開催した。両シンポジウムを通じ、本会はこの問題に対する学界・一般の高い関心に接し、最新の知見を結集・総合した論文集を公刊することに一定の意義があると結論して、本書を企画した。本書は両シンポジウムを一つの骨子としつつも、当該問題研究の到達点を総合的に俯瞰できるよう、全面的に構成を練り直し、関係諸分野の最新知見を求めて執筆者を募るとともに、重要な基礎研究を（一部補訂・改訂して）再録した。執筆・再録を御快諾下さった各氏・各著作権者に、ここで深謝申し上げたい。なお本書は便宜上、両シンポジウムをコーディネートした桃崎と、本会発足当初からの世話人である山田邦和氏を編者とするが、報告者および論文執筆者の各氏に加え、本会世話人全員の企画・議論・協業の成果であることを付記する。

二　本書の背景　—室町時代研究の動向—

本会は、歴史学・考古学・地理学等の研究者が、関連諸分野の最新研究を積極的に参照しながら、平安京・京都をめぐる諸問題を研究する目的で活動してきた研究会である。その活動履歴は本叢書1（髙橋昌明編『院政期の内裏・大内裏と院御所』、文理閣、二〇〇六）巻末の集会一覧を参照されたいが、その第一回は平安建都一二〇〇年を機に開催されたシンポジウム「東山殿（慈照寺）と足利義政」（当時は日本史研究会主催。一九九四年四月九日。以下「東山シンポジウム」）であり、その成果は『日本史研究』三九九号（一九九五年）に同名の特集で論文化された（本書第四部に再録）。また三年後に第七回集会としてシンポジウム「室町期京都の空間構造—都市の支配と社会—」（一九九七年六月一四日）が開催され、その成果も同名の特集で『日本史研究』四三六号（一九九八年）に論文化されて（本書第一部に再録）、東山・室町について一定の成果が蓄積されてきた。しかし北山については同様の機会を持てないまま、本会主催のシンポジウムは平安期と豊臣政権期へと関心を傾斜させ、室町政権をそれ以上取り上げることがないまま約二〇年が過ぎた。

ところが二〇〇〇年代に入り、室町政権に関する研究が多数発表され始め、それを踏まえて学界でも集団的な研究発表・議論の場が企画・遂行されて、急速に活況を呈した。桃崎はこの時、二つの企画の一当事者として、その潮流を観察していた。

第一は、二〇〇七年の中世後期研究会編『室町・戦国期研究を読みなおす』（思文閣出版）の刊行である。同書は事実上の編者早島大祐氏の主導により、若手世代が今後の研究指針とすべく、研究会合宿等で議論を重ね、室町・戦国期研究の到達点を総括し、課題を析出し、展望を表明した本であった。大学院生を多数含む若手が大学・学会・地域を越えて集まり学界の一潮流を作ろうと意気込んだ同書に対し、東京大学中世史研究会の書評会が企画され、全一三章の著者各人に対してベテラン・中堅研究者が批評の労を取られた。

第二は一年後の二〇〇八年、歴史学研究会中世史部会の若手有志が企画したミニシンポジウム「「室町殿」論―新しい国家像を目指して」で、有益な議論が交わされ、『歴史学研究』八五二号（二〇〇九年）の特集に結実した。その後、大きな全国学会でも従来に比して頻繁に室町期・室町政権研究が大会共同研究報告テーマに取り上げられるようになったが、二〇一〇年代に入ると軍事・社会経済・宗教・政治・制度・対外関係・都市・文化・法制等の各分野で、研究が個別分散的に進展し、ブームは沈静化した。そしてこの間、関連研究が短期間に同時多発的に現れた結果、室町政権研究では歴史像の総合的把握・共有が困難化してしまったように思われる。幸い『歴史評論』七六七号（二〇一四年）の特集「室町時代をどう位置づけるか」が最近の研究状況・課題・展望を各分野にわたって論じているが、個別具体的分野・現象の研究の進展とは裏腹に、それら全ての原点となったであろう室町政権の理念は、なお茫漠としている。

かかる状況を踏まえた時、冒頭に設定した課題が大きな意味を持とう。室町政権がなぜ首府を他ならぬ室町・北山・東山の各地域に設定したか、という問題には未だ追究の余地があり、そして政権がなぜ首府をそこに置いたかを地政学的に分析する作業は、政権構想・理念の解読に等しかろう。当該課題の究明は、個別分散的な室町政権の関連研究群の統合につながり、そしてその作業では、室町政権の所在地たる京都を拠点に、京都という土地そのものを見つめてきた本会が、一定の貢献を果たし得ると信ずる。そこで本会は世話人自らも参加しつつ、関係各分野の第一人者に研究報告・執筆を依頼して北山・室町シンポジウムと本書を企画した。本書では、京都という〝場〟の分析を可能な限り多面的に試み、様々な方向から外堀を埋め、もって〈室町政権とは何だったのか〉という本丸へと迫りたい。

三 本書の内容

続いて、本書に収めた諸論文の収録意図・意義等を簡単に述べておこう。

第一部は、中世後期京都・京郊の空間構造や景観、そこに展開していた社会等と室町政権がいかに関わったかを俯瞰・展望できる諸論文を収めた。桃崎論文を除き既発表（『日本史研究』四三六号、一九九八年）だが、上述の趣旨に鑑みて補訂再録した。

髙橋康夫氏の論文は、中世後期の制度や生活実感上、そもそも京都や洛中・洛外・辺土がどこを指し、それがいかに変遷したかを論ずる、中世「京都」像の総論である。

田坂泰之氏の論文は、公武政権構成員の居住地を網羅的に調査して地図にプロットし、時系列的変化を考察した、室町政権の地政学的評価に関わる基礎研究である。但し初出時は紙幅の都合上、論拠となる調査結果データが割愛され、また現在田坂氏が当該分野研究から離れられたこともあり、当該論文の参照・引用に困難が伴った。そこで本書では田坂論文を補完する意味も込めて、同様のデータを用意して第五部資料編に収めた（後述）。

桃崎有一郎の論文（新稿）は、従来重視されなかった室町政権の〝場〟の問題の重要性を説き、室町政権の首府構想（室町第《てい》や北山第《てい》に政権中枢を構えた理由・意義）を探る大前提として、室町第周辺や北山第周辺がそもそも〝京都〟なのか否かを論じたものである。

第二部は、将軍義満が公武を一身に従える「室町殿」となり、その政庁として室町地域（室町第〔花御所〕と周辺地域）が開発される形で生まれた室町政権の成立期の姿を、その政治史的・宗教史的来歴と、政権最大の物理的象徴というべき相国寺七重塔の双方から掘り下げ、義満が室町地域に託した政権構想を探る諸論文を収めた。

室町政権の成立は、崇光天皇流と競合する後光厳天皇流を将軍義満が支持する、北朝の皇位継承問題の展開と軌を一にした。しかしその前提には光厳院の二人の実子（崇光と直仁親王）の競合（正平の一統で破綻）があり、更に遡ると両統迭立再開や室町幕府の成立過程（尊氏の将軍宣下）に関わる皇位継承問題があった。家永遵嗣氏の論文（新稿）はその過程と意義を詳論し、室町政権の政治史的な〝根〟がどこにどう萌したかを探るものである。

また相国寺建立の前後、室町殿義満は朝廷・幕府のみならず禅・顕・密の仏教界へも、単なる支配者ではなく当事者となって飛び込んだ。原田正俊氏の論文（新稿）は、その具体相を仏教界の人的環境に留意しながら論じ、室町第に隣接する相国寺に義満が何を求め、それがいかなる要因でいかに変容したかを時系列的に論じて、室町第を中心とする室町地域（特に宗教空間）、そして〈室町殿義満にとって相国寺とは何であったのか〉を探る。

冨島義幸氏の相国寺七重塔に関する論文（新稿）は、院政期の御願寺との共通点を足がかりに造営の政治的意図を論じ、従来不明であった内部構造・概観・伽藍配置等を考証し、立地も定説に一案を加え、伽藍の平面配置図や類似の塔と比較した立面図、さらに３ＤＣＧによる景観復元図（巻頭口絵）に示して、相国寺七重塔の可視的イメージを初めて提供する。法勝寺九重塔を上回るこのような塔が六〇〇年前に実在したことに、改めて驚かされる。

第三部は北山地域に焦点を当て、「北山殿」義満の権力を象徴する北山第・北野経王堂の物理的構造を解明する諸論文と、義満が室町地域を脱して北山（と東に隣接する北野）地域に新たな政庁街を形成した理由・意義を掘り下げる論文を収めた。

桃崎有一郎の論文（新稿）は、北山第の（特に宗教的・外交的）諸行事の歴史学的評価の進展を踏まえつつ、〈一般に、そして義満にとって、北山はいかなる土地か〉という地政学的切り口を軸に、室町政権の政治的段階や義満の北野信仰・虚構嗜好等を総合して、義満が室町第を出て北山に本拠を移すことが何を意味したかを考察する。

前田義明氏の論文（新稿）は、北山第跡（現鹿苑寺）の発掘調査に携わった経験を踏まえて現段階までの調査を総括し、特筆すべき遺構・遺物の考察により、西園寺時代（鎌倉期）・北山殿時代（室町期）の構築物の配置・構造等に関する最新の考古学的知見を紹介する。

冨島義幸氏の論文（新稿）は、北山と義満の関係を探る上で重要な北野経王堂の成立・沿革・規模等を建築史から論じ、第二部の相国寺七重塔の論文と同様、類似規模の建築遺構との（特に平面・立面図の）比較により、経王堂のモノとしての印象を明快に提示する。

第四部は東山殿を建築・考古・政治史等から多角的に分析した諸論文で、山田氏・木岡氏の論文を除き『日本史研究』三六九号（一九九五年）特集の再録だが、室町政権の首府構想を総合的に考える上で、東山殿に関する基礎的文献として室町・北山関係の諸論文と並べ参照する便宜を考慮し、また本会の活動成果を総合する意味をも籠めて収録した。

山田邦和氏の論文（新稿）は、義政の東山殿より南方の、鴨川東岸の三条以南の「東山」地域の空間構造を絵画史料から復元し、商業地や被差別民集住地等を含む複数の大寺社の門前町が、相互に独立しつつ密集して、洛中市街地からの単なる連続とはいいきれない独自空間「東山」を形成した具体相を明らかにする。

故宮上茂隆氏の論文は、建築史的に東山殿の内部構造・建物配置や個別建造物の由来を考証し、義政の俗人的

（日常性）／禅僧的（宗教性）な両側面や、禅と浄土の共存・折衷、高倉殿の攬秀亭が移築され銀閣（観音殿）となった可能性等を指摘する。

また平成一〇年（一九九八）の宮上氏の御逝去後、氏の設立された竹林舎建築研究所の代表を継承された木岡敬雄氏の論文（新稿）は、宮上氏の銀閣移築説にも言及しつつ、近年の保存修理工事で得られた新知見と課題を紹介し、最新の建築学的な慈照寺の輪郭を提示する。

百瀬正恒氏の論文は、発掘調査で判明した東山殿（慈照寺）の建物配置と庭園の構造を総合的に論じ、現存の庭園や池がたどった改変の痕跡を詳しく跡づけている。

野田泰三氏の論文は、政務・裁決権（所務相論裁許・禅僧人事等）や幕臣統轄の側面から、東山殿義政の政務の専断的性格やその制度的基盤となった極度に単純な政務形態（決裁者義政―奉行人）、それらと将軍義尚の自立・近江出陣との関係を論じている。

第五部（資料編）は、室町政権の政庁所在地たる京都・周辺地域の物理的構造（諸施設・第宅・寺社等の所在や景観）、いわば室町政権のハードウェア的側面を解明する基礎的考証・データを収め、政治・宗教等のソフトウェア的側面を論ずる土台となるよう意図した。

桃崎有一郎の論文（新稿）は、室町（殿）や北山（殿）を地政学的に論ずる上で、京都北郊（一条以北）の全体図の必要性を痛感した筆者が、北山・北野・内野・洛中の接続関係を意識しつつ、諸施設・街路の配置を初めて総合的に考証したものである。附載の表は、京都北郊全体の復元案の論拠となる局所的復元とその典拠史料の一覧で、本文で角括弧［ ］で示した典拠番号に対応する史料と、それに対応する復元図を示した。

また松井直人氏・桃崎有一郎共著の表は、室町期の公武政権構成員・寺社の洛中洛外における在所の一覧表で、本書第一部田坂論文に論拠を提供しつつ、中世後期京都研究の基礎データとして学界に供するものである。同表のベースは二つの未発表の作業で、一つは二〇一〇年度に文部科学省から立命館大学に配分された補正予算に基づき、同大学文学部で桃崎が遂行したプロジェクト「南北朝・室町期京都における住宅所在情報の網羅的検出と地図化」、いま一つはその作業にも御尽力頂いた松井直人氏が、その前後に独自に蒐集・整理した表である。本書の骨子となったシンポジウム開催後、松井氏が桃崎と関心・問題意識を共有し、かつ突貫工事で作成した前者の誤脱が氏の表で多く正されることが判明した。そこで松井氏と桃崎で協議を重ね、田坂氏の論文の基礎データを補完する意味を兼ねて、本書に収録させて頂いた。如上の経緯により同表は松井氏と桃崎の連名とさせて頂いたが、両表の結合・補完等の具体的作業のほとんどは松井氏の労による。

なお右の各論文の間には若干の論点の重なりと見解の相違がある。第一部の髙橋論文が初出時以来「要害の機能をもっていた」とした裏築地について、桃崎は異なる見解を持っている[2]。また細川武稔の〝北山新都心〟概念について第一部桃崎論文は懐疑的だが第四部山田論文は共感を示す。さらに第一部・三部の桃崎論文と第三部の冨島論文は、北野経王堂の成立（造営開始～落成）年について見解を異にする（桃崎説は応永六～八年、冨島説は応永八～一〇年）。そして東山殿の建物等配置の復元案も、宮上論文と百瀬論文で異なる部分が少なくない。いずれも強いて統一せず注意喚起にとどめ、読者の判断に委ねたい。

注

（1）冨田正弘「室町殿と天皇」（『日本史研究』三一九、一九八九）。

（2）桃崎有一郎「「裏築地」に見る室町期公家社会の身分秩序」（『中世京都の空間構造と礼節体系』、思文閣出版、二〇一〇、初出二〇〇四）。

第一部　室町期京都の空間構造と地政学

室町期京都の空間構造と社会

髙橋康夫

室町期、とくに一五世紀前半の京都の空間構造と社会について総括することが本稿の課題である。あらためて述べるまでもなく、室町期京都は、上京・下京からなる「洛中」を中核として、新興市街地の嵯峨など「洛外」の多くの都市的な集落と密接な関連をもって成り立っていた。複合的・多元的・散在的な構造をもつところに室町期京都の最大の特質があるといってもよい。したがっていわゆる「多核複合都市」京都の全体像を問題とすべきであるが、本稿ではそうした京都像を検討するための前提作業として、京都の中核をなす「洛中」に重点を置いている。(1)

一　室町期京都の特色

1　首都

南北朝の動乱のあと、京都を拠点とする室町幕府が成立し、守護大名と武士団が入京、居住した。公武寺社権門の本拠地となった京都は、日本の政治・経済・文化・宗教の中心として、名実ともに首都たる地位を回復する。こうして首都・京都は、その人口が公武寺社五万人、庶民五万人、合わせておよそ一〇万人を超えるという、世界的にみてもまれなほどの発展を遂げた。巨大な人口を背景として、京都は、公武寺社・衆庶の人々、また都鄙の人々の活動と交流の場となった。

社寺参詣の盛行ともあいまって、東山・北山・西山などの豊かな自然に包まれて歴史と文化を宗教を体現する名所を訪ねる物見遊山が流行した。観光都市としての色彩が濃くなり、洛陽三十三箇所観音霊場・七仏薬師・六地蔵などのように、名所のネットワーク化も行われる。

「十境」や「八景」など、中国から招来された新しい環境造形理念が広く普及し、定着した。それに加えて、王朝時代以来の文化的伝統は、繁華な市街地のなかに「山中の趣」をもつ閑寂な生活空間を創り出した。「市中の隠」や「市中の山居」が巨大都市に生きる住民の共感を呼び、また喫茶の大衆化によって茶屋が流行した。このように、戦国期における「下京茶湯」などの町衆文化の興隆を予期させる状況が生まれたことは興味深い。また祇園会が都市民衆ないし「町」＝地域生活空間を母体とした祭礼にかわったことも、下京の都市空間の構造変化を規定するものとなった。

こうした首都・京都のさまざまな特質は、武士や商工業者による地域間の絶えざる交流を通じて、地域文化や領国文化の形成に多大な影響を与えた。

2　白河と嵯峨と上京

暦応五年（一三四二）三月二〇日、鴨東白河の地を占めていた院政政権のシンボルというべき法勝寺、この南都の東大寺に匹敵する壮麗な大伽藍が、創建以来最大の火災にみまわれた。高さ八〇ｍを越え、白河のランドマークとなっていた八角九重塔をはじめ、金堂以下ほとんどすべての堂宇が焼亡してしまったのである。[2]法勝寺は白河天皇が四海の泰平を祈り、また百王の安全を得るために建立した霊地と考えられていた。法勝寺の焼亡が公家にとって「天下之重事、愁歎無極者」であったのは、それが公家の衰微の前兆とも感じられたからであり、事実、かつては「京・白河」と並び称された白河も、しだいに衰退していった。

一方、法勝寺の焼亡から七日後、洛西嵯峨において天竜寺の礎始めが行われた。足利尊氏と直義は、暦応二年に夢窓疎石の勧めによって後醍醐天皇の菩提を弔う勅願寺として天竜寺を創建し、主要な堂宇が完成した貞和元年(一三四五)に落慶総供養を行った。天竜寺の造営は、仏法と王法の興隆を目指し、また初期の室町幕府の宗教政策を反映したものであろうが、それは結果として、嵯峨の地域的な発展をもたらす大きなきっかけとなった。院政期の白河の発展に匹敵する都市的な発達が、京の西郊で進行することになったのである。室町時代における新たな都市域の形成として注目したい。

夢窓疎石が落慶供養の翌年、貞和二年に選定した「天竜寺十境」は、普明閣・絶唱渓・霊庇廟・曹源池・拈華嶺・渡月橋・三級岩・万松洞・竜門亭・亀頂塔という、一〇の境致からなっていた。それぞれ天竜寺の山門、大井川、鎮守八幡宮、方丈集瑞軒の庭、嵐山、現在より一町ほど上流にあった渡月橋、嵐山の音無瀬の滝、門前の老松の並木、音無瀬の滝に向かう河畔の茶亭、そして亀山の山頂にあった宝塔のことである。

亀山や嵐山、大井川などまわりの自然を取り込んだ、壮大な「天竜寺十境」は、まもなく『太平記』にも取り上げられ、名所として広く知られるようになった。新都市たる嵯峨は、豊かな自然に包まれ、かつ王朝以来のいくつもの名所を内包していたのである。京都において開花した禅宗文化は、八景や十境、眺望といった新しい環境デザインを、禅寺はもとより、公家や武家、そして庶民の住まいにまで、また洛外の名勝の地から洛中の市街地にまで、広くもたらすことになった。

足利義満は、明徳三年（一三九二）に法勝寺を勝るとも劣らない巨大な伽藍相国寺を、花の御所・室町殿の東、賀茂川の西の地に完成した。かなり遅れて応永六年（一三九九）九月に完成した相国寺七重大塔は、高さ三六〇尺といわれ、法勝寺八角九重塔の高さ二七〇尺（推定）をはるかに越えている。義満がみずから主催して盛大に執り行った落慶供養の法会は、天皇が中心となって行われる御斎会に準じたものであったという。義満の相国寺には、白河天皇の法勝寺と共通する点や、対抗しようとする点が認められる。義満は白河院政を凌駕しようとする意志のもとに相国寺を建設したといえそうである。

この七重の塔は、相国寺境内のなかに立地していたのではなく、上京の入口に聳えたっていた。伽藍のなかにあって寺観に威容を添えることよりも、義満と室町幕府の権威を京の内外に誇示することを意図したからであろう。相国寺七重大塔は、室町幕府政権の拠点としての地位を獲得した上京の、その地域的性格をもっとも端的に示すランドマーク的な存在であった。

3　喫茶の流行と町角の茶屋

人は喜びて茶をすする。路傍に茶店を置きて茶を売る。行人銭一文を投じて一椀を飲む。

『海東諸国紀』より

南北朝期には、連歌や田楽とならんで茶の寄合が流行していた。建武三年（一三三六）に足利尊氏は、「或いは茶寄合と号し、或いは連歌会と称して、莫大の賭に及ぶ」ことを禁じている（『建武式目』第二条）。この茶寄合は、「異国本朝の重宝を集め、百座の粧をして」、豪華な景品を賭けて茶の品種を当てることを競う、いわゆる闘茶の会であった。こうした「茶寄会」では、「会所」や、眺望を楽しむ「喫茶の亭」、築山や池泉など、奥向きあるいは山水向きの施設が、権門相互間の交流や娯楽を支える重要な場としての役割を果たしていた。

一方、喫茶が大衆化したことを背景に、東寺や祇園社など有名な寺社門前や行楽地には数多くの茶屋がつくられ、また町の中を「一服一銭」の振売りが歩きまわっていた。さらに注目されるのは、洛中を往き来する人々に茶を飲ませる街角の茶屋（「喫茶店」）が生まれていたことである(3)。土御門烏丸の南西角、すなわち内裏のごく近くにも茶屋があった。享徳四年（一四五六）には、祇園社の犀鉾神人が、四条猪熊と堀川との間にあった家の前、川の上に差掛けの茶屋を建てた。

町角の茶屋は、たんに茶を飲む店というだけではなかった。町人の集う空間、茶を介した都市民衆の交流の場であった。茶屋は、もちろん茶を出したが、団子や餅のような食べ物、また酒をも供したらしい。「鬮取り」や「博奕」の賭場になった茶屋もあった。さらに茶屋には客に酌や給仕をし、遊び相手となるような女もいた。都市民衆による都市民衆のための娯楽・社交施設の流行は、京都の巨大都市性を明瞭に示すものである。

二　室町期京都の空間形成

都市を構成する社会階層は、その社会階層に固有の空間志向をもっている。室町期においては、公武寺社権門と都市民衆のそれぞれが都市＝「洛中」を形成する主体であったといってよい。そして前者が〈境内〉、後者が〈町まち・ちょう〉（まち＝市場、ちょう＝地域生活空間・地域生活共同体）という空間の形成を志向していた（表）。

1　〈境内〉の形成

洛中洛外の土地は、荘園領主である公武寺社などの諸権門の手に集中していた。したがって、洛中洛外の空間形成が、大きく公武寺社権門の動向に左右されるのは当然のことであった。権門の本拠地を中核とし、かつ領主権門によって直接に住民支配の行われる地域空間、つまり〈境内〉が、洛中洛外の地域的展開に重要な契機となった。洛南には大荘園領主東寺の〈境内〉があり、右京の北部には北野天満宮の門前集落「西の京」があった。また鴨東では祇園社や吉田社、清水寺、建仁寺などの寺社門前の町々が発達していた。洛西の嵯峨も、天竜寺や臨川寺、宝幢寺、清涼寺などを中核に新興の都市として繁栄していた。

　こうした洛外寺社門前における都市的な集落は、寺社〈境内〉の状況を具体的に示している。とくに東寺〈境内〉は、寺社権門の〈境内〉としてきわめて典型的な構造をもっていた。北は八条、南は九条、東は大宮、西は千本（朱雀）の範囲の敷地が、東寺の根本所領であるが、南方の金堂や塔のある「伽藍」を中心として、その北に院や坊のある「寺内」、さらに北方に百姓や商工業者の住む「境内」がある。言い換えれば、〈境内〉を「伽藍」―「寺内」―「境内」という形に分節している。これが〈境内〉の基本的な特質である。東寺では室町期から〈境内〉全体を囲む「惣堀」を構築しており、要害の装置で物理的にも明確に〈境内〉を限っていた[4]。

　一方、東寺が洛中に多数の散在所領をもっていたように、洛中で

表　〈境内〉と〈町　まち・ちょう〉の空間的特質

<table>
<tr><td rowspan="2">〈境内〉（けいだい）</td><td colspan="2">〈町〉</td></tr>
<tr><td>〈町〉（ちょう）</td><td>〈町〉（まち）</td></tr>
<tr><td>政治・軍事・宗教権門の拠点空間</td><td>民衆の集住する地域
＝社会生活空間</td><td>自然発生的な市場、
交易の空間</td></tr>
<tr><td>中核が存在する（領主／象徴核）</td><td colspan="2">原則的に核をもたない</td></tr>
<tr><td>核を中心とした同心円状の面集合</td><td colspan="2">道を基軸とした線状の集合</td></tr>
<tr><td>閉鎖系の集合―結界と囲繞</td><td colspan="2">開放系の集合</td></tr>
<tr><td>定着性</td><td colspan="2">流動性</td></tr>
<tr><td rowspan="3">重層的・階層的構造</td><td>水平的構造</td><td>垂直的構造</td></tr>
<tr><td>均等な単位の連続</td><td>均等な単位の連続</td></tr>
<tr><td>「町（ちょう）並み」*</td><td>頭と尾、縦と横・脇の構造</td></tr>
<tr><td>一円性とその論理</td><td>両義的存在</td><td>境界性と両義的存在</td></tr>
<tr><td>屋敷型の住居</td><td>町家型・屋敷型住居の混在</td><td>店家・町家型の住居</td></tr>
</table>

＊「町（ちょう）並み」：町（ちょう）の構成員として平等な義務を負うこと

は権門の一円所領と散在所領が混在していた。複雑に交錯する支配関係により、洛中の空間形成もまた、複雑多様であり、複合的であった。

足利尊氏が建武元年（一三三四）に京都を本拠地として室町幕府を開創したことは、京都にとって重大な意味をもった。連合して幕府を支えた守護大名も、京都に本拠を構えることを原則としたため、京都にはあいついで大規模な武家邸宅がつくられることになる。

室町幕府＝将軍御所の所在地は、始めから一定していたわけではなかった。尊氏は押小路高倉邸、二代義詮は三条坊門殿（姉小路北・万里小路東、下御所）を用い、下京を拠点とした。これに対して、三代義満は、三条坊門殿を引き継いだものの、平安京外の北小路室町に室町殿（花御所、上御所）を新造し、上京に本拠を据えた。三条坊門殿から室町殿へ拠点を移した義教以後、ほぼ上京に定まったのである。(5)

在京武士団の居住形態は十分には明らかになってはいないが、おおよそ将軍御所を中核としてその周辺に集住したと考えてさしつかえない。一五世紀前半、六代義教の時代は、幕府体制の確立した時期にあたるが、義教が三条坊門殿から室町殿へ御所を移転するに際して、「大名・近習宿所の地」が問題になった。義教らが談合した上で指図を作成し、かれらの名を書き込んでいるが、これは室町殿周辺の土地を計画的に守護や奉公衆（直轄御家人）などに配分したことを示唆している。(6) 八代義政も奉公衆のための屋敷地開発を大規模に行っており、幕府の所在地＝将軍御所の移動にともない、近辺の土地を収公して武士団を集住させるのが慣例となっていたということができる。(7)

一方、公家勢力の拠点であった内裏は、南北朝の対立がはじまってまもない建武四年に土御門東洞院の地に移り、その後応永八年（一四〇一）の再建にあたって方一町の敷地規模に拡大された。この土御門東洞院内裏は、その後明治維新にいたるまでの間、およそ五〇〇年という長期間にわたって、天皇の居所、ひいては公家の中核として存続したのである。

要するに、室町殿と内裏という二大権門が、特定の地域、すなわち上京に並び立つことになった。室町殿そして内裏の存在と安定が地域形成の核、求心力となって、周辺に公武諸家の邸宅や寺家（たとえば三宝院門跡の洛中里坊など）、さらにそれらの被官の屋敷などが集まり、「武家地」・「公家地」ともいうべき状況を呈した。同じように商工業者も引き寄せられて〈町〉を形成した。室町期の居住形態は、近世の武家地や公家地のように身分的に規制されてはおらず、さまざまな身分・職能の人々が混住していたのが特色である。戦国期に、幕府近辺の立売四町や禁裏近くの「六町」のような地域が形成される基盤が整った。

将軍の御所の立地についてかんたんに触れておきたい。初めて上京に邸宅を構えたのは、義詮であり、一条北辺つまり平安京外の地に山荘を営んでいる。室町幕府の早い時期から将軍が本拠としての本所御所と京外の山荘御所とを合わせ営んだことが注目される。

義満は、崇光院の仙洞御所ともなった義詮の上の山荘を入手し、永和四年（一三七八）に南隣りの菊亭家の屋敷跡地を合わせて大規模、かつ本格的な将軍御所＝花の御所、室町殿を営んだ。このとき義満は、武家の頂点に立つとともに、公家の頂点にも近い立場にあり、将軍である公卿として上京の室町殿を本拠としたのである。下御所の三条坊門殿は、放棄されたのではなく、その後も将軍御所として用いられていることに留意したい。

義満は、応永元年に太政大臣となり、直後に出家しているが、その後しばらくして洛中から離れた形勝の地に山荘、北山殿を営んだ。もちろん、この北山殿はたんなる山荘ではなかった。将軍を引退し、また太政大臣も引退してはいるが、しかし実際には公武双方の権力を一手に掌握した立場にあったし、また義満の妻日野康子は准母となっており、ある意味で天皇の父というべき立場にもあった。「日本国王」にふさわしい天下支配の本拠、ないしは「治天の君」にふさわしい「院御所」として北山殿を構えたのである。義満の念頭にあったのは、洛外の風光明媚な地に営まれた、大覚寺殿や持明院殿などの本格的な院御所であったにちがいない。

義満の室町殿・北山殿は、武家の御所の重要な先例として、おそらく二つの意味が引き継がれた。一つは、「洛中」に御所を営み、天皇の行幸を迎えるということ、また「国王」的な立場で天下を支配するときには、天皇の在所である洛中を離れて本拠を構えるということである。戦国末期から近世初期にかけて営まれた、織田信長の二条御所と安土城、豊臣秀吉の聚楽第と伏見城、徳川家康の二条城と伏見城など、天下人の拠点の立地にそれがよくあらわれているように思われる。

2 〈町〉の形成

公武寺社権門の〈境内〉と都市民衆の〈町 まち・ちょう〉（まち＝市場、ちょう＝地域生活空間・地域生活共同体）は、たがいに深く係わり合いながら、洛中を形成した。とくに京都の北半部に室町殿・内裏が立地したことが、地域空間の分節の大きな契機となって、政治機能を担う上京と、経済・流通機能を担う下京という、性格の異なる二つの地域へと発展していく。

権門〈境内〉の上京に対して、下京は、平安京以来の道を基盤として都市民衆の住居が成り立っている〈町〉である。もちろん下京にも武士の集住地がありはしたが、義教の移転政策によって相対的に武士の比重は低下したにちがいない。こうして下京でもっとも重要となったのは、商業的な機能を果たす場所、〈町〉である。町小路を基軸として、三条、四条、五条、七条などの大路との結節点である辻の周辺が繁華な商店街となった[8]。

祇園御霊会に山や鉾を出す地域は、下京の中核部分である祇園社の祭祀圏（二条以南、五条以北）のなかでも、とくに富裕な商工業者の集住する地域をあらわしている。そこに酒屋や油屋などの分布状況を重ね合わせると、特異な分布形態があらわれてくる。南北に走る室町小路と町小路、東西に走る四条大路と錦小路に沿って分布し、とりわけ四条町の辻をかなめに北と東、つまりLの字の形に集中している。逆にいうと、L型の隅の部分、この下京の中核地域の東北の部分には土倉・酒屋の分布が少ないし、山鉾も拍子もひとつとして出さない地域が広がっている。ここがおそらく武士の集住地なのであろう。すなわち、下京の繁華な市街地の形成は、平安時代以来の商業地域の発展と祇園社の祭祀圏、鎌倉時代以来の武士団の集住に規制されているようである。

下京の町の姿を示す新史料である文正元年（一四六六）「五条町前後八町地検帳」と文明九年（一四七七）「五条町前後八町地検新帳」は、南は五条大路、北は高辻小路、東は室町小路、西は西洞院大路に限られた地域「五条町前後八町」における屋地の間口と奥、地子銭の収取の仕方、屋地の請人の名などをあげており、室町期と戦国期の五条町周辺の状況を教えてくれる。(9)

室町期の「五条町前後八町」では、街区の奥まで四面の宅地に取り込んでおり、ほとんど中央に空地はない。町小路と五条大路との辻の北にあるこの地域は、平安時代以来繁華な市街地であったとみられるが、この史料はその点を明確に示している。というのは、地子銭は、室町期においてはふつう「二季」、すなわち夏冬二回納める例が多いが、ここでは二季のほかに、四季・月別といった記載がある。地子銭の収取形態が多様であることが特色といってよい。近世初頭の姉小路町の事例(10)から推察して、この地域が市の場であること、その様子や特性、土地利用のありかたを示しているようである。つまり、「五条町前後八町」は〈町〉であったと解釈される。

ところで八つの頬のなかで、地子銭収取の記載が二季だけになっているところが二ヶ所ある。西洞院面東頬と、高辻面南頬（町西洞院間）である。ここでは商業活動がそれほど活発に行われていなかったらしい。この二つの頬は、応仁の乱後になると、ほとんどといってよいほど屋敷がなくなり、家並みが消えてしまう。しかし、特殊な事情があったと思われる町面東頬を除いて、そのほかの〈町〉的であった頬では、応仁の乱後も家並みは引き続き存在しているし、室町面西頬はいっそう高密化している。

都市民衆による〈町〉の形成には、もう一つ、注目される動きがあった。荒れ果てていた大内裏の中に人家が営まれ、官衙跡が市街地化したことである。「大宿直」の地域には、かつては官衙工房である織部司に属していた織手が数多く居住し、機業者の座、すなわち大舎人座を形成した。この地域こそ、京都の伝統産業である西陣機業の母胎となったのである。[11]また、千本の二条と冷泉の間に、酒屋が四軒ほどあるのも注目される。朱雀門の北の辺りに市街地が生まれていたのである。

平安宮内の地は、即位儀礼や大嘗祭などの儀礼空間として用いられている。即位儀礼は、鎌倉時代の後鳥羽天皇以後になると、大内裏内の太政官庁で行われたが、室町期においても、応永二一年（一四一四）の称光天皇、永享元年（一四二九）の後花園天皇、寛正六年（一四六五）の後土御門天皇などの即位に際して、太政官庁が即位儀礼の場として使われた。また永享二年に行われた大嘗祭に関連して「龍尾道」の記述があり、当時においても大極殿の前に竜尾壇が残っていたことがわかる。[12]

また、神祇官庁には八神殿が残っていた。正長元年（一四二八）以来、京郊村落の徳政一揆が頻発したが、嘉吉元年（一四四一）九月の土一揆では、『東寺執行日記』に「西岡衆二三千人ハ官庁・神祇官・北野・ウツマサ寺籠」[13]とあるように、東寺や広隆寺、北野天満宮などの寺社と並んで、太政官と神祇官の官庁に土一揆の衆が立て籠った。太政官庁と神祇官庁は、宗教的に大きな意義のある場所となっていたようである。

三　都市空間の形態と構造

1　「洛中」

「京都」とは、「洛中洛外」、「洛中辺土」などとよばれる地域の総称である。たんに中心市街地や都市的な領域だけをいうのではなく、東山・北山・西山などの三山に囲まれた、鴨川以東や一条以北、西の京、嵯峨などの周縁地域を広く含む概念である。室町期の「京中」・「洛中」は、どのような地域をさしていたのか、都市的な場の広がりや構成を調べてみたい。

京都（平安京）が洛陽・洛中など、「洛」を冠してよばれるのは、平安時代初期、嵯峨天皇の弘仁年間（八一〇～二四）に中国・唐の都城の名に因んで左京を洛陽城、右京を長安城と名付けたことに由来する。洛陽・洛中とは、ほんらい左京（一条以南・九条以北・朱雀大路以東・東京極大路以西の地域）をいう。ただ、右京が早くから衰退したために、もともと左京の唐名であった洛陽だけが残り、これが現実の京（都市域）をあらわす別称ともなって、洛中＝京中として用いられた。洛外は、右京および平安京外、すなわち現実の京（都市域）の周辺地域を意味する。

一〇世紀ころより左京が平安京の範囲を越えて北と東へ市街地を拡大していったことが、規範的・理念的な概念としての京中・左京・洛中と、現実の都市域としてのそれらとの間に大きな乖離を生んだ。長寛二年（一一六四）には、京中への賑給に際して、一条北辺と京極以東の地域が「京中」なのか否かを議論している[14]。規範としての平安京は、はるかのちの永正一五年（一五一八）に、酒麹役賦課にかかわって「一条以北は是洛外なり、京中との差異分別なき歟[15]」ともあるように、ながく戦国期にいたるまで生き続けた。

京中・左京・洛中は、このように両義的であるが、社会の一般的通念としては、現実の市街地を意味するようになったといえよう。

なお、そもそも平安京自体が、九世紀には七条大路を境界として京の内と外に区別されており、一一世紀後半には七条朱雀が西国への流人を引き渡す地点、すなわち京の出入口になっていたとする見解[16]も、平安京・洛中の空間分節を指摘するものとして注目される。

さて、室町期の文献資料には、「洛中洛外」、「洛中辺土」、「洛中河東西郊」、「洛中辺土幷田舎」、「京中幷東山・西山」[17]などの表現があらわれる。

一括して京都をあらわすこれらの表現は、この時代に「洛中」と「辺土」がどのような関係であったことを示しているのであろうか[18]。「洛中」と「辺土」のあいだには、空間形態や空間認識、支配形態にちがいはなかったのであろうか。室町期の人々が「洛中」、「洛外」、「辺土」、「河東」、「西郊」、「田舎」をどのようにみていたかをかんたんに探ることにしよう。

まず、明徳四年（一三九三）の「洛中辺土散在土倉幷酒屋役条々」に始まる室町幕府の京都支配のなかで、「洛中」がどのように把握されていたかを検討する。寛正六年（一四六五）に節季要脚の「洛中」地口銭を賦課したときには、対象となった「洛中」を一四の区域に分け、それぞれに担当の奉行人をきめている[19]。「洛中」は、南北に通る道によって区分された一三の地域、つまり西の大宮から始まり、東の「朱雀」にいたる範囲と、それに「一条以北」の地域を加えたものであった。この「朱雀」とは、平安京の朱雀大路とは異なる道であって、東京極大路の東に位置する南北の道、「東朱雀」のことである。すなわち地口銭の賦課地域「洛中」は、平安京の京外にあたる「一条以北」および「京極と朱雀間」を含んでおり、室町幕府は「洛中」の範囲について現実的な理解を示しているといってよい。

これより前の康正二年（一四五六）、内裏造営のために「洛中洛外」に「棟別」銭を課したときも、「洛中」においては同じような方式が採用された[20]。飯尾常恩（貞元）と布施貞基を担当奉行として、「右筆方老若」の奉行人を「鬮子」によって分け、八手に分かれた「町別」奉行二人が、侍所被官人を召し連れ、在所に宿を取り、町々の棟数を注した。四月三日から六日にかけて、斎藤親基は、治部国通とともに堀河と油小路の間、万里小路と富小路の間、一条以南、九条以北の町々を検注した。一宇当り一〇〇文の棟別銭は、送り状に「町別奉行」と担当奉行二人の署判を加え、御倉に納めている。

文安元年（一四四四）には内裏造営料として諸国に段銭を、一方、「洛中」に棟別一〇疋（一〇〇文）を課した[21]。このときは、飯尾為種（永祥）が「惣奉行」となり、「洛中」に対しては、「右筆方老若相分豎少路、自身相向取宿所居、以若党注之、要脚所納事、町々奉行与永祥、眞妙、性通等加判、納御倉了」とあって、康正二年の場合とほぼ同じ方式であった。

ところで、康正二年の造内裏料「洛中洛外」棟別課役において注目されるもう一つの点は、「洛中」では「町別」奉行が棟数の検注にあたったのに対し、「洛外」では「仰領主所納」、すなわち領主に納入を命令したことである。「洛中」と「洛外」では、徴税の方式、いわば支配のありかたが大きく相違しており、この意味では室町幕府が現実に都市住民を直接支配している地域こそが「洛中」であるといってもよい。つまり「洛中」・「洛外」のありようは、幕府がどのように京都の市街地の実態を認知し、掌握しているかにかかわっていたのである。

少なくとも文安元年から康正二年、寛正六年と実施された棟別銭・地口銭課役を通じて、当該期の室町幕府にとって、「洛中」とは、西は大宮、東は東朱雀、南は九条に限られる地域であったと推定できる。北は不明であるが、おそらく清蔵口（鞍馬口）であろう。

次に、京都の実態に即して「洛中」の範囲を考えてみよう。諸国から洛中に通じるおもな街道は、「自諸州入京之路、其数七也[22]」といわれ、京への出入口も「七道の口」と称された。それらはかならずしも七ヶ所とはかぎらず、史料には清蔵口・鞍馬口・御霊口・出雲路口・大原口・粟田口・長坂口・丹波口・七条口・東寺口・鳥羽口などがでてくるが、それらを「七口」と総称していたようである。

嘉吉元年（一四四一）の土一揆では、洛外辺土に発する一揆が洛外の一六ヶ所に陣を構え、四方八方から連日のように「京中」に攻め入った[23]。また享徳三年（一四五四）の土一揆でも「於都鄙之間、号徳政、所々住民等構土一揆、令蜂起」とある[24]。周知のように、土一揆は、「都」と「鄙」、「洛中」と「辺土」のあいだの経済的な対立抗争であった。幕府は、土一揆の要求に対して「七道の口々」に制札を打っているが[25]、これは「七口」が行政的な意味でも「洛中」と「洛外」との境界領域であったことを示唆するものであろう。

これらの「七道の口」の所在地を手がかりに、大きく洛中の範囲を求めることも可能であり、大宮―朱雀―九条―上御霊の範囲と推定する説がある[26]。

ところで、飯尾常房の『応仁広記』によると、「北は清蔵口より下は七条にいたり、西は壬生より東は朱雀に至る。その交い皆ことごとく人家なり」という。これが京都で生活する多くの人々の、日常的な実感ではなかったか。家並みが続く範囲を都市域とみており、都市住民の抱く都市のイメージ、「洛中」イメージといってもよい。これを室町幕府の認識と比べると、少なくとも西の境が二町西に広がっている。

酒屋・土倉・油屋などの有力な商工業者の分布も、「洛中」というべき市街の範囲を物語っているはずである。注目すべきことの一つは、『応仁広記』は「西は壬生より」とするが、大宮と千本のあいだは、大宿直の地域を除いて空白地帯となっていることである。この事実を重くみて、また「西は壬生より」が大宿直の地域を意識した表現とみて、「西は大宮より」と考えるのが妥当であろう。また、酒屋などが六条以北に集中的に分布するのに比べ、六条以南は激減し、七条の南になるとわずか数軒しかみられなくなるのは、洛中の南限が七条であったことを傍証しているといえよう。要するに、大宮と七条を境界として、その外と内とのあいだには大きな地域的な落差があったようである。

以上の検討から、室町期京都の都市的な領域としての「洛中」は、西は大宮、東は東朱雀、北は清蔵口（鞍馬口）、南は七条の範囲とみなして大過ないであろう。

「洛中」を現実の都市的な領域を意味するものとして考えてきたが、以下では、この点を少し補強しておこう。応仁の乱後、文明一一年（一四七九）に、足利義政は内裏修理の費用を得るために洛中洛外に棟別課役を命じている。このとき、「洛外」がどこを称しているのかが問題となり、文安三年の造内裏洛中洛外棟別賦課が想起されている。[27] この先例は、あるいは前述した文安元年か、康正二年（一四五六）のことなのかもしれないが、それはともかくとして、「洛外」がどこから始まり、どこまで広がっているのかという疑問は、「洛中」と「洛外」の境界、そして「洛外」と「田舎」との境界を質しているのであろう。後者についてはおそらく前代と変わらず、およその境界が東は東山、北は北山、西は西山であるのは明白であって、問題とはならなかったように思われる。むしろ、現実の市街地の範囲、すなわち文明一一年当時の「洛中」が、先例であるかつての「洛中」よりあまりにも小さく変わり果てたため、新たに内側に生じた「洛外」の取り扱いこそが、問題の発端ではなかったか。

戦国期における「洛中」と「洛外」の新しい空間認識を明示している史料がある。永正一二年（一五一五）の造酒正役銭算用状は、酒屋の名と住所、役銭額などを上京分、「下京分」、「辺土并寺方分」に分けて記載している。[28] 注目されるのは、「洛中（上京分＋下京分）」に対する「辺土」分のなかに、「しようの小路（塩小路）東洞院」の酒屋二軒、「七条いのくま与大宮」の酒屋三軒が含まれていることである。この二地域は、室町期には明らかに「洛中」であったのに、今や「辺土」として把握されているのである。

戦国期の人々にとって、「惣構」に囲まれた都市空間「上京」・「下京」こそ、「洛中」であって、その外は「洛外」・「辺土」なのであった。室町期と同様に、現実の都市の姿に即した、明確な空間認識が行われていたということができる。

2 「洛外」・「辺土」

室町幕府の「洛中」概念は、西は大宮、東は朱雀、南は九条とするものであった。したがって大宮大路以西にあった東寺境内と大宿直の地域は、「洛中」ではなく、「洛外」に含まれる。大宿直の地域は、市街地として連続しているにもかかわらず、室町初期から「大宿直并洛中」と並び称され、もともと「洛中」とは異なる地域と理解されていたらしい(29)。

一方、平安遷都以来の法灯を守る東寺境内が「洛外」であり、伽藍の東方に広がる、いわば門前集落などが「洛中」であるのは、やや意外な気がしないわけではない。この点を少し考えてみよう。

室町幕府は、康正二年の造内裏料「洛中洛外」棟別課役において東寺に対して、「境内」・「洛中散在敷地」・「野畠」などの所領にかかわる「棟別」銭の納入を命じた(30)。しばらく後、「地口」銭の賦課に変更され、東寺も「地口」銭として在地から徴収し、幕府に納入した。これによって東寺が「洛外」の領主であることが傍証されるが、大宮以東、九条以北にある多数の「洛中散在敷地」についても、「地口」銭を納めたことは、何を意味するのであろうか。それは、一つには「洛中散在敷地」が領主の所納すべき地、すなわち「洛外」とみなされたことを示している。

また「地口」が課せられたのは、屋敷地よりも畠地が多くを占めており、したがって「棟別」では税収が期待できなかったからであろう。ちなみに長禄二年(一四五八)の造内宮地口課役では、「洛中散在敷地」の地子銭の八六%が野畠の分であり、屋敷分は一四%に過ぎなかった。地口銭は、野畠が尺別五文、屋敷は尺別一〇文であったから、面積ではいっそう野畠の占める比率は高くなる。

「洛中散在敷地」が、幕府の「洛中」支配のなかでさえ現実的に「洛外」とみなされたのは、「洛中散在敷地」の大多数が分布する七条以南の地域が、「洛中」とはいうものの、家並みが続いているわけではなく、いわば近郊農村的な地域であったからであろう。

「洛中」と「洛外」が空間的に連続しているため、そのあいだの移行形態はかなり多様である。鴨川を挟む河東でさえ、祇園社門前のように早くから洛中と町並みが接続し、近世的ないい方をすると、「町続町」であったところもある。他方で、相対的な表現ではあるが、室町期における都市民衆の農民的性格と都市の農村的性格、また農村民衆の都市的性格に由来して、いわば中間的な、境界的な、両義的な領域も広汎に存在していたはずである。こうした点を街区に即してみておこう。

街区空間の利用形態は、当然のことながら都心部ではほとんどが屋地であり、一方、周縁部では畠地としての利用が多くなる。ここでは利用形態とそれによる空間構造の相違によって、市街地中心部に立地する都心型と、周縁部に立地する周縁型という二つの類型に分けてみたい。

都心型は、中央部に大きな区画を残しているものと、前述の「五条町前後八町」のように、そうではないものとに分かれる。街区中央に「核」を残している事例としては、土御門家〈境内〉の土御門四丁町が明快である。[31]中央部には平安時代以来領主であった土御門家の屋敷が「核」として存在し、その周囲に土御門家の被官を含めた商人や職人の屋敷が並ぶ。宝徳四年（一四五二）に土御門家が断絶して大徳寺の所領になると、空間形成の機能をもたない中央部にかつての〈境内〉的な痕跡を残すものの、〈境内〉から〈町〉へ大きく様変わりした。

周縁型の一例に、永享五年（一四三三）に本能寺が境内用地として入手した敷地――六角以南、四条坊門以北、櫛笥以東、大宮以西の方一町の地――がある。[32]永享一〇年になってもまだ堂舎をたてていなかったため、将軍足利義教によって東北角の東西一三丈、南北一五丈の敷地が取り上げられ、非人風呂が設置された。永享一〇年本能寺旧地図をみると、周囲の道に面した区画には「四貫文」、一方街区中央部の区画には半分の額である「二貫文」という記載がある。これは前者が屋地、そして後者が畠地であることを示している。土御門四丁町とほとんど同じ形態であるが、中心部の機能が大きく異なっている。この街区は、室町幕府の見方では「洛外」、また常識的には「洛中」ともいえようが、都市的な町並みのなかに農村的な要素を内包している。

「洛中」の北小路大宮（現在の今出川大宮）にあった大徳寺領敷地[33]をみると、奥地には畠地が多いが、一方で屋地が増加している。しだいに都市化している状況であり、近世西陣機業の原型、つまり「糸屋町八町」の中核をなす観世町がかたちづくられつつあった。

「洛中」と「洛外」の境界をなす周縁地域では、おそらく農家風の町家や町家風の農家が混在し、《町→半村・半町→農村》へと、緩やかに変化していたにちがいない。戦国期のことではあるが、歴博甲本洛中洛外図屏風にみられる「西の京」の集落が注目される。「構」のなかにある民家は、いずれも草葺の農家風であるが、農家本来の姿というべき屋敷型ではなく、町家と同じ型の、道に直面する住居として描かれているのである。

周縁に両義的な領域が広汎に存在する、こうしたありかたこそ、おそらく室町期京都の巨大さの実体であり、大きな都市的特性といえるのではないか。

おわりに──戦国の世へ

1　要害の構築

京都の町が戦乱の巷となったのは、応仁の乱が初めてのことではない。およそ一世紀前の南北朝の動乱も、京都に大きな被害をもたらした。この動乱期には、釘貫や木戸、堀などの防御施設が、院御所や内裏、室町殿、寺社、公武邸宅の近辺など、所々に構築された。内裏西辺の東洞院大路の中央に構築されていた「裏築地」も、要害の機能をもっていたであろう。

町家においても、屋敷の正面、さらには四周に高い土塀＝「壁」を構えた。洛中洛外の酒屋の名前と所在を列挙した応永三三年（一四二六）の「酒屋交名」[34]に、「粟田口東北頬壁内　左衛門次郎」という記載がある。京から山科へ通じる道の要衝に位置する集落、粟田口の東北頬には「壁」が構築されており、その内部に左衛門次郎という酒屋が住んでいたのである。このように「壁」によって囲い込んだ民家は、これだけでもなく、粟田口の集落だけでもなかったにちがいない。応仁の乱の直前になると、「面壁」とか「高壁」、「面築地」、「築地内」などの表構えをもつ酒屋や油屋が少なからずあった[35]。道路に直接面してたつ町家のありかたから離れた、防備を重くみた屋敷構えの実態がうかがえる。

文明九年（一四七七）の「五条町前後八町地検新帳」には、「ノキモカリ」、「木カウシ」という記載が数多くみられる。前者は、もがり（虎落）、すなわち竹の先端を斜めに切って筋違いに組み合せ、縄で縛った柵を軒の高さまで構えたもの、また後者は木を組んでつくった格子と考えてよかろう。これらも、「壁」と同じく、町家の自衛装置であった。かなり粗末なつくりのものであり、庶民的な構えの一つであったとみられるが、おそらく乱前から広く利用されていたのであろう。

壁よりもさらに強固な要害施設、堀も構築された。すでに述べたように、東寺境内では早くから周囲に「惣堀」を築いていた。大乱の直前になると、堀を構築する動きは、洛中洛外を問わず、いっそう加速した。相国寺の北には大堀が築かれ[36]、寛正六年(一四六五)、壬生寺の近くでは住人たちが用心のために四方の堀を掘り上げている[37]。「構」は、社会の不穏な動向を反映し、それを物理的に可視化したものであって、来るべき戦国動乱期の京都の姿を予期することができよう。

2 戦国期の京都

室町期の京都と戦国期の京都を比較すると、応仁の乱による人口の激減と市街地の荒廃によって、とくに都市形態に大きな変化が生じている。しかし、戦国期の京都は根本的なところでは以前と変わってはいない。すなわち別の性格・機能の都市に変質したわけではなさそうである。戦国期の京都は、室町期の京都の骨格・枠組・空間構造が、目に見える形で、いっそうあらわになったと理解することができる。「上京」と「下京」、また東寺や「洛外」の集落は、堀や「壁」=土塀、土居などの物理的な要害の装置、すなわち「構」によって境界が明確であり、それぞれが限定された都市的領域を形成している。つまり「上京」と「下京」は、それぞれ独立した都市集落となり、また東寺や西の京の集落なども孤立している。戦国期の京都は、明快な形で都市空間が分節されていた。

これらは戦国期京都を構成する基本要素を示してもいる。先に述べたように「洛中」は、「上京」と「下京」からなる。政治機能を担う公武権門の〈境内〉およびそれと結び付いた商工業地域の〈町〉からなる「上京」と、商業・流通機能を担う都市民衆の〈町〉からなる「下京」は、それぞれ固有の空間と機能と文化を確立し、自立的に都市活動を行っている。室町小路は、「上京」と「下京」の相互交流の幹線道路、〈都市軸〉となっていた。散在する寺社〈境内〉や農村集落がつくる「洛外」は、自然と歴史と文化と宗教が一体となった京の名所を保存・継承し、また蔬菜を供給する一方で、「洛中」の土倉・酒屋の顧客や特産品の消費者となり、また都市が排出する屎尿を運び出して耕作に利用している。

戦国期京都の都市形態は、相互補完的な役割をもつ〈境内〉と〈町〉、「上京」と「下京」、「洛中」と「洛外」からなる京都の空間構造と社会の関係をきわめて明確に示しているといえよう。こうした状況は、たしかに戦国期特有の京都のありかたによるものであるが、それぞれ応仁の乱前の京都の本質的な部分が存続したものであり、したがって、これらは室町期京都の空間構造と社会の関係を示すものでもあると考えることができる。

注

（1）本稿に関連する著者の既発表の論考には、以下のようなものがある。『京都中世都市史研究』（思文閣出版、一九八三）、『洛中洛外――環境文化の中世史』（平凡社、一九八八）、高橋康夫・吉田伸之編『日本都市史入門』（Ⅰ空間、Ⅱ町、Ⅲ人、東京大学出版会、一九八九・一九九〇）、高橋康夫・吉田伸之・宮本雅明・伊藤毅編著『図集・日本都市史』（東京大学出版会、一九九三）、「京都町衆の生活空間――数寄空間の形成」（『茶道聚錦　七　座敷と露地（一）』、小学館、一九八四）、「都市と名所の形成――京都を素材として」（『季刊　自然と文化』、№二七、一九九〇新春号、一九八九）、「応仁の乱」（『京の歴史と文化　3　南北朝時代　乱　伸びゆく町衆』、講談社、一九九四）、「「町堂」と「銭湯」と人々」（『京の歴史と文化　4　戦国安土桃山時代　絢　天下人の登場』、講談社、一九九四）、「室町時代の京都」（『京都・激動の中世――帝と将軍と町衆と』、京都文化博物館、一九九六）。

（2）『大日本史料』（第六編之七）同日条に関連史料が収録されている。

（3）茶屋については、拙稿「茶屋――町衆文化の一断面」（前掲注1『日本都市史入門 Ⅲ 人』所収）、「喫茶店」（上田篤編『マスシティ――大衆文化都市としての日本』、学芸出版社、一九九一）。

(4)髙橋康夫「応仁の乱」(前掲注1『京の歴史と文化　3』)。
(5)将軍御所については、川上貢『日本中世住宅の研究』(墨水書房、一九六七)が詳しい。
(6)『満済准后日記』永享三年八月一九日条。
(7)前掲注1『京都中世都市史研究』第三章第三節。
(8)〈町〉の具体的な姿については、第三節で詳述する。
(9)宇野日出生「中世京都町屋の景観─八坂神社文書を中心に」(『京都市歴史資料館紀要』、第一三号、一九九六)。
(10)天正一六年(一五八八)の「うしとらくみ姉小路まち家屋敷地子之事」(「姉小路町文書」、『中村直勝博士所蔵文書』、京都大学総合博物館所蔵影写本)。
(11)前掲注1『京都中世都市史研究』第四章第二節「西陣の成立」。
(12)『康富記』永享二年一一月一八日条。
(13)『東寺執行日記』嘉吉元年九月五日条。
(14)『山槐記』長寛二年六月二七日条。
(15)『壬生家文書』所収の同年八月日付文書。
(16)大村拓生「中世前期における路と京」(『ヒストリア』一二九、一九九〇)。
(17)『大乗院寺社雑事記』文明二年正月一日条。
(18)「洛中洛外」については、『京都市の地名』(平凡社、一九七九)の「洛中・洛外」の項や、川嶋将生「近世都市京都への道程」(『近世風俗図譜』、小学館、一九八三)、高橋慎一朗「六波羅と洛中」(五味文彦編『都市の中世』、吉川弘文館、一九九二)などがある。
高橋慎一朗によれば、室町時代になると、鴨川以東や一条以北、西の京、嵯峨などは、用語上の区別さえ問わなければ、洛中と一体のものとみてもよい状況になっていたという。京都を一元的に支配するようになった室町幕府にとって、「洛中河東西郊」は京都全体を一括して表わすような言葉であり、洛中・河東・西郊・辺土などは、支配形態や空間認識のちがいという実態をともなわない、たんなる用語の区別に過ぎないとされる。
(19)『斎藤親基日記』寛正六年一二月七日条。
(20)『斎藤基恒日記』康正二年四月二日条。

(21)『斎藤基恒日記』文安元年閏六月条。
(22)『碧山日録』長禄三年九月七日条。
(23)『東寺執行日記』嘉吉元年九月五日条。
(24)『東寺執行日記』(佐藤進一・池内義資『中世法制史料集　第二巻　室町幕府法』第二部追加法、一三九)。
(25)『建内記』嘉吉元年閏九月三日条。
(26)『京都の歴史』第3巻、二七〜二九頁。
(27)『晴富宿禰記』文明一一年三月一一日条。
(28)「小西康夫氏所蔵文書」(『史料京都の歴史　4　市街・生業』、三〇七〜三一一頁)。
(29)前掲注1『京都中世都市史研究』三一七頁。
(30)東寺領地口銭について、馬田綾子「都市史料としての東寺百合文書」(一九九八年度中世都市研究会での報告と資料)を参考にさせていただいた。
(31)土御門四丁町の形態と構造、変遷などについては、前掲注1『京都中世都市史研究』第三章。
(32)「本能寺文書」。
(33)前掲注1『京都中世都市史研究』第四章第二節。
(34)『北野天満宮史料　古文書』文書番号六二。
(35)『真乗院文書』。「洛中洛外図屏風にみる建築的風景」(『文学』、第五二巻三号、一九八四、のちに前掲注1『洛中洛外——環境文化の中世史』に収録)を参照。
(36)『応仁記』に「明ル一八日ノ早天ニ御霊へ押寄ケル。此御霊ノ森ノ南ハ相国寺ノ薮大堀、西ハ細川ノ要害ナレバ、北ト東口ヨリ攻入ケル」とある。
(37)『晴富宿禰記』同年九月一九日条。

※本稿は、髙橋康夫「室町期京都の空間構造と社会」(『日本史研究』四三六、三〜二〇頁、一九九八年一二月)に若干の修正を加えたものである。

室町期京都の都市空間と幕府

田坂泰之

はじめに

従来、室町幕府成立期から確立期にかけての研究の中で、首都京都の問題は、主として王朝権力をいかにして一権門たる幕府が接収していくのかという方向性で論じられてきた。戦後の室町幕府研究の端緒となった佐藤進一の研究によれば、京都の市政権は使庁の持つ行政・検断権を侍所（洛中の治安・警察）・政所（都市民の権利保護）が分掌する形で幕府が手中にしたという[1]。

しかしながら、幕府の京都支配という問題を考えるとき、これまでは京都の空間構造に注目するという視角が抜け落ちていたように思われる。公家・寺社といった諸権門が分割支配する京都に室町幕府が開かれ、その結果、守護や、幕府奉公衆・奉行人などの幕府勢力が割拠することになった。一説には、室町期京都の人口は総計一〇万人といわれ、そのうち武家人口は三～四万人とされるが[2]、いかにして大量の武士が京都に居住することが可能になったのか、未だ十分には解明されていない。武士の大量流入により、当然のことながら発生したであろう諸権門との摩擦に対し、幕府はどのように対処したのであろうか。この点を解明することは、室町幕府の京都支配、ひいては室町幕府権力のあり方を考える上で一定の意義を有すると考える。また、室町期の在京武士が京都の空間構造上どのような位置を占めたのかという点についても十分に解明されているとはいえない。中世京都の空間構造は、上京・下京と洛外の寺社門前からなる複合都市であり、上京・下京すら統一された都市ではなかったとされる(3)。そうした中で室町幕府による意図的な武家集住地の形成がなされたのかどうかということは、戦国期城下町あるいは豊臣期京都・近世京都との対比という点でも興味深い問題である。すでに髙橋康夫の研究により、足利義教・義政の時期に奉公衆が将軍から敷地を給与され、集住地を形成することもあったことが明らかになっている(4)。しかし、京都全体における武士の存在形態は未解明のままであり、首都京都の中での武家居住地の位置付けは十分に行われているわけではない(5)。こうした問題を考察することで、都市空間という視点から室町幕府(将軍)権力を捉え直すこともできるのではないかと考える。本稿では、まず主に南北朝・室町期の記録類を用いて武家居住地(6)の判明する事例を集積し、地図上に落とすという作業を行った。その作業結果を踏まえて、応仁・文明の乱前における各時期の空間構造の特徴及びその背景について検討を加えてみたい。なお、紙幅の関係上、シンポジウムの際に提示した邸宅地一覧表は割愛せざるをえなかったことを御諒解いただきたい(補注)。

一　武家の洛中への進出　―南北朝期の武家邸宅地―

1　鎌倉～建武政権期京都の様相

まず、南北朝期京都における都市空間の前提として、鎌倉期京都の様相を見ておく必要があろう。鎌倉期京都の空間構造についてては室町期以上に不明な部分が多く、総体的把握は現状では困難であるが、ここでは木内正廣・高橋慎一朗の研究に依拠しながら、在京武士の居住地の傾向について触れておきたい。木内によれば、洛中東部には在京御家人たちが集住し、六波羅には南北探題の北条氏とその被官が居住していたが、[7]このうち、洛中御家人地の領有は不安定なものであった。[8]また、高橋慎一朗によれば、六波羅という空間は、六波羅探題を中核として、その周辺には探題被官や有力在京人の宿所が建ち並ぶ「武家の空間」という景観を作り出しており、かつ探題が一円的に支配する空間であった。そして、六波羅を含む鴨川の東側一帯は「公家の洛中」と一線を画され、公家・武家双方によって一種の「住み分け」が行われた。[9]このような武士の六波羅一帯への集住化は、河東に多数存在する寺社との軋轢を生むことになった。弘安九年（一二八六）四月、祇園社感神院所司等が、祇園社辺四至の地を武士等が買得し居住しているので、その武士の買得を無効にしようと、天台座主を通じて幕府に訴えるという相論が起こっている。[10]おそらく、こうした事態は祇園社以外の寺社にとっても直面していた問題であったと思われる。

　鎌倉幕府滅亡後、建武政権が成立し、後醍醐は隠岐から還京し、従来の摂関を廃止し、「公武一統」を理想とする建武政権が成立することとなった。親政に意欲的な後醍醐は、綸旨によってのみ本領を安堵するという「綸旨万能主義」を採用したため、本領安堵の綸旨発給を求めて各地から武士が大挙して上洛し、混乱を招いたことは周知の事実である。『太平記』には、「東国西国巳静謐シケレバ、自二筑紫一小貳・大友・菊池・松浦ノ者共、大船七百余艘ニテ参洛ス。新田左馬助・舎弟兵庫助七千余騎ニテ被二上洛一。此外国々ノ武士共、一人モ不レ残上リ集ケル間、京白河ニ充満シテ、王城ノ富貴日来ニ百倍セリ」と記されているが、[11]当時の状況をよく示しているといえよう。鎌倉期の在京武士は、六波羅一帯を中心に集住していたが、[12]上洛してきた多くの武士は従来の勢力範囲であった鴨川以東にとどまらず洛中に入り込んできたのである。鎌倉期にも洛中に居住する武士は存在したが、この時期には鎌倉期とは比較にならない多数の武士が洛中に居住することになった。ただし、流入してきた武士がいかにして居所を確保したのかという問題があるが、私宅点定（市中民家の強制収容）という形がとられたようである。当時の止宿状況を示す史料によれば[13]止宿人はほとんど地方出身の武士であり、佐藤進一によれば、名義は借家かも知れないが実際は家主を立ち退かせて占拠していた[14]。こうした行為は、当然ながら新政権への反発を招いたものと思われる。

2 南北朝期の武家邸宅地

南北朝期京都の都市空間を考える上で、室町幕府が開かれたことの意味は非常に大きいことは先に述べた。武家の首長たる将軍の居所を将軍御所以外のものも含めて確認し、しかる後に守護・奉公衆・幕府奉行人などといった在京武士の居住地の分析を行うこととしたい。

室町幕府の将軍御所については、その構造を詳細に分析した川上貢の研究がある[15]。その中で将軍御所の変遷についても論及されているものの、川上の主たる関心は将軍御所の建築的構造にあり、御所以外の居所については十分に追究されていないため、将軍居所の変遷を改めて整理した（付表）。以降付表も参照しながら分析を進めていくこととする。

まず、尊氏将軍期[16]の在京武士の邸宅配置を分析する。図1によれば、下京一帯に邸宅が多く分布し、とりわけ、京極通付近に邸宅が集中していることが読み取れる。すなわち、二条京極の吉良満義、五条坊門京極の仁木義長、錦小路京極の中条秀長、四条京極の佐々木京極高氏である。下京にはこの他にも、三条高倉・東洞院間北頬の明石縫殿（幕府奉行人）、四条万里小路の蒲生彦六郎（近江国郡奉行）等の邸宅があり、当該期は下京の洛中東部一帯が武士の中心的居住区域であった。こうした傾向は、鎌倉期以来の傾向を引き継いでいるといえる[17]。尊氏・直義邸がこれらの邸宅の核となっていたことは間違いなかろう。なお、六条烏丸辺りにも邸宅が多数あった[18]。上京に

付表　将軍御所関係年表

元弘 3 (1333)	尊氏，押小路高倉邸（のちの等持寺）に居住
建武 5 (1338)　8.11	尊氏，将軍就任
康永 3 (1344)	尊氏，土御門東洞院殿に移住（土御門以南，鷹司以北，東洞院以東）
貞和 5 (1349)　3.14	土御門東洞院殿，焼失。尊氏，執事高師直の一条今出川邸に移る＊
8.10	土御門東洞院殿再建
10.26	義詮，鎌倉より上洛。三条坊門邸（高倉以東，万里小路以西）に入る
観応 2 (1351)　2.22	土御門東洞院殿焼失。尊氏，上杉朝定邸（下京カ＊）・常在光院・御子左家邸などを借住
3 (1352) ②.20	義詮の三条坊門邸焼失。この後，義詮は諸処に借住（東寺，中条秀長，中御門宣明，仁木頼章邸など）＊
延文 3 (1358)　4.30	尊氏，二条万里小路で死去
12.8	義詮，将軍就任
貞治元 (1362) 10	義詮，六角東洞院邸に居住＊
4 (1365)　2.11	義詮，三条坊門殿（三条坊門以南，姉小路以北，万里小路以東，富小路以西）に移徙
6 (1367)　12.7	義詮死去
応安元 (1368) 12.30	義満，将軍就任
永和 4 (1378)　3.10	室町殿造営（柳原以南，北小路以北，室町以東，今出川以西）。義満移徙
応永元 (1394) 12.17	義満，将軍辞任。義持，将軍就任
4 (1397)　4.16	北山第寝殿の立柱上棟，移徙カ
5 (1398)　4.22	安鎮法を修し，北山殿竣工。改めて移徙カ
8 (1401)　2.29	土御門内裏焼亡。室町殿が仮内裏になる。義持は日野資教邸（一条東洞院）へ＊
9 (1402) 11.19	土御門内裏新造
13 (1406)　5.6	室町殿が放火に遭う＊
15 (1408)　5.6	義満死去
6.7	義持，北山殿を居所と決定
16 (1409) 10.26	義持，三条坊門殿に移徙
30 (1423)　3.18	義持，将軍辞任。義量，将軍就任
32 (1425)　2.27	義量死去
35 (1428)　1.18	義持死去。義円（還俗後，義宣。のち義教と改名），将軍後継に決定
1.19	義円，裏松義資邸（中御門万里小路）に入る＊
3.21	義円，三条坊門殿に移徙
永享元 (1429)　3.15	義教，将軍就任
3 (1431) 12.11	義教，室町殿に移徙
嘉吉元 (1441)　6.24	義教，赤松満祐に謀殺さる
10.23	義勝，室町殿へ移徙＊
2 (1442)　11.7	義勝，将軍就任
3 (1443)　7.21	義勝死去
7.23	義政，将軍後嗣に決定。当時，烏丸殿（烏丸資任邸）に居す
8.28	一条室町（正親町室町与一条間東頬）に新御所造営の計画（中止）
文安 2 (1445)　6.28	室町殿より寝殿などを烏丸殿（北小路以南，武者小路以北，万里小路以西，高倉以東）へ移建
6 (1449)　4.29	義政，将軍就任
長禄 2 (1458) 11.27	義政，室町殿造営を諸大名に命じる
3 (1459) 11.16	義政，室町殿移徙
文明 5 (1473) 12.19	義政，将軍辞任。義尚，将軍就任
8 (1476) 11.13	室町殿，焼失。義政・富子・義尚は小川殿へ移住
11.22	義尚，北小路室町（伊勢貞宗邸）へ移徙。貞宗は北白川移住
11 (1479)　2.13	室町殿造営事始
13 (1481) 10.20	義政，岩倉長谷の聖護院山荘に
14 (1482)　5.1	義尚，小川殿へ
15 (1483)　6.27	義政，東山殿へ
延徳元 (1489)　3.26	義尚死去
2 (1490)　1.7	義政死去
明応 5 (1496)	室町殿の敷地の一部が売却される＊

※＊は補足箇所、○数字は閏月　　　　（川上貢『日本中世住宅の研究』を基に作成）

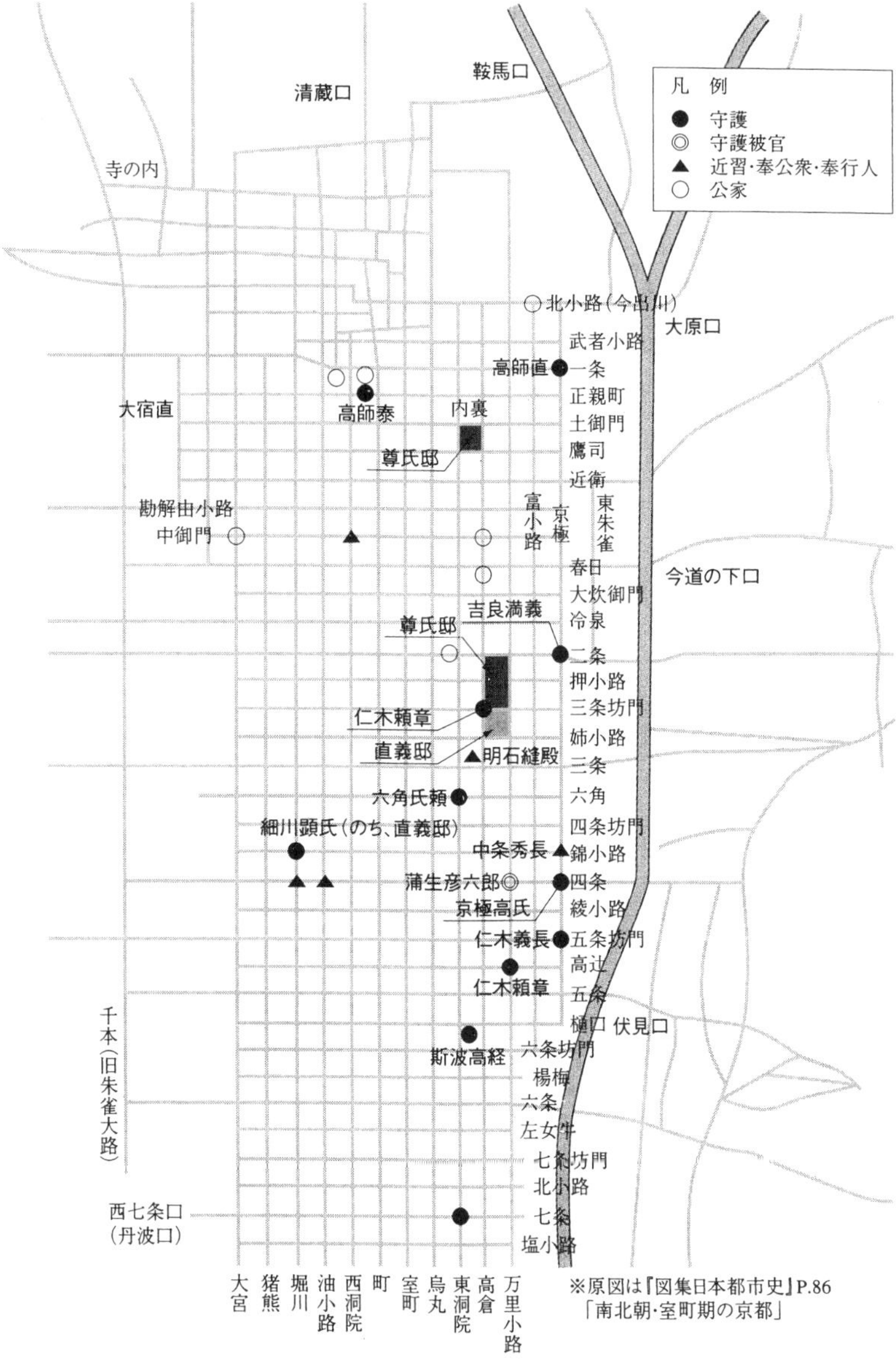
凡例
守護
守護被官
近習・奉公衆・奉行人
公家
鞍馬口
清蔵口
寺の内
北小路(今出川)
大原口
武者小路
高師直
一条
正親町
土御門
鷹司
近衛
高師泰
内裏
尊氏邸
大宿直
勘解由小路
中御門
富小路
京極
東朱雀
春日
大炊御門
今道の下口
冷泉
吉良満義
尊氏邸
二条
押小路
三条坊門
仁木頼章
姉小路
直義邸
明石縫殿
三条
六角氏頼
六角
細川顕氏(のち、直義邸)
四条坊門
中条秀長
錦小路
蒲生彦六郎
四条
京極高氏
綾小路
仁木義長
五条坊門
高辻
仁木頼章
五条
樋口
伏見口
斯波高経
六条坊門
楊梅
六条
左女牛
千本(旧朱雀大路)
七条坊門
北小路
西七条口(丹波口)
七条
塩小路
大宮
猪熊
堀川
油小路
西洞院
町
室町
烏丸
東洞院
高倉
万里小路
※原図は『図集日本都市史』P.86「南北朝・室町期の京都」

図1　尊氏将軍期

目を移すと、尊氏邸及び内裏の近辺には、一条今出川に高師直の、正親町町与西洞院に高師泰の邸宅があった。師直が足利家執事であることからもわかるように、高兄弟は尊氏側近であった。尊氏邸は、二条高倉から土御門高倉に移っており、これに付随する形で高兄弟も移住したと判断してよいだろう。尊氏邸が内裏隣接地に設定されたことには、内乱期という政治状況を踏まえれば、南朝方の攻撃から内裏を守備警衛するという側面があったと考えられる。

次いで、三条坊門殿Ⅰ期[19]の検討に入る。図2によれば、この時期の邸宅配置の特徴として、南北の範囲では姉小路通から四条通間に集中していることが指摘できる。東西の範囲で見れば、烏丸通から万里小路通の間に多数の邸宅が存在している。また、邸宅の西端は油小路通となっていることも指摘できよう。全体的に見ると、武家が洛中、その中でも下京に居住する傾向が強いといえる。このように武家がある程度集住化する傾向を見せた要因としては、将軍御所の求心力が考えられよう。

一方、鎌倉期には六波羅探題を中心に、「武家の空間」を形成した六波羅一帯はといえば、建武三年段階では「六波羅跡」もしくは「六波羅焼跡」と表現され、探題跡地はしばらく放置されていた[20]。鴨川東岸一帯にも邸宅の存在が若干確認されるものの、もはや武家の拠点としての六波羅という性格は失われてしまったといえる。

では、南北朝期の武士の邸宅はどのようにして確保されたのであろうか。建武三年（一三三六）、九州から東上して上洛を果たした尊氏は、同年一一月には建武式目を制定している。その式目第四条で私宅点定の禁止が定められている[21]。こうした規定をわざわざ定めたのには、建武政権期の武士たちによる私宅点定の横行が念頭にあったと思われる。幕府としてこれを禁止することが、建武政権に対して批判的な都市民の支持を得る道であり[22]、この規定の遵守は幕府にとっても重要な課題であったと思われるが、どの程度実行できたかといえば、懐疑的にならざるをえない。『太平記』によれば、高師直の一条今出川の邸宅は、護良親王の母（源師親娘）がかつて住んで

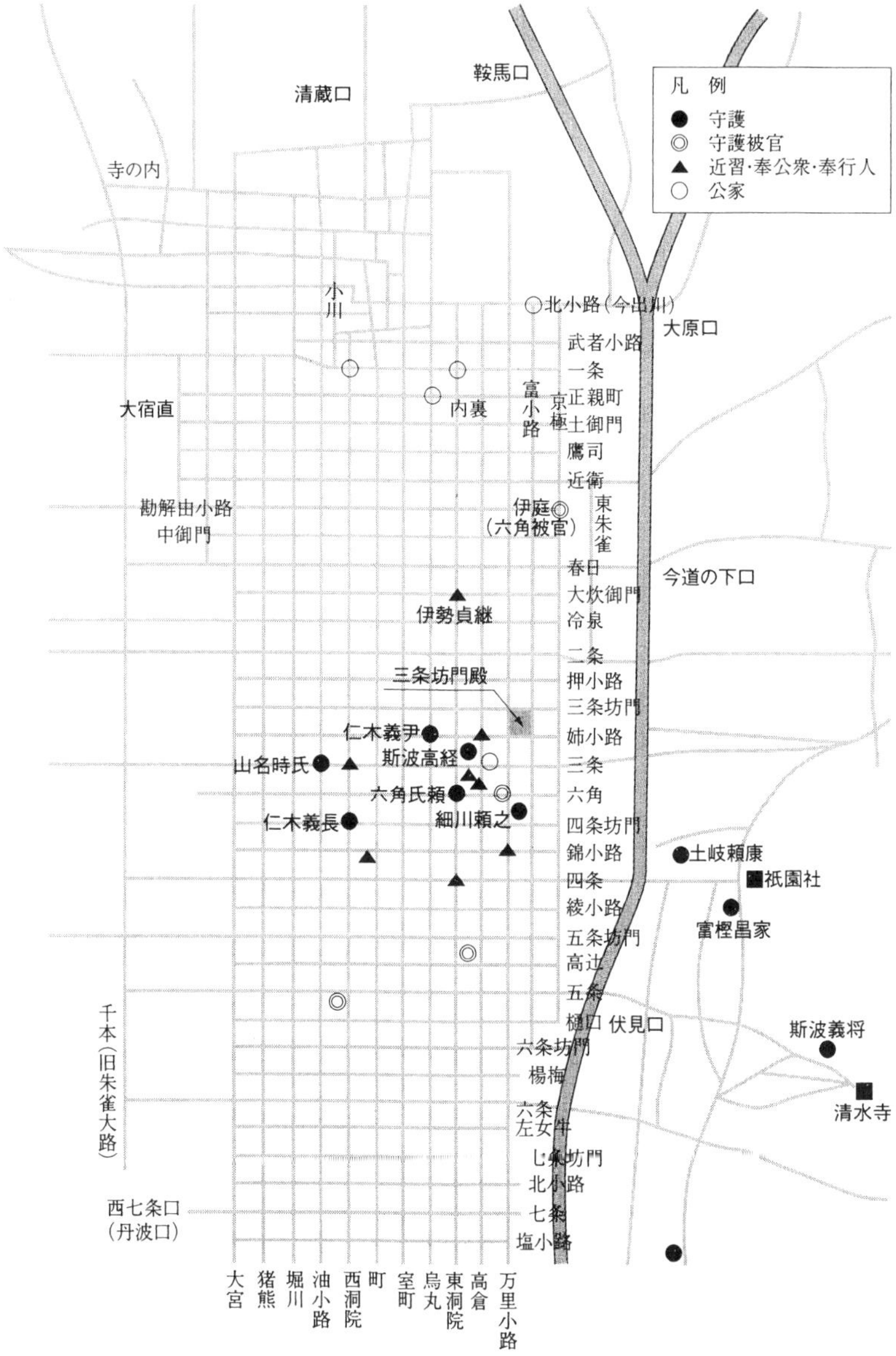
凡　例
守護
守護被官
近習·奉公衆·奉行人
公家
鞍馬口
清蔵口
寺の内
小川
北小路（今出川）
大原口
武者小路
一条
正親町
内裏
大宿直
富小路
京極
土御門
鷹司
近衛
勘解由小路
中御門
伊庭
（六角被官）
東朱雀
春日
今道の下口
大炊御門
伊勢貞継
冷泉
二条
押小路
三条坊門殿
三条坊門
仁木義尹
姉小路
斯波高経
山名時氏
三条
六角氏頼
六角
細川頼之
仁木義長
四条坊門
錦小路
土岐頼康
祇園社
四条
綾小路
富樫昌家
五条坊門
高辻
五条
樋口
伏見口
斯波義将
六条坊門
楊梅
清水寺
六条
左女牛
千本（旧朱雀大路）
七条坊門
北小路
西七条口
（丹波口）
七条
塩小路
大宮
猪熊
堀川
油小路
西洞院
町
室町
烏丸
東洞院
高倉
万里小路

図2　三条坊門殿Ⅰ期

いた古御所を接収したものであった[23]。この古御所は、南朝関係者の邸宅だったから、合戦時に行われる敵方財産の没収に該当するともいえる。しかし、彼らの被官たちの在所を確保するのはかなり困難であり[24]、この時期も在家接収は止まなかったのではないかと考える。幕府もそうした現状に手をこまねいていたわけではない。武家の輩に対する洛中屋地の闕所地給付を主たる役割とする「地方」の活動は正平七年（一三五二）以前には始まっていたものの[25]、洛中屋地裁判権は依然として検非違使庁の手に握られていたのである[26]。

では、南北朝期に、将軍の側から積極的に武士の集住化を企図したであろうか。貞治六年（一三六七）、三条万里小路東角地に将軍義詮の近習である小串某が邸宅を建造しようとしたことから、代々その地を管領してきた中原家との間で相論が起こっている。小串によれば、将軍義詮から御所近辺に邸宅を構えるように言われ、この敷地を拝領したという[27]。中原家にとって三条万里小路敷地は、代々管領してきた由緒から「三条大外記」と号するに至った「称号の地」であり、師茂は小串の許に使を遣わして事の次第を問い、この敷地の領有権を主張するとともに、義詮の妾淡路御局に三条地の由緒を書き記して送った[28]。この相論の結果は明らかではないが、将軍が近習に対して敷地を給与しようとしても、貴族や寺社の所有地である場合、当然その反対が予想され、事は容易には進まなかったのである。この事例に見られた義詮の近習を将軍御所近辺に配置しようとする動きは、場当たり的な印象を拭い切れず、計画性があったとは思えない。それは中原家の称号地であるのを知らずに近習に邸宅を構えるよう命じていることからも窺える。義詮段階では、幕府は京都の屋地に対する権限を未だ朝廷から接収したわけではなかった。

二　室町期における武家集住地の展開

1　室町殿Ⅰ期・北山殿期（義満・義持）[29]

室町殿Ⅰ期の武家邸宅で管見に入ったものは九例で豊富とはいえないが、その傾向を分析してみよう。図3によれば、伊勢氏・土岐氏以外の邸宅は下京にある。しかし、これを以てこの時期の武家邸宅の多数が下京にあったと結論することは適当なのだろうか。通説では、義満の室町殿造営によって、上京には内裏を取りまく公家の邸宅と、室町殿を中心とした武家邸宅が建ち並ぶことになったとされている。[30]図4より、管領畠山基国の邸宅は、北小路富小路という室町殿から至近の地にあった。畠山基国邸が、北山殿造営以前からこの地にあったとすれば、その理由は室町殿との地理的関係しか考えられない。同じことが足利満詮（義満弟）邸にもいえるであろう。推測の部分が多くなったが、ここでは基本的に通説を承認しておきたい。

室町殿の近辺というのは、もともと西園寺家の一族が集住していたところで、北小路室町には西園寺実兼の子兼季を始祖とする菊亭家と公経の子実藤を始祖とする室町家の邸が隣接する形で建てられていた。実藤から五代目の季顕のときに、足利義詮がその宅地を買得し別業上山荘を造営した。上山荘は義詮の死後、崇光院御所に進上されたが、永和三年（一三七七）に火災のため院御所・菊亭などの邸宅が焼失してしまった。義満は、院御所跡地が放置されているのに目を付け、その跡地と菊亭跡地をも併せた敷地に方二町という三条坊門殿の面積の二倍にあたる広大な室町殿を造営した。[31]室町殿造営自体が大規模な都市再開発と位置付けられるものだったのである。

当該期には、相国寺造営という大事業も行われている。永徳二年（一三八二）相国寺の上棟が行われた。相国

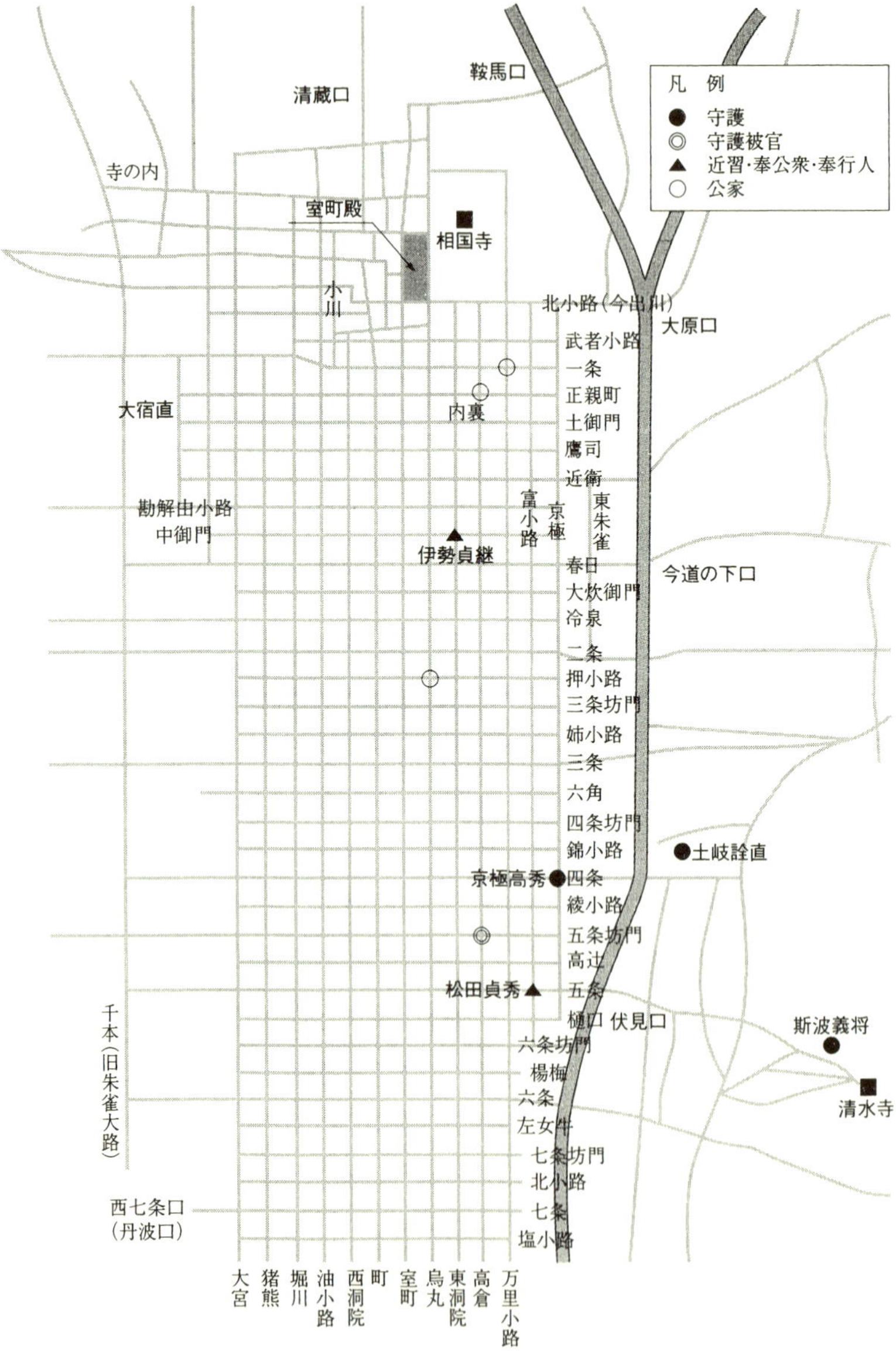
凡例
● 守護
◎ 守護被官
▲ 近習・奉公衆・奉行人
○ 公家
鞍馬口
清蔵口
寺の内
室町殿
相国寺
小川
北小路(今出川)
大原口
武者小路
一条
正親町
内裏
大宿直
土御門
鷹司
近衛
勘解由小路
中御門
富小路
京極
東朱雀
伊勢貞継
春日
今道の下口
大炊御門
冷泉
二条
押小路
三条坊門
姉小路
三条
六角
四条坊門
錦小路
土岐詮直
京極高秀
四条
綾小路
五条坊門
高辻
松田貞秀
五条
樋口
伏見口
斯波義将
六条坊門
楊梅
清水寺
六条
左女牛
千本(旧朱雀大路)
七条坊門
北小路
西七条口(丹波口)
七条
塩小路
大宮
猪熊
堀川
油小路
西洞院
町
室町
烏丸
東洞院
高倉
万里小路

図3　室町殿Ⅰ期

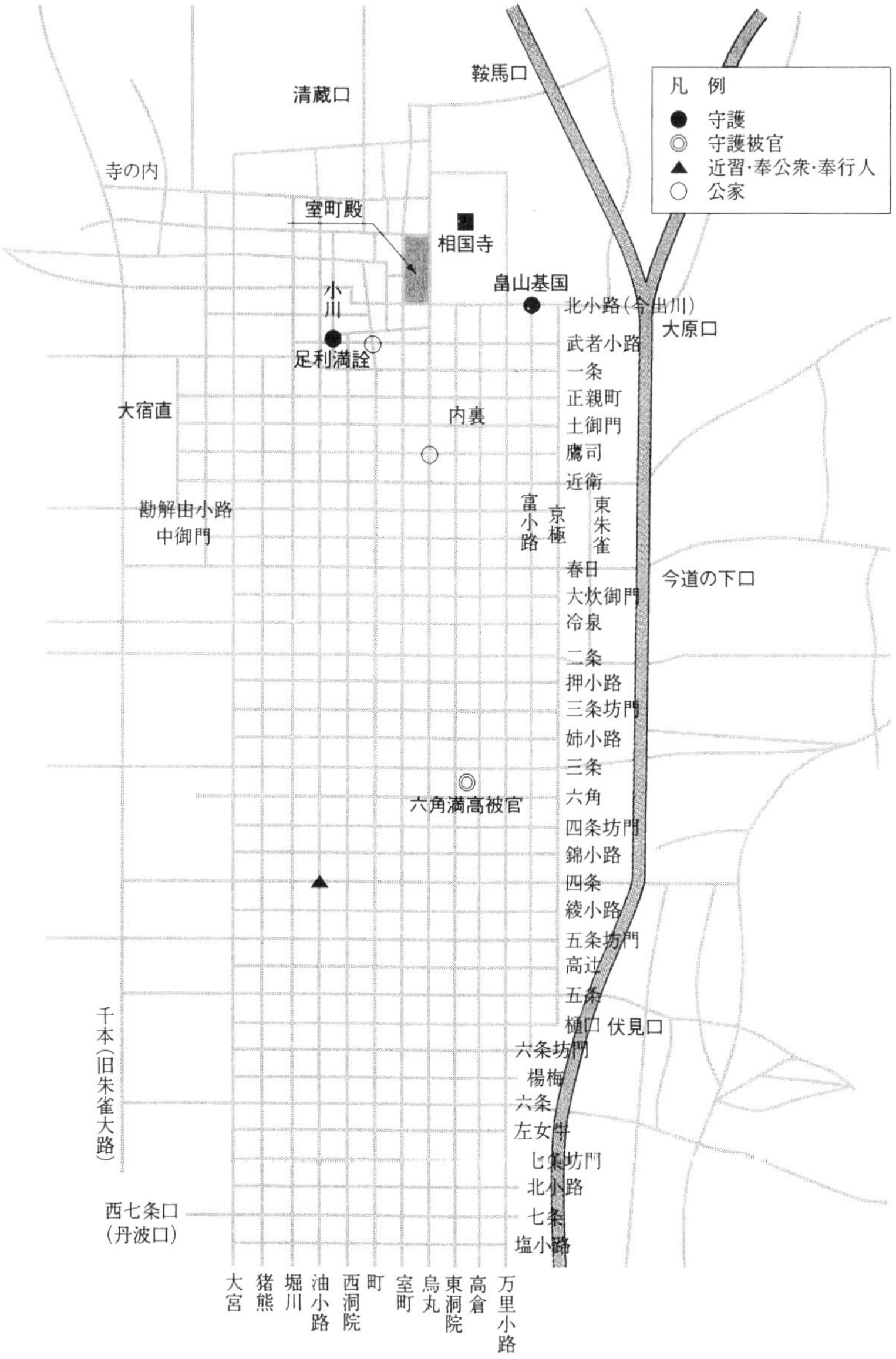
鞍馬口
清蔵口
凡例
守護
守護被官
近習・奉公衆・奉行人
公家
寺の内
室町殿
相国寺
畠山基国
小川
北小路（今出川）
大原口
足利満詮
武者小路
一条
正親町
大宿直
内裏
土御門
鷹司
近衛
勘解由小路
中御門
富小路
京極
東朱雀
春日
今道の下口
大炊御門
冷泉
二条
押小路
三条坊門
姉小路
三条
六角満高被官
六角
四条坊門
錦小路
四条
綾小路
五条坊門
高辻
五条
樋口
伏見口
千本（旧朱雀大路）
六条坊門
楊梅
六条
左女牛
七条坊門
北小路
西七条口（丹波口）
七条
塩小路
大宮
猪熊
堀川
油小路
西洞院
町
室町
烏丸
東洞院
高倉
万里小路

図４　北山殿期

寺は足利義満の発願により建立されたもので、後に歴代将軍の塔所が造られるなど、足利家の菩提寺というべき性格の寺院である。相国寺は、烏丸以東、万里小路以西、北小路以北、北は寺の内を東へ延長した線という広大な範囲を寺域として造営されることとなったが、寺地が土御門内裏からも至近距離にあり、公家衆の邸宅も多く存在したから、その敷地をいかにして確保するかが問題となるのは必定であった。義満は敷地確保に、かなり強引な手段を用いて、相国寺近辺の敷地を接収し、周辺に居住していた者は貴賤を問わず他所へ移住させたことはよく知られている。(32) 一条経嗣はその驚きを「如レ此事福原遷都之時之外無レ例云々」と表現しており、(33) かなりの公家衆が影響を被ったと思われる。

また、相国寺の西隣にあった永円寺は、仁和寺の摂取光院の敷地に移転し、そのあおりを受けて摂取光院はその地を追われ、「周章失レ度」有り様であった。(34) 永円寺には、日野町資藤の祖父柳原資明・父同忠光の遺骨や諸人の遺骨が納められた惣塔があったほか、(35) 和気明茂夫妻及び吉田兼敦の外祖母、さらには義満の子女などの墓所があったが、それらは全て改葬されることとなった。(36) 永円寺が移転することになった直接の理由は明らかではないが、永円寺の跡地が相国寺と同じく五山に列する天龍寺の長老に宛行われていること、義満の子女の墓所がある寺院が自己の意思で移転を決定できるとは考えにくいことから、この移転は永円寺の自発的な意思に基づくとは考えられず、幕府（特に義満）の命令によるものと考えるべきだろう。この跡地がその後どのように利用されたのか不明だが、相国寺は応永元年（一三九四）の焼失後、幕府により同三年には主要な建物は再建され、同年六月には仏殿供養が行われている。永円寺の移転は応永一〇年であり、相国寺再建とは直接の関係はないかも知れないが、この一件を含め室町殿周辺で大規模な都市再開発が進行したことは認められる。

このように、室町幕府は相国寺造営等に際し、その寺地確保に強大な権力を示したが、そうしたことを可能にした背景には幕府の京都支配権の拡大があったであろう。幕府の京都支配強化は、京都市中の警察権の接収に始まり、市中の治安維持、民事裁判権の掌握、金融業者への課税という順序で進んだ[37]。先述の「地方」も機能を拡大し、永徳～至徳年間（一三八一～一三八七）には、洛中の屋地裁判権をほぼ手中に握るなど、広範な権限をもつところとなったが[38]、こうしたことが、一見強引にも映る手法での寺地確保を可能にした一因であろう。そして、義満自身の強大な権力が最大の要因であることは間違いないだろう。内裏を中心に公家邸宅が多数建ち並ぶ上京で、こうした大造営事業が可能であることは、義満以前の室町幕府とは大きく異なっている。また、当該期は上京に武家が集住する第一の画期として位置付けられるであろう。

北山殿期に判明する武家邸宅の数も多くはない。しかし、その事例からこの時期の邸宅の配置傾向を窺い知ることができる。東寺別奉行である斎藤上野入道玄輔[39]や、前後三度管領職に就いた斯波義将[40]といった幕府の要職にある武士の邸宅が北山に存在した。公家衆では、松殿[41]・中山親雅[42]・富小路重継[43]等の邸宅も北山に設けられていた。その他、北山殿祈禱の円滑な遂行のために、青蓮院門主尊道入道親王・三宝院満済といった護持僧の里坊も北山に築かれていた[44]。また、義満は応永一一年から相国寺大塔を北山に再建する事業に着手している。この大塔は、応永六年、相国寺の東に建立された七重大塔であったが、同一〇年六月に雷火で焼失してしまった。それを改めて北山に再建したもので[45]、自己の強大な権力を象徴するモニュメントを北山に移したのである。このような点から判断して、北山殿を中核として公武寺社の邸宅・住坊などが密集する、諸権門の一大拠点か形成されていたことが推察される[46]。「日本国王」として公武寺社権門の上に絶大な権力を以て君臨したとされる義満にして、こうした空間構造を現出せしめたといえる。

2　三条坊門殿Ⅱ期（義持・義量・義教）[47]

図5によれば、当該期の武家邸宅は二か所に集中している傾向が読み取れる。一方は南北を勘解由小路～春日、

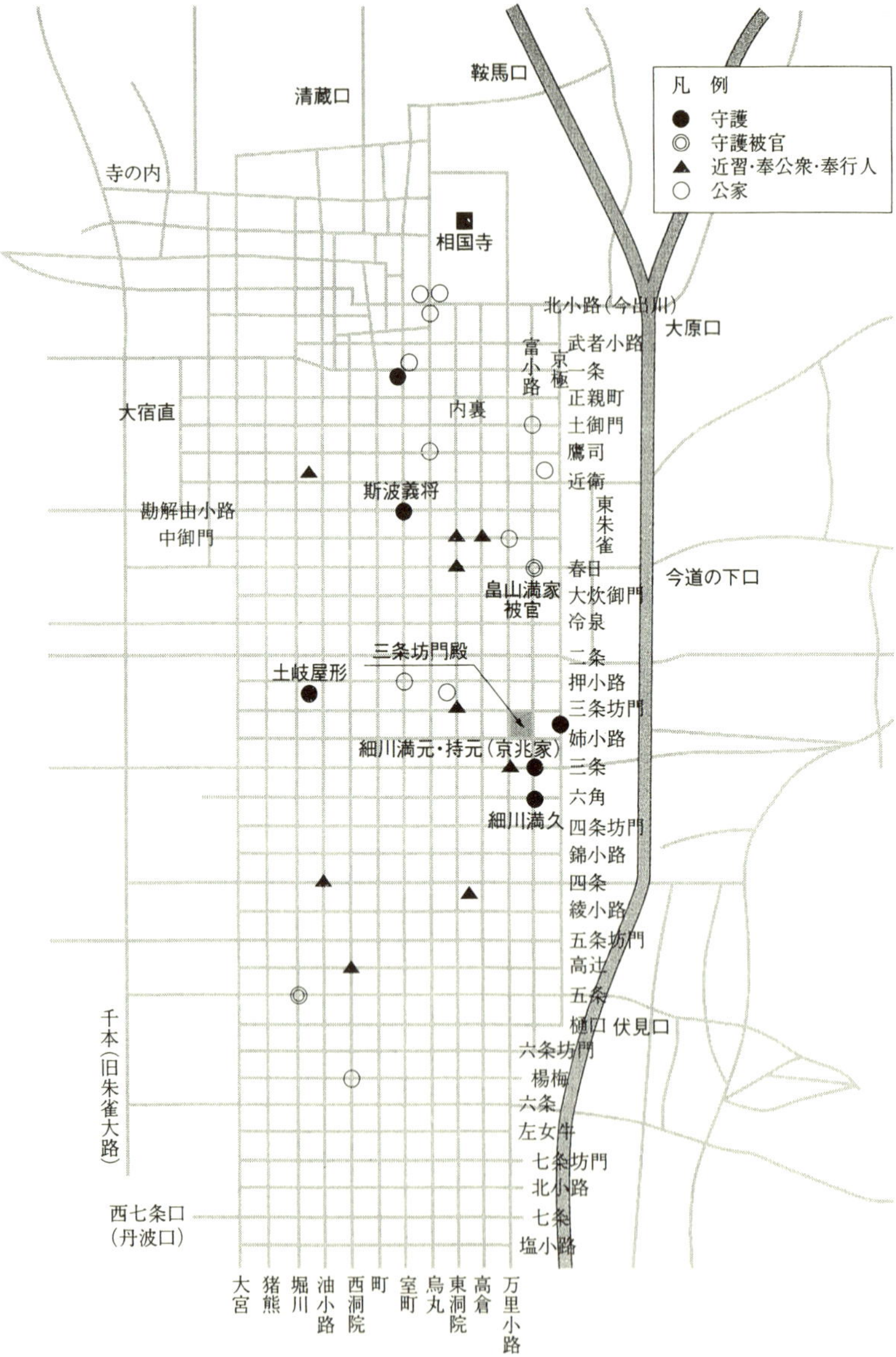
凡　例
守護
守護被官
近習・奉公衆・奉行人
公家
鞍馬口
清蔵口
寺の内
相国寺
北小路（今出川）
大原口
武者小路
富小路
京極
一条
正親町
内裏
大宿直
土御門
鷹司
近衛
斯波義将
東朱雀
勘解由小路
中御門
春日
畠山満家被官
大炊御門
冷泉
今道の下口
三条坊門殿
二条
土岐屋形
押小路
三条坊門
細川満元・持元（京兆家）
姉小路
三条
六角
細川満久
四条坊門
錦小路
四条
綾小路
五条坊門
高辻
五条
樋口
伏見口
千本（旧朱雀大路）
六条坊門
楊梅
六条
左女牛
七条坊門
北小路
西七条口（丹波口）
七条
塩小路
大宮
猪熊
堀川
油小路
西洞院
町
室町
烏丸
東洞院
高倉
万里小路

図５　三条坊門殿Ⅱ期

東西を富小路～室町で囲まれた一帯であり、他方は南北が三条坊門～六角、東西が京極～東洞院で囲まれた区域である。後者は、将軍御所三条坊門殿の求心力によるものであろう。前者はどうであろうか。斯波義将は北山に居住していた時点で「勘解由小路殿」と呼ばれていたことから[48]、この地に以前から邸宅を所有していたと思われ、義持が北山殿から三条坊門殿へ移住するのに伴い、北山から洛中の自邸に移住したと考えられる。また、他の事例については一つは管領家畠山満家の被官であり、畠山氏の邸宅との地理的関係から春日富小路に邸宅があったと考えられる。残りの二例は奉公衆、奉行人の邸宅であるが、これらは、三条坊門殿近辺に邸宅を確保できなかった者ではなかったかと考えておきたい。以上のことから、武家邸宅の多数は下京に存在したと考えられる。次いで、東西の範囲に注目すると、東端は京極通、西端は油小路・堀川通の辺りとなっている。また、三条坊門殿Ⅰ期と比較してみると、Ⅰ期には姉小路～四条通、万里小路～油小路通のラインで囲まれる区域に邸宅があり、Ⅱ期でもやや減少してはいるがその一帯に邸宅があり、Ⅰ・Ⅱ期ともに三条坊門殿が、下京の武家集住地の中核となっていることが読み取れる。義持が北山殿から三条坊門殿へ移徙した際の史料にも「当将軍家義持、北山より三条坊門万里小路の本御所に御移なり。同御一族達大名様も皆々御移なり」と記されているように[49]、多数の武士が、北山殿近辺から三条坊門殿近辺へ移住してきたのである。

3　室町殿Ⅱ期（義教・義勝[50]）

図6によれば、この時期の武家邸宅のほぼ全てが、上京に存在することが指摘できる。この現象は、三条坊門殿から室町殿への将軍御所移転が契機となっていることは、十分に想定できるところだが、邸宅移転が従来に比べてかなり徹底しているという印象を受ける。実際に邸宅を移転させたことが確認されるものに、富樫持春・畠山満家・細川持之等がいる。富樫持春は、室町殿（上御所）造営に伴い最初に邸宅を移転したものである。富樫

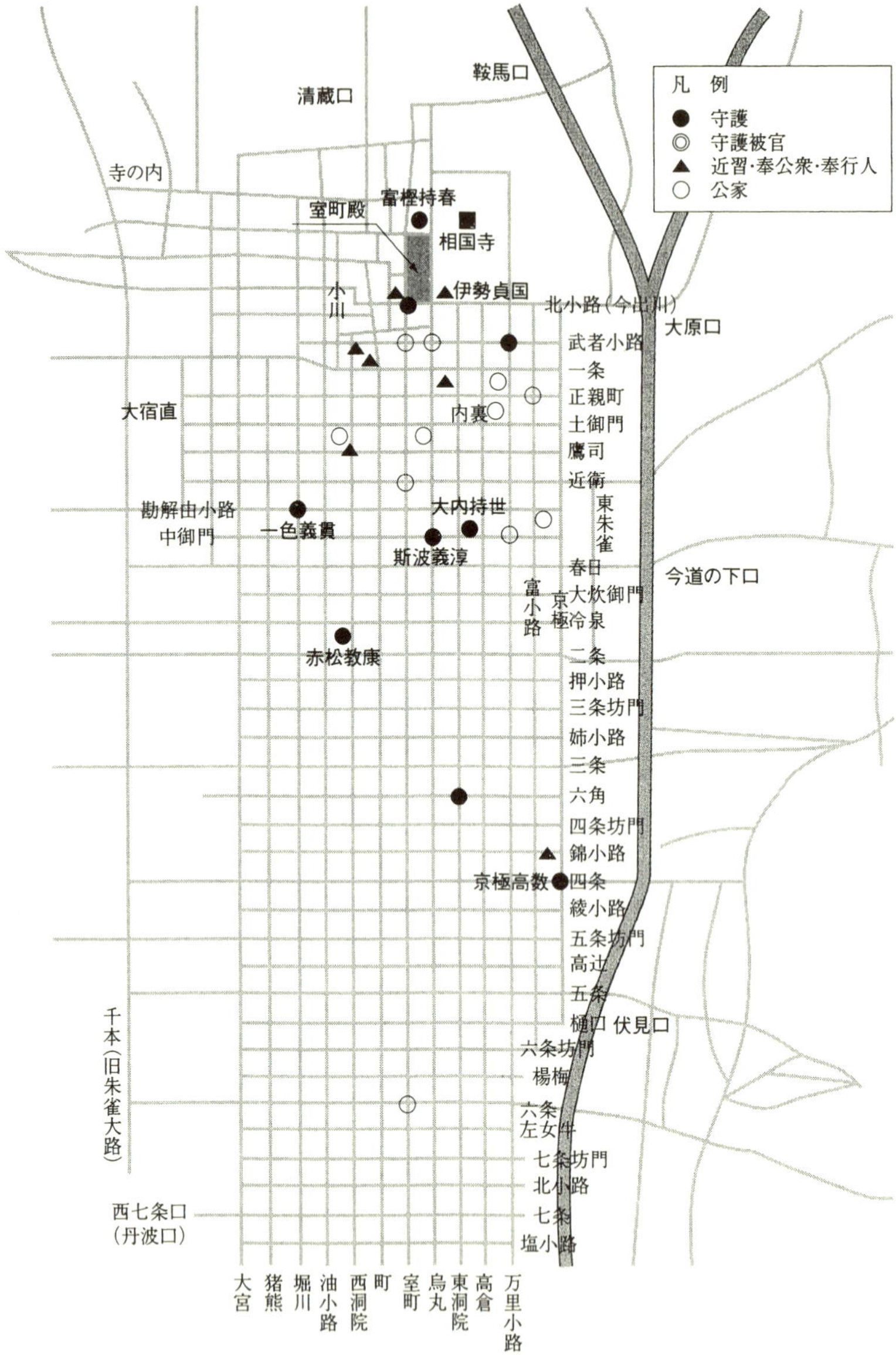
凡 例
守護
守護被官
近習·奉公衆·奉行人
公家
鞍馬口
清蔵口
寺の内
富樫持春
室町殿
相国寺
伊勢貞国
小川
北小路(今出川)
大原口
武者小路
一条
正親町
内裏
土御門
大宿直
鷹司
近衛
東朱雀
勘解由小路
中御門
大内持世
一色義貫
斯波義淳
春日
今道の下口
大炊御門
富小路
京極
冷泉
赤松教康
二条
押小路
三条坊門
姉小路
三条
六角
四条坊門
錦小路
京極高数
四条
綾小路
五条坊門
高辻
五条
樋口
伏見口
六条坊門
楊梅
六条
左女牛
七条坊門
北小路
七条
塩小路
千本(旧朱雀大路)
西七条口
(丹波口)
大宮
猪熊
堀川
油小路
西洞院
町
室町
烏丸
東洞院
高倉
万里小路

図6 室町殿Ⅱ期

は永享三年（一四三一）八月に、義教から上御所の北に邸宅を新造することを命じられ、同年九月には新造し、義教は方違のため富樫邸に渡御している。[51] 畠山満家は、一条以北の地に邸宅を構えている。[52] 畠山邸は同年一一月一三日に立柱上棟され、[53] 一二月一七日には義教が渡御しているから、[54] この間に移住したことになる。細川持之も上京に邸宅を移している。『建内記』永享一一年六月一四日条に「（略）祇園御霊会也、（中略）山笠・拍子物等如レ例。鼓吹達レ聞二室町殿一、御移二徙上御第一之後、及二多年一無二今日之御見物一。細川宿所引二渡ト在所一、仍御桟敷壊却之故歟、於二京極宿所一者如レ初在レ下」とあり、恒例化していた祇園御霊会・還幸祭の際の細川京兆邸御成が、永享四年以降行われていないことから、[55] 細川持之は将軍御所移転に伴い、永享三〜四年に上京へ移住したものと考えられる。

このように、守護が下京から上京へ移住したことはほぼ間違いないが、奉公衆・近習・奉行人の邸宅地にも特徴が見受けられる。彼らの邸宅は、南北では北小路〜正親町、東西では西洞院〜東洞院という一帯に五例見られる。この一帯はまさに室町殿至近の地である。守護邸も同じ上京にあるが、より一層室町殿に近い配置となっている。このような邸宅配置の傾向は、在京武士側の動きだけで生じたものではなかった。室町殿移転が決まって一〇日も経たない永享三年八月一九日には、早くも守護・奉公衆の邸宅地選定が問題となった。『満済准后日記』同日条に、

早旦出京。則参二室町殿一。御対面。上御所御移住ニ就テ、大名近習宿所地事各々申間、今日内々御談合被二治定一了。奉行津掃部助被レ召二御前一、御治定様直被二仰付一、指図ニ面々名字書札被二押立一了。

と記されていることから、義教等は内々に相談して邸宅地を決定し、地方頭人摂津満親を召して決定内容を直接

仰せつけたのであった。大名・近習の邸宅地が将軍義教主導のもとで決定した様子を示しているといえる。また、ここで注目したいのは指図に守護・奉公衆等の名前を書き込んでいる点であり、守護・奉公衆等に計画的な敷地配分が行われたことが判明する。邸宅地配分を決定するとなれば、御所近辺の敷地を希望したり、少しでも広い敷地面積を求める者が出てくる。そこで内々に決定して、その配分を地方頭人に命じるというところに、義教のいわゆる将軍専制志向が窺えるであろう(56)。先に見たように奉公衆・近習等の邸宅が室町殿近辺に集まる傾向も、こうした決定過程に起因するものといえよう。髙橋康夫は、義教が室町殿移徙の際、近辺に奉公衆後藤氏を置いたことを指摘されており(57)、そうした見方は可能であろうし、後述するように、義教が同朋衆を室町殿近辺に配置した事例もある。このような方策は、将軍義教の奉公衆・近習に対する保護・優遇策の一環と考えられる(58)。

だが、御所移転が決定してわずかしか経過しておらず、計画を実行に移す段階で諸問題に直面することとなる。室町殿の近くには土御門内裏があり、内裏近辺には公家邸宅が多く建ち並んでいたから(59)、それらへの対処に迫られた。具体例を見てみよう。この頃、常磐井宮直明王の在所は北小路で、室町殿の「御近所」という位置にあった(60)。義教は、常磐井宮を北小路邸からの小川殿に移し(61)、宮の在所には遁世者（同朋衆を指すものと思われる）を住まわせることを既に命じていたが、宮の在所を強制移住させた挙げ句にその跡に遁世者のような卑賤な者を置くことに躊躇したのか、満済に対し内々に相談している(62)。この問いに満済は、「仰雖二其謂候一、彼宮非二累代屋敷一。鹿苑院殿御代中御門万里少路へ被レ渡了。勝定院殿御代又為二故裏松宿所一。只今在所北少路へ被レ渡候キ。仍如レ此連々相違間、不レ可レ有レ苦歟」と答え、義教も同意した(63)。かつて義詮が、貞治年間に近習小串の屋敷を中原家の「称号地」に無断で造らせようとしたことと比較すれば、義教は代替地を事前に用意するなど配慮しているという見方もできる。

このように、当該期の邸宅配置には、将軍義教を中心とする事前の邸宅地配分が深く関わっていることが明らかとなったが、では、幕府内部において室町殿移転計画に対して異を唱えたものはいなかったのであろうか。その点を少し考えてみたい。室町殿（上御所）造営の計画が具体化するのは永享二年七月末のことである。それまでは、内々に進められていたのが、この時期に表面化してきた。[64] 七月二八日に山名時熙・畠山満家の二人が上御所移転を義教に申し入れたが、この申し入れは義教の意に叶うものであり、早速その意志は満済を通じて諸大名に伝えられ、重臣会議に諮ることになった。[65] 同日に管領斯波義淳邸で行われた重臣会議では、上御所移住要脚の内一万貫を支配している。三か国四か国守護が一〇〇〇貫、一か国守護が二〇〇貫拠出することになったのである。[66] 上御所造営の決定は、伏見宮貞成親王の耳にも届いていた。貞成は、「事始近明之間云々。諸大名も皆上へ可レ渡之由沙汰。天下営々歟」と記しており、[67] 上御所造営がいよいよ順調に滑り出すかに見えたが、この後やや不可解な経過を辿る。八月四日、宿老等は将軍の御在所の事について相談し、室町殿とするか、または現在の三条御所近辺で相応しい在所があれば申し入れようということになった。[68] 一〇日には、畠山満家邸で宿老等が新造御所在所についてなお相談している。そして畠山満則が満済の許を訪ね、宿老の意見として新造御所御在所六か所の内二か所を申し入れ、満済はそれを義教に伝達したが、義教は拒否した。宿老は相談し、今度は五か所の内、一所は畠山邸、もう一所は裏松邸西の冷泉高倉の二か所を申し入れたが、いずれも室町殿旧跡ではなかった。再度満済はこれを義教に伝達したが、この二か所とも義教は承諾せず、所詮室町殿が相応しい、という決定を下したのであった。[69]

こうした経過を見ていくと、宿老はそれほど積極的に室町殿移転を望んではいないようである。もちろん、畠山満家・山名時熙のように当初から室町殿移転を進言していた者もいるから、十把一絡げにはできないのだが、少なくとも室町殿移転推進派と、反対派とまではいえなくても移転消極派が存在したことは推測できる。しかし、結局は消極派の「抵抗」は将軍義教の意向に押し切られる形となり、室町殿移転が決定したのであった。

ここで、なぜ彼らが室町殿移転を忌避したのかという疑問が残る。この点について明確な回答はできないが、一つの理由として各守護家の財政事情の問題が考えられる。将軍御所造営要脚の大部分は守護出銭によっていた[70]。御所造営には多額の負担を強いられるのであり、財政事情が悪化していれば当然忌避せざるをえないだろう。義教の室町殿は、御所の諸建造物全てを新造したものであった[71]。それは、義持の三条坊門殿移住以降、室町殿が荒廃していたからなのだが、建造物全てを新造した他、会所も、義持の三条坊門殿が二棟であったのに対し、この義教の室町殿には三棟も存在した[72]。そうなると造営費用も当然かさんだであろうし、その負担が守護等に重くのし掛かったであろう。そのためか実際に守護等の要脚納入はかなり遅れていた[73]。こうした状況は、守護各々の財政事情にそれほど余裕がなかったことを推測させるものであり、そのために室町殿移転を忌避するかのような動きを見せたのではなかろうか。また、将軍御所移転に伴う守護各々の邸宅の新築貸用も多額に上ったことが窺われ[74]、その費用調達も当然問題となったであろう。この問題を解明するには、守護家の財政事情を分析検討する必要があるが、守護家内部の財政事情を守護側の「抵抗」の一因として考えてもよいのではなかろうか。

4 烏丸殿期（義政）[75]

図7によれば、室町殿Ⅱ期と同様に、当該期には烏丸殿を中核として、その近辺に奉公衆・近習・幕府奉行人の邸宅、さらにその外郭に守護（及びその被官）邸宅が配置されていることが読み取れる。これは髙橋康夫が指摘するように[76]、六代将軍義教の、奉公衆への優遇という方針が義政によって継承されたものであり、それがこの時期に顕在化したものであると考える。内裏を中核として公家邸宅が密集する上京に、特に奉公衆等の邸宅が公家権門の境内地であっても、将軍義政から配分されるという事態により、上京一帯は緊張の度合いを強めたと推測される。

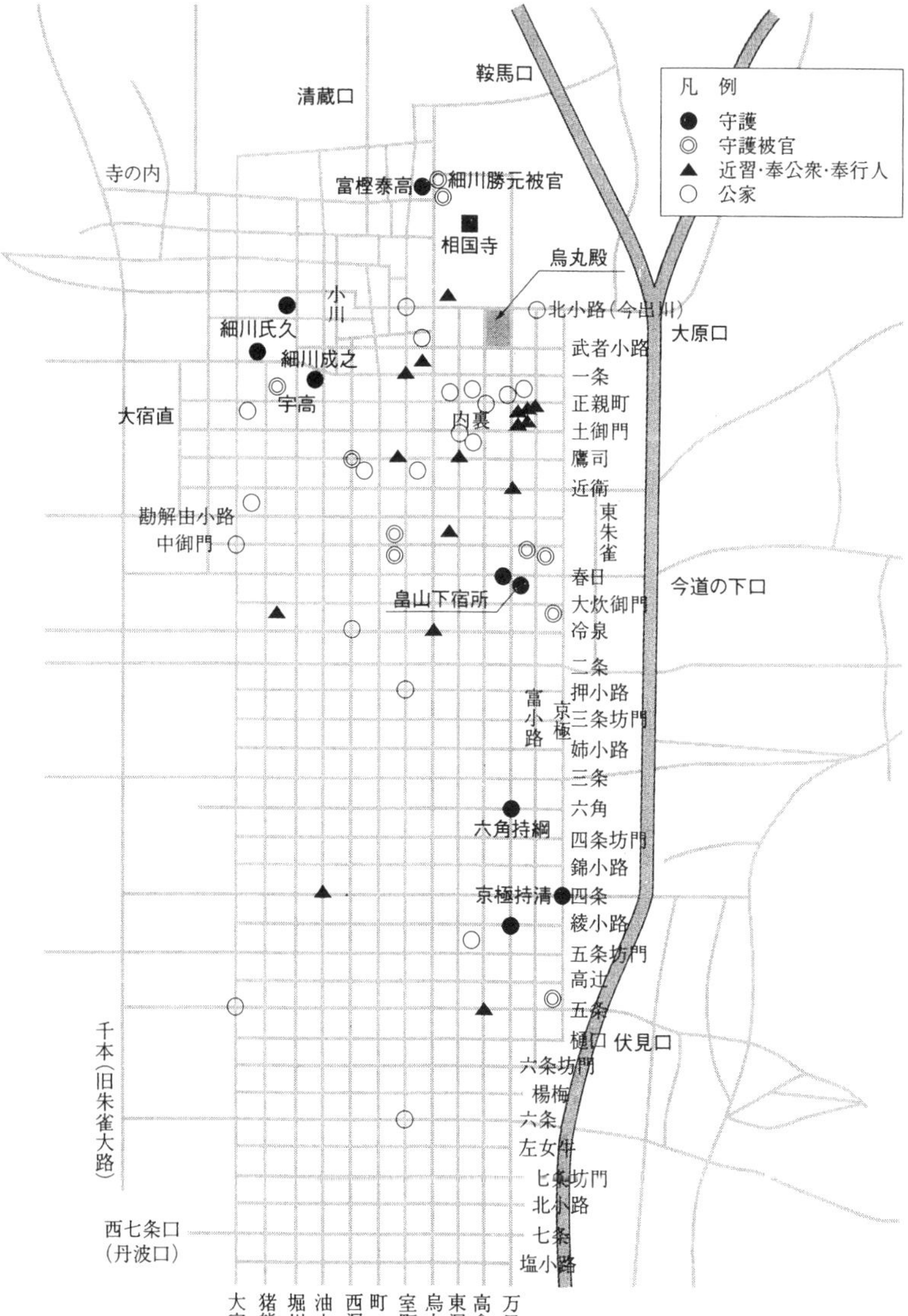
凡例
守護
守護被官
近習·奉公衆·奉行人
公家
鞍馬口
清蔵口
寺の内
富樫泰高
細川勝元被官
相国寺
烏丸殿
北小路(今出川)
大原口
小川
細川氏久
細川成之
宇高
大宿直
内裏
武者小路
一条
正親町
土御門
鷹司
近衛
東朱雀
勘解由小路
中御門
春日
大炊御門
冷泉
畠山下宿所
今道の下口
二条
押小路
三条坊門
姉小路
三条
富小路
京極
六角
六角持綱
四条坊門
錦小路
京極持清
四条
綾小路
五条坊門
高辻
五条
樋口
伏見口
六条坊門
楊梅
六条
左女牛
七条坊門
北小路
七条
塩小路
千本(旧朱雀大路)
西七条口(丹波口)
大宮
猪熊
堀川
油小路
西洞院
町
室町
烏丸
東洞院
高倉
万里小路

図7　烏丸殿期

また、邸宅が従来より広範囲に分布していることにも注意したい。四つの邸宅が油小路以西正親町以北の地に存在することはかつて見られず、しかもその四例のうち三例が阿波守護細川成之・備中守護細川氏久・和泉半国上守護代宇高という、細川氏一門守護及びその守護代の邸宅である。この区画が、細川氏一門守護によって意図的に占有されていた可能性もあろう。また、烏丸通と寺の内通の交差点付近にも三か所の邸宅があったが、こちらは加賀半国守護富樫氏・細川勝元被官・細川持賢被官の邸宅である。ここでも細川氏被官の邸宅が複数判明し、先ほどの事例と考え併せると興味深い。それはともかく、武家邸宅が上京の北・西部に営まれ始めたことが指摘できる。

5　室町殿Ⅲ期（義政）[77]

図8によれば、当該期の武家邸宅の大半は上京に存在していたことがわかる。これには、義教が永享年間に、将軍御所を三条坊門殿から室町殿に移転して以来、義政の烏丸殿・室町殿と将軍御所が上京の地に続けて造営されたことと決して無関係ではあるまい[78]。こうした状況を武家の上京への定着といってもよいだろうが、髙橋康夫によれば、義政の室町殿移徙に伴い、土御門四丁町に居住していた奉公衆等が室町殿近辺へ移住しているという[79]。とすると、上京内部で奉公衆の邸宅移転が行われたということになるが、三条坊門殿からの移転に比べれば移住する者も（特に守護は）少なく、混雑も少なかったのではないかと思われる。しかし、義政は同じ上京にあり、場所も烏丸殿からかなり近いという印象を受ける室町殿になぜ移徙したのであろうか。抑も義政が、室町殿移転を決定したのがかなり急であった。烏丸殿の造営が進行し、庭園の整備も進んだ長禄二年（一四五八）に室町殿の造営・移転を宣言したため、当時の人々もその決定を意外な思いで受け取った[80]。川上は、この決定に「若気の沙汰とは言いきれない義政の傍若無人ぶり」を指摘している[81]。確かに、義政にはそのような一面もあったかも知れ

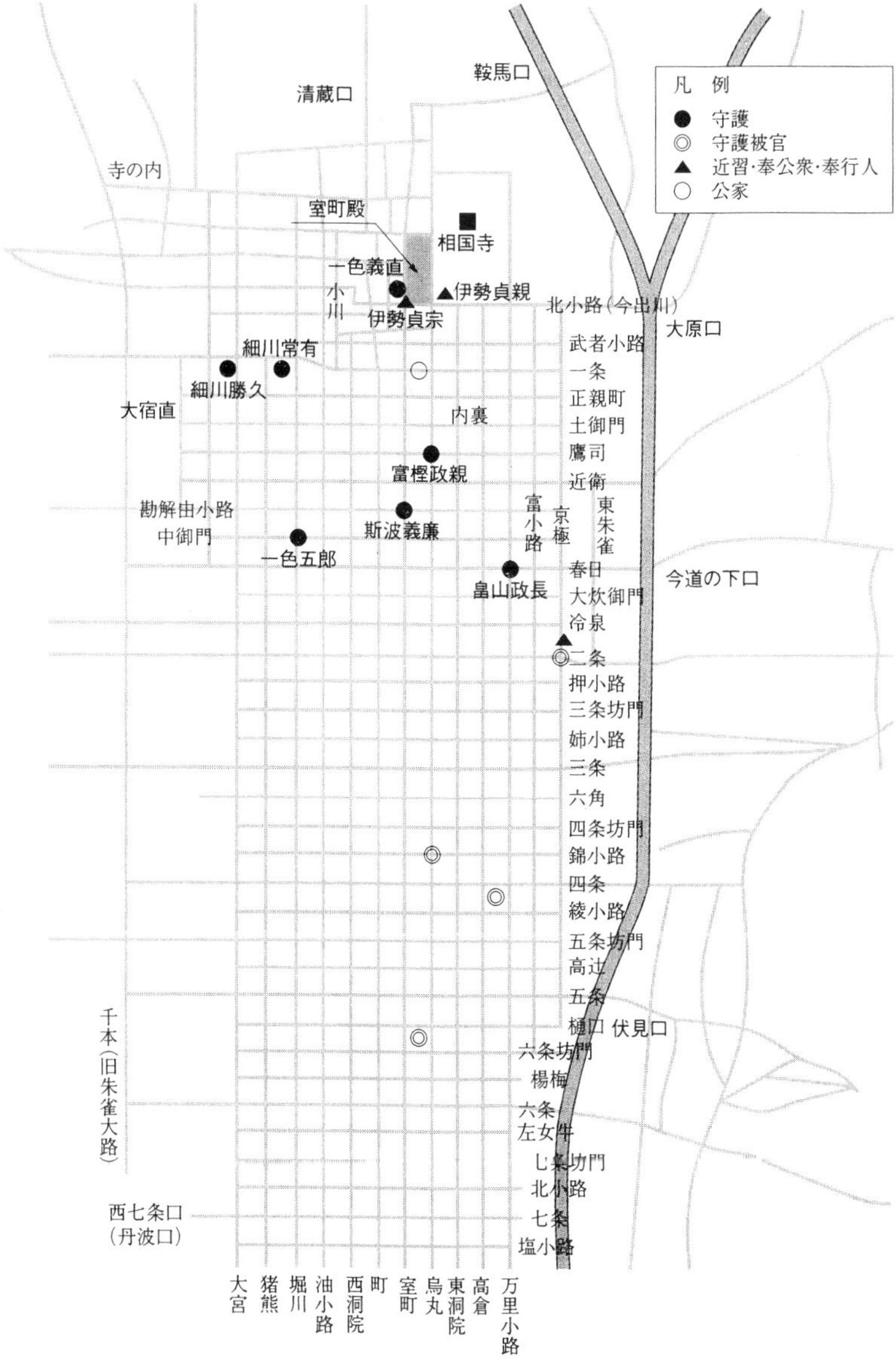
凡例
守護
守護被官
近習・奉公衆・奉行人
公家
清蔵口
鞍馬口
寺の内
室町殿
相国寺
一色義直
伊勢貞親
伊勢貞宗
小川
北小路（今出川）
大原口
細川常有
細川勝久
大宿直
内裏
富樫政親
斯波義廉
一色五郎
畠山政長
勘解由小路
中御門
武者小路
一条
正親町
土御門
鷹司
近衛
富小路
京極
東朱雀
春日
大炊御門
冷泉
二条
押小路
三条坊門
姉小路
三条
六角
四条坊門
錦小路
四条
綾小路
五条坊門
高辻
五条
樋口
伏見口
今道の下口
六条坊門
楊梅
六条
左女牛
七条坊門
北小路
七条
塩小路
千本（旧朱雀大路）
西七条口（丹波口）
大宮
猪熊
堀川
油小路
西洞院
町
室町
烏丸
東洞院
高倉
万里小路

図８　室町殿Ⅲ期

ないが、義政が上記の決断を下した背景をもう少し考えてみる必要があろう。

　義政が将軍に就任した際、将軍御所は早世した兄義勝の室町殿であったから、まず前将軍御所である室町殿に移徙した後、三条坊門殿に新御所を造営して移住するはずであった。しかし、室町殿に妖物が出て、義政の母等が烏丸殿へ帰るという事件があり、室町殿移徙は中止となった。また、新造御所地は、細川・斯波・山名という有力守護の合議により、三条坊門殿ではなく、一条室町東頬四丁町に決定した。その理由は「下ハ大名等移事大儀也。仍上ニ可レ有二御座一云々」[82]とあるように、守護等が邸宅移転を忌避したことにあり、しかも、新御所造営自体が沙汰止みとなった。新御所造営に対する執着はこの時以来のものであろう。義政は長禄元年頃から父義教の政治を理想とし、公的な儀式も義教時代の先例に倣うようになるが[83]、室町殿移転もその延長線上で把握すべきではなかろうか。将軍就任当初に新御所造営が予定されていた三条坊門殿でなく、室町殿を選択したのは義教の旧跡であったからであろう。また、今回このような決断を実行できた背景には、この頃には将軍義政による親政が実現していたことが大きく作用していよう[84]。

　義政の室町殿への執着を垣間見ることのできる出来事がある。時期は、義政が室町殿移転を命じた長禄二年から三〇年後の長享二年（一四八八）のことである。蔭涼軒主亀泉集証が、室町殿跡地について奉公衆の金山備中入道[85]と相談した。集証は、室町殿跡地には毎夜夜盗が集い、殺害人は死人を捨てていき、徳政が行われれば土一揆が張陳するばかりか、近来は博徒が相集い、ある時は喧嘩をし、またある時は酒宴を張るといった有り様で庶民の家にして然るべきである、と述べた。これに対して金山備中は、「不レ可レ成二民家一。前年於二高倉一可レ被レ立二御所一之命有レ之。然東山殿不レ被二与同一。此御家代々号二室町一。然者花御所々々之地可レ然」と答えている[86]。金山備中は花御所（室町殿）こそ御所の地であると考えており、義政祇候の奉公衆である彼の発言は、当然義政の意向を代弁していると見られ、ここから義政の室町殿への強い執着を読み取ることができよう。この室町殿跡地は、義政の存命中在家とされず幕府により維持されたが、義政の死後、一〇年も経ない明応五年（一四九六）には、跡地の一部が切り売りされてしまう[87]。

おわりに　―京都における武家集住地の位置付け―

ここで、在京武士の邸宅確保の方法についてまとめておく。第一に、将軍（幕府）から給与されるケースがあり、奉公衆などはこうした場合が多かったと思われる。南北朝期の京極高氏も将軍義詮から四条京極に四丁町の敷地を拝領している[88]。義詮時代の小串氏も結果は不明だが、こうした事例の中に含められる。第二に、買得するケースがあり、赤松氏や小串氏などがそのような事例として挙げられる[89]。第三に、借住するケースがあり、借地した者も含めるとこれに該当する者として、長井広秀や畠山持国などがある[90]。第四に、接収という手段がある。南北朝期にはこうした居住地確保方法がかなり採用されたであろう。第五に、寄宿というケースがある。守護が寺院に寄宿している事例が比較的見受けられるが[91]、これは軍勢の駐留に、当然のことながら広い敷地が求められることに起因しよう[92]。第六に、鎌倉期から相伝されてきたケースがあるが全体から見れば比率としては低いであろう[93]。

こうした邸宅地確保の方法に、時期的な変化はある程度はあったと思われる。幕府のいわゆる洛中支配権の拡大と連動する形で、「地方」が洛中屋地に関する権限を拡大させるにつれて、邸宅地確保は容易になったであろう。義満以降、室町殿により公家衆にも邸宅地を給付する例が見られ[94]、義教期には、義教が伏見宮貞成親王による一条東洞院の敷地管領を承認するに至っている[95]。これらの事例は、室町殿の京都における屋地給付権が強大なものとなったことを物語るものといえる。また、在京武士の中には「上宿所」、「下宿所」といった二か所の邸宅を所有する者もおり、具体例として細川氏（京兆家）、畠山氏、富樫氏などの守護を挙げることができる。このような、

「上宿所」・「下宿所」という形態は、おそらくは義満の室町殿造営を契機に生まれたものではないかと思われるが[96]、将軍御所が上京・下京の二か所あることに対応した形態であり興味深い[97]。こうした形態がどこまで一般化できるか判断するのは難しいが、一応守護・有力幕臣の間では広範に見られた形態ではなかったかと推測しておきたい。邸宅移転後の跡地については不明だが、そのまま確保していたのではないだろうか[98]。

次いで、武家邸宅の面積についても若干触れておく。敷地面積が判明する事例は、極めて少ない。髙橋康夫は武家邸宅の敷地面積の標準を、管領家が1町、侍所頭人家が1/2町、奉公衆（上位）が1/2町以上、奉公衆（中位）・奉行人が1/4町〜1/8町、奉公衆（下位）が1/8町〜1/16町としている[99]。実例を見てみると、侍所頭人家の京極高氏邸は方1町であったから、髙橋の提示した標準例とは異なっている。また、奉公衆の上位・中位・下位といった区別も今一つ不明確であり、こうした基準についても検討の余地があろう。

さて、室町期京都の空間構造についてまとめると、公家邸宅は一貫して内裏を中心とする上京にあったのに対し、武家邸宅は時代を経るにつれ、鴨川東岸から下京へと拠点を移し、ついに上京の内裏周辺に集住地が形成されるが、その画期となるのは義教期であると考えられる。従来は、義満の室町殿造営を機に上京が公武邸宅の政庁街となると説明されてきた。室町期京都の空間構造を考える上で、義満期が一つの画期であったことは疑いえないが、義持期に武家の拠点は下京に移っており、義満期に、上京＝公武政庁街、下京＝商工業域という区分が成立したとはいえず、むしろ、義教期以降に上京が武家の拠点として定着したといえる。ただし、室町幕府による武家邸宅の計画的配置が、都市全体を見通した一定のプランに基づくものとはいえないであろう。

上京に、将軍御所を中核として武家集住地が形成されたが、その区域においては公武邸宅が錯綜しており、武家が一円的に支配するという意味での「武家の空間」は形成されなかった。このような空間構造は従来から上京に存在した公家邸宅を武家が排除できなかった結果というよりは、むしろ室町期固有の構造とみるべきではなかろうか。こうした見方は、義満の北山殿が、公家邸宅の制約を受けない洛外に立地しながら、その周辺には公武邸宅、寺社が密集する空間を形成したことによっても裏付けられるであろう。このような空間構造は、室町幕府が主導権を握りつつも公家等の諸権門と相互に支えながら民衆を支配する、いわゆる公武統一政権という当該期の政治構造が投影されたものと考えられる。(100) この点で、秀吉が大名屋敷地区・公家町・寺町を形成し、都市の統一的支配を貫徹せんとした豊臣期京都とは対照的な構造といえよう。

本稿では、京都という首都空間の中に武家邸宅がいかに位置付けられるのか、室町期を通じて具体的に明らかにしようと試みてきたが、室町期京都の都市構造を寺社や商工業区域、あるいは都市民の関係などを合めて総体的に論じることができなかった。この点については残念ながら今後の課題とせざるをえないが、中世京都の都市構造を解明するための分野を越えた議論の素材を提供できたとすれば幸甚である。

注

(1) 佐藤進一「室町幕府論」(『日本中世史論集』、岩波書店、一九九〇、初出一九六三)。
(2) 京都市編『京都の歴史3　近世の胎動』(学芸書林、一九六八)三三〜三七頁。
(3) 伊藤毅「中世都市と寺院」(『日本都市史入門Ⅰ　空間』、東京大学出版会、一九八九)、仁木宏『空間・公・共同体—中世都市から近世都市へ』(青木書店、一九九七)Ⅱ章等。
(4) 髙橋康夫『京都中世都市史研究』(思文閣出版、一九八三)第三章、髙橋康夫・吉田伸之・宮本雅明・伊藤毅編『図集日本都市史』(東京大学出版会、一九九三)八七頁。また、森田恭二「花の御所とその周辺の変遷」(永島福太郎先生退職記念会編『日本歴史の構造と展開』、山川出版社、一九八三)で、文明八年の室町殿焼失後における御所地の町屋化など興味深い事実が指摘されているが、公武邸宅地の比定は不十分である。
(5) 前掲注4『図集日本都市史』のほか、足利健亮編『京都歴史アトラス』(中央公論社、一九九四)四八〜四九頁において、室町期の武家邸の分布図が作成されているが、部分的なものにとどまっている。

（6）武士の居宅は史料上、「宿所」と表記されることが多いが、同一の居宅がある記録では「宿所」、他の記録では「亭」、「宅」等と表記されることもあり、所有形態によって表記の使い分けがされているとは考えにくい。この点検討の余地を残すが、本稿では一応公武の居宅を「邸宅」と表記する。伊藤毅「宿の二類型」（五味文彦・吉田伸之編『都市と商人・芸能民―中世から近世へ』、山川出版社、一九九三）では「宿所」という表現は、武士が本拠を離れ、一時的に滞留するという通念が一般的に存在したことによるとされるが、上述のように、「亭」、「宅」といった表記もあるし、記録の筆者の多くは公家衆であることから、こうした通念が一般的なものとまでいえるかどうか検討を要するであろう。また、現実に室町幕府による守護の在京強制が厳格であったことも等閑視できないと思われる。守護の在京強制については、河合正治「将軍と守護―室町政治の地方視点よりの考察」（豊田武・ジョン＝ホール編『室町時代―その社会と文化』吉川弘文館、一九七六）を参照。

（7）木内正廣「鎌倉幕府と都市京都」（『日本史研究』一七五、一九七七）。

（8）木内正廣「中世京都家地の一変転」（秋山國三先生追悼会編『京都地域史の研究』、国書刊行会、一九七九）。

（9）高橋慎一朗「武家地六波羅の成立」、「空間としての六波羅」（『中世の都市と武士』、吉川弘文館、一九九六、初出はそれぞれ一九九一、一九九二）。

（10）弘安九年四月日付感神院所司等申状案（『八坂神社文書』下、一二七〇）、脇田晴子『日本中世都市論』（東京大学出版会、一九八一）一二五〜一二六頁。

（11）日本古典文学大系『太平記』巻一二「安鎮国家法事　付諸大将恩賞事」。

（12）前掲注7木内論文・前掲注9高橋慎一朗論文。

（13）『竹内文平氏所蔵文書』洛中宿人在所注文断簡（『群馬県史資料編六』六〇三号）。

（14）佐藤進一『日本の歴史9　南北朝の動乱』（中央公論社、一九六五）一五〇頁以下。

（15）川上貢『日本中世住宅の研究』（墨水書房、一九六七）。

（16）尊氏は、付表のように居所を頻繁に移しており、自邸のあった時期だけで区分すると短期間しか時期設定できない。したがって、ここでは尊氏の将軍在職期間を以て一区分とした。

（17）前掲注4『図集日本都市史』八七頁。

（18）『師守記』貞和三年一二月一八日条。

(19)三条坊門殿I期は、上限を義詮の将軍職就任時、下限を義満が室町殿に移る永和四年以前とした。
(20)前掲注9高橋慎一朗著書、九〇頁。
(21)佐藤進一・池内義資編『中世法制史料集二　室町幕府法』(岩波書店、一九五七)。笠松宏至によれば、「私宅点定」というのは、京都からの一種の追放、公家としての身分を奪うのと同じような意味をもち、かなり重大な罰則というような意味をもっていた(『シンポジウム日本歴史8　南北朝の内乱』、学生社、一九七四、二八頁)が、ここでは敵方所領没収の一形態と考えておく。
(22)前掲注14佐藤著書、一五二頁。笠松宏至「建武政権・室町幕府の評価」(前注『シンポジウム日本歴史8　南北朝の内乱』)。
(23)『太平記』巻二六「執事兄弟奢侈事」。なお『師守記』貞和五年三月一四日条に「将軍被レ渡二一条執事宿所一」とあり、『太平記』の師直宿所地の記述は信頼できる。
(24)前注史料に同じ。
(25)小林保夫「地方頭人考」(『史林』五八—五、一九七五)。
(26)五味文彦「使庁の構成と幕府」(『歴史学研究』三九二、一九七三)。
(27)『師守記』貞治六年九月二六日条。
(28)前注史料に同じ。
(29)室町殿I期は、上限を義満が室町殿に移徙した永和四年三月、下限を北山殿寝殿が立柱上棟し、義満が移徙した応永四年四月に設定した。室町殿は、義満から義持に譲られるが、室町殿における評定は北山殿のそれと比べると一段低いものとなっており、政治の中心は北山殿であることに鑑み、義満の北山殿移徙を以て当該期の下限とした。また、北山殿期は、上限を義満の北山殿移徙の応永四年四月、下限を義持が三条坊門殿へ移徙した応永一六年一〇月二六日以前に設定した。
(30)前掲注2『京都の歴史3』四七頁等。
(31)前掲注15川上著書、二一〇〜二一一頁。
(32)『荒暦』(東京大学史料編纂所蔵写本『柳原家記録』一四四)永徳二年一〇月三〇日条。
(33)『荒暦』永徳二年一一月二日条。
(34)『吉田家日次記』応永一〇年閏一〇月二九日条(『大日本史料』七—六、四七五頁)。
(35)『吉田家日次記』応永一〇年閏一〇月二九日条(『大日本史料』七—六、三六一頁)。

(36) 前掲注34史料及び『吉田家日次記』応永一〇年三月一四日条（『大日本史料』七―六、四七四頁）。
(37) 前掲注1佐藤論文。
(38) 前掲注25小林論文。
(39) 『廿一口方評定引付』一、応永八年二月九日条（『大日本史料』七―五、一二五頁）。
(40) 『教言卿記』応永一六年閏三月三日条に「又夜焼二亡北山勘解由小路殿在家一、放火云々」とある。
(41) 『迎陽記』応永六年八月七日条（『大日本史料』七―四、三〇一頁）。
(42) 『吉田家日次記』応永八年三月九日条（『大日本史料』七―五、一三七頁）。なお、応永九年五月二七日条（『大日本史料』七―五、五五七頁）によれば、親雅は室町殿惣門脇、武者小路町にも邸宅を所有していた。
(43) 『教言卿記』応永一三年一一月三日条。
(44) 今谷明『室町の王権』（中央公論社、一九九〇）、同「足利義満の王権簒奪過程」（小川信先生古稀記念論集『日本中世政治社会の研究』、続群書類従完成会、一九九一）。なお、「諸門跡伝」曼殊院（『華頂要略』一四二〈『大日本史料』七―六、七九九頁〉）は北山殿造営に伴い、曼殊院門跡（竹内門跡）が北山から洛中に移転したとし、『京都市の地名』（平凡社、一九七九）等もこの記事に依拠するが、『宣胤卿記』文明一二年二月二四日条に「…於二北山一者、鹿苑寺、等持寺、真如寺、又竹内門跡等、于レ今残了…」とあり、文明年間においても曼殊院門跡が北山にあったことは明白で、『華頂要略』の記事は信頼できない。
(45) この北山大塔は応永二三年正月九日に再び雷火によって炎上している。
(46) 宮上茂隆「足利将軍第の建築文化」（『日本名建築写真選集一一　金閣寺・銀閣寺』、新潮社、一九九二）では、馬場の北側などには近臣たちの屋敷があったと推測されている。
(47) 三条坊門殿Ⅱ期は、上限を義持が移徙した応永一六年一〇月二六日、下限を義教が室町殿への移住を決定した永享三年八月に設定した。
(48) 前掲注40史料。
(49) 『若狭国守護職次第』（『群書類従』補任部）。
(50) 室町殿Ⅱ期は、上限を義教が室町殿移住を決定した永享三年八月以降、下限を義勝が死去する嘉吉三年七月以前とした。
(51) 『満済准后日記』永享三年九月一三日条。

(52)『建内記』永享三年一二月一七日条に「室町殿渡二御畠山左衛門督入道道端上宿所一〈一条以北／□〉」とあり、正確な位置は把握できない。

(53)『満済准后日記』永享三年一一月一三日条。

(54)『建内記』同日条。

(55)二木謙一「足利将軍の祇園会御成」(同著『中世武家儀礼の研究』、吉川弘文館、一九八五、初出一九七〇)。

(56)義教の専制志向については、佐藤進一「足利義教嗣立期の幕府政治」(前掲注1佐藤著書、初出一九六八)を参照。

(57)前掲注4髙橋康夫著書、二七三頁。

(58)義教期の奉公衆組織再編については、福田豊彦「室町幕府の奉公衆(一)」(『室町幕府と国人一揆』、吉川弘文館、一九九四、初出一九七一)参照。

(59)図1〜図8参照。

(60)『満済准后日記』永享三年一一月一〇日条、『建内記』同年一二月二日条。

(61)『吉田家日次記』応永一〇年一二月七日条(『大日本史料』七―六、三九九頁)によれば足利満詮は、小河中納言と呼ばれ、その邸宅は武者小路小川にあった。義教が常磐井宮を移した小川殿が旧満詮邸であった可能性もある。

(62)『満済准后日記』永享三年一一月一〇日条。

(63)『満済准后日記』永享三年一一月一〇日条。応永一六年一一月に、裏松重光が邸宅造営のため常磐井宮満仁親王から御所を借用し、親王は四辻宮大納言跡に移住していることは『教言卿記』応永一六年一一月一五日条・一九日条から確認できる。したがってこの満済の発言内容は信頼できると考える。

(64)『満済准后日記』永享三年七月二五日条。

(65)『満済准后日記』永享三年七月二八日条。なお、重臣会議については、今谷明「室町幕府の評定と重臣会議」(『室町幕府解体過程の研究』、岩波書店、一九八五、初出一九八四)参照。

(66)『満済准后日記』永享三年八月三日条。

(67)『看聞御記』永享三年八月三日条。

(68)『満済准后日記』永享三年八月四日条。

(69)『満済准后日記』永享三年八月一〇日条。

(70) 桑山浩然「室町幕府経済の構造」（『日本経済史大系』二、東京大学出版会、一九六五）。
(71) 義政の室町殿移転時には、経費上の問題から既存の施設を移転することに重点がおかれた（前掲注15川上著書、二五二頁）。
(72) 前掲注15川上著書、二二四・二三四頁。
(73) 『満済准后日記』永享三年九月二〇日条。
(74) 『蔭凉軒日録』明応二年五月二〇日条に「…太郎右衛門尉話云、赤松公於二本能寺一造作有レ之。公問曰。可レ被レ建二屋形一。其要脚幾許。我答曰。太概六万貫有レ之者可レ成乎云々…」とあり、額の実否は別にして守護邸宅造営には多額の費用を要することが窺える。
(75) 烏丸殿期は、上限を義政が将軍後嗣に決定した嘉吉三年七月二三日、下限を義政が室町殿に移徙する長禄三年一一月とした。
(76) 前掲注4髙橋康夫著書、二七三頁。
(77) 室町殿Ⅲ期は、上限を義政が移徙する長禄三年一一月、下限を室町殿が焼失する文明八年一一月とした。
(78) 永正一二年（一五一五）一二月に、義稙が二条西洞院妙本寺から三条御所に移徙する（『益田家什書』六七〈『大日本史料』九―五、九〇三頁〉）までの間は、通玄寺が将軍御所となった時期を除けば将軍の在所は上京であった。大石雅章「比丘尼御所と室町幕府」（『日本史研究』三三五、一九九〇）によれば、義材は延徳二年に将軍就任後、翌年まで同寺に居住したという。
(79) 前掲注4髙橋康夫著書、二八〇頁。
(80) 前掲注15川上著書、二四一～二四二頁。
(81) 前掲注15川上著書、二四二頁。
(82) 『看聞御記』嘉吉三年八月二八日条。公家側でも、守護は将軍御所移転に伴い移住するものという認識があったことがわかり、興味深い。
(83) 百瀬今朝雄「応仁・文明の乱」（『岩波講座日本歴史』七、岩波書店、一九七六）。
(84) 義政の親政開始時期については、前掲注83百瀬論文、鳥居和之「嘉吉の乱後の管領政治」（『年報中世史研究』五、一九八〇）、家永遵嗣「足利義政の東国政策と応仁・文明の乱」（『室町幕府将軍権力の研究』、東京大学日本史学研究室、一九九五）参照。

(85)『長享元年九月十二日常徳院殿様江州御動座当時在陣衆着到』(『群書類従』雑部)では、「東山殿祇候人数」の一人に「金山備中入道」の名が見え、金山備中は義政に近侍した側近衆の一人であることがわかる。

(86)『蔭涼軒日録』長享二年二月一一日条。

(87)前掲注4森田論文。

(88)『金蓮寺文書』延文元年八月一八日付足利義詮御判御教書(『大日本史料』六―二〇、六八六〜六八七頁)。

(89)永和二年五月日付毛利元春自筆事書案(大日本古文書『毛利家文書一』一五)、『祇園執行日記』正平七年正月五日条。

(90)長井広秀は、中原師守の東寝殿に借住していた(河合正治『中世武家社会の研究』、吉川弘文館、一九七三、一二八頁)。畠山持国の下宿所は、万里小路時房の旧跡であり、かつては時房が地利を徴していた(新田英治「室町時代の公家領における代官請負に関する一考察」〈宝月圭吾先生還暦記念会編『日本社会経済史研究』中世編、吉川弘文館、一九六七〉)。

(91)例えば、吉良満義の二条京極千手堂、富樫昌家の祇園八坂円明聖寺、土岐氏の河東〈錦小路白河〉光堂、畠山義就の千本地蔵院等、比較的多く見受けられる。

(92)軍勢寄宿については、高橋慎一朗「軍勢の寄宿と都市住人」(前掲注9著書、一九九六、初出一九九四)参照。

(93)前掲注7木内論文によれば、鎌倉期御家人であった山内首藤氏・結城氏・毛利氏・芦名氏・長沼氏が南北朝期以降も京都に家地を有していた(このうち、毛利氏は建武三年に赤松美作守に沽却〈前掲注89史料〉)。しかし、鎌倉期から邸宅地を継続して保持していた者は少なかったため、南北朝期に接収という手段を多くとらざるを得なかったと考えられる。

(94)『看聞御記』応永二七年八月三〇日条、同三一年八月一六日条、嘉吉三年一二月一三日条等。

(95)『看聞御記』永享八年四月一九日条。この経緯については横井清『看聞御記』(そしえて、一九七九)、前掲注4髙橋康夫著書一八〇〜一八二頁参照。

(96)『教言卿記』応永一四年五月五日条に、「北山殿今日菖蒲御湯、任㆓先規㆒〈下宿所/伊勢入道〉御㆓成御風呂㆒云々」とあり、伊勢氏が応永年間には「下宿所」と呼ばれる邸宅を所有していたことがわかる。

(97)石井進「鎌倉武士たちの屋敷」(『よみがえる中世3 武士の都鎌倉』、平凡社、一九八九)によれば、鎌倉期の鎌倉に居住する一部の有力武士は、本邸と別荘・山荘、幕府近傍という三か所の邸館を保有していた。なお山村亜紀「中世鎌倉の都市空間構造」(『史林』八〇―二、一九九七)では鎌倉の御家人邸宅地が詳細に復元されている。

(98)なお六角・京極氏は移住しなかったが、分国への利便性がその一因ではないかと思われる。

(99) 前掲注4高橋康夫著書、二八五頁。

(100) 富田正弘「室町殿と天皇」(『日本史研究』三一九、一九八八)、同「嘉吉の変以後の院宣・綸旨—公武融合政治下の政務と伝奏」(小川信編『中世古文書の世界』、吉川弘文館、一九九一)、前掲注44今谷著書等を参照。

〔補注〕編者注：本稿初出時に割愛された「邸宅地一覧表」を補完するため、本書第五部資料編に、より網羅性を高めた同様の表「中世後期京都・京郊における公武寺社の所在一覧表」(松井直人・桃崎有一郎編)を収載し、本稿と対応する情報はその旨明示した。あわせて参照されたい。

(付記) 本稿は第七回平安京・京都研究集会での報告をもとに起稿したものである。準備会・本報告の他、様々な場でご教示くださった諸先生、諸学兄、また史料閲覧において便宜を図ってくださった東京大学史料編纂所に、記して感謝申し上げます。

(編者追記) 本稿は『日本史研究』四三六(一九九八年一二月)に収載された同名論文に、体裁上の修正を加えて再録したものである。

室町殿・北山殿は〝京都〟か
―室町政権の首府構想論の諸前提―

桃崎有一郎

緒言

文明五年（一四七三）、足利義政は息義尚に将軍職を譲り、同一五年に東山殿に居を移して「室町殿」称号を義尚に譲り、自らを「東山殿」と呼ぶよう定めた。「室町殿」称号は本来なら公武統一政権の最高権力者の称号であり[1]、他方で東山殿は史料的にも、観音殿（銀閣）や東求堂（義政の寝所・居室）の存在・構造から見ても、隠居所の性質を多分に持った。しかし実際には、政務の実権は必ずしも義尚に譲られなかった。義政は、東山殿移居の前年をはじめとして何度も政務放棄を宣言したが、野田泰三が指摘するように、彼は自己の意思とは裏腹に、社会的要請（特に義尚の奉公衆優遇の被害者となった寺社本所の希望）のため、公武統一政権の意思決定者をやめられなかった[2]。

「日本国ハ悉以不応御下知也」（『尋尊大僧正記』文明九年一二月一〇日条）といわれた当時、実際には義政の権力は往年の室町殿権力と比肩すべくもない矮小な権力であったが、本書の課題（緒言参照）に即して重要なのは実際の権力の強弱ではなく、称号を義政＝「東山殿」、義尚＝「室町殿」と定めた事実である。『親元日記』文明一五年六月二〇日条に「大御所様（義政）御称号東山殿、御方御所様（義尚）御称号室町殿、此分御定之由、伝奏勧修寺殿より以御書被仰之」、『後法興院政家記』二八日条に「准后（義政）可御称号東山殿、大樹（義尚）御称号室町殿可申之云々」、『親長卿記』七月一〇日条に「御方御所自今日可奉号室町殿、准后者可奉号東山殿云々」等と異口同音に記録されている。彼らの「東山殿」「室町殿」称号は、いつしか誰ともなく呼び始めた通称ではなく、間違いなく義政自身の意志として、文明一五年七月一〇日以後そう呼ぶよう明示的に命令された制度であった（「東山殿」の訓は「ひむかし山との」）[3]。そうであった以上、右称号には義政の自覚的な理念が必ず籠められたはずである。

　右の称号決定は室町殿（や継嗣）の通過儀礼（元服・任官昇叙等）の無事完遂と同様の公武社会の慶事と位置づけられたので、『実隆公記』七月一一日条に「今日東山殿・室町殿惣並参賀也、是御称号共御礼也、」とあるように、参賀する義務が諸家に発生した。それが慶事である最大の理由は、「大閤（二条持通）御書到来、浄土寺（義政）新造号東山殿、大納言殿（義尚）号室町殿、鹿薗院殿（義満）号北山殿、于時勝定院殿（義持）号室町殿例也云々」と記す『大乗院寺社雑事記』七月三日条に明瞭である。京郊山荘に隠居するポーズを取る前室町殿と、若年の実権なき将軍＝室町殿（これを打破する方途が近江出陣）[4]の並立体制は、義満期の模倣であった。応永四年（一三九七）に義満は山荘北山殿の造営を開始し、翌年に移住して「北山殿」と呼ばれ、従前の称号「室町殿」を子息将軍義持に譲った。本書第三部の桃崎論文で論じたように、北山殿は名ばかりの隠居所で、公武に跨がる国政の最重要事や最も権威ある裁決が決定・布告される場であり、永徳頃から二〇年来形成されてきた義満権力の完成期、さらに長い時間軸で見れば室町幕府成立期以来六〇年の政治史における、足利氏家父長の権力形成過程の一頂点に他ならない。

　義政らは（義持の後継者なき死去と義勝の夭折によって）結果的に存続した義満―義教―義政の三代を室町政権頭首の正統な形態と認め、誕生・元服以来、官位昇進や諸々の武家儀礼・朝儀出仕等あらゆる面で祖父義満・父義教の先例を再演した。特に義政は不慮の横死を遂げた凶例の義教より、天寿を全うして権力を完成へ導いた吉例義満のライフステージを忠実に再現しようとし、東山殿義政と室町殿義尚の並立体制は、北山殿義満と室町殿義持の並立体制の全く忠実な模倣であった。したがって東山殿の理解にはモデルたる北山殿の理解が必須である。

では、北山第・北山殿とは何であったか（以下便宜上、建造物を室町第《てい》・北山第《てい》・東山第《てい》と称し、そこに拠る足利家家父長の社会的地位を室町殿・北山殿・東山殿と呼ぶ）。公武統一政権の最高意思決定者の居宅兼政庁として室町より北山が適当とされた事実があり、両者の差異が、室町殿権力とその発展型たる北山殿権力の差異に対応するに違いない以上、問題は次のように問い直される。義満にとって、放棄された室町第には何が不足し、北山第はその不足をいかに充足したのか、と。しかも、義満はある段階まで室町第に満足していた。ならば問題は、そもそも義満の居宅兼政庁として室町第が適切と判断された理由は何か、という疑問に帰着する。

本稿では、多様な分野・論点へと議論が分散する本書所収諸論文の結節点とすべく、本書や母体のシンポジウムで統一テーマの調整に携わった立場から（但しあくまで一個人の見解として）筆者の問題関心・認識を提示する意味も込めて、室町・北山地域の地政学的研究の現状を概観し、課題の析出と解決案・糸口の提示を行いたい。

一　室町政権研究における〝場〟の重要性

近年、南北朝・室町期公武関係史を論じた松永和浩は、足利氏歴代の朝儀参加の分析において「義満期」を一括して扱い[5]、また最新の義満の伝記を著した小川剛生も、出家前後で義満の政治的地位に目立った変化はないとした[6]。しかし橋本雄によれば、義満期の北山第行幸と異なり、義教期の室町第行幸では室町殿が将軍として天皇に臣従する身分関係が明瞭に可視化されていた[7]。室町殿と北山殿の間には、やはり無視できない重大な差異があった可能性を認めねばなるまい。

既に大田壮一郎が、室町第時代・北山第時代の間で義満権力に形態的・質的段階差があると指摘している。大田によれば、北山第時代の義満主宰の祈禱群（北山殿大法等）は義満の個人的祈禱であって通説的な国家的祭祀の独占（国家・国政の奪取）を意味せず、また義満主催仏事の演出（公卿の動員規模等）には北山第時代とそれ以前で顕著な差異があり、義持政権の祈禱体制は義満の北山第時代でなく室町第時代の形態に準拠していた[8]。

大田が右の説を主張した歴史学研究会ミニシンポジウムでは、筆者も次のように主張した。応永一五年の義満没後、北山殿となった義持は翌年に「北山殿」称号と北山第を放棄し、三条坊門万里小路第にありながら「室町殿」と呼ばれた。義持は足利氏家父長の院的待遇を払拭し、院末満・摂家以上に位置づくよう調整した上で、義満期に癒着した将軍家家父長と廷臣（公家社会・朝廷）を剥離し、朝廷と一定の距離を置いた、と[9]。総じて近年の研究は、〈室町殿義満→北山殿義満→室町殿義持→室町殿義教→以下歴代〉という足利氏家父長権力の推移の中で、北山殿義満のみが異色・異質であった事実を明らかにしている。

しかし、北山殿権力の異質さが、室町殿権力の形成・展開過程において何を意味するのかは、未だ捉え難い。筆者は右報告で、そもそもこの異質な段階を内包した足利氏権力の推移を、室町殿・室町政権自身が自己の歴史上に適切に位置づけなかったため、最近まで北山の適切な評価から研究者が遠ざけられてきたと論じた。室町政権・室町殿は各段階で自らが何者であるかを分かりやすい言葉で定義しなかったため、彼らの権力がなぜそのような形を取るのかは同時代人にも理解困難であったが、それでも政権・社会は問題なく機能しているように見えたので、室町殿の定義と歴史上への位置づけは後回しにされ、結局果たされなかった。特に、義教は直接的には義持権力の形態を継承したにもかかわらず、この事実を無視し、自己の先例を義満に求めた。その子の義政もこれを踏襲して義満・義教の先例に准拠し、結果として室町政権はこの三代が形態上連続するかのように主張した。その過程で、義持は義教によって無理に例外化され、やがて義持を例外処理したこと自体が忘却されて、室町政権自身が室町殿の歴史を忘れたのである。

石原比伊呂が指摘したように[10]、朝儀における義教の振舞は、義満の先例を踏まえるという喧伝とは裏腹に義持に准拠し、義満に准拠する場合は永和〜至徳年間の例に限られた。重要な指摘だが、石原はその理由を、義勝が義持の先例を追った事実に基づき、世代交代で先代を全面的に見直し先々代に回帰しようとする徳政的思想が存在した可能性に求めた。しかし実際には、石原の挙げた根拠（義勝昇叙時の位記を大内記が届けた際、義持の代に蔵人所御倉が届けた先例が参照された事実）から右思想の存在は導けない（蔵人所御蔵を大内記の先例と見なすのは難しい）。石原はまた、義教期に失脚した畠山持国が義教没後に復帰した人事が「幕府の存立に決定的な破綻をもたらさなかった事実を、右理解の根拠に援用した。しかし、持国の復帰こそ、応仁の乱を招き、乱後も解決せずに山城・河内を果てしない争乱へ導いた畠山家の分裂抗争の起点であり、室町殿の権威失墜・幕府破綻の元凶に他ならない。先々代回帰を当然視する思想は、確実な根拠から裏づけられず、室町殿家の先例で北山殿義満が参照されない理由も、かかる一般的思想ではなく北山殿固有の問題に探るべきである。

一〇年という短期間で終わった北山殿権力の形は、室町殿権力全体の歴史から見れば異端・過渡的、あるいは実験的である。しかし続く三〇年以上の安定期の基礎となった義持権力の形はこの例外的形態・実験結果からしか生まれなかったことを忘れるべきでない。

かつての義満研究は、その段階差を強く意識していた。義満権力の最終段階に関する今日の歴史学的評価は、義満のいわゆる「公家化」や祈禱への傾倒を「義満の政治に対する意欲の退歩を示すもの」とした素朴な評価を大きく克服した、佐藤進一の評価を一つの起点とする[11]。佐藤説の骨子は、義満が「統一政権の頭首、いいかえれば日本国の支配者という地位」を「明から日本国王の称号を得る」ことで表現し、また義満の院待遇、室日野康子の（後小松天皇）准母待遇・北山院院号宣下、愛児義嗣の親王待遇等の諸事実から、「一家を天皇家と見なす既成事実」の形成で完成されようとした、というものである[12]。そして周知の通り、それ以前には右の諸事実を敷衍して義満が天皇位簒奪を企図したとする田中義成の説があり、後に今谷明がこれを拡張・強調して一定の影響を与えた時期があった[13]。そのため、その拠点たる北山第も「「日本国王」にふさわしい天下支配の本拠、ないしは「治天の君」にふさわしい「院御所[14]」」といった表現で語られてきた。

しかし「日本国王」号は国内にアピールされず、権威として受容される社会的素地もなく、形式・実質の両面において国内統治と全く切り離された対明通交の名義に過ぎないという見解が、今日有力である[15]。また義満一家の院・女院・親王待遇はあくまでも彼らの社会的地位の高さを制度上表現した待遇に過ぎず、義満が治天(天皇の後見者たる直系尊属)として日本を支配したわけではない(しかも後述の通り、それらは尊号宣下回避の方便であった)。複数の徴証の再検討により、総じて今日、皇位簒奪説は成立しないという共通理解が成立しつつあり[16]、北山殿義満の位置づけは一旦白紙に戻ったと見るべきである。

応永二年(出家)以降の義満の権力は、決して〝いずれそうなるより他なかった到達点〟ではない。桜井英治は、義満の出家は父義詮の没年齢三八歳に達したからに過ぎないとしたが[17]、それは唯一の必然的結末ではなかったはずだ。出家以後も、松永・小川らが説くように公武統一政権の最高意思決定者という地位も、朝政に関与する姿勢自体も変わっていない。しかし一般に、形式が変われば実質も変容を蒙らざるを得ない。現に松永が指摘した通り、義満は出家して朝儀に参仕できなくなり、廷臣の賞罰によって朝儀興行を促す形へと、朝儀への関わり方を変えざるを得なかったではないか。

そもそも将軍職を円満に譲って出家した将軍も、山荘に隠居(するふりを)した将軍も、大御所政治を試みた実権ある将軍も、義満が初めてである(山荘山内殿を本拠とした北条時頼以降の得宗が類似するが、もとより将軍ではない。また「大殿」政治を試みた鎌倉幕府の前将軍頼経は追放された凶例であり、踏襲するに値しない)。応永元年まで、廷臣筆頭・将軍たる義満の支配は、朝廷・幕府の制度的回路を必ず経由したが、同年の将軍職譲与・太政大臣任官と翌二年の辞官・出家により、義満は双方の回路から外れた。以後の義満の支配を支えた論理は、若年の将軍・天皇を庇護する「後見」の論理しかない（彼の権力が後小松への父権に立脚したとする見解もあるが[18]、後見の論理は必ずしも父権を必要としない）。問題は、先例絶無のため、この態様を命名・理解する方途が当時皆無であったことで、応永二年の出家後に院待遇を与えて以後、日本の制度内で義満に与え得る地位は枯渇した。かかる義満権力にとって、国内向けに活用されなかったとはいえ、国外制度である日本国王号が更なる自己表現の希少な活路であったことは認めてよい（その意義は第三部桃崎論文で言及）。

その中で彼の晩年、太上天皇尊号宣下が模索されたことを近年小川剛生が明らかにした[19]。公家社会は義満室日野康子への女院号宣下や義嗣の親王待遇と引き替えにその案を葬り、義満の急死で懸案は霧消した。注意すべきは、義満権力を表現する最後の活路を公武政権首脳が意図的に葬ったこと、即ち義満権力が意図的に不明瞭なまま保たれたことである。その不明瞭さこそ義満政権の最大の特質であり、宿命であった。北山殿権力は利用可能な制度的自己表現を使い尽くし、新制度を創出する時間もなく、明との冊封関係も尊号宣下も国内の一様な批判・抵抗を呼んだ。義満の選択肢が枯渇した段階で、少なくとも制度的側面において、社会は義満の足下を見始めていたとさえ捉え得る。義満がこれ以上前進するなら、天皇制という、千年の重みを持つこの国の歴史・文化自体に挑戦するしかないが、それは権力で解決できたこれまでの過程とは違うし、それは足利家の歩むべき道ではない、というメッセージを公武社会が突きつけたように見える。

武家の頭首が実力によって作り上げた統一政権が、制度上の自己表現手段に行き詰まる現象は、日本史では一般的だ。「天下人」豊臣秀吉も、制度上は関白太政大臣・太閤と武家官位の活用で手詰まりになった。そして徳川家康は「将軍」に回帰して問題を先送りしたが、将軍・幕府は諸外国と条約を結ぶ主体たり得るか、という疑義が後に噴出し、結局それが命取りとなった。天下に君臨する武家の制度的位置づけは、義満以後の前近代四世紀以上を通じて遂に解決できず、結果的に近代化（武家の廃止）という形でしか解決できなかった。この大問題に初めて直面し、以後その解決を為政者の中心課題にしてしまった点で、北山殿権力は画期的なのである。

ところで、富田正弘による提示以後、概ね受け入れられていると思しい〝公武統一（融合）政権〟概念は、義満が統轄した一組織を現象面（具体的活動実態）に限定して捉えたものであり、義満ら自身がその地位・政権をいかなる概念で把握・定義しようと構想したかを表現する概念ではない。では、北山殿義満のアイデンティティはいかに構想されたか。

そこで想起されるのが、応永一五年の「北山殿行幸とは、「王権簒奪」を象徴する行事ではなく、義嗣を「公家社会に参入する存在」として位置づける行事であった」とする近年の石原比伊呂の説[20]である。確かにこの行幸期間中、義嗣は童殿上し（元服以前に昇殿を勅許され）、従四位下・左馬頭まで昇った上、行幸後僅か半月で「親王元服の準拠なるやう」（『椿葉記』）に内裏で元服し、従三位・参議まで昇進して劇的なデビューを果たした。しかし廷臣デビューが北山でなされる必然性は明らかでなく、結論からいえば必然性はない（そうであってはならない）。天皇に奉仕すべき廷臣デビューが主眼ならば、それは内裏に参上して奉公の意思を表明する形でなされるべきであって、自亭に天皇を呼び出すのでは筋が通らないからである。

また任官昇叙には、実際に勤務する態様と、官職を身分表示のラベルとしてのみ用いる態様の二種類がある。義嗣は幼年時も成年以後も、廷臣（参議や後の極官権大納言）として実務を担った形跡がない。議政官就任も関白一条経嗣の上座への着座も、父の身分に連動した義嗣の超高身分を表現可能な既存の制度がそれしかないからに過ぎず、勤務実績も意志もないラベルに過ぎない廷臣の肩書きは、武家一般の名目的官途・名国司と変わらない。したがって北山行幸は、桁違いの最高権力者・貴人たる〝北山殿の（後継者を含意する）寵児〟を社会へデビューさせる行事であって、決して公家社会への廷臣デビューが主眼ではない。そして〝北山殿の寵児〟が今後いかなる人生階梯を歩むのかは、誰にも分からなかったに違いないが、廷臣としての肩書きが尊貴性のラベルに過ぎず、それさえ低すぎて義嗣の少年期にしか有効性を保てないだろうこと、そのため追って北山殿の後継者に相応しいラベルを開発せねばならないことは、誰の目にも明らかだったに違いない。

この問題を持ち出したのは、北山時代の義満・義嗣らを評価する上で、北山という〝場〟の持つ意味が重視されない動向に警鐘を鳴らしたいからである。概して従来の関心は義満権力自体の構造へと偏り、それがどこで発案され発現したか――つまり「北山」という土地に首府が置かれた意味は、北山第行幸の研究でさえ問うてこなかった。しかし国内制度（治天・天皇）や国際制度（冊封関係）に依拠した説明が不調に終わった今、義満権力の最終形を説明し得る切り口として、北山という〝場〟の追究は希少な突破口であるはずだ。

二　北山地域は〝京都〟か　―〝北山新都心〟概念の登場と克服―

かかる観点からは、義満と北山との個別具体的関係、さらには前提としての北山の一般的性質を確認する必要がある。北山第は従来「国家の中心的な政庁であり、宮殿」「天下支配の本拠」等と理解され、北山地域は「公武寺社の邸宅・住坊が密集する、諸権門の一大拠点」、「公家武家の都上京とは別の、新しい都」、「衛星都市」等と評価されてきた[21]。

しかし北山の領域的構造、京都に対する地政学的位置、義満にとっての意義等を問う研究は、近年細川武稔が本格化させたばかりである[22]。細川は建造物・街路の配置・境界・地政学的意義（足利氏の墓所等持院や北野との地理的な接続関係）等を史料的・地理学的材料から復元し、宗教史色の濃い都市論的立場から当該地域を「北山新都心」と名づけた。室町政権の所在地に固有の地政学的概念が与えられたことにより、今後、当該概念の有効性の検討という作業を通じて、当該地域の性質へ迫ることが可能になった。

とはいえ、学界が当該概念に依拠するには大きな障碍がある。「新都心」の定義や必要条件が全く不明なのである。細川自身もそれらを示さなかったし、京都論に初めて登場した新語なので、学界側にも既存の共通理解がない。「北山新都心」が具体的に何を意味する言葉か分からず、しかも次に述べる通り、あの地域を「都心」と呼ぶことは誤っている。

いうまでもなく「都心」は近現代語で、中世やそれ以前の京都関連史料の用例は管見に入らない。細川の用法は、今日の関東首都圏の「さいたま新都心」「葛西新都心」等に準じたものと推察される（「新宿副都心」「臨海副都心」等も類例に挙げられよう）。

しかし実は、「都心」の語義は、定義なしで使えるほど自明ではない。試みに、埼玉県都市部の再開発計画を担ったUR都市機構のWebページ[23]にアーカイブされる配布パンフレットを一覧すると、さいたま新都心地区は「首都機能の一翼を担う業務核都市」と説明される一方、武蔵浦和駅第一街区は「さいたま市において…「副都心」と位置づけられた武蔵浦和駅周辺地区」と説明される。前者は明らかに「都心」を〝国家の首都の中心〟の意で用い、細川の用法もこれに準ずると推察されるが、後者は〝さいたま市の中心的都市部〟の意である。他にも「千葉市都市計画マスタープラン[24]」では「千葉都心及び幕張新都心に商業・業務機能が集積していますが」云々の文言、また千葉市の三大拠点として「千葉都心」「幕張新都心」「蘇我副都心」等の語が挙がり、明らかに〝千葉市の中心的都市部〟の意で「都心」を用いている。近代行政文書では地方都市の中心部を指すこの用法が圧倒的に多く[25]、「都心」の語はそもそも〝首都の中心〟を必ずしも含意しない。

また東京都都市整備局は千代田区・中央区・港区を「都心3区」と定義するが[26]、都庁所在地の新宿区を含まないこの「都心」は明らかに行政上の中心を意味しない。かかる用法は、「都心ヨリ二十粁ノ圏内ニ於テ…緑地ヲ設置シ帝都防衛ノ用ニ供スルト共ニ」云々、「羽田ニ東京飛行場アルモ…都心ヨリノ距離遠ク其ノ連絡亦充分ナラザル等遺憾ノ点尠シトセズ／仍テ都心ヨリノ交通至便ナル城東区…ニ、水陸両用飛行場ノ建設計画ヲ樹立シ」云々[27]等といった用例の系譜を引く〝皇居所在区と周辺区〟の意味であり、首都機能ではなく皇居の有無を基準とする。京都に江戸・大坂を加えた「三都」が近世に登場するまで、前近代日本で「都」字は皇居所在地以外を意味しないから、これが最も歴史的に正統で誤解の余地がない「都心」の用法ではある。

要するに、「都心」の意味は文脈次第で動揺し、皇居の有無、首都機能の有無等が要件たり得るか否かも確定できない。したがって中世京都・京郊の特定区域を現代日本の都市の比喩として「新都心」と呼んでも、その含意が（何を何に譬えたのか）特定できない。

では、「都心」を強いて〈首都の中心〉と定義すればどうか。実はそれにより、学術概念としてはさらなる困難に直面する。「首都」も近代の造語で、実際にはしばしば「主都」と書き、国・都道府県・市町村等の特定地域における中核的都市部を指した用語であって、様々なレベルに多数の「首（主）都」が並立し得る。〈首都＝東京〉という理解は「東京都を新しく我が平和国家の首都として」云々と謳う首都建設法[28]の制定等で戦後になし崩し的に広まったに過ぎず、〝国家の唯一／最大の中核的都市〟という理解は現代語としても自明でない。そしてかつての主な表記であった「主都」は、前近代東アジアの都城制と関連づけて用いる場合、複都制における「副都」の対概念として初めて意味を成す。

京都研究に「首都」概念を用いることは近年流行しているが、「都（ミヤコ）」という概念で過不足なく説明可能な中世京都に、あえて曖昧な「首都」概念を持ち込むメリットを筆者自身は未だ見出せていない。京都を首都と見なしたからといって、より多くのことが見えるわけではないし、そもそも〈中世日本において京都は首都であった〉というテーゼが本当に正しいのか、という疑念が拭いきれない。多くの（特に関西の）研究者がこれを自明だと考えているが、それが単なる予断でないと証明した研究者はいなかったし、今後も証明は困難だろう。「首都」概念は曖昧に過ぎ、単独で用いても都城論では意味を成さず、そもそも京都と等しい保証もなく、現段階の日本中世史学では扱いかねる。したがってその概念を「都心」概念の定義に組み込んでも、議論の混乱を促す一方だろう。

他方、筆者が室町・北山を「首府」と捉える理由は、右の「首都」の不適切さに加え、室町・北山周辺の政庁街（政権を構成する公武寺社等所属のスタッフらの集住）の語感を「府」字で表現したいからである。「首府」は一般に、一国の中央政府の統治機関の所在地、首都の同義語等と説明されるが、本稿では近代国家・（唯一至高の）中心性・ミヤコ等の余計なイデオロギー的語感を一切捨て、単に〈政権枢要部（人・機構）の所在地〉と定義して用いる。なお室町幕府ではなく室町政権と呼ぶ理由はいうまでもなく、義満が室町殿となって以降、彼の率いる政権が明らかに幕府とイコールではなく、朝廷・幕府を包摂する、より高次の組織だと目される故である。

話を戻せば、細川説の「新都心」の有効性で問題となるのは、その語感が現代東京での生活体験に根差すと推察されることだ。筆者の知る限り、現代京都の生活で「都心」という言葉は聞かないし、稀に目にしても細川のいう意味（東京では通常〝東京都中心部〟の語感）で使っていない。例えば京都市は押小路通の南、先斗町通の西、綾小路通の北、室町通の東、即ち御池・河原町・四条・烏丸という繁華街の大通りと市役所を包摂する地域を「京都都心部地区」と呼ぶ[29]。この「都心」は自治体行政・商業の中心街を含意する〈都市部の中心〉の用法である。また京都市内の不動産広告は京都御所近辺を「都心」と呼ぶことがある。行政・商業等と関係なく〈都（ミヤコ）の中心〉を意味する、最も正統的で誤解の少ない用法である。京都では東京と「都心」の意味が異なるし、その意味も一様でない。「都心」は明示的定義なくして現代京都人とさえ語感を共有できない曖昧な言葉であり、学術的議論で、しかも今日の精緻な前近代都城論を土台とする中世京都論で用いるのは難しい。

ならば「都心」を〈都の中心〉と定義すればよい、という見解もあろう。しかし〈北山は都の一部だ〉というテーゼこそ、実は自明ではないし、論証されたこともない。

〝平安京より北の山〟という名が主張するように、北山は平安京外だ（東山・西山も同様）。平安京から変容した中世京都でも、北山がその一部、あるいはそれに連なる事実上の同一都市域だと論証されたことはない。むしろ山田邦和による永正一二年（一五一五）の酒屋分布地図によると、酒屋は上京惣構内に集中し、惣構の西端（櫛笥小路）より西は北野社門前まで全く分布しない[30]。室町期より後代の（しかも洛中が縮小し惣構で画然と区切られた時期の）データだが、上京と北野が都市域として連続しなかったことが示唆される。また山田の整理によれば、平安京域の試掘・立会調査で室町時代の遺構・遺物が検出された地区の分布は、東西方向では東洞院〜堀川、南北方向では一条〜六条坊門が極めて濃密で、西は大宮まで（二条以南は壬生まで）がそれに次ぎ、大宮以西で急激に希薄になる[31]。室町期の上京と北野は、都市域としては大宮以西の空白域（内野＝旧大内裏）で分かたれた。ならば北野の北西にある北山も、都市域として洛中と連続してはいない。

文献上にはより直截な徴証がある。『教言卿記』応永一四年（一四〇七）一二月二四日条に、喜撰法師の「わが《我》いほ《庵》は宮こ《都》のたつみ《巽》しかぞすむ《住》世をうぢ《宇治》山と人はいふなり」（『古今和歌集』雑歌下）をパロディにした、「我いほは世を宇治山にあらざればみやこ《都》のかたをたつみ《巽》にぞみる」という義満の狂歌が見える。「北山山荘は都を南東に望む」のだから、義満の認識上、北山は明らかに京都内ではない（詳細は本書第三部桃崎論文参照）。また旧来の都＝京都に対して新たに造営した「都」と考えることもできない。都の原義（宮処《みやこ》＝天皇宮殿所在地）から逸脱するからである。

結局、北山の地政学的分析は「（新）都心」概念に頼れず、白紙から再考せねばならない。

三　室町地域は〝京都〟か

―義満の〝室町殿〟化と当該地域の〝京都〟化―

都でなく、都心でもないなら、北山は義満にとって何か。その糸口は結局、〈義満はなぜ権力の新段階の拠点に北山を選んだのか〉という問いに求める他あるまい。細川はこの問いに、足利氏の墓所等持院を含み、かつ歴代深く信仰した北野社に接する土地であったからと答えた[32]。この問題は第三部の拙稿で再検討するが、ここでは義満がそもそも京外に拠点を形成した必然性が不明なままであることに注意したい。見落とされがちだが、北山第移居は室町第放棄と一体の出来事なのだから、上述の問いは〈義満はなぜ室町を離れたのか〉と換言できる。それらは畢竟、〈義満はなぜ室町に住んだのか〉、より具体的には〈なぜ京都の中でも室町を選んだのか〉と同じ問題である。そしてそれに答えるためには、〈室町幕府はそもそもなぜ京都にあるのか〉が問われることになる。

この問いへの解答は容易だ。義満期までの室町幕府が京都にあり続けた理由は、畿内南部に南朝勢力が存続したからに尽きる。既に『建武式目』冒頭で、幕府所在地は理念（鎌倉）と現状（京都）の葛藤を示していた。理念上、鎌倉幕府の再生たるこの幕府は鎌倉にあるべきだ。しかし、京都を拠点とした建武政権と対決する形で幕府再生が始まった成り行き上、幕府の本格的始動は京都争奪戦の勝利という形で果たされ、現に主力が在京している上、畿内近国の建武政権残党の討滅が完了していない段階で京都を離れるのは現実的でない（その状態で将軍が京都を離れると何が起こるかは、正平の一統等で学習されただろう）、というのが幕府成立以来の現状であった。

では、義満期に室町地域（北小路以北・室町以東）に移った必然性は何か。実は、ここにも確認しておくべき大前提がある。〈室町地域が京内か否か〉である。室町第の南端北小路は一条以北二町の距離にあり、平安京域ではない。実は永享九年（一四三七）一〇月二五日の『室町殿行幸記』に「御鞠并三席御会…冬日侍　行幸室町第同詠松色映池和歌一首并序／従一位藤原兼良／東京城外勝境、左相府（義教）中名園」云々と見え、義教期になお一条兼良が室町第を「城外」と明記している。室町第の北に隣接する柳原殿も「城外」といわれ（本書第五部桃崎論文四ⅡiA）、南北朝～室町期を通じて一条以北を「城外」とする認識は動いていない。ただ、平安期以来「城外」は平安京外の同義語であり、中世京都の展開・変形を踏まえる時、城外は必ずしも京都外の同義語ではない。平安～鎌倉期、西側では大内裏（内野）や朱雀以西の右京が京都と同じ都市域と見なされなくなり、南側でも早くから七条以南が京都と見なされなくなった。他方、東側では東京極大路の一町東に東朱雀大路が開設され、京都が東側に僅かに膨張した。その事実は一条以北にも京都が拡大したと類推させる上、何より北山第時代に義満が「北山殿（大御所）」、室町第の義持が「京御所」と呼ばれた事実が[33]、〈北山地域＝京外〉、〈室町地域＝京内〉であった明証である。

では、なぜ京内から室町地域が選ばれたのか。室町第が隔壁で囲繞され一条室町の惣門で京域外部と連絡した様子や、東に隣接する相国寺も同様であったこと等、その具体的構造や四至の変遷は既に髙橋康夫の研究[34]で解明されており、またその立地が公武（後に建立された相国寺も含めて寺社権門も）の統合を象徴するという髙橋の推測は恐らく正鵠を射ている。以下髙橋説に導かれつつ、本書の立場から確認・補足しておこう。

『後愚昧記』永和三年（一三七七）二月一八日条に「仙洞伏見殿御所、号花御所、元季顕卿宅、而故大樹買得之後、進上皇也、・菊亭…等又焼失了」と見え、足利氏と室町第の関係は、義詮による四辻公全（季顕）宅跡の買得に始まる。同所は「故大樹義詮別業室町第元公全朝臣宅自旧冬大樹逝去之後武家進仙洞云々」（『後深心院関白記』貞治七年〈一三六八〉正月二三日条）、「鎌倉前大納言（義詮）上山荘」（『師守記』同六年七月一二日条）といわれた別業（山荘）に過ぎず、買得時に特段の政治的意図は働いていない。義詮が同所を活用した形跡は乏しいが、『師守記』貞治二年二月一六日条に「今日□〔鎌〕倉大納言今□〔出カ〕川山荘徙移〔移徙〕云々、申刻大樹乗車□…□〔六〕角東洞院宿所□…」と移徙の儀が見え、また同七年七月一二日条に「今夜於鎌倉前大納言上山荘菊亭殿北也、招引申二条関白殿下（良基）云々」と二条良基を招いた事実が確認できる。同所は貞治七年の義詮死没後に幕府が進上して崇光上皇の「花御所」となった。しかし『後愚昧記』永和四年三月一〇日条に「今日大樹（義満）北小路亭〈元院御所也、而去年炎上之後、依無御造作、大樹申請造営之、不日終功、前右大将〈公直〉菊亭跡同混領之、不便事也、〉移徙也云々」と見え、永和三年の炎上後に放置された同所を義満が取得し、翌年移徙した。同永徳元年（一三八一）七月二三日条に「右大将室町亭〈号花御所〉」と見え、「花御所」の名も引き継がれた。

義満がここに自第を造営した直接的機縁は、義詮の買得以来の由緒であり、永和三年の火災という偶然である。しかし、それらは義満がそこに幕府を移転する決定的理由にはならない。幕府が一旦同所を崇光院に進上した以上、幕府は同所を一旦不要と考え、持て余したことになる。しかし義満は後に同所を再取得・再開発した。それは、義詮死去直後・管領細川頼之主導下の幕府が、永和三〜四年頃の義満主導下の幕府となるまでに、室町第の価値が変わったことを意味する。この間に室町第の地理的性質は変わらないから、変わったのは幕府側である。この間の幕府の最も重大な変化は、義満の「室町殿」化、即ち幕府が義満率いる公武統一政権の一部門へと変貌しつつあった趨勢を措いて他にない。

では、公武統一政権の成立＝将軍の「室町殿」化は、室町第のいかなる地政学的価値を生んだか。義詮以来の三条坊門第と室町第には、二つの違いがある。第一は面積で、方一町を超えない三条坊門第に対し、室町第は二町程度（東西一町×南北二町）ある。しかも「右大将亭為　仙洞合壁之間」「前右大将〈公直卿〉亭〈菊亭、仙洞合壁、〉」（『後愚昧記』応安二年四月七日条・同四年正月一六日条）といわれ、崇光院御所時代から隣接して一画を成した今出川公直の菊亭を、義満は永和三年の焼失後に接収して室町第に取り込んだ。方一町程度の旧崇光院御所（花御所）の敷地を意図的に広げた事実は、義満が方一町の三条坊門第を手狭と感じたことを意味しよう。

しかし義詮期以来、将軍の居所・政庁として同所が手狭だと主張された形跡はない。ならば、三条坊門第は永和四年の義満に固有の理由で、手狭となったのである。その年こそ、義満が管領頼之の後見を脱して政治主体となり始めた頃で、源頼朝以来途絶していた将軍の右大将任官を実現して尊氏・義詮とは別路線を歩むと表明し始めた年であり、即ち室町殿化・公武統一政権成立の一画期であった。義満が公家政権の頭首を兼ねれば、従来近侍した武家吏僚に加えて公家吏僚も常時出仕するから、より広い面積を必要とすることになろう。

第二は立地、即ち内裏への近接である。一条室町惣門が永和四年段階で存在した確証はないが、後に同一線上（一条）に相国寺惣門（法界門）があったので、永徳三年の相国寺造営の頃までには造られた可能性が高い。惣門の存在は隔壁の存在を意味し、室町第の敷地（室町以東・今出川以西・北小路以北・柳原〔四辻〕以南）を取り巻く領域（室町地域）は隔壁で周囲と画され、南辺は一条大路であった。一条は土御門内裏の陣中の北辺でもある。当時内裏は土御門以北・東洞院以東・正親町以南・高倉以西の方一町の北半分に過ぎなかったが、それを四方に一町ずつ拡大した三町四方の領域＝陣中は大内裏を理念上継承し、内部の乗車・乗馬通行が禁止される観念上の宮城域であった[35]。一条は陣中の北辺と室町地域の南辺を兼ね、また陣中の西辺烏丸小路は室町地域の東辺今出川大路[36]と物理的に連続する街路なので（一条以北が今出川）、室町地域は宮城域の北西に隣接する。この立地が、一体化する公武両政権を主導する（室町殿と呼ばれる）地位の物理的表現であったことは認めてよかろう。これに対し、三条坊門第は陣中まで九町、内裏まで一〇町も隔たる。

田坂泰之は当該地域と政権構造の関係について、「室町幕府が主導権を握りつつも公家等の諸権門と相互に支えながら民衆を支配する、いわゆる公武統一政権という当該期の政治構造が投影されたもの[37]」と指摘した。引用前半部に影が差す権門体制論は結果的現象を予定調和的に捉える傾向があり、しかも各権門が主張する建前を鵜呑みにする傾向があるので本稿では採らない。しかし、〝室町殿率いる公武政権の一体的態様の物理的表現〟という田坂説の大筋のニュアンスは、上述の理由により賛同し得る。公武寺社・民衆の雑居が公武統一政権の意図によるのか結果に過ぎないかは微妙だが、京都の町割りにまで手を入れて大改造した豊臣秀吉等と比べると、室町幕府は京都をあるがまま支配してよしとした印象が強い。その理由は追究する価値があるが、ここでは措こう。

室町第の立地選定が公武統一政権発足と一体ならば、ここで公武統一政権の発足目的も考慮する必要が生じる。その具体的論証は今後の課題だが、一つの事実と設問が糸口にはなろう。即ち時系列的に、室町第造営・室町殿権力成立が南北朝合一に先行した事実、そして〝なぜ義満は合一後の完全な朝廷ではなく、合一前の不完全な朝廷（北朝）を支配しようとしたのか〟という設問である。筆者は最近、義満が北朝の支配＝室町殿権力の形成を急いだのは、南北朝内乱の唯一の終熄し得る形（他方の殲滅は軍事的にも社会通念上も事実上不可能）である南北両朝併合の合意を、北朝を代表して形成するためと推測した。[38] 義満が北朝の友軍首班から北朝の代表（室町殿）へ脱皮するならば、室町殿の拠点は北朝の（そして朝廷の）唯一の本拠地たる京都の内裏に近接させるべきだろう。

皇統問題を視野に入れた場合、義詮没後に室町第が崇光院御所となった事実も再注目される。『後深心院関白記』応安元年九月一五日条に「院（崇光）自伏見殿還御室町殿」、同二年七月二六日条に「仙洞（崇光）自伏見殿還御」と見え、崇光は応安初年まで室町第を本拠としたが、『祇園執行日記』同四年九月一三日条あたりを境に「伏見殿」と呼ばれ始める。同年七月四日条に光厳院聖忌仏事のため「本院（崇光）御幸伏見殿」（『後深心院関白記』）と見え、恐らくその頃に伏見に本拠を移し、永和三年の焼失時までに室町第を出ていた。室町第退去の契機は、応安三年八月に後光厳天皇が皇子緒仁の立坊・譲位の意向を幕府に諮った際、崇光が息男栄仁親王の立坊を主張して後光厳・幕府に却下され、翌四年三月に緒仁の受禅（後円融天皇）が実現して、崇光流の皇位回復運動が敗れた時ではないか。

崇光が治天となる可能性の喪失と室町第の放棄に相関関係があるならば、逆に室町第居住は崇光が治天となる可能性を含意したと考え得る。持明院統の拠点は持明院殿（室町第北西）だが、同所が治天の政庁であったのは正平七年（一三五二）の正平の一統までである。この時まで治天光厳と光明が同居し、崇光も一統で廃位されると同居したが、間もなく三上皇とも南朝に拉致され、同所は無人になる。光明法皇（拉致中に出家）は文和四年に解放されたが伏見殿に入り（後に深草金剛寿院に移る）、康暦二年に大和長谷の草庵光明院で没するまで持明院殿に戻らなかった。延文二年（一三五七）に解放された光厳法皇（同前）も金剛寿院に入り、大和等を転々とし、貞治三年に丹波で没するまで持明院殿に戻らなかった。光厳とともに解放された崇光上皇は伏見殿に入り、延文四年に菊亭に移るが程なく伏見に戻る。その後、応安元年に伏見殿から義満が献上した室町殿に入るが、再度伏見に戻り、応永五年にそこで没するまで持明院殿に戻らなかった。正平の一統後に長期親政を敷いた後光厳は応安四年の譲位後、同七年の死没まで柳原殿（室町第の北隣）を仙洞とし、続く後円融は永徳二年に譲位すると中園第（『皇年代略記』）に「持明院北中園第（洞院大納言公定卿第也）」に入り、明徳四年に「故経顕《(勧修寺)》公小川亭」（同前）で没したが、持明院殿に入った形跡はない。持明院殿は正平の一統を機に無人となり、持明院統の政庁としての役割を終えていた（『洞院公定公記』応安七年二月二日条に「持明院旧跡」と見え、荒廃した様子が窺われる）。

これを踏まえて後円融践祚後の皇位の周辺を見ると、応安七年の後光厳院没後、後円融親政下に院政を執る治天はなく、政治生命を保つ上皇は崇光のみ（光明は大和に隠棲）であった。その中で義満の北朝支配は後円融・後小松父子の後見という形を貫き、永徳元年に後円融の譲位が企図された際には、義満は「縦誰人引級申とも、如此我身候はんほどは心安可被思食」と請け合い、崇光流復活を阻止した[39]。ここで、室町第が崇光の京内唯一の拠点であったことを想起すれば、義満が室町第を改造・占拠した上で北朝の主導者たる地位を宣言することは、崇光が京都の政界に復帰し得る物理的条件の一つを封じたことを含意し得よう。『後深心院関白記』貞治七年二月五日条に「今夜院《(崇光)》御移徙室町第云々、自去年御坐菊亭也」とあるように、崇光は室町第に居住する前、菊亭を御所とした。義満が室町第造営時に南隣の菊亭を接収し室町第に取り込んだ事実は、崇光のもう一つの京都の拠点たり得る第宅を消滅させたことを含意したと解せる余地がある。

なお義詮の領有中、同所は「上山荘」「別業」と表現された（前述）。全くの平坦地にある同所を物理的に山と見なす余地はないので、右の「山荘」は物理的ではなく観念・理念レベルの山荘である。京域（宮都）内の別邸を「山荘」と呼ぶことの困難さと併せ、同所を観念的に「山荘」と見なし得る論理は「京外だから」という以外に考えにくい。とすれば、貞治六〜七年段階で室町第は京外であったことになる。ところが前述のように、義満の北山時代には室町第は「京御所」＝京内であった。したがって室町地域は義満の室町第居住期に京外から京内へと変貌し、理念レベルで「京（京都）」の領域が拡大したと見なし得る。廷臣代表である以上、義満は朝廷の物理的実体たる「京都」の一員であらねばならない（平安期以来、建前上廷臣の「城外」は禁じられた）[40]。しかし義満の希望に沿う最適地は、偶然焼けて二町規模の空閑地となった室町地域以外になかった。そこで義満は、公武政権統合・室町殿創造と同時に、室町地域まで「京都」の領域自体を拡張したと推測されるのである。

結語

以上、〝室町政権にとって室町地域とは何だったか〟という問いに答える作業仮説を提示した。この作業により、〝室町政権にとって北山地域とは何だったか〟を問う本書第三部の北山地域論の前提が用意されたことになるはずである。

義満以後の足利氏家父長は居宅に因んで「室町殿」と呼ばれた、としばしば説かれる。しかしこの説明は不十分だ。従来の足利氏家父長は「将軍（大樹）」「鎌倉大納言」等と呼ばれ、決して居宅名に因んで「高倉殿」「三条坊門殿」等と呼ばれなかった。室町第造営以後の足利氏家父長が「室町殿」と呼ばれたのは、公武社会の慣行の自然な延長上ではない。義満は、居宅に因んで呼ばれること自体を積極的に選択したとみなければならない（その明証らしき史料を筆者は発見したが、若干詳細な史料批判を要するため、今は措く）。本稿の検討により、室町幕府が室町地区に移転した理由は、義満の公武統一政権創造の物理的表現という推測が導かれた。別業・第宅名であった「室町殿」という文字列をもって、義満は新たな国制の長たる地位・意思を言語的に表現する意図を有したと見るべきである。

元来、京外であった室町地域は義満の室町第移徙（「室町殿」化）に伴って京内となり、室町第自体が公武統一政権の物理的実体というべき配置・立地にあった。後の義満の北山第移徙は、地政学的な〝場〟の問題としては〝室町政権の首府が京内から京外へ出た現象〟と捉えるべきで、近年提示された〝北山新都心〟という命名は全面的再考を要する。そしてかかる現象が何を意味するかは、第三部の各論文（特に桃崎論文）で改めて論じられることになる。右仮説が本書各論文や他の諸事実と整合するか否か、読者諸賢の判断を仰ぎたい。

注

（1）富田正弘「室町殿と天皇」（『日本史研究』三一九、一九八九）。
（2）野田泰三「東山殿足利義政の政治的位置付けをめぐって」（本書第四部再録、初出一九九五）。
（3）『御湯殿上日記』文明一五年六月二九日条・七月二五日条等。
（4）設楽薫「足利義尚政権考」（『史学雑誌』九八―二、一九八九）。
（5）松永和浩「室町殿権力と朝儀」（『室町期公武関係と南北朝内乱』、吉川弘文館、二〇一三）一六一頁以下。
（6）小川剛生『足利義満』（中央公論新社、二〇一二）二一五頁。
（7）橋本雄『中華幻想』（勉誠出版、二〇一一）一〇五頁。
（8）大田壮一郎「足利義持政権と祈禱」（『室町幕府の政治と宗教』、塙書房、二〇一四、初出二〇〇九）九八頁・一一四頁。
（9）桃崎有一郎「足利義持の室町殿第二次確立過程に関する試論」（『歴史学研究』八五二、二〇〇九）。
（10）石原比伊呂「足利義教と義満・義持」（『歴史学研究』八五二、二〇〇九）。
（11）臼井信義『足利義満』（吉川弘文館、一九六〇）一四六頁。

(12) 佐藤進一『南北朝の動乱』（中央公論新社、二〇〇五、初出一九六五）四八四～五頁。
(13) 田中義成『足利時代史』（講談社、一九七九、初出一九二三）、今谷明『室町の王権』（中央公論社、一九九〇）。
(14) 髙橋康夫「室町期京都の空間構造と社会」（本書第一部再録、初出一九九八）二九頁。
(15) 田中健夫「足利将軍と日本国王号」（『前近代の国際交流と外交文書』、吉川弘文館、一九九六、初出一九八七）、村井章介「易姓革命の思想と天皇制」（『講座・前近代の天皇5 世界史のなかの天皇』、青木書店、一九九五）、橋本雄「室町幕府外交は王権論といかに関わるのか？」（『人民の歴史学』一四五、二〇〇〇）、同「室町日本の対外観」（『歴史評論』六九七、二〇〇八）等。
(16) 村井章介『日本の中世10 分裂する王権と社会』（中央公論新社、二〇〇三）二一二頁以下、桜井英治『室町人の精神』（講談社、二〇〇九、初出二〇〇一）七三頁以下、市沢哲「中世王権論の中の足利義満」（『日本中世公家政治史の研究』、校倉書房、二〇一一、初出二〇〇四）。
(17) 前掲注16桜井著書六七頁以下。
(18) 前掲注16桜井著書六四頁以下。
(19) 小川剛生「足利義満の太上天皇尊号宣下」（『藝文研究』一〇一、二〇一一）。
(20) 石原比伊呂「北山殿行幸再考」（『年報中世史研究』三七、二〇一二）八三頁。
(21) 前掲注13今谷著書七八頁、前掲注14髙橋論文二九頁、田坂泰之「室町期京都の都市空間と幕府」（本書第一部再録、初出一九九八）五九頁、新田一郎『日本の歴史11 太平記の時代』（講談社、二〇〇一）二九九頁、山田邦和「中世都市京都の変容」（『京都都市史の研究』、吉川弘文館、二〇〇九、初出一九九八）一八三頁。
(22) 細川武稔「足利義満の北山新都心構想」（中世都市研究会編『中世都市研究15 都市を区切る』、新人物往来社、二〇一〇）、同「「北山新都心」に関するノート」（『東京大学日本史学研究室紀要 別冊 中世政治社会論叢』、二〇一三）。
(23) http://www.ur-net.go.jp/toshisaisei/urbanr/（以下、特記なき限り二〇一四年五月閲覧）。
(24) 千葉市Ｗｅｂページ（http://www.city.chiba.jp/toshi/toshi/keikaku/masterplan/index_mp_zentai.html）。
(25) 例えば昭和三年二月一六日熊本都市計画街路網決定理由書に「熊本市の街路は其の都心部たると郊外地たるとを問はず」云々と見える。国立公文書館デジタルアーカイブ（http://www.digital.archives.go.jp/）。
(26) 平成二二年五月一一日「住宅着工統計」、東京都Ｗｅｂページ（http://www.metro.tokyo.jp/INET/CHOUSA/2010/05/

60k5b100.htm)。

(27) 昭和一三年八月一五日「東京都市計画飛行場及同事業並其ノ執行年度割決定ノ件」理由書、同一五年三月二四日「東京都市計画緑地及同事業並其ノ執行年度割決定ノ件」理由書（国立公文書館デジタルアーカイブ）。

(28) 首都建設法（昭和二五年〈一九五〇〉法律第二一九号）第一条。

(29) 京都市情報館、「都市再生整備計画事業（京都都心部地区）の事後評価結果の公表について」(http://www.city.kyoto.lg.jp/kensetu/page/0000114646.html)。

(30) 前掲注21山田論文。

(31) 前掲注21山田論文一七五・一七八頁。

(32) 前掲注22細川論文（二〇一〇）九七頁以下。

(33) 前掲注9桃崎論文。

(34) 髙橋康夫「室町期京都の都市空間」（中世都市研究会編『中世都市研究9 政権都市』、新人物往来社、二〇〇四）。

(35) 桃崎有一郎『中世京都の空間構造と礼節体系』（思文閣出版、二〇一〇）第四・五章。

(36) 今出川が大路であったことは、『良賢入道記（歴代残闕日記本）』永徳二年四月二八日条に「今出川大路南行」と見えて確認できる。

(37) 前掲注21田坂論文（本書第一部）七三頁。

(38) 桃崎有一郎「建武政権論」（『岩波講座日本歴史 第7巻 中世2』、岩波書店、二〇一四）。

(39) 『後光厳院宸記』応安三年一〇月五日条、『後円融院宸記』永徳元年一二月二四日条（桃崎有一郎「『後円融院宸記』永徳元年・二年・四年記」、田島公編『禁裏・公家文庫研究 第三輯』、思文閣出版、二〇〇九、初出二〇〇六）。

(40) 西山良平「平安京と農村の交流」（『都市平安京』、京都大学学術出版会、二〇〇四、初出二〇〇二）三二五頁、前掲注35拙著序論三二頁以下等。

第二部　室町殿と相国寺

光厳上皇の皇位継承戦略と室町幕府

家永遵嗣

鎌倉後期、後嵯峨上皇が皇位継承問題を幕府の判断に委ねたことから、幕府が天皇家家長の業務を代行する関係が生じた。しかし、政治的実権をもたない皇族将軍は事態の調整役として機能せず、鎌倉幕府の方針は一貫を欠いて、持明院統・大覚寺統の分立を招いた。後醍醐天皇は幕府討滅による皇統の一本化を図り、持明院統は室町幕府と結んで対抗した。将軍を「天皇家の一員にする」ことが持明院統の策であった。

光厳上皇は足利尊氏の義理の甥にあたる皇子直仁を持明院統の正嫡に定め、尊氏との提携を図った。後光厳天皇は足利義詮の室紀良子（義満生母）の姉仲子を配偶とし、義満の従兄弟緒仁（後円融天皇）を得て皇儲に定めた。佐藤進一は、足利義満が「天皇家の一員」となることに注目したが[1]、これは、義満の恣意だけで説明できる現象ではない。その背景には持明院統側の働きかけがあったようだ。

光厳上皇の伝記研究として、中村直勝・岩佐美代子・飯倉晴武・深津睦夫らの優れた業績[2]がある。しかしながら、直仁と尊氏らとの間の姻族関係を重視して考究した論者はいない。

一　光厳上皇と建武政権

光厳天皇（量仁親王）は、後醍醐天皇の笠置潜幸をうけて、元弘元年（一三三一）九月二〇日に一九歳で践祚した。[3]鎌倉幕府が滅ぶと、光厳天皇は東宮に戻されたうえで元弘三年一二月一〇日に「太上天皇」号を贈られ、後醍醐の皇女懽子内親王（宣政門院）の婿になった。[4]皇儲は皇位奪回の必須条件だが、光厳が皇子を得るのは鎌倉幕府滅亡後である。五人の皇子が知られ、[5]建武政権崩壊までに益仁（興仁）・直仁を得た。

長子益仁（興仁・崇光天皇）は建武元年（一三三四）四月二二日に誕生した。母は三条公秀の女秀子（陽禄門院）である。第二皇子直仁の母は花園上皇の妾正親町実子（宣光門院）で、正親町実明の女、足利尊氏の義姉妹である。『公卿補任』貞和四年（一三四八）一〇月二七日の立坊記事に「十四」歳とあり、直仁は建武二年誕生と知られる。第三皇子弥仁（後光厳天皇）は建武政権崩壊後の建武五年三月二日に誕生した。母は三条秀子である。第四皇子尊敦（尊朝）は文和四年（一三五五）八月二二日に一一歳で仁和寺に入る。[6]貞和元年誕生となる。母は正親町実子の姉妹「対御方」である。他に正親町実子の姪「徽安門院一条」が産んだ正親町宮義仁がいるが、誕生時期は明らかでない。生母が暦応四年（一三四一）に徽安門院に伴って持明院殿に入り、光厳の手がついたものではあるまいか。

建武政権の転覆を謀る光厳上皇の動きを政権側が察知したのは、建武二年六月だった。『太平記』によれば、[7]亡き北条高時の弟泰家（時興）が西園寺公宗を頼ったという。公宗は、室日野名子の兄氏光に命じて、諸国に蜂起を命じる「院宣」を書かせた。公宗の弟竹林院公重がこれを政権側に通報した。六月一七日、光厳らは持明院殿から京極殿に移された。二二日、公宗・氏光らが逮捕され、二六日に罪名勘申が行われた。[8]『建武二年六月記』二六日条に収める公宗らの罪名勘申を命じる口宣に「奉太上天皇旨、謀危国家」とある。[9]

深津は「太上天皇」を後伏見とみるが、(10)後伏見は鎌倉幕府滅亡後に落胆して出家していた。後述するように、光厳は陰謀発覚の直前に皇儲直仁の誕生を告げる春日社の神託を得ており、神慮に勇気づけられて奮起したとみられる。この「太上天皇」は光厳であろう。

七月一四日に北条時行が挙兵し、間もなく足利尊氏に敗れた。当時の尊氏は光厳の敵であった。尊氏は同年一一月に建武政権から離反し、翌年初め、京都周辺での合戦に敗れて九州に赴く。二月半ば、光厳は窮地に陥った尊氏に院宣を授けて援けた。(11)これをみた時行は南朝に帰参する。建武四年（延元二年）一二月、奥州から西上する北畠顕家が鎌倉に進攻した。『太平記』には「相模次郎時行モ已ニ吉野殿ヨリ勅免ヲ蒙テケレバ(12)」協働を図ったとある。時行の南朝帰参は、時行を棄てて尊氏と結んだ光厳上皇に対する反発と解される。

光厳上皇は「乳人」であった日野資名の一門に支えられていた。(13)資名の女子名子は光厳の登極に典侍として奉仕し、元弘三年初めに西園寺公宗の室となり、建武二年に実俊を産む。(14)元弘三年五月、足利尊氏らに敗れた六波羅探題が光厳・後伏見・花園を伴って京都を逃れた際、資名は同行した。(15)建武二年六月に光厳と公宗らの建武政権打倒計画が発覚する。資名の子氏光が公宗とともに処刑され、資名も責任を問われた。建武三年二月、尊氏に光厳上皇院宣を届けた三宝院賢俊は資名の弟である。同年五月に尊氏が九州から上洛した。資名は光厳に供奉して尊氏軍への合流を助けたという。(16)資名は、光厳の第三皇子弥仁（後光厳）の「乳人」にもなる。(17)しかし、資名は建武五年五月二日に没し、(18)嗣子時光は幼かった。日野一門の影響力はいったん後退した。

二　足利尊氏らの両統迭立策とその放棄

建武政権崩壊当時、尊氏らは後醍醐から幕府再興への承認をとりつけることを戦乱収拾の鍵とみていた。「両統迭立」を提起し、尊氏・後醍醐・光厳の三者連合を構築しようとした[19]。

延元元年（建武三年・一三三六）八月一五日、光厳上皇の弟豊仁（光明天皇）が践祚した。一〇月一〇日、後醍醐は比叡山から帰京し、一一月二日、光明に神器を渡して太上天皇号を贈られた[20]。続く和睦交渉の焦点は、幕府再興問題と皇位継承問題とにあった。

一一月七日の「建武式目」がある。幕府設立に関わる答申書だが、後段五条で「今度山上臨幸扈従之人」に対する京中屋地の返還を提起する[21]。後醍醐に従って比叡山に籠城した者への慰撫である。「建武式目」は後醍醐への提示を意識した答申書だったのではなかろうか。

一一月一四日、東宮に後醍醐の皇子成良が立てられた[22]。「両統迭立」策である。成良は足利直義の補佐を受けた鎌倉将軍宮で、征夷大将軍にもなった[23]。生母は、建武政権期に皇太子となった恒良や、のちの後村上天皇（義良）と同じく、阿野廉子である。成良は尊氏と後醍醐との仲立ちになりうる人だった。

同年一二月、後醍醐が吉野に脱出して交渉は中断する[24]。しかし、建武五年（暦応元年）八月まで持明院統側からの東宮立坊はなく、尊氏は将軍職につかない。尊氏らは後醍醐の交渉復帰を期待して、和睦交渉の条件を凍結したと推察される。これを「交渉凍結期間」と呼ぶことにする。

建武五年五月に北畠顕家、閏七月に新田義貞が討たれたが、後醍醐は戦い続けた。交渉再開が断念され、「交渉凍結期間」が終わる。同年八月一一日、尊氏が征夷大将軍に補された。幕府法圏は建武三年二月に再起動した[25]が、「交渉凍結期間」中に発行された幕府裁判所の命令書としては、引付頭人奉書のみみられ、直義署判裁許状は尊氏の将軍職補任後に顕れる[26]。和睦断念により、抑制が解除されるようだ。尊氏の将軍職補任から二日おいて、同月一三日、光厳の皇子益仁（のち興仁に改名・崇光天皇）が立坊した[27]。尊氏が「両統迭立」を諦めたため、持明院統単独での皇位継承が可能になった。ここに、尊氏・光厳の二者連合が確立した。

光厳が尊氏の義理の甥直仁を持明院統の正嫡にする策を立てたのは「交渉凍結期間」の間だった。光厳の意思を窺うため、興仁・直仁の生母に対する処遇を比較してみたい。

光厳の第一皇子興仁（崇光天皇）には足利尊氏との姻戚関係がない。光厳は興仁の生母三条秀子に女院号を授けなかった。秀子は興仁（崇光天皇）の登極後も「三位局」などと呼ばれる上臈女房だった(28)。「陽禄門院」号は、観応三年（正平七年・文和元年・一三五二）八月一七日に後光厳天皇（興仁の同母弟、弥仁）が践祚した後、秀子が危篤になったため、同年一〇月二九日に後光厳の命で宣下された。死没は翌月二八日である(29)。

直仁を産んだ正親町実子は尊氏の義兄弟正親町公蔭の異母姉妹で、永仁五年（一二九七）に誕生した。花園天皇（上皇）に仕え、他に聖護院覚誉・御室源性らの法親王を産んだ(30)。女院号宣下は「交渉凍結期間」の最終段階、建武五年四月二八日である(31)。次に示す史料一傍線部④から、光厳には同年八月に興仁ではなく直仁を持明院統の東宮に立てる心算のあったことがわかる。「宣光門院」号宣下は、直仁立坊の準備とみられる。

しかしながら、直仁は世間一般には花園上皇と正親町実子との間に生まれた皇子と理解されていた。光厳が直仁の実父であることを公表できなかったためだろう、次節に示す史料一傍線部④には、光厳の側近勧修寺経顕が直仁の立坊に抗ったとある。光厳の実子を立坊するよう諫めたのだろう。建武五年八月には経顕の言に従って興仁が立坊した。光厳は康永二年（一三四三）四月に、あらためて直仁を正嫡に定める。その際、あらかじめ光厳の后徽安門院寿子内親王を興仁・直仁の准母にする手続きが履まれた。後掲史料一傍線部③に、興仁と直仁とを「宛為徽安門院実所生、是以昭穆相協也」とある。「昭穆」即ち兄弟の関係にして直仁に皇位継承権を与えた(32)。

徽安門院寿子は直仁の生母正親町実子が産んだ花園上皇の皇女で、直仁の異父姉である。光厳と花園との仲立ちになる人だった。日野名子の『竹むきが記』に「暦応四年四月、萩原殿（花園）の内親王（寿子）、持明院殿へ入らせ給う。やがて院号ありて徽安門院と聞こゆ」とある(33)。寿子は光厳の后となり、ついで興仁・直仁の准母になった。直仁を持明院統の正嫡に定める戦略は建武五年四月以前に立てられたが、直仁の複雑な出生事情からただちには実現できず、暦応四年（一三四一）四月から康永二年四月の間に具体化されたようだ。

三　光厳上皇の皇位継承戦略

康永二年（一三四三）四月、後白河上皇の月忌日一三日に、光厳は長講堂の後白河法皇の影前において、次の起請（置文）を定めた。光厳は興仁立坊を後悔し、あらためて直仁を正嫡に定めた。

史料一「熊谷直之氏所蔵文書」康永二年四月一三日光厳上皇起請(34)

定置　継体事

①興仁親王（崇光天皇）備儲弐之位先畢、必可受次第践祚之運、但不可有継嗣之儀〈若生男子者、須必入釈家、善学修仏教、護持王法、以之謝朕之遺恩矣〉、以直仁親王所備将来継体也、子々孫々禀承、敢不可違失、②件親王人皆謂為法皇（花園上皇）々子、不然、元是朕之胤子矣、去建武二年五月未決胎内〈宣光門院〉之時、有春日大明神之告已降、偏依彼霊倦所出生也、子細朕并母儀女院之外、他人所不識矣、先年興仁親王立太子之日、依未得天時、不顕斯事、今帰真実之理、深加商量所定置也、③宛為徽安門院実所生、是以昭穆相協也、興仁親王登極之日、須必相続備小陽之任也、遂昇大統之位矣、朕晏駕之後、今上（光明天皇）於直仁親王垂慈愛、猶朕之於親王、々々亦見今上如見朕、天下政務并長講堂管領以下事、次第禀承、従今上迄于直仁親王、将来之相続、一如朕之遺訓矣、興仁親王一瞬之際計略、別所定置如左、

（一）□因幡国

一法金剛院領〈加熱田社領〉

件国衙及院領等、一瞬之後、必可返与直仁親王、其間用意重載別帋賜之、（中略）於臣者、以前権大納言藤原朝臣〈経顕〉、為重臣、④先年以興仁親王欲備太子之位之時、朕更有所思惟、而依藤原大納言之言、遂成其事、是豈非親王之功臣乎、以斯理殊貽此命矣、（中略）凡継体之器者、国家之重任、社稷之□轄也、今所定曾非好悪非私曲、以有所観、遠貽斯言、後生必如金重、如石堅、而軽莫共（失）朕意耳、

〈詣長講堂、本願皇帝真影之宝前、熟有起請之旨、即時染筆記之〉

康永二年四月十三日　太上天皇量仁（光厳上皇花押）

まず、傍線部①で、近いうちに東宮興仁が登極するはずだが、直仁を正嫡にするとした。興仁が男子に皇位を伝えることを禁じ、誕生した男子は仏門に入れよと命じた。次に、傍線部②で、直仁の出生事情を述べる。世人は直仁を花園法皇の皇子だと考えているが、それは違う。「朕之胤子」である。「建武二年五月」に花園の妾「宣光門院」の胎内にあったとき、「春日大明神之告」があり、その霊験によって降誕した、という。次に、建武三年八月には明かせなかった直仁が「朕之胤子」だという事情、すなわち、「真実之理」に従い、皇位継承の方針を示す。興仁が登極したら直仁を「小陽」皇太子とし、登極させよ。「天下政務并長講堂管領以下事」は「今上」光明天皇から直仁に伝えよ。興仁には一期分を授けた、とする。

赤松俊秀・村田正志・岩佐美代子・飯倉晴武・深津睦夫の考察がある。(35)同月に興仁に授けられた伏見宮家伝来の光厳上皇譲状(36)があり、筆跡・内容から真正の文書と認められている。傍線部②、「朕之胤子」文言の真偽が論じられてきた。光厳が叔父花園の配偶に通じたことになるからである。村田・岩佐・飯倉・深津は真実とする。「起

請」とは、起請文とは別のもので、神仏に冥罰を下すことを申請して、第三者（興仁）に規定の遵守を強制する文書である。「神は非礼を享けず」といい、虚偽があれば起請者自身が冥罰を被る。ゆえに真実とみて良い。

直仁を「件親王」と呼び、興仁に語りかけ諭す修辞だが、史料一は直仁に授けられたと思しい。文書はそれによって利益を得る者が保有・継承する。史料一は興仁に利益をもたらさず、興仁の子孫である伏見宮家に伝わらなかった。興仁側から皇位継承の希望が出された場合、直仁側は史料一を用いてこれを斥けることができる。「朕之胤子」文言は直仁の皇位継承権を正当化する決定打である。

とはいえ、世人には直仁を花園の所生子だと信じさせていた。傍線部②に「件親王人皆謂為法皇々子」・「朕并母儀女院之外、他人所不識矣」とある。光厳は、直仁の実父であることを顕さず、あえて徽安門院の義子にした。宣光門院は、貞和四年一一月一一日に花園が没したあと同月二四日に落飾し[37]、花園の配偶として身を処した。直仁の出生事情は、直仁・興仁、また、光明天皇や勧修寺経顕など、限られた人に開示された秘事らしい。

傍線部①の、興仁の男子は全て仏門に入れよとする点についてはどうか。崇光天皇（興仁）在位中の観応元年（一三五〇）に崇光の皇子栄仁が誕生した[38]。『後光厳天皇日記』応安三年（一三七〇）一一月三日条[39]に、栄仁は妙法院に入室する予定だったという記事がある。「自当初治定事也」とある。後光厳（興仁弟）自身が妙法院に入室する予定で、甥栄仁が続いて入室するはずだったと認識していた。傍線部①と符合する。

傍線部②には直仁を正嫡にする理由として春日の神託がみえる。託宣のあった「建武二年五月」は、建武政権打倒計画が発覚する前月にあたる。その後に実現した建武政権の崩壊は春日神の霊験と考えられたであろう。『後光厳天皇日記』応安三年一一月三日条に、亡き光厳が告文を「於南方、被籠春日社」たとの記事がある。後光厳は「可依御告文者、院（崇光）も朕も不可立歟」と記す。子孫の皇位継承を断念する旨を春日神に誓った告文のようだ。観応三年（正平七年）、光厳・直仁が「南方」吉野に連行されたあと、後光厳が践祚した。光厳はこれを怒り、告文を捧げて春日の神慮に反する事態となったことを謝罪したらしい。傍線部②に照応する。

重要な点は傍線部④にある。建武五年八月に光明天皇の東宮を持明院統から立てた。この際に、光厳と「藤原大納言」勧修寺経顕との間に確執があった。「先年以興仁親王欲備太子之位之時、朕更有所思惟、而依藤原大納言之言、遂成其事」とある。光厳には別の考えがあったのだが、結局、経顕の言に従って興仁を立坊したという。ゆえに、経顕は興仁の「功臣」だという。光厳が直仁立坊を発意したのは「交渉凍結期間」中であった。

四　直仁と足利尊氏との姻戚関係

次の問題は、なぜ興仁を斥けて直仁を立てようとしたのか、という点にある。直仁の生母宣光門院実子の兄弟正親町公蔭が足利尊氏の義兄弟であった事情をみたい。井上宗雄ら歌壇史研究者が、(40)公蔭室を尊氏室赤橋北条登子の姉妹とする『尊卑分脉』の記載(41)に注目している。公蔭の従兄弟洞院公賢の『園太暦』に次の記事がある。

史料二　『園太暦』観応元年（一三五〇）九月七日条

入夜正親町前大納言来、謁之、武家宰相中将狩衣事、可為何様哉、女中内々尋之〈宰相中将母儀与前大納言室、姉妹也〉、仍密々伺仙洞之処、可守制符之旨有沙汰云々、（下略）

同年八月二二日に「宰相中将」となった足利義詮の衣装について、義詮生母の赤橋北条登子が姉妹の夫「前大納言」公蔭に尋ね、公蔭が光厳に伺いを立てた。光厳は貞和二年（一三四六）一二月二九日に光明天皇の定めた倹約(42)「制符」に従えとした。公蔭は厳格に過ぎると考えて、公賢に相談した。登子が公蔭に相談を持ちかけた事情について、「宰相中将母儀与前大納言室、姉妹也」とある。尊氏室登子が公蔭室と姉妹であったことは事実らしい。『尊卑分脈』洞院・正親町系図には、公蔭の子忠季・実文・徽安門院一条らの生母として「相模守久時女」がある。

関係略系図

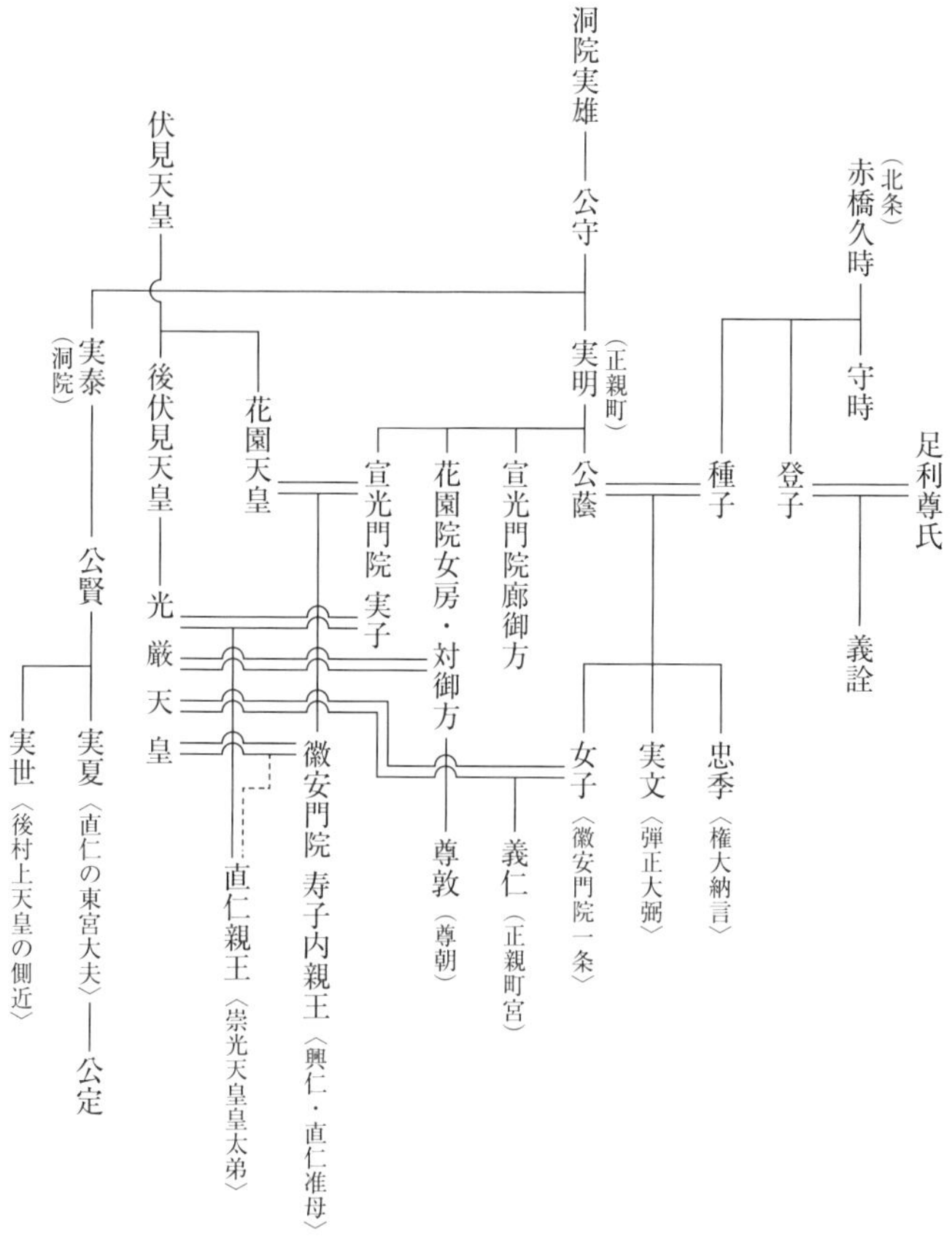

『続群書類従』「北条系図」に赤橋北条久時の女子三名がみえ、登子の他に「号種子、洞院(正親町)大納言公蔭室、権大納言忠季卿并弾正大弼実文母」という人がいる。[43]「種子」の記事は、『尊卑分脈』・史料二と整合する。

直仁の生母実子は公蔭の異母姉妹である。直仁は登子・尊氏夫妻の義理の甥、義詮の従兄弟にあたる。直仁を正嫡に定めた理由は、尊氏らと親しい親族関係にあった点に求められる。「交渉凍結期間」には、尊氏に後醍醐との講和を断念させる狙いがあっただろう。康永二年（一三四三）にも、幕府との提携を強化しようとする何らかの事情があったと考えられる。

康永元年九月に土岐頼遠が光厳上皇の御幸行列を蹂躙し、一二月一日に誅殺される事件[44]があった。幕府重臣との深刻な乖離は光厳を震撼させたであろう。光厳・尊氏の連合は後醍醐の交渉拒絶によって成立したが、後醍醐は既に没していた。「正平一統」で露呈するように、幕府重臣のなかには「持明院統抜きで南朝と和睦する」志向性もあった。光厳は尊氏らを持明院統支持に固定する紐帯を、主体的に構築する必要性を認識したと思われる。

正親町公蔭は異母姉妹である宣光門院実子と同じ永仁五年（一二九七）に生まれた[45]。歌人京極為兼の養子となり、忠兼と名乗った。正和四年（一三一五）一二月に為兼が失脚した後、翌年正月に蔵人頭を免じられた。『公卿補任』には、その後「辺土」に「籠居」したとある。種子の産んだ忠季は元亨二年（一三二二）の誕生である。種子との結婚時期が窺われる。

忠兼（公蔭）は光厳天皇踐祚後、正慶元年（元弘二年・一三三二）一〇月に権中納言となり、六波羅探題滅亡後の正慶二年五月一七日に職を止められた。建武二年（一三三五）後半に姉妹実子が直仁を産んだ。「忠兼」から「実寛」に改めたのち、建武四年二月三〇日に「公蔭」に改めて正親町家に復した。同年七月二〇日に参議、暦応二年（一三三九）八月一二日に権中納言、貞和二年（一三四六）二月一八日に権大納言となった。

時期上限の確定は困難だが、史料一のあと、光厳の御所持明院殿には、光厳・直仁を囲繞する形で、正親町公蔭の近親女性五人がいた。直仁の准母徽安門院寿子（公蔭の姪）、直仁の生母宣光門院実子、直仁の乳母「対御方」、実子の女房「宣光門院廊御方」（以上は公蔭の姉妹）、寿子の女房「徽安門院一条」（公蔭の女子）である。

東宮興仁は立坊した建武五年（暦応元年・一三三八）八月には光厳上皇の御所持明院殿にいた[46]。しかし、『園太暦』康永三年（一三四四）正月一四日条に光明天皇が土御門内裏の「東宮御方」に別殿行幸した記事があり、興仁は康永二年以前に土御門内裏に移ったことがわかる。直仁が持明院殿にいることを示す確実な初見史料は『中院一品記』貞和三年正月二六日条だが[47]、直仁は正嫡となったために持明院殿に入ったかと思われる。

花園上皇は直仁が誕生した頃、建武二年一一月に出家して、間もなく洛北の萩原殿（のち妙心寺）に移った。花園は直仁誕生後も宣光門院実子と睦まじかった。『中院一品記』暦応三年九月八日条に、「萩原殿法皇御方并宣光門院」が仁和寺真光院で平家語を聴く記事がある。同記暦応四年正月三日条には、「〈仁和寺〉萩原殿」に参仕した中院通冬が、「女房」と対面して「御浴（湯）殿上」で盃を頂戴し、花園と対面する記事がある[48]。萩原殿には花園の女房たちもいた。直仁も、はじめは、生母や乳母たちとともに萩原殿にいたのだろう。

暦応四年四月に直仁の異父姉である寿子（徽安門院）が、公蔭女子「徽安門院一条（一条局）」を伴って持明院殿に入ったと考えられる。「一条局」は『園太暦』康永三年正月二日条・貞和二年四月二七日条に寿子の取り次ぎ女房として顕れる。この女性は『園太暦』貞和四年七月七日条には「徽安門院一条〈公蔭卿女〉」とある。

持明院殿で行われた『風雅集』竟宴を記す『園太暦』貞和二年一一月九日条に、「対御方〈実明卿女〉・一条局〈公蔭卿女〉」が顕れる。「一条局」は「徽安門院一条」と同一人物で、光厳皇子義仁の生母である。

「対御方〈実明卿女〉」は直仁の乳母で、貞和元年（康永四年）に光厳の皇子尊敦を産んだ人らしい。『園太暦』文和四年八月二一日条に、光厳皇子尊敦について「宮、実明大納言入道孫、御母儀、号対御方、入道直仁親王御乳母也」とある。岩佐美代子は、この「対御方」を、『尊卑分脉』にみえる実子の異母姉妹「花園院女房」「対御方」に比定する[49]。花園に仕えていた女房「対御方」は花園とともにいったん萩原殿に移り、乳母であったことから直仁とともに持明院殿に移り、持明院殿において光厳の手がついたように思われる。尊敦を懐妊していた期間を考慮すると、この人は康永三年以前に直仁とともに持明院殿に移った可能性が考えられる。

直仁の生母である実子が持明院殿にいる徴証は『園太暦』では貞和二年五月一五日条からあり、貞和三年八月五日条には花園の病気見舞いのため実子が萩原殿に「御幸」したという記事、貞和四年一〇月一五日条には洞院公賢が持明院殿で直仁と実子に対面する記事がある。『尊卑分脉』にみえる「対御方」の同母姉妹「宣光門院廊御方」は、実子の女房と考えられるから、実子と居所を共にしていたと思しい。

足利尊氏の義兄弟正親町公蔭は、五人の近親女性を介して光厳・直仁と非常に強く結びついていたのである。これは、公蔭の従兄弟洞院公賢の動向を規定する条件になった。

五　洞院公賢と「正平一統」

林屋辰三郎は、洞院公賢が後醍醐天皇の寵姫阿野廉子の養父であったことを指摘している。公賢は建武政権の内大臣・右大臣を務め、建武四年(一三三七)六月に隠退した。ところが、康永二年(一三四三)、公賢は突如として左大臣となって北朝朝廷に再登場する。林屋は、貞和三年(一三四七)頃の公賢の日記『園太暦』に、南朝に対する敵対的な心意が記されることに注目した(50)。

洞院公賢の任左大臣は、光厳が史料一を定める三日前、同月一〇日であった(51)。光厳は、直仁を正嫡に定めると同時に、直仁の生母実子や尊氏の義兄弟公蔭の従兄弟にあたる公賢を左大臣にした。持明院統の正嫡直仁を親族である公賢に支えさせるという構想が窺われる。公賢も乗り気で、光厳・光明を積極的に支え、子息実夏は興仁・直仁の東宮大夫になる。

ただし、『園太暦』貞和二年二月三日条には、光厳上皇第三皇子の弥仁について「上皇第二宮」とある。『中院一品記』貞和三年正月二六日条にも、直仁について「親王御方〈法皇(花園)宮〉」とある。直仁の実父が光厳であることは、廷臣たちには公表されていないようだ。直仁立坊の直前にあたる『園太暦』貞和四年一〇月一三日条に「上皇第二親王〈直仁〉」とあり、情報の浸透が確認される。光厳上皇の皇位継承戦略では、直仁の実父が誰かということよりも、生母正親町実子を介する直仁と尊氏との姻戚関係が重要だったのだろう。

とはいえ、崇光天皇の登極儀礼が未了に終わり、直仁の登極は実現しなかった。貞和四年一〇月二七日、崇光が践祚し直仁が立坊した。翌月一一日、花園が没した。服喪のため崇光の即位式が遅れて翌貞和五年一二月二六日となった(52)。大嘗会は翌観応元年（一三五〇）一一月に予定されたが、足利直冬征討のために尊氏らが出征する計画があり延期された(53)。観応二年（正平六年）、師直一門の滅亡後、六月に大嘗会の準備が再開された(54)。しかし、尊氏・直義の和睦が破れ、「正平一統」となる。崇光と直仁は同年一一月に廃された。

公賢は後村上天皇から信任されており、息実世（実夏の兄）は後村上の側近であったから、難しい立場になった。後村上は翌年上洛して即位式・大嘗会を行う意向だった(55)。一一月一三日に「諸公事奉行」のため公賢を左大臣に補した(56)。公賢は即位式・大嘗会を同一年内に行う先例を調べ、一二月五日に勘進した。『園太暦』の翌正平七年（観応三年）正月二日条に、後村上に宛てて「登極」の近いことを言祝いだ公賢の書状がある。

この間、一二月九日に吉野から命があり、東宮の「壺切」剣は同月二二日に神器とともに南朝側に接収された。

しかし、公賢はなお直仁の登極を諦めてはいなかった(57)。

『園太暦』正平六年（観応二年）一二月一五日条に、直仁の東宮大夫である実夏が直仁の「始終御運事」を祈る願書を石山寺に納めた記事がある。願書は光厳の点検を経て「御本意之由、有勅定」り、奉納された。二日後の『園太暦』同月一七日条に、実夏に託して奉納した公賢の願文がある。「儲皇誕于当家之戚、宜賡天統矣」とある。直仁を「儲皇」と言い、「天統」をつぐことを祈請した。「当家之戚」とは直仁の生母実子が公賢の従姉妹であることを指す。公賢は直仁を親族と考え、事態の転換を念願する光厳の意を挺して腐心していた。

洞院公賢は親族関係に忠実であった。光厳は足利尊氏に対しても直仁との親族関係への忠実を期待していたと思われる。しかし、尊氏父子は応えなかった。尊氏らは正平六年（観応二年）八月二五日に後村上に「天下」返上を申し出た。[58] 一一月三日に義詮が南朝の使節忠雲僧正と対面して「勅免」の綸旨を受けとり、翌朝、尊氏は直義を討つため東下した。[59] 光厳のもとには一一月二一日に使者京極導誉が来て、「『天下事』は『南方』に『合体』申した、長講堂領以下を光厳が管領することには問題がない」旨を申し入れた。[60]

光厳の閨閥戦略は、南朝との和平を望む尊氏父子を拘束しきれなかった。尊氏は後醍醐が交渉に応じなかったが故に光厳と提携した。「正平一統」を進めた義詮・京極導誉・赤松則祐らは、[61] 皇統を南朝に一本化すれば後村上が幕府を容認すると期待していた。彼らは直仁が光厳の実子であることを知らなかったのだろう。

しかしながら、南軍は「正平一統」を破約して幕府を滅ぼそうとする。義詮たちの期待は幻想であった。正平七年（観応三年）閏二月二〇日、南軍は義詮を京都から逐い、光厳・光明・崇光三上皇と直仁を収容した。[62] しかし、幕府討滅は失敗に終わる。持明院統は再興が困難になった。光厳は八月八日に出家した。[64] 八月一七日、崇光・直仁の弟弥仁（後光厳）が践祚し、[63] 光厳・後村上の戦略は破綻した。光厳は八月八日に出家した。後村上の登極行事も霧消した。

「正平一統」の破約は、南朝は幕府を認めない、という教訓を残した。幕府は持明院統朝廷の維持に力を注ぐようになる。[65] 持明院統では、後光厳の践祚を支えた関白二条良基、蔵人頭万里小路仲房・勘解由小路兼綱、典侍日野宣子らが、新たな動きをみせる。

六　貞治二年光厳上皇譲状と足利義満

延文二年（一三五七）二月、光厳・崇光が賀名生から帰京し、後光厳天皇と兄崇光上皇との間に潜在的な対立が生じた。[66] がんらいの正嫡だった直仁は出家しており、[67] 皇位継承権を放棄していた。後光厳の践祚を取りはからった光厳上皇の生母広義門院西園寺寧子は、崇光流による皇位継承を意図して、長講堂領の支配を崇光に委ねた。[68]

関係略系図

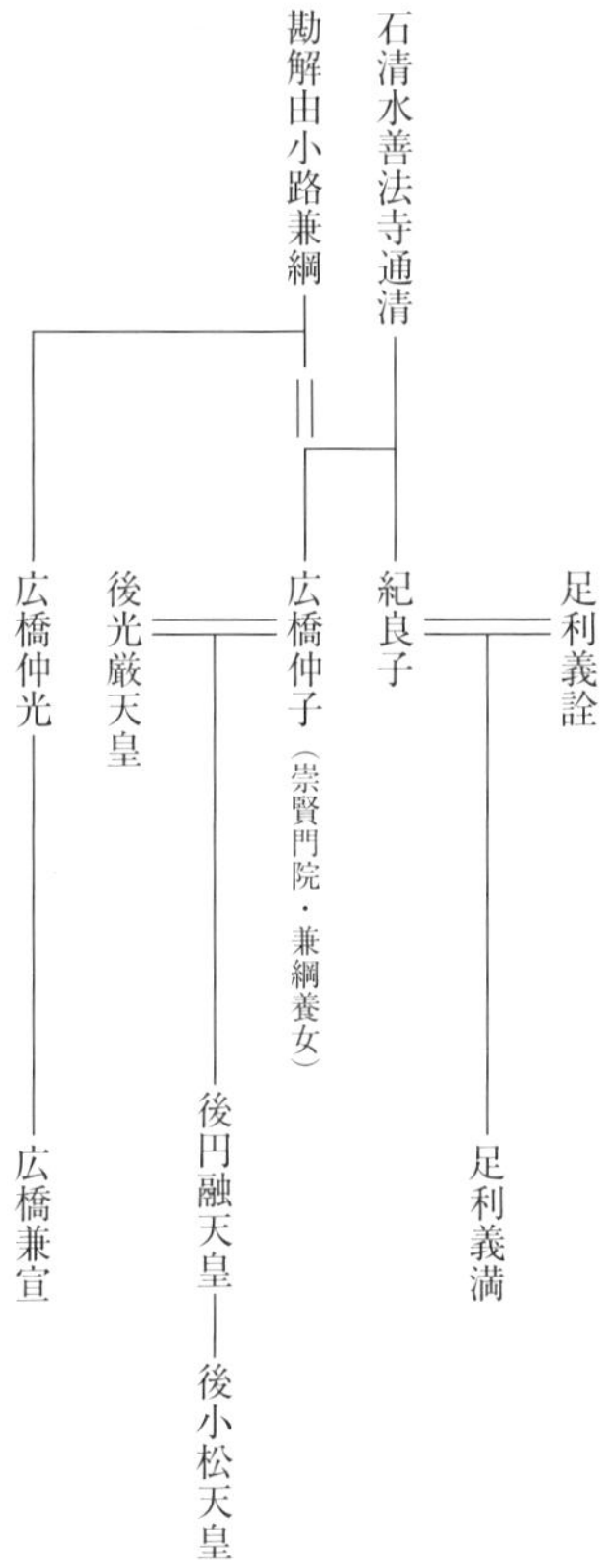

弥仁（後光厳）の「乳人」日野資名の女子宣子は、後光厳践祚の際に典侍となり[69]、後光厳流の皇儲戦略を企画して対抗した。光厳の機略が再び実行される。宣子は足利義詮の室紀良子の姉仲子を見いだし[70]、後光厳の配偶とした。良子・仲子は石清水八幡宮善法寺通清の女子であり、神職の女子仲子は国母となるには身分が低すぎた。延文三年年頭以前[71]に、仲子を勘解由小路兼綱の養女とする奇策が講じられた。同年八月二三日に良子が足利義満を産み[72]、一二月一二日に仲子が緒仁（後円融天皇）を産む[73]。

崇光上皇は家産である長講堂領を支配していた。そのいっぽうで、後光厳天皇の血筋は足利義満との姻戚関係を得て皇位継承上で有利となった。両流の対立は一四世紀後半の朝幕関係を規定する条件になった。

貞治二年（一三六三）、光厳上皇は「譲状」を作り、後光厳流・崇光流の関係を定めた。①崇光皇子栄仁が登極するなら崇光流が長講堂領以下を相伝する、②両統が迭立する場合にも崇光流が長講堂領以下を相伝する、③後光厳流が皇位を継承する場合には後光厳流が長講堂領以下を相伝する、④伏見荘は崇光流が永代相伝する、⑤室町院領は直仁親王の一期分とし、没後に「宗領」へ返付する、とされた[74]。光厳はこの翌年に没した。

永和四年（一三七八）一〇月四日、足利義満は二条良基と協議し、摂家作法の採用を決めた[75]。「公家化」が始まった。義満は永徳元年（一三八一）正月以降、盛んに朝廷儀式に出仕する。[76] 同年三月に後円融天皇が室町殿に行幸した。[77] 義満は崇光の伏見御所にも訪れるようになる。[78] 四月二九日に公家衆を要員とする家司を補任し、公家諸家との通交関係を尋常の公家と同等にした。[79] 翌年正月に左大臣・一上となる。後嵯峨院政期に成立した関東申次（武家執奏）・院伝奏のうち、朝廷と幕府との間の取りつぎにあたる武家執奏の業務は永徳年間に消滅する。[80]

「公家化」の狙いは、持明院統の分裂を解決して朝幕関係を安定させることにあった。『後円融天皇日記』永徳元年一一月三〇日条に、[81] 後円融が義満を呼び、貞治二年の「御譲状」を示して、箇条③の実行を求めた記事がある。翌永徳二年、後円融は後小松天皇に譲位した。後円融自身は明徳四年（一三九三）に没してしまったが、応永五年（一三九八）正月に崇光が没すると、義満は長講堂領を栄仁から後小松に移した。栄仁子息の貞成はその著『椿葉記』に、貞治二年譲状に基づく措置だったと記す。[82]

応永五年五月、兄崇光に続いて萩原殿にいた直仁が没し、遺領が栄仁に与えられた。『椿葉記』によれば、直仁は遺領を栄仁に譲る意思を示していたという。「此子細、准后（足利義満）きき披かれて、室町院領の中七个所と萩原殿の御所とを伏見殿（栄仁）へ進せらる」[83] とある。幕府裁判は譲状を尊重する。義満は光厳譲状の記載⑤を変更した。持明院統の家長代行として行ったと見なせる。「天皇家の一員」となった効果である。義満の命を奉じる伝奏奉書を介して綸旨が発行され、[84]「宗領」後小松天皇の命という形が整えられた。

成立当初の室町幕府にとって、統治安定の必要にして充分な条件は、後醍醐・南朝との和睦だった。光厳上皇は、これを遮るために将軍を「天皇家の一員にする」策を行った。しかし、尊氏父子は南朝との和睦を望んだ。足利義満の「公家化」は、南朝対策よりも持明院統の内部分裂対策が重視されるようになって企画されたようだ。後嵯峨院政以来の朝幕通交構造が改編されて、幕府首班が皇位継承問題を収拾する体制に移行するのである。足利義満が永徳三年に定めた内裏内番役「小番衆」、義持・義教期に確立する伝奏（のち武家伝奏）が朝幕交渉を仲介する慣行は、いずれも一九世紀まで続く[85]。義満期は朝幕関係の再構築期であったと言えよう。

注

（1）佐藤進一「室町幕府論」（初出一九六三、『日本中世史論集』、岩波書店、一九九〇、一五二頁）、拙稿「足利義満・義持と崇賢門院」（『歴史学研究』八五二、二〇〇九）四二～四三頁。

（2）中村直勝『光厳天皇』（初出一九六一、『中村直勝著作集　第六巻』、淡交社、一九七八）、岩佐美代子『光厳院御集全釈』（風間書房、二〇〇〇）、飯倉晴武『地獄を二度も見た天皇　光厳院』（吉川弘文館、二〇〇二）、深津睦夫『光厳天皇』（ミネルヴァ書房、二〇一四）。

（3）『公卿補任』元徳三年記。

（4）『皇年代私記』など（『大日本史料』（以下『史』と略記）第六編之一、三二三～三二四頁）・『続史愚抄』（『史』第六編之一、三四五頁）。

（5）以下、皇子の誕生は断りない限り『皇代略』・『続史愚抄』など（『史』第六編之一、五三四頁、第六編之二、四四五～四四七・六八八頁、第六編之四、七二七頁）と『本朝皇胤紹運録』（『群書類従』（以下『群』・『続群』と略記）第五輯九一～九三頁）による。前掲注2深津著書一三五～一三八頁参照。

（6）『園太暦』同日条・『本朝皇胤紹運録』（『群』第五輯九三頁）。

（7）『太平記』十三（『史』第六編之二、四四〇～四四四頁）。

（8）『建武二年六月記』六月二二・二六・二七日条（『史』第六編之二、四三九～四四〇・四五〇～四五二頁）。

（9）『建武二年六月記』六月二六日条（『史』第六編之二、四五〇頁）。

（10）前掲注2深津著書九七～一〇一頁。

（11）『太平記』十五（『史』第六編之三、五九頁）。「大友文書」など（『史』第六編之三、八三～八七頁）。

（12）『太平記』十九（『史』第六編之四、四五七頁）。

（13）岩佐美代子『京極派歌人の研究』（笠間書院、一九七四）三四五頁。

(14) 同右岩佐著書三四五～三五一頁。

(15)『公卿補任』正慶二年（元弘三年）記。

(16) 前田本『太平記』十七（『史』第六編之三、四六〇～四六二頁）。

(17)『園太暦』観応三年（文和元年・正平七年）八月一七日条。

(18)『竹むきが記』（『新日本古典文学大系51中世日記紀行集』岩波書店、一九九〇、三〇五頁）・『諸家伝』六上日野（『史』第六編之四、七九七～七九九頁）。

(19) 以下、拙稿「室町幕府の成立」（『学習院大学文学部研究年報』五四、二〇〇八、五四～六〇頁）。

(20)「勘例雑々」など（『史』第六編之三、八五三～八五五頁）。

(21)「建武式目」政道事（『史』第六編之三、八六一頁）。

(22)『皇年代私記』光明院記など（『史』第六編之三、八六八～八六九頁）。

(23) 前掲注19拙稿三七～四七頁。成良は後醍醐の吉野潜幸後も在京し、康永三年正月六日に近衛基嗣邸で没した（『師守記』同日条）。

(24)「保田文書」など（『史』第六編之三、九二一～九二九頁）。

(25) 前掲注19拙稿三七～五四頁。

(26) 佐藤進一「室町幕府開創期の官制体系」（初出一九六〇、『日本中世史論集』、岩波書店、一九九〇、一九七～一九八・二〇七頁）。

(27)『中院一品記』など（『史』第六編之五、二二三～二二五頁）。

(28)『園太暦』貞和四年一〇月二七日条・文和元年一〇月二一・二八・二九日条。

(29)『園太暦』文和元年（正平七年）八月一七日・一〇月二九日・一一月二八日条。

(30)『本朝皇胤紹運録』（『群』第五輯、八八～八九頁）。

(31)『玉英記抄』・『女院次第』（『史』第六編之四、七九五～七九六頁）。

(32) 崇光が徽安門院の「御猶子」であったことは、『園太暦』文和元年一二月三日条にみえる。

(33) 前掲注18『竹むきが記』三〇九頁、前掲注2深津著書一三一頁。

(34) 宸翰英華別篇編集会『宸翰英華別篇北朝図版篇』（思文閣出版、一九九二、一九頁）、同会『宸翰英華別篇北朝解説篇』（思文閣出版、一九九二、二二一～二二五頁）。

(35) 赤松俊秀『光厳天皇遺芳』（常照皇寺、一九六四、三四～三八頁）、村田正志「解説」（前掲注33『宸翰英華別篇北朝解説篇』二二一～二二五頁）、前掲注2岩佐著書三四～三七頁、前掲注2飯倉著書一三九～一四七頁、深津前掲注2著書一三八～一四四頁。拙稿「室町幕府と『武家伝奏』・禁裏小番」（朝幕研究会編『近世の天皇・朝廷研究』五、二〇一三、四四～四五頁）。

(36) 前掲注33『宸翰英華別篇北朝図版篇』二〇・二一頁、『宸翰英華別篇北朝解説篇』二六～二七頁。

(37) 『園太暦』貞和四年一一月一一日・一二四日条。

(38) 『看聞日記』応永二三年一一月二三日条の死没記事に享年「六十六歳」とある。

(39) 『史』第六編之三十二、二四一～二四二頁。

(40) 井上宗雄『中世歌壇史の研究南北朝期』（明治書院、一九八七、三六九・五六六頁）。

(41) 『新訂増補国史大系第五十八巻　尊卑分脈第一巻』一六四～一六六頁。

(42) 『園太暦』同日条。

(43) 「北条系図」（『続群』第六輯上七二頁）。

(44) 『武家年代記』康永元年九月六日条・『中院一品記』一一月二九日・一二月二日条（『史』第六編之七、三二一～三二三・四一三～四一四頁）。

(45) 以下、公蔭の年齢・官歴・改名、忠季の生年などは『公卿補任』による。

(46) 『玉英記抄』「拝賀〈左大将〉」項。

(47) 『史』第六編之十、四九四頁。

(48) 『史』第六編之七、三四一頁、東大史料編纂所架蔵写真帳、六一七三―四四九。

(49) 『尊卑分脈』正親町系図、前掲注13岩佐著書三七三・三九七～四〇五頁。

(50) 林屋辰三郎『内乱のなかの貴族　南北朝と『園太暦』の世界』（初出一九七五、角川書店、一九九一、吉川弘文館、二〇一五、三三～三四頁、五一～五三頁、七一～七五頁）。

(51) 『公卿補任』康永二年記。

(52) 以上、『園太暦』各日条。

(53) 『園太暦』観応元年四月一二・二九日・一〇月一六・一七・一九・二三日条。

(54)『園太暦』観応二年六月九・一〇・一四・一六・二三日条。
(55)『園太暦』正平六年（観応二年）一一月二四日条。
(56)同右。以下、『園太暦』各日条。
(57)小川剛生『二条良基研究』（笠間書院、二〇〇五、三八〜三九頁）。
(58)『園太暦』正平六年（観応二年）一二月二八日（年末末尾）条。
(59)『園太暦』正平六年（観応二年）一一月三・四・五・二一日条。
(60)『園太暦』同日条。
(61)『園太暦』観応二年（正平六年）九月三日・一一月二・三・四・五日条。
(62)『園太暦』正平七年（観応三年）閏二月二〇・二一・二二日条。
(63)『園太暦』観応三年（文和元年・正平七年）八月一七日条。
(64)『園太暦』観応三年（文和元年・正平七年）八月一二日条。
(65)松永和浩「室町期における公事用途調達方式の成立過程」（初出二〇〇六、『室町期公武関係と南北朝内乱』、吉川弘文館、二〇一三、四四〜四六頁）。
(66)以下、前掲注34拙稿四三頁、前掲注34拙稿四四〜四八頁による。
(67)『園太暦』延文三年九月四日条に「入道宮」と記される。
(68)『園太暦』延文二年二月一九日・五月一五・一六日・七月二〇日・延文三年三月一三日条、『後深心院関白記』延文三年三月一三日条、前掲注34拙稿四四〜四八頁。
(69)『園太暦』文和元年（正平七年）八月三〇日条。
(70)前掲注34拙稿六八頁および八八頁注18。
(71)『園太暦』延文三年正月七日条に「従五位上藤原仲子〈典侍〉」とある。
(72)『後深心院関白記』同日条。
(73)『本朝皇胤紹運録』（『群』第五輯九三頁）。
(74)『椿葉記』（『村田正志著作集第四巻　證註椿葉記』、思文閣出版、一九八四、一三・一四四頁）。
(75)『後深心院関白記』同日条、『満済准后日記』正長二年二月二七日条、拙著『東京大学日本史学研究叢書1室町幕府将軍権力の研究』（東京大学大学院人文科学研究科国史学研究室、一九九五、八九〜九〇頁）。
（76）『公卿補任』永徳元年記。臼井信義『足利義満』（吉川弘文館、一九六〇、四三頁）。
（77）『後深心院関白記』永徳元年二月一一〜一六日各日条。
（78）『椿葉記』（前掲注74『證註椿葉記』一一・一三八頁）。
（79）『足利家官位記』（『群』第四輯二七二頁）、前掲注75拙著九三〜一一五頁。
（80）森茂暁『南北朝期公武関係史の研究』（文献出版、一九八四、四〇一〜四〇六・四九三〜四九七頁）（同『増補改訂南北朝期公武関係史の研究』（思文閣出版、二〇〇八、四〇一〜四〇六・四九三〜四九七頁））。
（81）桃崎有一郎「『後円融院宸記』永徳元年・二年・四年記」（『禁裏・公家御文庫研究　第三輯』、思文閣出版、二〇〇九、七八頁）。
（82）『椿葉記』（前掲注74『證註椿葉記』一二〜一三頁・一四四頁）。
（83）『椿葉記』（前掲注74『證註椿葉記』一三〜一四頁・一四六〜一四七頁）。
（84）「勧修寺文書」（『史』第七編之三、五五七〜五五八頁）、前掲注34拙稿六三〜六五頁。
（85）前掲注35拙稿。

相国寺の創建と足利義満の仏事法会

原田正俊

はじめに

足利義満と仏教との関係を考える上で、永徳二年（一三八二）の相国寺創建とその寺院としての機能の解明は、重要な問題である。五山第二位に位置し、五山全体を統轄する鹿苑僧録、蔭凉軒が置かれた相国寺については、これまで、禅宗史の分野ではその役割が検討されてきており、今枝愛真氏による相国寺の創建経緯、鹿苑僧録の成立に関する研究がある。(1) また、僧録の実務を担い、将軍にも近侍して政治的な影響力を持った蔭凉軒も注目され、玉村竹二氏による職務の研究や今泉淑夫氏の蔭凉軒主亀泉集証についての詳細な研究がある。(2)

その後、禅宗史としての相国寺研究から脱却して、顕密諸宗が大きな力を持った中世仏教の中で、禅宗がどのようにして台頭していくかを検討する中で相国寺に対する再検討も行われてきた。筆者は、早くにこれに取り組み、ややもすればそれまでの研究が、室町時代の仏教を禅宗中心に見がちであった傾向を修正し、顕密の衰退だけではなく、顕密諸宗の抵抗と足利義満のもとでの再編を視野に入れながら、禅と顕密の併置の状況を明らかにした。(3) 特に足利義満による相国寺の創建、そこで行われた仏事法会こそ、室町仏教の体制を決定するものであると評価した。すなわち、康永四年（一三四五）の天龍寺供養における山門延暦寺の嗷訴をはじめ、応安の山門嗷訴による南禅寺新造の三門の破却など、室町幕府の保護による禅宗の台頭に対しては、顕密諸宗側からの強硬な抵抗と深刻な危機感があったわけで、これを如何に解消するかが、義満の時代には課題であった。

義満による相国寺創建、大規模な相国寺供養、相国寺に付随して造営された大塔における顕密僧を招いての法会、同じく相国寺八講堂として造られた堂舎における南都北嶺の僧を招いての法華八講や伝法灌頂の執行、これらは、義満の政治権力のもと、公卿を動員しての大規模な法会であり、室町時代の仏教諸宗派の編成を示すものであった。

足利氏による仏事法会の中で、三条坊門の等持寺では、これ以前から、追善仏事として禅寺で顕密の法会が行われていた例はあり、こうしたことを踏まえて相国寺の仏事をそれほど高く評価しない見解もある(4)。しかし、義満期の相国寺をめぐる各種の法会は、その規模や義満の政治的な立場、相国寺という寺の位置付けを含めて、前代とは大きな画期を示すものと考える。これについては、本稿において相国寺創建期の状況を再検討して明らかにしていきたい。

また、都市史の方面からの髙橋康夫氏の研究は、室町殿・相国寺が占める都市空間の復原とその意義を明らかにしたもので、その規模や位置付けを考える上でも有益である(5)。

さらに、冨島義幸氏による建築史の立場からの相国寺大塔、相国寺八講堂に関する研究は注目される(6)。相国寺七重大塔の安置仏は、東寺五重塔の本尊を写した密教様のものであり、両界曼荼羅諸尊を祀る顕密仏教の塔とされている。相国寺大塔創建に当たっては、白河天皇が造営した法勝寺八角九重塔が強く意識された。また、供養法会においては、導師天台座主尊道親王のもと、顕密の千僧供養が行われた。出家していた人施主である義満は、亀山法皇を模して出仕したとされ、通常、法親王が勤める証誠の役についた。

相国寺八講堂は、南面する七間の建物で、冨島氏の考察によれば、等持寺にあった寝殿造風の法華八講を修する仏殿とほとんど同じ形態をとっていたとされる。八講堂は文字通り、顕密の法会空間として造られた建物であった。冨島氏は、八講堂の機能を室町幕府の対顕密仏教、対公家の対外的儀礼空間としている。

相国寺造営費用の調達については、伊藤俊一氏の研究が注目され、創建時は、諸大名の負担、応永の再建時には、南北朝合一を成し遂げた義満の力で、幕府事業として初めての一国平均役としていくつかの国に年貢の十分一役や段銭が課されたことを明らかにしている。(7)

義満と相国寺については、上田純一氏が主に対外交易との関係から、中国における臨済宗大慧派の興隆、それと密接なパイプを持つ絶海中津の登用、夢窓派の大慧派との接近などを想定している。上田氏によれば、こうした日明の禅宗の交流から、「義満はおそらく、仏教界全体に統括者的地位をもって臨んでいた明代禅宗の姿を思い描き、そのような構想のもとに将軍家菩提寺相国寺を建立したのではなかろうか」としている。(8)

このように、相国寺創建の重要性は、近年、研究が進んできたといえ、再検討、議論すべきことも多い。今一度、草創期の相国寺の歴史的位置付けと義満が主導する仏事法会について考えていきたい。ややもすると、足利義満の確固たる構想の延長線上に一五世紀以降の相国寺の性格が規定されているかのように考えられることもあるが、義満の構想が果たして如何なるもので、その後の室町殿のもとでどう変化していくのかといった点にも留意して検証していく必要がある。

一　相国寺の造営過程

足利義満の寺社に対する政策をみていくと、康暦元年(一三七九)の政変による、政権掌握後の動向はめざましいものがある。政変によって、細川頼之が失脚、斯波義将が義満を支える体制ができ、義満は積極的に公武の中心的な地位へとのし上がっていく。義満は、二条良基の後援もあり、朝廷の諸行事を復興し、財政面のみならず義満の官位の上昇に伴い自身が積極的に朝廷行事に関与していった[9]。

まず、義満と禅宗との関係を主にみていくと、康暦元年四月二四日、義満の呼びかけで、夢窓疎石の高弟である春屋妙葩が隠棲先の丹後から上洛することになった[10]。春屋は、細川頼之の寺社政策に反抗して、丹後に隠棲していたのであった。春屋は、閏四月一五日に上洛、天龍寺雲居庵に入り、すぐさま同一九日、義満は雲居庵に春屋を尋ねている[11]。義満は、春屋に天龍寺塔頭金剛院並びに塔頭の管領を認め[12]、後円融天皇の綸旨をもって、春屋を南禅寺住持に補任した[13]。さらに、義満は春屋を日本初の天下僧録に任命している[14]。

義満の春屋への後援は矢継ぎ早で、同年一一月二四日には、嵯峨に興聖寺を造営することを命じ、春屋を開山と定め所領寄進を行った[15]。翌康暦二年に興聖寺は大福田宝幢寺と改称されるが、春屋を開山とした大規模な禅寺造営を命じていることは注目される。宝幢寺の開山塔が鹿王院で、当寺に伝来する文書群を見れば、春屋宛のこの頃の主要な文書がのこされ、宝幢寺こそ春屋とその門派の拠点寺院であったことがわかる。義満の禅寺造営構想がまず夢窓派の総帥を春屋として、嵯峨宝幢寺が開かれることを確認しておきたい。

義満は、永徳二年（一三八二）、春屋を天龍寺住持に任命し、春屋は二月晦日に入寺している。同年六月一四日、足利義満室、日野業子の叔母日野宣子（従一品大聖寺無相円公禅尼）が没する。宣子は、後光厳天皇の典侍で、義満が朝廷・院に対応するにあたり、種々指南を与えた人物で義満にとって大事な人物であった。この葬儀にあたり、春屋が下火の導師、義堂周信が起骨仏事の導師となり、千人の僧侶による諷経行道が行われ、義満も輿に乗り密かに葬礼を見守った。大規模で手厚い葬儀の様をうかがうことができる[16]。五七日は、等持院で行われた。中陰仏事の道場は安聖寺とされ、義満は斎戒精進している。義満は、法会のみならず、安聖寺において義堂など禅僧たちと座禅を組み修道の様がみえる。安聖寺は、後に鹿苑院となる。

これより先、義満は北小路室町の地に新第を建設しており、永和四年（一三七八）から室町第に居を定めていた。同年、権大納言に昇り、右大将を兼ねた。二条良基らの指南も受け名実ともに公家社会の一員としての地位を確立した。永徳元年三月一一日には、後円融天皇を室町第に迎え、盛大な宴を催している。

永徳元年には、内大臣となり、武家としては破格の地位を得、盛大な任大臣節会・大饗を行い、参内時には、二条良基の実子一条経嗣を扈従させるなど、摂関家をも従えて、種々の宮中行事をこなしていった[17]。

義満は、永徳二年に左大臣に転じ、朝廷内での政務・諸行事を指揮する地位についた。こうした公家社会にも君臨する状況を作り出すなか、禅宗に対する思いは強く、永徳二年九月二九日、義満は春屋と義堂に対して十刹に列する程度の一寺建立の志を表明し、定員五〇名規模を想定していた。一〇月三日には、あらためて小寺の建立の件を春屋らに相談、相国寺の名を決している[18]。義堂はこの際、中国開封には大相国寺があることに言及している。但し、開封相国寺に並ぶような大禅刹の建立に話が及んだ形跡はない。

一〇月六日になると、公家たちにもこの話は伝わり、一条経嗣は、安聖寺辺りに「昌《（相）》国寺」が造営されると記している。同月一三日、義満は西芳寺で二条良基らと参会、一昼夜坐禅に励んだ。同時に相国寺の造営を評定し、五山の東堂・西堂がこの座で相談したことがみえる[19]。

また、「後聞、摂政殿《（良基）》以下多以参会、但無㆓指興遊㆒、一昼夜坐禅工夫之他無㆓他事㆒云々[20]」としている。公家側はたいした遊興もなかったとするが、義満は、この時期、盛んに坐禅に励み義堂や春屋など禅僧達と禅宗の教えに関する話を楽しむ風であり、禅宗側の春屋は、感涙にむせびその修行の熱心さを称賛している。

義満は、相国寺を定員五〇か一〇〇人の小規模な寺院とし、自分が選んだ僧侶を置き、共に修行することが出来、室町第から道服を着て随時訪れ修行する場とするつもりであった。しかし、義堂は、円覚寺や天龍寺など鎌倉・京都の五山に並ぶ大伽藍建立を勧め、義満も大叢林建立の意志を示している。[21] この時期、義満はあくまで禅宗への帰依を第一としており、座禅修行への憧憬も強かった。相国寺創建発願の当初から大規模禅院を志向していたわけでないことは注意したい。むしろ、日頃、「僧伴」として儀式や宴に相伴する禅僧達の意向が大きく作用したことも事実である。ただ、義堂との会話のなかで、一旦は、費用がないことを言い訳にしながらも、禅僧達が勧めてくれたことを良き機縁とするともしており、周囲からの助言を導き出す姿勢ともいえる。禅僧側も、位人臣を極めた義満が次に願うのは、寿命の長さであるとして、造寺の功徳を説いている。

こうした相談が行われた永徳二年一〇月二一日のすぐあと二九日には、仏殿の立柱と法堂の上棟が行われる予定であったが、一旦延引された。仏殿・法堂の柱は立っており、伽藍の計画は既に決定、進行していたことがわかる。法堂は、洛北等持院の法堂が移築されている。[22] 同時に周囲の屋敷の移転も命ぜられ、一条経嗣は、

此伽藍事、大略春屋(妙葩)国師被二申沙汰一云々、近辺敷地等皆以被レ点レ之、仍人々多以没落云々、末世末法之至極、不レ能二左右一々々々々、[23]

と春屋らの計画を批判的に見ており、同じく一一月二日条では、相国寺造営に伴い貴賤の居所が他所に移されて福原遷都の例と同じだと批難をきわめている。相国寺の敷地確保の様相と造営事業は、強大化する義満の権力とあいまって公家社会では批判的に見られていたことを知ることができる。

永徳二年一一月一九日には、伽藍の上棟が予定されていたが、山門（延暦寺）の嗷訴により、延引された。嗷訴の理由は、相国寺造営によってその敷地が、山門管領の地を押領する故であった。また、公家たちは、伽藍上棟にあたって、引馬を用意しなければならず、経済的負担に不満を漏らしている。一条経嗣は、南都より調達し

た月毛の馬を、容儀すこぶる見苦しといいながらも差し出している(24)。義満による一寺造営は、公家たちにとっても無視できない、大事業であったし、義満との関係からも、これに祝意を述べ、追従する必要があった。

同一一月二六日には、雪が積もるなか、相国寺の五ヶ所の上棟が行われ、仏殿の立柱と法堂の上棟が同時に行われた。春屋・義堂など五山長老が出仕し、行道諷経が行われ、番匠は、天龍寺大工がこれにあたった(25)。

造営事業は続き、永徳三年九月一四日には、安聖寺を鹿苑院と改め、義満が額字を揮毫した。鹿苑院の院主には、絶海中津が迎えられた。絶海は、夢窓の弟子であるが春屋のもとで教育され、応安元年（一三六八）に入明し、明の太祖にも招かれ仏法の要旨を問われている。夢窓派の中ではきわめて大陸の情報に詳しかった。帰国後は、甲斐国恵林寺の住持を経て鹿苑院に入院した。入院の日、義満は道服に袈裟をかけ、僧鞋をはいて入院の儀式に臨んだ(26)。この時期の義満は、禅僧のような振る舞いを好むことが見て取れる。

もとの安聖寺は、白雲聖寿寺の地に移転、この他、大宮前大納言実尚の屋敷も移された。また、畠山基国は、五条の寝殿を相国寺方丈として移築している(27)。

義満は、永徳三年、准三后となり、相国寺の造営はこうした位階の急速な昇進と並行して進められていく。寺号について、永徳三年一二月二日には、語が熟するようにと、「承天相国」から「相国承天」に改めることになった。同七日、義満は、禅院規式のことに言及し、五山十刹諸山の住持選定にあたっては、非器の人物に公文（補任状）を出すべきでないとして、義堂周信と太清宗渭に選考を厳しくするように言っている。五山以下の人事にきわめて関心が高かったことがわかる(28)。

同一三日に、義満は、夢窓疎石を勧請開山とし、第二世を春屋とした。これより先、夢窓の高弟である春屋と龍湫周澤の対立は深まり、義満は春屋ら嵯峨門徒と絶交するとまで言い、自分は今は亡き夢窓の門人であるだけだと宣言している(29)。この時期、義満と春屋の間には溝ができていた。

一四日、義満は、足利尊氏が天龍寺を建立した時のことを義堂に尋ね、尊氏・直義が夢窓と対になり土を運んだ逸話や南禅寺開創の折、亀山と南禅寺第二世規庵祖円（南院国師）が三度土を運んだ例を聞いている。これに因んで、夜に月明かりをたよりに、普請を行い、義満は義堂と対になって土を運び、畠山将監らが義堂の聴叫（侍者）と対になった。この他、斯波義将・義種・山科教藤・日野資康・資教・武田・下条なども同様に土を運んだ。儀礼的なものとはいえ、南禅寺・天龍寺の嘉例に倣おうとする姿勢がみえる。(30)

相国寺の日常の規則については、四時坐禅・三時諷経・二時粥飯以下、天龍寺の例にならった。この時点では、五山に列していないことから修禅弁道を中心とした日々の規則としている。(31)

翌至徳元年（一三八四）、義満は、相国寺の造営を赤松義則・佐々木（六角）満高の役として事業を進めるよう命じている。伊予の河野通能は、多数の材木を進上した。また、天龍寺住持の徳叟周佐は、天龍寺・真如寺・等持院の僧衆を率いて、相国寺の基礎構築の作業に当たっている。(32) 三月一六日には、仏殿の立柱式が行われた。仏殿建立は、先の永徳二年一一月二六日の記事と重なるが、永徳二年の仏殿は「万年山相国承天禅寺諸回向并疏」に「小仏殿」とあり、仮のものであったとみられ、正式な仏殿立柱はこの日と考えられる。(33)

造営料の調達については、義堂のもとへ鎌倉の足利氏満・関東管領上杉憲方から助成の申し出があり、こうした寄進も加わり、伽藍の整備が進められた。(34) 至徳元年には、鹿苑院で義満の誕生祈禱の法会も営まれ、このような顕密諸宗が担当しない祈禱は、相国寺及び五山・塔頭の重要な法会となった。(35) 至徳二年には、禅院内で会計を統轄する都聞寮も相国寺内に設置された。(36) 一一月二〇日には、仏殿の本尊である三聖安座点眼仏事が営まれ、中風を病む春屋に代わり義堂が導師を勤めている。(37)

義満は、相国寺の後任住持に義堂を就任させる意向を示すが、義堂は現在、南禅寺住持であることを理由に辞退し、夢窓の弟子、無極志玄の弟子である空谷明応を推挙している。(38)

相国寺の主要な伽藍がほぼ整い、至徳三年二月、義満は、義堂等の意見を採用して、御判御教書によって、相国寺を五山に列し、尊氏発願の天龍寺の下に位置付け、南禅寺を五山之上において整合性を図った。(39)

ただ、造営事業は続いていたようで、材木運搬について、相国寺の都聞が東寺付近を通過する際の便宜をはかるよう依頼している。この依頼はあらためて幕府奉行人から書状で出され、相国寺の刻印が押されたものは通過させるように言っている。(40)

至徳三年七月二八日、春屋が相国寺方丈に入り、義満が入山を証明するが、かねてからの予定通り、一〇月二六日には住持を退き、第三世空谷明応が入寺した。同日、海印善幢が義満の命で鹿苑院主となり、義満の弁道の師とされた。海印は夢窓の弟子で、光明法皇の御所をあらため伏見蔵光庵を開き、伏見大光明寺の住持ともなり、伏見宮家にも近い人物であった。義満は、海印に帰依してこれを鹿苑院に迎えたという。(41)

この夜、義満・義堂・等持寺の絶海中津・相国寺資寿院の無求周伸は、鹿苑院の僧堂で僧侶一二人と共に坐禅を行っている。禅僧と共に適宜座禅を組むという義満の理想の環境が整いつつあった。

伽藍では、浴室の造営も進み、用材が西国から運ばれたようで、幕府は河野伊豆前司に対して海上警固を命じている。(42)河野氏は、相国寺造営に対して多数の材木を供出している。(43)

廊下の造営、僧堂の造営と進み、空谷が嘉慶二年(一三八八)七月一〇日に、僧堂の新開法語を作成している。(44)嘉慶二年七月二二日には、太清宗渭が第四世として入寺し、一節、三ヶ月程で退院し、相国寺内に雲頂院を構えた。第五世としては、雲渓支山が入寺している。(45)

二　相国寺における義満の法会

明徳元年（一三九〇）になると、相国寺において義満による大規模な法会の準備がなされる。まず、相国寺惣門外、境内南東に造られた八講堂における法会の準備が始まった。この法会は、足利尊氏三十三回忌のためのもので、延暦寺・興福寺など顕教諸大寺僧による法華八講と仁和寺・東寺といった真言密教の僧侶による結縁灌頂である。公武の中心に位置し、摂関家同様の振る舞いをする義満は、盛大な法会を催し、公家を動員してその威勢を示し、足利家の位置付けを上昇させていく。

武家による法華八講の意義は、これまで拙稿においてもふれ[46]、その後、曽根原理氏・大田壮一郎氏の論考も発表され[47]、その歴史的意義は評価されているが、明徳元年の相国寺八講は、義満による諸宗の動員、公家社会を包摂しての室町殿による「国家的仏事」として注目される。また、五山の一つである禅寺相国寺における顕密仏事の執行という点でも、重要である。これまでの、顕密側からの禅宗に対する圧力や批難の激しさからみれば、義満による室町仏教体制の表明ということができる。

明徳元年の法華八講の内容は、『和久良半の御法』[48]に詳しい。この書が法華八講を主として描くことに目的があるため、他の法会がややもすれば等閑視されがちであるが、尊氏三十三回忌全体をあらためてみていきたい。

法華八講は、四月二一日から始まり、証義には興福寺寺務の大乗院孝尋大僧正、前別当正円、山門（延暦寺）からは法印権大僧都良寿、寺門（園城寺）からは法印権大僧都房淳以下、錚々たる顔ぶれであった。道場の八講堂は七間の大堂で、本尊は等身の泥仏釈迦であった。これまで、武家八講は、三条坊門邸に隣接した足利氏の家刹ともいうべき等持寺で行われてきており、永徳元年（一三八一）の義満による八講は、規模も大きく公卿・殿上人も参仕する盛儀であったが、明徳の八講は、堂童子の間の役も等持寺では諸大夫が務めたのに対し、今回は殿上人が担当した。また、講師の房淳は、初参にもかかわらず講師を勤め、義満に親近していた寺門派僧が重用されている。法会は、二二日・二三日は行われず、二四日から二七日にわたって執行された。二五日は五巻の日で八講のなかでも薪行道が行われる重要な日であり、義満・二条良基以下公卿が揃って出仕した。二七日の結願日には、五巻の日以上の参列者が揃った。

二八日には、泉涌寺において修せられた如法経を八講堂に渡し、寺門の房淳を導師に十種供養が営まれた。律宗寺院で営まれた法会を天台僧が引き継ぎ、経巻に対する供養を行った。

二九日には、禅宗側の法会で、相国寺において前住持の太清宗渭が陞座説法し、香を焚き法語を唱える拈香は住持の雲渓支山が勤めた。相国寺鹿苑院では、一切経の転読が行われた。

晦日には、義満は洛北の等持院に参詣し、禅僧達が供奉して夜は一同、坐禅を組んですごした。陞座説法は、鹿苑院主、空谷明応が勤め、拈香は建仁寺住持、物先周格が行った。

さらに、相国寺八講堂において、真言宗の法会として結縁灌頂が営まれ、「東寺百合文書」中の「足利尊氏三十三廻追善結縁灌頂略記」[49]によれば、この結縁灌頂を含め顕密の法会は、勅会に准ずるものとされて僧綱所が差配し、色衆の出仕を命じ、奉行として万里小路大納言嗣房がこれにあたった。大阿闍梨は仁和寺上乗院二品親王乗朝が勤めた[50]。法会の次第は、勅会として営まれる仁和寺観音院結縁灌頂を範として行われ、厳重をきわめた。真言宗の僧綱たちの休憩所は、相国寺開山塔資寿院がこれにあてられている。

こうした追善仏事において顕密諸宗の様々な法会を執行することは、平安時代以来、一般化しており、義満と禅宗の師檀関係に加えて公家故実を踏まえた仏事が加わっただけと評価する意見もあるが、やはり、室町殿に隣接して大伽藍を構える五山第二位の相国寺において、勅会に准じた顕密法会が行われるのは画期的な出来事といえる。
永徳元年の等持寺における八講と比べても、規模も異なり、勅会に準ずるということは、大きな展開である。また、等持寺は、足利氏の私寺持仏堂として把握されており、顕密側からも熾盛光法など公的な祈禱の場として認識されていないが(51)、相国寺については、幕府主導とはいえ朝廷の認証も得て南禅寺以下五山が官寺とされており、社会的な位置付けは高かった。

相国寺で営まれるこうした法会の在り方は、天龍寺などにおける禅宗単独の法会とは異なっていた。等持寺のような足利家の祖先祭祀を行う私寺は別として、禅僧側も禅宗官寺で勅会に準じた顕密の法会を行うことには一定度抵抗はあり、これをうまく説明づける必要があった。

先の二九日に営まれた太清宗渭の陞座説法「等持院殿三十三回忌、就于相国寺陞座(52)」は、禅僧側として顕密禅の法会を総括する趣旨の説法を行っている。内容の一部をみると、

大旦越《(足利義満)》今月晦日伏値、先祖等持院殿《(足利尊氏)》三十三回諱、預於二当山一、開二八座講筵一転二三蔵秘典一、以伸二諸供養一、
次特命二香尚《(和カ)》一、陞座説法、有二功徳一麼、

とされ、顕密諸仏事をあげてさらに禅僧による陞座が行われ、その功徳があるかどうかを問いかけ説法を行っている。禅僧特有の中国の禅語録を引用しながら言葉は続き、

不レ可下以二知解一而測上、剜下可以二文字一而求上、戒定恵只是筌蹄、経律論無レ非二糟粕一、

とされ、戒定慧は、悟りを得るための道具であって、経律論の文字にだけ仏法を求めるのではいけないとしている。禅による悟りが必要との立場である。

しかし、この後には、義満が新寺を完成させ、自ら法華経を書写し、講堂を新建して諸宗の碩徳を招き法華経を講論し、結縁灌頂・十種供養を営んだことを讃えている。八講・結縁灌頂の由緒を解説し、天皇・上皇から宝玩が献じられ、親王・公卿の参列があった事を記す。さらに禅宗側の仏事にふれ、義満が禅僧等に交じって坐禅に励んだことを孝の極みと褒め称えている。さらに唐代の禅僧趙州の語を引き、経を看るだけでは不十分で生死のことわりを知るための禅の修行が必要と結んでいる。こうした形で禅僧達は義満の営む法会をまとめているのである。義満の意向のもと執行される顕密禅の法会の意味づけであった。義満の営む仏事法会は、確かに自らの公武に君臨する威勢を示す場でもあったが、禅僧等による意味づけもあったことは注目される。まさに相国寺は室町殿義満のもと顕密禅をまとめた新たな室町仏教の体制を示す場であった。

明徳元年九月二八日には、相国寺に対して諸役免除の義満御判御教書が出されたようである[53]。相国寺には、ほとんど中世文書がのこらず、原文書の確認ができないもののこうした他の五山や有力塔頭同様の保護がなされたことは十分考えられる。

明徳二年には、法堂が完成して、前年再住した空谷明応の導師で落慶法要が営まれた[54]。同三年四月一〇日、明徳の乱後の処置として、山名氏清の鎮魂のための大施餓鬼が相国寺で五山僧を動員して行われ、戦乱後の大施餓鬼会は、禅宗にとって重要な役割であった[55]。

同三年八月二二日には仏殿が上棟され[56]、八月二六日には空谷が後小松天皇に衣鉢を授け、「仏日常光国師」号を賜った。八月二八日には、空谷を導師に相国寺落慶供養が行われた[57]。導師である空谷に対して、朝廷側から国師号を付与しておくことは国家的な法会を営むのにあたり、必要であった。供養は御斎会に准じて行われ、仏殿には義満や大臣の座、納言参議の座が設けられ、東廊には桟敷が設けられて青蓮院宮尊道・梶井宮・常住院准后道意・聖護院門主道基・経弁僧正などが聴聞した。

警固には侍所畠山基国・畠山満家・武田信在以下が郎党を率い鎧を着けて行列を先導して武威を示した。義満の車、その後に近衛府長、下毛野武音以下も続いた。次いで左大将以下公卿が扈従、最後に管領細川頼元が郎党を従え騎馬で掉尾を飾った。相国寺惣門に行列が到着すると公卿以下が下車、義満の入寺を迎えている。

請僧は南禅寺の徳叟周佐、天龍寺の伯英徳俊など五山の有力僧十名が招かれ、義満を三門下で迎えて入堂した。先行する持幡童は、宗助僧正・定恵法印のもとから出され、執蓋執綱の役人は、元徳二年（一三三〇）延暦寺大講堂供養に倣い雲客が勤めた。

義満が三門正面に立つと公卿が列立、笏をおいて合掌三拝後、仏殿に入った。仏殿では、獅子の舞、徳叟による額を掛ける法事に続き、空谷が陞座して法語を唱えた。大衆の諷経、舞楽と続いた。法会が終わり、御斎会に准じることから、禅僧達への布施取りは職事が行った。

この時の相国寺伽藍は、周囲二〇余町、排門・惣門・山門・仏殿・土地堂・祖師堂・法堂・庫院・僧堂・方丈・浴室・東司など禅宗様の建物が建ち並び、八講が行われる講堂・鐘楼があった。塔頭としては、鹿苑院・資寿院（開山塔）・大智院・常徳院・雲頂院、他に帰一・集雲といった寮舎が多数造営されていた。

まさに、禅宗の大伽藍が完成し、禅寺の落慶法会としては破格の公家武家を動員しての大法会となった。義満の政治的な力を背景に禅宗の威勢を示すものでもあった。また、後の武家による禅宗寺院の法会の先例ともなった。もっとも、禅宗が勢力を持ったとはいえ、顕密諸宗の法会との格式の差は特に公家たちには意識された。後年、応永二七年（一四二〇）に足利義持が嵯峨宝幢寺で盛大な供養を行う時も次のような議論が起こっている。

為二聖道家法会一者、至二六位外記史一所役在レ之者也、今度ハ禅僧供養之間、両局参事不二甘心一、去相国寺并塔供養之時ハ准二御斎会一之間、不レ及二左右一、外記史被レ参者也、(58)

とあって、禅寺の法会が次第に公家沙汰として顕密諸宗並みになることへの戸惑いがあった。義満期に武家主催の相国寺における顕密禅の法会が勅会に准じて開催されることによって、禅宗法会の准勅会化が先例として位置付けられていくことがわかる。

また、明徳三年九月二七日には、相国寺八講堂において義満の義母、渋川幸子の百ヶ日追福のため結縁灌頂が行われ、大阿闍梨上乗院法親王、僧綱以下が勤めた(59)。

相国寺伽藍はさらに増設され、明徳三年一一月三日には、大塔の基盤が定められ造営が始まる。大塔は、境内の外、東南方向に位置した。明徳四年六月二四日、立柱法会があり、相国寺僧によって、禅宗様の儀式が執り行われている。立柱法会で読み上げられた疏には、「七層宝塔、奉安五智如来」とされ、禅僧達が楞厳呪を読誦し、夢窓疎石への報恩を述べている。大塔については、その内部が密教様式であるとの指摘があるが、あくまで相国寺の伽藍の一つとして建立されていることも事実である(60)。

大塔の造営にあたっては、応永元年三月、材木引き人夫が「一国大義」「天下之御大事」、一国平均役として東寺領播磨国矢野庄にかけられており、この他の寺社領へも賦課があったとみられる。矢野庄側は、人夫を出すことに抵抗するが、東寺より重ねての命を受けてこれに従っている(61)。伊藤俊一氏の指摘にあるように、守護役が国家的性格を帯びて賦課される様相がみえ、その画期が相国寺大塔造営であった(62)。

そうこうするなか、応永元年九月二四日丑刻、直歳寮から出火して新造なったばかりの相国寺諸堂・諸寮が焼失してしまうという事件が起こった。流石の義満もこの火事には大きな衝撃を受けたようで、後年の史料ながら、義満はこれを憂い誰とも会わなくなったという。この状況をみて絶海中津は、かねてより義満が讃仰しながら、隠遁の風があり義満のもとに出仕しなかった東福寺退耕庵の性海霊見を引き合わせることにした。性海は、常々「散髪弊衣」すなわち髪を伸ばし粗末な衣しか着ない人物であったが、そのまま義満に会いに行き、義満はこれに大いに喜び、性海に金襴五条袈裟と衣を与え、自分は性海の着ていた衣を得た。性海は、相国寺の火災を慰めるとともに法要を説き、これによって義満は僧侶や廷臣たちと会うようになったという[63]。

復興のため、空谷が住持になり(三住)、応永元年、幕府は相国寺三門造営のため、寺社領から土貢を借り上げ、東寺もその対象となった[64]。義満は、三河国と尾張国智多・海東郡両郡守護である一色詮範にたいして、国中寺社領・人給の土貢の一部を五年間借り上げるよう命じている[65]。

同年一一月一日には、再建のため仏殿・山門の事始めが行われた[66]。鎌倉の鶴岡八幡宮領にも相国寺再建のための段銭がかけられたようで[67]、義満の強権のもと造営費用が集められた。応永二年二月二四日には、仏殿の立柱があり、諸大名の負担によって造営が進んだとされる[68]。先にみたように守護によって諸国の寺社本所領・武家領からの年貢の一部も徴収されたと考えられ、相国寺再建は、国家的な寺院造営となったのである。

同年四月七日には、相国寺八講堂で義詮三十三年忌が引き上げられて執行され、関白一条経嗣以下が出仕した。万里小路重房が奉者となって参会するようにという義満の意を三条実冬に伝え、五巻日の捧物を出すようにとの命が出されている。「御筆御経八講」として王家の法会と同様、公家たちの参会は必須で、「如二先年一(明徳元年四月)可レ有二大八講一、為二顕職一不二出頭一者、可レ為二生涯一、用脚為二秘計一、所レ下二飛脚一也」と三条実冬が嘆くように、多くの公家が動員され義満の祖先祭祀への奉仕がなされた。実冬が奉った捧物は、「牡丹打枝在蝶」で、銀三〇両とされ、その負担は大きかった[69]。五巻日の捧物は、後小松天皇・崇光上皇・後亀山上皇以下女院、さらに常住院准后良瑜・青蓮院尊道親王・伏見宮貞成親王他、公卿たちとおびただしい数で、義満の権勢を示すものであった[70]。

こうした、相国寺を舞台とした仏事法会は、これ以前、等持寺における八講とは規模や公武社会での位置付けが異なり、相国寺という義満創建の禅寺は、彼の政治的思惑と信仰を反映し、顕密禅が形作る宗教空間として整備されていったといえる。

三　義満の出家と相国寺

応永二年（一三九五）六月二〇日、義満は三七歳、後小松天皇らの制止を振り切って室町殿北御所において出家をする。戒師は相国寺住持空谷明応、剃手は絶海中津がつとめた。夢窓疎石の御影をかけてその前で行われ、天山道有という臨済宗夢窓派の禅僧となった（図1）。道服に着替え、袈裟をかけ、神宮他四方を拝し、儀式は進んだ。四辻季顕・中山親雅が御前において絶海のもとで出家、この後、出家者が続いた。二一日、斯波義種は、

図1　足利義満像

（厳中周噩賛・相国寺蔵）

北御所において義満の手で落飾・授戒、義種は布施まで進上している。二四日には、管領斯波義将が同じく義満の手で髪を剃り始められ、絶海に引き継がれて出家をとげている。[71] 大名等が義満の弟子と号して剃刀を受けたのである。義満の周辺にいる公武の主要なメンバーが禅僧になったことがわかる。また、義満自身が、禅の師僧の如くふるまう様が注目され、主従関係が師弟関係の様相をあわせ持つことになる。

これ以前、義堂の要請ではあるが、義満は「大梁」「南枝」の大字を書き、「大梁」は、上杉憲孝の道号であり、通常、師僧が書き与える道号を義満が書いている。[72] 出家以前から、坐禅や衣・袈裟をまとう姿にみるように、あたかも禅僧の如くふるまうことは、周囲の禅僧達も容認し喜ぶところであった。

義満の出家は、禅僧になることに止まらず、さらに顕密僧となることで、政治的な実権のみならず出家者としても法皇の様を演出することが追求されていく。禅僧たちが義満の側近として常日頃、相伴していたことは先に述べたが、嘉慶二年（一三八八）には、春屋妙葩・義堂周信といった義満の信任厚い禅僧が相次いで示寂していた。空谷・絶海なども現役で活躍しているが、義満の僧衆との交流が顕密僧に比重が置かれるようになる傾向がある。このあたりも、義満の宗教的立場や寺社への対応が大きく変化してくる一つの要因と考えられる。

義満は応永二年九月一六日には、南都東大寺の戒壇で、仁和寺宮永助親王から受戒することとなる。儀式は常の例をこえて耳目を驚かすものであった。この受戒が異例なのは、戒師を仁和寺宮永助親王に定め、まず彼に東大寺戒壇院で受戒させて、翌日、永助親王から義満が受戒したことである。この頃の仁和寺御室は、二、三代にわたり、東大寺における受戒は大儀であるため、受戒していなかったのを、義満は費用を出して急遽、受戒をさせている。[73] 自らの戒師を仁和寺御室として権威づけるため、義満のなりふりかまわぬ処置であった。

僧衣は、禅衣から顕密様のものにあらためられ（図2）、高倉永行が衣・袈裟を整え、法皇受戒の例にならっている。[74] また、同二年一二月頃には、禅僧空谷から与えられた法諱の「道有」を「道義」と改めている。[75] 俗名の義を法諱に組み込み、自らの意志で法諱を変更したと考えられる。もっとも、義満の宗教的関心が完全に禅から顕密に移ったわけではなく、応永二年に、絶海中津に命じて、禅の悟りへの階梯を絵入りで示す「十牛図」を講じさせたりしていることから[76]、禅僧として修道への関心は維持されていた。

ただ、禅僧達の間では、義満の顕密僧としての出家には抵抗があった。しかも、義満は側近の禅僧数人を顕密僧にしてしまった。これに対して、空谷は憤慨して義満に抗議したとされる。詳しい経過はわからないものの、応永七年に北山第で行われた五壇法では、台密の修法で尊道が中壇を勤め、大威徳を担当した道尋僧正は、もとは鹿苑院の禅僧で、聖道門に帰したとされ、こうした人物が五壇法に加わるのは先例がないとされている[77]。義満によって、天台僧とされた禅僧がおり、重用されていることがわかる。空谷は、その後、永明延寿の『宗鏡録』を講じており、この書は、天台や華厳を包摂する禅を説いている。

図2　足利義満肖像

（足利義持賛　土佐行広筆・鹿苑寺蔵）

こうした講義は、禅と顕密の位置関係を説明づける対応策でもあった[78]。

義満が出家後も朝廷に出仕して、権力を振るったことはいうまでもないが、応永三年四月、朝廷で記す補歴に出家人は記載されないのが慣例であったのを覆して記入させている。一方、中原師豊は、出家人は記載しないと主張して、言語の及ぶところにあらずとしながらも、これを容認している。一方、一条経嗣などは、義満の逆鱗に触れ、一条以北に立ち入ることを禁じられ、朝廷より与えられていた酒麹公事を召し放たれている[79]。義満の出家によって、朝廷内の慣例も変更を余儀なくされたのである。

一方、相国寺復興への工事は進んでおり、同年四月、鎌倉円覚寺舎利殿にある仏牙舎利を相国寺に移している。仏牙舎利は、忉利天にあった舎利とされ、道宣が那吒太子に献じたもので、唐・宋の皇帝に伝えられ、開封の相国寺に納められていた。源実朝が渡宋の志を持ったがかなわず、宋に金を贈り、その返礼に得た舎利とされる。鎌倉の大慈寺さらに円覚寺舎利殿に伝えられた宝物であった。後醍醐天皇が勅を下して得ようとしたがかなわなかったものであるが、義満は、足利氏満の反対を押し切ってこれを京都に迎えた[80]。義満の威光のもと相国寺はますます荘厳されることになった。

応永三年六月二三日には、仏殿の落成に伴う供養が行われ、義満の名で疏が読み上げられている。さらに七月一〇日、山門の立柱へと造営は進んだ[81]。

義満の僧侶としての振る舞いは活発で、同三年九月五日、醍醐寺三宝院満済が延暦寺戒壇院で受戒した際には、戒師は天台座主尊道親王が務めたが、戒牒の裏書きには「師主入道准三后前太政大臣道義」と記された。尊道親王が戒牒を室町殿北御所で書いた際に、義満が同座しており、師主を受法の師匠である実済とするかどうかが話題になった時に、尊道は義満を師主とするように進言した。また、この例は、法皇の御沙汰に准ずるとしている。満済側も、門跡の光華として喜んでいる[82]。義満は、実際の密教の師ではなくとも、門跡の師主として振る舞うことになったのである。また、尊道の追従も注目される。もはや、天台・真言僧ともに義満を法皇として、諸宗を統べる存在として遇することが通例となっているのである。

義満は、応永三年九月二〇日には、比叡山延暦寺において講堂の供養に臨み、御幸に准じて、一条経嗣以下、公卿も供奉し、義満は天皇の輿を担ぐ八瀬童子の輿で登山した。供奉の際の行列には大衆三百余人が加わった。法会の費用は、妙法院所領に段銭を賦課して調達され、難渋を極めたが義満の厳重の命により督促している。また、妙法院の不知行所領の返付なども行われている[83]。山門への支配と懐柔策が巧みに実行されている。

翌二一日、義満は、延暦寺大乗戒壇で受戒をしている。赤色の法服、白地金襴の袈裟、横被といった出で立ちで、受戒者としては異例の法体であった[84]。また、この受戒の儀式は、安元二年（一一七六）の後白河法皇の延暦寺受戒、文永六年（一二六九）の後嵯峨上皇の東大寺受戒にならうとされる[85]。これにより、義満は東大寺とあわせて二つの戒を受け、禅僧としての戒をあわせると三つの戒を保つ身となった。

また、これより先、同年九月八日には、延暦寺講堂供養と義満受戒の無事を祈り、上乗院乗朝親王以下、東密・山門・醍醐寺僧が各本坊で五壇法を執り行い、義満の法会の執行に顕密の高僧が駆使されている[86]。

応永三年一〇月二一日には、神護寺に詣でて、後白河上皇が点灯した金堂などの常灯が前年の錯乱で消えていたのを義満が手づから火を点している。まさに仏法復興の中心、法皇としての振る舞いが続けられている[87]。応永四年には、北山殿の造営が始まり、諸大名が土木作業にあたり、四月八日には義満が北山殿に移居した[88]。

相国寺側に戻ると、創建期の相国寺領の実態は史料の残存が悪くほとんど分からないが、応永二年に大宮実尚が没し、尾張国黒田庄南方が寄進され、義満が安堵している。尾張国山田庄に相国寺領、同国莪原郷には絶海の知行地があり、寺領・塔頭領が整えられていった[89]。仁和寺自性院門跡からは、多年不知行であった備中国巨瀬庄が相国寺に寄進され、条件として年間二五〇貫の自性院への上納が契約された[90]。公方の寺として、相国寺の政治力が期待されたとみられる。

また、相国寺造営用脚として高野山金剛三昧院領美作国大原庄は、年貢十分一を出しており、こうした賦課によって造営が進められた[91]。東寺領播磨国矢野庄では、年貢散用状に相国寺木挽の用途もみえ、東寺領若狭国太良庄では、相国寺へ分一銭が支払われており、相国寺造営への負担が諸権門に課された[92]。

応永四年二月二八日には、絶海中津が住持に就任した。五山第二位の官寺として位置付けられた相国寺は、開創以来、十方住持制を採り、禅宗諸門派から住持を招くことを原則としていたが、義満の命で、夢窓派からだけの選出となり、徒弟院となる。義満の相国寺と夢窓派の禅への思い入れは強かった。これ以後、義満も属する夢窓派内の諸門流から住持が出ることになる。ただし、相国寺内には、一山一寧門派も存在し、戦国期には、一山派から住持も出てくる。

また、応永四年には、絶海中津の朝廷への奏上で、相国寺内勝定院の役夫工米免除の官宣旨が出ている[93]。他の五山・有力塔頭・十刹等へのこうした文書の出され方からみても、おそらく、相国寺自体にも出されていたと考えられ、この時期に相国寺の主要塔頭を含め、朝廷から顕密寺院並みの諸役免除がなされたといえよう。

また、応永六年、義持は、絶海中津から法衣を受けて、「顕山道詮」の道号と諱を与えられ、夢窓派の一員となった。義満の行動が顕密僧としてのふるまいに傾斜しているとはいえ、義持が父祖に倣い夢窓派の一員となることは継承されている。

応永六年九月一五日には、ようやく相国寺大塔が完成して、塔供養がおこなわれた。法会は、請僧一〇〇〇人とされ、仁和寺惣在庁を通じて顕密の諸寺院に招請状が出され、延暦寺四〇〇人・園城寺一〇〇人・東寺一〇〇人・東大寺一〇〇人・興福寺三〇〇人の人数を出すことが催促された。東寺などは、寺僧が二四、五人であり、二〇人を出すのがやっとという様で、仁和寺御室永助とのやり取りが交わされている。法隆寺は、僧侶の出立要脚として播磨国鵤庄に段銭を賦課しているが、庄民たちの賦課反対の申し出に悩まされている。東寺も、上久世・下久世・上野庄から塔供養段銭四五貫余を集めている。供養への出仕は、諸大寺にとっても多大の負担がともなった。(94)

九月一五日の塔供養は、盛儀をきわめ、義詮の三十三回忌も兼修された。建久の東大寺供養にならい、准御斎会とされ、関白以下、公卿が参列、呪願は仁和寺入道永助親王、導師は天台座主尊道親王が勤め、証誠は本来法親王などが勤めるところ、義満自らがこれにあたり、布施まで受けているのが注目される。(95) 義満が願主であるとともに僧衆の役を勤めるという異例の配役である。僧衆の構成は義満の意のままであり、尊道は天台密教を専らとする身ながら、顕教法会の導師を勤めることがおかしいと、南都側から指摘されている。(96) 七重塔の各階には、泉涌寺・法勝寺・安楽光院・太子堂・元応寺の律僧が一〇人ずつ登り散華を降らせた。(97) 顕密律を動員した一大盛儀であった。

大塔供養は、この時期の諸法会とともに、義満の寺社権門との関わり方と自らの宗教的な志向が集成された様式であり、先例は無視されたといえる。相国寺大塔は、造営時は先にふれたように、あくまで相国寺の伽藍の一つとして禅僧によって立柱の儀式が行われるが、八講堂とともに顕密法会の舞台となる。

また、八講堂についても、相国寺の場合、等持寺八講がその仏殿で行われたのとは異なり、中心の伽藍を離れた場所にあることは大きな違いである。相国寺とそこで繰り広げられる禅顕密の法会は、義満の公武権力の掌握、禅顕密を一身に兼ね備える立場を反映した、新たな段階の宗教体制の表明であった。

義満の僧侶として自負は大きかったとみえ、法会への積極的な関わりは注目され、応永一三年正月二九日、内裏で行われた後光厳院三十三回忌懺法では、僧衆の筆頭に義満が書き上げられ、大原良雄僧正・三宝院満済僧正などが続いた。早懺法では、義満が調声を勤めており、楽の所作なども義満が後小松天皇に指南しているなど、その主導ぶりがみえる(98)。

義満が若い頃より、宮中儀礼の習得に熱心であり、二条良基の訓育の成果もあって公家的教養を会得し、儀式好きの性格であったことは既に指摘されているが(99)、僧侶としての振る舞いもこうした儀式好きの延長線上にあるといえよう。

また、出家後、義満の周囲に近侍する僧侶としては、春屋・義堂没後であることから、有力な禅僧は退き、顕密僧が目立つようになる。青蓮院尊道・聖護院道意・三宝院満済が知られているが、彼らとの交流があって、義満の顕密僧としての活動が可能となったのである。

こうした結果、国制の上で禅宗を顕密に対して積極的に位置付けていこうとする政策が出された。応永七年、禅僧の僧階と公家の位階との対比が問題となり、後小松天皇のもとで「新禅林式次第(100)」が決定された。これによれば、

国師当二太政大臣一、
禅師　同レ上二然トモ前官ヲ比也、
東堂　一東宅、或東庵、
西堂　一西宅、或西庵、
　　当二大納言一 大中納言末座為二中納言一
草寮(単)　当二三木一、
首座　当二四位三木一、
侍者　非職六位也、

外詳㆓新禅式㆒、

とされている。「後小松天皇宸翰叢林秘事之内僧官位抜書写[101]」には、沙弥の規定があり、

沙弥、元服已前ノ児ト同事タル由、亀山帝私記ニ見タリ、沙弥ハ元服ノ已前ハ人カラニヨラス公卿ノ上ニモ下ニモ有㆓其通リ㆒ナリ、別ケ而無㆑座、此座然トモ侍者ノ上、単寮ノ下カ、

とされ、顕密の稚児と同様に位置付けられた。また、末尾に「御宸翰　相国寺秘蔵罷在候」とあり、宸翰の原本が相国寺に下されたことを示している。「新禅林式次第」自体も伝来していないが、「後小松院宸記」とあわせてみれば、応永七年には、朝廷側も禅僧側の主張も検討して彼らの僧階を公家官位に配当して位置付け、顕密僧との配置も明確になったのである。

応永八年、相国寺は五山第一位となり、足利尊氏創建の天龍寺より上位となる[102]。同年四月一四日には、法堂の落慶供養が行われ、火災後の復興が成就した[103]。

しかし、応永一〇年六月三日夜、激しい雷雨の中、相国寺大塔は落雷によって第三層から出火し、七重大塔が焼失、余煙で塔頭勝定院が焼けた[104]。相国寺の中心伽藍は火災を免れたが、義満の意志をこめた大塔の焼失は、きわめて重大な事件であった。復興にあたり場所は北山殿に移され、その後、応永二三年正月九日に落雷で焼失、義持の命で相国寺に戻るといった複雑な動きをする。

北山殿には、顕密諸大寺の僧が絶えず出入りし、修法をこらし、北山殿の近辺に坊舎を構えたことは有名であり、応永七年以降、八講も北山殿で営まれた。大塔の地を北山殿に定めたことにより、御所の機能に加えて、顕

密の道場としての整備が進んだといえる。法体の義満の居所として、特殊な空間が形成されたのである。これ故、義持の代には、北山殿は放棄されていくとみられる。

むすび

以上、相国寺伽藍の創建・再建の過程を追いながら、あわせて義満の営んだ仏事法会、出家者としての行動を検討してみた。相国寺で行われる法会が、禅顕密と複合的な様相を示すが、顕密と禅では儀式形態が異なるため、並立して別個に法会が営まれた。

造営にあたっては、八講堂や大塔も含めて公方の寺、相国寺の名が冠され、武家はもとより寺社本所領が費用を負担して完成させた。このことは、義満のもとでの新たな仏教体制が整備されたことを意味する。相国寺の名は、室町殿の権威を背景にして諸国に聞こえ、顕密諸宗も義満の意向のもと、出仕する場となった。相国寺の法堂・仏殿など禅宗伽藍の部分では禅宗の法会が営まれ、周縁部に設置された八講堂・大塔では顕密の仏事が執行され、義満のもとで朝廷と顕密諸宗の容認を得て、顕密と並ぶ禅宗が確立したのである。後小松上皇による禅僧の僧階と公家官位への配置はこの結果であった。

義満は禅顕密の三つの戒を受ける身となり、一身に禅顕密を体現しようとした。義満と創建期の相国寺は一体であった。やがて、義満は、公武政権の統治者となり、顕密諸宗を統べる上で、法皇様の衣体を身につけはじめ、顕密の僧侶としても活動していく。出家者義満は、自ら独自の宗教空間としての御所、北山殿を建設したといえよう。

春屋や義堂といった禅僧達は、義満をよく教導し、禅宗への帰依と禅宗の地位向上を可能としたが、空谷・絶海の時代になると、義満自身が出家した後は、翻弄されながらも、顕密と並ぶ禅宗の地位を保持していった。相国寺は、当初義満の宗教的志向にもとづき、禅顕密の空間として整備されるが、北山殿を中心とした義満の顕密仏事への傾倒から、次第に法会の上でも禅宗仏事中心の寺院へと性格を変化させていく。

義満の方針はそのまま義持以降の室町殿に継承されないが、禅宗の国制上の位置付けを明確にし、室町殿に臣従する顕密諸宗を作り出したことは、大きな意義であり、その象徴が相国寺における各種法会であった。こうした、義満の強権をもっての仏教諸宗への対応によって室町仏教の基本体制が整えられたといえよう。

注

（1）今枝愛真『中世禅宗史の研究』第二章第三節「禅律方と鹿苑僧録」、第三章第三節「足利義満の相国寺創建」（東京大学出版会、一九七〇）。また、辻善之助『日本仏教史』中世篇之三、第八章第三節「臨済禅の隆盛」（岩波書店、一九四九）では、春屋妙葩・空谷明応などの伝記を紹介するなかで、相国寺創建の経過の概要を述べている。義満の人物史としては、臼井信義『足利義満』（吉川弘文館、一九六〇）が、相国寺との関わりを叙述している。

（2）玉村竹二「蔭凉軒及び蔭凉職考」（『日本禅宗史論集』上、一九七六、初出一九四〇）、今泉淑夫『亀泉集証』（吉川弘文館、二〇一二）。

（3）原田正俊『日本中世の禅宗と社会』第Ⅱ部「中世後期の国家と仏教」（吉川弘文館、一九九八、初出一九九七）。

（4）大田壮一郎『室町幕府の政治と宗教』序章二〇頁（塙書房、二〇一四、初出二〇〇七）では、武家八講をそれまでの公家社会における仏事様式に則ったものとして「禅顕密仏事の併置を殊更に意識して設置されたとは考え難い」としている。

（5）髙橋康夫「足利義満の「王都」―大規模開発と地域空間形成」（『海の「京都」』、京都大学学術出版会、二〇一五、初出二〇〇四）。

（6）冨島義幸「相国寺七重塔―安置仏と供養会の空間からみた建立の意義―」（『日本宗教文化史研究』第五巻一号、二〇〇一）、同「等持寺仏殿と相国寺八講堂―顕蜜仏教空間としての評価について―」（『佛教芸術』二七三、二〇〇四）。

（7）伊藤俊一「相国寺の造営と造営役」（『室町期荘園制の研究』、塙書房、二〇一〇）。

（8）上田純一『足利義満と禅宗』（法藏館、二〇一一）一九〇～一九一頁。
（9）小川剛生『足利義満―公武に君臨した室町将軍―』（中央公論新社、二〇一二）。
（10）「智覚普明国師行業実録」（『大正新脩大蔵経』〔以下『大正蔵』〕八〇巻、七二一頁ａ）。
（11）『後深心院関白記』康暦元年閏四月一九日条。
（12）鹿王院文書研究会編『鹿王院文書の研究』一六九号（思文閣出版、二〇〇〇）。
（13）同右一七〇号。
（14）同右一七九号。
（15）同右一八二号。
（16）『空華日用工夫略集』（以下『空華日工』と略す）永徳二年六月一四・一五日条。
（17）前掲注9小川著書。
（18）『空華日工』九月二九日・一〇月三日条。
（19）『荒暦』永徳二年一〇月六日・一三日条（桃崎有一郎「『荒暦』永徳元年・二年記の翻刻」、『年報三田中世史研究』一二、二〇〇五年、以下同）。
（20）『荒暦』永徳二年一〇月一三日条。
（21）『空華日工』永徳二年一〇月二一日条。
（22）『空華日工』永徳二年一〇月二九日条、『荒暦』永徳二年一〇月三〇日条。尚、「万年山相国承天禅寺諸回向并疏」（相国寺蔵）によれば、立柱上棟回向の日付は、一〇月二九日となっており、当初、この日に予定されていたと考えられる。また、仏堂は「小仏殿」と記されている。
（23）『荒暦』永徳元年一〇月三〇日条。
（24）『荒暦』永徳二年一一月一八日・一九日・二五日条。
（25）『空華日工』永徳二年一一月二六日条、『荒暦』同日条。尚、上記史料では、仏殿法堂の立柱上棟が同時に行われたようにも記載されるが、「万年山相国承天禅寺諸回向并疏」（相国寺蔵）によると、仏殿の立柱、法堂の上棟の法会が同時に行われたことがわかる。
（26）『空華日工』永徳三年九月一四日～二〇日条。

(27)『吉田日次記』永徳三年八月六日条（『同志社大学歴史資料館館報』第一五号、二〇一二年）。
(28)『空華日工』永徳三年一二月二日・七日条、原田正俊「中世禅林の法と組織」（『日本中世の禅宗と社会』、吉川弘文館、一九九八）。
(29)『空華日工』永徳三年一二月一三日・五月九日条。
(30)『空華日工』永徳三年一二月一四日条。
(31)『空華日工』永徳三年一二月一八日条。
(32)『空華日工』永徳四年正月一八日・二月一一日・二九日条。『予章記』（『群書類従』第二一輯、五五一頁下）、前掲注1辻著書参照。
(33)『空華日工』永徳四年三月一六日条。
(34)『空華日工』永徳四年三月二七日条。
(35)原田正俊「皇帝の誕生日法会から室町将軍の誕生日祈禱へ」（佐藤文子・原田正俊・堀裕編『仏教がつなぐアジア』、勉誠出版、二〇一四）。
(36)『空華日工』至徳元年一一月二三日・至徳二年正月二五日条。
(37)『空華日工』至徳二年一一月二〇日条。
(38)『空華日工』至徳三年二月七日・三月晦日条。
(39)『空華日工』至徳三年二月一〇日条、『扶桑五山記』三八頁。『相国考記』（『相国寺史料』第一巻）至徳三年七月一〇日条には、これとは別に春屋に対して、五山第二位の御教書が出されたと記されている。
(40)「東寺百合文書」ト函六七・イ函一七七（京都府総合資料館編『東寺百合文書』八・一所収）。
(41)『空華日工』至徳三年一〇月二六日条、『碧山日録』長禄三年二月一一日条。
(42)『南北朝遺文』中国四国編五〇五三号。
(43)『予章記』（『群書類従』第二一輯、五五一頁）。
(44)「東寺百合文書」ア函九九、『万年山相国承天禅寺諸回向并疏』。
(45)『相国寺住持籍』、尚、住持歴代については中井裕子『室町時代の相国寺住持と塔頭―蔭凉軒日録を中心に―』（相国寺教化活動委員会、二〇一三）による。

(46)前掲注3拙稿。
(47)曽根原理「室町時代の武家八講論議」(『北畠典生博士古稀記念論文集 日本仏教文化論叢』上巻、永田文昌堂、一九九八)、大田壮一郎「室町幕府の追善仏事に関する一考察―武家八講の史的展開―」(『室町幕府の政治と宗教』、塙書房、二〇一四、初出二〇〇二)。
(48)『群書類従』第二四輯、『校訂増補天台座主記』三九三頁では、勅会としている。
(49)「東寺百合文書」丙外一九。
(50)『仁和寺諸院家記』(『群書類従』第四輯、七一九頁)。
(51)『門葉記』巻第七、熾盛光法七(『大正蔵』図像一一、四八九頁a)。
(52)『太清録』六六〜六八丁(東京大学史料編纂所架蔵謄写本、請求記号二〇一六・四八七)。
(53)『相国考記』明徳元年条(『相国寺史料』第一巻)。他の五山に対する課役免除については、原田正俊「中世仏教再編期としての一四世紀」(『日本史研究』五四〇、二〇〇七)参照。一般に官宣旨など朝廷側からの文書も出されたが、相国寺についても同様と考えられる。
(54)『常光国師(空谷明応)語録』(『大正蔵』八一巻七頁c)。
(55)『万年山相国承天禅寺諸回向并疏』(相国寺蔵)、『明徳記』(『群書類従』第二〇輯、三〇〇頁)、原田正俊「五山禅林の仏事法会と中世社会―鎮魂・施餓鬼・祈禱を中心に―」(『禅学研究』七七、一九九九)。
(56)『万年山相国承天禅寺諸回向并疏』(相国寺蔵)。
(57)「常光国師行実」(『続群書類従』第九輯下、六九一頁)、『相国寺供養記』(『群書類従』第二四輯)。拙著『日本中世の禅宗と社会』(吉川弘文館、一九九八)においてもこの法会を取り上げたがより詳細にみていきたい。
(58)『康富記』応永二七年閏正月六日条。
(59)『足利尊氏三十三廻追善結縁灌頂記』(「東寺百合文書」丙外一九)。
(60)『大日本史料』第七編之一、一三五頁、原田正俊「「万年山相国承天禅寺諸回向并疏」と足利義満」(『関西大学東西学術研究所紀要』四六、二〇一三)。大塔内の荘厳および法会については、冨島義幸「相国寺七重塔―安置仏と供養会の空間からみた建立の意義―」(『日本宗教文化史研究』第五巻一号、二〇〇一)が詳しい。
(61)僧了快奉書(「東寺百合文書」ち函一、『大日本史料』第七編之一、三六一頁)、『学衆方評定引付』(「東寺百合文書」ワ函一二—九、『相生市史』第七巻二六八頁。
(62)前掲注7伊藤論文。
(63)『碧山日録』寛正元年閏九月二三日条。
(64)足利義満御判御教書案（「東寺百合文書」オ函八七、『愛知県史』資料編九中世二、三一〇頁）。
(65)同右。
(66)『和漢合符』（『大日本史料』第七編之一、七一七頁）。
(67)鶴岡社衆会所珍誉書状写（『鶴岡事書日記』、『大日本史料』第七編之一、七一八頁）。
(68)『実冬公記』応永二年二月二四日条（『大日本古記録　後愚昧記』四）。
(69)『実冬公記』応永二年三月二一日条（『大日本史料』第七編之二、一八頁）、『実冬公記』応永二年二月六日・四月七日・八日条（『大日本古記録　後愚昧記』四）。
(70)「京都御所東山御文庫記録　相国寺御八講第五巻日事」（『大日本史料』第七編之二、応永二年四月七日条、三～一八頁）。
(71)『官務壬生雅久所進足利義満落飾記案』（『大日本古文書　蜷川家文書』一巻二六三頁）、『大日本史料』第七編之二、応永二年六月二〇日条六〇。
(72)『空華日工』至徳元年一一月二三日条。
(73)『荒暦』応永二年九月一五日条（『大日本史料』第七編之二、一一六頁）。
(74)『法体装束抄』（『大日本史料』第七編之二、一一九頁）。
(75)『荒暦』応永三年正月五日条（『大日本史料』第七編之二、三三二頁）。
(76)『翊聖国師（絶海中津）年譜』応永二年条（『続群書類従』第九輯下、六七二頁下）。
(77)『常光国師（空谷明応）行実』（『続群書類従』第九輯下、六九二頁上）、『柳原家記録』（『大日本史料』第七編之四、五七〇頁）。
(78)『常光国師行実』（『続群書類従』第九輯下、六九二頁上）。
(79)『荒暦』応永三年四月二〇日条（『大日本史料』第七編之二、四一八・四一九頁）。
(80)「鹿苑院殿百年忌陞座」（『翰林胡盧集』、『大日本史料』第七編之二、応永三年四月是月、四二六頁）。尚、西山美香「足利義満の内なる宋朝皇帝—京都相国寺と開封大相国寺」（『古代中世日本の内なる「禅」』、勉誠出版、二〇一一）では、舎利の移動を重視するが、義満にとっては、一つのアイテムにすぎない。

(81)『相国寺諸回向并疏』(『大日本史料』第七編之二、応永三年六月二三日、七月一〇日条、四六一・四六八頁)。
(82)「三宝院文書」(『大日本史料』第七編之二、応永三年九月五日条、四九五～四九七頁)。
(83)『山門大講堂供養記』(『大日本史料』第七編之二、応永三年九月二〇日条、五〇〇～五〇五頁)、『延暦寺講堂供養次第』(同五三〇頁)。
(84)『法体装束抄』(『大日本史料』第七編之二、五三八頁)。
(85)『続史愚抄』応永三年九月二一日条(『大日本史料』第七編之二、五四三頁)。
(86)『五壇法記』『柳原家記録』百六二(『大日本史料』第七編之二、応永三年九月二〇日条、五三七頁)。
(87)「神護寺文書」(『大日本史料』第七編之二、応永三年一〇月二五日条、五六三頁)。
(88)『足利治乱記』(『大日本史料』第七編之二、応永四年四月十六日条、七八一頁、同七編之三、応永五年四月二二日条、二五五頁)。
(89)足利義満御判御教書写(『万山編年精要』、『大日本史料』第七編之二、一〇九頁)、『迎陽記』応永六年九月一一日条、尾張国目代光守国衙領不知行地注進状(『大日本古文書 醍醐寺文書』一三、四二頁)。
(90)「南部晋氏所蔵文書」(『大日本史料』第七編之二、七二三頁)。
(91)相国寺要脚年貢散用状(「金剛三昧院文書」、金剛峯寺編『高野山文書』五、二二〇頁)。
(92)『矢野庄学衆方引付』(「東寺百合文書」カ八〇『相生市史』第八巻上、六〇七頁)、「東寺百合文書」オ函一〇三。
(93)「吸江寺文書」(『大日本史料』第七編之二、応永四年七月一七日条、八四八頁)。禅寺への役夫供米免除の意義については、原田正俊「中世仏教再編期としての一四世紀」(『日本史研究』五四〇、二〇〇七)。
(94)「東寺百合文書」ウ七一之八七、「応安年中以来法隆寺衙日記」(『大日本史料』第七編之四、九七・九九・一一二頁)、『教王護国寺文書』第二巻七八一号。
(95)『相国寺塔供養記』(『大日本史料』第七編之四、六六頁)。前掲注6冨島論文、早島大祐『室町幕府論』第三章(講談社、二〇一〇)。
(96)『寺門事条々聞書』(『大日本史料』第七編之四、八〇頁)。
(97)『相国寺塔供養記』(大日本史料』第七編之四、七〇頁)。
(98)『花幕記』『荒暦』(『大日本史料』第七編之七、応永一三年正月二九日条、八一八・八二一・八二七頁)。

(99) 前掲注9小川著書。

(100) 「後小松院宸記」応永七年一二月二五日条（『歴代残闕日記』二、『増補史料大成　歴代宸記』）、後述の沙弥の規定は、応永五年（一三九八）の冒頭にも記事がある。また、こうした規定は、応永五年から部分的に記されており、これ以前亀山天皇の時代に「禅林式」が定められていた（『後小松院宸記』応永五年条）。

(101) 相国寺蔵。

(102) 『青嶂集』（『大日本史料』第七編之四、九三五頁）、『鹿苑院僧録歴代記』（同上、九三七頁）。

(103) 『青嶂集』（『大日本史料』第七編之四、九七七頁）。

(104) 『兼宣公記』応永一〇年六月三日条。

相国寺七重塔とその伽藍

冨島義幸

はじめに

室町将軍足利義満が応永六年（一三九九）に建立した相国寺七重塔は、高さ三六〇尺（約一〇九m）といわれ、日本建築史上に知られている木造の塔のなかでもっとも高い。

この七重の巨塔が建立される以前、京都には白河天皇の御願寺である法勝寺の八角九重塔が君臨していた。この塔は、八角にして九重塔という日本建築史上他に例を見ない形式をとり、高さ二七丈（約八一m）という規模を誇った。この巨塔は一度焼失・再建を経てはいるものの、永保元年（一〇八一）の建立から暦応五年（一三四二）の焼失までの二六〇年間、院政権力の象徴として京に聳え立っていた。

一方、相国寺七重塔は禅院相国寺の塔であるため、ながらく禅の塔ととらえられてきた。しかし、拙稿において仏教史的な視点から見ると顕密仏教の塔であり、さまざま点において法勝寺八角九重塔と共通する点が多いことを指摘し、足利義満が政権を築いていくなかで創建した「室町の王権」の御願寺と評した[1]。

このように、室町時代の京都のなかで際立つ存在であった相国寺七重塔だが、いまだその形式がどのようなものであったか、まったくといってよいほど明らかにされていない。その原因は、考古学的な調査がなされていないことはもとより、この塔について記した文献史料がきわめて少ないところにもある。本稿では、わずかな史料からではあるが、相国寺七重塔とその伽藍について可能なかぎり復元的に検証することで、その意味についてあらためて考えてみたい。

一　法勝寺八角九重塔を意識した塔

まず、相国寺七重塔と法勝寺八角九重塔の関係について確認しておきたい。七重塔の安置仏は、「供養相国寺塔願文」[2]によれば、初重には金剛界大日如来・阿閦・宝相（宝生）・阿弥陀・不空成就の金剛界五仏を安置し、内陣の四天柱には三二尊像を描いた。つまり、金剛界曼荼羅の中心となる三七尊のうち、もっとも中心となる五仏を仏像彫刻として安置し、のこる三二尊を四天柱に柱絵として描き、金剛界曼荼羅を立体的に構成していた。さらに、第二重には胎蔵界大日如来を安置し、一つの塔で両界曼荼羅を構成・象徴していた。つまり、相国寺七重塔は安置仏から見るならば、東寺五重塔や醍醐寺五重塔と同じく、密教の両界曼荼羅を象徴する顕密仏教の塔だったのである。

では、義満はなぜ禅院である相国寺に、密教の塔を建てたのであろうか。それは法勝寺など院政期の御願寺に倣ったためと考えられる。白河天皇の法勝寺では金堂に胎蔵界五仏を、八角九重塔に金剛界五仏をそれぞれ安置し、伽藍の中心に両界曼荼羅を顕現したが、相国寺では、両界曼荼羅を一基の七重塔で象徴したのである。義満が御願寺を強く意識していたことは、相国寺七重塔の供養会の空間構成をみていくことでより明瞭になる。

相国寺七重塔の供養会は、『門葉記』百三十「門主行状三」[3]の「後青龍院宮尊道」の項に、「応永六年九月十五日、建久東大寺供養例也云々、凡毎事

被模彼度事云々、相国寺七重塔婆有供養儀」とあるように、「建久東大寺供養」すなわち建久六年（一一九五）の東大寺大仏殿供養会に倣っておこなわれた。まず、僧侶であるが、導師を天台座主尊道親王、呪願を仁和寺御室永助が勤め、衆僧は延暦寺四〇〇人、園城寺一〇〇人、東寺一〇〇人、東大寺一〇〇人、興福寺三〇〇人の南都北嶺の有力顕密権門諸寺の千僧からなっていた。明徳三年（一三九二）の相国寺再建供養では、導師を相国寺常光が勤め、請僧が京都の五山十刹の僧侶であったのとは対照的である。七重塔は禅僧ではなく、顕密仏教僧によって供養されたのである。

さらに注目されるのは、供養会における義満の立場である。このとき義満が亀山法皇にならい、法皇のごとくふるまったことはよく知られている。義満は、それだけでなく自ら証誠も勤め、内陣に御座を設けたのである。このことについて関白一条経嗣は『相国寺塔供養記』[4]（以下『供養記』とする）に、それまでの御願寺の供養会で証誠は法親王が勤め、内陣にその座が設けられるのが通例であり、義満自らが勤めるのは「ためしなき御事」と、驚きをもって記している。

たしかに、白河天皇が創建した法勝寺の承暦元年（一〇七七）の供養会では証誠を仁和寺性信（大御室）が勤め、堀河天皇の御願寺である尊勝寺の康和四年（一一〇二）の供養会では覚行法親王（中御室）、建保元年（一二一三）の法勝寺八角九重塔再建供養会でも道助入道親王（光台院御室）がそれぞれ証誠を勤めている。もちろん、相国寺七重塔供養会が規範とした建久六年の東大寺再建供養会でも、証誠は守覚法親王（北院御室）が勤めていた。

次に、『相国寺御塔供養次第』[5]（以下『供養次第』とする）などの記録をもとに、僧侶以外の参列者とその着座の構成を見ていくと、願主である義満の御座は、先に述べたように、証誠として内陣の西脇に設けられた。そして、「南栄」すなわち基壇上の軒下には公卿座、基壇の下には上官・侍臣座が設けられた（図1）。

ここで注目されるのは、第一に武家の参列がなく、関白以下、公家のメンバーによって構成されている点、第二にその着座の位置である。第一の点からは、この供養会が武家のための法会ではなく、対公家の意味をもっていたことがわかる。第二の点については、御願寺の供養会の空間構成と比較すると明瞭になる。

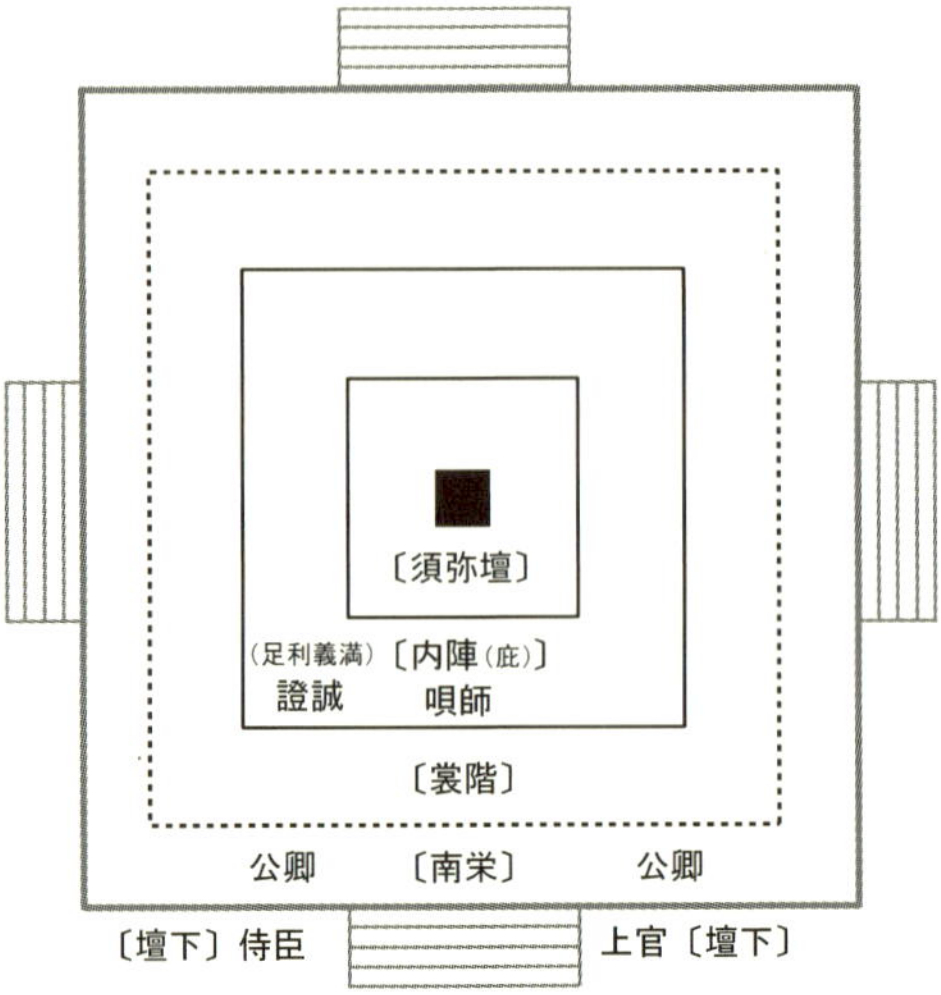

図1　応永6年（1399）相国寺七重塔供養会の空間構成概念図

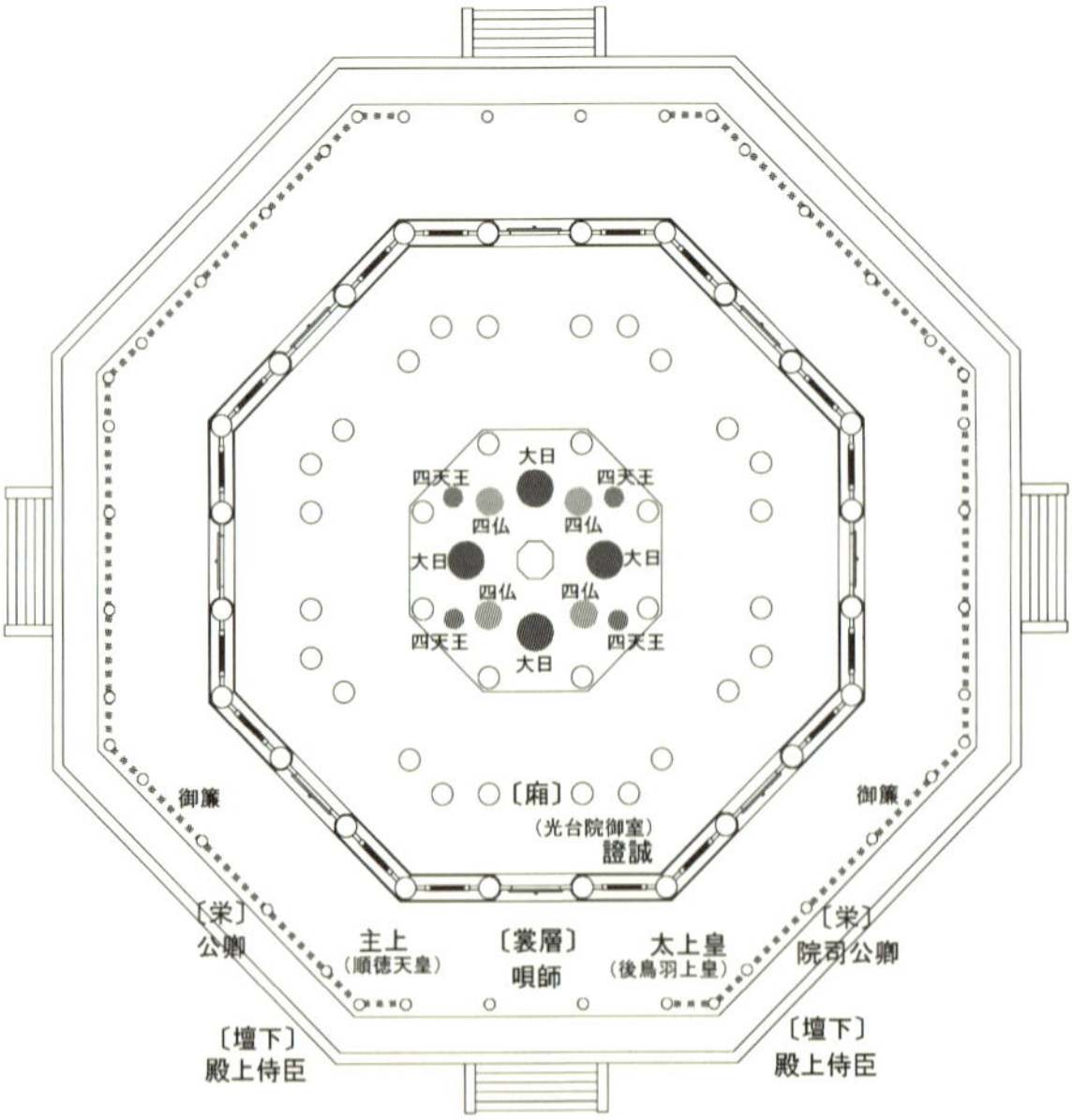

図2　建保元年（1213）法勝寺八角九重塔再建供養会の空間構成概念図

建保元年の法勝寺八角九重塔再建供養会では、証誠である仁和寺道助の御座は南廂に設けられた。南面裳階の西第一間は順徳天皇の御所、東第一間は後鳥羽上皇の御所とされた。公卿・院司公卿座は『栄』、殿上侍臣・院殿上侍臣座は基壇の下に設けられている（図2）。こうした構成は、法勝寺の創建供養会における金堂でも同じであり、相国寺七重塔供養会の空間構成が御願寺供養会に倣ったことは明らかである。義満は、この擬御願寺供養の場において、願主として裳階に坐すのではなく、証誠として内陣に坐した。つまり、この供養会は、義満がもっとも位の高い場所に坐すことで、参列した顕密仏教僧、そして公家のメンバーに対して自らが頂点であることを示す政治的なパフォーマンスであったといえよう。

では、こうした意図で建立された相国寺七重塔の伽藍は、どのような形態・規模だったのであろうか。

二　七重塔の位置

まず相国寺七重塔の位置について検討するが、その前にこの塔の沿革を確認しておく必要がある。相国寺七重塔は、応永六年（一三九九）に創建されたわずか四年後の応永一〇年、落雷で焼失してしまう。この最初の塔を第一期七重塔と呼ぶことにする。再建は北山で進められ、応永一一年四月に立柱された。これが第二期七重塔である。第二期七重塔が完成にいたらない応永一五年義満が没し、その後建設は遅々として進まず、応永二三年、完成間近にして雷火で焼失してしまった（『看聞日記』）。その後、相国寺にもどして第三期七重塔が再建されたのである。文明二年（一四七〇）、第三期七重塔も雷火により焼失し、その後再建されることはなかった。

さて、七重塔の位置については、相国寺の東、上塔之段町・下塔之段町あたりと推定されてきた。石田尚豊氏は町田本『洛中洛外図屏風』が相国寺七重塔から見た景観を描いたものと論じるなか、第三期七重塔の位置について、『薩戒記』応永三二年（一四二五）閏六月二八日の条の、「件塔在寺外、入道内府所建立彩色之間也、在富小路東毘沙門堂南也」という記述をもとに、富小路の東、毘沙門堂の南すなわち上立売通の南、現在の上塔之段町を推定している。(6) 近年では、高橋康夫氏が東は東京極大路の北への延長、南は今小路、西は富小路、北は毘沙門堂大路に囲まれたほぼ一町部分に七重塔を配した復元図を提示し、(7) 細川武稔(8)・山田邦和各氏(9)も同じ場所と推定しており、この位置が通説になっている。とはいえ、この位置はあくまでも第三期七重塔についての記事から導かれたものであり、第一期七重塔の位置について検証しておく必要があろう。

第一期七重塔については、『相国寺塔供養記』で著者の一条経嗣はその様を、

やう〳〵と御塔のもとにたどりつきぬ、東の四足の門の外には、東南〔西カ〕にむかひて、いかめしきかりやをたてられたり、是は衆僧集会の幄とかや、門の内に入りて見れば、七重のいらかかさなりて、四面のとびら、たるきの彩色、夜めにもかゞやくばかりなり、

と記しており、東に四脚門を開いた一郭を形成していたことが知られる。供養会当日の義満の経路は、

御道は高橋より東へ、大宮へ南へ、一条を東、たかくらをのぼりに、法界門に入て北へ、相国寺の南のついがきのと〔ほ脱カ〕を東、までの小路を北へなり、（中略）御車やう〳〵東の門にちかづきぬれば、楽屋乱声、（中略）さて門をいらせ給ひて、南の中門の代より、舞台の南むき、西のはしに、御輿をかせておりさせおはしませば、

と、一条通を東に進み、高倉小路を北に進んで法界門を通り、相国寺の南面の築地にそって東に進み、さらに万里小路を北へと進んだ。万里小路が相国寺の東の境にあたることがわかる。その後、東門から入り、腰輿に乗り、

南の中門代を経て、七重塔の前に設けられた舞台へと向かった。供養会が終わって北山第に帰還するさいは、「さて舞台の南の方より、腰輿にめされて、もとの道をへて、東の門を出させおはしませば」とあり、もとのように舞台から腰輿に乗って東門から外へ出た。この東門が義満のもちいる正式な門であったことがわかる。

七重塔が焼失した応永一〇年六月三日の『兼宣公記』の記事に、「雷火無疑云々、雖為相国寺々中別墎也、常灯無是云々」とあり、七重塔は相国寺の寺中であるとはいえ別郭としている。相国寺のもう一つの顕密仏教の建築である八講堂も、相国寺の東南に築地で囲まれ北門を開いた一郭を形成しており[10]、七重塔も同じく独立した一郭を形成していたとみられるが、これらの記述のみからでは、第一期七重塔が相国寺伽藍の内の東の端にあった可能性も否めない。しかし、『供養記』には、義満の還御の様子が、

かねてより人々に仰付られて、灯炉どもを、数もしらず御塔の東のついがきの内外よりはじめて、万里小路をもて、法界門の南一条を西へ、北山殿に至るまで、御道すがら、うら向ひにひまなくかけならべたれば、

と記され、東面の築地の内外からはじまって、万里小路を経て、法界門へと至る道に灯籠を灯したのであり、塔の東築垣の外と、相国寺の東の境である万里小路は別と理解すべきである。とすれば、七重塔が相国寺伽藍内の東側にあったとは考えにくい。

このように、七重塔が創建時から相国寺伽藍とは別の一郭を形成していたとするならば、その場所は通説のように第三期七重塔が推定されている場所と考えるのが自然であろう。ただ、第三期七重塔の場所と相国寺伽藍の間、すなわち万里小路と富小路の間の一町がなぜ空いているのかという疑問もある。また、承応三年(一六五四)の『新版平安城東西南北町并洛外之図』では、「とのたん丁」の南、現在の下塔之段町の場所に「同」と記され、

ここまで塔之段町が広がっていたことが知られる。七重塔の一郭は、現在推定されている方一町の規模より広かった可能性を考えておく必要もあろう。

三　七重塔の規模・形態について

七重塔の高さについては、景徐周麟（一四四〇～一五一八）の著した『翰林胡蘆集』[11]に、「同（応永）六年九月、於相国寺慶賛七重大塔、其高三百六十尺」と、三六〇尺[12]（約一〇九m）とされる。時代が降る記録ではあるものの、第一期七重塔の高さについての記述として重要である。とはいえ、現存する日本の木造の塔のうちもっとも高いのは東寺五重塔（寛永二一年〈一六四四〉再建）で、基壇をふくめた高さは約五六mである。相国寺七重塔はその二倍近くもあったことになり、にわかには信じがたい高さである。

相国寺七重塔について『供養記』には、「この御塔こそ経文にもかなひて、さるはたかさも、法勝寺の塔にはまさりたりとぞうけ給はる」と、法勝寺八角九重塔よりも高いとされている。法勝寺八角九重塔は、暦応五年（一三四二）に再建九重塔が焼失する前である暦応三年の『院家雑々跡文』[13]に「法勝寺八角七（九カ）重塔　高廿七丈」と記されている。二七丈の法勝寺八角九重塔よりも高いということになれば、三六〇尺（三六丈）もあながち否定することはできまい。

では、高さ一〇九mの塔ならば、基壇はどの程度の規模に想定されるのであろうか。東寺五重塔の基壇は一辺五九・五尺（約一八m）であるが、これを単純に二倍すればよいというものではない。

遺跡から知られる日本の大規模な塔をみていくと、法勝寺八角九重塔の二〇一〇年の発掘調査では、直径約三三mという巨大な八角形の地業が見出されている。かつて岡崎にのこっていた九重塔の基壇跡の直径は、一五間

（約三〇ｍ）と報告されているので、[14]三〇ｍ以上の基壇であったとみてよい。法勝寺八角九重塔は初重の屋根の下に、さらに裳階と呼ばれる附属の屋根を設けていたが、相国寺七重塔も同じく裳階をそなえていたと考えられ、基壇は裳階のない塔よりもひとまわり大きくなる。

古代では、文武朝（六九七〜七〇七）大官大寺の塔の一辺が柱間一〇尺等間の五間、基壇の規模はおよそ二四ｍと推定されている。吉備池廃寺の塔の一辺は柱間一一尺等間の七間、基壇は一辺が約三二ｍもある。[15]吉備池廃寺は舒明天皇が舒明一一年（六九三）に発願した百済大寺とみられる。『日本書紀』『大安寺伽藍縁起幷流記資財帳』によれば九重塔があったといい、吉備池廃寺の塔跡はこの百済大寺の九重塔のものと推定されている。

また、高さについての記述がのこる奈良時代建立の東大寺七重塔は、天沼俊一氏によって高さ三二丈（約九四ｍ）、基壇は一辺八九尺（約二七ｍ）として復元され、[16]さらに足立康氏は文献史料を再検討し、より高い三三丈（約一〇〇ｍ）とした。[17]これらの説に対して箱崎和久氏は、西塔の発掘調査から知られる二三・八ｍという基壇の規模、および発掘遺構や現存する古代の建築の部材寸法を勘案して、高さ一〇〇ｍもの塔を考えるには無理があると指摘する。すなわち、天沼説が初重の一辺の柱間数を三間とすることに対しては、その中央間一一尺、両脇間一七尺と大きすぎることから、一辺五間、柱間寸法は一間一一尺の等間と考え、さらに天沼説では軒の出がもっとも大きな初重では二六・九尺にもなるが、このような寸法は木材の長さからみて現実的ではないという。結果、箱崎氏は高さ二三七尺（約七〇ｍ）の復元案を提示した。[18]この箱崎説は、現実の建築の部材寸法を考慮して導き出されたもので、さらに高さについても『東大寺要録』巻第二所収「大仏殿碑文」に「東塔高廿三丈八寸」、あるいは同巻第四に東塔について、「七重宝塔一基高廿三丈八寸、塔内安四方浄土、在回廊、今作之」とあることとも一致しており説得力をもつ。

以上のように、一〇九ｍという高さが事実であれば、相国寺七重塔の基壇は東大寺七重塔の一辺二三・八ｍよりかなり大きくなるはずである。初重には裳階をそなえるのでさらに大きくなり、同じく裳階をそなえた法勝寺八角九重塔の基壇をうわまわると想定されよう。これだけの基壇規模になると、柱間数も塔本体の一辺が五間もしくはそれ以上となり、[19] 裳階をふくめた全体は一辺七間以上と考えるべきである。巨大な塔を支えるうえでも、柱の数が多い方が合理的といえよう。

屋根は、『供養記』に「七重のいらか、さなりて」とあり、瓦葺であったことが考えられる。ただ、七重塔の推定地周辺で多くの瓦が発見されたという報告はなく、七重塔は木瓦葺であった可能性も考えておく必要があろう。平安時代から室町時代に木瓦葺の建築がいくつも建立されており、なかには鳥羽上皇の勝光明院阿弥陀堂のように時の最高権力者が建立した建築もふくまれている。[20] 現存する木瓦葺の建築の代表は中尊寺金色堂である。技法としては板葺であるが、軒先の丸瓦や平瓦の表現はもとより、瓦一枚一枚まで彫り出したその意匠は、明らかに本瓦葺を表現しようとしたものである。

さらに、塔の全体のプロポーションに大きく影響するのが、屋根とそれを支える組物からなる軒の出である。現存遺構のうち最大の軒の出をもつ塔は、興福寺五重塔（応永三三年〈一四二六〉再建）である。高さは東寺五重塔におよばないが、初重の軒の出は東寺五重塔の約一七・二尺より若干大きい約一七・五尺ある。[21] しかし、興福寺五重塔の屋根や組物をそのまま使って高さ一〇九mの七重塔を組み上げると、基壇をいくら大きくしても、塔全体のプロポーションは不自然なものになってしまう。箱崎氏による東大寺七重塔の復元考証からも知られるように、高さ一〇〇mもの七重塔を建てようとするならば、組物や屋根などの部材には、現存遺構から知られる規模こえた寸法が必要とされたはずである。相国寺七重塔が、本瓦葺よりもはるかに軽い木瓦葺であったならば、本瓦葺の興福寺五重塔や東寺五重塔のものより大きな組物や軒の出が可能となる。それにしても、それほど大きな部材は考えるべきではない。

以上のような視点から、大規模で、しかも時代の近い興福寺五重塔を参考に、初重の軒の出を興福寺五重塔よりも若干大きな約二〇尺とし、柱間寸法や逓減率、さらには高欄などの意匠について検討をかさね、相国寺七重塔の全体の姿を推定復元したのが口絵である(22)。基壇の一辺は、三六メートルほどに想定される。屋根は木瓦葺として復元した。あくまでも推定ではあるが、東寺五重塔はいうにおよばず、法勝寺八角九重塔と比較しても、相国寺七重塔は圧倒的な大きさ・存在感をもっていたことがイメージできよう。

四　中門と回廊

相国寺七重塔に付属する建築として、『供養記』には「のほり廊」、『供養次第』には「東登廊」「西登廊」があらわれる。「登廊」すなわち軒廊は、宮殿の大極殿や紫宸殿、寺院の金堂や講堂の左右にとりつく回廊であり、相国寺七重塔でもその左右にこうした軒廊がとりついていたと考えられる。

さらに、「南の中門の代」(『供養記』)あるいは「南中門代」「中門代」(『供養次第』)と、南の中門があらわれる。軒廊の存在をあわせると、七重塔の左右からのびた回廊が前庭を取り巻き、南に中門を開く構成が浮かび上がってくる。中門について「代」とあるところをみると、このときはまだ完成していなかったのであろう。

先に述べたように、七重塔の供養会は建久六年の東大寺大仏殿供養会にならっておこなわれたのであるが、『東大寺続要録』「供養編末」には「東廊代」「西廊代」「東西軒廊代」と記されており、回廊は未完成であったとみられる。そこで東西軒廊にかわるものとして「東軒廊代舎」「西軒廊代舎」を、三面回廊のかわりに「三面廻廊代」を設け、ここに長床を立てて衆僧の座としたのである。廻廊や中門が完成された建仁三年(一二〇三)の惣供養においては、衆僧の座は左右の回廊に設けられた(同「供養編本」)。後に述べるように、相国寺七重塔の供養会では、衆僧座は前庭の「十五丈幄」に設けられた。相国寺七重塔でも、ほんらいならば衆僧の座は左右の回廊に

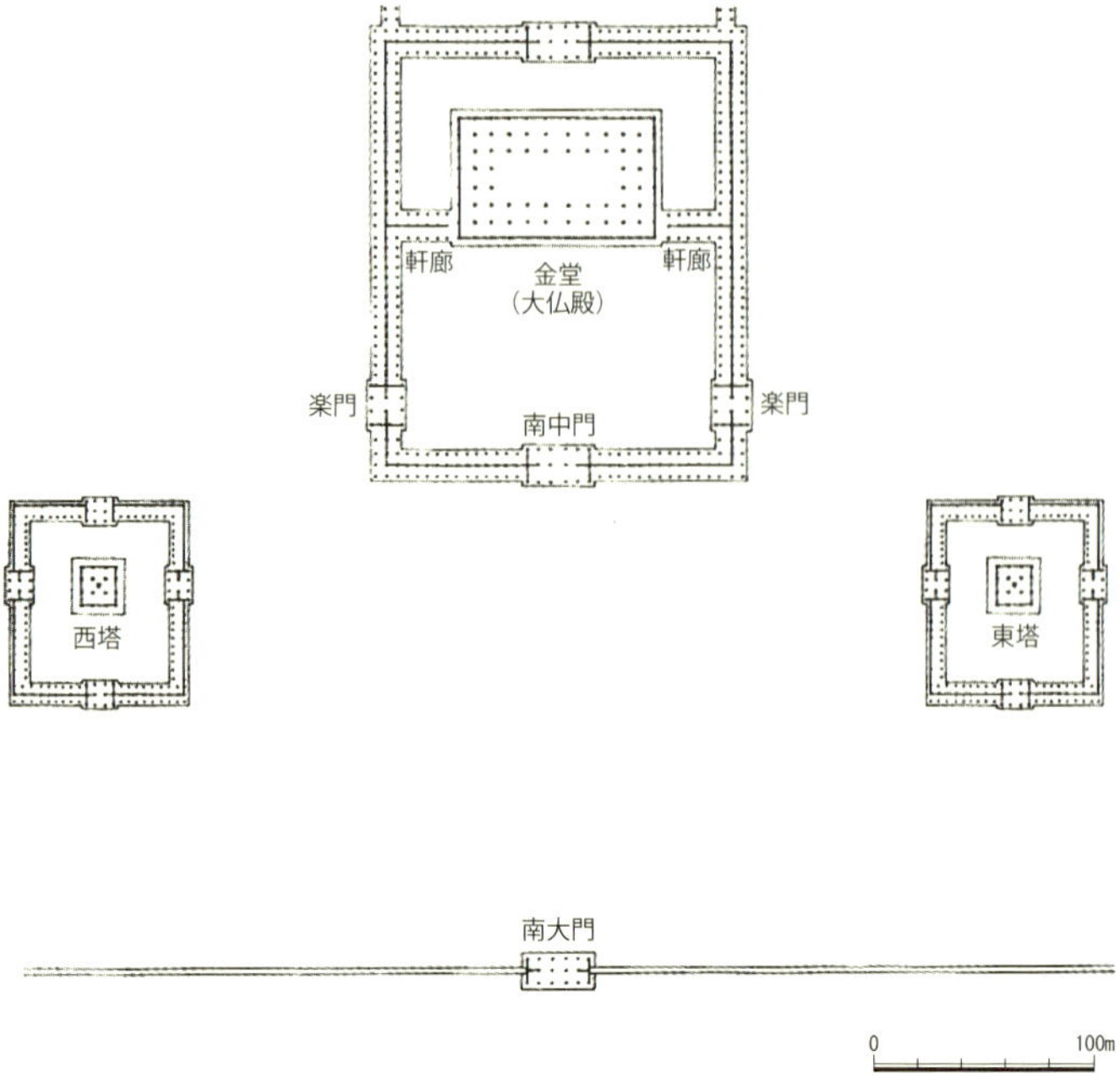

図3　東大寺伽藍復元図

日本建築学会編『日本建築史図集　新訂第二版』（彰國社、2007）所収図に加筆

もうけられるべきであるところ、わざわざ幄舎を設けて衆僧座としたということは、供養会にさして回廊も軒廊までしか完成していなかったことが考えられる。

さらに、相国寺七重塔では「左右の楽門」（『供養記』）、「楽門」「左右楽門」（『供養次第』）もあらわれ、東西の楽門をそなえていたことが知られる。楽門をそなえた伽藍として、まず想起されるのが東大寺大仏殿である（図3）。

現在の東大寺大仏殿では左右に軒廊がとりつき、前庭を単廊の回廊がロ字型に取り囲み、正面に中門、左右回廊の前方寄りにそれぞれ楽門を開いている。創建時、回廊は複廊で、中門や楽門も現在のものより規模が大きかったが、全体の位置関係は現在もほぼ保たれている。[23] 東大寺の鎌倉再建では、治承五年（一一八一）六月の後白河法皇の院宣（『東大寺続要録』「造仏編」所収）に

「尋旧規、可復古跡」とされ、建仁三年（一二〇三）の惣供養の願文（『東大寺続要録』「供養編本」所収）にも、「不改旧基」とあるので、創建時の伽藍にもとづいて再建されたと考えられている。この回廊の形式は、永禄一〇年（一五六七）の松永久秀の兵火で焼失するまで保たれていた。相国寺七重塔は、こうした東大寺大仏殿の古代からの伽藍形式に倣ったと考えられるのである。

五　伽藍の構成

では、ロ字型の回廊に中門、東西楽門をそなえた相国寺伽藍の規模はどの程度に推定されるであろうか。回廊に囲まれた前庭には、『供養次第』に、「南階南去三許丈、相当仏面東西間、立蓋高座各一脚東呪願、西導師、其中央立礼盤二脚、高座南去五許丈立舞台」とあるように、七重塔南階から三丈ほどのところに呪願・導師の高座と礼盤を設け、その五丈ほど南に舞台を設けた。これらの位置関係は、建久六年の東大寺大仏殿供養会とまったく同じで、それぞれの間隔も一致している。

さらに、

舞台南去丈許、立金鼓台、
其南頭敷小筵、為図書官人座、
東西腋立纐纈五丈幄各一宇東西妻、為楽屋、

と、舞台の南には金鼓台を設け、左右には楽屋として東西棟の五丈幄を建て、「舞台東西各立一五丈幄、為衆僧座、

僧綱緑端、凡僧黄端」と、衆僧千人の座として、舞台の東西に南北棟の「十五丈幄」を設けていた。ロ字型廻廊は、東西は「五丈幄」すなわち一五mの楽屋を左右におさめ、南北は「十五丈幄」すなわち四五mもある幄舎を建てられるほどの規模であった。以上の検討をもとに、第一期七重塔の伽藍の概要を推定したのが図4である。

では、この推定復元の回廊や門の構成が妥当か、供養会での大行道の経路を当てはめて検証してみよう。『供養次第』には、

> 左方出楽門南行、折西、入自中門代北行、昇舞台東階、下自北階、東行、出自東登廊中戸、北行、折西、経御休所後南行、折東、経中門外北行、折西、御休所後作輪、（中略）大行道訖、左右入登廊戸、経舞台還入、楽人到楽屋前、衆僧復座畢、

と、左方は楽門を出て南に行き、西に折れて中門代から入って北に行き、舞台東階を昇り、北階から下って東に行き、東登廊（軒廊）の中戸から回廊の外に出た。そし

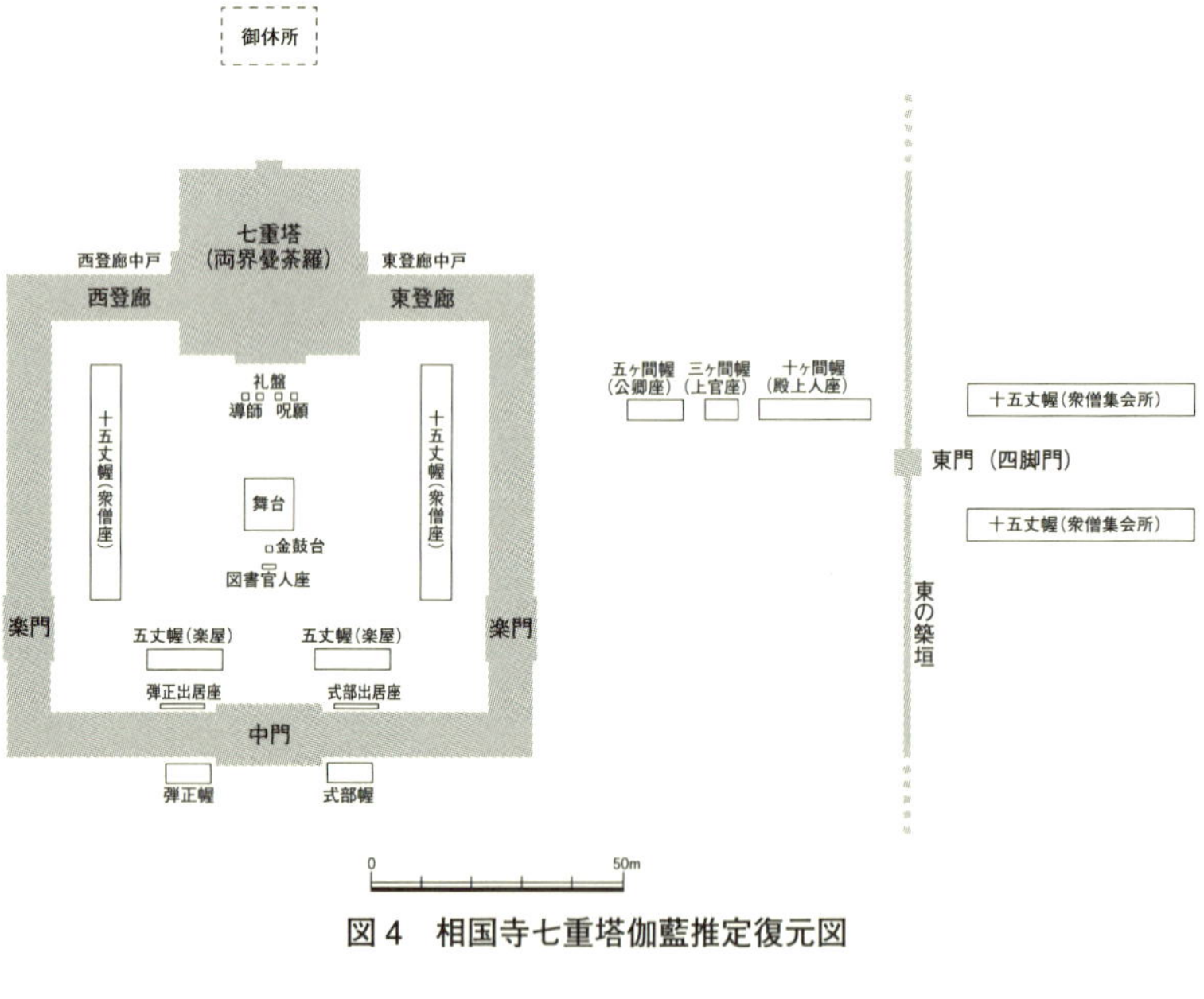

図4　相国寺七重塔伽藍推定復元図

て北に行き、西に折れて塔背後にもうけられた御休所[24]の後ろを経て南に行き、東に折れて中門の外を経て北に行き、西に折れて御休所の後ろで輪を作った。右方も左方の左右反対の経路を通っており、大行道の経路は推定復元した伽藍に矛盾なくあてはめることができる。

東門について

先にみたように、義満の正式な入場門は東門であった。この東門は形式としては四脚門であるが、その外側には、「東門外左右立纐纈十五丈幄二宇東西妻、其内立並床子、為衆僧集会所」とあるように、衆僧集会所として東西棟の十五丈幄が二棟建てられた。創建七重塔の位置が第三期七重塔の位置であったとすれば、東門および東の築地の外は東京極通の北の延長に想定されるが、ここは道というよりは、広い空閑地になっていたことが考えられよう。

建久六年（一一九五）の東大寺大仏殿再建供養では、「同門（南大門）外左右相去各立纐纈十五丈幄二宇南北妻、其内立並床子為衆僧集会所」と、衆僧の集会所として十五丈幄が南大門の外にもうけられた。相国寺七重塔は、伽藍中枢部の形式を古代伽藍や御願寺伽藍にならいながら、南大門に相当する門はあらわれない。つまり、四脚門である東門は、南大門に相当する門でもあったと考えられる。

さらに、相国寺七重塔では東門の内側にも、

同門内北腋東西行、立五ヶ間幄、設公卿座北庭立斑幔、
其東立三ヶ間幄、為上官座、
其次立十ヶ間幄、為殿上人座、

とあるように、北脇に公卿座として東西棟の五間幄、その東に上官座として三間幄、さらに殿上人座として十間幄を設けている。一間の具体的な寸法は不明であるが、この記述にもとづいて幄舎を配置するならば、東門の内側でも、塔および回廊との間には、大きな空間があったことがうかがえる。

おわりに

以上、相国寺七重塔の伽藍について、限られた史料からではあるが、復元的考察をおこなってきた。この破格の規模の七重塔は、前庭を取り囲む廻廊をそなえ、中門・楽門を開く大伽藍であったと推定される。大規模な塔で、回廊をそなえ、独立した塔院を形成する事例としては、東大寺七重塔がある。しかし東大寺七重塔は、軒廊が塔に取り付く構成ではない。もちろん七重の巨塔という点では、東大寺七重塔を意識したとも考えることができる。しかし、相国寺七重塔はそれだけではなかったはずである。その伽藍形態は、東大寺大仏殿という金堂を中心とした古代伽藍につうじる。相国寺七重塔伽藍の重要な特質は、古代金堂の形態をとりつつ、両界曼荼羅を象徴するところにある。

古代伽藍の復古は、相国寺七重塔以前、すでに院政期の御願寺で顕著に認められるところで、後三条天皇の円宗寺や堀河天皇の尊勝寺の金堂は、前庭を廻廊が取り囲み、南に中門を開く形式であった[25]。金堂と八角九重塔が南北の中軸線状にならぶ白河天皇の法勝寺伽藍も、四天王寺につうじる古代的構成といえるであろう（図5）。一方、思想的には、白河天皇の法勝寺こそが、中世において伽藍の中心に両界曼荼羅を顕現する画期と位置づけられる。

中世の王権は思想的な拠り所を普遍的世界観である両界曼荼羅に求め、王家や有力権門は、両界曼荼羅を基盤とした顕密・神仏さらには国土・国家をも包括するコスモロジー――中世顕密主義のコスモロジー――を形成し、そこに結びつくことで自らの国家や王権、教団の正統性を主張したと考えられる。大極殿にも匹敵する規模の金堂と、当時の京都で一番の高さを誇った九重塔によって両界曼荼羅を構成する法勝寺の大伽藍は、こうした中世顕密主義の理念を都市空間に顕現するものといえよう。

後白河法皇によって再建された東大寺大仏殿も、思想的にみるならば、その本尊は顕教の毘盧遮那仏であるとともに、密教の両部大日、ひいては両界曼荼羅でもあった。東大寺大仏殿の鎌倉再建は、たんに古代の東大寺大仏の再建であったのではなく、中世顕密主義の理念を象徴する、後白河法皇の御願寺の建立という意味もあったと考えられる[26]。相国寺七重塔がその伽藍形態、供養会において東大寺にならったのは、この御願寺としての側面があったがゆえであろう。義満は、相国寺七重塔の初重に金剛界五仏を、二重に胎蔵界大日如来を安置して両界曼荼羅を顕現することで、自らの政権が両界曼荼羅を掲げた中世顕密主義の正統であることを、中世京都の都市空間のなかで示そうとした[27]。それは法勝寺の「九重塔＝金剛界」と「金堂＝胎蔵界」とを一つの建築へと統合したものといえ、日本建築史上他に例を見ない、きわめて独創的な伽藍と評されよう。

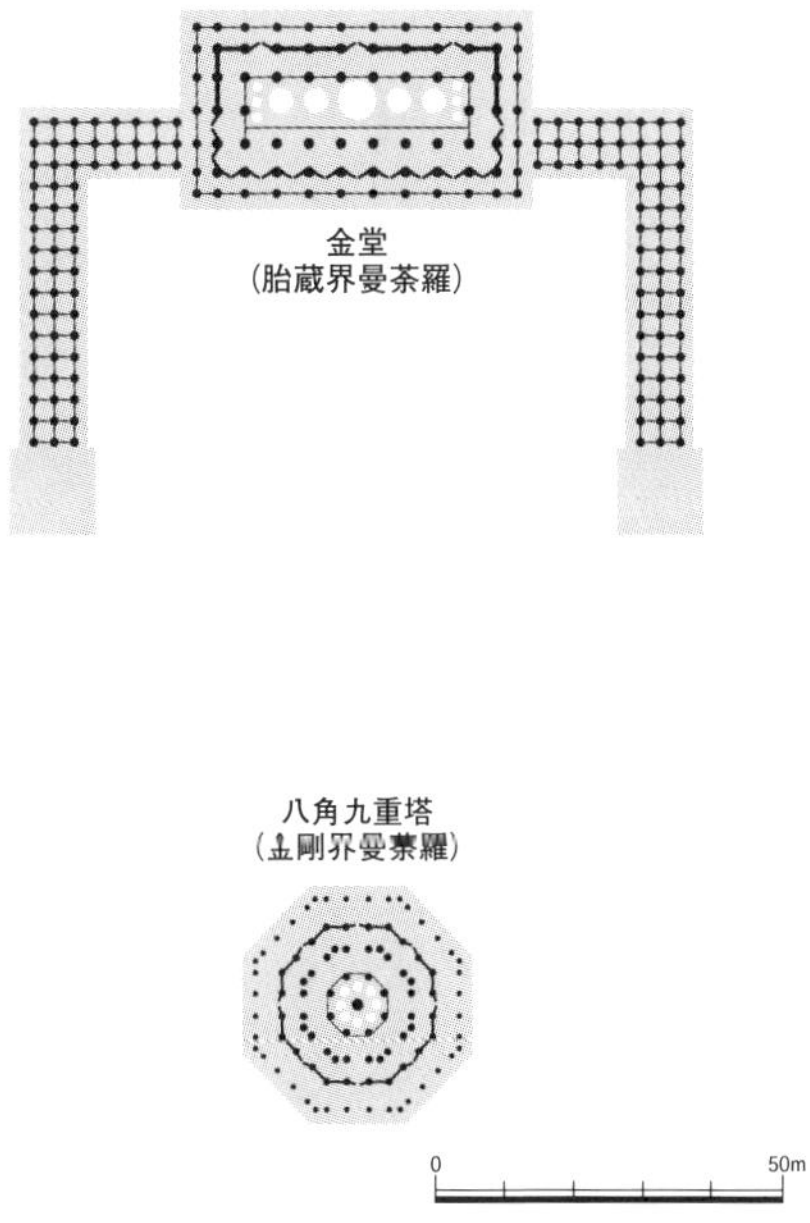

図５　法勝寺伽藍復元図（金堂・九重塔部分）

ところで、第一期相国寺七重塔がこのような大伽藍であったとすれば、これまで想定されてきた方一町の街区におさまるのかという疑問が生じてくる。七重塔の一郭は、東西は富小路の西あるいは東京極大路の北延長のさらに東に、南は今小路の南へと広がっていた可能性も浮かび上がってこよう。(28)その具体的な場所については、今後の研究課題としたい。

注

（1）冨島義幸①「相国寺七重塔―安置仏と供養会の空間からみた建立の意義―」（『日本宗教文化研究』第五巻第一号、二〇〇一）、冨島義幸②「等持寺仏殿と相国寺八講堂―顕密仏教空間としての評価について―」（『仏教芸術』二七三、二〇〇四）、冨島義幸③「塔・曼荼羅・王権―法勝寺八角九重塔と相国寺七重塔の意義をめぐって―」（長岡龍作編『仏教美術論集5 機能論』、竹林舎、二〇一四）。

（2）『本朝文集』巻第七二所収。

（3）『大正新脩大蔵経　図像第一二巻』所収。

（4）『群書類従』巻第四三四。

（5）『京都御所東山御文庫記録』（『大日本史料』同日の条所収）。

（6）石田尚豊「洛中洛外図屏風について―その鳥瞰的構成―」（『日本美術史論集―その構造的把握』、中央公論美術出版、一九八八）。

（7）髙橋康夫「室町期京都の都市空間―室町殿と相国寺と土御門内裏」（中世都市研究会『政権都市―中世都市研究9』、新人物往来社、二〇〇四）。

（8）細川武稔「足利氏の邸宅と菩提寺―等持寺・相国寺を中心に―」（『京都の寺社と室町幕府』、吉川弘文館、二〇一〇）。

（9）山田邦和『日本中世の首都と王権都市』（文理閣、二〇一二）。

（10）前掲注7髙橋論文、前掲注1冨島②論文。

（11）『五山文学全集』四所収。

（12）石田尚豊氏は前掲注6論文で、江戸中期以降に編纂された『南方紀伝』下（『改定史籍集覧』三）の「（応永六年）九月十五日、相国寺七重塔供養、高三百六十尺」という記事を引いている。
(13)『大日本史料』暦応三年雑載所収。
(14)西田直二郎「法勝寺遺址」(京都府編『京都府史跡勝地調査会報告　第六冊』、臨川書店、一九二五)。
(15)奈良文化財研究所『吉備池廃寺発掘調査報告』(二〇〇三)。
(16)天沼俊一「東大寺東塔院及西塔院址」(『奈良県史蹟勝地調査会報告書』五、一九一八)。
(17)足立康「南都七大寺塔婆の高さ」(『考古学雑誌』二一―七、一九三一)。
(18)箱崎和久「東大寺七重塔考」(『ザ・グレートブッダ・シンポジウム論集』二、二〇〇四)。
(19)「供養相国寺塔願文」によれば、相国寺七重塔の初重の扉には「二十四天像」を描いたとされるが、管見のかぎりではこうした塔の事例は他に見いだせない。室町時代の塔では応永七年(一四〇〇)の常楽寺三重塔、嘉吉二年(一四四二)岩船寺三重塔など、八方天を扉ごとに一体描くことが普通である。相国寺七重塔であえて二四天像を描いたのは、二四枚の板扉、つまり塔の各面三間、四面で合計の柱間一二間が板扉であったためと推定される。この扉の柱間三間に、両脇の連子窓の入った柱間各一間をくわえると、各面の柱間は五間となる。
なお、二十四天は金剛界曼荼羅の四大神(地天・水天・火天・風天)と二十天からなる二十四尊と考えられる。これらと彫刻・柱絵の三十七尊をあわせると金剛界曼荼羅の中心である成身会の諸尊がそろう。
(20)冨島義幸「平安時代後期における浄土のイメージと建築造形」(『平泉文化研究年報』四、二〇〇四)。
(21)興福寺五重塔、東寺五重塔の組物、軒の出の寸法は『日本建築史基礎資料集成一一』(中央公論美術出版、一九八四)所収の図面による。
(22)この復元案では、塔本体が柱間一五尺(約四・五m)、一辺の柱間は五間としている。なお、発掘遺構から知られる大安寺西塔(東塔は『七大寺巡礼私記』には瓦葺の七重塔とされる)の中央柱間は一四尺である。
(23)奈良県教育委員会文化財保護課『重要文化財東大寺中門回廊修理工事報告書』(一九六一)。
(24)『供養次第』に「塔北辺構御休所一宇」とある。
(25)冨島義幸『密教空間史論』(法藏館、二〇〇七)。
(26)冨島義幸「鎌倉再建東大寺大仏殿の評価をめぐる一考察」(栄原永遠男・佐藤信・吉川真司編『東大寺の新研究　第3巻　教学と美術』、法藏館、近日刊行予定)。

（27）前掲注1冨島③論文。

（28）『中古京師内外地図』で「相国寺大塔」の一郭は四町として描かれ、この規模であったとすれば、第一期七重塔の推定復元伽藍をじゅうぶんおさめることができる。この七重塔の区画には「横三百六十尺、南北三百六十尺」と記されているが、これは回廊をふくめた第一期七重塔伽藍の規模に近い。ただ、相国寺七重塔の一郭は東西が万里小路から東京極大路まで描かれているので、ここに第一期七重塔の推定伽藍をおさめると、富小路よりも東にあったとされる第三期七重塔は、場所を移動し再建されたことになる。結論を出すには、さらなる検討が必要である。

付記　本稿脱稿後、金閣寺境内から塔の九輪の破片が発掘され（『京都市埋蔵文化財研究所発掘調査報告二〇一五—九　特別史跡・特別名勝鹿苑寺（金閣寺）庭園』、二〇一六）、残存する部分の形状からの推定ではあるが、東寺五重塔や興福寺五重塔をうわまわる大規模な塔のものとみられる。この断片は、義満が建設をはじめた北山大塔のものである可能性が考えられ、今後の発掘調査の進展に期待したい。

第三部　北山殿と鹿苑寺・北野

足利義満の首府「北山殿」の理念的位置

―北野信仰・明徳の乱・狂言と虚構空間―

桃崎有一郎

緒言　―問題の所在―

応永四年（一三九七）、足利義満は洛北の西園寺家の北山殿（北山第）を獲得して全面的に造替し（以下、第宅を北山第《てい》・室町第《てい》、その主の政治的地位を北山殿・室町殿と記す）、翌五年に移住を宣言、同一五年の死去まで終生の住居とした。室町政権の本拠地のうち、室町第と周辺地域（室町地域）の構造・歴史的経緯や政治史的・都市論的意義に関する厚い研究史に比して[1]、北山第と周辺地域（北山地域）には議論の余地が少なくない。その中で近年細川武稔は、北山地域の空間構造（建造物配置・境界等）を復元し〝北山新都心〟と概念化した[2]。しかし〝新都心〟の語が平安京・京都の歴史的経緯に照らしていかなる意味を持つかは、単語自体の曖昧性と細川による定義の不在のため不明瞭で、前近代日本都城・都市に関わる学術概念としては熟していない（本書第一部桃崎論文）。

〝新都心〟説を子細に検討すると、直ちに次の疑問が生ずる。そもそも北山は都の内か、と。この問題の解決は容易だ。北山時代に義満が「北山殿（大御所）」、室町第の義持が「京御所」と呼ばれた事実から[3]、北山が（京内たる室町第と対比されるべき）京外であることことは間違いない。更に補うと、『迎陽記』応永八年七月一二日条に「其後向三宝院《満済》、今朝被出本坊、昨日於青蓮院殿《尊道》不飲酒之故、違上意、可出京之由被仰云々、恐懼云々」とあり、義満の酒を断り機嫌を損ねた満済に対する、北山宿所からの一時追放を義満は「京へ出でよ」と表現した。また『教言卿記』同一六年一一月六日条に、義持の三条坊門第移住（北山第放棄）に伴う管領斯波義将の北山宿所退去が「新御所《義持》下御所ニ被新造、今日上棟云々、目出々々…勘解由小路殿《斯波義将》今日ヨリ京ニ移住云々」と記された。全て北山が「京」でない明証である。更に「我がいほは世を宇治山にあらざれば都のかたをたつみにぞみる」[4]という義満の狂歌に、〈「都」を南東に望む北山は都の内でない〉という自覚が明らかである。

但し、中世京都論の焦点はその先にある。京都盆地内に複数の都市域が（面的に連続せず）存在し、それらや周囲の郊外地が核となって「多核複合都市」・「巨大都市複合体《コンプレックス》」[5]を形成したと捉える見解には、一定の説得性がある。平安京域も上京・下京（狭義の「京都」）も核の一つに過ぎず、それらが周辺地域を巻き込んで広義の「京都」を形成していたと信ずべき理由は多い。例えば年未詳八月一五日大友親世書状案に[6]「去年依京都御意、自探題《渋川満頼》被進朝山候…京都大御所《義満》御隠候之由承候、御所様《義持》以外非歎《悲》由承候、為御訪先博多まで出津候」とある。『島津家文書』は同文書を応永一五年に、人名を傍注の通り比定した。義満の死去は同年五月六日なので後段の話題はやや遅すぎるが、比定通りなら北山殿義満を「京都大御所」と記した史料となる。より確かな義満死没への言及に、同年ヵ五月一八日山名時熈書状が[7]あり、「上様《義満》御事定聞召及候哉、兎角無申計次第に候…京都之時宜、定守護方より委細申候哉」とある。傍点部は北山殿義満の死と後継者義持の意向を含意した京都の動向と解される（後段に「御中陰之間、等持院に祇候之間、取乱候」と見え、発信者時熈は在京中）。また応永一一年九月二三日安芸国諸城主連署契状は[8]「京都様御事者、此人数相共可仰　上意申事」と定め、安芸の国人一揆が尊重すべき「上意」＝北山殿義満の所在地を「京都様」（京都方面）と認識した。

このように、在京の守護級大名や在国の国人は京外の北山第を「京都」と呼び、そこに〝京都盆地内の単一の都市域・郊外地ネットワーク〟=広義の「京都」をイメージした。したがって〝北山は京外である〟という言説さえ形式的に過ぎ、本稿が立てるべき問いは〝広義の京都における北山の、狭義の京都に対する地政学的位置・距離・性質は何か〟という形になる。新田一郎は北山を「公家武家の都上京とは別の、新しい都」と評した(9)。「宮処《みやこ》」の原義（天皇の居所）上、北山を「都」と理解することは困難だが、北山を狭義の京都の外部的存在と見なす評価は検討に値する。鎌倉期には鴨川以東が京外の「武家地」として京内から厳然と分かたれた(10)。しかし御家人の相続時に鎌倉幕府が「京都地」と「六波羅地」に分けた家地を、室町幕府が「京都之地」として一括安堵した事実(11)には、「京都」の理念的領域の変動における武家政権の変質（特に室町幕府の成立と室町殿の成立）の影響を見ないわけにはいかない（義満の室町第移徙が室町地域を京外から京内へと変更したことは、第一部桃崎論文参照）。

ところで、北山第移住宣言の三ヶ月後の応永五年八月に、管領畠山基国が「御前評定始」「初度御前沙汰」に出仕した(12)。夙に指摘されるように、応永九年正月の北山殿沙汰始には管領・評定衆・奉行人ら正月の室町第の評定始とほぼ同じ面々が集い、侍所の改任が発令された(13)。また応永期（=北山第時代）には、従前管領率いる評定で審理・裁決された幕府所管訴訟が、奉行人によって義満に、「機嫌」をもって個別に「披露」され裁決を仰ぐ形へと移行したといわれる(14)。幕閣最上部の人事や最も権威ある裁決が、室町政権（公武統一政権）の最高意思決定者たる義満の意思として発現する北山第は、「山荘」を標榜しても実態上「国家の中心的な政庁であり、宮殿」(15)であった。永正五年（一五〇八）、義満百年忌の景徐周麟の法語(16)が「此時世子義持公年十二歳、居於室町之邸、諸僚奉之、雖然事無大小、総之於北山殿」と語ったのは、室町政権自身によるその端的な歴史認識である。

かかる国家の中心政庁が、なぜ京外に設けられたのか。細川は、義満が北山を選んだ理由を①室町第と同じく一条以北、かつ②尊氏・義詮の墓所等持院と足利氏が深く信仰した北野社に挟まれた地域、という二点に求め、北山を「義満が新たに獲得した権威・権力と、尊氏以来の室町幕府の性格の両方を備えた空間」と総括した。事実関係に議論の余地はないが、細川は①について、一条に室町第・相国寺の惣門が設けられ、平安京域と画されていたという高橋康夫の所論に基づき、「一条以北に特別の空間が作り出されていた」と述べるにとどまる。しかし禁野や禁苑（桃園）が制度として生きていた平安京造営当初はともかく、その後の京都で一条以北が特別な空間であることは自明でなく、室町政権と結合してそうなる固有の理由も直ちに見出し難い。また細川は「北山と北野は境界を越えて影響し合っており、義満は京都の北郊（山と野）を統一的に支配することを目論んでいたのである」とも述べたが、京都北郊の統一的支配を義満が目論む必然性の説明がなく、またその重要性は平安京・京都の歴史上自明でない[17]。

等持院の東に隣接する万年山真如寺は、安達泰盛女（金沢顕時室）無外如大が、師無学祖元のため建立した塔所正脈庵に起源する。如大の女が足利貞氏室（尊氏・直義の義母）であった縁で建武政権期から直義らが興隆を図り、康永元年（一三四二）に夢窓疎石の勧めで高師直が伽藍を造営し高氏の菩提所真如寺となった。鎌倉期以来の正脈庵（真如寺）の存在は、西に隣接する、仁和寺の一子院等持院が夢窓により禅院化され足利氏の菩提所となる足がかりとなった[18]。細川によれば、義満は等持院を一家の墓所として更に整備を進めた（『空華日用工夫集』永徳二年〈一三八二〉七月四日条に「等持吾《義満》家刹」と見える）。かくも足利氏と縁が深い等持院地区を義満が重要視した必然性は肯かれる。しかし北野社はどうか。京郊の様々な神社（上下賀茂社・祇園社・松尾社・平野社・新熊野社等）をさしおき、氏神でもない北野社に義満が特にこだわるのはなぜか。そもそも義詮以来の三条坊門第も義満の室町第も等持寺・相国寺に隣接したが、それらは法会や行政の場であって墓所ではなかった[19]。室町幕府には政庁が墓所と近接する習慣がなかったし、（鎌倉の鶴岡八幡宮のように）大神社と近接する習慣もなかった。にもかかわらずなぜ北山地域は墓所と大神社を内包せねばならないのか。

そもそも、京外の権力拠点に北山が選ばれたこと自体が異例だ。従来その類の院御所は西郊（嵯峨野＝大覚寺統の大覚寺・亀山殿）・東郊（白河殿・法住寺殿）・南郊（鳥羽殿）等に設けられた。それらは景勝の地、計画的な大造営、泉殿・桟敷殿等の特色ある施設、御願寺・御堂系寺院等との併設、交通の要衝、御倉町等の経済的拠点の併設等の特質を有したが、[20]北山にはかかる特色が希薄だ。特に大堰川・淀川水系に直結する物流至便の嵯峨・鳥羽と比べ、北山は比肩すべき恩恵に浴した形跡がない。北山―等持院地区の境界と細川が推定した宇多川（現西《にし》佐《さ》井《い》通の下の暗渠）は小規模に過ぎ、東限の紙屋川は断崖の下を流れる急流で（北山―北野間の連絡橋「高橋」の由来は水面との高低差だろう）水運の拠点たり得ない。北山は明らかに物理的利便性を犠牲にして、理念的重要性を重視して選ばれている。

では室町地域の北西三km弱という北山の地理的位置が、当該期の重層的な「京都」認識の中で有した理念的位置は何か。義満が室町を出て北山に移ったことは、何が、どの程度遠ざかったことを含意し、それが室町政権のいかなる変動を意味するのか。義満の北山第移住は別荘地たる北山地区を政庁街へと変貌させ（多くの廷臣・幕僚が移住した）、広義の京都のネットワーク構造を変質させた。では、新たな北山はこのネットワーク構造といかに関わるつもりであったのか（この問いは、城壁で画然と囲繞された西洋都市国家・中国の都城と比較する時、そもそも京都がかかるネットワーク構造の複合体である必然性がどこにあるのか、という問いをも派生させよう）。

「「日本国王」にふさわしい天下支配の本拠、ないしは「治天の君」にふさわしい「院御所」[21]」と評価されるように、〝北山第とは何であったか〟という問いは、〝北山殿権力（義満権力の最終形）とは何であったか〟という問いと表裏の関係にある。王権簒奪の既成事実を明に保証させる「日本国王」冊封を「幕府と王朝を合わせた日本の統一的支配者」の完成形とする見解がかつてあり、[22]また周知の通り「北山時代の義満は自らを全く上皇に擬している」[23]。ただ前者の説は今日否定され、また後者も身位的待遇であって朝廷の慣習上治天とは見なし得ない（第一部桃崎論文）。北山第の歴史的意義を日本国王／治天の本拠という理解に収斂させることはもはや困難である。

もう一つ問題がある。公家政権は本来京都と一体不可分の関係にあり、かつ室町幕府も内乱の中で自覚的に本拠を京都に定め、特に義満期に山門の既得権たる洛中酒屋課税権や、戦乱期に機能不全に陥った検非違使の警察権等の権能を獲得し、「京都支配」「京都市政権獲得」を達成したと理解される(24)。その両者を義満が統一した政権が、かくも分かち難く京都という物理的装置・地理的空間と一体化し、朝廷・幕府の中枢も当然に京内にあるのに、なぜ義満権力は最終段階で日本の中心政庁・宮殿を京外に設けたのか。従前のいわゆる〝義満の京都支配〟研究は、この矛盾を問わなかった。

京都の都市構造上、また国制上、義満権力が室町第を捨て北山の地で最終形を迎えた理由は何か。その解決には右の諸問題の解決を要する。それらは畢竟、次の二つに収斂しよう。第一に、北山は「京都」（複合的都市たる広義の京都、また上京・下京から成る狭義の京都）に対していかなる土地であったか。第二に、義満にとって北山はいかなる土地であったか。本稿はこれらの問題を地政学的に掘り下げたい（以下、『大日本史料』を『大史』、『北野天満宮史料』を『北史』と略記し、引用文献・史料中の傍点・傍線は全て引用者による）。

一　前提としての北山地域

細川が復元した通り、鎌倉期から北山第―一条大路間は八町柳という南北路で接続された。八町柳は平安京右京道祖大路末、ほぼ現在の佐井通に該当する。しかし右京は平安期から衰退を重ね、当時都市域であったとは考え難い（平安京域の試掘・立会調査における室町期遺構・遺物の検出頻度の希薄さから裏づけられる(25)）。また八町柳の南端一条道祖には大楼門「拱北門」があり、北端には惣門があった。拱北門と左右の塀、その背後に整備された北側の第宅街を除き、周辺は農村・原野的景観を示した可能性が高い。北山と狭義の京都は街路を介した線的連続性を有するが、都市域としての面的連続性はない（本書第五部桃崎論文〔以下「別稿」〕三Ⅳⅱ C）。しかも街路名通り、北山第―一条大路間は約八町（ほぼ一㎞）も隔たり、明らかに京域から隔絶している。

　そもそも「北山」の範囲はどこか。細川は仁和寺地区の一部の等持院地区が、等持院の約二町東を南に流れる宇多川を境に、北山地区の西に接するとした。また北山第落成に伴い応永五年（一三九八）四月二二日に修された安鎮法斎文[26]に「東則青竜紙屋河深而為固」と見え、この段階で北山地区東限は紙屋川と主張された。仁和寺〜紙屋川間に西から仁和寺地域（その内部東端に等持院地域）・北山地域が並び、全て南限は一条で、北限の衣笠山は西に向かうほど南にせり出すので、北山地区の南北長は仁和寺地区（等持院地区を含む）の倍ほどになる。

　惣門内（以北）は北山第第宅群であり確実に北山の範囲内だが、そもそも北山と称するに相応しい山麓は惣門以北だけで、これを狭義の北山地域と見なし得る。一方、惣門以南は狭義の北山を南方へ限界（一条）まで拡張し理念的に北山に繰り込んだ、広義の北山地区と見なした方がよい。狭義の北山は「北山」としか称されないが、惣門以南は「北山」「仁和寺」両様に呼ばれ（明使の宿舎法住寺を「北山法住寺」「仁和寺法住寺」両様に記す[27]）、北山・仁和寺双方の地域に帰属するかのような地理的属性を有したからである。

　ここで、『山城名勝志』（巻之七、紙屋川）の「御室の僧の云、仁和寺昔は寺院広大にして東は紙屋川の端迄ひまなく造りつゞけ侍しとかや」という近世の寺伝が気になる。寺伝によれば、細川が北山地区南半と推定した領域は、本来北山ではなく仁和寺寺域東部であった。同書（同）所引『古今秘抄』に「教長《（藤原）》卿云、紙屋といふは内にはべる《（侍）》くろき《（黒）》かみすく《（紙漉）》ところなり、それをながれいでたる河いまに仁和寺の東のさかひ《（境）》に侍り、それを世俗にはかみやがは《（紙屋川）》といふ也」と見え、藤原教長が卿と呼ばれ始める（正三位昇叙）久安五年（一一四九）以降頃には右寺伝は真実だったらしい。「自白河殿初渡御仁和寺御堂御所《法金剛院》[28]」といわれたように、仁和寺は南方も法金剛院（右京一条四坊の外、西京極の西）まで含む広大な寺域を有した。義満の同時代人四辻善成の『河海抄』（巻第七、第十一並一蓬生）にも、「うるはしきかんやかみ（紙屋紙）・いにしへのみちのくにのかみ（陸奥国紙）」に注して「紙屋紙也、陸奥国紙檀紙也…紙屋川とは北野・平野の中を南へながれたる河なり、仁和寺川とも号云々、此所にて紙をすき始けり」と記す。紙屋川が仁和寺川と呼ばれる理由は仁和寺寺域を流れた（画した）故と考える他なく、義満期にも寺伝の真実性は認められたことになる。したがって当該区域が「北山」「仁和寺」両様に呼ばれた現象は、義満期の北山第整備で「北山」が八町柳沿いに一条まで南方に観念上拡張され、本来の仁和寺地区という属性を上書きしようとした結果と推測される（上書きしきれなかったため両様に呼ばれたのだろう。なお別稿の別表・局所的復元図の№11に、右の経緯を図示した概念図を示したので参照されたい）。もっとも、この南方拡張には根拠がある。康暦二年（一三八〇）四月日三聖寺住持師近紛失状(29)に五条坊門櫛笥の福昌寺領として「一所八町柳田地伍段限東北山殿御領、限西道祖大路〈以東〉、限南大御門、限北北山殿御領、」が見える。同年は義満の北山第取得以前なので、西園寺家領有期から八町柳南端（一条だろう）に大門があり、一条道祖北東が北山第付属領域「北山殿御領」で、義満がこれを踏襲したことになる。

また「鎌倉大納言義詮卿被渡仁和寺等持院（尊氏）贈左府墓所」「大樹（足利義詮）去夜遂以入滅畢…今夕以平生之儀渡仁和寺真如寺云々」「今日故大樹前大納言義詮卿七ヶ年正日仏事也、於仁和寺等持院大樹墓所禅僧行仏事」「今日宝篋院（義詮）贈左府十三回正忌也、今日於仁和寺等持院有仏事」「武家八講初日也…於等持寺（院カ）行之、件寺者当時禅院也、元来ハ号浄華院、浄土宗寺也、向阿上人（浄華房証賢）開山也、浄花院ハ当時在土御門室町也」「室町殿（足利義持）御落餝御事…其後可有渡御仁和寺等持院云々」等と見え(30)、等持院・真如寺が仁和寺地域に属するという認識は室町期まで根強く残った。それが「北山等持院(31)」とも呼ばれたのも、右と一連の現象だろう。

前掲『河海抄』に「紙屋川は北野と平野の間を流れる」とあるのも気にかかる。北山第から洛中（東南東）を望むと紙屋川の手前（西岸）に平野社があり、地域としては北山・平野・紙屋川・北野と並ぶはずなのに、前掲安鎮法斎文は北山の東限が紙屋川まで及ぶように書き、意図的に平野が無視されている。室町期には北山第惣門から東行して紙屋川に架かる高橋を渡り、南下して北野の北東角を経、五辻東行・大宮南行で一条に向かう経路があり、明使等が用いた八町柳に対して、主に行幸等国内向けの経路に用いられた（別稿一Ｉi、一Ⅱ～Ⅳ）。平野社を経由しないこの経路をたどる限り、北山・北野が直に紙屋川を挟んで正対すると認識可能ではあるが、あくまでも経路上のことに過ぎない。前掲斎文や細川説による限り、平野地区は消されてしまっている。それはどこに、なぜ消えたのか。

結論からいえば、平野地区は上述の、広義の北山として上書きされようとした仁和寺寺域東端と同じ区域である。当該区域には平野鳥居前町・平野宮本町・平野宮北町・平野宮西町・平野桜木町・平野上柳町等の町名が残り、八町柳の推定故地も平野八丁柳町である（山城国葛野郡小北山村〔平野村〕→京都府葛野郡衣笠村小北山字下八町柳→京都市上京区〔のち北区〕平野八丁柳町と変遷）。狭義の北山が義満の手で南方に拡張され広義の北山になる時、仁和寺寺域であった平野を吸収・上書きして北山に繰り込んだことになる。

紙屋川は今日も北野天満宮西辺を南北に流れ、後には豊臣秀吉が堀に転用して御土居（京都を囲む土塁）を築いたほどの天然の地理的境界であった（ほぼ右京西堀川に沿う）。貞観一四年（八七二）一二月一五日太政官符（『類聚三代格』二）に平野神社の社地が「山城国葛野郡上林郷九条荒見西河〔河西カ〕里廿四坪／四至東限荒見河、南限典薬寮園、西限社前東道、北限禁野地、」と見え、もと荒見河といったが、朝廷で用いる宿紙を漉く紙屋院の水源となり紙屋川と呼ばれた。前掲『古今秘抄』によれば本来「かみやかは」と訓まれたが（今日も「かみやがわ」）、『続有職問答』（上）に「紙屋紙の事いかむ…昔より京の北野の西なるかむや川にてすきけるにこそ、今はかゐ川といふ」と見え、近世には「かい（ゐ）かは」と訓まれた。『北野社家日記』社頭諸神事次第に[32]「カイ川ハ帋（紙）屋川事也」と見え、また『三浦文書』観応三年（一三五二）九月一八日刑部丞某奉書に[33]見える「河内国貝河領家職」の貝河は紙屋川三位教氏を指すと見られ、南北朝～室町期にも「かいかは」と訓まれた。転法輪《てぼり》・安居院《あぐい》・雲林院《うじい》・法興院《ほこい》・洞院《とい》の類の雅語的地名化だろう。

北山と北野はこの紙屋川を挟んで密接な一体感を持った。例えば『諸門跡譜』「曼殊院」（『群書類従』系図部所収）に「曼殊院／世号竹内門跡、院宇始在北山、後移禁中之境内歳久、又明暦二（一六五六）丙申年移一乗寺給也」と見えるように、北野社別当曼殊院（竹内）門跡は北山にあった。同門跡は応永五年以後ほどなく北山に移転したと見られ（細川B一六二頁）、その契機は義満の北山地区開発と推察される。義持期に金閣・七重大塔等を残して北山が政庁街として放棄された後も同所に残ったことは、文亀三年（一五〇三）四月二八日北野社諸院家連署書状[34]に「北山竹内御門跡竹木等、為一社可致警固之由、被仰出候」と見えること等に明らかである。近接する北野社への利便性の故だろう。『足利義政父子北野万部経会参詣扈従者注文』文明一二年（一四八〇）一〇月一五日条[35]に「御成　鹿苑寺　直ニ北野経王堂へ」とあるように、北山と北野は全く一体的・連続的空間であった。

洛中と北山は北方経路（大宮を一条以北へ北行、五辻西行、高橋から北山へ）と南方経路（一条西行、八町柳北行）の二本の経路が、二本の腕のように間の北野を抱き合う形で結合した（別稿三ⅣⅱC・結語）。面的には、洛中に西接する内野（旧大内裏）は一条以南・大宮以西の数町の都市域「大宿直《おおとのゐ》」において洛中に連続したが、その南方・西方は荒野で、北方の主殿寮領大嘗会畠（北畠とも。一条以北・櫛笥以西・朱雀以東）と右衛門府領大嘗会畠（一条以北・朱雀以西）は僅かに都市化した耕作地帯で、これに北野社境内が連続した。主殿寮跡・大宿直所跡を中心とする主殿寮領大宿直は、大宿直九保として、西京七保と併せて北野社領（神人居住地）としても把握され、内野北部（特に右近馬場・経王堂があった西大宮近辺）は一条を北に超えて北野と混淆し、北野でも内野でもあるグレーゾーンとなって北野社膝下領を形成した（別稿三Ⅰ）。そして『北野社家日記』延徳四年（一四九二）六月四日条[36]に「今日出京（京に出づ）」と見えるように、北野は狭義の京都ではなかった。

以上を要するに、洛中と北山は北野社＋膝下社領を東西から挟み、北野社領の大部分は耕作地帯（大嘗会畠・西京・内野）で、内野北東部の都市域（大宿直等）とともに理念上は洛中でない。そして北山・北野は、京都盆地の外から見れば京都だが、盆地の内から見ると京都でない。それは〝広義の京都〟が〝狭義の京都〟を内包する二重構造（広義の京都〔京都盆地〕＝狭義の京都〔洛中＋近い周辺地域〕＋その他周辺地域）と換言可能で、北山・北野は広義の京都の一部だが狭義の京都の一部ではない。このように「京都」の定義は視座によって変動してしまうが、京都盆地内、しかも狭義の京都の内部たる室町地域にあった室町政権自身（構成員の廷臣・幕臣ら）の視座から見れば、室町第から北山第への移徙は明らかに〝京都からの離脱〟を意味したことが重要である。

二　室町幕府の成立と北野信仰

では、北山を重視する義満固有の理由は何か。鎌倉～南北朝期の洛中～北山の行程は一条西行・八町柳（か木辻末）北行の経路が一般的だが、その経路ではしばしば神前の乗車通行を憚って北野社門前（南端）を避け、西大宮～西靫負（西猪熊）の一町の間だけ一～二町南下した（別稿一Ⅱⅱ②）。これはいわば北野社との関係を意図的に回避する経路である。これに対して義満の北山第造営以降、北野社北方の紙屋川に架かる高橋経由の経路が頻繁に用いられた。この経路は北野社周囲の街路を経由し、同社と積極的に関わる経路と見なし得る。北山・北野の東西隣接には義満の北山第造営に伴う人為的な南方拡張が推測され、かつ前掲斎文で北山の守護神を「神則北野社也」と宣言した事実を踏まえても、義満の北野信仰が解決の糸口となろう。

A　尊氏・直義の天神信仰

源頼朝の鎌倉の荏柄天神社創建以来、幕府は天神社を尊崇してきたが[37]、室町幕府では「天神は足利家の守護神のごとく[38]」崇敬された。氏神八幡神に匹敵する帰依を天神が得た機縁を考える時、その徴証は建武三年（一三三六）

に現れる。同年八月一八日、足利尊氏は「天満宮本地供養法毎日一座」を、五月二五日に寄進した丹波国船井庄地頭職得分で勤修せよと守慶・禅陽に命じた。同じ日に弟の直義も同じ財源で、「毎日祈禱」の長日不断常灯と一社長日の大般若経・法華経・金剛般若経転読、毎月御神楽を命じている[39]。

室町幕府成立過程における建武三年の重要性には多言を要しまい。尊氏兄弟は前年秋末に鎌倉で建武政権と訣別し、年末に新田義貞ら官軍を箱根竹下に破って追撃・上洛するが、正月二七日に京都から丹波に敗走、二月一一日に海路九州へ没落、途中で光厳院院宣を獲得。三月二日に多々良浜で菊池武敏を破って大宰府に入り、四月三日には博多を発し、五月五日に備後鞆に到着。同月二五日に摂津兵庫湊川で楠木正成を敗死させ（船井庄地頭職を寄進したのはこの日）、六月一四日に光厳上皇を奉じて入京し東寺に陣した。以後、後醍醐天皇勢との攻防戦が続く中で元弘三年（一三三三）以来没収地返付令が六月二九日に御家人へ、七月一八日には諸寺社へ発せられ、建武政権の法体系と明瞭に断交した。その後、八月三日には光厳院に対する長講堂領・法金剛院領・熱田社領等の返上が確認され、同月一五日に光明天皇が践祚。一〇月一〇日に後醍醐が比叡山から降って講和し、一一月七日に建武式目制定、一二月二一日に後醍醐が吉野へ出奔する。

室町幕府が京都に確立したこの建武三年で、尊氏兄弟が北野社に長日修法を命じた八月一八日は特別な日、即ち尊氏が願文を清水寺に納めて遁世を表明した翌日であった。既に前年、義貞との決戦以前に尊氏は政務を直義に譲っていたが、幕府樹立に急な直義以下の有力一門・被官に押し切られて合戦を指揮し続けていた。光明の践祚の二日後の隠遁表明は、尊氏の参戦が幕府確立までの過渡的措置であり、光明の践祚で目処が立ったと判断されたことを物語る[40]。光明の践祚と尊氏の隠遁は、直義麾下の建武鎌倉府を母胎に関東で成立した新幕府が、官軍の地位を固めて名実を兼ね備えた幕府確立の時であった（なお尊氏の征夷大将軍宣下が暦応元年〈一三三八〉まで遅れたのは、建武三年に始まる講和交渉が後醍醐の吉野出奔で中絶し、暦応元年に最終的に頓挫した故とする家永遵嗣の推測がある[41]。とすれば、隠遁翌日の北野社への長日修法命令もまた、幕府確立と連動した現象だろう。

では、なぜ北野社なのか。尊氏の隠遁までに、北野社・幕府間の特別な交渉は見られない。しかし三月二日の多々良浜合戦後、直義が（尊氏は翌日に）大宰府に入った事実が注目される。大宰府は菅原道真の流刑地として大宰府天満宮が祀られる場所で、鎌倉期以来、武藤（少弐）氏が大宰少弐を世襲して掌握してきた。ここで、足利氏に近い立場から右の幕府確立の経緯を描いた『梅松論』が注目される。作者は不明だが、「少弐氏に格別の親近感を懐く」人物が、「天満天神・大宰府・少弐氏という縁由」に基づいて叙述した可能性が指摘されており[42]、一歩進めて少弐氏を作者とする見解もある[43]。

建武三年中、尊氏兄弟が天神の神威に帰依する有力な機縁は、多々良浜合戦以外に考え難い。少弐氏が足利方として奮戦したこの合戦は北九州制圧を確定させ、再起可能な軍勢・軍備調達を実現させた重要な合戦であり、その勝利なくして再度の上洛戦と幕府確立はあり得なかった。尊氏兄弟は恐らく少弐氏の影響で、大宰府天満宮の神威を負って戦い、神威の冥助により勝利し、幕府確立が可能になったと自覚して、天神信仰を劇的に深めたと推測される。『梅松論』は北野社参籠者の回顧談の形を取る。「武士・朝廷・仏教会の代表たる三人が天下の政道を談義する場がなぜ北野神社でなければならないのか[44]」という問いに本稿の立場から答えれば、再起を賭けた尊氏兄弟の最大の危機を救い、幕府の（そして北朝の）成立を可能ならしめた神が天神であったから、である。梅・松は天神の象徴で、『梅松論』という書名自体、室町幕府成立史を当事者が〝天神の神威の物語〟と総括しようとした証左である。観応擾乱期の観応二年（一三五一）四月一八日、直義は高師直党の禅陽を改易し守慶一人を北野御師職とした[45]。その守慶の後継者は、後に将軍専属の祈禱統括者として北野社を支配した松梅院を設立する。『梅松論』と「松梅院」は、室町幕府最大の守護神の物語と、その信仰・物語への窓口であった。

B　義満と北野信仰と万部経会・経王堂

では、義満の天神信仰は何に由来するか。義満・義持父子の特別な北野社崇敬は周知に属し、特に義持は尋常ならぬ頻度で参詣・参籠したため、狂信的とさえいわれる[46]。ただし、義詮には特別な信仰の形跡が見られず（多々良浜合戦の記憶を共有しないので当然）、また義持の狂信に比して後継者義教は「北野社事、当御代御敬神様聊疎存」（『満済准后日記』永享三年〈一四三一〉七月二五日条）といわれるほど冷淡であった[47]。尊氏兄弟、義満父子、それ以降の将軍家の間で北野社崇敬の姿勢は連続せず、義満父子の崇敬を尊氏兄弟以来の伝統と見なすことは難しい（信仰不連続の類例に、義満が相国寺造営で尊氏兄弟の天竜寺建立より亀山院の南禅寺建立を意識したという指摘がある[48]）。義満父子の特別な崇敬には固有の理由があろう。

義満の崇敬は徴証が多い。例えば応永九年（一四〇二）、皇居跡なので従来憚られていた内野の所領化・給付を、義満は後小松天皇に執奏して認めさせ、綸旨に自らの安堵状を副えて北野社に与えた（別稿三Ⅲⅳ）。北野社は内野の所領化に初めて成功し、内野南西部では左・右馬寮領（寮の跡地）の取得・開発を継続し、北東部の主殿寮領大宿直でも主殿寮と紛争しつつ所領化を進め（同三ⅢⅲC②）、戦国前期までに〈内野＝北野社領〉という認識を幕府に持たせる等（同三Ⅱⅱ③）、その膝下領化に成功した。その発端は義満の絶大な崇敬である。

また義満は北野祭を大変重視した。三枝暁子によれば、式日に遂行できない場合、義満は日時勘申に則って祭礼遂行を指示する御教書を北野社に発し、北野祭を公方主催の祭礼に変貌させた。また三枝は、神輿・山鉾巡行から成る祭礼形式が祇園社同様にこの頃北野社に義満主導で成立したことから、祭礼復興・運営を担って寺社勢力の妥協を引き出し、寺社—神人の関係を温存する統治権的支配を幕府が京都寺社領に実現したと指摘する[49]。

ただ、義満が北野祭をなぜ公方の祭に変えたのか、その根源的理由は明らかにされていない。馬上方一衆制度を成立させ酒屋土倉を把握した至徳年間（一三八四～七）を、幕府の洛中空間・住人の把握支配の一大画期[50]とする所論を総合すると、三枝はそれを幕府の洛中支配の一環に位置づけたと推察される。義満は永徳元年（一三八一）の任内大臣以降、急速に公家社会支配を進めて「室町殿（公方様）」化したので[51]、公家社会の物理的身体というべき洛中の支配が、その直後の至徳年間に進行する必然性は十分ある。しかし、なぜ同じ現象が他の京郊有力寺社（賀茂・松尾・平野等）で起こらないのか。この差異は、当該現象が幕府の支配の問題ではなく、義満の信仰の問題であることを示唆する。三枝によれば、義満は明徳二年（一三九一）・応永四年・同八年の八月四日に北野祭神輿還幸を見物し、祭礼（鉾巡行）の次第を指示した[52]。しかし、なぜ右の年々に限られるのか。

鍵は明徳二年だろう。三枝によれば、明徳二年七月二九日幕府奉行人松田貞秀書状[53]が「松梅院」の初見で、将軍家御師が「松梅院」として確立する時期は康応元年（一三八九）～明徳二年に絞り得る上、同年は北野祭鉾巡行の初見年でもある[54]。

義満にとって明徳二年の最大の出来事は明徳の乱であり、その乱は北野経王堂・北野万部経会を通して北野と地政学的に接続する。先行研究[55]から関係事実を再確認すると（本書第三部冨島義幸論文も参照）、明徳三年一二月に義満が内野に畿内の僧一一〇〇人を集めて法華経一万部を読誦させたのが北野万部経会の始まりで、明徳二年一二月三〇日の乱の戦死者（山名氏清・満幸らと幕府軍数百名）の慰霊（一周忌）が目的であった（景徐周麟による義満百年忌法語『翰林葫蘆文集』「鹿苑院百年忌陞座」[56]に「於北野建読誦法華経一万部之会、其意追薦内野合戦々死亡魂也」。なおそれ以前の乱後百ヶ日目には五山禅僧による施餓鬼も行われた）。その規模と場所は『荒暦』応永二年九月一二日条[57]に「伝聞、自今日於北野南馬場、請一千人僧補闕分百人相加云々十ヶ日間、令読誦一万部法花経、願主本山法師、当時遁世、住或山寺云々」、一〇月一日条に「伝聞、一万部経至今日十ヶ日結願、而自明日又十ヶ日、自室町殿（義満）可被読誦云々」とある。会場の北野南馬場は北野社境内南東部の右近馬場、即ち北野社創建時に菅原道真の霊が託宣で降臨を宣言した社地に他ならず（別稿三Ⅳⅱ C）、万部経会と北野社の地理的一体性が明らかである。

義満は後に同地に北野経王堂（願成就寺）を建立した。音通で「経堂」とも呼ばれたが、大報恩寺（千本釈迦堂）に正式名「経王堂」の扁額が伝わる。『大報恩寺縁起』は「義満公自書経王堂三大字」と義満自筆と伝え、(58)現物の筆跡は今日義満筆と伝わる等持院や鹿王院の扁額と酷似するが、『満済准后日記』応永三一年一〇月五日条に「今日経堂額被打之、経王堂云々、御筆云々」と義持の揮毫とも伝え、現存遺物がいずれの手蹟か詳かでない。

その建立目的もまた、明徳の乱の山名氏清ら戦没者の供養、即ち万部経会の会場であった（右縁起に「北野経王堂願成就寺者、将軍義満公建立也、其由致〔緒カ〕者、山名氏清依返〔反〕逆、義満起兵、戦於内野、得氏清首、凱歌而帰、然氏清天下勇士、是故為彼霊及一族追福、始万部経于内野、為其道場所建立也」）。その立地・目的は、『吉田家日次記』応永一〇年一〇月一五日条に(59)「昼程聴聞一万部妙経、自去七日、於右近馬場新御堂、①為此経被新造、②及両三年了、以千百口之僧侶自諸国上洛、毎日人別一部八巻信読之、北山殿御願也」、『薩戒記』永享元年一〇月一五日条に「北野万部経堂」と、同時代史料に裏づけを得る。

右近馬場という立地は万部経会会場と同じく北野社南大鳥居のすぐ南だが（別稿三Ⅰ）、『山城名勝志』（巻之七、経王堂）所引『磧礫集』の「竹内法親王ノ仰ニ云、北野ノ経堂ノ艮ノ礎ハ山名氏清ガ墳墓ナリ、乱世ニマギレテ、イツシカ唱へ失ヒタリ」という記事が注意される。北野社別当職を兼ねた竹内（曼殊院）門跡の「経王堂の艮の礎石は氏清の墳墓上にあった」という証言には一定の信憑性があるが、墓の真上に礎石を据える行為には、単なる鎮魂ではない、強制的・物理的な怨霊封じ込めの意図を窺い得るからである。

縁起に「応永五年移読経于北野、始為定式、同八年建立経王堂」とあり、前掲『吉田家日次記』傍線部を「右近馬場新御堂は新造されたばかりで二～三年を造営に要した」と読む解釈を加味すると、経工堂が応永八年に着工し、同一〇年に落成したかに解し得る（本書第三部の冨島義幸論文はこの解釈を採る）。しかし、主語を経王堂（右近馬場新御堂）として全く問題ない①に対し、②の主語は不明瞭で、A「経王堂の造営期間が二〜三年に及んだ」、B「経王堂の造営から今日まで二〜三年に及んだ」と二通り解釈し得る。解釈Aを採る説は「新造」を「応永一〇年に落成した」と解する解釈から導かれたと思われるが、修築でなければ何年前の落成でも「新造」なので、解釈Bを却ける理由が記事自体にはない。

ここで、応永六年一二月二三日英尊注進状[60]に「大報恩寺領庄園田畠」の「当時知行分…内野経王堂、号願成就寺、北野輪蔵堂、号学《覚》蔵坊」が見え、輪蔵堂覚蔵坊（万部経会で読誦される一切経を収める）とともに経王堂が大報恩寺（千本釈迦堂）領として義満袖判で安堵された事実に注意されたい。応永六年に経王堂が存在したなら、応永一〇年落成説も同八年着工説も成立しない。ならば縁起が建立年だと明記する同八年は落成年を意味しよう。応永六年に経王堂は存在したが未完成で、同八年に落成した（解釈Bと整合）。造営に二〜三年程度を要したのは事実だが②の「及両三年」と符合するのは偶然で、②は応永八年の落成から同一〇年の日記執筆までの時間を述べている（解釈B）。長い造営期間は、正面（南北）約六〇m・奥行（東西）約五〇m[61]という、（後の相国寺七重塔と通ずる）義満好みの前例なき桁外れの巨大堂宇（冨島論文図3参照）の建造が容易でなかったためだろう（『教言卿記』応永一四年二月一四日条の「今夜北野経所辺在家焼亡云々」という傍点部は経王堂＝読経所と輪蔵堂＝経蔵の総体的把握と解される）。

C　義満の天神信仰の淵源

話を義満に戻すと、義満は北野社の南に隣接する地で明徳の乱の戦没者慰霊法会を、巨大堂宇の建立を伴って恒例化した。その地は右京の西大宮大路末の一条以北の、北野とも内野とも認識されるグレーゾーンで、室町期には（一条以南の）内野を北野社膝下領とする既成事実の形成が進んだ事実と併せ、北野・内野の一体性を最もよく物語る区域であった。つまり、義満の強烈な北野信仰と内野合戦（明徳の乱）は地政学的に接続している。ただし、万部経会開催地・経王堂の立地は、あくまで戦没者落命の地（戦場）に由来する。義満の頻繁な北野社参籠の事実から、明徳の乱後の万部経会を北野信仰の機縁と見る説もあるが[62]、戦没者供養地にたまたま北野社が隣接したことは、強烈な北野信仰の原因たり得まい。では、この地理的関係は偶然か。換言すれば、乱の主戦場が内野であったのは偶然か。

京都近辺での大規模合戦に、広大な荒野たる内野が物理的に適したのは間違いない。しかし『明徳記』（上、『群書類従』合戦部所収）に「佐々木ノ治部少輔高詮ハ七百余騎ニテ一条ノ大路ヲ前ヘ当テ、北野ノ森ヲ背ニシテ大嘗会畠ニ陣ヲ取ル」と、幕府軍の一手が北野の森を背にして陣したと見えるのは示唆的である。一般に中世の合戦が、双方が憑む神々同士の合戦でもあったことを想起すると、右の布陣は幕府軍が北野社の神威を背負って戦に臨んだことを容易に想像させる。実際、同書（中）に「御馬廻ノ三千余騎、時ヲ同ト作懸テ争ヒ進ミケル処ニ、一ノ不思儀アリ、御旗《（義満）》ノ南《（西ィ）》ヘ進ト聞テ、北野ノ森ノ方ヨリ鳩一群飛来テ御旗ノ上ニテ翩飜シケル、其中ニ尾長サ二尺計ナル霊鳩一双交リテ暫ク飛廻リケルガ、播磨守《（山名満幸）》ノ陣ヲ坤ノ方ヘ飛行ケレバ、是見ケル人毎ニ、『スハヤ八幡大菩薩、北野天神ノ御影向ノ奇瑞ヲ顕シテ、凶徒ヲ払ヒ給ハ』ト信心肝ニ銘ジテ、皆憑敷ゾ思ケル」と見え、北野の森から八幡神の化身（巨大な鳩二羽）が義満軍（馬廻）の旗の上に集まり山名勢の方角へ飛び去る神変、即ち八幡神と天神が共同で山名討伐に荷担するイメージが語られた。義満は自覚的に天神の神威を背負って山名氏と対決したのではないか。

ただし、偶然戦場の至近にあった北野社を憑み、抜群の神威が顕現した結果、義満が信仰を深めたのではない。義満の北野祭見物の初見は八月、彼の強い信仰心の表れと見るべき松梅院成立も七月かそれ以前で、一二月の合戦より早い。義満は乱以前から北野社を強く信仰し、当然にこれを憑んで乱に臨んだことになる。応永五年三月、義満は急遽石清水八幡宮参詣を中止し、「只無御敬神之故歟[63]」と評された。氏神も含め一般的な敬神が希薄であった義満は、しかし『教言卿記』応永一五年六月一四日条（義満没後四十二日）に「予参詣聖廟（北野社）…凡此宮寺異他御（義満）信仰」と記されたように、北野社だけに特別な信仰心を有した。

その形跡は至徳三年（一三八六）に遡り得る[64]。『神輿中門廻廊等造替記録』同年二月二四日条[65]に「神輿造替并廻廊御修理事、依将軍（義満）家御立願、厳密被修造者也、…今度之儀、条々依有御祈念之旨趣、奉任当 宮之擁護、被止諸社之御願之上者、存其旨可凝丹誠之由被仰含之、当時之眉目何事如之、則帰社家大般若経以下御祈禱不違記之、爰御筆法花涌出品為相承重宝之間、御護進之、則御頂戴之処、有奇瑞云々、然後経半時計、午剋若君御誕生、天下之大慶、尊神之感応也」とあるように、義満は諸社御願を停止し北野社だけに祈念を任せ、奇瑞があって男子義持を得た。義持の狂信的な北野崇敬は、自らの誕生自体が北野天神の加護の成果であったことに由来しよう。

では、継嗣誕生という重大事を北野社だけに託すほどの帰依を、義満はいつ、なぜ獲得したか。確証を得ないが気になる史料がある。『翠竹真如集』「喜多野天用性公居士三十三年拈香[66]」は、播磨国揖東郡の国人喜多野則綱が文明一二年（一四八〇）に父の三十三年忌供養を行った際の法語で、次の「曽祖義綱公興家一段嘉話」が載る。

> 昔南朝起興（兵カ）襲京師…鹿苑相公（義満）于時猶幼在襁褓之中、潜出在東山大竜庵、々乃以赤松公（則祐）墳寺之故也、南兵知之、又囲大竜者数重…南兵入丈室求之…士卒不得見之、乃出去也…南兵出後、義綱（北野）公詐作旅人、抱相公入播州、居白旗城者数載、率天下兵再入京師、輔鹿苑相公、為五十年太平将軍者義綱之功也、相公賜義一字、以為其名、蓋義一字、乃相家累代之尊称也、又改北野二字為喜多野三字者、以近菅神廟諱也、是皆出相公中襟、

南朝の京都襲撃の際、幼少の義満が東山の大竜庵に逃れ、更に北野義綱という武士の機知で播磨の白旗城に逃

れたという。『満済准后日記』正長二年（一四二九）正月二三日に「此松はやし事、鹿苑院殿御幼少六歳時云々、播州へ御下向時」という著名な赤松氏の松囃の由来譚となり、義満が「汝等宜昇此地至京師」（景徐周麟法語）と壮語したという康安元年（一三六一）の播磨没落だろう。後に義満は彼を賞して「義」字を与え義綱と名乗らせつつ、天神の聖廟を憚り「北野」名字を「喜多野」と改めさせたという。半世紀以上後代の史料だが、当人から曽孫へ伝えられた話と思われ、信憑性は低くなかろう（喜多野義綱とその子孫は、義満の没落先の播磨の守護赤松氏被官・奉行人として複数の徴証を得る）[67]。着目されるのは、最大の軍事的危機を「北野」に縁ある存在に助けられた体験と、多々良浜合戦で尊氏の最大の危機を天神が救った体験との共通性である。至徳年間以前、生命の危機に及んだ義満の戦争体験はこの播磨没落しかない。その時に「北野」と名乗る武士の手で延命した体験は、多々良浜合戦の逸話と重ね合わされ、〈天神こそ足利氏の守護神〉という認識を義満に与えたのではないか。

翻って、明徳の乱で山名氏清らは義満への対抗上、南朝に帰参した。したがって翌明徳三年閏一〇月五日の南北朝合一は、政治的には明徳の乱の最終決着でもあった。両朝合一は明らかに室町政権の軍事的な完成であり、明徳の乱はその直接かつ最後の障壁であった。してみれば天神は尊氏期に次いで、またしても足利氏を重大な軍事的危機から救い、その政権の確立を可能ならしめる神威を発揮したことになる。播磨没落時・義持生誕時に加え、将軍家の最も強力で重要な守護神であるという認識を、義満は明徳の乱で深めただろう。

更に『北野社家日記』延徳三年（一四九一）「引付」[68]（便宜丸数字を付した）に次の記事がある。

一、就御代々御動座御寄進神領

①建武三年五月廿五日　船井庄　船中御判、

②明徳二年十二月廿九日　摂州榎並庄上下　内野御合戦之時、

③応永六年十月廿七日　城州上奈良　堺合戦之時、
以上、此分以注文遣松田丹州《(長秀)》也、

北野社には「代々将軍の出陣時に寄進された神領」と一括される所領群パッケージがあった。内訳を見ると、①船井庄は建武三年に尊氏が楠木正成を摂津湊川に破った日の寄進、②摂州榎並庄上下は明徳二年に義満が内野合戦で山名氏清を破る前日の寄進、③城州上奈良は応永六年に義満が大内義弘の挙兵に対し東寺に陣する一〇日程前の寄進である。九州からの再上洛戦で尊氏が北野社を特に憑んだ事実が確認され、前述の仮説が傍証されよう。湊川合戦の勝利は尊氏の入京を阻む最大の敵の討滅を意味し、幕府確立の重大局面として尊氏が天神に報謝するに相応しい契機である（この時寄進された船井庄が、上述の尊氏隠遁表明時に命じられた長日修法の財源）。②の明徳の乱と③の応永の乱が、それに比肩すべき義満期の最大の危機・報謝機会であったのはいうまでもない。

特に明徳の乱で加護を確信した義満が、第二の危機である応永の乱でも天神を憑み、再度加護を得たと確信したことが注目される。応永の乱は、応永六年一一月八日に義満が大内義弘の挙兵に対して東寺に陣し、一一月二九日に幕府軍が義弘の籠もる堺に攻撃を開始し、一二月二一日に義弘を破って終結した。合戦前日に寄進した明徳の乱と比べ、寄進が出陣一〇日前であった応永の乱では、義満はより満を持して天神の神威を動員したと見なせよう。義持の死没直後、「北野御聖体落給」という変異があり、「先例両三度、後光厳崩御・後円融崩御等也、明徳三年ハ山名騒動也、応永六年ハ大内乱等云々、悉不快歟」[69]と回顧された。天神が危機を報せつつ、明徳・応永両度の乱で朝廷（官軍）を護ったという理解は、後々まで受け継がれたのである。

義満期に、北野社（天神）は足利氏の存続に関わる危機（合戦・継嗣誕生）を救い、政権を確立・盤石ならしめる軍神の地位を確立した。『鹿苑院西国下向記』[70]等、北野社参籠者の物語という体裁を取る足利氏の物語世界が

義満期に再度現れるのは、尊氏期に『梅松論』を出現させた発想の再来だろう。そして自身の存在が天神の冥慮の結果そのものに他ならない義持は、天神の加護で勝った合戦の戦没者供養法会たる北野万部経会が、組織上も北野社に帰属すべきと考えたらしい。前述のように、応永六年段階で経王堂は輪蔵堂（覚蔵坊）とともに大報恩寺（千本釈迦堂）領であった。ところが応永一七年の義持袖判安堵[71]には、大報恩寺の当時知行分に経王堂が見えない。『兼宣公記』応永三一年三月二一日条に「抑北野一切経会事、応永廿七年三月廿一日被再興者也」と見え、一切経会は一旦断絶の後に再興されて再度定例化したが、「今日北野宮寺一切経会也」という『薩戒記』永享五年三月二一日条を参照すると、一切経会と経王堂は義持期までに大報恩寺から切り離され北野社に帰属したと推定される。万部経会は義教期まで断続的に行われたが、応仁の乱で中絶したと考えられる。乱後、義政が経王堂修造に着手し、「経会の社会的評価の高さと影響力の強さ」により「万部経会の継続は、室町幕府と将軍の力を誇示する道具となりえた」と評価されるが、実際には幕府が肝腎の力を失い、戦国期には経会にも関与しなくなり、北野覚蔵坊の勧進で継続した[72]。

三　外在的超越者の虚構（仮想現実）空間としての北山第

A　外在的超越者の空間としての北山

室町政権成立を最初から完成期まで専ら支えた天神への強い信仰の帰結として、義満の北山第は北野社と隣接したと推察される。北山の高橋—北山第惣門を結ぶ線上（現蘆山寺通）に敷地神社がある。祭神は近世以降、木花開耶姫命とされるが[73]、同社の「わら天神」という通称は、一時期祭神が菅原道真と信ぜられたことを意味する。

『吉田家日次記』応永九年（一四〇二）元日条に[74]「次参天神社、同北山也、奉号天神森云々、或人云、当初真実之松岡也云々、若然者霊所不能左右歟、神詠厳重之故也、但不知慥説也、」と見え、北山時代に、道真が降臨した松林は北野社社地ではなく実は敷地神社だという説が流布した。〈北山こそ真の天満宮発祥の地〉という説の流布の裏に、北山と天神の一体性を強調する義満の意図を推測することは、さほど困難でない（「或人云」という、何者かを憚る主語隠蔽はその傍証）。では、義満は細川が説くように[75]、家の墓所等持院に接しつつ北野をも支配するために北山に移住したのか。換言すれば、等持院や北野社の存在が、応永四〜五年に義満が京都の本拠を捨て京外に住むことを決断する決定的動機たり得たか。

この移居は幕府移転ではない。家父長の父権により幕府を支配する前将軍が、幕府・現将軍から地理的に分離し離脱する史上初の現象、朝廷の院政誕生に比すべき政治的画期であった。それを促す当該期固有の政治的状況を、等持院や北野社には求め難い。それらとの近接・一体化は北山移住の動機・原因ではなく結果であり、義満にはまず室町を離れ京外に出る理由があり、次に移住先としてそれらの付近の北山が選ばれたと考えた方がよい。

では、義満が京都を出る積極的理由は何か。髙橋康夫は「「国王」的な立場で天下を支配する時には、天皇の在所である洛中を離れて本拠を構える」例に北山殿を挙げ、織田信長の安土城、豊臣秀吉の聚楽第、徳川家康の伏見城等の先例と見なした[76]。しかしなぜそうなるのかは説明されず、かつ義満の「日本国王」号を積極的に評価しない今日の通説からは再考を要する。むしろ参考とすべきは、院政期以来の超越的権力者＝治天（治（知）世院）のあり方だろう。歴代治天は支配拠点を鳥羽・白河・法住寺殿・持明院殿・嵯峨（亀山殿・大覚寺殿）等の京外に置いており、京都の支配者が京都に住まない原則は、特に武家権力の軍事力に屈する以前の治天（白河〜後鳥羽）に貫徹した。とすれば問題は、〈〝京都の超越的支配者は京都に住むべきでない〟という慣習的思考がなぜ存在したのか〉という形で問い直される。

ここで筆者は〝外来王〟概念を想起する。「前述の文明すべては、基本的に親類縁者から構成され、さまざまなリニージやクランから成っているが、各支配者は社会を超越したものとして認識されている。彼が道徳上社会の外にいるように、彼自身も社会の外から来ており、彼の出現は一種の恐ろしい救世主顕現《エピファニー》である。政治の世界の偉大な首長や王は、彼らが支配する人民の中から出現したものではない、というのは紛れもなく共通の事実である。…彼らは天からやってきたり、もっとよくあるケースでは異なる民族出身であったりするのである。どちらの場合も王族は外来者である」、あるいは「神話的に言えば、神聖な王は外部から来たのである。「外来王」の観念は地球上にかなり広範囲に見られた」(77)等といった文化人類学・社会思想史の成果は、日本史学にも着想を与える。支配者は支配対象と同次元に住まず、外部から超越的な他者として支配する、という考え方が中世日本にも存在したのではないか、と。

義満権力の形は、重要な点で〝外来王〟と共通する。鎌倉・室町幕府（母胎は建武政権の鎌倉府）は関東発祥の権力体で、京都に対して外来者（東夷）であった。また義満以降の将軍家家督の振舞は先例と合わない規格外のもので、廷臣は常にそれを社会的・歴史的に「他に異なる」「例と為すべからず」という論理で例外処理した。つまり足利氏家督は社会一般の規範の外にある超越的存在であった。規範から自由な立場で政権を支配・操作するために、規範の物理的実体たる京都に住むのが不都合であることは、見やすい道理ではないか。義満は応永二年に出家し理念レベルで制度的規範から逃れたが、既存の空間的礼節秩序や路頭礼が支配し、都市構造自体が（複雑・不整合・不合理で、長い歴史の「呪縛」を解消できない）(78)制度・身分・社会秩序の物理的実体に他ならない京都に住む限り、義満はそれらと自分の関係に一切無関心ではいられず、常に一定の配慮を求められる。

公武統一政権の形成期、義満は公家・武家政権の一員として筆頭の地位にあった。しかし人臣最高位（従一位太政大臣）を経て辞官出家し、天皇と室町殿（将軍）義持を後見する段階の義満はいずれの政権の一員でもなく、その外部から両政権を超越して支配した。この形こそ、室町殿権力を脱皮した北山殿権力の理念的形状に他ならない。これに相応しい義満の物理的な所在地は、支配対象たる公武両政権の所在地ではなく、その外部である。将軍・廷臣として公武政権の当事者（室町殿）であることを物理的に示す京内の「京御所」室町第と対比する時、その意味は明瞭ではないか。

では、応永四〜五年頃に義満が公武政権の当事者から離脱する契機はあったか。ここで、義満の北山移住の政治的意義を広橋「仲子とのミウチ関係をアピール」(79)することに見出した家永遵嗣の説が示唆に富む。では、正平の一統以来の半世紀近い両皇統の抗争（一統で抗争がその形になる以前の経緯は本書第二部家永遵嗣論文を参照）において、当該期はいかなる段階か。家永によれば、後光厳天皇の女官筆頭日野宣子は、後光厳の子後円融の生母崇賢門院広橋仲子（兼綱養女）が義満の母紀良子の姉妹であった線から、義満を後光厳流皇統に誘引・結合し、崇光流と対抗する閨閥戦略を画策した。義満室日野業子や二条良基らの媒介も周知の通りだが、皇統と将軍家のミウチ関係上の切り札は仲子であった。宣子と仲子は「北山」で同宿した（『後愚昧記』永和三年〈一三七七〉二月二八日条・六月二六日条）。宣子の北山居住は、義満に譲るまで北山第（西園寺）を伝領した西園寺実俊に嫁した故である（応安五年〈一三七二〉一一月一四日条に「北山へ新院（後光厳）有御幸云々、凡連々北山有御幸、是二品（宣子）腹前右府実俊（西園寺）公息女、為御愛物之故也云々、二品宅在北山、幸彼所云々、前右府亭へハ無御幸也云々」）。後円融の皇子幹仁（後小松）が一時期引き取られ（永和三年八月二八日条に「宮（幹仁）御方今日可有渡御北山二品（宣子）宿所之由、至昨夕治定」）、義満の訪問も記録されたように（『迎陽記』康暦二年〈一三八〇〉五月一八日条に「武家（義満）御文談式日、仍参仕之処、密々御出北山二品（宣子）局許」）、宣子の北山宿所は公武関係の物理的結節点であった。

一方、永徳三年（一三八三）の三条厳子打擲事件で、後円融は母仲子の家に一時身を寄せた。その経緯は『経嗣公記抄』(80)同年二月一〇日条に「或説云、今暁新院（後円融）逐電給云々…北山准后俄院参、可遷御北山辺之由被申歟」、一七日条に「新院去夜密々入御北山」、三月三日条に「新院自北山還御…近臣両三人参会小川御所云々」と見え、仲子が北山に住み「北山准后」と呼ばれたことが確認できる。同じ経緯を『後愚昧記』は二月一六日条で「新院遷幸梅町殿准后在所」、三月一日条で「新院自梅町亭可還幸小川亭右大弁経重卿宅事、可為明後日三日」と記すので、梅町殿(亭)が仲子の北山御所である(永徳元年九月二四日条にも「准后(仲子)亭北山」)。同御所は応永六年に炎上し、冉建後の御所は『教言卿記』応永一五年三月二二日条に「今夜行幸崇賢門院御所、筵道御歩儀、堅固内々儀也」、『孝円御寺務応永九年記』一二月二日条(『大史』七—五・七八一頁)に「惣門ノ内女院御所」と見え、惣門内の義満御所と徒歩で往還できる至近距離にあった。宣子の北山宿所(仲子同宿)と仲子の梅町殿を同一かとする家永の推測は順当だろう。

ただし如上の経緯自体は、応永四年頃に義満が京都離脱後の移住先として北山を選ぶ理由として弱い。後光厳流のキー・パーソンという仲子の政治的属性を考慮して当該期の両統対立の局面にこれを探ると、最も重大なのは崇光法皇の死去である。崇光は応永四年冬に発病して翌五年正月に死去(『椿葉記』)、皇子栄仁親王が同年五月に出家して崇光流の皇位継承の可能性は皆無となった。義満の北山第移居はこの間の四月である。「被期御前途之処、俄如此之御進退、併彼相国(義満)申沙汰也(81)」といわれ、栄仁の出家は皇位の望みを絶つ義満の強要であった。義満は崇光没後百箇日を機に長講堂領・法金剛院領・熱田社領・播磨国衙等も後小松の手に回収し(『椿葉記』)、柱石たる崇光法皇の死去を機に崇光流を壊滅させ、両統対立に終止符を打った。時系列的に、北山第移居と両統対立終結は一つの政治的動向と解し得る。

北山第立柱上棟の応永四年四月は崇光の発病(同年冬)以前なので、その段階で予見困難な彼の死去を契機とする崇光流弾圧は、北山第造営の直接の契機ではない。確証を得ないが、この段階で義満に室町第を完全に退く意図がなく、単に別宅たる山荘を求めたに過ぎない可能性があり、また家永説のように、崇光流との対抗上仲子との緊密な関係を可視化する意図が籠められた可能性は十分にある。しかし崇光死去による同流の政治的影響力激減を義満は見逃さず、両統対立の一挙解決を目論んだ。

『在盛卿記（大膳大夫有盛記）』（武将代々御在所事[82]）に「応永四年丁丑四月十六日戊戌、北山亭立柱上棟也、人々多進馬於室町殿、／同五年四月令移徙給、此度山荘之儀、非式之移徙之礼」とあるのに拠る限り、応永五年四月の義満移住は「式之移徙」ではないが「移徙」だという。別荘に逗留する建前を採りつつ事実上の移住（本拠移転）を決断した、と解する他なかろう。建前は造営構想時から一定だろうから、変わったのは事実上の北山第の位置づけ（別宅→本宅）である。崇光死没・栄仁出家は、後小松―仲子―義満の血縁関係に依拠した政権統合上の最後の懸案の決着、即ち義満を政権の一員に束縛する要因の解消と解し得る。これを機に義満は真に超越的な政権の外部的存在たろうと北山移住を決意したのではないか。『迎陽記』応永五年八月一三日条に「今日伏見入道（栄仁）親王御方、令移萩原殿給、伏見殿ハ被渡申室町殿云々」と見え、義満は北山第移徙宣言の直後に崇光流の伏見殿の入手を図り、栄仁は萩原殿に移った。山荘北山第に移住してなお別業を求めたのは、如上の経緯で、事実上は山荘でないという北山第の性質が確定したことを傍証する。

仲子の「梅町殿」の存在は、北山を本拠とする一利点となっただろう。ところで「梅町」は、仲子の「梅町殿」以外管見に触れない、孤立した地名である。しかし応永六年一〇月一〇日三善景衡紛失状[83]に、同年一〇月六日に「梅松殿崇賢門院御所」が炎上した記事が見える。同所が本来「梅松殿」なら（「梅町殿」はその音通転訛）、その御所名は『梅松論』や松梅院と同様、梅・松という北野社の象徴を二つながら冠したことになり、北野社と地政学的に近接する。義満の愛妾高橋殿（紙屋川の高橋付近に住んだのだろう）が「北野殿」と呼ばれた事実[84]も含め、義満周辺の女性には北山・北野を跨ぐ地政学的属性を持つ人物が多い。梅町殿は単に仲子の御所というだけで義満を引き寄せたのではなく、やはり北野に収斂する。

B　虚構（仮想現実）空間としての北山

北山と公武政権的秩序の隔絶は、いま少し傍証できる。かつて義満の国家的祭祀権の独占的掌握と評された北山第祈禱は、義満個人の護持に特化した内向きな祭祀空間だと近年大田壮一郎によって指摘され[85]、「北山（北山殿・金閣）という宗教空間に殊更な公的（official）意味を見出せない可能性が高い」とされる[86]。ただし、国政という公的行為から引退しなかった義満の居宅に私的空間の色が濃いという矛盾の意味は、未だ追究されていない。

日本国王冊封が義満の国内支配に資せず（むしろ非難の対象）、積極的にアピールされない対外通交名義に過ぎなかったという理解は、今日通説化している[87]。特に近年石田実洋・橋本雄が発見紹介した『宋朝僧捧返牒記』[88]により、外交現場の具体相が飛躍的に解明された。橋本の分析によれば、応永九年の北山での受封儀礼は閉鎖的空間・限定的参加者で行われ、その様子・意義は社会に喧伝も理解もされなかった。儀式次第は義満の意向で正規の受封儀礼から逸脱し、明使に対する所作は過度に尊大であった。しかし明は、現地の秩序に任せ多少の逸脱に目を瞑ってでも事実上の冊封・朝貢関係の樹立を優先し、官吏でなく僧侶を専使として、交渉が混乱・逸脱・拒否に直面しても体面を崩さぬよう工夫したという[89]。

当時最も壮大な交渉を義満が個人的に行った受封は、最も高貴な僧らによる最も壮大・頻繁な修法を個人的に行う北山第修法と通底する。人生最大規模の事業が彼個人に収斂する点に義満の特色があるが、北山こそその物理的〝場〟であり、それらは一つの問題である。

既に田中健夫は室町政権を、国内向けの将軍政権と国外向けの国王政権が複合する二重構造の政権と概念化した[90]。これを修正して、日本国王と室町将軍の地位は「本質的に次元の異なる問題」と指摘した[91]橋本は、近年更に問題を掘り下げて、義満・義持らが日本国王でなく〝皇帝〟を目指し憧憬したと論じ、国際秩序の現実と直面せず、恣意的に中国（的文化）を消化しようとする彼らの指向性を、橋本は妄想に近い〝中華幻想〟と総括した(92)。

本稿の関心から重要なのは、公武政権での君臨という現実と、恣意的改変を伴う日明外交・中国文化摂取の併存、いわば現実と虚構の自覚的な切断である。彼らは中国と向き合う時には自覚的に虚構世界に生き、しかもその虚構世界は現実世界（国内的な政治的地位・振舞）に影響を与えなかった。彼らの現実・虚構世界は相互に独立した並行世界《パラレルワールド》で、それらから成る多次元世界の中を彼らは自在に往来した。義満は個人として明と関係したが、もとよりそれは現実世界（公武社会）とは別の虚構世界の出来事に過ぎない。天皇制と整合しない日本国王は虚構に他ならないし、また今川了俊の「源了俊」や義満の「源道義」等の、出家者（僧）なのに法名に姓を付す彼らの対外的通交名義も、現実の日本の社会秩序と整合しない虚構、いわば架空の人物である(93)。公式の日明外交さえ根本は壮大な偽使だという理解(94)が想起される。北山第は、公武社会とは（義満一人で接続しつつ）全く独立した虚構世界の実践環境（いわば仮想現実《バーチャルリアリティ》）として設定されたのではないか。京都は現実世界の物理的実体なので、虚構世界は京都外に用意されねばならない。

近くは貞治六年（一三六七）に「自去月之比、蒙古并高麗使持牒状来朝之由、有其聞、不経日数而即上洛、嵯峨天龍寺ニ居住云々」（『後愚昧記』三月二四日条）と記録されたように、日本には前代以来、「上洛」した外国使を入京させない（洛中に入れない）伝統がある。応永九年の明使接見時の「入夜牒使僧二人并侍者僧以下京着、被入仁和寺法住寺、帰唐之間可寄宿彼寺云々、被居兵士於彼寺門、依不可被入唐僧於洛中也云々」という『宋朝僧捧返牒記』応永九年九月五日条の記事も、無論かかる伝統の上に位置づこう。しかし義満の北山においては、虚構世界の住人と現実世界の物理的隔離という自覚が強かったのではないか（現に受封儀礼にはほぼ義満近臣のみ参加し、公武の百官は隔離された）。『教言卿記』応永一四年一〇月二〇日条の「北山殿宋人共有御同道、常在光院紅葉歴覧、即唐人装束之体ニテ唐輿ニメサレ、即宋人舁申云々、希代事也」という記事は、日本の絶対的主権の誇示・陶酔でも道化じみた行為でもなく、[95]明人という虚構世界の住人に等しい人種を演じて、自覚的に虚構世界（演劇）を楽しむ彼一流の遊興と見た方がよい。

以上を踏まえ、「北山殿」とは、現実世界の統治者たる「室町殿」の地位を虚構世界に抽出し、現実世界に対する外部性を確保しつつ、日明関係等で演じられる虚構世界の住人へと再構成した地位と結論したい。義満の北山第移住は「式の移徙の礼」を欠き、「山荘に滞在するが、室町第を本拠とする建前は変わらない」と主張された（前掲『大膳大夫有盛記』）。現実には義満は当初北山と室町を行き来し、翌六年頃から北山に定住して室町第には帰らなかった。実体と乖離した右の主張もまた、それ自体が意図的に用意された虚構と見なし得る。

橋本は彼らの徽宗への憧れや唐物の受容姿勢等から、皇帝に憧れつつ実現できない苦悩を中華幻想の根底に見た。しかしそこには同時に、煩瑣で多忙な現実世界の合間に、脳内で理想の中華世界に遊ぶ虚構世界を確保する愉しみをも見出し得る。それは宋元の仏画・水墨画・障壁画等、虚構の理想世界で（想像上で）遊べる視覚的素材が室町期以降に流行した趨勢の中に位置づくのではないか。北山第に義満の個人的空間という性質が色濃いのは、それが畢竟個人で楽しむ幻想（妄想）のために用意された場であったからで、いわば北山は、中国絵画の理想的な虚構世界を物理的に実体化させ、想像上の自分ではなく実体ある自分が虚構世界での生活を演じられるよう構成された仮想現実、一種のアトラクションという側面を持ったのではないか。

義満の虚構好みと自覚的活用は、史料的に裏づけ得る。『後円融院宸記』永徳二年三月一一日条に「入夜武家（義満）参、大儀参陣奉行事、以相国（二条良基）仰之、又直仰之、大略領状、且又及狂言」と見え、後円融に譲位儀の奉行を命ぜられた義満は諒承しつつ「狂言」を述べた。また永徳二年二月一八日、義満に招かれた義堂周信が論語の講義を固辞した。その時の義満の反応が『空華日用工夫略集』に「君（義満）必欲余講、仍戯曰、吾聞、関東人謙遜太過、和尚比在関東、是其習俗乎」と見える。「関東人は謙遜が過ぎると聞くが、関東に住んでいた和尚もその習俗に染まったか」

という冗談であった。また『教言卿記』応永一四年四月一四日条に「還御目出之由、倉部（山科教興）参賀北山殿之処、如例御利口有御定」と見え、伊勢参宮帰還を参賀する山科教興に義満は「御利口」で対した。右の「狂言」「戯」「利口」は、いずれも冗談を意味しよう。義満の冗談好きは恒例・周知であった（後者傍点部）。

義満の「狂言」は叱責時にも発揮された。『迎陽記』応永六年四月一一日条に「参執柄（二条師嗣）、馬副事時宜（義満）不快、毎日以新宰相（月輪季尹）御狂言交被責勘申云々」とある。直前の興福寺金堂供養で馬副を伴わず義満を怒らせた関白二条師嗣は、月輪季尹を通じて「御狂言交じりに」毎日叱責された。この場合の「狂言」は嫌味をも含意しよう。また『兼宣公記』応永元年三月一五日条に「室町殿已御出常楽会御桟敷云々、家君（広橋仲光）忩有御参之処、遅参人々不可参之由被仰出之旨、万里少路大納言（嗣房）雖触申、先御参御桟敷辺、被歎申之間、則家君御一所可有御参之由被仰出云々、就其者、先夜御着用之練貫御狩衣可令着給云々、是有御狂言之子細也、仍着改御参御桟敷、珍重々々」とある。遅刻嫌いで有名な義満の南都常楽会見物桟敷に遅参した広橋仲光は、「昨夜着た練貫・狩衣を着ていよ」という義満の「狂言」に従うことで許された。[96]「昨夜から寝ずに桟敷に祗候していた様子を装え」という冗談だろう。加えて近年、粟田口長方という廷臣の書状で、義満が寵臣「高倉禅門」永行（常永）を「堕落禅門」と呼んだ事実が紹介された。[97]言葉遊びで廷臣を翫ぶ嗜好の好例である。

『教言卿記』応永一五年三月二三日条に「抑大御所之御哥、真名之難字等ニテ被遊之云々、仍講師不及読進之間、不及披講之歟、還而有其興云々」と見え、和歌会で歌を解読困難な難字で表記し、講師が音読できず困る様子を楽しんだ逸話等も、彼の言葉遊び愛好癖をよく伝える。義満は喜撰法師に取材した狂歌を詠んだが（前述）、名歌をパロディ化する狂歌愛好が狂言愛好と同根なのはいうまでもない。

義満の「狂言」愛好は中世日本の権力者で突出し、特に「狂言」を交えた叱責の多用は、虚構の効用を自覚し活用した証左である。とすれば、彼の猿楽愛好・世阿弥寵愛も無関係とは考え難い。世阿弥が飛躍的に洗練させた後、猿楽能はコメディ調を排した「能」と、滑稽な言葉の掛け合いに特化した「狂言」に分化した。虚構世界を極度に重視する能、言葉遊びに核心を持つ狂言は、いずれも上述の義満の嗜好に極めて適合的である。義満の世阿弥寵愛には、当時未だ明瞭に分化しなかった猿楽能の「狂言」的要素を、生来「狂言」(冗談)好きな義満が愛した側面を認めざるを得まい。観阿弥の能に感銘を受けた義満は「児は小股を掻かうと思ふ共、こゝはかなふまじき(意表を突く技を用いても彼に敵うまい)」と世阿弥に「御利口」を述べている。世阿弥《ぜあみ》の名自体、「鹿苑院(義満)、『観世の時は〝世〟濁りたる声有、爰を規模』とて、世阿と召さる(世阿弥の世は観世音菩薩の世なので濁音で読むべき)」(以上『申楽談儀』)という、義満の言葉遊びの産物である。『迎陽記』応永六年五月二五日条には「今日勧進猿楽御桟敷、管領(畠山基国)奉行云々、青蓮院・聖護院等同御見物云々、御大飲、狂言猿楽数反尽能丁」と、北山時代の義満が狂言猿楽を愛好した事実が確認できる。それどころか、義満に見出され北山第に奉仕した狂言役者「後の槌大夫」は、「狂言すべきものは常住にそれに成べし」という考えから、日常的に滑稽に振る舞った(『申楽談儀』)。義満好みの虚構世界として設定された北山は、俳優の恒常的演技で演出される、文字通りの舞台であった。

結語

北山第は当初通常の山荘(別業)であった可能性があるが、応永五年(一三九八)の崇光流壊滅=両皇統対立の終焉を機に義満の本拠となった。それは、出家した義満が公武統一政権を外部から超越的に支配すべく、政権の物理的実体たる京都から離脱することを意味した。北山が選ばれたのは、鎌倉期以来の著名な景勝地であり、義満の伯(叔)母・後小松の祖母である崇賢門院仲子の梅松殿が所在し、足利家の墓所等持院に隣接し、北野社に隣接する等の理由があったからだが、特に足利家の最大の危機を何度も救い政権を確立せしめた北野社は、独占的な同家守護神の地位を義満期に確立し、その極端な帰依は義持に継承された。

北山第移住後も義満の地位は変動する。応永の乱は、超越的権力者がなお叛逆の対象となり得ることを(ただし天神の加護により決して成就しないことも)示した。また応永九年の北山第での日本国王受封は、義満が公武統一政権の社会秩序と切れた別世界の住人でもあることを示した。虚構の自覚的活用を遊興・政治両面で図った義満は、義満だけを介して現実世界と繋がる虚構世界(仮想現実)の物理的な場として、北山第を京外に用意した。(98)『教言卿記』応永一五年四月二七日条〜五月四日条に限って「若宮」と呼ばれた(99)義満の晩年の愛児義嗣は、後小松の猶子であり、親王宣下される予定であったことが最近指摘された。(100)この点で義嗣は現実世界と強く結合したが、室町第の将軍義持が義満の現実世界の後継者であったのに対し、純粋に北山の住人たる義嗣は虚構世界の後継者と見なし得る(北山殿の後継者というべき義嗣〝親王〟をめぐる義満の構想については、別稿(101)に試案を提示した)。義満権力の虚構性は、廷臣が望む義満権力の例外処理には好都合であり、後小松の行幸に代表される義満晩年の北山第での出来事も、畢竟、虚構世界の中のこととして公家社会には許容可能であっただろう。しかし近年指摘されたように、(102)義満は最後に太上天皇尊号宣下を望んだ。虚構世界から出て現実世界の秩序を根底から脅かし始めた時、公家社会は全力でこれを拒否した。

『兼宣公記』は応永七年二月一九日条まで義満を「室町殿」と呼び、同八年五月二一日条以降「北山殿」と呼ぶ。つまり「北山殿」称号の成立は北山第移住より若干遅れる。それは義満の地位が、移住後二〜三年を経て公武(現実)社会側の共通理解となり始めたことを意味しよう。しかし歴史が浅くて不明瞭なその地位を継承した義持は戸惑い、「北山殿」称号を捨てて「室町殿」に回帰した。義持は実権ある将軍として幕府の当事者となり、朝廷でも一定の距離を保って廷臣＝当事者の立場で儀式に参画し、(103)「日本国王」号も放棄した。義持による室町殿の第二次確立は、足利氏家督の現実世界への回帰と換言できよう。

注

（1）本稿が直接踏まえるものとして、川上貢『日本中世住宅の研究』（墨水書房、一九六七）、細川武稔「足利氏の邸宅と菩提寺」（『京都の寺社と室町幕府』、吉川弘文館、二〇一〇、初出一九九八）、髙橋康夫「室町期京都の空間構造と社会」（『日本史研究』四三六、一九九八、本書第一部再録）＝髙橋A、田坂泰之「室町期京都の都市空間と幕府」（同前、本書第一部再録）、山田邦和「中世都市京都の変容」（『京都都市史の研究』、吉川弘文館、二〇〇九、初出一九九八）、髙橋康夫「室町期京都の都市空間」（中世都市研究会編『中世都市研究9 政権都市』、新人物往来社、二〇〇四）＝髙橋B等。

（2）細川武稔「足利義満の北山新都心構想」（中世都市研究会編『中世都市研究15 都市を区切る』、新人物往来社、二〇一〇）＝細川A、同「「北山新都心」に関するノート」（『東京大学日本史学研究室紀要 別冊 中世政治社会論叢』、二〇一三）＝細川B。

（3）桃崎有一郎「足利義持の室町殿第二次確立過程に関する試論」（『歴史学研究』八五二、二〇〇九）二頁以下。

（4）『教言卿記』応永一四年一二月二四日条。

（5）前掲注1髙橋A三頁・同山田論文一八二頁。

（6）『大日本古文書 島津家文書之一』三二七。

（7）『大日本古文書 毛利家文書之一』三六。

（8）『大日本古文書 毛利家文書之一』二四。

（9）新田一郎『日本の歴史11 太平記の時代』（講談社、二〇〇一）二九九頁。

（10）高橋慎一朗『中世の都市と武士』（吉川弘文館、一九九六）。

（11）大村拓生「中世前期の首都と王権」（『日本史研究』四三九、一九九九）六七頁。

（12）『迎陽記』応永五年八月四日・一二日条。

（13）臼井信義『足利義満』（吉川弘文館、一九六〇）一五四頁。

（14）山田徹「室町幕府所務沙汰とその変質」（『法制史研究』五七、二〇〇七）。

（15）今谷明『室町の王権』（中央公論社、一九九〇）七八頁。

（16）『翰林葫蘆文集』「鹿苑院百年忌陞座」（『大日本史料』七―一〇・三七頁）。

（17）以上、引用部は前掲注2細川A九七～八頁。

（18）山家浩樹「無外如大の創建寺院」（『三浦古文化』五三、一九九三）。

(19) 前掲注1細川論文。
(20) 髙橋康夫「日本中世の「王都」」（『年報都市史研究』七、一九九九）一八～九頁。
(21) 前掲注1髙橋A九頁。
(22) 佐藤進一『日本の歴史9　南北朝の動乱』（中央公論新社、二〇〇五、初出一九六五）五〇五～八頁。
(23) 前掲注13臼井著書一六一頁。
(24) 佐藤進一「室町幕府論」（『日本中世史論集』、岩波書店、一九九〇、初出一九六三）一四一頁以下。
(25) 前掲注1山田論文一七八・一七五頁。
(26) 『門葉記』巻第三十五（安鎮法補二）所引。
(27) 前者は『臥雲日件録抜尤』宝徳三年八月二七日条、後者は『満済准后日記』永享六年五月一二日条・『宋朝僧捧返牒記』応永九年九月五日条（後掲注88）等。
(28) 『仙洞御移徙部類記』（『図書寮叢刊』本下巻、三五四頁）所収『上皇御移徙記』（鳥羽院）大治五年一〇月二九日条。
(29) 「田中繁三所蔵文書」（『南北朝遺文　九州編』五―五五九三）。
(30) 順に『師守記』貞治三年四月二九日条、『後愚昧記』貞治六年一二月八日条、同応安六年一二月七日条、『迎陽記』康暦元年一二月七日条、『後愚昧記』永徳元年一二月二日条、『兼宣公記』応永三〇年四月二五日条。
(31) 『北野社家引付』延徳元年（一四八九）三月三〇日条（『大史』八―二七・一五五頁）。
(32) 『史料纂集』本第七巻二七八頁。
(33) 『大史』六―一七・三八頁。
(34) 『北野社家日記』文亀三年（『史料纂集』本第七巻二〇一頁以下）所引。
(35) 『大日本古文書　蜷川家文書之一』一〇九号。
(36) 『史料纂集』本第三巻一七六頁。
(37) 八木聖弥「初期足利政権と北野信仰」（『文化史学』四七、一九九一）。
(38) 村山修一「室町時代天神信仰の多様化と庶民的展開」（『天神御霊信仰』、塙書房、一九九六）二〇二頁。
(39) 『北野古文書』（黒板勝美氏所蔵、『大史』六―三・六八〇頁以下）。
(40) 羽下徳彦「足利直義の立場―その一～二―」（『中世日本の政治と史料』、吉川弘文館、一九九五、初出一九七三）、同「室町

幕府の成立」(『日本歴史大系二』、第二編第一章第二節、中世、山川出版社、一九八五)、同「観応擾乱」(前掲『中世日本の政治と史料』、初出一九九二)、桃崎有一郎「初期室町幕府の執政と「武家探題」鎌倉殿の成立過程」(『古文書研究』六八、二〇一〇)、同「建武政権論」(『岩波講座日本歴史 第7巻 中世2』、岩波書店、二〇一四)等。
(41)家永遵嗣「室町幕府の成立」(『学習院大学文学部研究年報』五四、二〇〇七)五七頁以下。本書第二部家永論文も参照。
(42)小川信「『梅松論』諸本の研究」(岩橋小弥太博士頌寿記念会編『日本史籍論集 下』、吉川弘文館、一九六九)一五三頁。
(43)武田昌憲「足利の権威」(『軍記と語り物』四三、二〇〇七)。
(44)前掲注37八木論文三六頁。
(45)『北野文書』(黒板勝美氏所蔵、『大史』六—一四・九六六頁以下)。
(46)桜井英治『破産者たちの中世』(山川出版社、二〇〇五)二四頁以下。
(47)前掲注46桜井著書四〇頁以下。
(48)西山美香「足利義満の内なる宋朝皇帝」(『アジア遊学一四二 古代中世日本の内なる「禅」』、勉誠出版、二〇一一)一四九頁以下。
(49)三枝暁子「北野祭と室町幕府」(『比叡山と室町幕府』、東京大学出版会、二〇一一、初出二〇〇七)。
(50)三枝暁子「室町幕府の京都支配」(同前著書、初出二〇〇九)三四四頁。
(51)桃崎有一郎「足利義満の公家社会支配と「公方様」の誕生」(『ZEAMI』四、二〇〇七)。
(52)前掲注49三枝論文一三〇頁。
(53)「三年一請会引付」(『北史』古記録)所引。
(54)前掲注49三枝論文一三二〜三頁。
(55)竹内秀雄「北野経王堂に就て」(『史蹟と古美術』一九—一、一九三七)、臼井信義「北野社一切経と経王堂」(『日本仏教』三、一九五九)、梅澤亜希子「室町時代の北野万部経会」(『日本女子大学大学院文学研究科紀要』八、二〇〇一)、池田丈明「室町将軍と五山の施餓鬼」(『年報中世史研究』三八、二〇一三)。
(56)『大史』七—一〇・四二頁。
(57)『大史』七—二・一二二頁。
(58)『大史』七—五・一八四頁。

(59)『大史』七―六・三二五頁以下。
(60)『大報恩寺文書』(『大史』七―四・二六三頁)。
(61)本書第三部冨島論文、同第五部桃崎論文注5所掲の諸論文等。
(62)前掲注13臼井著書一四九～五〇頁。
(63)『吉田家日次記』応永五年三月四日条(『大史』七―三・二一八頁)。
(64)西山克『聖地の想像力』(法藏館、一九九八)二四〇頁以下。
(65)『北史古記録』八六頁以下。
(66)『大史』七―一〇・五三頁以下。
(67)永和二年一〇月六日室町幕府御教書(「随心院文書」『大史』六―四七・二七四頁)は、赤松義則に喜多野将監の東大寺領備前国南長沼庄内所々押領停止を命じた。彼は康暦二年(一三八〇)正月二四日赤松義則奉行人連署奉書案(『大日本古文書 大徳寺文書之十二』二九五四号)の宛所喜多野左近将監で、同月二七日奉書案(同二九五五)の差出義綱が同一人である。また康暦二年四月二一日赤松氏年寄連署施行状・同二二日同連署奉書(同一、五〇〇・五〇一号)で穴無郷内海珠寺御寄附田畠の沙汰付を命じられた喜多野左近将監は、同二二日赤松義則海珠寺寄進田畠坪付注文(同五〇二号)の署判者義綱だろう(同翻刻は彼を浦上氏に比定するが喜多野氏だろう)。永徳三年七月一八日比丘尼宗心寄進状并寄進敷地絵図(同五〇四号)に播磨国穴無郷内臨川庵敷地并田畠について「故喜多野殿地検之時」「喜多野将監殿地検時」と見えるので、義綱の先代は同年までに死去し、義綱は同年在世中と確認される。彼は永徳二年八月九日赤松義則奉行人連署奉書案(「東寺百合文書」ヌ)に喜多野壱岐守、至徳四年五月八日赤松義則奉行人連署奉書封紙(同ニ)に壱岐守義綱と見え、応永一二年七月二二日赤松義則奉行人連署奉書案(同ノ)に喜多野壱岐守入道性守、『廿一口方評定引付』応永九年三月一三日条に「赤松内北野入道北山家」と見える。『学衆方評定引付』明徳五年七月二八日条所引赤松義則奉行人連署奉書案(同ワ)の署判者能綱は、東寺領播磨国矢野庄違乱を停止させる応永三年二月二一日赤松義則奉行人連署奉書案(同テ、『大史』七―二・三六六頁以下)の署判者「北野熊〔能カ〕綱」だろう(右による限り義綱から能綱に改名した可能性がある)。後者の宛所喜多野帯刀左衛門尉は、『相国寺供養記』(『群書類従』釈家部)の後陣随兵赤松義祐の掻副《かいぞえ》の喜多野帯刀左衛門尉実勝で、同族と考えられる。義綱の子孫は『康富記』文安五年七月二六日条に播磨国牢人(赤松満祐余党)喜多野兵庫入道、『師郷記』同日条に故赤松(満祐)被官人北野兵庫と見え(上京潜伏中に山名持豊勢に討たれる)、また文明一二年に義綱を供養した則綱も『大日本古文書 大徳寺文書之二』六八〇号の書状折封ウハ書に「喜多野孫右衛門尉則綱」と見え、永正五年二月二三日足利義澄御内書写『御内書案』（『続群書類従』武家部」）の宛所に浦上・別所・小寺と並び喜多野が見える。

(68)『史料纂集』本三巻一一一頁以下。

(69)『満済准后日記』正長元年五月二七日条。

(70)『神道大系 文学編 五 参詣記』所収。

(71)伊東史朗監修・千本釈迦堂大報恩寺編『千本釈迦堂大報恩寺の美術と歴史』（柳原出版、二〇〇八）一九四頁所載応永一七年七月二五日実弁大報恩寺領庄園田畠等目録。

(72)前掲注55梅澤論文一〇七頁・一〇九頁。

(73)前掲注2細川B一六四頁以下。

(74)『大史』七—五・八一四頁。

(75)前掲注2細川A九七頁以下。

(76)前掲注1高橋A九頁。

(77)マーシャル・サーリンズ『歴史の島々』（山本真鳥訳、法政大学出版局、一九九三）一〇五頁、今村仁司・今村真介『儀礼のオントロギー』（講談社、二〇〇七）一五〇頁。

(78)山田邦和「中世京都都市史研究の課題と展望」（髙橋康夫編・中世都市研究会編集協力『中世都市研究12 中世のなかの京都』、新人物往来社、二〇〇六）二五九頁以下。

(79)家永遵嗣「足利義満・義持と崇賢門院」（『歴史学研究』八五二、二〇〇九）四二頁。

(80)桃崎有一郎「『経嗣公記抄』（荒暦）永徳三年春記」（『年報三田中世史研究』一三、二〇〇六）。

(81)『伏見宮御記録』（『大史』七—三・二八九頁）。

(82)『大史』七—二・七七九頁、同七—三・二五二頁。

(83)『大史』七—四・一二五頁。

(84)松岡心平「室町将軍と傾城高橋殿」（同編『看聞日記と中世文化』、森話社、二〇〇九）。

(85)大田壮一郎「足利義満の宗教空間」（『ＺＥＡＭＩ』四、二〇〇七）。

(86)橋本雄「皇帝への憧れ」（『アジア遊学122 日本と《宋元》の邂逅 中世に押し寄せた新潮流』、勉誠出版、二〇〇九）一九九頁注40。

(87) 田中健夫「足利将軍と日本国王号」(『前近代の国際交流と外交文書』、吉川弘文館、一九九六、初出一九八七)、村井章介「易姓革命の思想と天皇制」(『講座・前近代の天皇5 世界史のなかの天皇』、青木書店、一九九五)、橋本雄「室町幕府外交は王権論といかに関わるのか?」(『人民の歴史学』一四五、二〇〇〇)、同前掲注86論文等。

(88) 石田実洋・橋本雄「壬生家旧蔵本『宋朝僧捧返牒記』の基礎的考察」(『古文書研究』六九、二〇一〇)。

(89) 橋本雄『中華幻想』(勉誠出版、二〇一一)二三頁以下、五一頁注42。

(90) 前掲注87田中氏論考七五頁。

(91) 橋本雄「室町・戦国期の将軍権力と外交権」(『歴史学研究』七〇八、一九九八)一頁。

(92) 前掲注89橋本氏著書四頁。

(93)「日本国王良懐」も、諱を憚る慣習から、日本側が自ら「懐良」親王の名を顛倒させたものであった可能性が指摘されている(橋本雄『〝日本国王〟と勘合貿易』NHK出版、二〇一三)。

(94) 桜井英治『室町人の精神』(講談社、二〇〇九、初出二〇〇一)七四頁以下。

(95) 前掲注13臼井著書一八九頁、前掲注15今谷著書一二三頁。

(96) 前掲注51拙稿。

(97) 小川剛生「足利義満の太上天皇尊号宣下」(『藝文研究』一〇一、二〇一一)二〇七頁以下。

(98) 虚構に関しては、義満が『源氏物語』世界・光源氏の再現を意図した可能性や、そこでの「北山」の重要性(源氏が療養時に紫の上を見初めた場所。ただし通常それは鞍馬と考えられている)を小川剛生が指摘したことがある(『南北朝の宮廷誌』、臨川書店、二〇〇三、二二九頁以下)。ただ小川は、かかる可能性の想定に慎重であるべきとも主張する(『足利義満』、中央公論新社、二〇一二)。成熟を俟つべき議論と見て、本稿では言及しなかった。

(99) 森茂暁『室町幕府崩壊』(角川書店、二〇一一)三四頁。

(100) 森幸夫「足利義嗣の元服に関する一史料」(『古文書研究』七七、二〇一四)。

(101) 桃崎有一郎「足利義嗣」(榎原雅治・清水克行編『足利将軍列伝』、戎光祥出版、二〇一六年一二月刊行予定)。

(102) 前掲注97小川論文。

(103) 前掲注3桃崎論文、石原比伊呂「足利義教と義満・義持」(『歴史学研究』八五二、二〇〇九)。

北山第と北山殿の考古学研究の現状

前田義明

はじめに

鹿苑寺（金閣寺）は多数の拝観者を集め、観光客の多い京都の中でも有数の名所旧跡である。一九九四年には「古都京都の文化財」として、鹿苑寺を含め一七箇所が世界遺産に登録され、近年は日本以外からの拝観者も増えている。鹿苑寺では一九五〇年に金閣が焼亡しているため、特に防災防犯については重視されてきたが、設備の老朽化から拡充新設が計画され、この工事に伴って発掘調査の運びとなった。

鹿苑寺は数少ない特別史跡と特別名勝の二重指定[1]されているため、境内全域にわたって調査対象範囲となった。最もまとまった面積調査を実施したのは、貯水槽やポンプ室、防災センターが計画された金閣の北東方向の調査区と石不動堂に隣接した茶所の調査である。それ以外は埋設管の敷設工事に伴う調査で、細長い調査区が多く、遺構が検出された部分を拡張している。その後、方丈の修理工事に伴う調査、石不動堂内部の調査、境内東側のトイレと売店の建て替え工事に伴う調査が実施され、貴重な調査成果が得られている。その調査概要について、現状で明らかになっている調査成果をのべてみたい。

一　北山第と北山殿の沿革

鹿苑寺の歴史については、鹿苑寺編『鹿苑』[2]と『鹿苑寺と西園寺』[3]に詳しい。当該地の開発は貞応年間（一二二二〜一二二四）に藤原公経が神祇伯三位仲資王（源仲資）から尾張国松枝庄と土地を交換し、北山第と北山堂の造営に取りかかったことから始まる。公経は元仁元年（一二二四）に北山堂を供養し、この堂を西園寺と号した。これによって家名を西園寺と名乗るようになった。『増鏡』[4]にその様子が描かれている。

本堂は西園寺、本尊の如来まことに妙なる御姿、生身もかくやと、いつくしうあらはされ給へり。又、善積院は薬師、功徳蔵院は地蔵菩薩にてをはす。池のほとりに妙音堂、滝のふもとには不動尊。この不動は、津の国より生身の明王、蓑笠うち奉りて、さし歩みてをはしたりき。その蓑笠は宝蔵にこめて、卅三年に一度出ださるとぞうけたまはる。石橋の上には五大堂。成就心院といふは愛染王の座さまさぬ秘法とり行はせらる。供僧も紅梅の衣、袈裟数珠の糸まで、おなじ色にて侍める。又、法水院・化水院、無量光院とかやとて、来迎の景色、弥陀如来、廿五の菩薩、虚空に現じ給へる御姿も侍めり。北の寝殿にぞ大臣は住み給。……

西園寺公経は源頼朝の姪を妻にし、親幕府派公卿の筆頭で関東申次として朝廷と鎌倉幕府の調整役であった。また太政大臣として絶大な権力と財を持ち、北山第の規模は栄華の象徴であった藤原道長の法成寺を凌ぐほどであったとされる。元仁二年（一二二四）正月に藤原定家が北山第を訪れ、その造作を賞賛[5]している。

…四五尺の瀑布の滝碧く、瑠璃の池水、又泉石の清澄、実に比類無し…

公経と義理の兄弟にあたる藤原定家の身贔屓もあったろうが、北山第の苑池も大規模で素晴らしい趣があるように見受けられる。この滝の場所ついては、諸説あるものの決着はみていない。

弘安七年（一二八四）には後深草上皇と伏見天皇が北山第に御幸・行幸し、一六日間滞在している。舟遊びや月見が催され、庭園には釣殿や池の中島があったとされる。現在の鏡湖池や安民沢を連想させる。また後伏見上皇と花園上皇の元応元年（一三一九）の御幸では、二階へ上った記事が見られ、楼閣建築をうかがわせる。[6][7]

栄華を誇った西園寺家も室町時代には衰退し、当地は応永年間に河内国の領地と交換して足利義満に譲り受けられた。義満は応永四年（一三九七）に北山殿の造営に着手した。[8]義満は応永元年に将軍職を嫡男義持に譲り隠居、太政大臣も辞し出家（道有・道義）していた。応永八年には「日本国准三后源道義」名で明に使節を派遣し、建文帝から日本国王に冊封されている。

北山殿造営には諸大名が動員されているが、現在の鏡湖池内の細川石や赤松石と呼ばれる景石はその名残であろう。『臥雲日件録抜尤』[9]に記された建築をみると、護摩堂・懺法堂・紫宸殿（寝殿）・公卿の間・舎利殿（金閣）・天鏡閣・泉殿・会所・看雪亭・法水院などがみられる。このうち、いくつかの建物は西園寺時代からあった可能性がある。修理や建替えを経ながら現在まで残った三層楼閣建築である金閣のモデルは、西芳寺の二層楼閣の瑠璃殿無縫閣とされている。金閣の一層は寝殿造、二層が書院造、三層が禅宗様と複雑な建築である。

義満は応永九年には明使を迎えている。北山殿は造営開始から五年を経ており、この頃には北山殿の設備は充実したものとなっていたであろう。相国寺大塔が応永一〇年に焼失しているが、この七重塔を北山殿で再建が試みられ、応永一一年[10]に立柱式が行われた。しかし、応永二三年には雷で焼失した。[11]この七重塔の建立地が不明で、その痕跡を示すものは残っていないのは残念である。応永一五年三月の後小松天皇行幸は二〇日間と長期にわたる長期滞在であった。この時の『北山殿行幸記』[12]には御所から北山殿への順路が記されており、惣門・四脚門・中門・寝殿・小御所・常御所などの建物がみえる。そしてこの年五月には義満が北山殿で没する。

義満の死去により、北山殿は変貌をとげる。義持は北山殿をほとんど使用せず、応永二六年に北山院が亡くなったことから、建物の解体移築[13]が行われた。この時、苑池もかなり被害を受けたと思われる。

懺法堂は等持寺へ、寝殿は南禅院へ、殿上は建仁寺へ、天鏡閣は南禅寺へ移築された。舎利殿（金閣）と護摩堂だけが残り、義満の院号から鹿苑寺と改められた。そして、鹿苑寺は応仁元年（一四六七）に始まった応仁文明の乱では西軍の陣地となり、舎利殿以外の堂宇が破壊[14]されることになった。

二　調査の成果

鹿苑寺境内の発掘調査は一九八八年に始まり、二〇一五年まで一四次にわたって実施している。[15]また、二〇〇九年には不動堂内で学術調査[16]が行われた。

一次調査から五次調査までは引き続き実施したためまとめてのべる。調査は貯水槽・ポンプ室・番所北側防災センターが集中している方丈北西部一帯でまとまった面積の調査が実施できた（B・D・O・N区）。B区からD区にわたって礎石建物を検出している。現在の園路と水路があるため未調査部分を残し、遺構の全容は不明であるものの、建物と建物を廊でつないでいたと想定した。D区で検出した礎石建物は東西梁行三間（六・九m）、南北桁行（九・二m）で、柱間寸法は八尺（二・四m）を測り、金閣とほぼ同じ柱間寸法である。また、柱筋も金閣と一致する。金閣と同一規格をもって統一的に建てられたことがわかる。西側柱の礎石は面取りした花崗岩を用

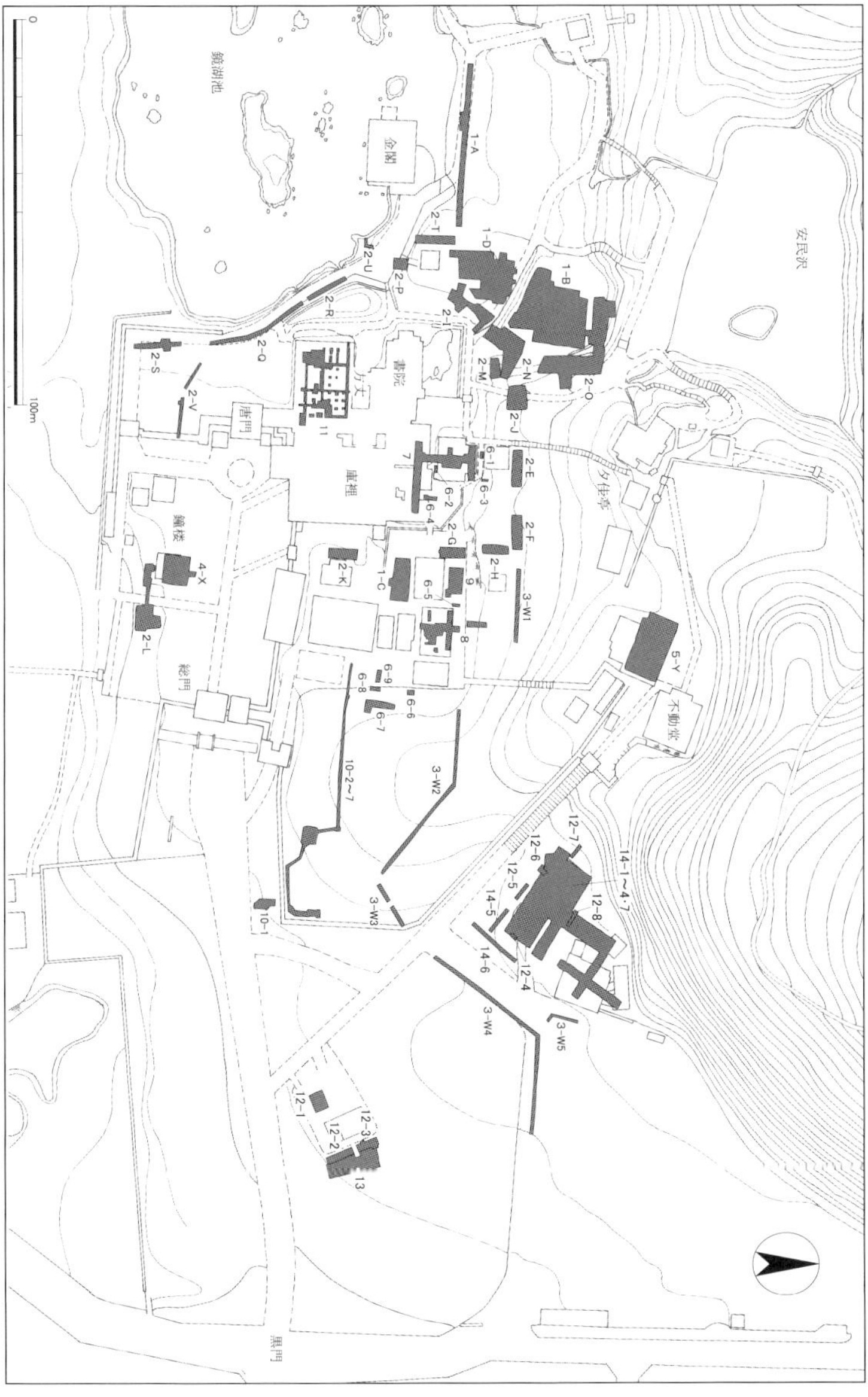

図1　鹿苑寺境内調査区配置図

い、他は自然石である。現在、松林となっているが、調査区に植栽跡の土坑が多数検出され、礎石も多く抜き取られているものの、内部にも礎石が遺存していることから、床を張った建物と想定される。建物の東側には、白色や黒色の五〜一〇cm大の玉石が撒かれている。庭園の一部であろう。

D区の東側にあたるN区では池状堆積を示し、池底から修羅が二基出土した。修羅は東を頭にして、東西方向にそろえて並べられていた。単なる廃棄ではなく、再利用の予定で沈められたのであろう。修羅は土師器や木製品を含む黒褐色腐植土層が覆っており、修羅が沈められた後は池の管理が行われなかったと思われる。修羅の樹種はケヤキとクリで、前者が長さ四・七m、幅一・三m、後者は長さ三・五m、幅一・四mである。どちらにも縄をかけるほぞ穴があけられている。また、修羅の下面は擦り減っており、砂粒がめり込んでいることから、実際に使用されたことを物語っている。修羅は重量物を運搬

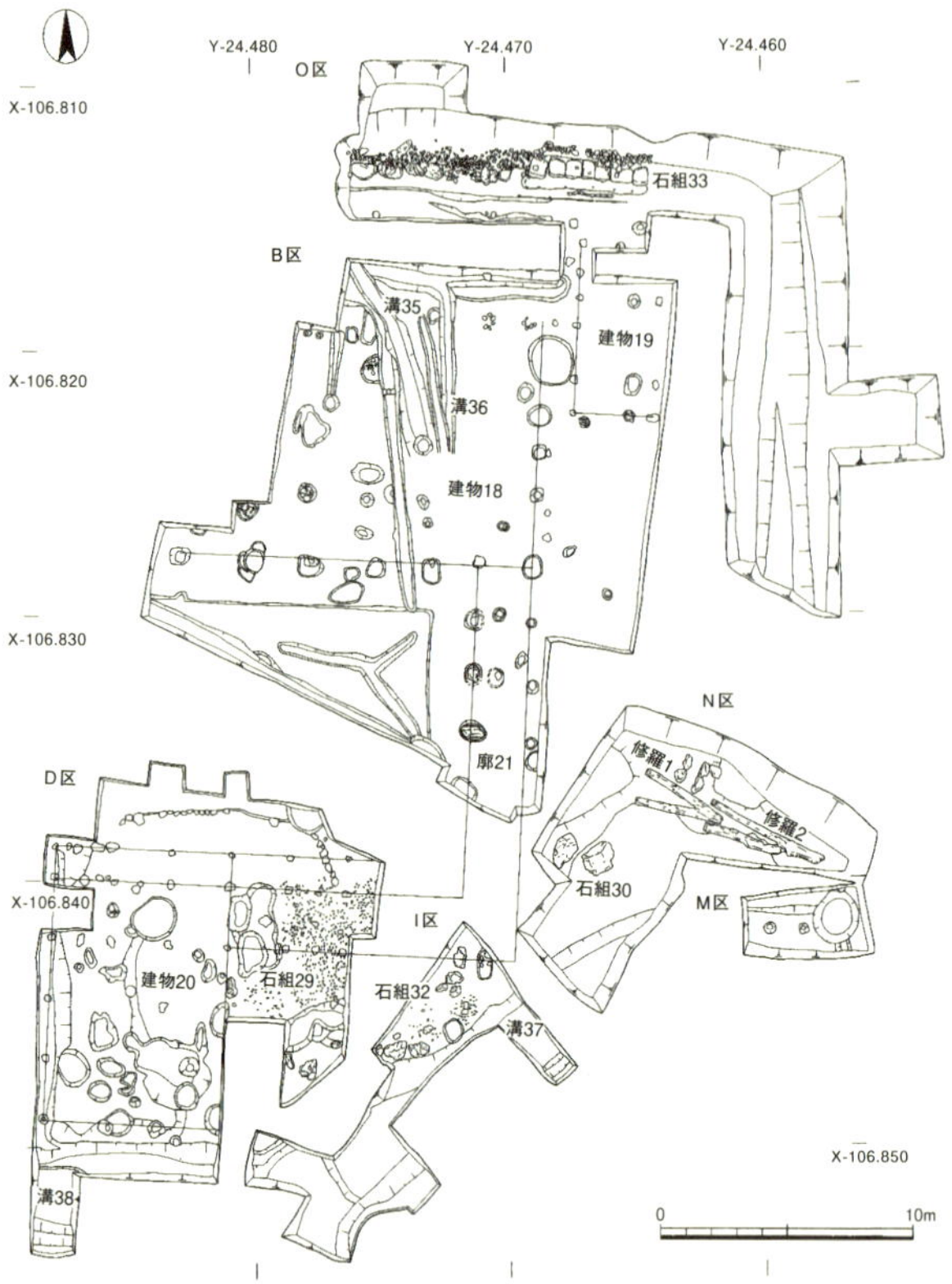

図2　1・2次遺構実測図

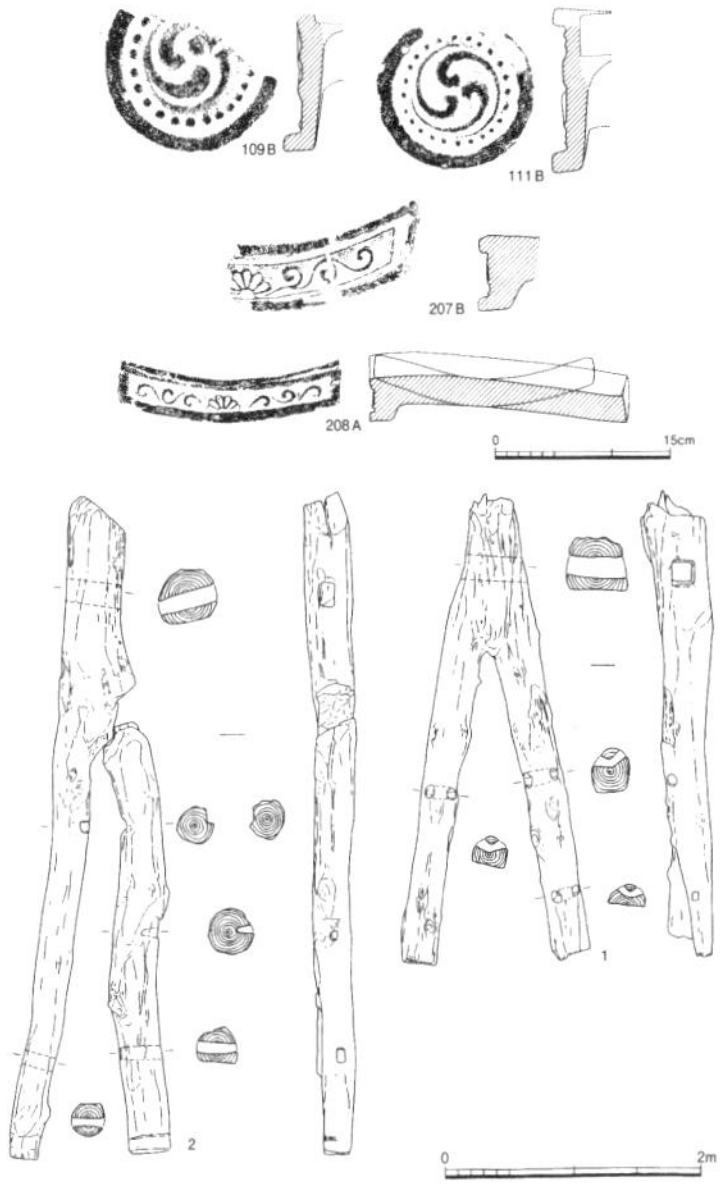

図3　修羅・軒瓦実測図

する道具のため、景石や建築部材などを載せ縄で縛りつけて運搬したものであろう。使用後の沈められ方から、義持による北山殿解体の時に用いられたと想定したい。修羅の上部から出土した土器類は一五世紀後半代に比定される。義持が舎利殿・護摩堂・法水院以外の建物を解体移築を開始するのは応永二六年（一四一九）のことである。また、N区出土木製品には祭祀に用いられたと思われる人形・舟形・剣形・斎串などの木製品が多く含まれる。この祭祀遺物は義満が応永六年から義満が亡くなる応永一五年まで行なわれた北山殿大法（台密・天台修の秘法群）と呼ばれる祈禱を連想させる遺物である。五〇年間の開きがあるが、どこかに保管されていた祭祀遺物が、一五世紀後半に土器と一緒に池内へ投棄されたものであろうか。

O区は安民沢と土手を挟んだ下にあたるため、湧水が激しく、土手の裾を固めるために石組あるいは石垣が設けられていた。上部は抜き取られているが、石組みの基底部だけは遺存していた。基底部の石は東半が花崗岩の切り石を並べ、西半にはチャートの自然石を並べている。花崗岩列とチャート列の前面はくいちがいがみられる。花崗岩は一辺〇・六mほどの正方形や長方形でところどころにほぞ穴が穿たれ、転用材であることを示している。石材の裏込めには拳大の玉石をぎっしりと詰めていることから、石組みの高さは不明なものの、ある程度の高さのある石組みと考えたい。東半部が花崗岩、西半部が景石のようなチャートが積まれた石組は、少し異様な景色であろう。

N区東側のJ区は、東へ高くなる傾斜面にあたり、チャートを用いた石組みを検出した。明確な水の流れを示す砂層は確認していないものの、滝組とみられる。現在の安民沢の排水路が上部に設けられているため、この排水路から水を落とす滝組と思われる。

I区とS区で堀跡を検出している。N区の南側の堀は修羅が出土した池を壊して掘られている。また、鏡湖池南東の園路内で調査したS区では東西方向に堀が掘られていた。両方の堀は応仁の乱の時に、方丈や庫裏のある中心部を防御するために掘られていた堀と思われる。

石不動堂の西側にある茶所の建替えに伴ってY区の調査を実施した。茶所は急な崖面に接して建つが、同じ場所に掘立柱建物が検出された。『洛中洛外図』をみると同じ場所に懸崖造りの建物がみられ、この掘立柱建物に相当すると思われる。現不動堂は天正年間に宇喜多秀家が再建とされている。

境内南部の鐘楼の南側（L区）では、南北方向の築地跡を検出している。幅一・八m、高さ〇・六mの規模で両側に〇・二〜〇・三mの石を並べている。また、築地を横切るように暗渠を設けている。この築地遺構は層位から平安時代後期から鎌倉時代に比定でき、西園寺北山第の遺構と類推される。築地跡は北に対してわずかに東へ振れる金閣周辺の建物群とは異なり、西へ振れる方向の遺構である。

西園寺北山第の遺構としては安民沢の滝組遺構がある。安民沢は中島（白蛇塚）周辺に平安時代後期から鎌倉時代の丸瓦と平瓦が分布しているため、消極的ではあるが、西園寺北山第の遺構と想定している。安民沢の浚渫工事によって、埋もれていた滝組と木樋が発見された。滝組は北東の谷から安民沢へ流れ込む水路の注ぎ口部分で見つかった。滝組は水を流れ落ちとするように階段状に三石を組み、その両側に景石を山形に配する。現状では上流の導水路には景石や敷石は認められないが、調査を実施すれば、園池の施設が見つかる可能性はある。

安民沢南東部の池底で木樋の排水施設が検出された。木樋は逆台形の角材を刳り抜き、上部に板材で蓋をし鉄釘で打ち付けている。刳り抜きは途中までとし、端の蓋に穴をあけ、上部から不整八角形を管状にした別材を差し込み、水の取水口としている。取水口の両側には杭が打込まれ、取水口の栓が抜けないように固定する装置があったようである。木樋の周囲は白色粘土で覆われていたため保存状態が良かったのであろう。

六次調査は小調査区を庫裏北側から東側で実施した。修羅の出土したN区の東側では、池の堆積を検出した。また、庫裏東方では室町期の井戸を検出している。

七次調査は庫裏と土蔵の間の調査である。室町時代の小規模な礎石建物を検出した。この建物は金閣および周辺の建物と同様の柱筋であることが判明し、統一の地割が行われたことを示している。

八次調査は庫裏東方に位置し、塀と想定される柱穴列を検出した。塀は直角に折れ曲り、建物等の施設を取り囲む区画を示している。柱筋は北に対して西へ振れる方向を持つ。鐘楼東側のL区で検出した築地跡と同様な振れのため、西園寺北山第までさかのぼる可能性がある。

九次調査は庫裏北東の小規模な調査区である。室町時代の瓦や土器が出土した土坑を検出した。瓦は小振りの瓦が多く、檜皮葺用の甍棟瓦が想定されている。

一〇次調査は総門の北東域の埋設管敷設工事に伴う調査のため、細長い調査区である。北山第造営に伴う鎌倉時代前期と北山殿造営に伴う室町時代前期の整地層が検出された。北山第造営の整地面では池状堆積が確認され、北山殿の整地面では、礎石建物の一部が検出されている。両時期にわたって、遺構が存在している地区であることが判明した。

一一次調査は方丈の解体修理に伴う調査であり、礎石と礎石の間に設定した複雑な形状の調査区となった。鎌倉時代の整地面、室町時代の二時期の礎石建物、江戸時代の二時期の礎石建物を検出している。江戸時代の建物は現方丈の前身建物にあたる。各時期の遺構は盛土整地を繰り返しながら建てられているため、このような重複が明らかとなった。方丈以前にも同じ場所に建替えられていることから、当該地が重要な場所であることを示している。方丈以前の前身建物は、全容が明らかでないものの寝殿と想定される。北山第および北山殿の中心的な寝殿が所在した最有力地である。

次に、鹿苑寺境内不動堂石室調査委員会が実施した石不動堂内部の学術調査である。石不動明王は不動堂の奥に位置する石室内に安置されている。調査は石室内の床面を掘り下げ、下層を確認した。石室は緑色片岩で構築されているが、調査の結果、床面も緑色片岩を用いていることが判明した。緑色片岩は京都近辺では採れない石材で、京都の庭園の景石としてわずかに使用されている。和歌山紀ノ川沿いや四国など三波川変成帯に存在する石材のため、遠方から運ばれてきた貴重な石材であることは確かである。鈴木久男氏は石不動堂内の結晶片岩の搬入を西園寺北山第の成立以降、康永元年以前とし四国の伊予からと想定している[17]。石不動が公経の頃まで遡るならば、十分納得できる。そうすると、『増鏡』の「滝のもとには不動尊」とあり、滝の位置とも関わりがある。

一二～一四次調査は境内東側にある二箇所のトイレと売店の建て替え工事に伴う調査である。一二次は試掘調査で、平安時代から室町時代の整地層、室町時代の井戸・土坑を検出した。その試掘調査を受けた一三次では平安時代の溝と土坑、鎌倉時代から室町時代の整地層を検出し、当該地では神祇伯家と西園寺家の遺構がわずかながらも遺存していることを確認した。一四次では鎌倉時代の基壇上高まりと室町時代の小型瓦窯三基を検出した。また、室町時代の溝から、塔相輪の九輪の破片が出土した。九輪片は復元直径が二・四m、残存の重さ八・二kgもあり、北山大塔に用いられたものであろう。

調査一覧

一次（A～D区）六〇〇㎡・一九八八～八九年
［室町時代］建物・廊・池・石組・溝・土壙、［江戸時代］溝（文献1・6）

二次（E～V区）七二二㎡・一九八九～九〇年
［平安時代］築地・建物、［鎌倉時代］石組、［室町時代］建物・石組・石列・溝（文献2・6）

三次（W1～W5区）一四八㎡・一九九〇年
［平安時代］土師器皿埋納、［室町時代：建物・池］（文献3・6）

四次（X区）五七㎡・一九九二年
［平安時代中期］土壙・包含層、［室町時代］溝、［江戸時代］溝・廃棄土壙（文献4・6）

五次（Y区）二〇〇㎡・一九九四年
［室町時代］建物・柵列、［桃山時代］整地層、［江戸時代］石組溝・集石・落込（文献5・6）

六次（六区）四二㎡・一九九七年
［室町時代］井戸・池・整地層、［江戸時代以降］整地層（文献7）

七次　一一五㎡・一九九九年
［室町時代］礎石建物・溝・池、［江戸時代］礎石建物・井戸・溝・暗渠（文献8）

八次　六四㎡・二〇〇一年
［室町時代］柱列・柱穴・溝・土坑・堀、［江戸時代以降］肥溜め・薬研堀・土塁（文献9）

九次　二五㎡・二〇〇二年
［室町時代］土壙、［江戸時代以降］柱穴・溝・土蔵基礎・廃棄土壙（文献9）

一〇次（一〇区）九八㎡・二〇〇三年
［平安時代］柱穴、［鎌倉時代］柱穴・集石・溝・整地層、［室町時代］礎石建物・柱穴・土壙・溝・整地層、［江戸時代以降］溝（文献10）

一一次（一一区）　三〇〇㎡・二〇〇五〜〇六年　［鎌倉時代］整地面、［室町時代］礎石建物・柱穴・溝・集石・埋納土坑・整地面、［江戸時代］礎石建物・蹲踞・石列・溝・集石・土坑・土器埋納・化粧面・整地面（文献11）

不動堂学術調査　六㎡・二〇〇九年　石敷床面に敷かれた緑色片岩

一二〜一四次　二〇一三〜一四年　［平安時代］整地層、［室町時代］基壇状高まり・瓦窯（文献12）

三　北山第と北山殿の復元

西園寺北山第の建物配置については、西園寺公衡の日記『公衡公記』[18]に西園寺実氏夫人貞子の十三回忌法要の様子が記され、参考になる。本願院（墓所堂）から南屋寝殿までの宝輿行列を記したものである。

南行、石橋を降りて南門に出づ、宝蔵の東と長増心院の西南を経て石の階段、善寂院と西園寺の北西を経て西塀中門に入る、青障子の東面織戸前を経て南行、南屋の上中門東庭に至る、東中門に入り、公卿座の西階段を降りて…

西園寺北山第の復元を行った川上貢氏は発掘調査以前の段階で、現在の方丈・書院・庫裏のあたりに南屋の寝殿を中心とする建築群を想定し、南屋から北西の山裾（現金閣北側）に北屋寝殿、南屋から北東に西園寺等の仏堂群、さらに山上へ石段を上り、現在の不動堂付近に宝蔵、安民沢の山寄りに本願院を想定[19]している。この復元は鹿苑寺境内の地形からみて妥当な案と思われる。特に、南屋寝殿と本願院の場所は確実と思われる。その他の遺構については、現在のところ、発掘調査の成果から復元するまでには至っていない。北屋寝殿の位置については、調査の成果から見ると、一〇次調査で検出した広範囲の整地層からみて、現在の門から入って北側の一帯に埋もれていると想定したい。『公衡公記』から西園寺北山第の建物配置概念図を図4右にあらわしてみた。

藤原定家が『明月記』[20]で称賛した四五尺（一四・八五m）の滝の場所についてはおおまかに二説ある。中村一氏や小野健吉氏は安民沢と鏡湖池の落差を利用した滝と想定[21]している。安民沢から導水した滝であるならば、滝石組みを伝う四五尺の流れ落ちの滝であろう。中根金作氏・鈴木久男氏・東洋一氏は現在の石不動堂裏側にある崖面に着目し[22]、この崖面であるならば、高さが四五尺あり『明月記』の条件に一致する滝となる。しかし、滝への導水に問題がある。中根金作氏や鈴木久男氏は紙屋川上流から大文字山中腹に溝を掘り、滝へ誘導していると想定している。水源から滝までかなり距離があること、急傾斜面に溝を掘った場合、途中で水が抜けることなどから、滝までどれほどの水を確保できたであろうか。途中に樋や水漏れ防止の工事が必要であろう。

次に、足利北山殿の建築については『臥雲日件録抜

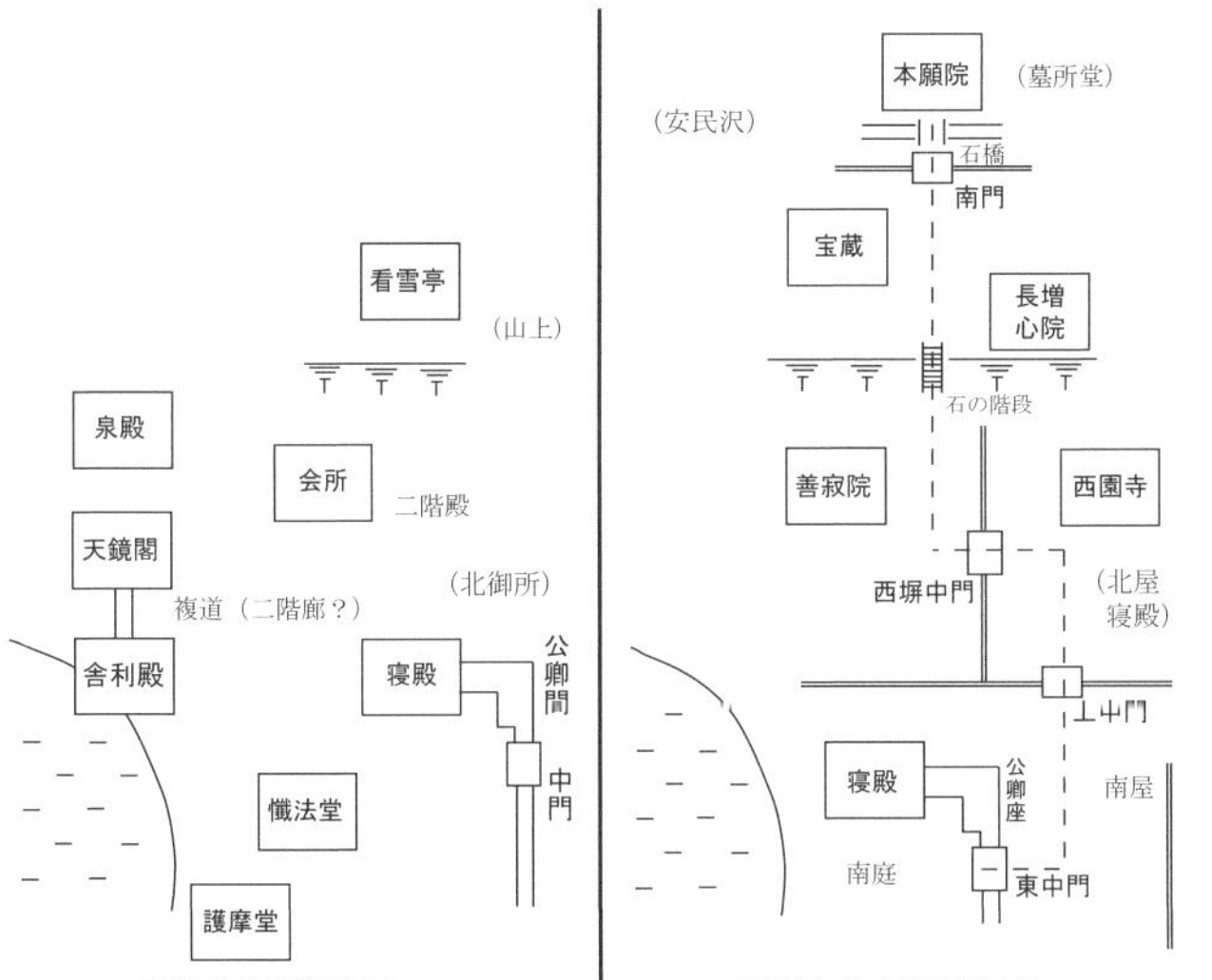

足利北山殿概念図
（『臥雲日件録抜尤』より）

西園寺北山第概念図
（『公衡公記』より）

図4　北山第・北山殿概念図

あると思えない。この史料は義持が建物を各寺院へ移築後、三〇年ほど経ち荒廃した鹿苑寺に訪問した相国寺の僧瑞渓周鳳が、最一検校から聞き取った内容のため、建物配置に正確さを欠くが、建物名にはそれほど誤りが

今、寺の西南に護摩堂あり、東に懺法堂あり、今、等持寺の宗鏡堂たるは是なり、懺法堂の東に紫宸殿、今、南禅院たるは是なり、紫宸殿の東に公卿の間あり、又是を天上の間と謂う、今、建仁寺の方丈たるは是なり、舎利殿の北に天鏡閣あり、複道、舎利殿と相通ず、往来の者、虚を歩むに似たり、閣の北に泉殿ありき、殿、今は則ち廃せり、閣、曾て南禅寺の方丈閣たり、而るに去る歳回禄して灰燼となす、惜しむべし、又会処の東北の山上に看雪亭あり、内に七仏薬師像を安んず、像、今法水院に在るのみ、亭則ちなし、と云々、

舎利殿は金閣のことなので、天鏡閣・泉殿・会所は金閣北側の平坦地に存在したことは確かであろう。また寝殿の位置も現在の方丈と庫裏のあたりと想定される。一一次調査の方丈の調査では室町時代の建物遺構は部分調査のため、明確ではないが、この位置に重要建築が存在したことは確かである。一次調査D区で検出した礎石建物は現段階では会所を想定しておきたい。また、この建物は焼土層で覆われていたため、応仁文明の乱の折に火災にあった可能性がある。『臥雲日件録』がどれほど正確かわからないが図4左に示す。

次に後小松天皇が北山殿に行幸した時の史料をみてみる。

御道は左衛門のぢん代より北へ、一条を西へ、大宮を北へ、きた小路よりたかはしを西へ、北山どの、惣門にいたるとぞきこえし。…この程御あるじは、又中門の北のかたにた、せおはします。…

一二日、…俄に北山院へ行幸あり。かねてもさたなかりし事なれば、ぐぶの人々をももよほされず。御道のほどもちかかけれぱ、よう輿などまでもなくて、ゑんだうをしきて、四足のもんより南のいしばしをくだらせおはしまして、南の御所になる。…夜に入て又崇賢門院へも行幸あり。…

この史料と『北山鹿苑寺境内之図』(25)（図5）を参考にすると、御所を出て、一条大路を西へ大宮を北へ、北小路（今出川通）から高橋を西へ向かい、北へ直角に折れると北山殿の総門に至る。そして、崇賢門院御所・南御所・四足門の位置関係となる（図6）。『北山鹿苑寺境内之図』は江戸時代に下った正保二年（一六四五）の図であるが、「鹿苑院殿義満公御台女院御屋

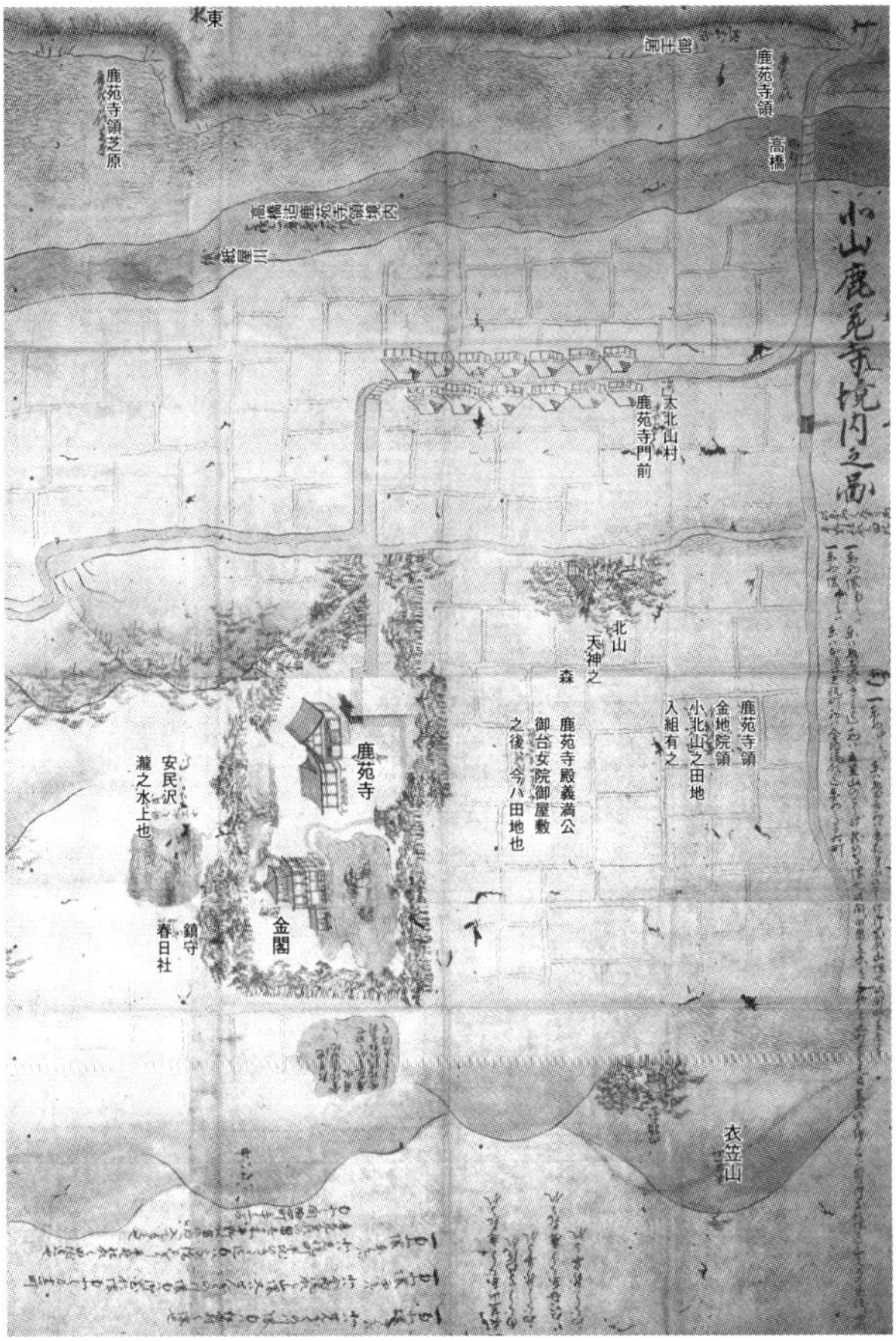

図5　「北山鹿苑寺境内之図」（鹿苑寺蔵）

敷之跡、今ハ田地也」と記されたところがあり、この記述が正しいのであれば、女院御所・崇賢門・四足門の位置が推定できる。

また現地形を観察してみると、図6に総門と記した地点に、緩やかではあるが、高さ一ｍほどで南へ落ちる段差が東西方向に確認できる。この段差の上に総門が築かれていると思われる。

細川武稔氏は足利義満の「北山新都心構想(26)」の中で、北山殿復元を試みている。惣門の位置を高橋道に面した場所に想定している。

北山大塔については、史料が少なくどのようなものであったか不明であったが、一四次調査で出土した相輪の破片は、大塔が当地で建立されたことを証明することとなった。また、相輪はその大きさや、蛍光X線分析によって表面にヒ素が認められたため鍍金の可能性があり、北山大塔を飾るにふさわしいものである。その破片は雷によって被災落下し破断したような形状を示している。立柱の儀は行われているものの、供養の記事がみられないため、未完成とは思われるが、相国寺大塔に匹敵する壮大な大塔が建立されていたのである。

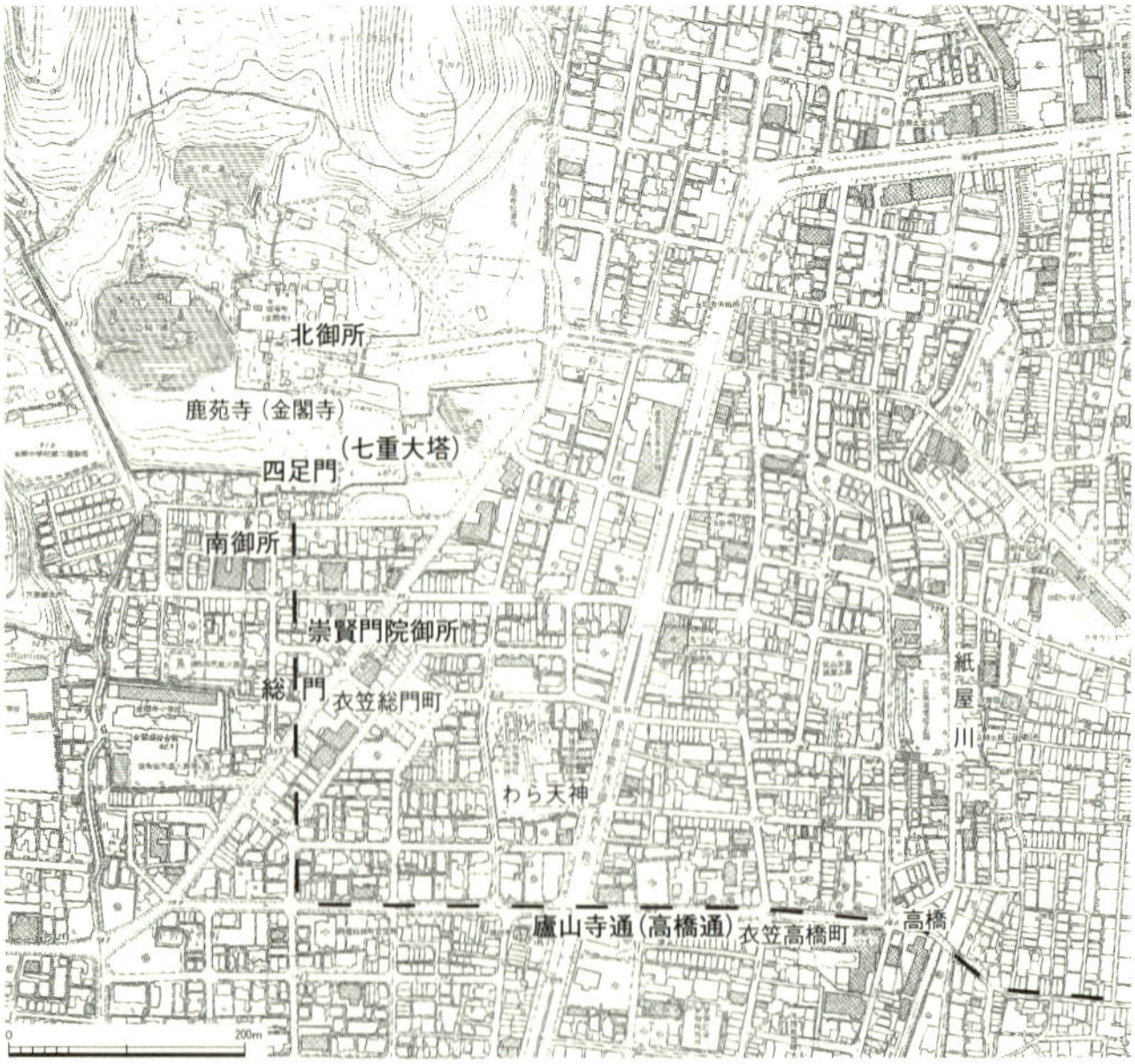

図6　北山殿復元図

七重塔の場所は、史料にはみられないが、図6の四足門の位置から東北、現在の北山文庫のあたりと考えたい。この地点からは北野神社へ向けて傾斜し、眺望がきくことから、南の遠方からでも雄大な七重塔が見えたことだろう。

注

(1)特別史跡と特別名勝の二重指定は、毛越寺庭園(岩手県)、小石川後楽園・浜離宮恩賜庭園(東京都)、一乗谷朝倉氏庭園(福井県)、鹿苑寺庭園・慈照寺庭園・醍醐寺三宝院庭園(京都府)、平城京左京三条二坊宮跡庭園(奈良県)、厳島日本三景(広島県)の七箇所である。
(2)鹿苑寺編『鹿苑』(金閣鹿苑寺、一九五五)。
(3)鹿苑寺編『鹿苑寺と西園寺』(思文閣出版、二〇〇四)。
(4)『増鏡』内野の雪第五。
(5)『明月記』嘉禄元年正月一四日条。
(6)『中務内侍日記』弘安七年(一二八四)七月五日条。
(7)『花園天皇宸記』元応元年(一三一九)一一月九日条。
(8)『足利治乱記』応永四年(一三九七)四月一六日条。
(9)『臥雲日件録抜尤』文安五年(一四四八)八月一九日条。
(10)『教言卿記』応永一一年四月三日条。
(11)『看聞日記』応永二三年正月九日条。
(12)『北山殿行幸記』応永一五年三月八日。
(13)『看聞日記』応永二六年一二月一二日条。
(14)『大乗院寺社雑事記』応仁元年(一四六七)六月二二日条。
(15)一次から一四次まで公益財団法人京都市埋蔵文化財研究所で実施し、調査報告は同法人のホームページで公開している。
(16)『鹿苑寺境内不動堂石室調査報告書』(鹿苑寺境内不動堂石室調査委員会、二〇一一)。

(17)鈴木久男「発掘された鎌倉時代の京都の庭園─西園寺・北山殿を中心として─」(独立行政法人国立文化財機構奈良文化財研究所『鎌倉時代の庭園─京と東国─』、平成二三年度庭園の歴史に関する研究会報告書、二〇一二)。
(18)『公衡公記』正和三年(一三一四)一〇月一日条。
(19)川上貢『日本中世住宅の研究 [新訂]』(中央公論出版、二〇〇二)。
(20)注5参照。
(21)前掲注3書所収、中村一「鹿苑寺の庭園」。
小野健吉『日本庭園』空間の美の歴史(岩波書店、二〇〇九)。
(22)中根金作『京都の庭と風土』(加島書店、一九九一)。
注17参照。

東洋一「西園寺四十五尺瀑布瀧と北山七重大塔(上)」(財団法人京都市埋蔵文化財研究所『研究紀要』七、一〇〇一)。
(23)注9参照。
(24)注12参照。
(25)注3参照。
(26)細川武稔「足利義満の北山新都心構想」(『中世都市研究』一五、二〇一〇)。

文献

(1)「特別史跡特別名勝鹿苑寺庭園」『昭和63年度 京都市埋蔵文化財調査概要』財団法人京都市埋蔵文化財研究所 一九九三。
(2)「特別史跡特別名勝鹿苑寺庭園」『平成元年度 京都市埋蔵文化財調査概要』財団法人京都市埋蔵文化財研究所 一九九四。
(3)「特別史跡特別名勝鹿苑寺庭園」『平成2年度 京都市埋蔵文化財調査概要』財団法人京都市埋蔵文化財研究所 一九九四。
(4)「特別史跡特別名勝鹿苑寺庭園」『平成4年度 京都市埋蔵文化財調査概要』財団法人京都市埋蔵文化財研究所 一九九五。
(5)「特別史跡特別名勝鹿苑寺庭園」『平成6年度 京都市埋蔵文化財調査概要』財団法人京都市埋蔵文化財研究所 一九九六。
(6)『特別史跡特別名勝鹿苑寺(金閣寺)庭園 防災防犯施設工事に伴う発掘調査報告書』京都市埋蔵文化財研究所調査報告書第15冊 財団法人京都市埋蔵文化財研究所 一九九七。
(7)「特別史跡特別名勝鹿苑寺庭園」『平成9年度 京都市埋蔵文化財調査概要』財団法人京都市埋蔵文化財研究所 一九九九。

（8）「特別史跡特別名勝鹿苑寺庭園」『平成10年度　京都市埋蔵文化財調査概要』財団法人京都市埋蔵文化財研究所　二〇〇〇。

（9）『特別史跡・特別名勝　鹿苑寺（金閣寺）庭園』京都市埋蔵文化財研究所発掘調査概報二〇〇一—九　財団法人京都市埋蔵文化財研究所　二〇〇二。

（10）『特別史跡・特別名勝　鹿苑寺（金閣寺）庭園』京都市埋蔵文化財研究所発掘調査概報二〇〇三—六　財団法人京都市埋蔵文化財研究所　二〇〇三。

（11）『特別史跡・特別名勝　鹿苑寺（金閣寺）庭園』京都市埋蔵文化財研究所発掘調査概報二〇〇五—一七　財団法人京都市埋蔵文化財研究所　二〇〇六。

（12）『特別史跡・特別名勝　鹿苑寺（金閣寺）庭園』京都市埋蔵文化財研究所発掘調査概報二〇一五—九　公益財団法人京都市埋蔵文化財研究所　二〇一六。

足利義満と北野経王堂

冨島義幸

はじめに

去程ニ去年十二月晦日ノ合戦ニ、人馬多ク下世シテ、内野大宮ノ戦場ニハ夜々ニ修羅闘諍ノ声聴ヘテ、時々合戦死亡ノ苦ヲイタク音ノミ、人ノ夢ニモ幻ニモ見聞ケル間、敵味方ノ討死モ尚怨害ヲ含ミ、合戦道ノ苦ヲ受テ瞋恚強盛ノ炎ニ身ヲ焦ス、（『明徳記』）

明徳の乱の戦場となった京都の内野では、夜になると合戦で戦死した者たちの苦しむ声がきこえたという。大報恩寺蔵『洛北千本大報恩寺縁起并由致拾遺』(1)（以下、『縁起』とする）には、

北野経王堂願成就者〔寺脱カ〕、将軍義満公〔足利第三代〕建立也、其由致者、山名氏清依返逆、義満起兵、戦於内野、得氏清首、凱歌而帰、然氏清天下勇士、是故為彼霊及一族追福、始万部経于内野、為其道場所建立也、（中略）時明徳三年也、

と、北野経王堂は願成就寺ともよばれ[2]、明徳二年（一三九一）、足利義満が前年一二月の明徳の乱で敗れた山名氏清を弔うべく、戦場となった内野（大内裏の跡）で万部経会をはじめ、その道場として建立したという。そして、「其後応永五年、移読経于北野始為定式、同八年建立経王堂」と、応永五年（一三九八）、場所を北野に移して定式とし、応永八年にはそのための建築として経王堂を建立したという。『縁起』によれば、その規模は「長三十間」すなわち正面が約五九m、「横廿五間」すなわち奥行きが約四九mもあったといい、蓮華王院三十三間堂の面積の一・三倍にもなる[3]。

今日、以上のような『明徳記』および『縁起』に記された由緒が、北野経王堂の成立の通説となっている[4]。しかし近年、万部経の願主を義満とすることについては、梅澤亜希子氏によって初期の万部経に義満以外の願主がいたことが指摘され[5]、池田丈明氏によって義満により明徳三年に内野で一千僧による五山の施餓鬼が修されたことが明らかにされている[6]。義満が北野に建立した経王堂は、室町期の京都を代表する大建築の一つであったにもかかわらず、これまであまり論じられることはなく、その創建沿革についても検討の余地をのこしている。そこで、本稿では室町期を中心に北野経王堂について再考してみたい。

一　北野万部経の沿革

北野万部経の濫觴について『仮名年代記』明徳三年（一三九二）一二月の条[7]には、「よしみつ内野にて、万部のきやうはしむ、」とあり、義満が万部経を修したとされている。景徐周麟（一四四〇～一五一八）の『翰林胡蘆集』一四所収の「鹿苑院百年忌陞座」には、「台霊始召畿内諸教寺法師一千一百員、而於北野建読誦法華経一万部之会」

とあり、万部経は一一〇〇人の僧侶による法華経一万部を読誦するものとされる。

万部経の記事は応永二年（一三九五）のものからのこり、『荒暦』同年九月二一日の条に、(8)

自今日於北野南馬場、請一千人僧補闕分百人相加云々、十ヶ日間、令読誦一万部法華経、願主本山法師、当時遁世、住或山寺云々、自去此一千百部経新調之、少々令勧進、然而偏以自力発願云々、凡不限今度、於諸国果此願及三度云々、誠希代大願也、貴賤上下鼓騒云々、

とあり、「本山法師」の発願と勧進により新調された法華経一千百部をもって、北野南馬場で千人の僧と補欠分百人の僧により一万部法華経読誦がなされた。この僧は北野万部経にかぎらず、諸国ですでに三度修していたというが、『東寺王代記』同日の条にも、「於北野馬場、一万部法華経読誦有之、願主江州百済寺僧云々、同音信読也、仮屋二宇構之」と、やはり願主は江州百済寺の僧とされている。この万部経の願主は義満ではなかったことになるのであるが、義満はといえば、『荒暦』同年一〇月一日条には「一万部経至今日十ヶ日結願、自明日又十ヶ日、自室町殿可被読誦云々」とあるように、一〇日間の万部経が結願した後、翌一〇月二日から一〇日間の読経を修した。義満は万部経とは別に読誦を修していたのである。


なお、この年の万部経は、『東寺王代記』に記されるように、仮屋をかまえての法会であった。

続く万部経の記事は、応永七年のものであり、『枝葉鈔』(9)には「一万部法花経事」として、「応永七庚辰十七、自今日如近年、於北野右近馬場仮屋、近国経法師千人在洛、十ヶ日之間、（中略）北山殿大略毎日御聴聞、御聴聞所被構置之、其外貴賤上下男女奴婢結縁無極」とあり、一〇月七日から「如近年」く北野の右近馬場の仮屋において、千人の僧侶によって、一〇日間修された。「北山殿」すなわち義満の聴聞所もかまえられ、義満は毎日の

ように聴聞におとずれた。期日もふくめ、このときまでには万部経が定式化されていたと考えられる。

先に述べたように、『縁起』によれば翌応永八年には、義満によって経王堂が建立されたという。後にあげる、院派仏師の系図『本朝大宮仏工匠正統系図并末派』[10]でも本尊は応永八年の造像とされる。

翌応永九年については、『福照院関白記』[11]同年一〇月七日の条に、「自今日北野一万部御経如例年云々」とあり、「如例年」く、万部経が修されたという。前年に経王堂が建立されていたとすれば「如例年」という記述は不審で、むしろ応永七年の『枝葉鈔』の記事にみるように、例年のごとく仮屋で修されたと考える方が自然ではなかろうか。

この点は後に検討することとして、『福照院関白記』によれば、この年も万部経が一六日に結願した後、翌一七日に、「今日於北野経所、千百人各卅三巻同音観音経云々、合三万六千三百巻也」と、万部経とは別に、一一〇〇人それぞれ三三巻、合計三万六三〇〇巻の観音経を読誦した。さらに、一八日の条には、「於北野又今日千部経云々、施主不知之」とあり、また別の千部経も修されていた。

応永一〇年の万部経会は『吉田家日次記』[12]同年正月一五日の条に、「自去七日、於右近馬場新御堂為此経被新造、及両三年了、以千百口之僧侶自諸国上洛、毎日人別一部八巻、信読之、北山殿御願也、(中略)又本経千百部兼被摺写之、結願以後被下彼僧侶云々」と、義満の御願とされている。ここでようやく「新御堂」すなわち経王堂があらわれるのであるが、わざわざその建設が「両三年」をかけて完了したと記されている点は注意を要する。前年の万部経が「如例年」く修されたという記事をあわせて考えるならば、経王堂の完成は応永一〇年のときとみなすべきであろう。『縁起』には応永八年の建立とあるが、じっさいにはこのとき本尊の造立とともに、経王堂の建設をはじめたとみるべきではなかろうか。なお、応永一〇年にもちいられた法華経は摺本で、結願後は各僧侶が拝領したことがわかる。

同記一六日の条には、「妙経今日満十ヶ日、被引御布施、北山殿御出、凡毎日御聴聞也、道俗男女結縁、誠是

人天大会也」とあるように、やはり義満は毎日のように聴聞している。さらに、この年の万部経でも、結願日の翌一七日の条に、「今日自北山殿、以妙経転読之僧侶、人別被転読観音経卅三、酉刻御出御聴聞所」とあり、義満によって前年と同じ人別三三巻の観音経読誦が修されていた。「妙経転読之僧侶」すなわち万部経を読誦した僧侶一一〇〇人が、そのまま経所にのこって観音経を読誦したわけである。

二 万部経の定式化と経王堂の創建

明徳の乱直後に記されたとされる『明徳記』では、「五山ノ清衆一千人ヲ以、大施餓鬼ヲ行セ玉ヒ」とあるように、義満は五山の僧侶千人によって施餓鬼を修した。すなわち明徳の乱から百日目にあたる明徳三年（一三九二）四月一〇日から、義満によって一千僧による五山の施餓鬼が修された[13]。また、義満による万部経は、明徳の乱から一周忌にあたる同年一二月に修されており、これらの法会は明徳の乱の戦死者のための追善仏事と位置づけられよう。一方、定式化された万部経は周忌とは関係のない一〇月に期日が変わっており、応永七年までに追善のあり方に何らかの変化があったことが考えられる。そこで注目されるのが、法華経を読誦する万部経と、これが結願してからはじめられる読経の二つがあったことである。

まず、後者の読経については、三万六三〇〇巻の観音経を読誦するもので、応永一〇年（一四〇三）には義満の御願であったことからみて、応永二年の万部経結願後に義満によって修された読経が、これにつながったことが考えられる。この万部経結願後の読経は、応永二〇年一〇月一四日に万部経が結願した後、一六日の『満済准后日記』の記事に、「北野御経自小川殿被読畢」とあり、「小川殿」すなわち足利満詮によって修され、一七日にも「北野御経」が確認される。後にも、同記永享二年（一四三〇）一〇月一四日の条に「北野御経十万部今日満結願云々、但各々願主経、明日明後日可相続云々」とあるように、有志者によって続けられていった。

次に前者については、定式化した一〇月の万部経で読誦される経典が法華経であることからも、応永二年九月から一二月にかけての百済寺僧の万部経を継承したものと考えるのが自然であろう。後者すなわち義満による読経は、この万部経をきっかけに十月にあわせて修されるようになったと考えられる。『縁起』によれば、応永五年に場所を北野に移して定式としたといい、この定式化には、当然、義満の関与があったと考えられ、そのための仏堂として、『縁起』にある応永八年に義満が経王堂の建設をはじめ、応永一〇年に完成させたと理解できよう。万部経の濫觴は義満による明徳の乱からの一周忌の読経に求められようが、百済寺僧による読経が少なからず意味をもっていたことを見落としてはならない。

三　経王堂と北野一切経会

このように北野には一一〇〇人もの僧侶を収容できるような、大規模な経王堂が建立された。この仏堂では毎年のように万部経が修され、歴代の足利将軍が聴聞に訪れることになったのである。

室町時代の製作とみられる北野天満宮蔵の『北野社絵図』[14]（北野曼荼羅、図1）では、北野社南門の南にある鳥居の手前、影向松（「雪見出」と記される）とならんで大規模な瓦葺屋根の一部が描かれ、その横には「経堂」と記されている。これが北野経王堂である。一六世紀前期の成立とされる歴博甲本『洛中洛外図』や、天正年間（一五七三～九二）初頭のものとされる上杉本『洛中洛外図屛風』（図2）を見ると、経王堂は影向松の西南に、東を正面として立っている。

注意すべきは、『北野社絵図』で本殿や南門など、画面中心軸線上の建物は正しく南面するように描かれてい

図１　北野天満宮蔵『北野社絵図』

るのに対し、経王堂は画面中央であるにもかかわらず、建物の南側が東に大きく傾いている点である。今でも北野天満宮の参道は楼門（南門）の南、鳥居をすぎると東に折れており、『北野社絵図』の経王堂の描写は、この方位が振れた参道にそって立っていたことをあらわしているとも考えられる。その位置は、影向松の参道を挟んだ向かい、観音寺の南東、現在の北野天満宮前交差点の西北あたりに推定されよう。

建築形式は、『洛中洛外図』をみると、周囲が建具のない吹き放しに描かれ、上杉本では多くの僧侶が堂内に参集している様子もわかる。この経王堂の姿は、現存する建築遺構でいえば、やや時代は降るが厳島神社の千畳閣、すなわち豊国神社本殿（天正一五年〈一五八七〉）に近い。千畳閣は正面約四七m、奥行き約二八mで、その規模は北野経王堂にはおよばないものの、周囲が吹き放しの大建築である（図3を参照）。安国寺恵瓊の天正一五年三月の書状[15]には、豊臣秀吉が戦没将士の慰霊のため、毎月千部経を読誦するために「経堂」を建てる旨が記され、建立の目的も北野経王堂につうじる。

北野経王堂の本尊については、前掲の『本朝大宮仏工匠正統系図并末派』に、

応永八年、
北野経王堂釈迦多宝作、山名氏建立也、
後小松院御宇
康勝 法橋治部卿、開阿弥、

と、釈迦・多宝であったとされる。山名氏の建立というのは明らかな誤りであるが、これら一仏は法華経を読誦する万部経にふさわしい。『山州名跡志』八「葛野郡」でも本尊は「尺余」の釈迦・多宝の一尊とあり、中央には四尺ほどの立像の千手像が安置されているとする。大報恩寺には、経王堂本尊と伝えられる釈迦如来像・多宝如来像は像高約四五cmで、室町時代の院派仏師の作風を示すとされる。[16]『蔭涼軒日録』によれば、永享一〇年（一四三八）一一月、足利義教が経王堂の本尊をつくらせ、翌一一年一一月に完成し、西方寺中訓が供養したといい、大報恩寺蔵の釈迦・多宝の二仏像はこのときの造立とみられている。とすると、経王堂当初の本尊がどうなったかが問題となるが、このとき造り替える理由は見当たらない。大報恩寺蔵の釈迦・多宝二仏像がもともとの本尊で、永享一一年に中央の千手観音像が加えられたとの理解が自然であろう。

さて、万部経のために建立された経王堂では、応永一九年（一四一二）、覚蔵坊増範の勧進により一切経が書写された。今日、この一切経五〇四八帖は引出箱とともに大報恩寺に伝えられており、その奥書から書写は讃岐・山城・和泉・大和など二五カ国から集まった、百人以上の僧侶によってなされたことが知られる。[17]応永二七年三月二一日には、この一切経をもって一切経会がはじめられ、将軍義持も参列している（『看聞日記』）。以後、毎年この日に北野一切経会が修されることになった。北野経王堂において、僧侶による発願・勧進が重要な意味を

もっていたことは、草創期にもつうじるところである。そこで修される万部経・一切経は、広く民衆に開かれた法会として重要な意味をもち、同じ義満が京都に建立した大建築でも、相国寺七重塔と北野経王堂とでは性格が大きくことなっていたのである。

また、一切経が書写された翌二〇年には、これを納めるための転輪蔵（経蔵）も建立された。転輪蔵は、はじめ経王堂の封内にあったが、後に北野社の社殿の前に移されたという。『北野社絵図』（図1）には、北野社の南門の西に、宝珠を戴く檜皮葺・宝形造の建築が描かれ、「輪蔵」と記されており、これが一切経を納めた輪蔵とみられる。大報恩寺には、輪蔵に安置されていたと考えられる傅大士および二童子像が伝わっている。二童子像は像内の銘から、応永二五年、院派仏師の院隆の作であることが知られる[18]。

図2　上杉本『洛中洛外図屏風』北野経王堂部分（米沢市上杉博物館蔵）

大報恩寺に伝わる永享八年（一四三六）一二月の「大蔵坊付続事[19]」には、覚蔵（増範）が願成就院の堂舎すなわち経王堂や転輪蔵を後継者にゆだねる旨が記される。増範は一切経書写事業で願主・大勧進として中心的役割を担ったが、この増範の覚蔵坊が経王堂と転輪蔵を管領していた。その後、大永五年（一五二五）六月の大報恩寺住持職の譲状には、もう一通、覚蔵坊職と輪蔵の譲状が付けられており、経王堂と輪蔵はこのときまでに大報恩寺住持が知行することになっていた。今日、一切経をはじめ、北野経王堂に縁のある釈迦・多宝二仏像や傅大士および二童子像、扁額や鼉太鼓縁、木造華瓶などが大報恩寺に伝わっていることには、このような背景がある。

四　経王堂の再興と破却

『長興宿禰記』[20]文明一〇年（一四七九）一〇月五日の条には、「今日北野万部法華経□之、乱中無沙汰、経堂破損之間、為室町殿御沙汰、自去頃被付用脚千余貫被修造、今日有興行、経衆僧侶千余人、先規也、雖然布施物依難事行、人数減三百余人上洛読誦之」とあり、義政が応仁の乱で荒廃した経王堂を修理し、万部経を再興した。ほんらい一〇〇〇人で修するところ、三〇〇人へと規模を縮小しての読経であった。『縁起』によれば、一六世紀末頃にはまたしても経王堂の破損が進んでいたようで、豊臣秀頼の寄進により再興され、慶長一〇年（一六〇五）に修理が完成したという。『義演准后日記』慶長一一年八月二五日の条には、「北野経堂、秀頼公御再興為供養、今日千部法華始行、貴賤群衆云々」とあり、供養にさいしては千部法華経会が修された。このように再興・維持されてきた経王堂であったが、寛文一〇年（一六七〇）には破損がはなはだしく、ついに廃棄されることになった。

破棄にあたっては、『縁起』に「大殿長三十間、横廿五間、頽廃矣、六観音及地蔵尊移本寺根堂中、須弥壇移智積院今有客殿道場者是也、瓦甍葺本寺根堂」とあり、六観音像と地蔵菩薩像が本寺である大報恩寺本堂に、須弥壇は智積院客殿にそれぞれ移され、瓦は大報恩寺本堂の屋根に葺かれたという。さらに大報恩寺本堂（安貞元年〈一二二七〉上棟）の昭和修理にさいしては、瓦のみならず経王堂の柱や梁、棟木などの木材も再利用されていたことが明らかになった。すなわち、棟木には「慶長七□《（歳）》壬寅」、小屋貫には「慶長七年之をたておさむ」と記されるなど慶長七年の銘が発見され、本堂の寛文九年（一六六九）から同一〇年の修理にさいして、経王堂慶長修理時の部材が使われていたことが確認された[21]。

再利用された部材のうち、小屋組材には番付の記されたものがあり、そこから推定される経王堂の規模は、一間一〇尺の柱間で桁行一九間（約五八m）、梁行一六間（四九m）というきわめて大規模なものになる。これは慶長修理を受けた経王堂のものではあるが、『縁起』にいう正面三〇間、奥行き二五間の規模とほぼ一致し、平安宮大極殿（基壇の正面約五四m、奥行き約二一m）よりも大きく、現在の東大寺大仏殿（宝永六年〈一七〇九〉再建）の正面約五七m、奥行き約五〇mにならぶ。

その立面は、奥行きの深い建物であるがゆえに屋根も巨大なものに復元され（図3）、東大寺大仏殿[22]と比較すると、高さははるかにおよばないが、巨大な屋根は大仏殿の上層屋根をうわまわる規模と存在感である。この規模が義満の創建時からかわっていないとすれば、にわかには信じがたいほどの大建築が、室町時代の北野に立っていたことになる。

『縁起』には、経王堂が解体されたことにつづけて、「大殿跡建一小堂二間半、三間也、斯存古昔之一、今本堂是也」と、その跡に二間半、三間の小堂を建立したと記されている。北野天満宮蔵、宝暦七年（一七五七）の北野天神境内古図[23]では、影向松の参道をはさんだ南西の向かい、観音寺の南東に、東向の正面三間、入母屋造の仏堂が描かれ、経王堂と記されている。再建された経王堂がこれにあたると考えられるが、もとの大規模な経王堂

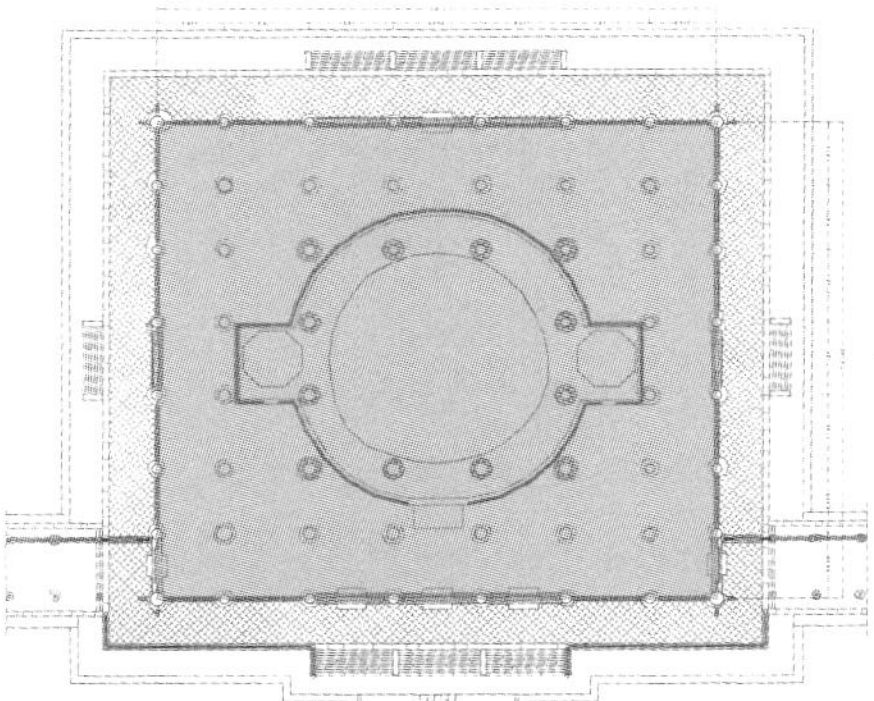
東大寺大仏殿平面図

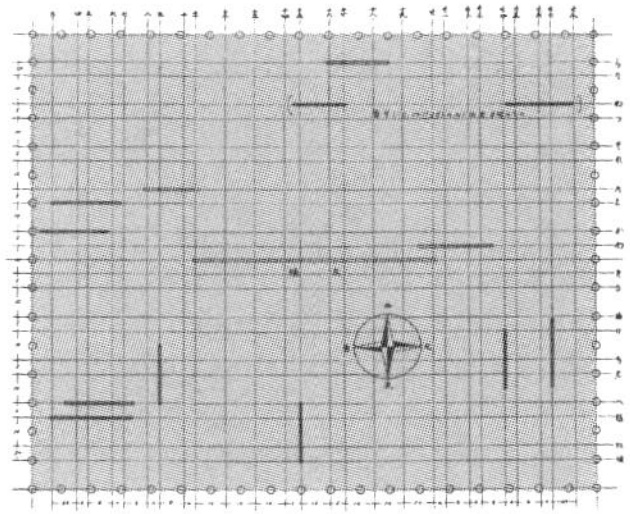
北野経王堂復元小屋番付図

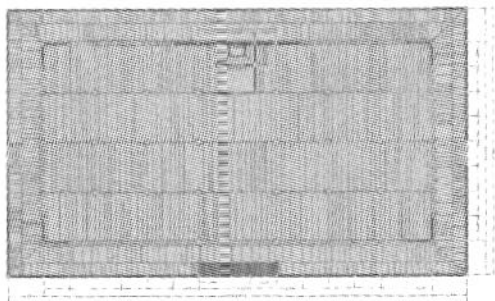
厳島神社末社豊国神社本殿平面図

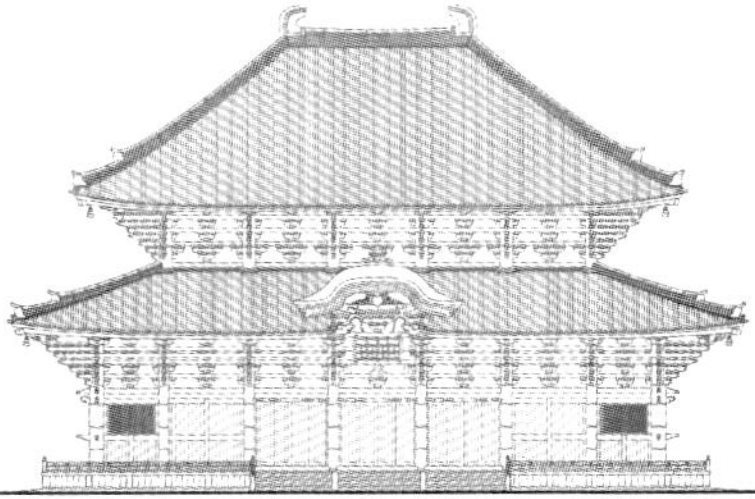
東大寺大仏殿立面図

北野経王堂復元立面図

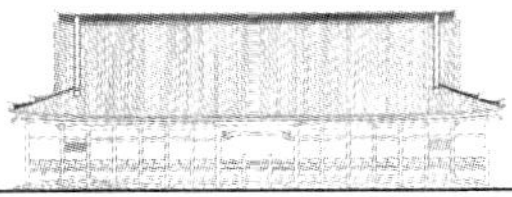
厳島神社末社豊国神社本殿立面図

図3　北野経王堂と東大寺大仏殿・豊国神社本殿

（北野経王堂復元小屋番付図・復元立面図＝『国宝大報恩寺本堂修理工事報告書』より転載、東大寺大仏殿平面図・立面図＝『国宝東大寺金堂（大仏殿）修理工事報告書』より転載、豊国神社本殿平面図・立面図＝『重要文化財厳島神社末社豊国神社本殿修理工事報告書』より転載、一部加筆）

にくらべ、あまりにも小さな仏堂である。義満が建立した大建築、北野経王堂の偉容は、こうして北野から失われてしまったのである。

注

(1) 千本釈迦堂大報恩寺編『大報恩寺の美術と歴史』(柳原出版、二〇〇八) 所収。
(2) 後にあげる永享八年(一四三六)の大報恩寺蔵「覚蔵附属状」(前掲注1『大報恩寺の美術と歴史』所収)で、経王堂は「願成就寺」とよばれている。
(3) 京都府教育庁文化財保護課『国宝大報恩寺本堂修理工事報告書』(一九五四)。
(4) 竹内秀雄「北野経王堂に就て」(『史跡と古美術』一九―一、一九三七)、竹内秀雄『天満宮』(吉川弘文館、一九六八)、臼井信義「北野一切経と経王堂―一切経会と万部経会―」(『日本仏教』三、一九五九)。
(5) 梅澤亜希子「室町時代の北野万部経会」(『日本女子大学大学院文学研究科紀要』八、二〇〇一)。
(6) 池田丈明「室町将軍と五山の施餓鬼―明徳三年四月一〇日の施餓鬼を中心に―」(『年報中世史研究』三八、二〇一三)。
(7) 『大日本史料』明徳三年(一三九二)一二月是月所収。
(8) 『大日本史料』応永二年(一三九五)九月二二日条所収。
(9) 『大日本史料』応永七年一〇月七日条所収。
(10) 京都国立博物館『院政期の仏像―定朝から運慶へ―』(岩波書店、一九九二) 所収。
(11) 『大日本史料』応永九年一〇月七日条所収。
(12) 『大日本史料』応永一〇年一〇月七日条所収。
(13) 前掲注6池田論文。
(14) 『神社古図集　続編』(臨川書店、一九九〇) 所収。制作年代については、豊臣秀頼によって本殿が再建された慶長一二年(一六〇七)以降とみる説もある。
(15) 『重要文化財厳島神社末社豊国神社本殿修理工事報告書』(一九八九) 所収。
(16) 伊東史朗「釈迦如来像・多宝如来像」(前掲注1『大報恩寺の美術と歴史』)。

(17)武田和昭「北野社一切経と覚蔵坊増範」(前掲注1『大報恩寺の美術と歴史』)。
(18)伊東史朗「傅大士および二童子像」(前掲注1『大報恩寺の美術と歴史』)。
(19)前掲注1『大報恩寺の美術と歴史』所収。
(20)『史料纂集』本による。
(21)京都府教育庁文化財保護課『国宝大報恩寺本堂修理工事報告書』(一九五四)。
(22)『国宝東大寺金堂(大仏殿)修理工事報告書』(一九八〇)。
(23)『なにが分かるか、社寺境内図(展覧会目録)』(国立歴史民俗博物館、二〇〇一)所収。
(24)大報恩寺には本堂の南、山門を入ってすぐ左に太子堂と呼ばれる建物が立っている。この仏堂は、本堂の昭和修理にさいして取り替えられた部材をもって建立されたものである。確かなことは解体修理など詳細な調査をまたなければならないが、再利用されている部材のなかには、寛文修理(一六六九〜七〇)にさいしてもちこまれた、北野経王堂の部材も含まれていることが考えられる。とすれば、この太子堂には北野経王堂の歴史が受け継がれているということになろう。冨島義幸「太子堂(経王堂遺構)」(前掲注1『大報恩寺の美術と歴史』)を参照。

第四部　東山殿と慈照寺

東山中世都市群の景観復元

山田邦和

一　「東山中世都市群」の提唱

中世の京都を論じる場合、その中心である「洛中」だけを見ていたのでは充分ではない。洛中の郊外には「辺土」と呼ばれる地域が広がり、その中には多数の小都市が散在していた。それは洛中の衛星都市群であったと評価することができる。そして、洛中と辺土は緊密な関係のもとに結合し、ひとつの大きな都市圏を形成していた。私は、中世京都に見られるこうした構造を「巨大都市複合体《コンプレックス》」と名づけている。[1] これからの中世京都論にとっては、巨大都市複合体《コンプレックス》を構成する個々の衛星都市の構造と、それらが果たしてきた役割を分析することこそが必須の視点となると考えているのである。

さて、洛中から見て東の郊外にあたる鴨川と東山丘陵の間には、広い平地と緩斜面が広がっている。ここは洛中から至近の距離にあるということもあり、平安時代から現代にいたるまで洛中を支えるヒンター・ランドの役割を担ってきた。平安時代後期から鎌倉時代にかけては白河・六波羅・法住寺殿といった院政王権都市や権門都市が営まれた。さらに南北朝・室町時代以降にも、この地域にはさまざまな寺社や貴族別業などが建設されていったのである。中世の大寺社は単なる宗教施設にとどまらず、多数の僧侶・神官や隷下の人々の活動の場であったし、その周囲には寺社の領主権に服する民衆が集住していた。その点で、中世の大寺社はそのまま都市と呼べるべきものとなっていった。中世の東山丘陵の西裾部には、こうした都市空間が展開していたのである。

興福寺大乗院の僧正尋尊は、応仁・文明の大乱の被害のことを指して「京中并東山・西山悉以成二広野一」(『大乗院寺社雑事記』文明二年〈一四七〇〉正月一日条)と述べている。ここで尋尊が「東山」と言っているのは、自然の山塊としての東山丘陵のことではなく、その西裾部に広がる都市空間を指していることは明らかであろう。そこで、尋尊の表現にならい、この地区の都市空間の総称として「東山中世都市群」という語を採用したいと思う。

二　東山中世都市群の景観

ここで設定した東山中世都市群は、いくつもの小都市の集合体である。この都市群の中核ともいえる祇園・八坂・清水については項を改めることにして、まずはそれ以外の地区の様相を概観してみよう(図1)。

まず、東山中世都市群の北端には、浄土寺が営まれていた。この寺院の正確な創建年代は不明であるが、左大臣藤原仲平の女で醍醐天皇皇子の有明親王の妃であった従三位藤原暁子《あきらこ》が寛和二年(九八六)にこの寺で出家しており(『日本紀略』同年三月一四日条)、また同親王皇子で寛仁三年(一〇一九)に天台座主に昇った明救《みょうぐ》は「浄土寺座主」と呼ばれていて同寺に住していたことが知られるから、平安時代中期のある段階までに創建されていたことは確実である。浄土寺は後一条天皇の火葬骨の仮の安置所となったし、その境域には白河法皇の近臣の平範家や後白河法皇の近臣の平業房、さらには後白河法皇の寵妃であった丹後局高階栄子(平業房はその前夫)といった人々が建立したいくつもの御堂が立ち並んでいた。また、建春門院平滋子も浄土寺の業房の御堂に御幸したこ

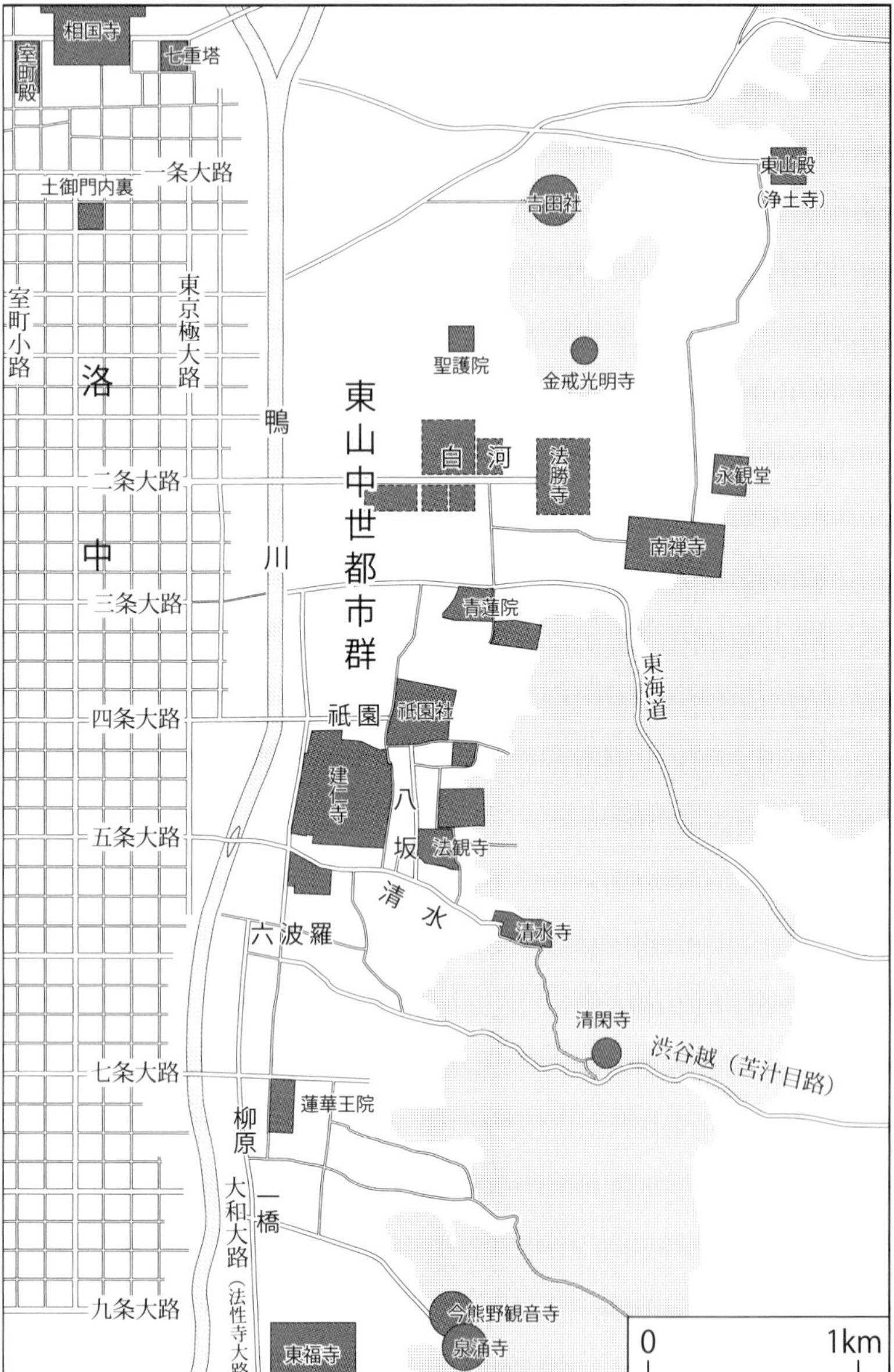
相国寺
室町殿
七重塔
一条大路
土御門内裏
吉田社
東山殿
(浄土寺)
室町小路
東京極大路
洛
聖護院
金戒光明寺
東山中世都市群
鴨
白
河
法勝寺
永観堂
二条大路
南禅寺
中
川
三条大路
青蓮院
東海道
四条大路
祇園
祇園社
建仁寺
八
坂
五条大路
法観寺
清
水
六波羅
清水寺
清閑寺
渋谷越（苦汁目路）
七条大路
蓮華王院
柳原
大和大路
一橋
（法性寺大路）
九条大路
今熊野観音寺
泉涌寺
東福寺
0
1km

図 1　東山中世都市群

とがある（『山塊記』安元元年〈一一七五〉八月一一日条）など、平安時代にあっても相当の名刹とみなされていたことは確かである。室町時代には、将軍足利義政の異母弟の義尋《ぎじん》がこの寺の座主となったことが著名である。いうまでもなく、この義尋こそは還俗して兄・義政の将軍後継者に指名された足利義視である。浄土寺の正確な位置や構造は判明していないけれども、相当の規模を持った大寺院であったことはまちがいない。慈照寺（銀閣寺）から南に約一〇〇m、現在の法然院の裏山では正応二年（一二八九）書写の経文を埋納した浄土寺南田町経塚が発掘されており、これが浄土寺に附属する遺構である可能性は高い。

文明一四年（一四八二）、前将軍となっていた足利義政は「浄土寺山々荘」（『後法興院記』同年二月八日条）の造営を開始した。これが東山殿（東山山荘）である。東山殿の建立にともない、浄土寺は一部の小堂を除いて境内地の過半を接収されてしまい、上京に移転を余儀なくされたと伝承されている（『山城名勝志』）。義政の薨去後には東山殿は寺院に改められて東山《とうざん》慈照寺となったし、そこに建てられた二層建築の観音殿はいつしか「銀閣」と呼ばれるようになり、寺自体も「銀閣寺」の通称で知られるようになったことはいうまでもない。義政在世中の東山殿は、単なる前将軍の別業にとどまらず、その周囲には義政に仕えるさまざまな人々が暮らす都市空間を附属させていたことが知られている。東山殿を中心とした都市空間の詳細は未だ明確にはなっていないけれども、細川武稔が足利義満の北山殿を中核とした地域を「北山新都心」と名づけた前例にならうならば、これを「東山新都心」と呼ぶことも一案であろう(2)。

東山から派生した独立丘陵である神楽岡（吉田山）には、吉田社・金戒光明寺（「黒谷」）といった寺社が点在していた。吉田社は平安時代に創建された古社であるが、室町時代前期まではささやかな小社であった。しかし、一五世紀後半に吉田兼倶が吉田神道を創始して朝廷や幕府との繋がりを深め、一大発展を遂げることになる。

白河は、平安時代後期に白河上皇によって法勝寺が建立されたのを嚆矢として「六勝寺」と総称される天皇・

女院の御願寺や院御所、貴族の別業が続々と営まれ、平安京東郊を代表する都市となった場所である。鎌倉時代にはいると六勝寺は次第に衰退したが、法勝寺においては八角九重の大塔を始めとする伽藍群は、康永元年（一三四二）に焼失するまで持ちこたえていた。最終的に法勝寺が姿を消すのは、応仁・文明の大乱の際の兵火によるものだったらしい（『武家年代記裏書』応仁二年〈一四六八〉八月五日条）。ただ、白河の寺院群の中では聖護院だけは命脈を保ち続けていた。

白河の東方には、禅林寺（永観堂《えいかんどう》）と南禅寺がある。禅林寺は平安時代前期の貞観五年（八六三）に空海の弟子の真紹が開いた寺で、一二世紀に永観《ようかん》が入ってからは浄土念仏の道場としての性格を強めていく。この寺の南側に亀山上皇が母の大宮院藤原（西園寺）姞子《よしこ》のために造営した御所が禅林寺殿である。禅林寺殿はその後に亀山上皇自身の院御所となり、上御所（松下殿）（『勘仲記』弘安一〇年〈一二八七〉七月二日条）や下御所、御堂としての南禅院（『同』同年八月二〇日条）など、さまざまな設備を整えていく。なお、永観堂禅林寺と院御所としての禅林寺殿は、隣接してはいるが別の施設であり、前者が廃されて後者になったわけではないことは注意しておかねばならない。

さらに上皇はこの禅林寺殿を臨済禅の寺院に改め、南禅寺としたことであった。南禅寺は後醍醐天皇によって五山の第一に列せられ、さらに足利義満によって五山の制が再編されると「五山の上」に位置づけられたのである。南禅寺は巨大寺院として境内に多数の塔頭を擁していた。また、文亀二年（一五〇二）六月二五日付の幕府奉行人奉書（「南禅寺文書」中、二五八号）は「南禅寺同諸塔頭境内并門前」に狼藉停止を命じた禁制であるが、その中に「舎屋」という文言が見られることは、南禅寺の門前に多数の民家が存在していたことを示しており、ここに一定の都市的空間が成立していたことをうかがわせる。

南に目を転じると、東山丘陵の阿弥陀峰の山麓の緩斜面が、平安時代末期の後白河法皇の院御所であった法住寺殿の地である。法住寺殿は後白河法皇の崩御の後は衰退したが、その中心的な御堂であった蓮華王院（本堂は三十三間堂と通称される）だけはその後も命脈を保った。注目されるのは、法住寺殿の一角を占めていた最勝光院（建春門院御願寺）の跡地とその周辺が「一橋」と「柳原」と呼ばれるようになり、室町時代には東寺領となっていたことである。応永三〇年（一四二三）一二月一一日付「最勝光院敷地土内屋地興行注目事」（「教王護国寺文書」）には多数の民家がここに所在したことが示されており、その中には「トキ屋（研ぎ屋）」「材木屋」「鍛屋（鍛冶屋）」「アフラ屋（油屋）」といった商工業者の名が見られる。この地は京都と奈良（南都）をつなぐ街道である大和大路（法性寺大路）沿いであったから、幹線道路沿いに都市が形成されていたのである。

東山中世都市群の南端に位置するのが、泉涌寺・今熊野観音寺・東福寺である。泉涌寺は鎌倉時代前期に四条天皇の葬送に関わり、境内に同天皇陵を営んで以来、皇室とのつながりを深めた。東福寺はいうまでもなく藤原（九条）道家によって創建された大寺院で、室町時代には京都五山の第四位に位置づけられていた。東福寺の門前の大和大路に沿った地域が「法性寺八町（法性寺大路八町、東福寺門前八町）」と呼ばれ、東福寺が支配する都市空間だった。永正五年（一五〇八）九月二〇日付「東福寺文書」には法性寺八町の「酒麹諸商買役銭人夫」という文言が見られ、この地に多くの酒屋とその関連の商家が集まっていたことが知られる。

三　祇園・八坂・清水の都市空間

東山中世都市群の中でも、特に顕著な都市空間を発達させたのは、東海道（三条大路末）よりも南、渋谷越よりも北にあたる地域、つまり山城国愛宕郡の南部（現・京都市左京区の南部から東山区北部）である。ここには、祇園社・清水寺・法観寺（八坂の塔）・建仁寺といった京都の歴史において大きな役割を果たしてきた大寺社が存在していたし、それらの寺社の門前には在家（民家）が集中していた。その点では、祇園社境内の祇園、清水寺境内の清水坂、法観寺境内の八坂といった部分のそれぞれを独自の中世都市として考えることは充分に可能である。ただ、ここで注目したいのは、この地域においてそれぞれの寺社の門前地同士は完全に独立しているわけではなく、互いに隣接または重複しており、全体としてひとつの大きな都市空間を形成していたということである。こうした都市区画の連続性を重視するならば、祇園・清水・八坂とその周辺を一括し、その全体をひとつの都市と見るのも可能であろう。すでにこの地域の都市空間については、伊藤毅や伊藤正敏によって分析が加えられている(3)。

中世都市の構造を復元するための重要な手がかりのひとつとなるのが、荘園絵図・寺社参詣曼荼羅・洛中洛外図屏風・絵巻などの絵図史料である。ただし、都市景観の復元にそうした絵図史料を使用する場合には、常に注意しておかねばならないことがある。山村亜希が『忌宮神社境内絵図』を分析して中世の長門国府の復元研究にあたって鋭く指摘したように(4)、絵図史料にはそれを描かせた主体（寺社権力・守護権力など）が存在しており、主体が違うと空間認識までもが違ってくるのである。つまり、こうした絵図に描かれた景観は、現代の地図や航空写真のように客観性を重んじたものではなく、あくまで権力主体が「あるべき姿」と考えた景観なのである。これは絵図史料による都市構造復元研究についての基本的提言として大きな意味を持っている。

ただし、京都についてはいささか事情が異なっている。中世の京都は権門体制国家の首都であり、この体制とは複数の権力体つまり武家権力としての幕府、貴族権力としての朝廷、宗教権力としての大寺社等々が併存しつつ、ゆるやかな連合体を作り上げて民衆支配をおこなっていたのである。権力拠点が単一もしくは少数にとどまった地方都市と比較すると、首都である京都には数多くの権力拠点が共存していたのである。そして、それぞれの権力体はそれぞれの視点から京都の絵図史料を描かせてきた。つまり、京都の場合にはそうした複数の絵図史料を比較検討することが可能なのであり、その結果を総合することによって都市構造の復元に迫ることができるのである。

特に、東山中世都市群の中核ともいえる祇園・清水・八坂とその周辺については、いくつもの絵図史料が存在する。その主要なものを列挙してみよう(5)。八坂神社本『祇園社絵図』(6)。清浄光寺本『一遍上人絵伝(一遍聖絵)』。金光寺本・東京国立博物館本・真光寺本・光明寺本の各『遊行上人縁起絵』。珍皇寺本『珍皇寺参詣曼荼羅』。法観寺本『八坂法観寺参詣曼荼羅』。中島家本『清水寺参詣曼荼羅』。清水寺本『清水寺参詣曼荼羅』。太田記念美術館本『洛外名所図屏風(京名所図屏風)』。国立歴史民俗博物館甲本(町田家本)・上杉家本・東京国立博物館模本・国立歴史民俗博物館乙本(高橋家本)の各『洛中洛外図屏風』。『七十一番職人歌合』。慶應義塾大学図書館本『元禄　洛中洛外大絵図』。

ここにあげた絵図史料の製作時期は一三世紀から一七世紀までにおよんでおり、その中の特定の一時期の都市景観を復元することはなかなかに困難である。ただ、そうはいっても、この地域の都市構造が著しい変貌を遂げるのは、桃山時代や江戸時代になって東山大仏(後に方広寺と名づけられる)・豊国社・妙法院・智積院といった大寺社が建立されてからのことであった。したがって、中世に限っていうならば、この地域の都市の骨格に大きな変更が加わることはなかったと思う。

こうした絵図史料のうちの代表格として、清水寺本『清水寺参詣曼荼羅』、『八坂法観寺参詣曼荼羅』、『洛外名所図屏風』、の三種類をとりあげ、そこに描かれた景観の内容を図示するならば、図4~6のようになる。これに自余の絵図史料の情報を統合し、その結果を現在の地図に落としていくならば、図2・3のようになる。これが、おおよそ一三世紀から一六世紀にかけての東山中世都市群の中枢部としての祇園・清水・八坂の都市の景観なのである。

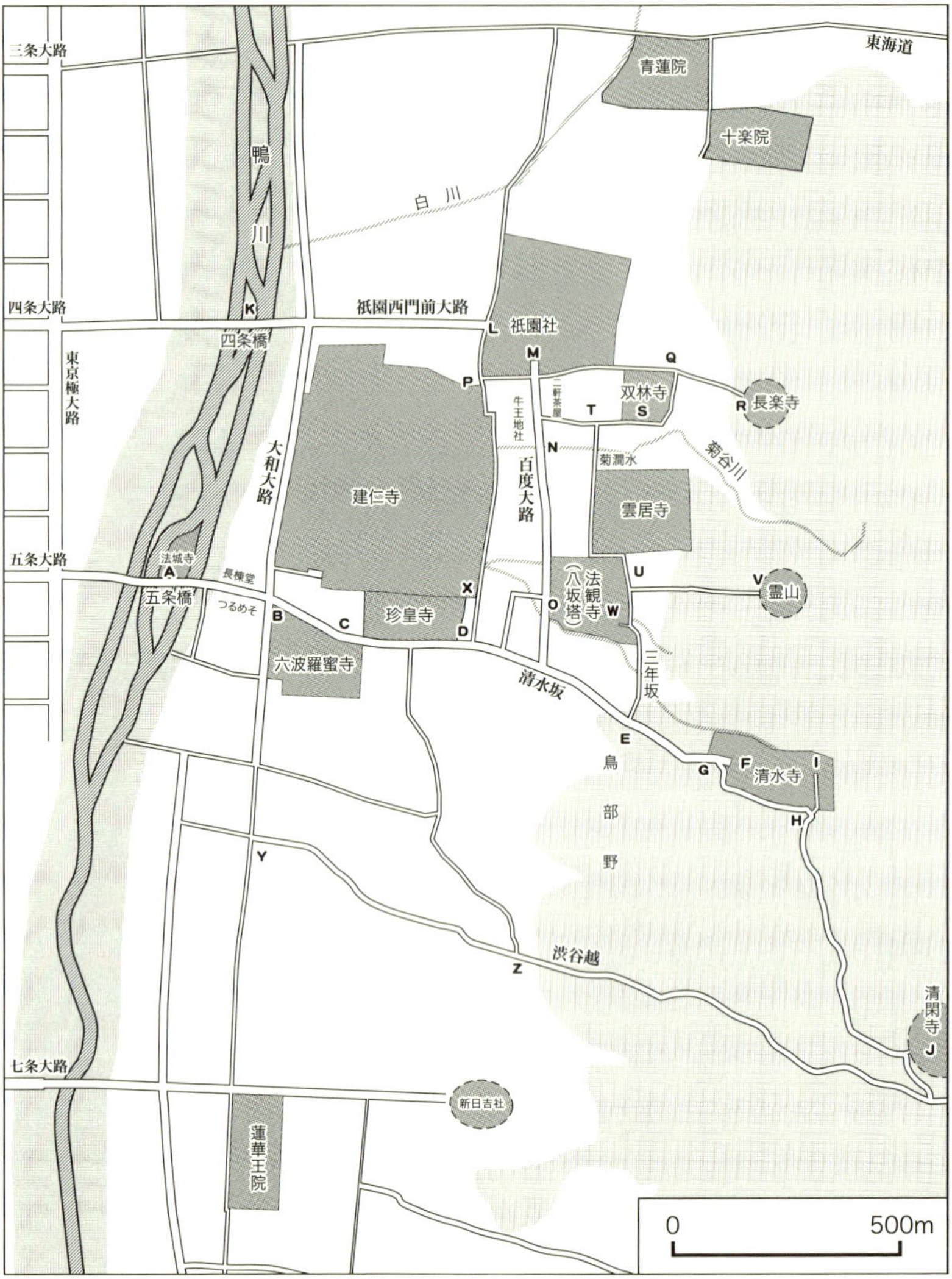

図２　東山中世都市群（中央部）の復元１

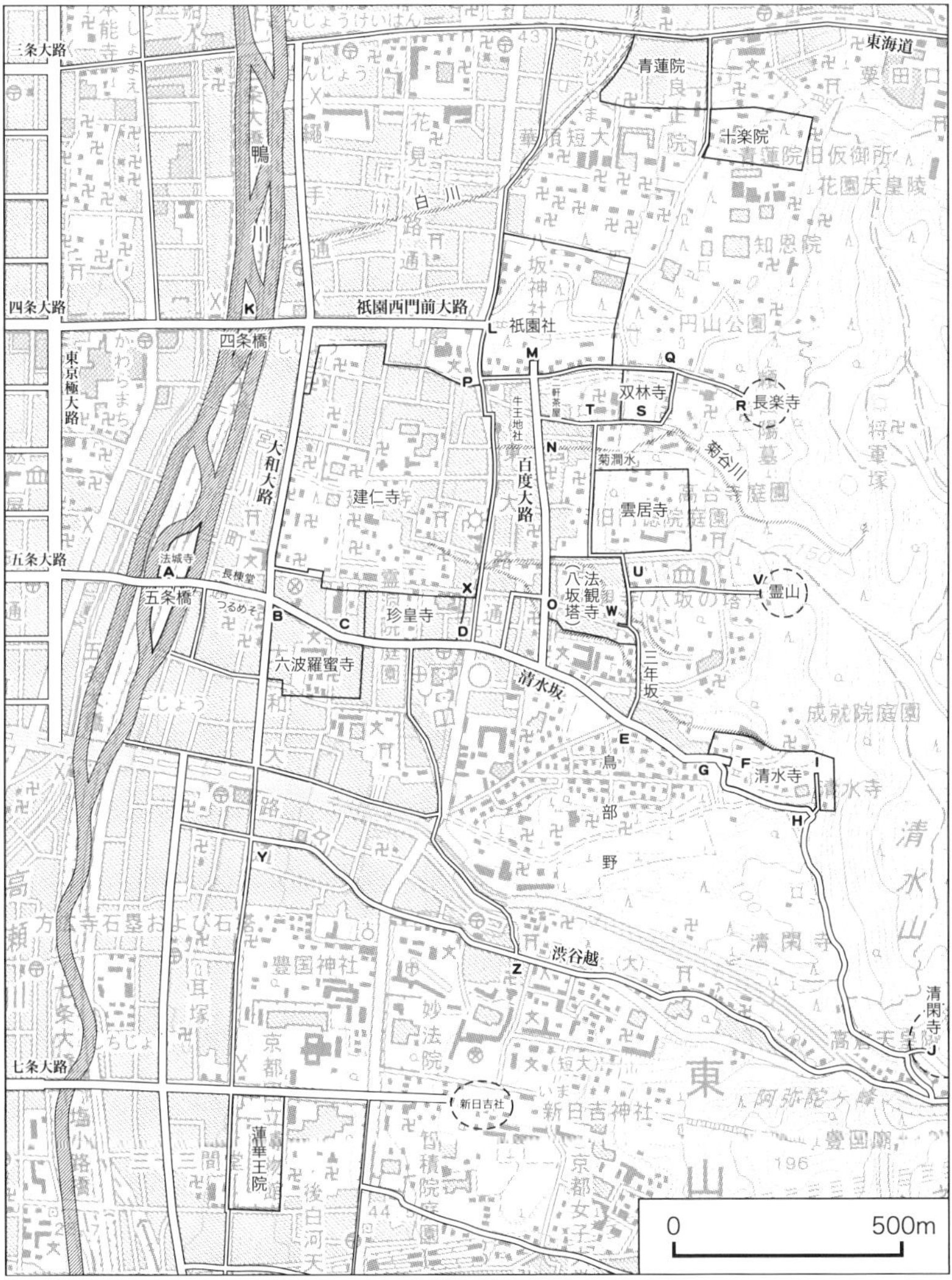

図３　東山中世都市群（中央部）の復元２

四　祇園・八坂・清水の景観

それでは、ここに示した復元図に基づき、祇園・八坂・清水の都市空間について、特質ある景観を略述してみよう。

前述のとおり、この地域にはいくつもの大寺社が点在し、それらが東山中世都市群の中核施設となっていた。青蓮院・十楽院・祇園社（『祇園社絵図』）・建仁寺・清水寺（以上、中島家本・清水寺本『清水寺参詣曼荼羅』）、雲居寺、法観寺（以上、『八坂法観寺参詣曼荼羅』）は、それらの中でも特に巨大な規模を誇っていた。その他に、珍皇寺（『珍皇寺参詣曼荼羅』）・六波羅蜜寺・長楽寺・霊山正法寺・清閑寺（以上、中島家本・清水寺本『清水寺参詣曼荼羅』）などの寺が絵図史料に描かれている。

この地域の南北の基軸道路が、祇園社の正門（南門）（M）から法観寺（O）へと向かう百度大路（現・下河原町通）（『祇園社絵図』『八坂法観寺参詣曼荼羅』）と、建仁寺の西端をかすめて南に延び、南都（奈良）へと続く大和大路である。このうち、百度大路は距離は短いけれども、祇園社の表参道として古来より栄えた。祇園社の門前には百度詣の起点となる牛王地社と、二軒茶屋（『八坂法観寺参詣曼荼羅』）があった。百度大路が菊谷川をまたぐところ（N）には菊水橋と呼ばれる橋が架けられている。菊水橋を始めとしたこの地域の小橋は、いずれも朱塗りの欄干を持った瀟洒なものであったらしい（『八坂法観寺参詣曼荼羅』）。

もうひとつの祇園社への参道であったのが、同社西門（L）から西に延びる祇園西門前大路（L—K）である。本来はこれは祇園社の裏参道であったが、鴨川にかかる四条橋（K）を超えて平安京の四条大路に接続するため、洛中からの参拝者の主参道として使われ、そこには祇園社の門前町が展開していた。この地区の北部にあたる東

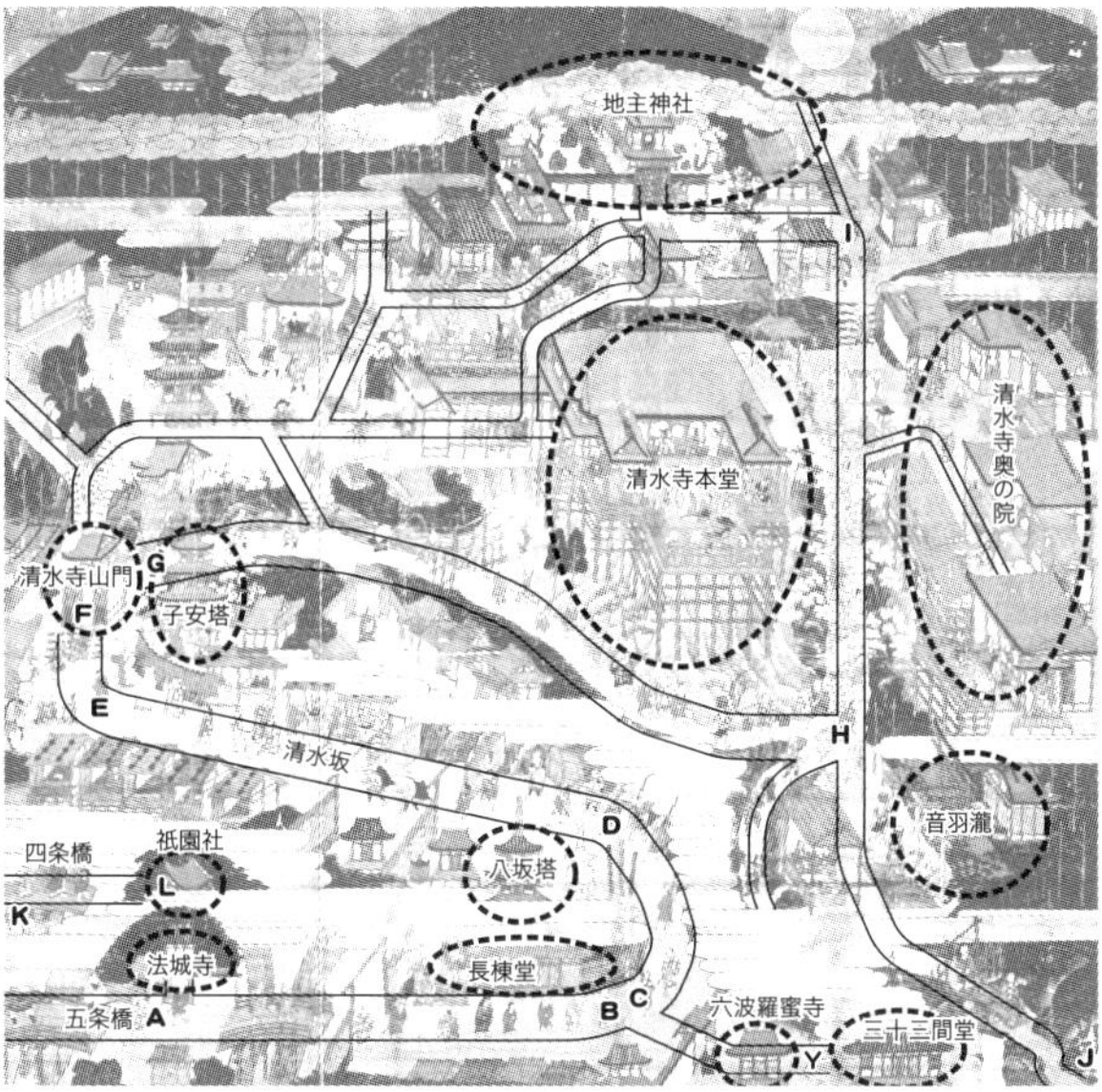

図４　『清水寺参詣曼荼羅』の解析

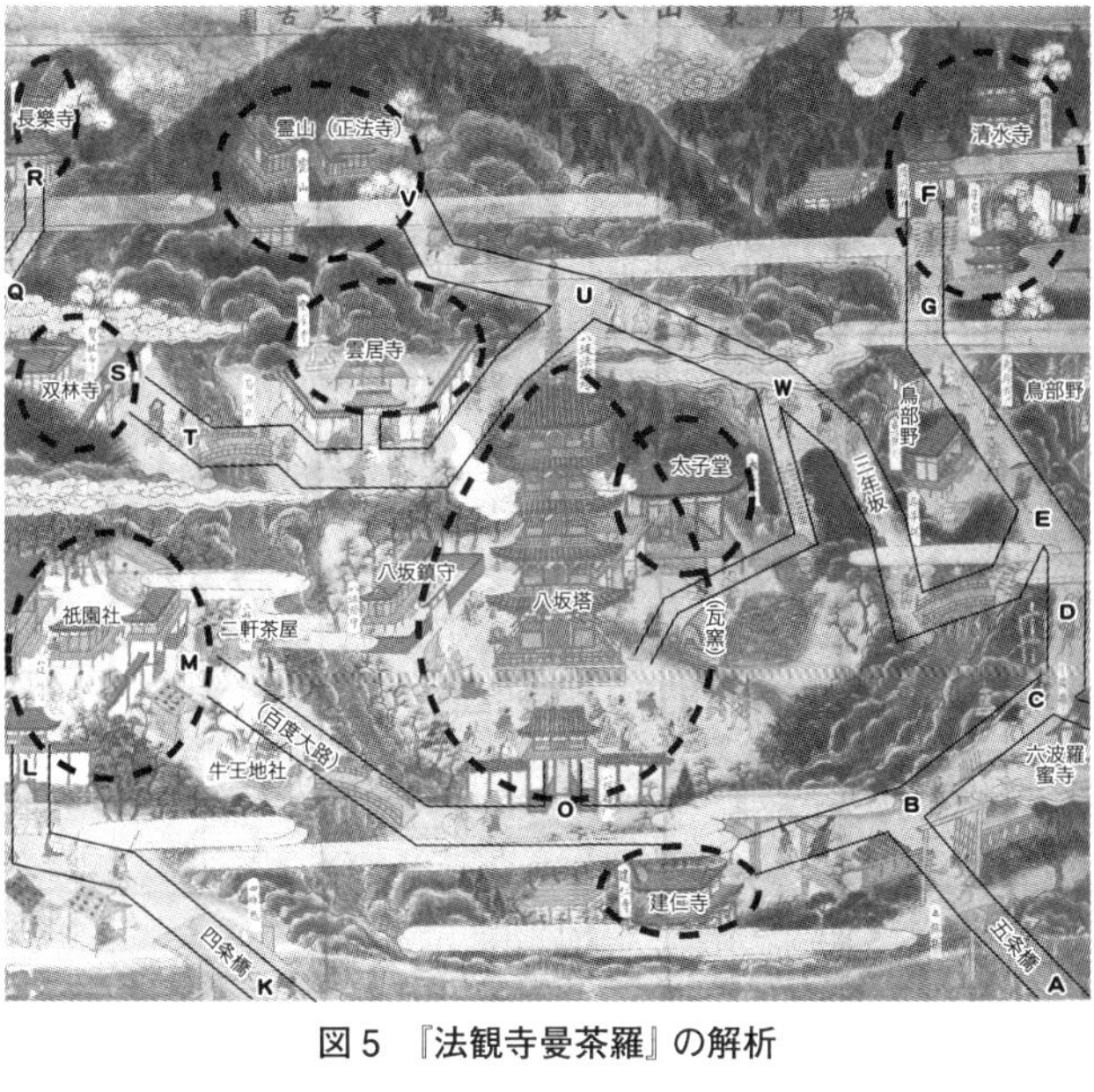

図５　『法観寺曼荼羅』の解析

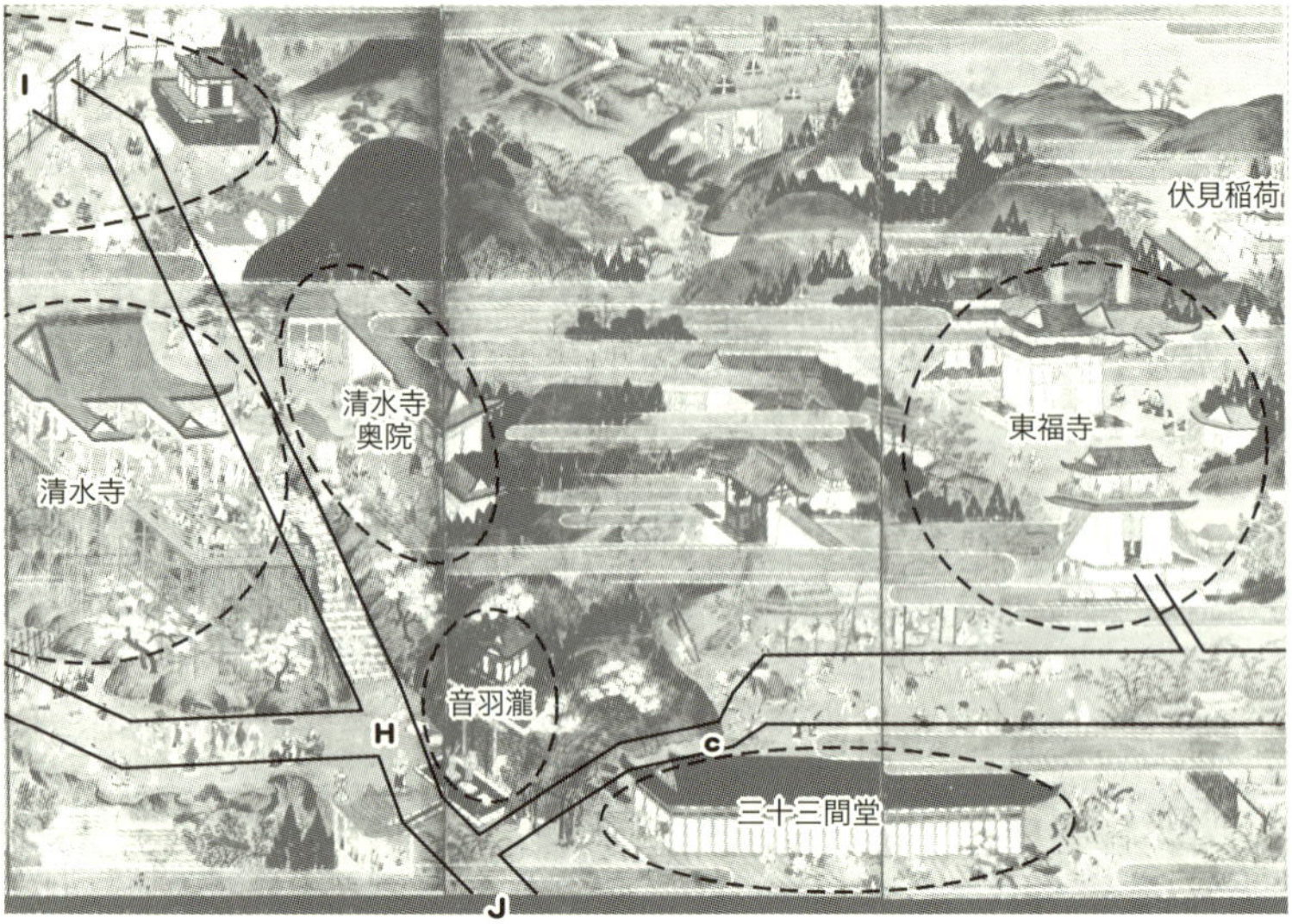

図6　『洛外名所図屏風（京名所図屏風）』解析

山区富永町所在遺跡では一三世紀前半の埋納銭（三万数千枚）が発見されており、祇園門前の繁栄の一端が知られる。四条橋は五条橋と並んで鴨川の最大の橋であった。祇園社への参詣路として「祇園橋」の別称を持っており、その名のとおり西端には鳥居が建てられていた（『一遍上人絵伝』、金光寺本・東京国立博物館本・真光寺本・光明寺本『遊行上人縁起絵』、『洛外名所図屏風』）。

洛中から清水寺の門前に向かうのが、五条大路末および清水坂（A—B—C—D—E—F）である。これは現在の松原通に該当しており、平安時代から清水寺への参詣路として栄えており、東山中世都市群にあっても最も繁華な道路であった[7]。鴨川の五条橋（A）のところには中島（中島家本・清水寺本『清水寺参詣曼荼羅』、歴博甲本・上杉家本・東博模本・歴博乙本『洛中洛外図屏風』、『洛外名所図屏風』）があり、そこには法城寺・大黒堂と呼ばれた寺院が建てられ、さらには陰陽師安倍晴明の墓所と伝える晴明塚が存在していた[8]。五条橋を渡って鴨川の東岸に出ると、道路の北側には癩者たちの根拠地であった長棟堂が、南側には祇園社に仕える非差別民である犬神人（つるめそ）の集住地があった。『八坂法観寺参詣曼荼羅』に

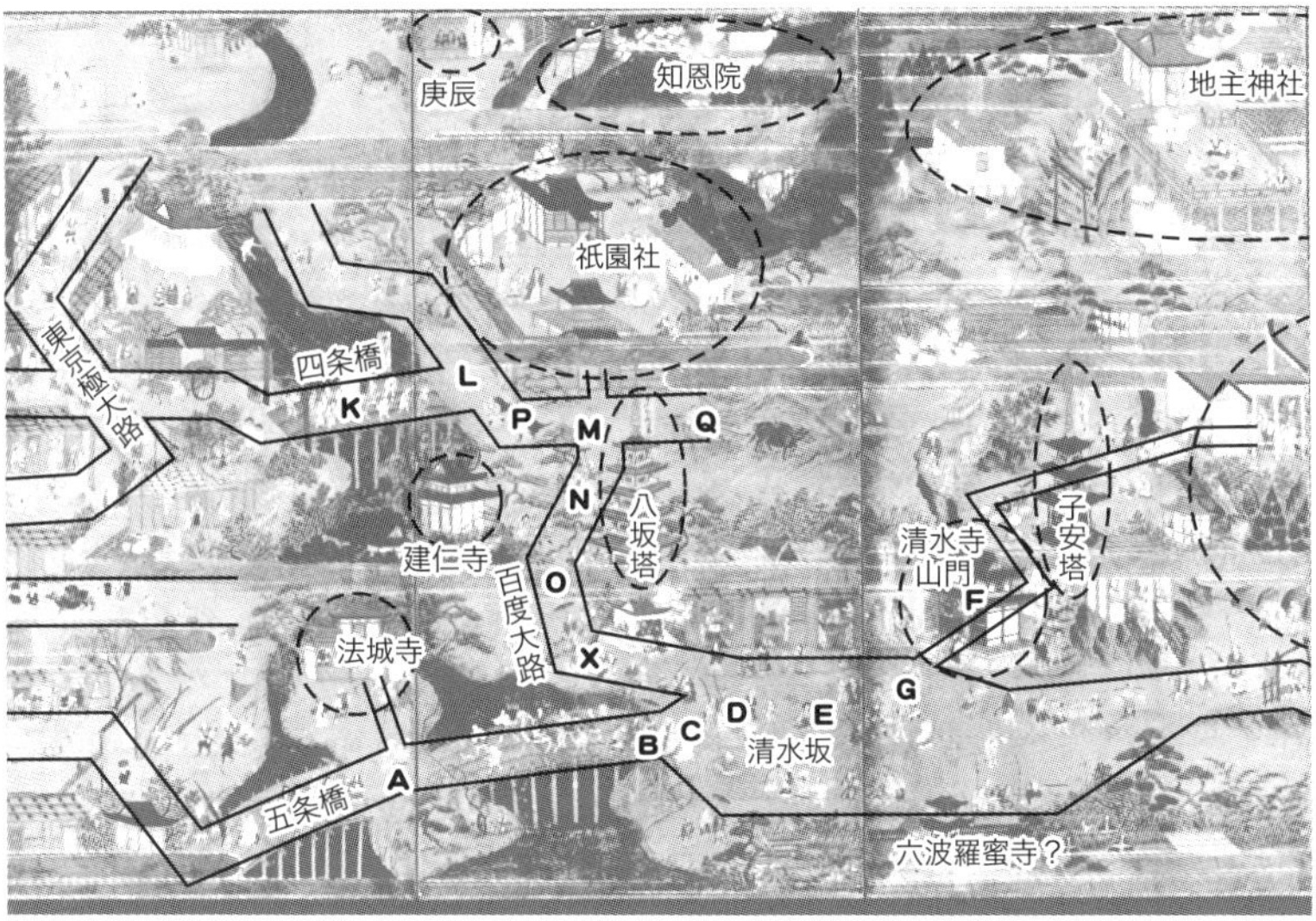

は道の南側に弓矢が立てかけられていることか描かれているが、これは「つるめそ」が弓矢の製作を生業としていたことをあらわしている。さらに東進すると、南側には六波羅蜜寺、北側には珍皇寺がある。珍皇寺の門前には、参詣者のための仮設の茶店が何軒も連なっていた（『珍皇寺参詣曼荼羅』）。清水坂の中間地点（D—G）になると、道の両側に常設の茶店（中島家本・清水寺本『清水寺参詣曼荼羅』）や小堂（『八坂法観寺参詣曼荼羅』）などからなる門前町が形成されている。戦国時代後半を迎えると、清水寺本堂の南側道路（G—H）で鉄砲の試射がおこなわれている（『洛外名所図屏風』）ことも興味深い。なお、清水坂の南北には、鳥部野の葬地・墓地に接していた部分もあったようで、『八坂法観寺参詣曼荼羅』には石塔群や卒塔婆群が描かれている。

まとめ

東山中世都市群は、複数の寺社とその境内・門前が組み合わさった複合都市であった。これは洛中から鴨川を隔てた至近の距離にあったから、京都の市街地の拡大と見ることも可能ではあるが、洛中には少ない大寺社が密集していたことから、中世京都の巨大都市複合体《コンプレックス》を構成する衛星都市のひとつと考えるほうが良いと思う。何よりも特徴的なのは、ここに存在した大寺社はそれぞれが近接していながらも互いに独立性を保っていたことである。日本の中世とは権門体制の時代であり、それは複数の権門権力が互いに対立を繰り返しながらも全体としてはゆるやかに結合しているところに特質があった。京都は、中世の国家を構成するさまざまな諸権門の集住地であるからこそ首都でありえた。そう考えるならば、東山中世都市群は、首都京都ならではの特質があらわれた特徴的な中世都市であり、洛中の衛星都市のひとつとして中世京都「巨大都市複合体《コンプレックス》」を構成する重要な要素であったとしなくてはならないのである。

注

（1）山田邦和『京都都市史の研究』（吉川弘文館、二〇〇九）。

（2）細川武稔「足利義満の北山新都心構想」（中世都市研究会編『中世都市研究15　都市を区切る』、新人物往来社、二〇一〇）。ただ、本書の共編者である桃崎有一郎は、細川の「北山新都心」という用語に批判的であり、それは本書第二部所収の桃崎の論文に示されている。桃崎は、北山地域は「都（京都）」とはみなされておらず、その点で「新都心」という呼称は適切ではない、と論じているのである。しかし、私の「巨大都市複合体《コンプレックス》」論からいうと、中世京都は狭い意味での「都」または「洛中」にとどまらず、その周辺の「衛星都市」群をも包み込んだ広域の都市圏としてとらえなければならないのであり、東山殿もまたそうした都市圏のひとつの部分であったことはまちがいない。これを表す用語として「新都心」は魅力的であると感じている。

（3）伊藤正敏『寺社勢力の中世―無縁・有縁・移民―』（筑摩書房、二〇〇八）。伊藤毅『都市の空間史』（吉川弘文館、二〇〇三）。

（4）山村亜希「南北朝期長門国府の構造とその認識」（『人文地理』五二―三、二〇〇〇）。

（5）ここでとりあげる絵図史料の写真図版を収録する主な文献は下記の通りである。角川書店編集部編『遊行上人縁起絵』（『日本絵巻物全集23』、角川書店、一九六八）。小松茂美編『一遍上人絵伝』（『日本絵巻大成　別巻』、中央公論社、一九七八）。

大阪市立美術館編『社寺参詣曼荼羅』（平凡社、一九八七）。石田尚豊・内藤昌・森谷尅久監修『洛中洛外図大観』全三冊（小学館、一九八七）。白石克編『元禄京都　洛中洛外大絵図』（勉誠社、一九八七）。京都国立博物館編『洛中洛外図―都の形象　洛中洛外の世界―』（同博物館、一九九六）。京都文化博物館編『京都・激動の中世―帝と将軍と町衆と―』（同博物館、一九九六）。九州国立博物館編『美の国日本』（西日本新聞社、二〇〇五）。京都文化博物館編『京を描く―洛中洛外図の時代―』（同博物館、二〇一五）。

（6）下坂守『中世寺院社会と民衆』（思文閣出版、二〇一四）。

（7）山田邦和『日本中世の首都と王権都市―京都・福原・嵯峨―』（文理閣、二〇一二）。

（8）瀬田勝哉『洛中洛外の群像―失われた中世京都へ―』（平凡社、一九九四）。

東山殿の建築とその配置

宮上茂隆

はじめに

八代将軍足利義政の山荘東山殿は、義政が晩年の八年を過ごし、その間みずから指図して造営したもので、当代文化を知るうえで重要な手掛かりを与えるものであることはいうまでもない。義政の死後は慈照寺となっていまも当時の敷地・庭園と、観音殿（銀閣）・東求堂とを残している。ほかの建物が失われた事情は明確ではないが天文一九年（一五五〇）ないし永禄元年（一五五八）の焼失とみられている。東山殿はすぐれた将軍邸として、また長く存在した将軍邸として、戦国期における茶湯・茶室の成立に、また近世の邸宅にまで大きな影響を及ぼした。

東山殿において義政に仕えた相阿弥が著した『小川殿並びに東山殿御飾記』（『御飾書』、『君台観左右帳記』として伝わる）は、東山殿の主要建物における唐物飾りを記録したもので、将軍邸の文化に憧れた桃山時代においても重要な史料であったが、今日東山殿の建築の間取り、唐物飾りの有り様を復元するうえで欠かせない史料になっている。これにもとづいて建物および配置を復元したのは堀口捨己氏が最初で、その後、中世住宅の文献的

研究の基礎を築いた川上貢氏が堀口案をおおはばに修正した。(1)

筆者は、近世の城・御殿・茶室などの成立過程に関心をもって将軍邸の研究を始め、先学に学びつつ東山殿の復元について私案を提示してきた。また北山殿および金閣、義政の父義教の室町殿の会所について新たな復元図を提示してきている。(2)東山殿の建物の配置も以前から問題にされ、筆者も考えてきたが、近年慈照寺庭園内で行われた発掘調査によって新しい知見がもたらされた。(3)

本稿では、東山殿の主要建物の復元等について述べるとともに、最近の発掘結果をふまえて諸建物の配置について改めて推定を試み私案を提示したいと思う。

一　義政の御所と山荘

東山殿に移るまでに義政が住んだ、あるいは普請した御所、山荘についてかんたんにまとめておきたい。

義政は、母日野重子の従弟の邸烏丸殿で養育され、将軍になってからは室町殿の建物をそこに移築して整備した。だが、それが終わる頃、今度は室町殿を再興するといい、烏丸殿の建物を再度移築して造営を進めた。そうして出来た室町殿は応仁の乱が始まると東軍に占拠され天皇の行在所ともなった。文明五年（一四七三）東西両軍の主将細川勝元・山名持豊が死去すると、義政は子の義尚に将軍職を譲り、池庭の優れた勝元の邸小川殿に移った。日野富子との不和による別居であったが、文明八年に室町殿が焼失、富子・将軍義尚もまた小川殿に移った。そこで義政は文明一三年一〇月に小川御所をひそかに抜け出して、文明一四年二月から東山の浄土寺の地において山荘の造営に着手した。浄土寺は延暦寺に属す門跡寺院の一で、前に弟義視が門主として住したが、応仁の乱で焼失していた。

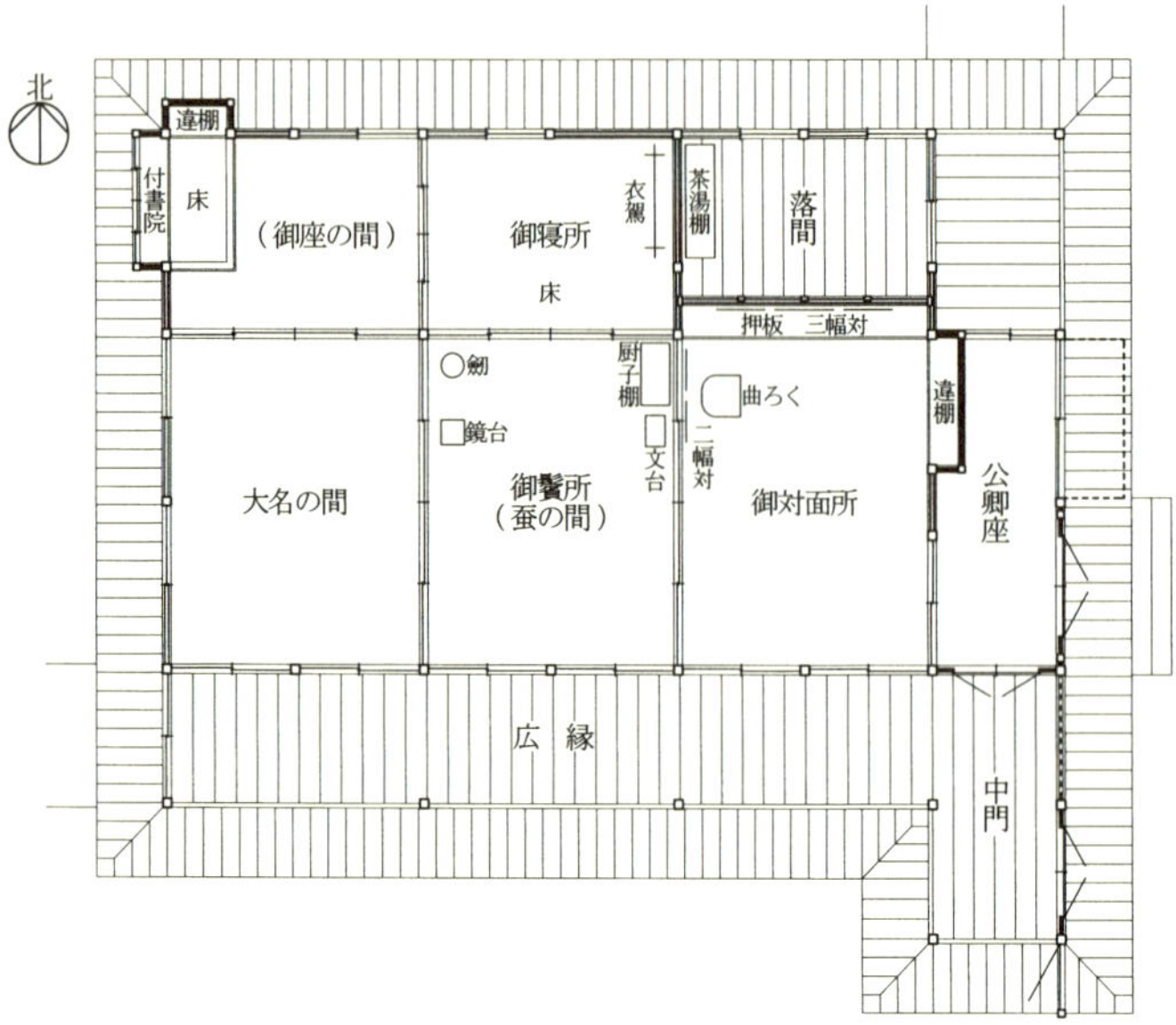

図１　小川殿東御所（主殿）復元図

義政が住んだ建物。『御飾記』等による。

義政は前に南禅寺恵雲院に山荘を計画していたが応仁の乱によって実現できなかった。それより前にも、母の住む高倉殿の庭園を寛正三年（一四六二）に普請している。義政は庭数寄なので、その道で有名な夢窓国師の作庭建築になる西芳寺をしばしば訪れていた。その影響であろう、当時女人禁制の庭園を一覧したいという母重子の願望に応えて義政は、母の住む高倉御所に西芳寺庭園の再現を試みた。自身頻繁にでかけて指図し、一草一木の枝まで模倣したと伝えられる。高倉御所は、義政・富子が結婚の際に烏丸殿の西北の一郭を囲ったのに始まると考えられる。義政は、室町殿に引っ越した跡地まで含めて拡張し、造園したものとみられる（敷地は現在の京都御苑の北部、今出川門内東側にあたる。桃山時代には桂離宮を造営した八条宮家の本邸になりいまも池庭の跡をわずかにとどめている）。しかるに、この普請が完成した翌年に、重子は他界した。高倉殿の建物は重子の菩提寺となる勝智院に移築されたが、南禅寺の山荘計画がまさに同時期であったことからすると、そこにも移築する予定だったのではないかと思われる。東山殿の構想も西芳寺にならっており、高倉殿の建物のなかに、ここに移築されたものがあったかもしれないことを念頭におくひつようがある。

二　東山殿の主要建築の復元等について

常御殿

『御飾記』と『蔭涼軒日録』（以下『蔭録』と略す）からその平面は図2のように復元できる。

中央の寝所六畳と、その東の昼の御座所八畳、東北の学問所四畳が義政の日常の居室である。「めしの茶湯」棚のある三間《ま》は同朋衆の室、また「落間《おちま》」は、板敷に格を落とした室で、同朋が義政の指示を仰ぐところとみられる。西側の御湯殿上は内裏清涼殿と同じく女中衆の控えの間にちがいない。全体規模七間×六間は、後述する会所や義教の室町殿会所とも一致し、近世初頭の大工秘伝書『匠明』にも記され、将軍邸主要建物の定型であったと考えられる。縦長の矩形平面（南北棟）であるのは天皇の住まいにあたる内裏清涼殿と同じであり、もともと将軍邸の常御殿はそれに倣って造られたと推察される。

寝殿の無い東山殿では、当初この常御殿が「御主殿」と呼ばれ[4]、南側広縁に面した八畳二室は「御対面所」と呼ばれ、東の「八景の間」（狩野正信が瀟湘八景図を新たに描いた）を主室に「耕作の間」を次間として晴れの対面儀式に使われた。外来者がまず入るのが「西六間」であった。新年と歳末の僧相伴衆との対面もはじめここで行われたが、会所が完成するとそこに移されており、本来の対面所は、室町殿でそうであるように、会所であった。

南側座敷は祈禱座敷としても使われた。『蔭録』文明一九年八月二七日条には「耕作の間」と「西六間」を使ったときの指図が載っている。「耕作の間」の東側に本尊を掛け、義政の寝所に御簾がかかっている。延徳元年一一月一九日条には「八景の間」も含めた三室が懺法に使われたことを示す図が掲載されている。義政の死を前にした時期であり、「西六間」が「御壇所之間」に「其次東之四間」二室を百座の場として亀泉と台阿が座敷を調え、寝所の義政の前、「耕作の間」の北に本尊を掛けて、皆本尊に向いて座した。会所は義政の寝所から遠く聴聞に不便ということで「次の殿」としてここが使われたとあり、その後会所で行われており、こうした仏事も本来は会所で行うべきものであったとみられる。

　この仏事より一月前に、義視・義材父

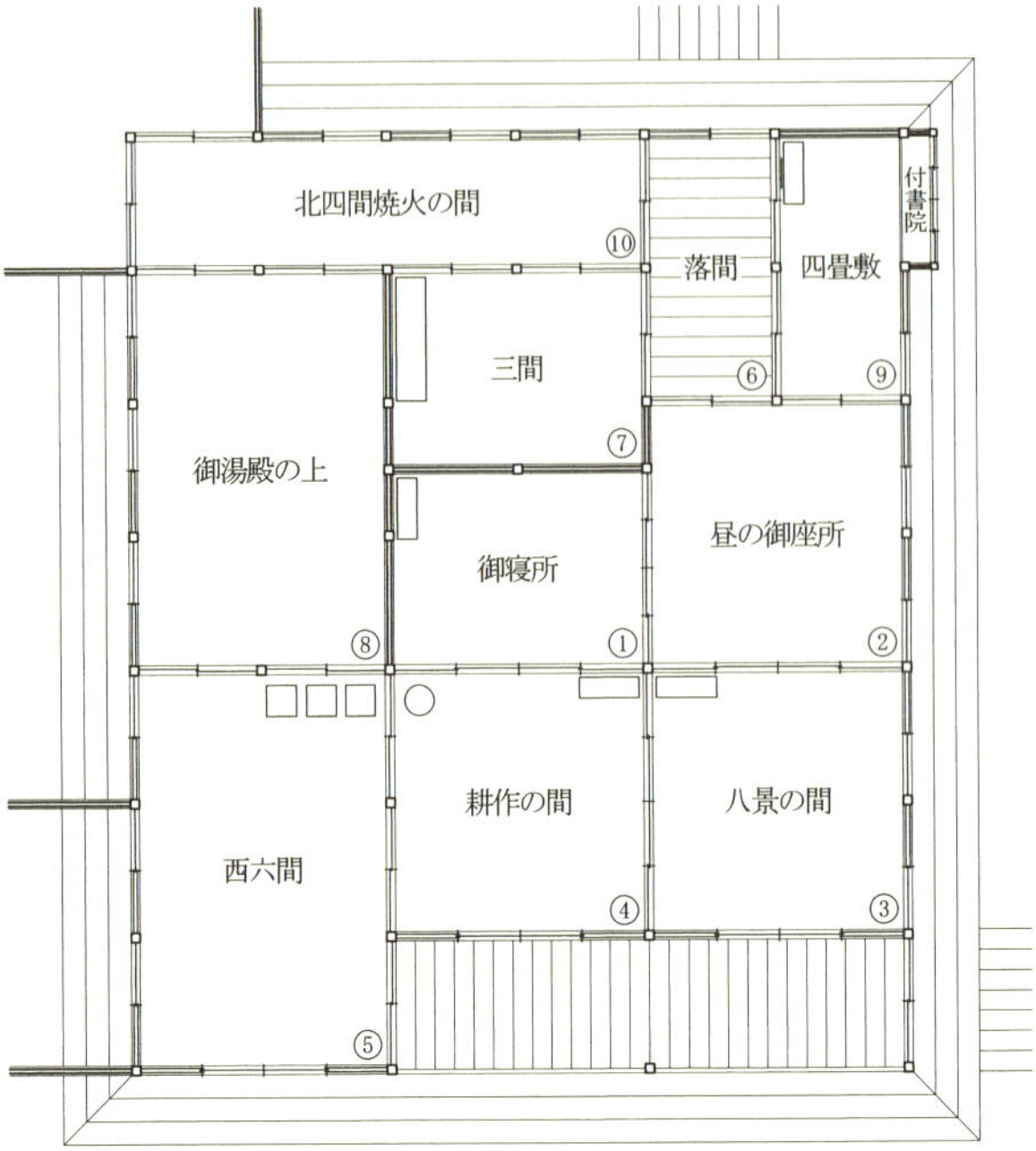

図２　常御殿復元図

一常御殿
①一御寝所（略）
②一同東向昼の御座所（略）
③一南八景の御間（略）
④一同西四間耕作の間（略）
⑤一同西六間、（略）
⑥一昼の御座所の北の落間、（略）
⑦一同西三間、（略）
⑧一同西の御六間御ゆとのの上（略）
⑨一昼の御座所の艮に、四帖御間有、東むきに一間の御書院有、（略）
⑩一同北四間御たき火の間（略）
飾りに関する文を略す。番号は図中の番号と対応。以下の挿図も同じ。

子が上洛、義政にそっと対面した（次期将軍のことが語られた）のは「八景の間」においてであった。次間すなわち「耕作の間」で女中と伊勢氏が饗応した。これが常御殿対面座敷本来の使い方であろう。なお『蔭録』に「殿中」とでてくるのは、たんに御殿の中というのではなく、ここ常御殿を指しているとみられる。

会所

『御飾記』と『蔭録』から復元すると図3のようになる。復元が論者によって異なるのは北側部分である。『御飾記』は西に「御茶湯の間」があり、その西端に茶湯棚が置かれていたことを記す。これは小川殿の東北の落間と同じであり、同朋衆の控えの間である。いっぽう『蔭録』には「北五間《ま》」が出てきて、南の六間との境の襖をはずして一体の「道場」としたことが度々出てくる。そこで「五間」を「御茶湯の間」と同一とみたり、その広さを基準に北側の梁間を二間半に復元する案が出るのであるが、私は「御茶湯の間」は当初六間だった（室町殿南会所もそうなっている）とみるし、つづく納戸、御座の間「石山の間」の広さを考慮すると梁間は二間が適当で、「五間」が出てくるのが会所竣工一年半後のことで道場の一部としてであることから、東南の一間（二畳）を茶湯の間に囲う改造が行われたとみる。そうすると全体は七間×六間と常御殿と同じ規模になる。この復元が正しいと信ずる。二畳の茶湯の間はすでに義教の室町殿会所にも、またここ東山殿西指庵にもみられる。

中世の住宅建築では南半と北半を分けて使う（ハレの空間とケの空間）ということは川上氏の指摘以来常識になっているが、ここ東山殿では寝殿が無かったために、（北山殿などでは寝殿で行われた）大きい仏事も会所でしなければならず、「墻尽くしの間」から西側の北の座敷まで使わなければならなかったのである。

この会所で注目される点の一つは、主室の北側に押板があることである。義教の室町殿南向き会所にそれは無かった。間取りは単純な六間式に近い。会所はもともと禅宗方丈の六間取りを模して作られたとみられ最初の北

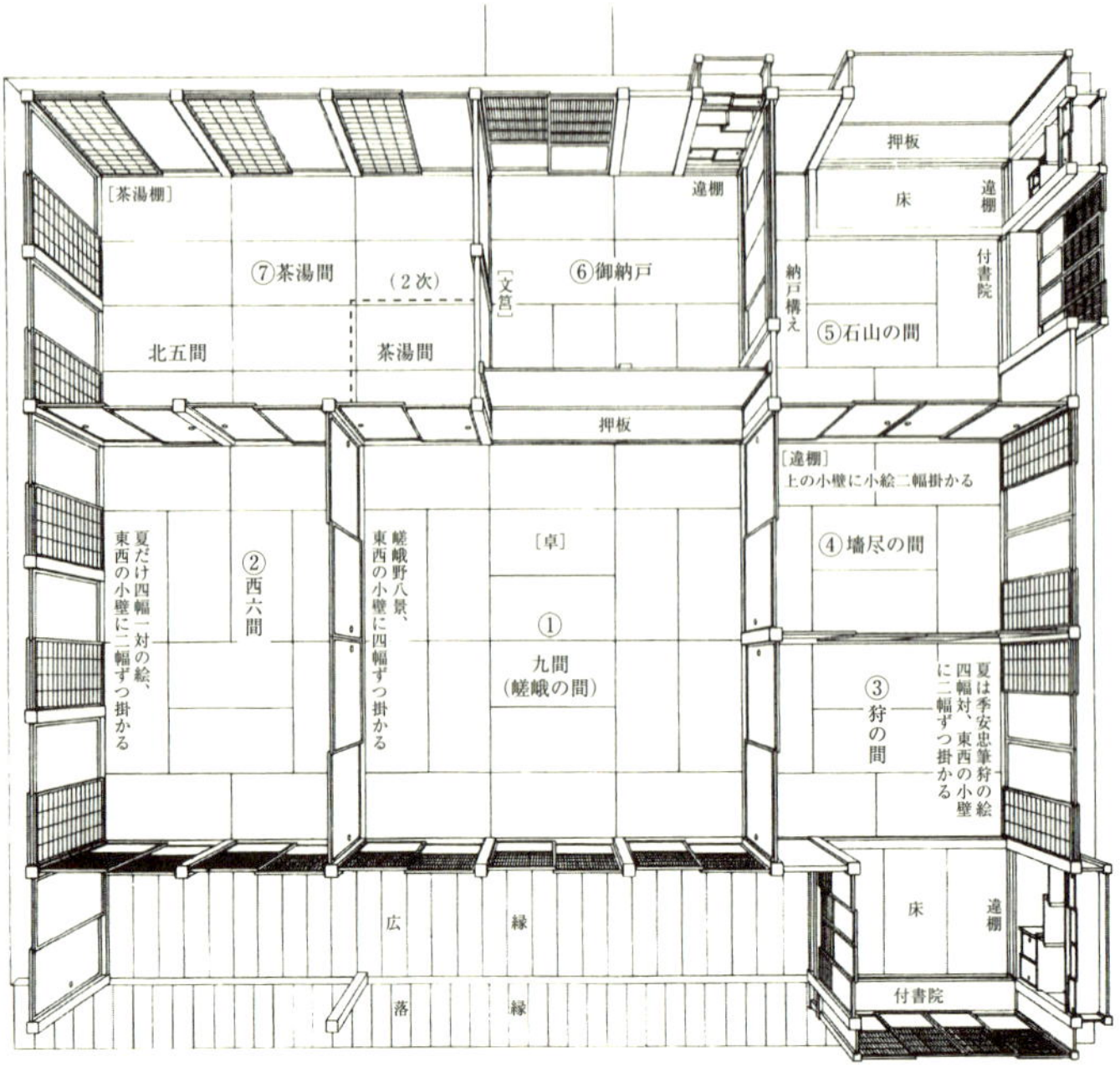

図３　東山殿会所復元図

　御会所
①一九間、嵯峨乃間、北東二間押板、（略）
②一西の六間（略）
③一東、狩の間、南に三帖の床御座有、一間半中の書院御座あり、（略）同東の方一間の御ちかひたな（略）
④一同北かきつくしの御間、（略）
⑤一同北の石山の御間、北東一間間中、床御座あり、上に御おしいた、（略）ひがしに間中のちがひたな有、（略）　一東の方床の下違棚にそひて御書院有（略）、
⑥一同北西御納戸御間（略）
　御北むき東の方に間中の違棚、（略）
⑦一向にし御茶湯の間、（略）

山殿会所はそうだったが、義教の室町殿南向き会所では複雑な間取りになり、ここでまたもとにもどった感じがある。ただし、押板はもともと旧仏教系寺院住坊で仏画を掛ける施設として成立したもので、禅宗寺院にはなかったものである[5]。押板付きの会所を建てたのは、東山殿が寺院住坊を指向した計画であったことによるであろう。

　主室「九間」と次室「西六間」が対面座敷であった。亀泉が義政に対面した例では、義政は東から入って西向きに座し、亀泉ら諸僧は西南の縁から入って東向きに着座した。[6]

義政の死後、将軍義材が東山殿を歴覧した際、「吟月」に入って座し湯漬などを饗応されている。[7]「吟月」は会所東南「狩の間」の床の書院の額名である。そこが客座敷だったことがわかる。[8]

東北の「石山の間」が主人義政の御座の間、「墻尽くしの間」はその次間にあたる。戦国期の天文一九年五月二一日の前将軍義晴の葬儀は、将軍が近江に逃れていた時期だけに相国寺ではなく慈照寺で行われた。『万松院殿穴太記』[9]によると会所が充てられ、故義晴の遺骸は「石山の間」に安置された（遺骸のまわりには狩野法眼がかいた扇尽くしの金屏風一双が立てられた）。そこから「唐人の間」に移され「嵯峨の間」（御飾書では嵯峨野八景の絵が掛かる）で仏事が行われた。「唐人の間」は北の納戸にあたることになろう。終わって西方より「南殿」のかたわらを通って西の築地外へ運び出したという。会所は西南に入り口があったことになる。「南殿」は常御殿にあたる。

西指庵

『御飾記』と『蔭録』から復元すると図4のようになる。

西の四畳には夢窓国師の道歌色紙を貼った襖があった。ここが寄りつきであろう。その北、半間の茶湯棚が置かれた二畳は、同朋の控える茶湯の間にあたる。東北の室は付書院があり、また丸炉があり、曲彔が置かれた「納戸」（『御飾記』）で、禅僧（『蔭録』筆者）が「眠蔵」（寝間兼納戸）、「書院」と記しているのもこの室にちがいない。義政の居間兼書斎兼寝間と考えられる。[10]付書院の上には硯箱や筆立て、燭台の唐物が置かれ、北際には書物が積んであった。中国禅僧の伝記語録合わせて四〇冊が置いてあったこともある。書院には「安静」の額が掲げられていた。曲彔が置かれているから畳は敷きつめではなかったであろう。

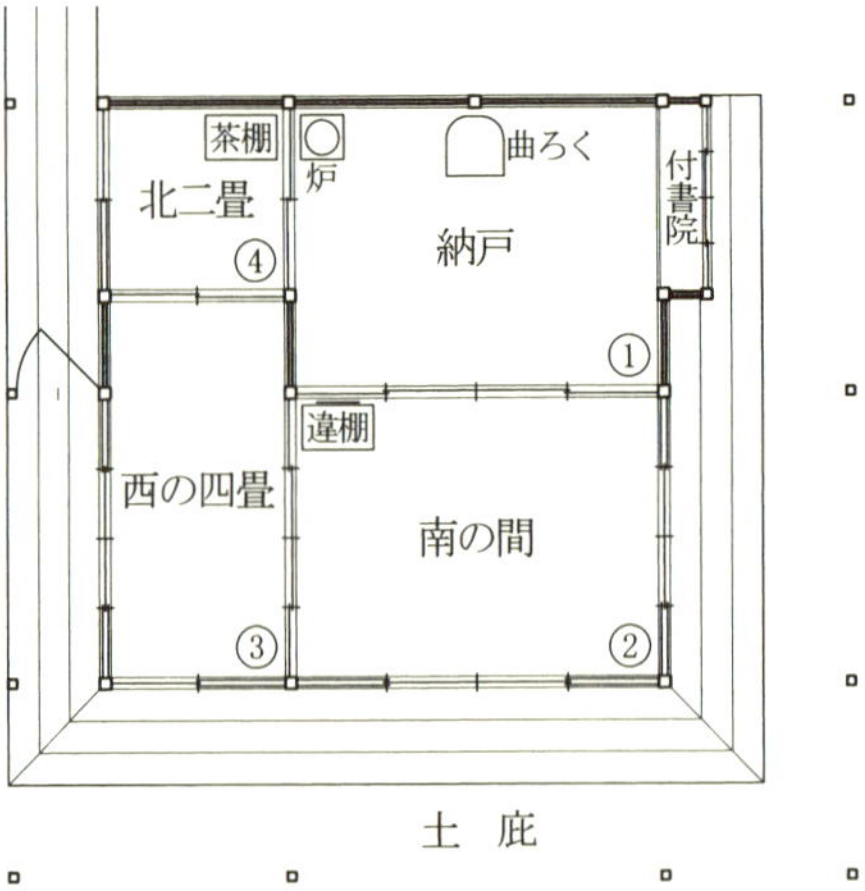

図4　西指庵復元図

①一西指庵納戸（略）、いろり円し、書院東向（略）
②一次の南の間（略）
③一次西の四帖敷（略）
④一次北二帖敷、北東間中御茶湯棚

東南の室は主室の客間にちがいない。『蔭録』に、障子に「密室」の二大字を書いた書院とある室にあたるとみられ、字は、義政の部屋の入口にあたる北側の襖に書かれていたであろう。西北隅の違い棚に文台・双紙一帖が置かれ、上に横絵墨跡が掛かっていたから連歌会にも使われたであろう。これら書院二室の広さは記録にないが、三間《ま》（六畳）にちがいない。そうなると四室だけでは三間四方の正方形平面になるが、仏堂でないから、土庇をめぐらした矩形平面の建物であったはずである。

この西指庵は、すでにいわれるように夢窓国師の西芳寺指東庵を模したものである。西指庵の完成と時を合わせるかのように文明一七年六月義政は、敬愛する夢窓国師ゆかりの嵯峨臨川寺三会院において剃髪し、禅僧喜山道慶となった。西指庵は禅僧としての義政の庵室であったと考えられる。

指東庵は、かつて西芳寺の裏山中腹の一郭を占め、そこへ至る登り口には「向上関」という前門があった。現在も指東庵の跡には枯れ山水庭園のみごとな石組が残っている。夢窓国師は禅僧でありながら隠遁志向の強い文人でもあった。嵯峨臨川寺三会院には竹で作った竹亭を作り、方丈を白楽天が竹を師としたのに因む「篩月軒」と命名している。指東庵は、これも文人趣味の草庵であったにちがいない。[11] 国師寂後はその頂像（肖像彫刻）を安置し開山堂になった。義満はここで参禅し夜をあかしている。応仁の乱で荒廃した後、文明一九年四月に上棟しており、[12]再興は義政によるとみられる。

義政は、精進断酒を強いられる勤行を前にここで宴を催したりしているから、[13]敬愛する夢窓国師の庵室の雰囲気を楽しむために設けたものであろうが、生前常に義政は、西指庵書院に影像を掛け、その下に遺骨を安置するよう望んでいたという。[14]東北の書院の、北側中央の柱に影像は掛ける予定だったとみられるが、このささやかな望みは、延暦寺の反対で実現しなかった。

東求堂

現存するこの建物（図5）の屋根は入母屋造り、檜皮葺きの住宅建築だが、三間半四方という正方形平面に仏堂であることが示されているといえる。純粋住宅建築には正方形平面は無いからである。西南二間四方に阿弥陀を安置する。この持仏堂の額字名として義政が、西芳寺の西来堂の如きで阿弥陀に関係あるものを推薦するよう側近の禅僧横川景三に命じ、結局、仏典の一句「東方の人、念仏して西方に生ずるを求む」にちなむ「東求」を選んだこと、東北の書院の額名は「聖人は一視して同仁」から採った「同仁斎」を義政が選んだことはよく知られる。

東北の四畳半「同仁斎」は茶の湯との関係で注目されてきた。その西側の間は改造されていたため当初の状態が問題とされたが、昭和四〇年（一九六五）の解体修理工事の際に六畳間で、外部に面する西側と北側は中間の柱を抜いた開放された形に復元された。[15]また西側の縁には畳床が復元された。

西北の三間《ま》（六畳）[16]が『御飾記』に「北西面をうくる」とあるのは、この部屋が西面と北面に開放的であることをいったものであろう。いま西縁の北端に脇戸の仕切りがあるが、西面と北面に開放的な三間に相応しくない。西縁の南隅柱に痕跡があるから当初はここ縁南端に脇戸はあったとみられる。したがってこの建物は南面だけが阿弥陀仏のために仕切られ、それ以北、建物の西面・北面・東面すべて庭に開放されていたことになる。

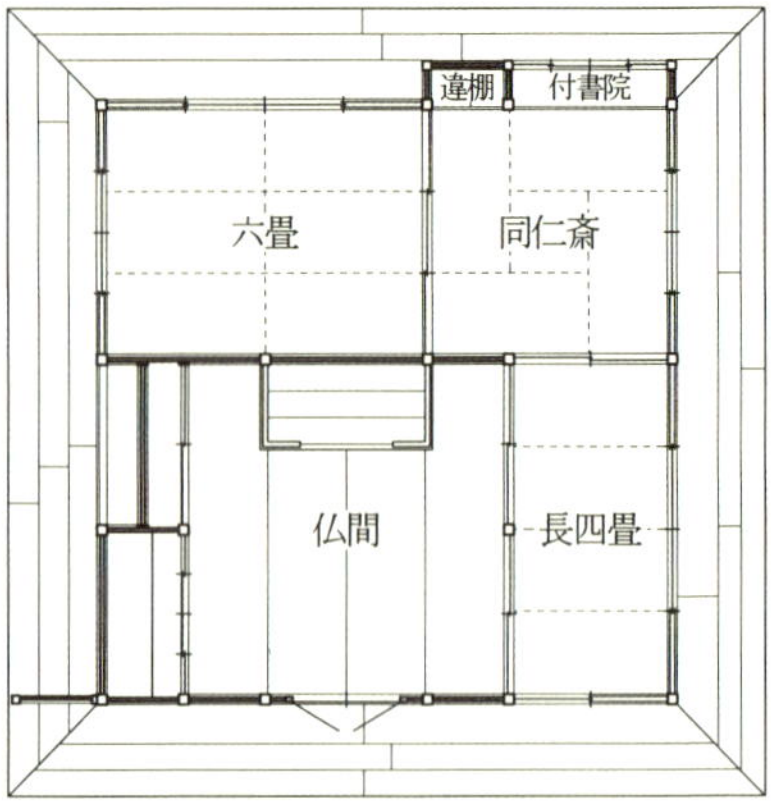

図5　東求堂平面図

『御飾記』によると、南側の中柱前に曲彔が置かれ上に夢窓国師墨跡二幅が掛かっていたが、それはここが北向きの客間であることを示している。曲彔をおいて対面所としたときは畳は敷きつめではなかったであろう。将軍邸では会所や泉殿に北向の部屋があった。北向の部屋は、納涼の場としても、庭の植栽の表を鑑賞するにも適している。ここでも北側の庭が充実したものであったことが想定される。西側の縁の床の額名「隔簾」は梅にかかわるものであるから、周辺には梅の樹があったにちがいない。梅の樹は菅原道真いらい学問の樹であり、義政も好きな木であった。義政には、「東求堂に閑居、八月十五夜、人々来て歌よみ侍るに」と前書した「くやしくぞ過ぎしうき世を今日ぞ思ふ　心くまなき月をながめて」という歌があることが知られている[17]。北向き座敷の三間では、和歌連歌の会が催されたにちがいない。

隣の四畳半の書院（付書院）には、『御飾記』によると、筆・硯などの文具のほかに文台に歌書・書巻が置かれたとあり、三間とともに文芸の会場として使われたことを示唆するものであろう。二重棚にも、始めは義政が亀泉に命じた浄土を詠んだ漢詩文集などが置かれた（『蔭録』）。

『御飾書』によると二重棚には茶湯道具が飾られていた。そして囲炉裏があり、鎖で南蛮物の釜を吊り、水差し・手桶・柄杓立・水こぼし・古銅の蓋置といった茶道具が並んでいた。修理工事のときに「いろりの間」の墨書が発見されている。義政の御座の間であるここでは来客のために義政みずから茶を点てたにちがいない。義政は禅僧道慶として、一般的に禅僧がその書院（居間兼書斎）に招いた親しい客のために、みずから茶を点てていたのに倣ったものと考えられる。主客平等の交わりは「同仁」の額に相応しい。茶湯棚を使うのも、同朋（浄土僧）の茶湯である。

四畳半の建築的説明として書院（禅僧の居間）であるとするのが通説になっており、西隣を眠蔵（禅僧の寝間）に比する見解もあるが正確とはいいがたい。たんに禅僧の書院（室）なら棚や書院（付書院）は無いのがふつうである。書院（付書院）はもともと出文机《だしふづくえ》といい旧仏教系寺院住房で成立したもので、それは将軍邸の御座の間などに取り入れられた。したがってこの四畳半の形は、禅僧道慶の書院であるとともに、前将軍義政の御座の間であるというところに由来する特殊なものであることを理解する必要がある。書院（付書院）に禅宗様の細部がみられ、いっぽう阿弥陀堂の扉が禅宗様になっていたりして、建築的には和漢折衷という点にこの建築の特徴がある。阿弥陀像と夢窓の墨跡が背中合わせに存在し宗教的には禅と浄土の折衷である。また文芸と茶湯の場でもあった。こうした複雑な要素をもつ東求堂は、浄土を指向しながら、禅宗文化を愛し、和歌も茶湯も数寄だった義政の東山殿の建物を代表するものといえるだろう。

観音殿（通称銀閣）

大正二年（一九一三）に解体修理されたが、その際は復元的検討やそれにもとづく現状変更は行われなかったらしい[18]。現状を観察すると当初から多くの改造が行われたことが実感される。

現在、銀閣の屋根は柿《こけら》葺きで、二階屋根は方形造りで銅の鳳凰が上がっている。だが『山州名跡志』には「宝形造瓦葺、棟上瓦擬宝珠」とあり、『都名所図会』（安永九年〈一七八〇〉刊）にも宝珠が描かれている。それがその後の絵図（慈照寺蔵、寛政四年〈一七九二〉以前）になると鳳凰に変わる。これは金閣の銅製鳳凰にならったとみられる。当初は、華奢な構造からみて瓦葺きであったはずはなく、おそらく建立当初の金閣のように檜皮葺で、方形造、宝珠を載せていたと思われる。
二階は内外の壁に黒漆とその下地の痕が残っており、もともと金閣二階と同じような黒漆塗りだったことがわかる。銀箔押しの計画があったといわれるが、その記録は無い。そればかりか、壁は縦の嵌め板であるから金箔や銀箔を押すに適していない。「計画」など当初からなかったことは明らかである。[19]
銀閣は、二階建ての楼閣建築で観音像を安置していることから、歴代将軍邸にあった観音殿の形を伝えるものといわれてきたが、義政の室町殿の観音殿は彩色があり、[20]金閣二階西側の観音殿はまさにそうなっていたのである。将軍邸の観音殿はそれと同じような和様の造り方であったとみられる。[21]銀閣二階は同じ岩洞観音像を安置するが、金閣三階と同じ唐様(禅宗様)建築になっている。そして、銀閣では観音像と建物が整合していない。
二階内部に安置される須弥壇と観音像は、現在、池のある東を向いているが、二階は南正面と北に扉口があり、建築的には南が正面であり、もとは南向きに安置されていたと思われる。それにしても、東西に張り出している畳床は(座禅の床ではなく)あきらかに腰掛けであり、観音堂に相応しくない。またこの建物は二階が南向きなのに、一階は池のある東側を正面にしている。二階の腰掛けに座れば尻を正面に向けることになり、観音殿であることと矛盾するのである。結論から先にいおう。
①銀閣は余所にあった世俗の庭園建築を移築したものとみられる。
②観音殿として再築の際、一階だけを、池のある東に正面が向くよう九〇度回転し、それにともない構造・間取りを変更し、種々改造した。
前身建物を復元すると図のようになる。
○屋根は世俗の建築として入母屋であったにちがいない。
○現在、二階全体は唐様で統一されているのに、高欄だけは和様の、いわゆる刎高欄が四方に巡っているが、隅柱にのこる埋木からは、もとの高欄はいまより丈の高い唐様の高欄で、しかも扉口のある南面と北面にしか無かったことがわかる。

○現在一階東側と西側の屋根は、南側北側とくらべて、勾配が極端に異なり異常に急であるが、復元すると正常の勾配になる。復元後の立面を現状とくらべれば、いかに優れたものであったかがわかろう。

○復元して間取りが大きく変わるのは一階東北部である。[22]

　六畳の奥、いま押入れの部分は廊下になる。内法長押がそのまま残っているので確実である。その北側は二室に分かれ、西の室は棚が復元され、大目畳二畳の広さになるから棚は茶湯棚、室は茶湯間と考えられる。両側の部屋境の柱

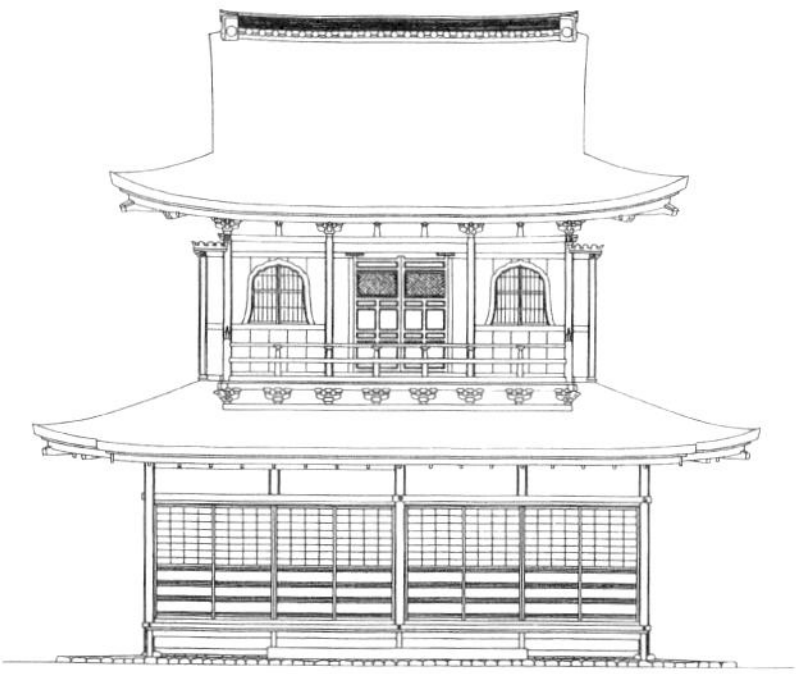

図 6-1　銀閣前身建物南側立面図

図 6-3　銀閣前身建物西側立面図

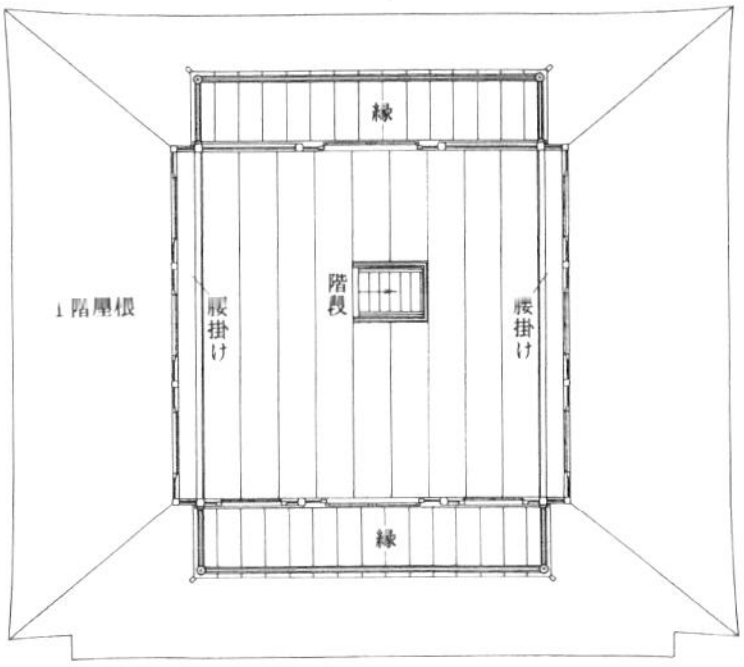

図 6-2　銀閣前身建物 2 階平面図

図 6-4　銀閣前身建物 1 階平面図

に板溝痕しかないから一枚板の壁に火灯口を切った片引き戸障子であった可能性もあろう。
主室が吹寄せ格天井なのは遊宴のための亭に相応しい。前は、八畳敷だったであろうが、観音殿として建てられるときには義政の指示で「心空殿」という座禅の床に改められた。六畳のほうはもともと連歌など寄り合いの場にあたろう。

○二階は、唐様建築である。園地の景を楽しみ、また腰掛けに座って漢詩や和漢連句などの文芸の会を催し、中国式茶礼で接待するための空間であったにちがいない。

義政死去の年の末、一二月七日の朝、観音殿に五山の禅僧が会して連句をしたが、この建物本来の使い方を示しているとみられる。

ではどこにあった建物を移築したのであろうか。二階は、西芳寺舎利殿を模した金閣三階と共通部分が多いことが注目される。違いは金閣の四方対称にたいし、銀閣前身建物は正面性がつよいことである。それらの条件にかなうものとして高倉殿の庭内に南面してたっていた東亭・西亭・中亭の三亭のうちの中亭があげられる。三亭の佳名の決定までにいたるいきさつなどについては芳賀幸四郎氏が詳しく明らかにしており、義政が如何にそれらの普請に執心したかが知られる。(23) 撰ばれた中亭の額名「攬秀《らんしゅう》」は、勝景を「まとめて上から見下ろす」という意味に解釈できようから、二階閣であったと考えられる。義政が死の床で建てた観音殿はこの攬秀亭を移築したものにちがいない。(24)

三　東山殿の諸建物の配置について

主要建物が上述したように間取りが復元されると、使い方が推定でき、廊下の取り付き方も見当がつく。互いの機能的関係、池庭との関係を考慮し、建物の使用例、見物したときの記録、ほかの将軍邸の例をも合わせて考えると、配置は推定できる。結論は図示したようになる。各建物群の造営順は①台所・常御殿、②東求堂・西指庵、③会所・泉殿、④釣殿等、⑤観音殿、であったが、これは配置と密接に関係していることがわかる。以下、造営順に配置をみていく。配置を考える基本史料として次のものがあげられる。(25)

①〔蔭涼軒日録〕文明一七年（一四八五）七月八日条
予以戯言話琳公云、人皆登超然亭見之、予未見之、蓋畏　相公也云々、琳公乃以予戯言被達　台聴、仍可登覧之旨有尊命、琳公権田調阿周阿数輩被相副予、可登之由被仰付、山路嶮難之故脱履著鞋、先入西指庵一覧、直登超然亭、於亭上

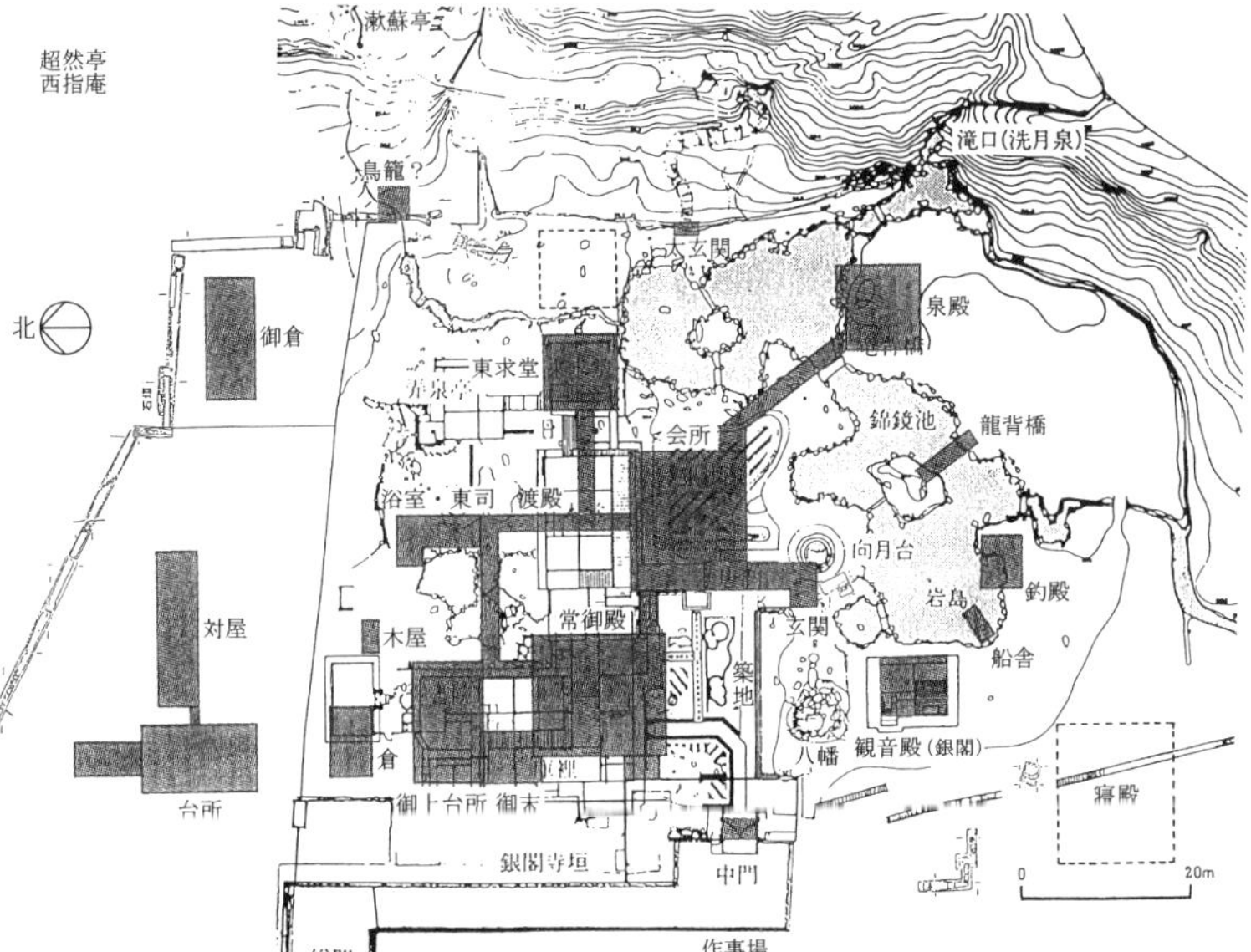

図７　東山殿復元配置図

森蘊氏作成現状実測図に、発掘調査結果を付け加えるなど手を加え、その上に重ねて、アミで建物の復元配置を示した。

有宴、蓋以　台命也、〇中略宴中亭後山鹿十二頭有之、徘徊不恐人、実可愛者也、〇後略

②長享元年（一四八七）一二月一三日条

天快晴、〇中略小補和尚同途謁東府、水仙花数茎奉献之、小補被参之由白之、御会所并泉殿与小補可一見之、調阿可引導之由有命、乃参御会所、所々歴覧、次御泉殿、次東求堂、実可謂西方浄土者也、〇後略

③長享三年六月一六日条

天快晴、〇中略午後小補同途謁東府、庭間亭一見之、立阿具之、釣秋之額尤恰好也、透竜背橋暫倚欄休息、往御泉殿、又憩弄清亭、次漱蘚亭休息、汲水洗手、小補洗手飲之、次西指庵庭間梅子熟、人々拾数十顆懐之帰、以堀河殿白、一覧亭、則在西方釣秋額尤恰好之由、横川白云々、〇後略

④延徳二年（一四九〇）二月二四日条

天陰不雨、〇中略愚謂立阿云、前驅于東山行、先出本房入東府一覧道場而立平中門内待　台輿、々々卸之、則前引入、道場、先本尊御焼香、次真前、焼香了殿中尽御歴覧、浴室、後架、東司迄、子細御覧、次東求堂、々々々東御庭被問之、何比造之乎、答曰、四五年前、次御会所、御泉殿、観音殿、又入御会所歴覧、〇後略

常御殿周辺

前将軍義晴の葬儀の際、遺骸を会所から「南殿」（常御殿）のかたわらを通って西の築地外の火屋へ運び出したと記されるから、常御殿は会所の西にあり、川上氏も推定されたように現在の玄関あたりにあったとみられる。

常御殿は南面に晴の座敷があり、東面に義政の居間・書斎にあたる座敷があるから、その両方に広い庭が存在したはずである。現在玄関の向かい側に存在する築地塀は、南庭の築地にふさわしい位置にあり、みかけも古い。

すくなくとも位置は当時のままとみてよいと思う。南殿のかたわらを通ったことはこの築地の南側を通ったことを意味する。今日、中門から入った観光客は、築地塀の北側を通って方丈前庭に行く。そして庭園見物後、築地塀の西端の南側の小門から出るが、この小門が当時からあったことになる。会所に入った外来者は、常御殿の南の広縁を経て西六間に入り、対面に臨んだとみられる。

義政の死の一年後に将軍義材・大御所義視が慈照寺へ行ったときには（前掲史料④）、亀泉らが「平中門」内で台輿を待ち、それを降ろして将軍らはまず「道場」で本尊に焼香した。この「道場」は常御殿であり、塀中門はその南庭の西の塀にあったにちがいない。

常御殿とともに上棟のあった「御末」は、常御殿の西北「お湯殿の上」につづく位置にあったはずである。『蔭録』には、義政のもとを辞した亀泉が、ここで、女中申次堀川局らと内輪の小宴をして帰るというのが出てくる。いろりのある部屋で女中・同朋・僧・奉行らがくつろいだ雰囲気で談合する場だったようである[26]。

御末に続いて北には台所（御上台所）が存在したはずで、現在の庫裏とほぼ同じ位置にあたる。庫裏の建て替えにともなう発掘調査では、東山殿時代と断定できる建物跡は出ていないらしいが、台所の位置はここをおいてほかにはあり得ない。庫裏の北側に現在倉があるが、これも当時からそのあたりにあったはずである[27]。

文献には出てこないが、御白次の堀川局はじめ女中衆（左京太夫・御阿茶・琳公ら）の居所である対屋《たいのや》が、常御殿の北方にあったはずである。義教の室町殿などでは移築した九間の対屋はじめ三棟があった。ここでは一棟であろうか。（下）台所や台所衆の居所もともなっていたにちがいない。それらは、倉を敷地境とする北の隣接地にあったと思われる。浄土寺跡を山荘にするにあたっては延暦寺が、女性を住まわせるというので反対した。しかも山荘の主人義政はその後禅僧になっているのである。女性は別郭に住まわせたと思われる。

今回の発掘調査で、密閉された水を通す鉛管が出土した地点は、東方の山麓の涌泉から西に下ったところである。漆による水漏れ防止処置からみて上水管とみるのが妥当と思われる。この導水管を直線で西に延長すると、現在の庫裏と倉の間あたりに達する。したがって導水管が二本からなるのは、上台所と下台所の双方へ供給するためとみることができるのではないかと思われる。

先の④の記録には、将軍義材父子は「殿中」の歴覧を尽くした後、「浴室、後架、東司」まで子細にご覧になり、次に東求堂へ行っている。それらは常御殿の北の落間から出て東求堂に行く「渡廊」の中間にあった。「浴室」は、文明一八年六月五日には「木屋」東に一〇日から立つべきことが評定で決められていて[28]、台所の東方にあったことは確かである。会所から浴室・東司へは、納戸から北に出る渡廊を通って行けたはずである。湯殿・厠は図示した位置あたりに存在したことになろう。厠を各所につくらず集中的に置くのは寺院では古くからみられる[29]。浴室について評定の日、同時に「番所」「亭指図」が話題になっている。「番所」はふつうの番所かもしれないが、殿中の祈禱座敷の用意をしている「番衆」は同朋の当番衆らしいから[30]、番所とはかれらの居所かもしれない。そうなら、これも台所付近か、北隣接地にあったものであろう。

西指庵周辺

文明一七年七月八日に亀泉が超然亭西指庵一郭を調阿弥らとともに昇ることを許され見物したときには(史料①)、山路嶮難の故に履を脱ぎ鞋にはきかえ、先ず西指庵に入って一覧した後、月待山に登って山上の「超然亭」で宴があった。その最中に亭の後ろに鹿一二頭が人を恐れず徘徊したという。山上の亭は夢窓国師の鎌倉瑞泉寺や北山殿にもあった。

西指庵があった場所は、西芳寺指東庵が洪隠山山麓にあるように、池庭から東に一段登った月待山の山麓の北部(いま塀で囲まれている)であったとみられる。そこへ登る道は、現在、銀沙灘《だん》すなわちかつて会所のあった位置の、池を挟んだ東の岸にある。文明一八年二月一六日には指東庵の前門「向上関」を模して、西指庵の門「太玄関」をつくるよう指示があった[31]。門の位置は、「向上関」と同じく、道の上がり口にあったとみられる（図示した位置より上がった、道の屈局部近くかもしれない）。

長享元年一二月に竹亭「漱蘚亭」の額名や書体が決定された[32]。二年後に亀泉集証が小補和尚とともに、立阿弥の案内で邸内庭園を拝観したときには（史料③）御泉殿・弄清亭から、漱蘚亭にいって休息し、水を汲み手を洗い、あるいは水を飲み、身を清めて西指庵へ行っている。現在、道を登って行くと、東求堂の東方にあたる位置で、右手に涌泉の石組みのある一区画がある。昭和六年（一九三一）に出土したのである。「漱蘚亭」はここにあったと考えられており、それに異論はない。

竹亭とは竹ばかりで造られた草庵で、『暮帰絵』に描かれているものは屋根まで竹でできている。亀泉らは西指庵の庭で梅の顆を拾って懐にいれて帰った。漱蘚亭だけでなく、西指庵・太玄関もみな草庵で、この一郭は山里の風情であったらしい（指東庵周辺はきびしい岩のある枯山水庭園を形勢している）。文芸の場として茅葺御所が邸内の別廓を形勢する例は院政期から知られている[33]。

東求堂周辺

東求堂は、名所案内記のなかで比較的早い時期の『雍州府志』（貞享元年〈一六八四〉刊）でもすでに方丈の東の現在地に描かれているが、川上氏は、『山城名跡巡行志』（宝暦四年〈一七五四〉・浄慧撰）の記事に「此堂（東求堂）元ト在方丈ノ南、閣ノ東ニ、後ニ移此所ニ」とあること、また、解体修理の際に、側柱に土台が入っている、すべての柱に根継をほどこしているのは移築に由来するものと考えられなくないと、江戸初期に方丈建物の改築の際に現在地に移築し跡地の整備をかねて銀沙灘や向月台が築造されたと推定された[34]。しかし、東求堂は、西指庵とほぼ同時期の造立になり、日常性と宗教性を併せ持つという点でも共通の建物である。東求堂の現在の位置は、その西指庵一郭のすぐ西側下にあたる。また、かつての常御殿の東奥にあたり、私的な御座の間のある建物の位置としてふさわしい。南に蓮池があったという記録も現状と合う。前述した湯殿・厠との関係にくわえ、後述するように、泉殿から東求堂へ行っている記録とも矛盾しない。したがって東求堂の位置に大きな変更はありえないと考えられる。仮に動いているとしても、もとの位置は現在地のすぐ東の隣接地以外にはありえないだろう。東求堂の東北に、かつての西指庵方面へ登る道があるが当時からあったことであろう。東求堂の縁の床「隔簾」は簾を隔てて梅を見る「隔簾梅」にちなむ命名であり、[35]庭の梅は西指庵の庭にまでおよんでいた可能性がある。常御殿の建築時に「集芳」という額名の床がある渡廊が出てくるが、常御殿から東求堂に行くためのものではないかと思われる。

東求堂の北側室は北向きに庭に面していたことは前述した。その北の庭がどうなっていたか、いままではわからなかったが、今回の発掘結果は、それに新たな資料を提供した。石垣が発掘されたのである。

わざわざ西指庵のある山裾部を切り込んで二辺の石垣を築いているのは、土留めであるだけでなく、石垣に二方を囲われた土地（今、貯水槽になっている）に、重要な建物が存在したとみるのが妥当だと思う。西南は築地で囲われていたであろう。東山殿のまんなかにあって石垣（と築地）、庭園樹木で囲われ、しかも水利に恵まれている立地にある建物といえば、火難盗難を恐れる建物、すなわち唐物などをしまった宝物倉・文庫が考えられると思う。義政は義満・義教以来将軍家が蒐集してきた唐物を有し、それは後世東山御物と呼ばれ最高の評価を受けた。義政は、狩野正信の絵の手本となる唐絵を相阿弥に出させ、また堀川殿は調阿弥に命じて「御倉」から御印を取り出させている、[36]その御倉である。

発掘調査で、この敷地の南側で発見された礎石建物は、現在の敷地境あたりにある溝に面し、ふつう知られる住宅建築や神社建築などとは考えられないものである[37]。東山殿には庭園に籠があり鸚鵡《おうむ》を飼っていたから、それである可能性もあろう[38]。

会所・泉殿周辺

会所は常御殿の東南・東求堂の西南、いまの本堂南前の銀沙灘にあったとみられる。会所の西南に入口があり、常御殿のかたわらを通って直接出入りできたことは、義晴葬儀の記録などからわかる。いまの本堂方丈も西南に禅宗方丈の常として玄関が付属する。寝殿造りにおける中門廊に相当する廊下状の建物である。南端部は東西に唐破風を見せる屋根になっていて西側が入口、東の庭側は腰掛けが張出し禅宗様の花灯窓があり、庭の景観の効果的な一部になっている。会所の入口として想定されるのはこの玄関に似たものだと思う。会所が、本堂方丈より南に寄る分、その玄関も築地塀より南に突出し、西の唐破風の入口はちょうど現在の通路の方向を向くことになる。今日、観光客の出口となっている築地塀の西端の小門をくぐって庭に入り、八幡を祀る石塁の脇を東に進む、これこそ当初の会所玄関への道とみられる。向月台は玄関の跡につくられたのであろう。

当時、八幡宮が入り口辺に存在したことは、寿昭西堂の僕が刀を奪い、これを「御所八幡之前」で取り返したという一件からもうかがえる[39]。

一条兼良が義尚に将軍としての心構えをといた『文明一統記』のなかで最初に八幡大菩薩に御祈念あるべきことあり源氏の氏神・守護神が玄関前に祀られるのは自然とおもわれる。

銀沙灘の位置にあった会所は南側も東側も池に面していたことになる。義教室町殿の三会所のうち中心になる南向会所は寝殿の東北にあって、行幸の際は池に臨む東南の室が泉殿の代わりとして和歌会の場となった。ここ東山殿会所では東南の室に床と書院「吟月」を備え、客間に充てられたことは前述した。さらに泉殿が別に、会所と同時期に作られている。いまかつての会所東南に小石橋（竜背橋と呼ばれている）があり、橋を渡ったところに、東方山中の小川を引いた「洗月泉」と命名された小滝がある。会所東南書院の額名「吟月」は、これと呼応するものであろう。石橋の辺は東の東求堂前の池と西の観音殿前の池の結節点にあたり、渡る直前のところにたっても、また渡ったところで振り返っても、池が一番ひろびろとみえ池庭の中心だと実感する。

泉殿は会所の対岸にあったとみられる。いま竜背橋と呼ばれている小石橋では下を舟が通れないから、当時は下を船が通れる「渡廊」が、木橋の役をして会所と泉殿を繋いでいたと推定される。泉殿は滝「洗月泉」に面していたはずである。北山殿の泉殿も、金閣の北方、会所の北側にあり、いまもある滝に面していた。

亀泉らが会所と同じ頃完成した泉殿の見物を許された際（史料③）、「掬清亭」畔で狐の声があり、冬に狐が打ち鳴くは大吉だなどと談笑しているから、泉殿は、とりあえず「掬清亭」と呼ばれていたとみられるが、亭内の北頬に掲げる額として「弄清亭」の古額が話題になって棟梁孫又次郎に取り寄せさせ、一九日には、掬清の額は取り止めになったことが記される。

亀泉らは泉殿に行き「弄清亭」で憩うと記す。泉殿は池中にまで作出しになっていたから(40)「弄清亭」はその北頬の額名であったとみられる。亀泉らは弄清亭から竹亭漱蘚亭へ行き、また前述したように泉殿から東求堂へも行っている。泉殿は池の南岸にあり、かれらは池の東岸を歩んでそれらへ行ったことになろう。庭は泉殿の南方にも広がっており、室町殿の池庭南方にあった泉殿会所と同様に、部屋は南向きにも存在したであろう。

釣殿「釣秋亭」・船舎「夜泊船」・「竜背橋」

長享二年六月晦日条によると、義政から西芳寺船舎の額「合同船」を模してと指示があり、長享二年一〇月一八日条には、船舎の額、橋の額名を亀泉らが検討し、義政が「夜泊船」、「竜背橋」に決定し書体もきめたことが

出てくる。(41)

会所の玄関内のところから、中島へわたるいまの石橋は、下を舟が通れない。中島から池の南岸まではもっと離れているから、ここにかかる橋が「竜背橋」であったにちがいない。名の通りの反った橋であろう。亀泉らが見物の際「竜背橋で欄干に倚して暫く休息」しており、橋の中程に亭(橋亭)があるタイプのものであったであろう。夢窓国師ゆかりの永保寺などに実物があり、『洛中洛外図』の細川亭にもみられる。

同日、西指庵まで見物終わって帰った亀泉は、堀川殿にいわれ更めて西方の亭釣殿を一覧し、これには「釣秋」の額がもっとも恰好と定まった。

「釣秋」は、小川御所で西芳寺湘南亭に学んで庭の南につくられた亭の扁額として最初にえらばれた。「季秋谷詩云、君釣秋江月」に因む。しかし、北向きの額には不向きということ(月は東だからだ)で、「釣寒」に改められた。(42)

東山殿で亭名に「釣秋」をつかったのは、亭が北向きで額が東向きであったことを示している。小川殿で使われなかった古額を使ったのだろう。竜背橋側に額が向いていたのである、位置は観音殿(銀閣)東南、池に張り出して存在していたであろう。

船舎「夜泊船」があった場所も、釣秋亭付近とみられるが、いまふさわしい所を定めがたい。釣秋亭の西脇、銀閣の近くに推定しておきたい。(43)

観音殿

外山英策氏が、「此の如く先づ観音殿の第一重、第二重の名が定まり、然して後に仏が造られ、建物が出来るといふ奇観を呈した」と記された(『室町時代庭園史』)ようにその造営過程は不自然であった。氏は、その原因には触れられなかったが、観音殿が旧建物の移築だったためであった。観音像の岩洞も、金閣と建仁寺のものを取りよせており、いずれかを使用したとみられる。

義政はここで観音懺法を禅僧に行わせる計画だったために、その完成が一二月か正月か気にしていたが、正月に亡くなった。亀泉集証でさえ義政の死後になって、慈照寺観音殿に初めて登っている。

観音殿は庭の入口近くにあるが、室町殿でも東の通用門に近く観音殿と、僧衆の詰める御亭があった。

寝殿の位置

長享三年七月に寝殿（主殿）の造営がはじまったが、これは四月前に近江の陣で将軍義尚が亡くなり、後継男子が無く、とりあえず義政が政務を代行するためとみられている[44]。しかし義政の健康がすぐれず、その原因は寝殿にあるとされ、寝殿は畳まれた。その跡で泰山府君祭をした際、見物者が垣を成したというから[45]、庭の入口に近く、広い敷地にあったであろう。また、室町殿など将軍邸では常に、屋敷西南部にあったから、ここでも、庭の入口からすぐ南の観音殿の西南辺と推定される。しかしここでは、おさまりの悪いことは否定できず、方位が悪いと解体されたのもそのへんに理由があろう。

惣門周辺

現在、銀閣寺町の十字路から、少し斜路を登ると惣門があり、門内を少し行って右折すると二〇間の通路がいまは石垣と生け垣に囲まれている。中門は見えず、突き当たりを左折すると直ぐある。この入り方は防御性を考慮したものである。おそらく台所北の倉は二階倉で、惣門のほうから遠く北小路（現・今出川通）方面を望み監視できるようになっていたと想像される。

支配者の屋敷は常に防御的に造られるものである。室町殿も周辺に守護邸などがあって守られていた。東山殿も山荘とはいえ孤立したものであったとは思えない。じっさい『蔭録』からも申次の伊勢右京や同朋衆の宅が近くにあったことがうかがえる記述がある。

周辺のなかでもとくに、総門築地の北側、いま浄土院の敷地が東山殿にとって、防御的にも機能的にも最も重要な位置にあると思う。東山殿には台所口がなくてはならない。それが仮に、総門内の北の築地にあったとしても、浄土院の敷地を通って入ったことになる。北の別廓の対の屋へいく女中衆らもそこを経るほかない。

浄土院の敷地は近世の城でいえば大手口の番をする家老屋敷に相当する。幕府でいえば政所執事・御厩別当・殿中総奉行の伊勢氏の邸にふさわしい。義政は伊勢貞親に育てられ、当時はその子貞宗の代になっていた。シンポジュームの際の野田泰三氏の報告（編者注・本書第四部再録）によると、貞宗の屋敷は、東山殿と同時に、北の尾根を越えた北白河の地に新造されていた。山越えで近江と繋がる要衝の地に造られたことは、いざという時の義政脱出にも備えたものとみられる。義政死後、亀泉は観音殿に初めて登った日そのあと伊勢貞宗邸を訪れて盃を傾けつつと義政の懐旧談に耽っている（『蔭録』延徳二年一一月二九日条）。

浄土院の地は、義政の申次だった伊勢氏一族のなかでも『蔭録』にもっともしばしば出てくる伊勢右京が守っていたのではないかと思われる。義尚の任右大将拝賀を祝して公家門跡が参賀で東山殿に赴いた際「武家申次伊勢右京亮貞遠」と出てくる人物である[46]。亀泉が義政に謁見のおり、伊勢右京を、宅より召し寄せたりしており、宅が近くにあったのは確かである[47]。前述した当番の同朋のいる「番所」なども、あるいは同じ敷地内にあった可能性もあるであろう。

参道の西側の敷地も史料にあらわれない。現在も竹林しかない。屋敷の西辺北に天神、南に住吉の二社が存在したというのは、この敷地内のことであろう。義政の死後山門が訴えたなかに、墳墓の地に宮殿を構えたとある。

墳墓があったのもこの敷地内かもしれない。前将軍義晴の葬儀の際遺骸は常御殿前の築地から西の築地外の火屋へ運び出したと記されるからこの敷地で火葬にされたことになろう。

このほかにこの敷地は作事所として使われたとみられる。義政が東山殿に住んだ八年間ずっと普請作事がつづいた。その造営順はみてきたとおりで、台所あたりから始まり右まわりにすすみ最後は観音殿で終わっている。これは、作事場が観音殿の西側辺の敷地にあったことを物語る。参道の西側あたりは現在も土地が水平でない。資材置場ぐらいにしか使えなかったのではないか。資材の搬入もここならできる。東山殿の防御正面は西側である。近世の城でも防御の要所には作事場を置く。その広い空間が非常の際の武者溜まりに使えるからである(48)。

総門へあがる通路の南側角地は義政側近で普請作事の奉行であった結城(七郎)勘解由左衛門尉の宅の可能性があろう。これにつづく路沿いの宅地は、東山殿敷地の西境をなす崖の下にあたる。ここをふくめ総門下の十字路周辺は側近の奉行衆・奉公衆・同朋衆らの宅があったと思われる。

むすび

慈照寺は、上洛後の織田信長が、近くで狩猟をしたとき必ず弁当をとるところであった。近くの吉田神社の兼見が出て茶湯の接待にあたった。信長は上洛直後に天竜寺の策彦に会い、西芳寺の庭園の修理を委託している。また将軍義昭のために築いた二条城へは慈照寺の石を運んだが、義政が東山殿を造る際には室町殿から石を引いており、伝統にしたがったといえる。信長が安土城を造った際に命じて作らせた記録の一つに京都所司代村井貞勝の天守の記があり、『安土日記』(前田家文庫蔵)に引用されて伝わる。その書き方は、部屋の広さと飾り(画題)からなり、明らかに『御飾記』に倣ったものである。それによって復元される天守は、下階は信長の住まい、上階は宗教的空間であり、金閣・観音殿の構成に似る。一階の住まい部分にいたっては、東西六間南北七間で間取りも東山殿常御殿に近い。西の梅の間が居間、奥の納戸が寝所、南側が対面座敷、東八畳が小姓室。この北側が妻女の居間寝間、東方に同朋衆・女中衆・侍の部屋があるといった構成である。一階の大きさは東西を常御殿部の二倍、南北を一倍半に決めたと推定できる。これより遡る岐阜城の山頂天守も六間に七間の規模である。策彦に命名させたのが「天守（主）」であった。信長の将軍文化の尊重は見直されなければならないと思う。いっぽう秀吉の大坂城本丸御殿は、将軍邸と大きく異なるものであった。しかしそのすぐ後の聚楽第の造営にあたって秀吉は、前田玄以・千宗易に将軍邸行幸の先例を調べさせている。『匠明』に掲載される東山殿の図（配置図・主殿の図、いずれも事実と大きく異なる）などは、それを契機に作られた権威付けのための復元図とみられる。こうした点に筆者の関心はあるが、紙面もつきた

六重目
①十二畳敷、墨絵ニ梅之御絵を被遊候。同間内、御書院有。是ニ遠寺晩鐘《おんじばんしょう》景気被書《かかせられ》、まへに盆山被 置《おかせられる》也。
②次四てう敷、雉《きじ》の子を愛する所、御棚ニ鳩計《ばかり》かかせられ、
③又十二てう敷ニ、鵞《がちょう》をかかせられ、鵞の間と申也。
④又其次八畳敷、唐《から》之儒者達をかかせられ、
『安土日記』（尊経閣文庫蔵）

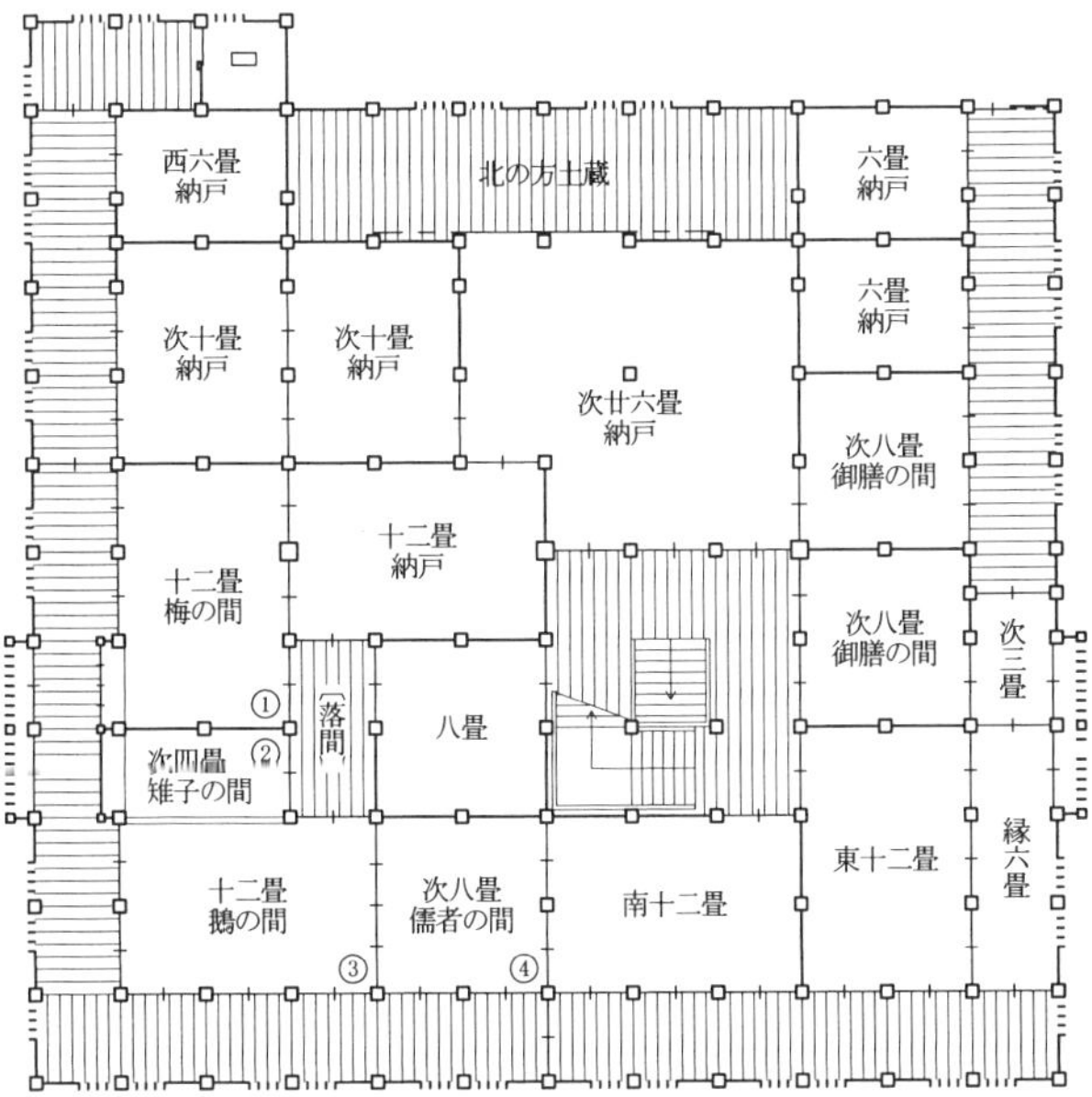

図８　安土城天守一階復元図

ので更めて論ずることにしたい。

注

（1）堀口捨己「君台観左右帳記の建築的研究」（『美術研究』一二二―一二六、一九四二）。『群書類従』所収相阿弥『御飾書』と比較して、旧徳川宗敬氏蔵（現東京国立博物館蔵）『相阿弥、過剋斎宛君台観左右帳記』を善本として公刊、さらにそれにもとづいて東山殿の建物およびその配置の復元的考察をされた。その後、野地修左『日本中世住宅史研究』（日本学術振興会、一九五五）では『御飾書』偽書説が主張されたが、鈴木充「御飾書の考察」（『建築史研究』三三、一九六三）は、唐物に関する著書と、相阿弥の小川殿・東山殿御飾り記（仮称）とが混在して伝わっているが、後者の内容を伝えるものとして徳川本は信頼できるとする。これが今日の定説となっている。本稿でも御飾り記の文として徳川本を使用する。
　川上氏の東山殿に関する研究は『日本中世住宅の研究』（自家版、一九五八、墨水書房、一九六七）と「北山殿と東山殿」（『金閣と銀閣』、淡交新社、一九六四）。

（2）拙稿「東山殿の常御殿会所と近世の対面所」（『建築学会大会講演梗概集』、一九七〇）。拙稿「細川勝元造小川殿の主殿について」（『建築学会大会講演梗概集』、一九七七）。
　義教室町殿へ行幸の際、座敷飾りを担当した能阿弥が筆録した『室町殿行幸御飾記』（徳川黎明会蔵）が紹介された（根津美術館・徳川美術館編『東山御物』、一九七六）のをうけて、拙稿「会所から茶湯座敷へ」（『茶道聚錦』七、小学館、一九八四）では義教室町殿の三会所の間取りと唐物飾りの復元図を提示した。拙稿「将軍第の建築文化」（『金閣寺・銀閣寺』、新潮社、一九九二）では金閣、および銀閣の復元的考察を行って復元図を示した。

（3）発掘調査に関しては（財）京都市埋蔵文化財研究所『特別史跡特別名勝慈照寺庫裏増改築工事に伴う発掘調査終了報告書昭和六一年度』、および『特別史跡特別名勝慈照寺庭園の埋蔵文化財発掘調査に伴う発掘調査終了報告書（中間報告）平成五年度』を参考にした。

（4）『蔭録』文明一六年一一月一八日条。

（5）押板については、唐絵の鑑賞施設として出来たとする見解があるが、唐絵を多く所持した禅院では近世になるまで押板がみられないという事実と矛盾する。押板では絵画に三具足を伴うのが正式な飾り方であり、それは仏画を掛けるために旧仏教寺院住房で成立したと考えられる。
(6)『蔭録』長享元年一一月七日条、同二年正月一一日条など。
(7)『蔭録』延徳二年二月二四日条。
(8)『蔭録』文明一八年三月四日条に義政が見た諸額として御書院の額「吟月」、「渡廊床上」の額「集芳」、「御浴室」の額「洗塵」が出てくる。会所はその年末に作り始める。「吟月」は古額かもしれない。
(9)『群書類従』第二九輯。
(10)川上氏によるとこの室のために水色の蚊帳が作られた(前掲注1川上著書)。
(11)草庵を茶の湯の建築に始まるとみるのは大きな誤解で、奈良時代の長屋王邸の黒木の亭以来、中国文人の草廬を模して造られてきたもので文学の場であった。浄土思想がさかんになると質素な草庵は無常な現世の住まいにふさわしいものとして文人の間でさらに作られるようになる。拙稿「慶滋保胤の池亭―中世住宅における数寄と浄土」(『建築雑誌』、一一〇〇、一九七五)。
(12)『蔭録』文明一九年四月二四日条。
(13)『蔭録』文明一九年二月六日条。
(14)『蔭録』延徳二年二月一九日条。
(15)『国宝慈照寺東求堂修理工事報告書』(京都府教育委員会、一九六五)。
(16)『御飾記』は「西六間」となっているが、原本で三間となっていたものが、写本では当時の六畳の状態に影響されて誤記されたのであろう。
(17)芳賀幸四郎『東山文化』(塙書房、一九六二)一四八頁。
(18)「大正修理工事記録」(京都府立総合資料館蔵)。
(19)金閣の三階は、金箔押しにするために窓枠を壁板から造り出しにしていた。黒漆塗だった二階は縦羽目板を釘打ちにしていた。
(20)『満済准后日記』永享五年二月一五日条。義政の烏丸殿、室町殿の観音殿は義教室町殿の移築(前掲注1川上著書)。
(21)ただし相国寺から移築の例もありそれは禅宗様であるかもしれない。
(22)この部分については川上氏がすでに次のような指摘をされていた。「階段室と西南大室のあいだに挟まれる押入をもつ小室は、押入前面柱に棚板を三段に設けた痕跡があり、押入前面の天井は天井長押・蟻板壁をまわした奥行四分の一間ほどの別天井に造られている。この天井と柱に残る棚板痕跡は繋がりがあるようで、後世に改造されていることを思わせる」（『日本建築史基礎資料集成』一六、慈照寺銀閣、中央公論美術出版、一九七一）。しかし、改造は後世ではなく、移築当初に行われたのである。
(23) 芳賀幸四郎『東山文化の研究』（河出書房、一九四五）六七〇頁。
(24) 観音殿（銀閣）の移築改造については、拙稿「将軍第の建築文化」（前掲注2著書）に詳細に述べたので参照していただきたい。
(25) 慈照寺庭園に関しては吉永義信『日本の庭園』（至文堂、一九五八）によった。
慈照寺庭園の現状実測図としては森蘊「室町時代中期の庭園」（『中世庭園文化史　奈良国立文化財研究所学報6』、一九五九）等を参考にした。
(26) 御末衆とあるのは女中衆であろうか。『蔭録』延徳元年一〇月九日条。
(27) 近世の城の例からみれば、複数の倉が北の敷地境に並んでいた可能性もある。
(28) 『蔭録』文明一八年六月五日条。
(29) 奈良時代の西大寺資財流記帳から、厠は寺地の北部にあったことが知られる。禅宗寺院では伽藍中心の南に東司という厠の建物があることは周知のことであろう。
(30) たとえば義政の死の床での道場設定、『蔭録』延徳元年一一月一七日条。
(31) 『蔭録』。この日、亀泉は、「東府南面庭前之山に鹿八頭出遊、実に壮観なり」と記す。
(32) 『蔭録』長享元年一二月二四日条。
(33) 藤田勝也「萱御所について」（『日本建築学会計画系論文報告集』三八二、一九八七）。
(34) 前掲注1川上著書。東求堂修理報告書も同じく移転説をとる。発掘調査結果を解釈して東山殿焼失後、現地に盛り土して東求堂を移転したとみている。
(35) 芳賀幸四郎『三条西実隆』（吉川弘文館、一九六〇）一七頁。
(36) 『蔭録』長享三年九月一六日条。
(37) 建物跡　出土した自然石の礎石は九尺間、礎石から縁束石まで五尺あまり、礎石から基壇端まで（ふつうの建物なら軒の出にあたる）八尺あまり、という寸法からは、ふつうの六尺五寸間の住宅建築を想定しがたい。小規模の社殿の可能性も想定したが礎石配置はそれにもあわない。

（38）東山殿のオウムが籠から逃げて姿を見失ったとき芸阿弥が、醍醐の森にあるべしと予言した（外山英策『室町時代庭園史』、岩波書店、一九三四、三〇三頁）。オウムは生きた唐物に相当する。

（39）『蔭録』長享三年八月一六日条。

（40）「池中乞被作出」と『蔭録』は記す（吉永氏よる）。

（41）『蔭録』長享二年六月晦日条、『蔭録』長享二年一〇月一八日条。

（42）前掲注1川上著書、『日本中世住宅の研究』二六〇頁。

（43）金閣は釣殿であり、これに船入玄関が付いていたことを筆者は明らかにしている（前掲注2『金閣寺・銀閣寺』）。したがって釣殿、および観音殿に近く船舎があったとみるのは妥当であろう。

（44）前掲注1川上著書。しかし、北山殿では寝殿はむしろ壇所として使われており、東山殿の寝殿も政務との関係で造られたとはきめられないだろう。

（45）『蔭録』延徳元年一〇月一七日条。

（46）『長興宿禰記』文明一八年八月四日条。

（47）長享元年一二月一九日条など。室町殿の場合、伊勢邸はそのすぐ南側にあった。また、今谷氏は義晴の今出川御所の東側に、同時に政所執事伊勢貞孝邸が造られ、上杉本『洛中洛外図』の「伊勢守」はそれにあたるという（『京都・一五四七年』、平凡社、一九八八）。

（48）例えば姫路城は東南を大手とし、その付近の曲輪に作事場をおいていた。

（編者追記）本稿は『日本史研究』三九九（一九九五年一一月）に収載された同名論文に、体裁上の修正を加えて再録したものである。

慈照寺銀閣の修理工事に伴う新知見について

木岡敬雄

はじめに

銀閣は足利義政の山荘東山殿の遺構として、また室町時代の楼閣建築を代表するものとして足利義満の北山殿金閣と並び有名である。金色に燦然と輝く金閣とは対照的に古色を帯びた銀閣の姿は東山文化を象徴する存在として取り上げられることが多い。しかし知名度とは対照的に建築の歴史的変遷の解明はこれまで充分になされていなかった。

平成一九年（二〇〇七）から屋根の葺き替えと柱下部の腐朽や沈下による軸部の傾きを直すために保存修理工事が行われた。これに併せて各種の調査が実施され新たな知見が得られた。調査結果の詳細は平成二二年一二月に京都府教育委員会より刊行された『国宝慈照寺銀閣修理工事報告書』に詳しい。ここでは報告書の成果を簡略に記し最後に宮上の論文（本書第四部収載）との関連についても触れたい。

一　発掘調査

地下遺構の調査は建物内部と周囲の限られた面積に限定されたものであったが重要な成果が得られた。大正二年（一九一三）の修理工事によってすべての礎石が据え直されているのではないかと予想されたが、北面の柱礎石の下にコンクリートの基礎はなく礎石は動かされていなかった。また礎石据え付けのための掘形が一五世紀後半頃の遺物を含む地層を掘り込んで形成されていることから礎石は創建当初の位置を留めている可能性が高い。銀閣とともに東山殿の遺構として有名な東求堂が調査の結果、庭園内の別の場所から現位置へ移されたものであるといわれ、銀閣も同様の可能性があるのではないかという疑いもあったが、今回の調査結果から建物が動かされた可能性はなく、東山殿の配置ならびに庭園の構成を考える上で重要な基準を得たと評価できよう。

二　部材の痕跡調査と一階平面の変遷

銀閣の一階は南北四間、東西三間の大きさで、池に面する東を正面とし、中央の柱筋で南北に分かれる。南は庭園に面して幅一間の広縁を設け、奥には八畳大の主室がある。北は庭園に面して六畳の座敷があって、奥はさらに南北二つの小部屋に分かれる。二階は南を正面とした三間四方の一室で観音像が安置され、東西に奥行きの浅い張り出しを設け腰掛としている。銀閣の柱には現在しない壁や棚の痕跡があることは以前から知られており、改造が行われたことは明らかであった。しかし、時代ごとの変遷を解明することは史料の制約もあってこれまで行われてこなかった。報告書では新たに発見された痕跡などをもとに一階平面の変遷について復元考察が行われている。

延宝九年（一六八一）に慈照寺を訪ねた黒川道祐が著した『東西歴覧記』所収の見取図から六畳の座敷奥の小部屋は共に壁で仕切られ通路として西端に幅半間の戸口が設けてあった。六畳の座敷との境も北半分は襖が入って行き来が出来るようになっており、階段の位置も現在より座敷側にあり、その向きも異なっていたらしい（図1―②）。これが元文三年（一七三八）の修理願いの付図では南の小部屋に押入れが造られ、その造作に当たって仕切りの壁は取り外されたらしい（図1―③）。嘉永四年（一八五一）の絵図に

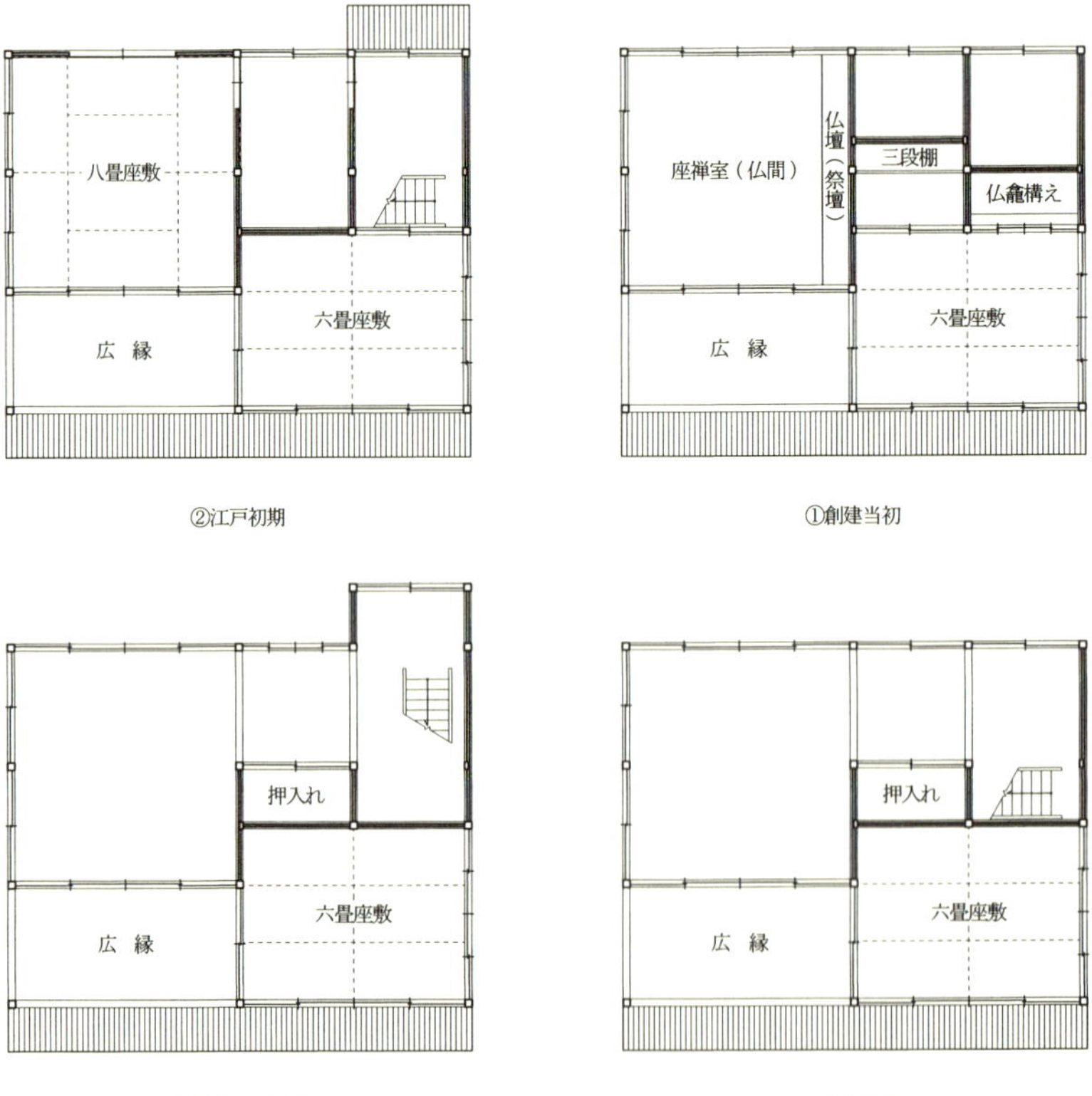

図1　銀閣一階平面変遷図

『慈照寺銀閣修理工事報告書』所収の図をもとに作成

は西北隅に張り出しが描かれており、現状に見る銀閣の姿はこの頃成立したものとみられる（図1―④）。

近世の絵図に対応しない痕跡の多くは創建当初に遡るものと考えられ、これらをもとに創建時の一階平面が復元されている（図1―①）。大きく異なるのは六畳の座敷の西面である。現在は南北とも土壁であるが、内法より少し下がったところに落掛けの痕跡があり、さらに柱面に戸の納まりのために辺付を止めた釘穴が残っており、ともに当初は引き違いの襖が入っていたと考えられる。その奥も南側は部屋境から半間入った柱に残る棚板の痕跡と現存する小天井から一畳大の小部屋を介して奥行き一尺六寸ほどの棚があったと見られる。北側も部屋境から半間入った柱に板決りの痕跡があり、西奥の小部屋とは壁で仕切られて押入れのようになっていた。ただし地板の痕跡が座敷の床面より少し高い位置にあって、ただの押入れではなく仏龕構えの可能性がある。西の二つの小部屋は両者とも壁で仕切られており、二階へ登る階段は別にあったのではないかとされる。また八畳大の主室の北面も現状と異なりすべて壁で仕切られ、柱に残る痕跡から高さ一尺五寸ほどの仏壇か祭壇のようなものが取り付いていた可能性が指摘されている。

三　二階の仕上げについて

銀閣の二階はその名が示すようにかつて銀箔押しであったのではないかとも言われており、今回も部材に残る塗装断片について表面観察や顔料の材料分析など多角的な調査が行われたが銀の痕跡は発見されなかった。計画の有無は別として銀箔押しの事実はなかったといえよう。

その一方で新たな事実が判明した。銀閣は内外とも木地の上に直接黒漆が塗られていることは以前から知られていたが、外部の頭貫以上の組物や桁、垂木などには黒漆の上に亀甲や唐草模様と思われる彩色の痕跡があり、元々は色鮮やかに彩色されていたと考えられる。さらに柱や板壁に大量の明礬を溶いた膠を定着材として白土が塗られていたことが明らかとなった。二階外部のかなりの面積が灰白色に塗られていた事実は現在の枯淡なイメージからは程遠く驚く結果である。報告書では以上の塗装が行なわれた時期を最古期・中古期・大正期と三期に分けた場合、最古期に属するものと考えているようである。ただしこれらの塗装が創建当初から意図されたものかどうかは不明である。元文から寛政年間のものと思われる絵図に銀閣を「白角」と記しており、その名が灰白色の塗装に由来するものか気になるところである。

四　木材の年輪年代調査

銀閣の創建当初と思われる部材について年輪年代調査も行われた。調査したのは柱と床・壁・天井などに使われていた板類である。部材はすべて樹皮や木の表層に近い辺材を除いた心材部分であった。このため実際の伐採年代をここから明らかにすることは困難であるが、その上限を推定することは可能である。調査の結果、各資料の年輪年代は一二世紀中ごろから十五世紀の第一四半期までとかなりばらつきがあった。資料中でももっとも新しい年代を示したのは階段脇の板壁で一四二五年＋αの値を示し、東山殿が造営された一五世紀後半と時期的に矛盾はないとされる。

五　調査結果と宮上の論文について

一連の調査では従来知られていなかった事実が明らかになり今後の研究に貴重な資料を提供したといえよう。

ここでは調査結果を踏まえ、宮上の論文との関係について私見を交えながら触れたい。

宮上の銀閣に関する考察は室町将軍邸の研究の一環として行われたもので、実地調査から内部の構造や屋根勾配の著しい相違など建物として不自然な納まりが見られる点に着目し、その原因を銀閣が移築された建物で東山殿の観音殿として二階の向きを変えるなど大きな改造を受けた結果であるとする結論に至った。

今回の調査でこれらの結論について何らかの証拠が見出されるのではないかと注目していたが、大正期の修理によって一・二階とも小屋組みの部材の多くが新材に取り換えられるなど変更が行われており、調査の範囲内では移築や二階の改造を裏付ける痕跡は見出されなかった。一方で一階内部の間取りについては宮上の考察と異なる見解が示されており、さらなる検証が必要であろう。

特に注目されるのは六畳座敷西側の仏龕構えの押入れや棚のある小部屋の存在である。これらは二階へ上がる階段の位置について新たな問題を提起している。報告書では指図などの史料と六畳座敷の壁付きの柱上部にある横架材の取付いていた痕跡から、現在の階段は江戸時代後期の改造の結果で、それ以前は現在とは方向が九〇度異なり屋根裏内の踊り場を介して二階の廻縁に出る階段があったとする。さらに二階北面の柱上部にある仕口痕から、創建当初は建物内部に階段はなく、外部に三門の山廊のような屋根付きの外階段が設けられていたのではないかと推定している。しかし銀閣の北面は常御殿の南庭の築地に近く、会所へ至る通路を考慮すると報告書の復元図にあるような規模の大きい階段を設けることは考えにくい。実際に存在すれば何らかの史料に記されていてもよいはずだがそのような記録は見出せない。やはり創建当初から階段は建物内にあったと考えたい。木材の年輪年代調査のなかで東山殿が造営された年代に近い部材が屋内の階段周りの板壁にまとまって見られることも理由のひとつとして考えてもよいのではないか。そう考えた場合に報告書の推定の根拠とされた痕跡が何によって残されたのかが改めて問われよう。

今回の調査は土壁や床板を取り外した一階は別にして、一重の小屋組みから上は大部分が手付かずのままである。宮上の復元の可否について結論を急ぐのは適切ではなかろう。いつの日か二階を含めた建物全体の解体調査が行われ何がしかの結論に導かれることを期待したい。

東山殿・慈照寺（銀閣寺）の建物配置と庭園

百瀬正恒

はじめに

慈照寺は京都盆地の東北部、大文字山の西麓、京都市左京区銀閣寺町二に所在する。ここは広く浄土谷と呼ばれ、西には南北に伸びる吉田山丘陵が、北には如意岳から派生する丘陵張り出しがあり、中央を白川が貫流する小規模な盆地である。境内の標高は九〇m前後、主要区画はほぼ東西一五〇m、南北二〇〇m、現在五万七二五七㎡が指定されている。境内は東が山麓で、西と南へ傾斜する地形のため、西辺と南辺の一部は石垣を組み、土留め・盛土で平坦面を確保する。門前を南北に走る道路と境内西部は、最大約五mの比高差がある。

寺は、室町幕府の第八代将軍足利義政が山荘として造営した東山殿を、その死後寺院に改めたもので、臨済宗相国寺派に属し、国宝の建造物―観音殿（銀閣）・東求堂と特別史跡・特別名勝の庭園を有する代表的な中世寺院である。東山文化を象徴する建物と庭園があることから、拝観者が季節を問わず列をなす。人々は参道の土産物店を過ぎて、総門から南面し、椿の高生け垣（銀閣寺垣）を見ながら、中門から内部へ。本堂の縁に腰を下ろし、白川砂の造形、向月台・銀砂灘を鑑賞する。ついで、東求堂の脇を通り、竜背橋を渡り、洗月泉を巡る。その後、山

表１　慈照寺関係調査一覧表

年次	区域	成果	調査期間	面積	文献
1929	錦鏡池、洗月泉	掘り出す	昭和４年		注１
1931	上部庭園	泉・漱蘇亭などを発掘	昭和６年秋		注２
1932	上部庭園	暗渠などの調査	昭和７年		注３
1962	錦鏡池	浚渫	昭和38年前後		注４
1964	東求堂	解体修理、発掘	昭和39年１月～40年６月	48㎡	注５
1979	錦鏡池	浚渫、修復	昭和54年１～２月		注６
1984-	上部庭園	保存整備	昭和59～62年度		注７
1985	書院・宝蔵	改築　試掘	昭和60年		注８
1986	庫裏	増改築。発掘	昭和61年６～10月	452㎡	注９
1993	全域、庫裏北部・錦鏡池	防災工事、発掘・立会	平成５年７～12月、６年２月	330㎡	注10
2003	中門・西部	中門新築、売店・トイレ新築	平成15年３～６月	97㎡	注11
2007	庫裏北部	研修道場・休憩所の新築	平成19年年11月	227㎡	注12
2008	庫裏北部	埋設工事、発掘	平成20年11～12月	28㎡	注13
2009	観音殿	解体修理、発掘	平成21年２～３月、６月	60㎡	注14

道を登り御茶の井のある庭園を見学する。次に南に転じ、山腹から慈照寺全体を眺め、鮮やかな杉苔を見ながら山を下り、錦鏡池の南岸で観音殿を正面に写真を撮る。そして拝観を終える。

境内ではこの間、当初は庭園を中心とする各種の調査(1〜4)が行われ、丘陵部の調査（上部庭園）では泉が発掘され、御茶の井とされた(2・3)。昭和三九年には東求堂の解体修理に伴い景石が発掘され、池の規模が現在と異なることがわかった。昭和六〇年代からは庫裏の増改築(9)、防災設備の更新に伴う調査(10)が行われ、東山殿や慈照寺に関係する遺構が検出され、この段階での復原案を提示した(15)。

その後、境内では中門やトイレの改・新築(11)、研修道場の新築と関連する埋設管などの付帯工事(12)、観音殿（銀閣）の解体修理工事(14)などの調査が相次いで行われ、前稿を補訂・追加する余地が生まれた。ここでは再度、調査成果をまとめ、東山殿創建当初の旧地形と失われた常御所・御会所などの建物配置、庭園の復元をめざした。これは、隠居後の山荘として評価され、文化・芸術論からの機能を論じた考察が多かった東山殿の研究(16)に、室町時代の政治構造に関する研究の進展(17)（将軍直務体制）を受けて、遺構からその歴史的性格の再考を試みたものである。

一　東山殿・慈照寺の調査成果

地域区分と主要な検出遺構

境内は広く、地形や機能も多様であるため地域区分を行う。近世から近代の境内図を見ると、概ね中門から東の山際までは垣などで区画され、そこから南が境内と認識されている。従ってまず中門の東部と西部に大きく分け、主要施設や庭園がある東部を内郭・A区とし、a・b・cに細分する。また西部を外郭・B区とするが、この部分には休憩所などの施設があり、多くは竹林などとなっている。

内郭のAa1は観音殿（銀閣）や東求堂がある主要区画、Aa2は庫裏・書院などの施設のある部分、Aa3は庫裏などの北部から東部で、二〇〇七年に研修道場などが建設された地区で、駐車場などとしても利用されていた。Aa4は西指庵の推定地を当てるが現状は杉などの樹木が生い茂る。ここは位置的には書院の北東部に当たるが、地形的には上部庭園（御茶の井）に繋がる一段と高い部分である。Ab区は庭園部分をあてる。錦鏡池を中心とする庭園のAb1と、山の斜面に構築された上部庭園のAb2に分ける。

既往の調査成果について地域区分にしたがって調査歴を述べていく。地域と西暦を付け表示する。内郭と外郭を含む全域で行われた調査は一九九三年[10]で、防災工事に伴う発掘・立会調査であった。これは、国宝の東求堂・観音殿の周囲も含めた地区で、東山殿に関係する各種の遺構を検出した。これ以外は中門や道場建設に伴う部分的なものである。

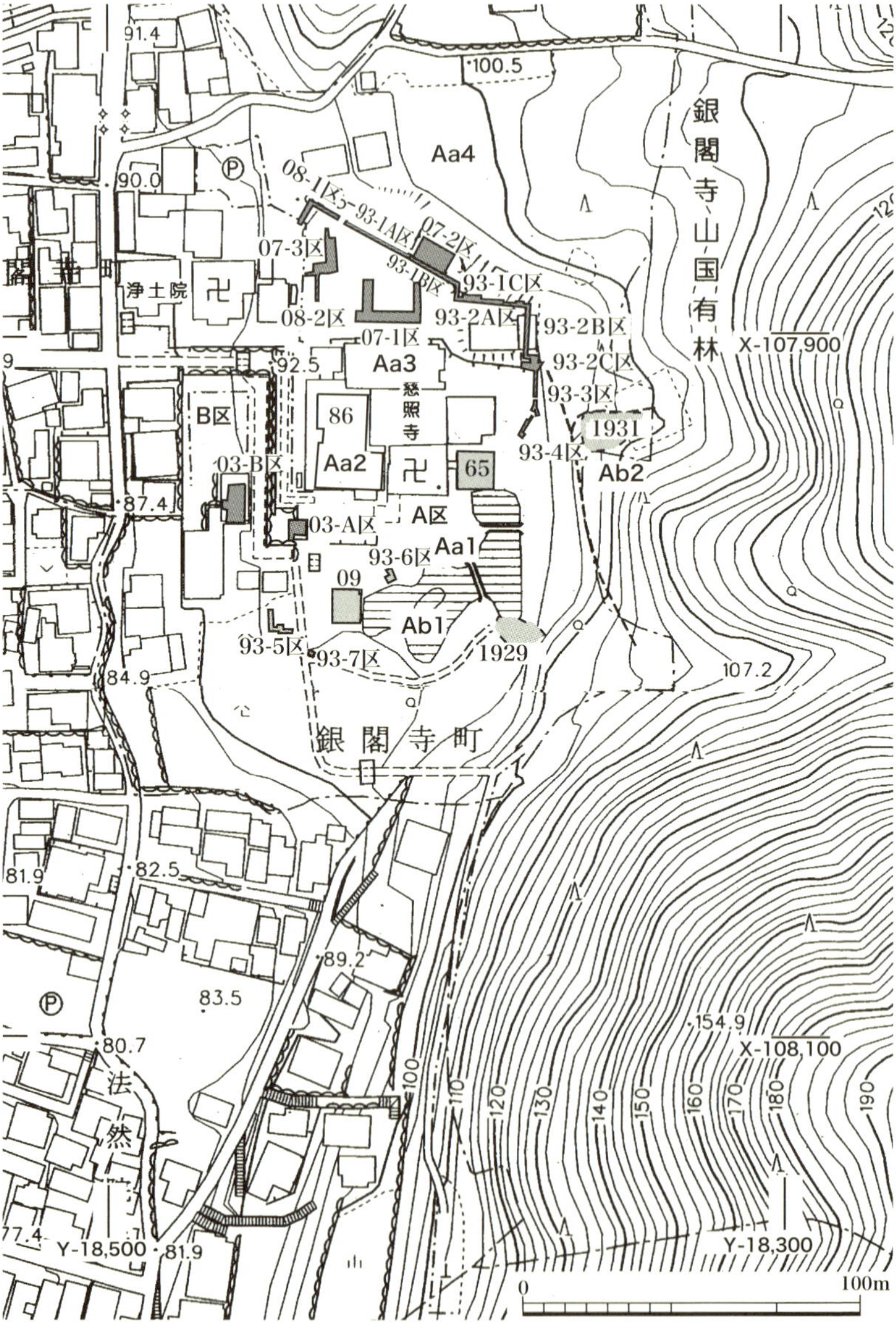

図1　慈照寺（銀閣寺）調査地点位置図（1:2500）

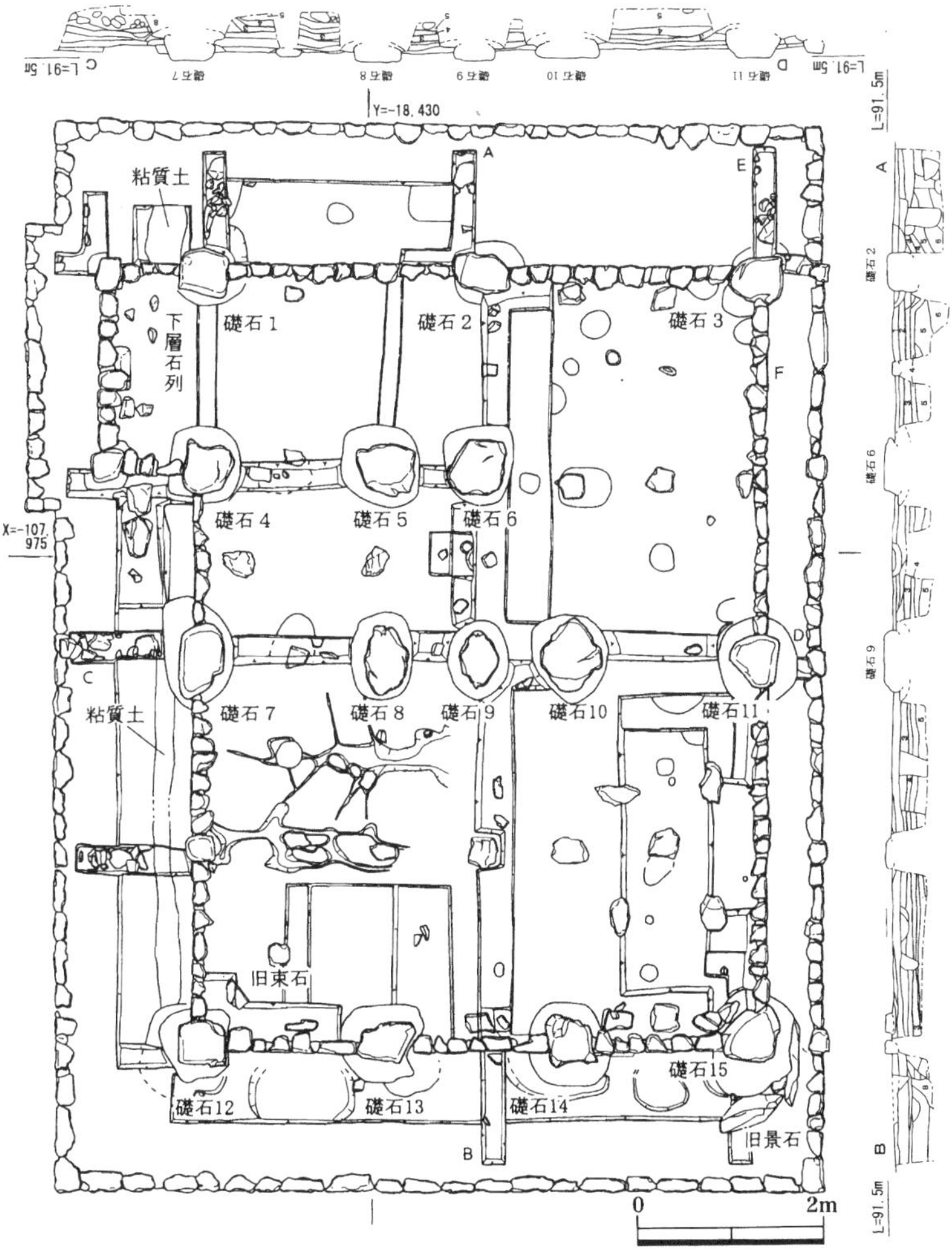

1層	白灰色細砂質土層	大正時代の解体修理に伴う化粧土
2層	淡糧褐色砂質土層	大正時代の盛土
3層	灰黄色砂質土層	大正時代以前のタタキ状の整地土
4層	茶褐色砂質土層	３層と同時期に施された整地土
5層	灰色砂質土層	礎石の掘形はこの層の上面から掘り込まれる。
6層	黄茶褐色砂質土層	礫を含む。少量ながら遺物を含む。
7層	黒灰色砂質土層	13世紀後半頃の遺物を含む。
8層	橙黄色粘質土層	

図２　観音殿の下層遺構（注14a121p改変）

Ａａ１　観音殿（銀閣）と東求堂地域

一九六四・二〇〇九年調査

観音殿（図２）　二〇〇九年の修理工事に伴い、部分的な発掘調査が行われた[14]。建物規模は南北四間、東西三間で、桁行は七・九一m、梁間は五・九三mで礎石が一五個あり、何れも短辺〇・五m、長辺〇・七m前後の自然石を使う。北側礎石列の一から三は造営当初のままとされ、建物が原位置を動いていないことが判る[18]。方位は真北を向く。南東部隅の礎石に接近して景石が二基出土し、苑池がこの部分では建物と接近していたことが判る。北東部の断ち割りトレンチでは一三世紀後半の造営以前の土師器が出土した。年輪年代による木材の測定が行われ、木曽のヒノキ材で新築された事が判明した[19]。周囲のボーリング調査では五・〇mま

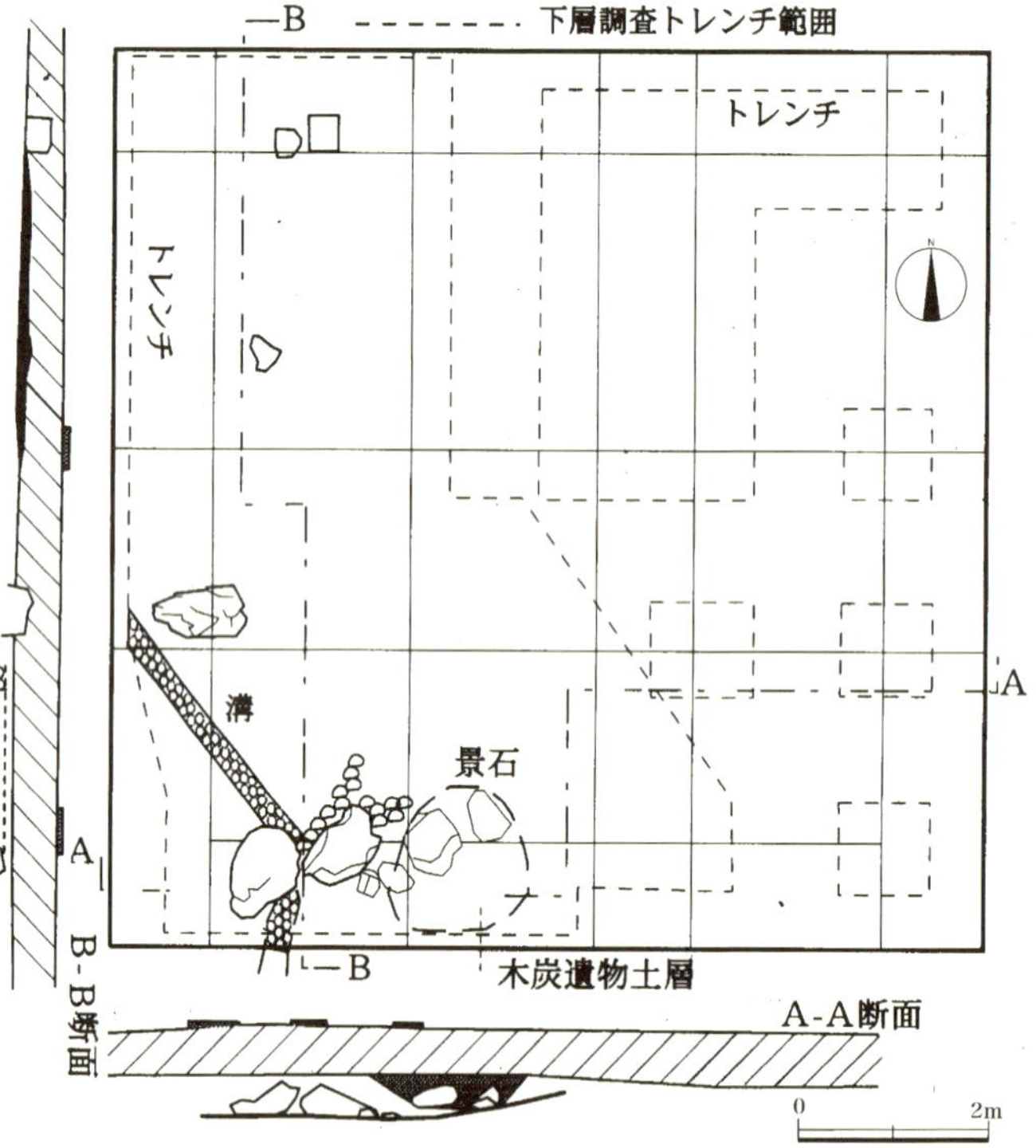

図３　東求堂下層遺構（注５、３図改変）

で小礫混じりの砂層が堆積し、貫入試験では二〇以下で、比較的軟弱な地盤に造営されている。(14)

東求堂（図3）　一九六四年実施の解体修理に伴う工事で、建物の南西部を中心に発掘調査され、礎石の下層から溝・景石などが出土した。溝は幅〇・二mで六cm前後の礫が詰まる。方向は北西から南東で、景石の下層で南に曲がる。景石の根固めについての報告はないが、図面にはグリ石が描かれ、地表下〇・九m前後で検出したようである。また、景石の上面に細かい木炭が散乱していたとの記述があり、一九九三年第二トレンチの雨落溝や建物上面の状況（図5）と同じで、炭層が広範囲に広がることが確認できる。この調査により、錦鏡池が当初は北に数m広がっていたこと、グリ石を詰めた溝が存在すること、何れの柱も根継ぎされていて、礎石の加工が粗いことなどから、東求堂は他所から現在地に移築されたことが判った。(5)

Aa2　中門・庫裏・書院の区域

二〇〇三年調査区　中門（図14）　江戸時代初期の中門を現在の門から一・八m東で、その下層で室町時代後期の北で西に一三度振れる石組や土塁状遺構を検出した。さらにその下層では一〇度西に振る石組溝を検出し、平安時代末期の浄土寺に関係する遺構とされた。(11)

一九八六年調査区　庫裏（図4）　庫裏の増改築に伴う調査が実施され、室町時代から近世に至る五面の遺構が確認され、変遷を重層的にたどることができた。最終面の第五面、安土・桃山時代を中心とする遺構面で、東山殿に関係する、東北から西南に北で六九度前後東に斜行する、幅一・〇～二・〇mの溝が調査された。この溝の南部では東部からの土石流に含まれていた花崗岩などの大きな岩石を処理する土坑が多数掘られていた。また、西端では幅が一・七m、深さが〇・九mと規模の大きな南北溝があり、幅四・三m間が途切れていた。このことからここに戦国時代末期の内郭に至る門が想定でき、門北側の南北溝とそこに流れ込む東西溝の接点には幅三m規模で溝底に石が盲暗渠状にあるので、この部分に南北築地や土塀が想定できる。門を入った南東部には、掘立柱建物が二棟ある。東西溝の北側にも建物があり、庫裏などの存在が想定できる。第四・三面（江戸時代前期）では池状遺構や溝、井戸などを検出している。池には褐色粘土が貼られ、漏水を防いでいる。

Ａａ３　庫裏・書院などの北部から東部区域

一九九三年調査区

礎石建物・通路など（図５）　第三トレンチは幅〇・七ｍ、延長九ｍと小規模であったが、建物基壇、礎石四基、掘立柱二基、雨落溝と排水溝を兼ねた石組溝、石敷通路、石垣など多様な遺構が検出された。建物は数個の石を積んで基壇端とし、その南に礎石が三基並ぶ。礎石一・二は一辺〇・二ｍの切石、三は径〇・三×〇・五ｍの自然石を使う。柱間は、礎石一～三が一・六ｍ、礎石三～四が二・二ｍ、礎石三～柱根一は二・五ｍある。礎石一～二間は〇・五五ｍである。掘立柱一は四寸、一二㎝の角柱、掘立柱二は一〇㎝前後で、その間隔は〇・五ｍである。これらの柱間は東求堂などの六・五尺を一間とするものとは異なる。

この建物北で東西方向の幅が二・〇ｍ、深さ〇・三ｍの石組雨落溝があり、底には石と黄褐色粘土を敷いている。溝内は小枝を主体とした多量の炭で埋まり、建物基壇の上面にもこの層が広がり、建物が廃絶後に地形の高

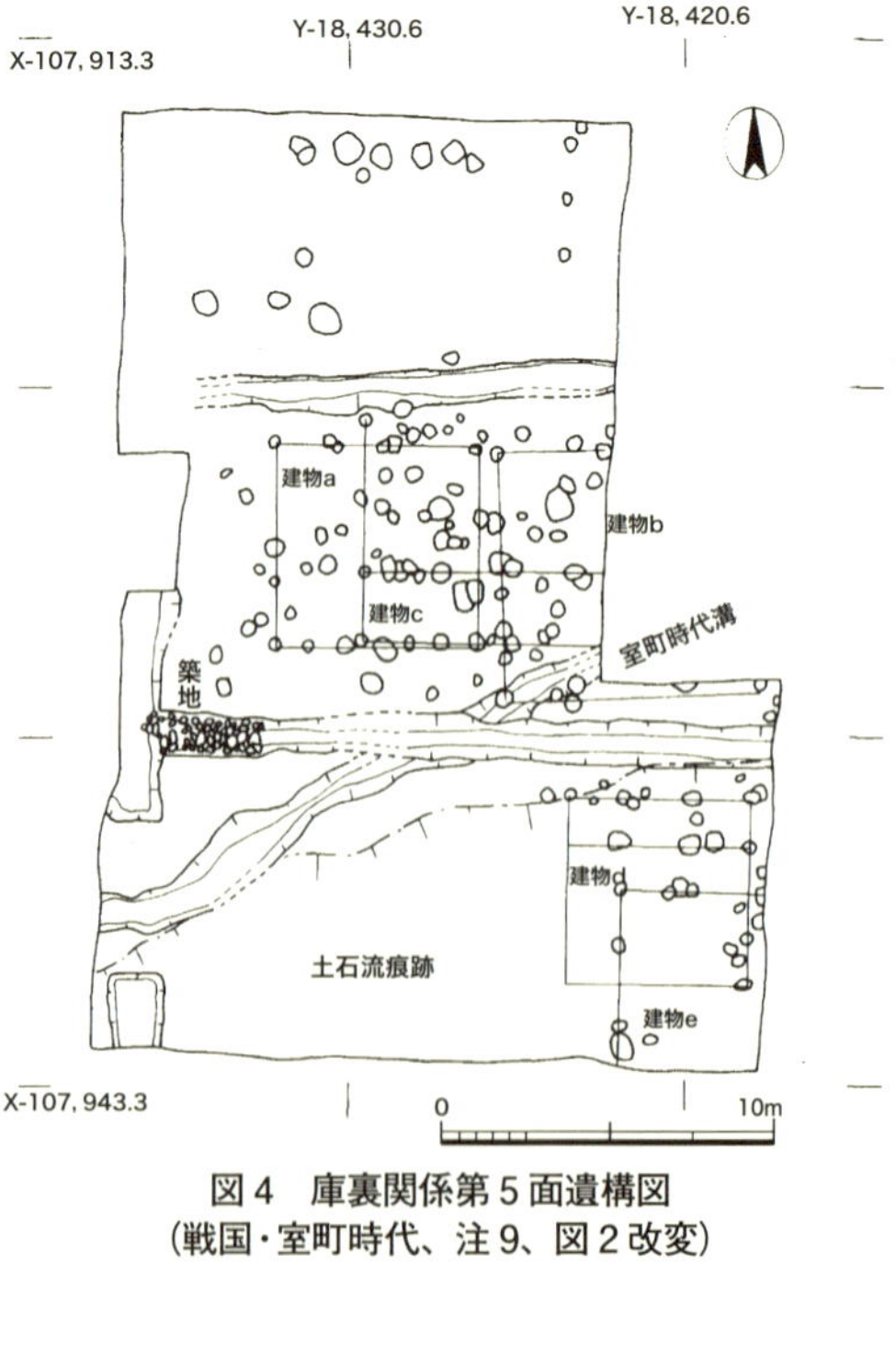

図４　庫裏関係第５面遺構図
（戦国・室町時代、注９、図２改変）

い東側から炭が流されてきた状態であった。この溝の北肩部には一・三m幅の石敷通路があり、建物基壇より約〇・四m低い。通路の北に接して、高さ〇・四mの石垣が並行し、土留めの機能が想定される。

Ａa３　一九九三年調査区　導水施設（図６）　第二トレンチで花崗岩を精密に細工した、東北から南西方向に北で八三度東に傾く導水施設を検出した。東部の三・一m分は石組が完全に残るが、西部の二・四mは導水管が抜かれ、底に据えられた基礎石だけが残る。構造と据付方法は、深さ〇・四mの溝を掘り、〇・三〜〇・五m間隔に径四〇㎝前後の基礎石を置く。その上に、花崗岩製の導水溝を二条穿った長さ〇・九m前後の下石を据え付ける。下石の幅は

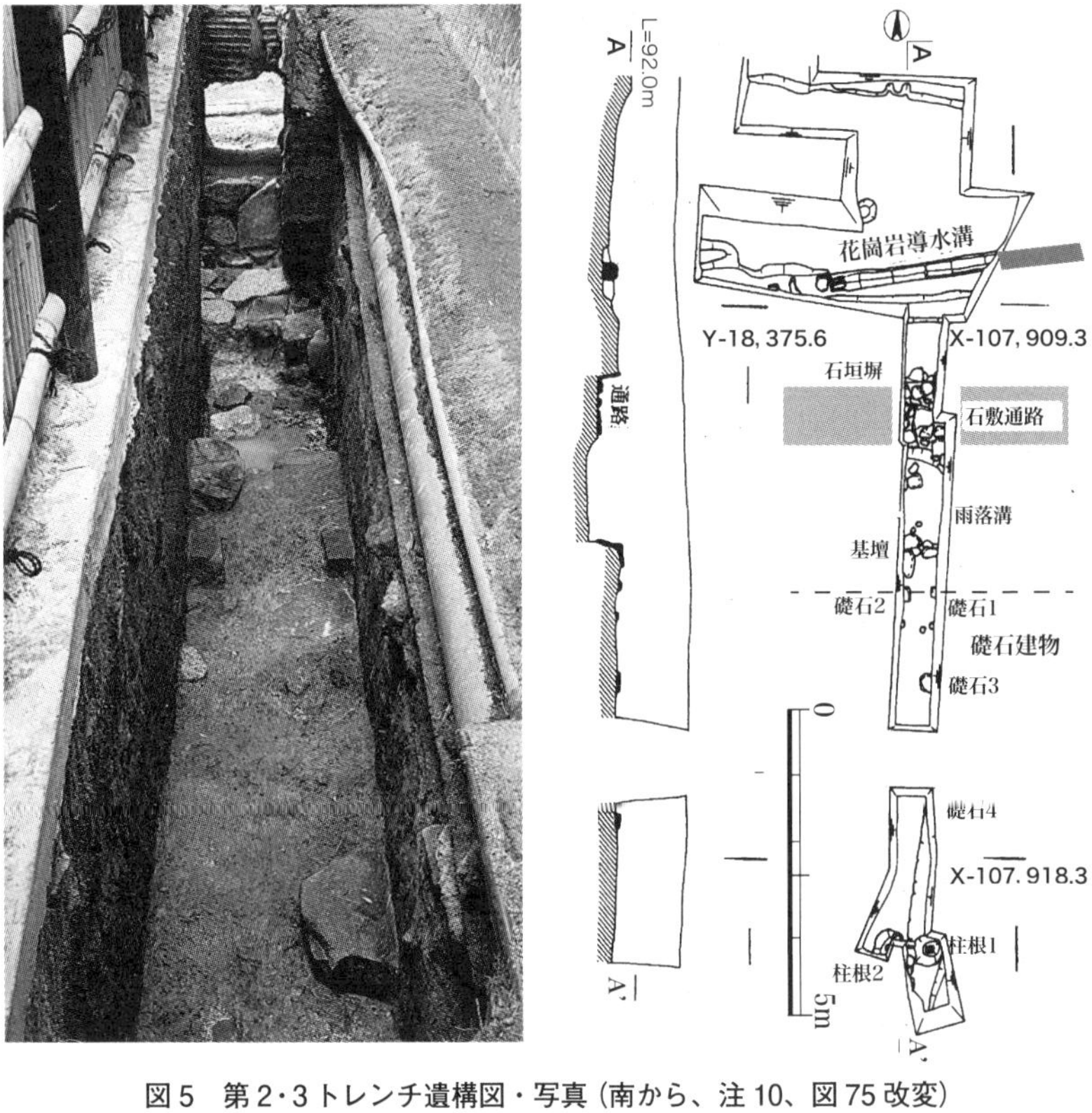

図５　第2・3トレンチ遺構図・写真（南から、注10、図75改変）

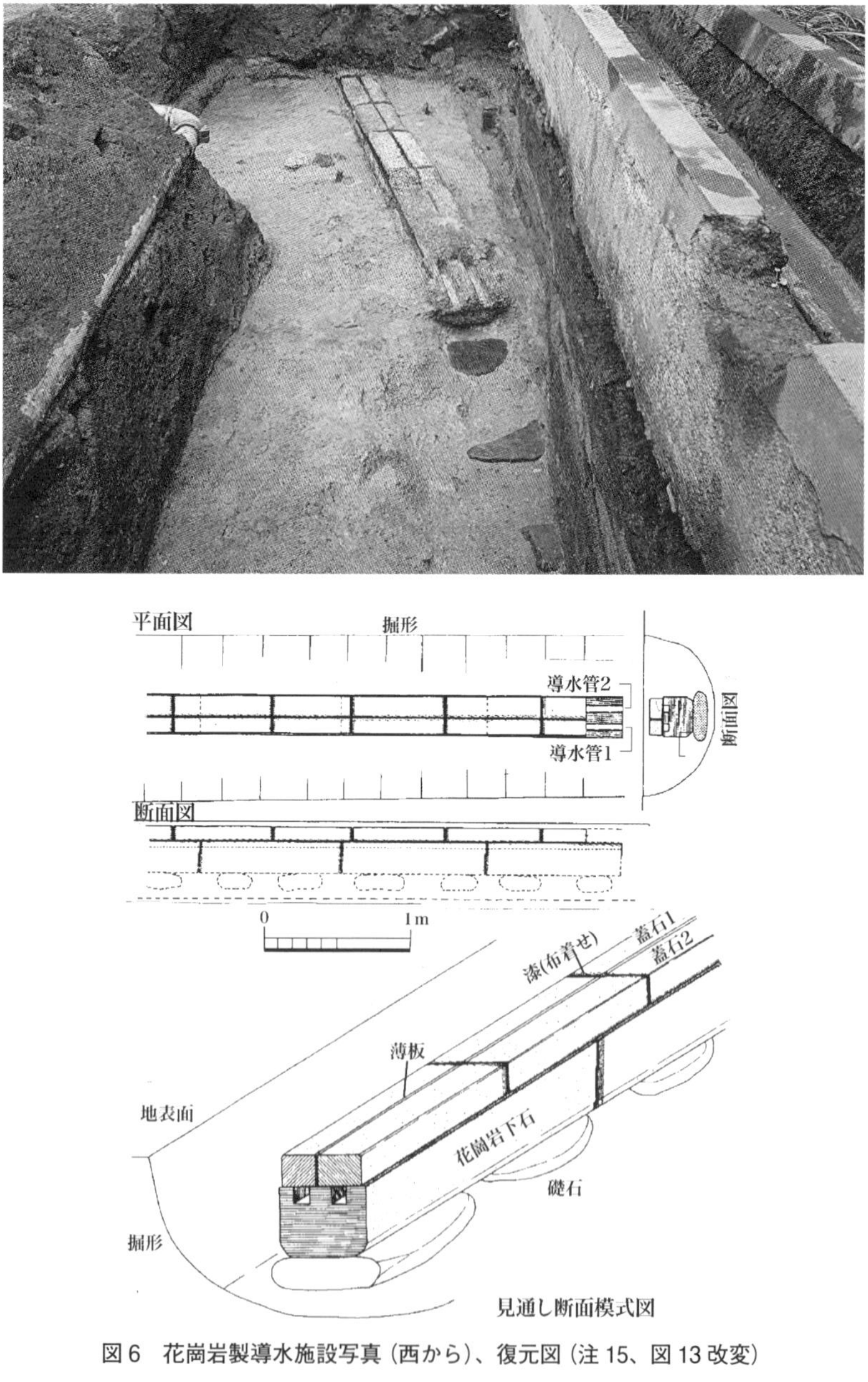

図６　花崗岩製導水施設写真（西から）、復元図（注 15、図 13 改変）

〇・三m、厚さ〇・二mで、上面には幅・深さ共に五㎝の溝を二条箱形に穿ち、小口には刳り込みを作り、下石相互を強固に結合させている。蓋石は、長辺〇・五二～〇・六三m、幅〇・一二mで下石に比べて短いが、二条の溝に対応させて二枚被せる。二枚の蓋石の接合は、二㎜の薄い針葉樹のへぎ板を蓋石の合わせ目に入れ、上面には漆と布で目地をする。下石と蓋石の側面の接合も同様である。導水管の上部には薄く砂が被せてあり、この施設は当時の地表面と同一レベルに据えられる。二本の導水管には細かい花崗岩質の泥砂が詰まっていた。

Ａａ３　石垣と石組溝（図7～9）**一九九三・二〇〇七年調査区**　石垣は石組溝とセットで、直角に曲がるコーナー部を二カ所で検出している。クランク状の折れをもって造られたことが判る。最初の調査では南西部のコーナーを中心に「Ｌ」字状に検出した。石垣は東西五mほどは完存していたが、南北方向で北に伸びる部分（西面）は崩れていた。石組溝は東西一四mを確認し、うち六mを全掘した。南北方向（西面）では三m分、最上面の護岸石を確認した。構造は、地山を掘り込んで内法で幅〇・九m前後、深さ一・二mの石組溝を作る。山側の護岸石組上には〇・二mの控えをとり、さらに高さ一・二mの石垣を一m前後の巨石を使い、一・二石で垂直に組む。大きな石材の隙間には、小さなグリ石を詰める。これに対し、排水溝南側の護岸石は、〇・三～〇・八mと北側に比べ小さく、三・四段で造る。大きな花崗岩石材の一部には、幅一四～一九㎝、深さ一〇㎝前後の矢穴がある。排水溝の堆積は二層に分かれ、上層は砂層、下層は暗灰色泥砂層で下層から一六世紀前半の土師器皿が出土した。排水溝がほぼ砂で埋没した時期に、丘陵の上部（推定西指庵の南西部）から多量のグリ石が落ちた状況が観察でき、石垣・排水溝はグリ石で完全に覆われていた。グリ石中には規模の大きなものはなく、石垣は当初から一・二段組であった可能性が高い。

二〇〇七年の調査[12]では図7から直線距離で一三m離れた位置でコーナー部を検出した。基本構造は一九九三年と同じであるが、石組の規模が異なる。前者は溝の深さが一・二mほどあるが、ここでは〇・六mと半分に組む。

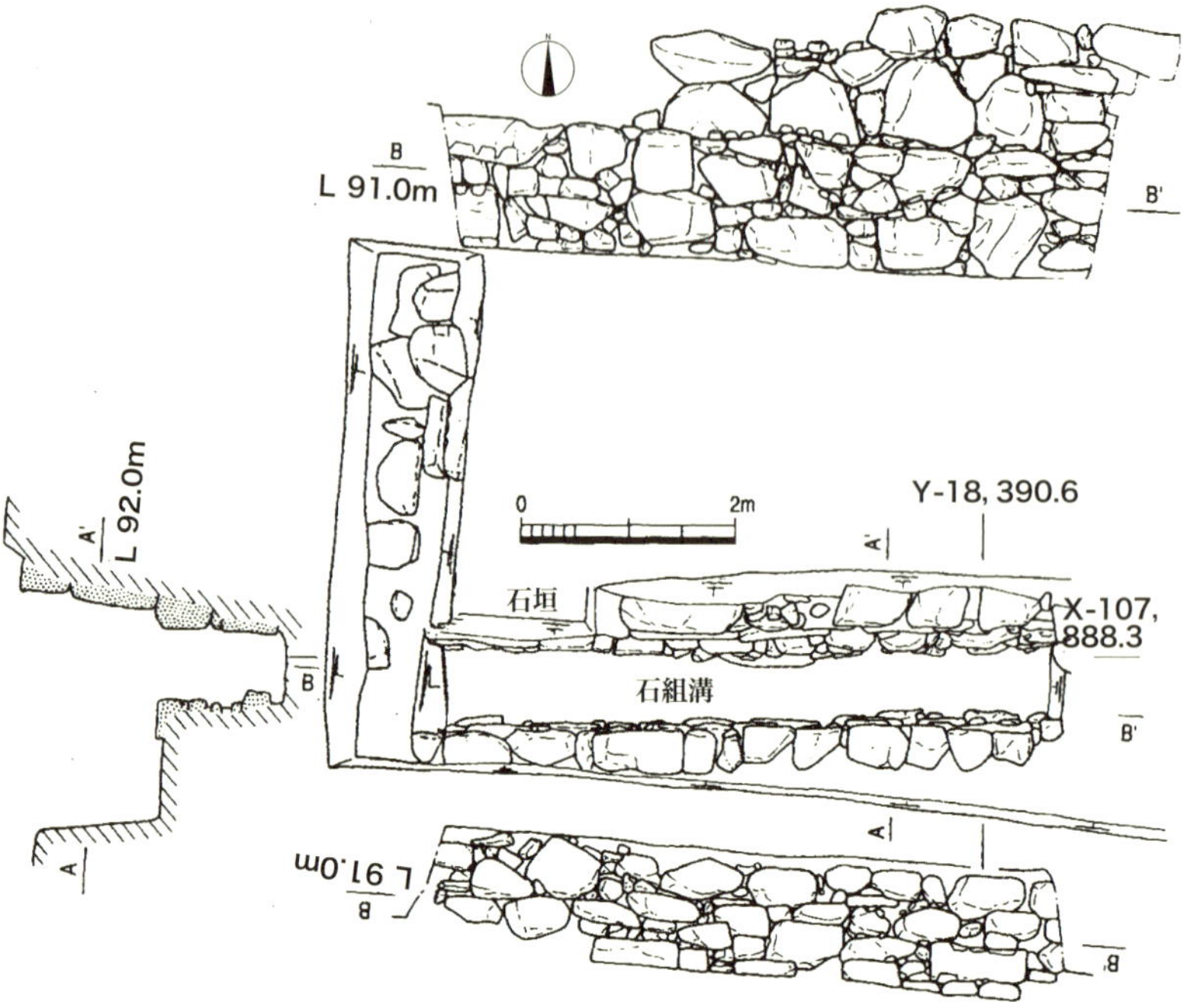

図 7　石垣・石組溝（注 10、図 74 改変）

石垣が支える東部や北部の丘陵の高さに応じて石垣が構築され、いくつかの折れを成しながら寺域の西北部端に至ることが予想される。またこの調査で東西・南北方向の土塁状の盛土遺構を調査した。東西のものは都合三回の盛土を経て拡張され、基底部幅は三・三m、頂部幅〇・四m、高さは約〇・六mである。一五世紀後半の東山殿造営期に構築され、一六世紀後半に埋没している。

Aa4　西指庵

一九五八年には西田直二郎が文献と踏査により、東求堂の北部の丘陵上に西指庵[20]を推定した。報告では延長三九間の土塁があり、大文字川から南に二〇間延び、南端で西に曲がり、さらに南に曲がるとする。土塁の基部に石垣が存在することも示す。現在西指庵の推定地の東求堂北部の丘陵は、標高一一〇～九九mで、大きく二段に造成されている。東端には、幅二m前後の溝跡と土塁が南北方向に

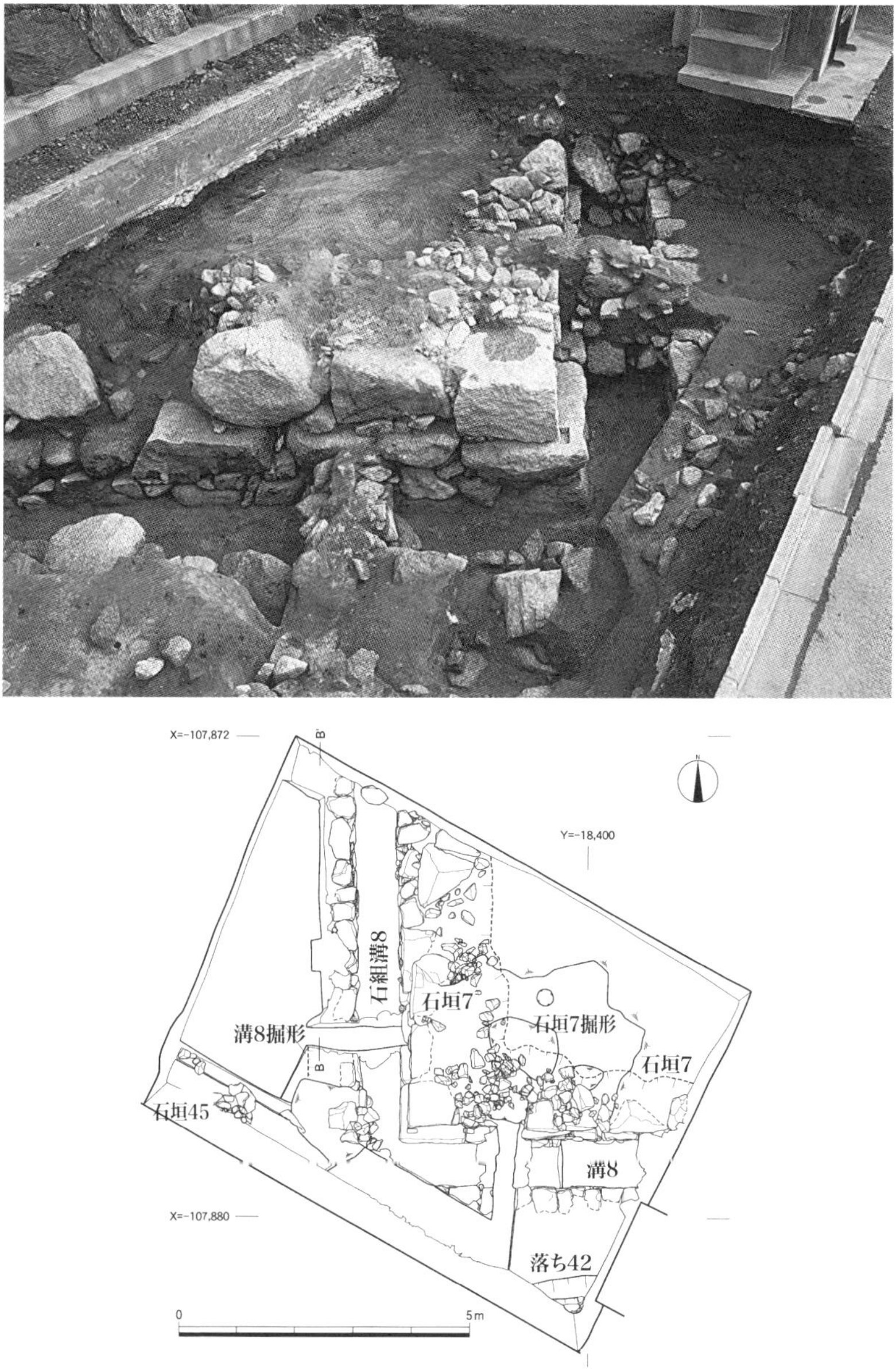

図8　石垣・石組溝（注12、図14）写真（西から）

走り、これが西田の報告したものに該当すると考えられる。

Ab1　錦鏡池庭園（図11）

洗月泉　境内の文化財調査は、一九二九年に土砂に埋もれていた洗月泉の滝組を掘り出したことから開始された[1]。細かな状況は不明であるが、小規模な谷筋に位置することから、土石流に埋もれていたことが予想される。

錦鏡池　一九七九年には錦鏡池の浚渫[6]に伴って調査が行われ、観音殿前の池が最も深く、〇・八mで白川砂が堆積していた。東求堂前面、白鶴島の北では底から切口上部が焼けた松の根株が出土し、この部分では旧地山面を掘り下げて池が造られたことが判る。また、東求堂前面で石列が南縁から一・五m離れて平行に検出され、かつてはここに東西方向の護岸石垣があった。

石組暗渠・景石（図10）　一九九三年に向月台の西側に接して設けた六トレンチで石組暗渠、景石の根固め遺構と景石を確認した。暗渠は幅〇・八m、延長三・三mを確認し、方向は西北から東南で北で二七度西に振れる。構造は、深さ〇・四mの溝を掘り、長さ〇・二〇m前後の石を小口を上に向け、透き間を開けて立て並べる。この立石上部には小さなグリ石を置き上面のレベルを揃え、さらに平らで薄い大きさ〇・三m前後の石を敷き詰めて平坦にする。この上に黄褐色の粘土を被せ、暗渠

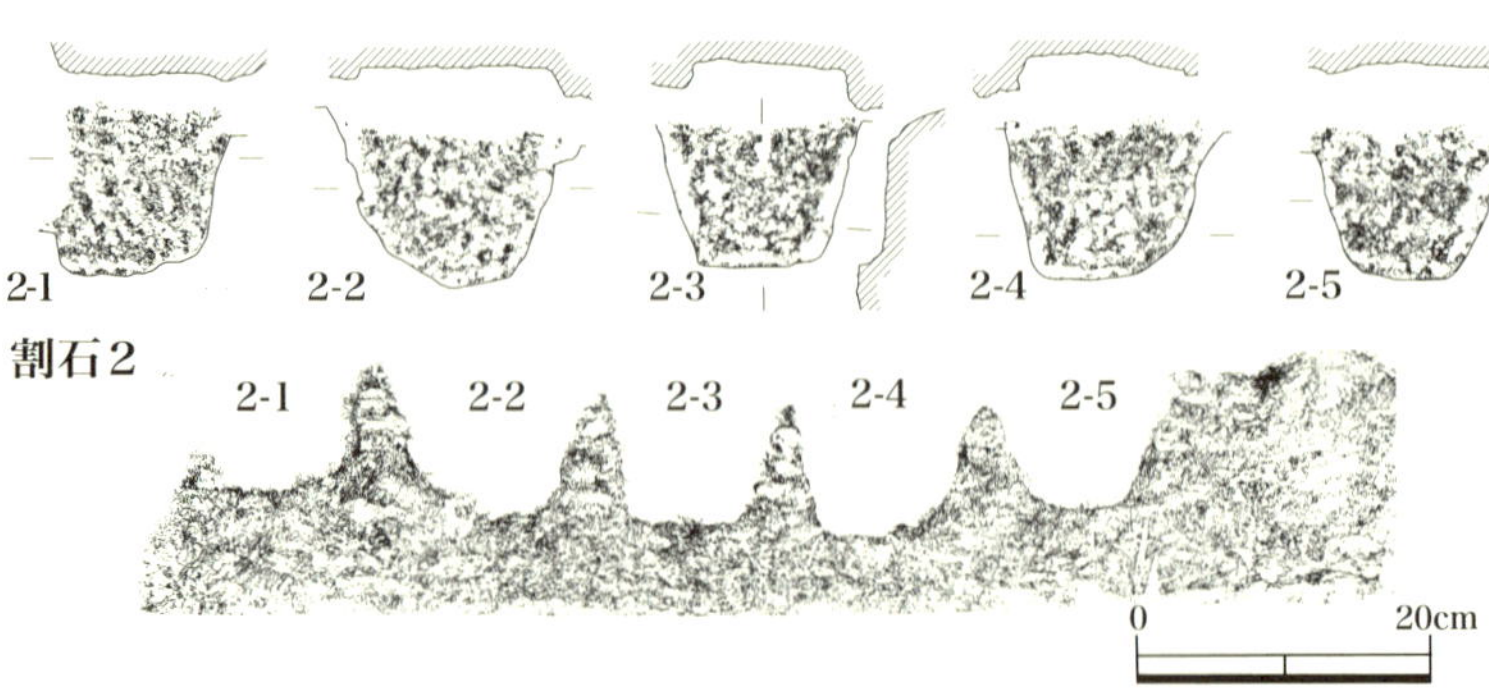

図9　石垣・石組溝、花崗岩の矢穴（注12、図21改変）

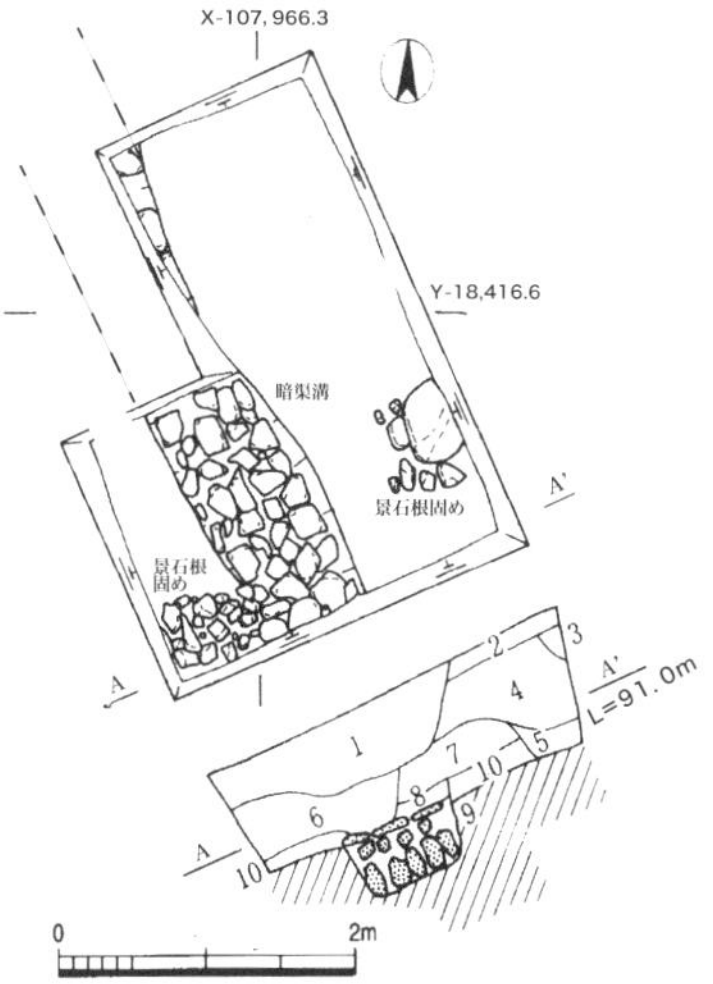

6　灰色泥砂層（景石根固め、5Y5/1）
7　暗緑灰色泥砂（10GY4/1）
8　明黄褐色粘土層（2.5Y6/6）
9　ＳＤ30
10　暗緑灰色砂泥層（地山、7.5GY4/1）

図10　6トレンチ景石・暗渠溝（注10、図77改変）写真（上・西から、下・北から）

とする。粘土と、上面の石を一部外した観察では、下部の立石の隙間には泥土が詰り、長年の使用で機能は停止していた。構造や埋没状況から、北部の池水を錦鏡池に、汚濁を防いだ状態で引き込む暗渠と考える。

景石の根固めは暗渠の東と西で検出した。ほぼ完掘した東側のものは地山を深さ〇・五m、径一・五mの円形に掘り窪めて粘土を据え、中にグリ石を敷き詰める。さらにこの中央部に一回り大きなグリ石を据え、景石の中心を強固に支持したと考えられる。暗渠と景石根固めの関係は、西根固めが暗渠の上部に位置していることから、先に暗渠を作り、その後東と西に景石の根固めを作る。なお景石はトレンチの壁にかかり、調査ができなかった。景石・根固めと暗渠がセットで検出されたことから、この部分が錦鏡池北岸の池際と考えられる。汀における景石や護岸石の配置は東求堂の下層では密であったが、ここでは異なる。

Ab2　上部庭園（お茶の井）（図12・13）

一九三一年に東求堂東部、山腹の上部庭園で発掘した石組の泉（御茶の井）を中野楚渓などが報告している。(2・3) こ

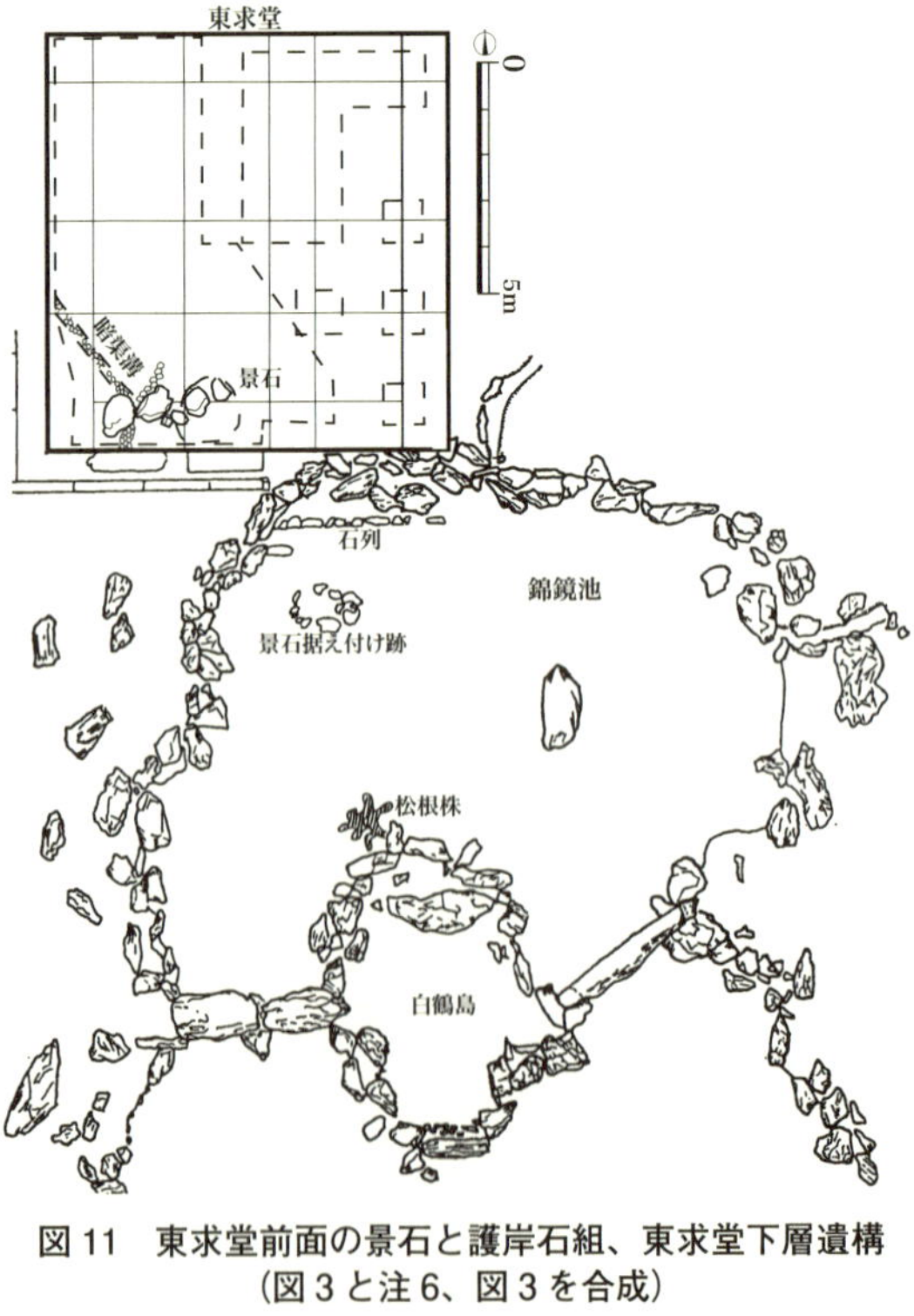

図11　東求堂前面の景石と護岸石組、東求堂下層遺構（図3と注6、図3を合成）

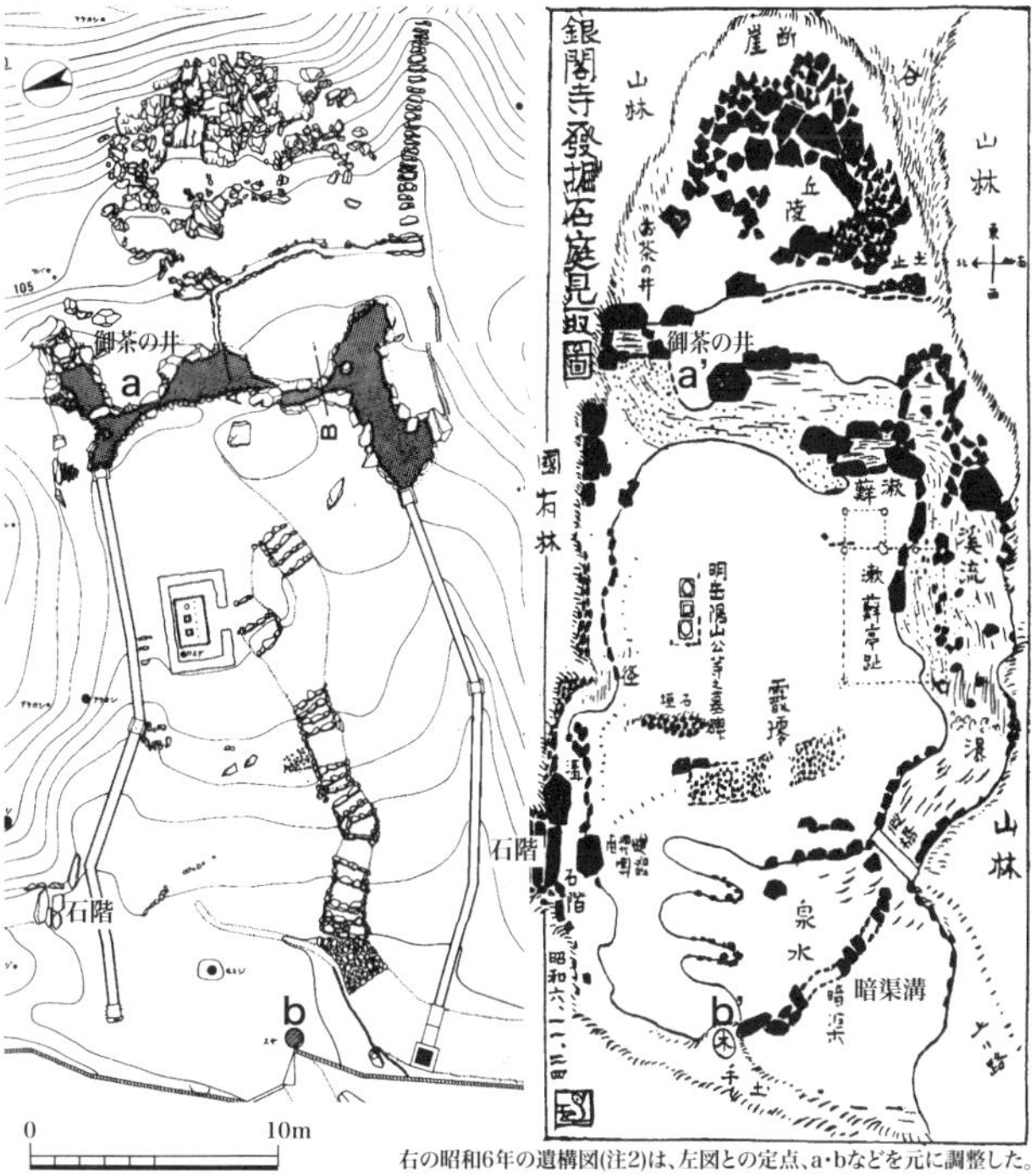

右の昭和6年の遺構図(注2)は、左図との定点、a・bなどを元に調整した。

図 12　上部庭園の遺構（注 2、31p、注 7、図 8）

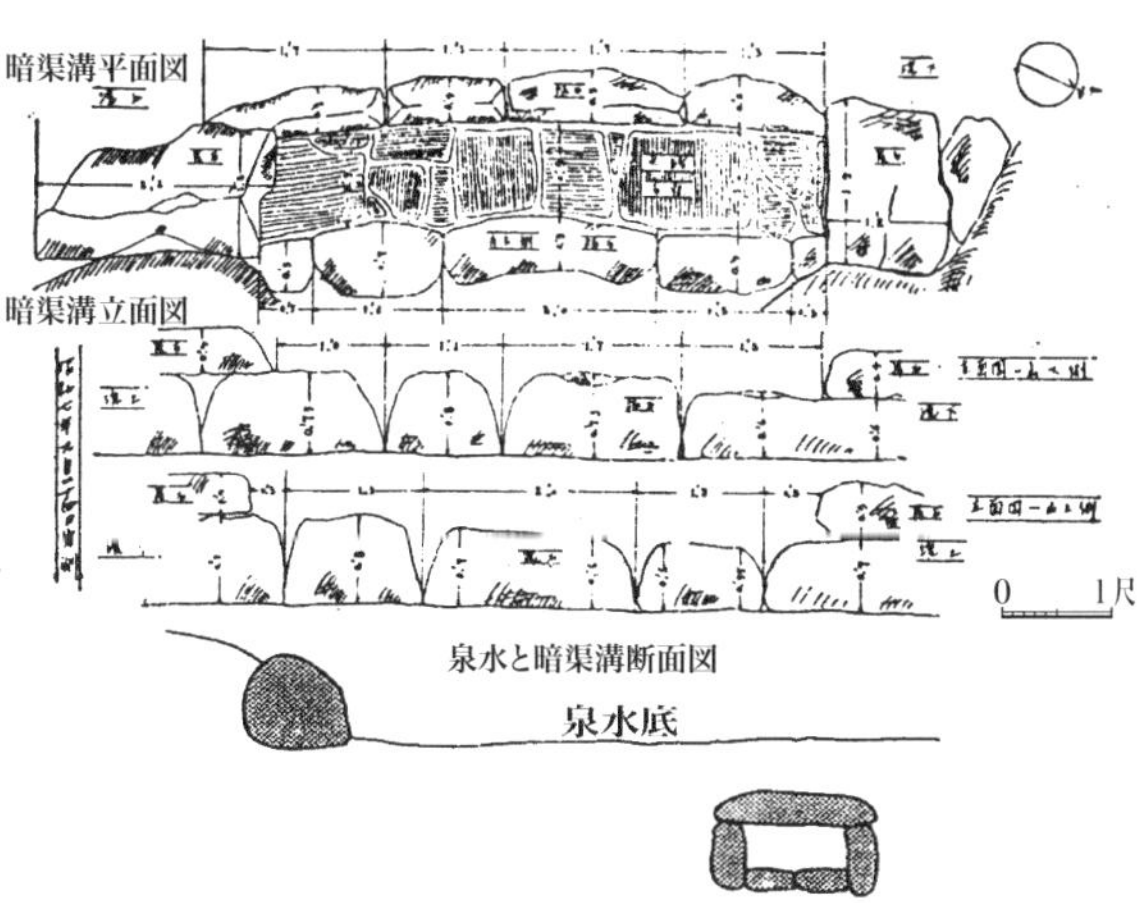

図 13　上部庭園暗渠溝の構造と泉水との関係（注 3、図 2）

の調査は、御茶の井を東端とし、西側は崖面に達する東西三〇m、南北一〇mに及ぶ大規模なものであった。検出された遺構は、御茶の井から南に流れ、その後西流する溝、建物礎石、暗渠の溝、小径、階段跡など多数にのぼり、「相阿弥の庭園が出土」したと新聞紙上を賑わした。(22) 翌年に龍居松之助が同一地点で調査を行い、(3) 御茶の井とは別の新たな湧水を発見したと報告した。暗渠溝は「其の構造を見るに、すべて白川石を以て造り、側石を内法一尺内外の間隔に立て、底に同質の石材を詰め、高さ内法六寸内外とし、その上に同質の覆石を載せ、周囲はすべて三寸乃至四寸粘土を以て巻き、外部より水の浸透せざるよう充分の注意が払われている」と詳細な構造図をもって示した。

　この報告では中野報告の暗渠溝との関係についての直接的な記述はないが、検討すると同一の溝であることが判る。中野報告では御茶の井から流れ下る溝と暗渠の関係についての記述はないが、竜居は暗渠溝が滝となる部分の下層でさらに東に続き、その先に新たなる南東部での涌泉を想定した。暗渠溝は粘土で厳重にパッキングされ、水の汚濁を防ぐ細工がされていることから、東求堂に関係する上水施設と判断している。

　一九八八年には上部庭園の保存整備工事で、(7) 岩盤中に破砕帯（断層粘土）があることが知

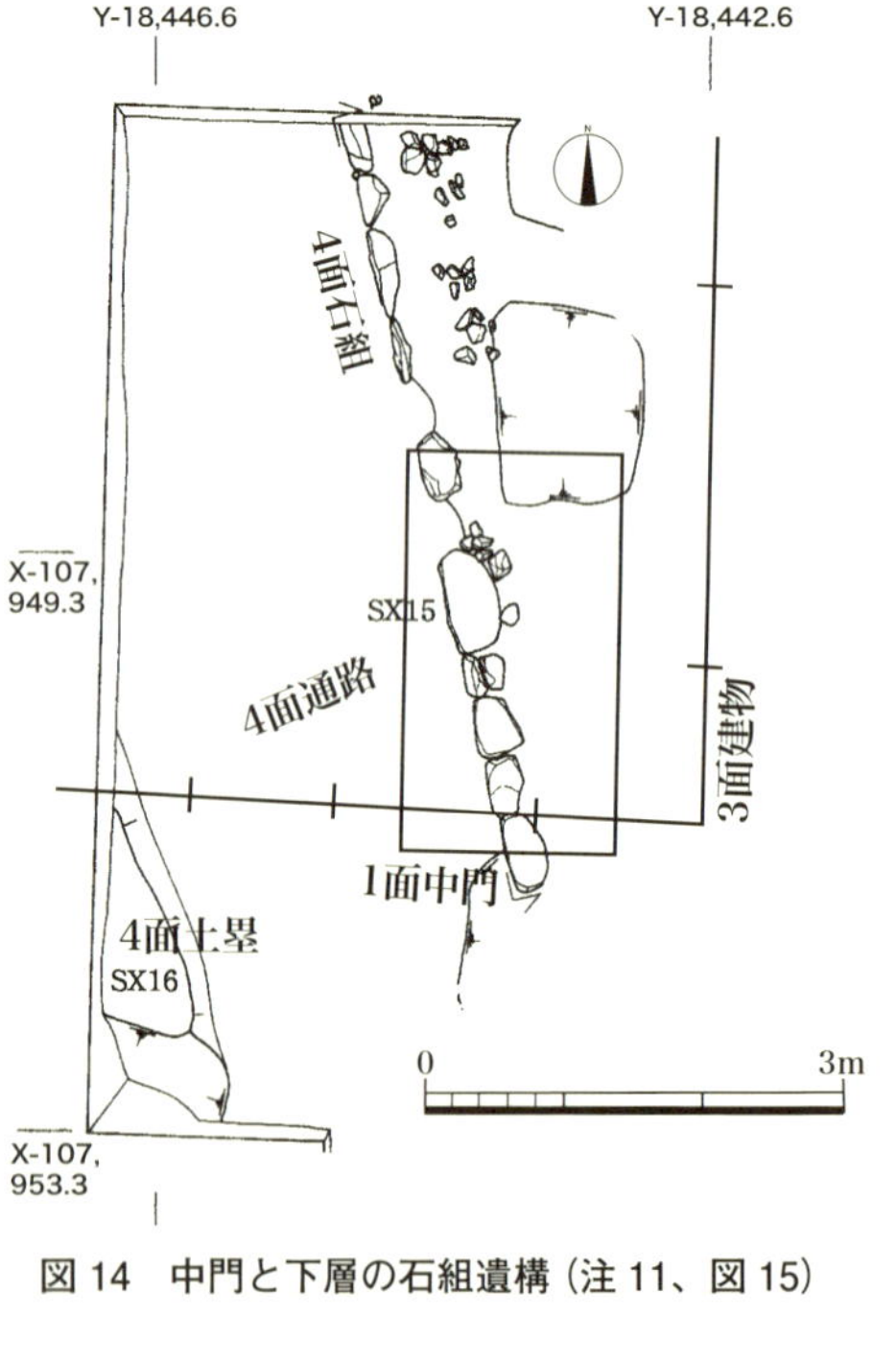

図 14　中門と下層の石組遺構（注 11、図 15）

られ、これが御茶の井の水源であることがわかった。

外郭B区（図14）

調査例は少なく、一九九三・二〇〇三年の二回行われた。一九九三年は観音殿の西部二〇m地点で、この第五トレンチでは、東山殿造営時に旧地形の谷を埋めて整地した土層と室町後期の生活面を確認した。面は現地表下一・〇m前後にあり、その下層には室町前期の整地層が続く。この層は南と東に向かって傾斜し、多量の花崗岩（土石流によるか）を含んでいた。南東部で現地表下三・五mまで調査したが、谷底は確認できなかった。

二〇〇三年は中門の西部でトイレの新築に伴い調査が行われ、東西方向の石敷通路が検出された。方位は北で八〇度前後東に振れ、中門調査時の第四面で検出した内・外郭を区切る石垣と直角で交わることが予想される。

二　錦鏡池を中心とする庭園

慈照寺の庭園については、昭和初期に河原者の相阿弥や善阿弥などとする造園者をめぐる論議と、近世における宮城丹波守豊盛による改修の程度を問う論争があり、現在まで多様な論議が行われてきた[23]。改修については、龍居松之助・森蘊が室町時代の景観が残ると考えたのに対し、吉永義信は江戸初期に大改修されたものと断定した。以下これまでの調査成果を項目に分けて総合的に検討する。

①　錦鏡池の規模と構造、景石・護岸石組など

関係する遺構は、ⓐ東求堂の下層で景石や溝を検出した（図3）。ⓑ向月台西に接するトレンチで景石一基とその基礎の遺構が二基存在した（図10）。ⓒ観音殿南東隅の礎石に接近して景石を発見した（図2）。これらは、錦鏡

池の北・西岸が現状よりそれぞれ数m広がることを示す。このほかに池底部の状況や景石・護岸石組が数回確認されている。ⓐ１一九三三年の観察では底に粘土が打たれていたとある[24]が、一九七九年の浚渫に伴う調査[6]では敷粘土の記述はない。ⓑ護岸石組はグリ石の上に一ッ石で組む部分と複数での石組の所があり、後者は改修された部分であるとする。[6]ⓒ水深は観音殿の前面が最も深くて〇・八m、平均は〇・五m前後で、白川砂の流れ込みは洗月泉の周囲が多い。[6]ⓓ東求堂の前面、中島の白鶴島北で底から斧の痕跡があり、焼けた赤松の根が出土し、苑池造営に伴い地表面を掘り下げて根株を処理したと想定され、造営面は現在の水面辺りと考えられた。[6]ⓔ東求堂南縁から一・五m南で平行する石組が三・九m分あり、造営時の汀、護岸石組の基礎石と認定された。[6]

なお、錦鏡池南岸の花崗岩景石「畠山石」に、寺域北部で検出した石垣や石組溝と同様の矢穴が七箇あるのを確認した。[25]

② 錦鏡池の水深と導水路

現在の水面と池底の関係をみると、水面は標高九〇・六m前後で、東求堂前は水深〇・四m、観音殿前の池際も同じである。向月台西で検出した暗渠溝底は、池底より二〇cm高い九〇・四mで、現在の池底が室町時代と同一レベルであるとすれば池はきわめて浅い皿池となる。

近世から近代の史・資料では錦鏡池は洗月泉からの導水、御茶の井などの湧水で湛えるが、これ以外に北部で検出した石垣に伴う溝を大文字川からの導水路とする見解がある。[12]相互のレベルを検討すると、〇・二m前後の落差があり、西から東への導水は充分可能であるが、この溝を使うと距離が一二〇m前後となり、また石垣溝の規模が幅〇・八m、深さ一・〇mと大きいこと、当時の大文字川のレベルが不明なこと、豊かな水源が別に存在するなどから、この溝は寺域の東部から北部の湧水や雨水を処理した排水溝と考える。[26]

③　東山殿の多様な溝

溝は開渠Aと暗渠Bに分かれ、開渠には、Aa庫裏の下層で検出した素掘りの溝（図4）、Ab石垣付属の石組溝や礎石建物の雨落溝と排水兼用溝などの石組溝（図5）、Ac一九六四年東求堂下層・一九八六年庫裏東西溝の一部、一九九三年第二トレンチで検出した溝内にグリ石を入れる溝がある。暗渠溝には、Ba上部庭園の暗渠に代表される箱形に石を組み周囲を粘土で巻く構造、Bb溝内にグリ石を入れ上部を粘土でパッキングする（図10）、Bc花崗岩に溝を穿つ溝（図6）などがある。これらは機能別に構造を変えて作られており、Acは、グリ石を入れ一気に水が流れないように調整し、同時に汚濁も緩和する。Bb－cは、パッキングで外部からの汚濁水と導水が交わらない工夫を行い、飲料用などと考えられる。

④　その他の池

一九八六年の庫裏の調査で斜行する溝を検出した。調査面積は広範囲であったが、東山殿に関係する遺構はこの溝だけで、その位置から東部に池などの遺構があり、その水を外郭に流す部分と想定できる。想像をたくましくすると常御所の南部に存在した池からの排水溝と想定できるか。

また一九九三年第一トレンチで室町時代の池と東岸の護岸施設を検出した。池は東西規模が二四m前後、深さ〇・二〜〇・四mで、地形が高い西岸は、平安中期から室町前期の包含層を掘り込む。

三　建物配置の諸説

a　東山殿の建物配置に関する研究史

東山殿の建物配置に関する研究は多いが、ここではまず近世の地誌類の到達点から見ていく。『山城名跡巡行志』では、「東求堂…此堂元在方丈南閣東後移此所」と紹介するが、根拠は示していない。近年では堀口捨己[27]・川上貢[28]・宮上茂隆[18]・飛田範夫[29]などの人々が考察している。堀口は『君台観左右帳記』の研究から、泉殿を向月台の位置に置き、その西に会所、会所の北東部に常御所を考え、東求堂は現状の位置とし、常御所の東に配置する。常御所と会所を東西棟とする特徴がある。川上は烏丸殿や室町殿のように寝殿を中心とする公家行事を行う晴向きの施設が東山殿では除外され、常御所・会所・泉殿・持仏堂・観音殿など、奥向き施設で構成されている点に注目し、その性格を将軍の隠居所ととらえた。配置は、観音殿の北東部、向月台の位置に東求堂を復元し、その東北、錦鏡池の際に泉殿を置く。会所は泉殿の北側で、その北西部に常御所を配し、背後を中居・対屋などの空間とした。宮上は、観音殿の北に常御所、やや北東の銀沙灘のあたりに会所を復元する。飛田は北で西に一五度振る方位で東求堂の位置に泉殿を置き、東求堂は向月台横に配置した。これら四人の配置案をみると、大きく二つに分かれる。一方は、川上・宮上・飛田案で、共に会所を南の銀沙灘のあたりに配し、常御所をその北西に配す。これに対し、堀口は会所を観音殿の北側、常御所は会所の北東部に考える。

b　史料からみた建物相互の位置

東山殿の重要な施設である常御所や会所が現存していないことから、先にあげた四人の考察は関係する史料に依拠して論議された。史料は、『蔭涼軒日録』『後法興院記』『長興宿禰記』『大乗院寺社雑事記』『鹿苑日録』『万松院殿穴太記』などの日記を主とした記録類で、これらには、常御所・御末・台所・漱蘇亭・超然亭・西指庵・東求堂・会所・釣秋亭・八幡宮・住吉神社・天神社・泉殿・舟舎・石蔵・寝殿などが記載される。このうち寝殿は長享三年（一四八九）七月に工事を開始したが直後の一〇月に破却された。

建物相互の位置関係がわかる史料を検索すると、以下のものが中心となる。

①長享元年一二月一三日条（『蔭涼軒日録』）に「小補和尚同途謁二東府一。水仙花数茎奉レ献レ之。小補被レ参之由白レ之。御会所并泉殿。與二小補一可レ一二見之一。調阿可二引導一之由有レ命。乃参二御会所一。所々歴覧。次御泉殿。次東求堂。實可レ謂二西方浄土一者也。」とあり、会所→泉殿→東求堂の経路がわかる。

②長享三年六月一六日条（『蔭涼軒日録』）に、「午後小補同途謁二東府一。庭間亭一二見之一。立阿具レ之。釣秋之額尤恰好也。透二龍背橋一暫倚レ欄。休息往二御泉殿一。又憩二弄清亭一。次漱蘇亭休息。汲レ水洗レ手。小補洗レ手飲レ之。次西指庵庭間梅子熟。人々拾二数十顆一懐レ之帰。」とあり、釣秋亭→竜背橋→泉殿→漱蘇亭→西指庵と逍遥する順路がわかる。

③延徳二年（一四九〇）二月二四日条（『蔭涼軒日録』）に「先出二本房一入二東府一。一二覧道場一。而立二平中門内一待二台輿一。々々卸レ之。則前引二入道場一。先本尊御焼香。次眞前。焼香了。殿中尽御歴覧。浴室。後架。東司迄。子細御覧。次東求堂。々々々東御庭被レ問レ之。何比造レ之乎。答曰。四五年前。次御会所。御泉殿。観音殿。又入二御会所一歴覧。」とあり、道場を川上説に従い常御所に当てると、常御所・浴室・後架・東司→東求堂の

表2　東山殿関係造営年表

番号	建物名称など	和　暦	月　日	西暦	出　　典	記　　事
1	敷地	寛正6年	8月10日	1465	蔭涼軒日録	東山南禅寺恵雲院を敷地に計画
2	東山殿	文明14年	正月29日	1482	実遠公記	普請人夫を同家領に賦課
3	東山殿	文明14年	2月4日	1482	後法興院記	浄土寺の地で普請に着手
4	御門	文明14年	7月24日	1482	長興宿禰記	御所御門の立柱上棟
5	御末・台所	文明14年	8月19日	1482	長興宿禰記	御末・台所・立柱上棟
6	常御所	文明15年	3月7日	1483	親元日記	立柱
7	常御所	文明15年	6月27日	1483	御湯殿の上日記	完成、義政移徙
8	超然亭	文明16年	10月16日	1485	蔭涼軒日録	登る
9	庭園	文明16年	11月19日	1484	蔭涼軒日録	等持寺の松を収集
10	庭園	文明17年	2月16日	1485	後法興院記	信楽の槇7本を進上
11	西指庵	文明17年	4月10日	1485	蔭涼軒日録	移徙
12		文明17年	6月15日	1485	蔭涼軒日録	嵯峨三会院で出家
13	超然亭	文明17年	7月8日	1485	蔭涼軒日録	西指庵で草履に、超然亭に直登
14	東求堂	文明18年	正月24日	1485	蔭涼軒日録	半作
15	西指庵	文明18年	2月18日	1486	蔭涼軒日録	門を造営、太玄関とする
16	歴覧	文明18年	3月4日	1486	蔭涼軒日録	施設を歴覧
17	庭園	文明18年	7月2日	1486	蔭涼軒日録	鹿苑寺から庭石を収集
18	庭園	文明18年	9月12日	1486	大乗院寺社雑事記	大乗院が長谷の槇5本を進上
19	会所	文明18年	12月3日	1486	蔭涼軒日録	事始
20	庭園	文明19年	6月28日	1487	大乗院寺社雑事記	河原者が奈良に調査に来る
21	鎮守八幡宮等	文明19年	8月8日	1487	蔭涼軒日録	南向きで左側に北野と住吉神社
22	会所	長享元年	11月7日	1487	鹿苑日録	移徙
23	歴覧	長享元年	12月13日	1487	蔭涼軒日録	御会所・泉殿・東求堂など
24	歴覧	長享2年	正月16日	1488	蔭涼軒日録	御会所・泉殿・東求堂など
25	西指庵・東求堂など	長享2年	正月26日	1488	蔭涼軒日録	11の施設がある
26	石蔵	長享2年	正月29日	1488	山科家礼記	石蔵用の雑木を山科7郷に課す
27	庭園	長享2年	2月21日	1488	山科家礼記	庭木を引く修羅を山科で調達
28	庭園	長享2年	2月21日	1488	実隆公記	御所から松を3千人余りで引く
29	舟舎・橋亭	長享2年	10月16日	1488	蔭涼軒日録	舟舎・橋亭の額名を協議
30	観音殿	長享3年	2月23日	1489	蔭涼軒日録	立柱上棟
31	庭園	長享3年	3月3日	1489	実隆公記	室町殿跡の松、4・5千人で引く
32	歴覧	長享3年	6月16日	1489	蔭涼軒日録	常御所など大半を歴覧
33	寝殿	長享3年	7月8日	1489	蔭涼軒日録	造営の開始「地破」
34	庭園	延徳元年	9月16日	1489	政覚大僧正記	樹木などを収集
35		延徳元年	10月13日	1489	後法興院記	中風、足利義視・義材が見舞う
36	寝殿	延徳元年	10月16日	1489	蔭涼軒日録	破却
37		延徳2年	正月7日	1490	蔭涼軒日録	義政が死去、56歳
38	慈照寺	延徳2年	2月24日	1490	蔭涼軒日録	慈照寺とする
39	歴覧	延徳2年	2月24日	1490	蔭涼軒日録	各建物を歴覧
40	西指庵	明応3年	3月24日	1493	後法興院記	座敷庭を見て、西指庵で宴
41	慈照寺	天文16年	4月	1547	後鑑	打破（長享年後畿内兵乱記）
42	西指庵	天文19年	5月21日	1550	万松院殿穴太記	前将軍義晴の葬儀を行う
43	慈照寺	天文19年	11月19日	1550	言継卿記	浄土寺など悉く放火
44	庭園	天文21年	8月4日	1552	蜷川親俊日記	庭石を運び出す
45	観音殿？	元亀元年	3月20日	1570	多門院日記	一宇だけが存在
46	東求堂	天正13年	8月25日	1585	本光国師日記	近衛前久、東求堂を屋敷に
47	慈照寺	慶長20年	閏6月17日	1615	鹿苑日録	宮城豊盛、庭園掃除、境内一新

コースと、会所→泉殿→観音殿→会所の順路があった。

④天文九年（一五四〇）五月二一日条（『万松院殿穴太記』）による将軍足利義晴の葬儀では、「七日寅の刻に穴太の新坊よりむなしき御からを東山慈照寺に出し奉る。…斯て御こしを石山の間に西向きにかきすへ。香炉をもうけて。御供の人々焼香して退ぬ。…廿一日の寅の刻に先龕を唐人の間に奉置て。嵯峨の間にて御仏事ある。…大屋は西の門に向て方七間四面に。…真中に火屋あり。…御道は嵯峨の間の西の方。南殿の花壇の通り成壁を二間切あけて、西の築地の際迄砂を蒔て。築地の西の際に南北へ通る道あり」と、遺骸を会所から大屋内の火屋まで運び出すルートが記されている。石山の間・唐人の間・嵯峨の間は会所にあり、会所から火葬する火屋までの遺

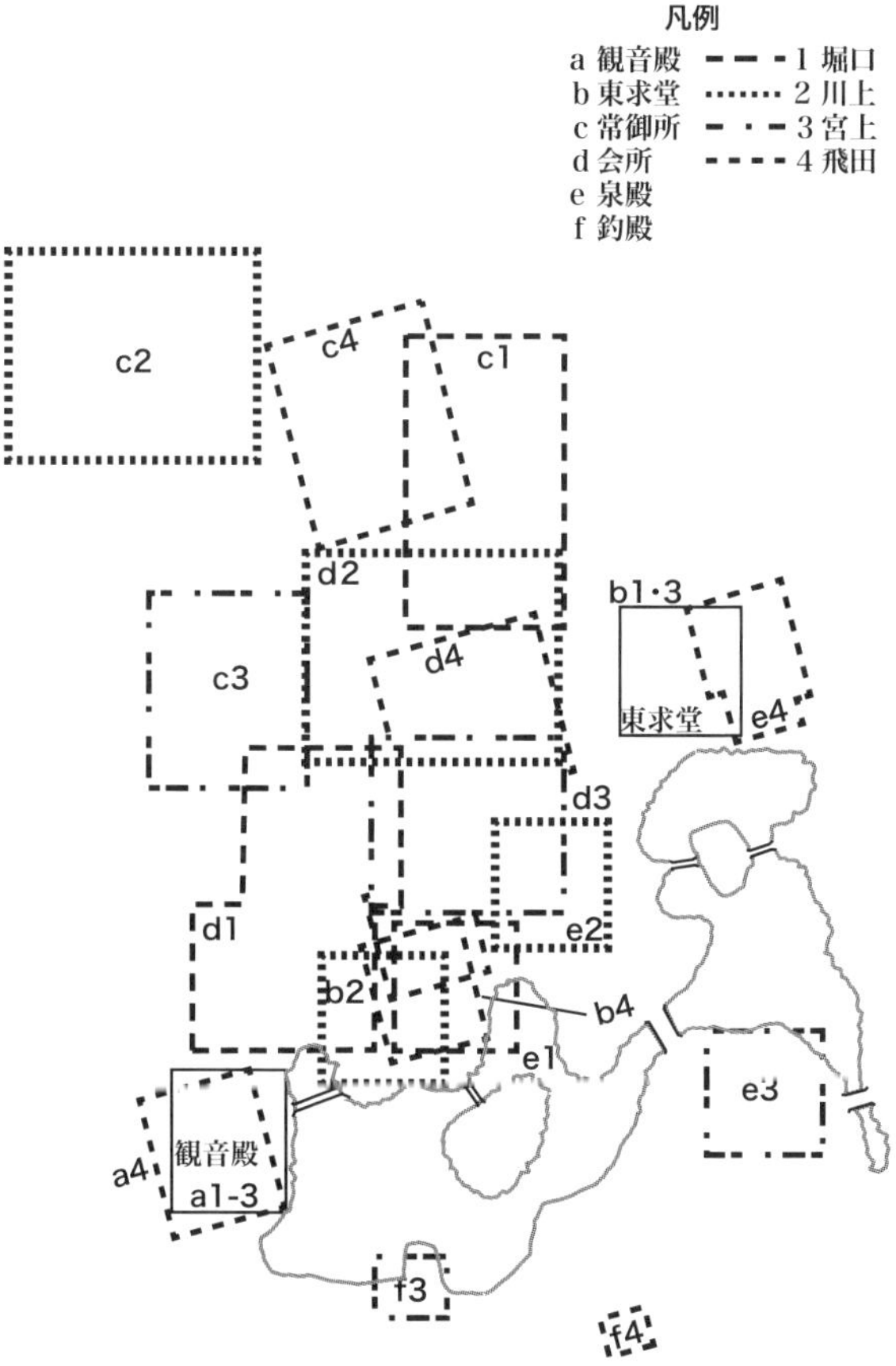

図15　東山殿、各氏による復元図（建物位置は相対的）

骸搬出の通路を示し、会所→南殿の花壇→西築地の西側までの経路がたどれる。

これらの文献を通覧すると、中心建物相互の位置を比較的よく示すものは①③である。④の『万松院殿穴太記』は、常御所を南殿と呼び、会所から南殿の庭を通り、西築地の西側に接近して作られた火屋に遺骸を運び込んでいることから、常御所の南庭を通り抜け、西築地の際に至ること、会所は常御所の東で、かつ南に位置することがわかる。

他の史料は順路を示すが、位置関係は明らかでない。先に挙げた相互の齟齬は③の道場の理解に起因する。堀口は道場を会所と考え、観音殿の北、常御所の西に配置したが、④では会所は東、常御所は西にあり、会所から常御所の庭を東から西に進む動線を考えると、常御所を会所との位置関係で、西にとらえることは誤りであることがわかる。会所は常御所の東部で、常御所の南に位置すると理解すると、①は、錦鏡池の北岸に沿って巡ったことがわかる。さらに、③の、常御所・浴室・後架・東司→東求堂のコースは西から東に向かい、会所→泉殿→観音殿→会所の順路は、会所から右回りに建物間を歴覧したことがわかる。②は、池の南岸の釣秋亭から橋を渡り、西岸に出て北に向かうコースを示している。

c　発掘成果からみた建物

東山殿に関係した建物遺構は、一九三一年の上部庭園の調査、一九六四年の東求堂の解体修理、一九八六年の庫裏の改築、一九九三年の防災関係の調査、二〇〇九年の観音殿の修理工事で確認した。東求堂は、礎石下層の調査で、戦国時代の遺構・遺物が検出され、柱が根継ぎされていることから移転説が確定した。その故地は、『山城名跡巡行志』が「東求堂…此堂元在方丈南閣東後移此所」とするが、調査の結果庭園が検出され、少なくとも向月台の西に接しては存在しないことが確かめられた。この建物は、『後法興院記』により、前関白の近衛前久が、天正一三年（一五八五）から慶長一七年（一六一二）五月八日に死去するまでの二八年間住まいしていたことがわかる。前久の居住時には現位置に移転していたとみられ、移転と居住の時期は接近していたと考える。

移転の契機としては一九九三年の調査で、厚く堆積する白川砂を寺域東部の山際で顕著に確認したこと、解体修理でも景石が埋没した状況で検出されたことなどから、一六世紀後葉からの寺内荒廃が考えられる。東求堂は蓮池が前面にあることから、故地は現位置からあまり離れないところにあり、山際での土砂の堆積が進んだことからやや西に引き出したものであろう。観音殿は移転の記録がないこと、二〇〇九年の修理工事に伴う発掘調査で現位置のままであることことが確定した。

漱蘇亭は『蔭涼軒日録』の長享三年六月一六日条に、「次漱蘇亭休息。汲レ水洗レ手。小補洗レ手飲レ之。次西指庵庭問梅子熟。」とあり、中野楚渓が上部庭園に関係した規模の小さな建物をこれにあてた。位置関係から妥当であろう。

d　建物配置の復元

東山殿に関係した文献と、慈照寺境内で検出した遺構・遺物を整理すると、次のように配置されていたと考えることができる。その中心には錦鏡池があり、主要建物はこれを取り囲んでいた。まず、釣秋亭は池の南岸で、竜背橋の東南部に位置し、洗月泉を望む地点、泉殿は池北岸の向月台の北半部分、会所をその北東部の銀沙灘のあたり、常御所は一九八六年庫裏第五面の斜行溝が手がかりとなり、この溝の南部に想定され、現在の本堂の北部のあたり、東求堂を現地点の東部に推定できる。この推定が妥当と考えると、建物の大半は池の周囲に配置されたことになる。

以上のように東山殿の中心建物を復元配置すると、一九九三年の導水施設や通路との関係が問題になる。通路

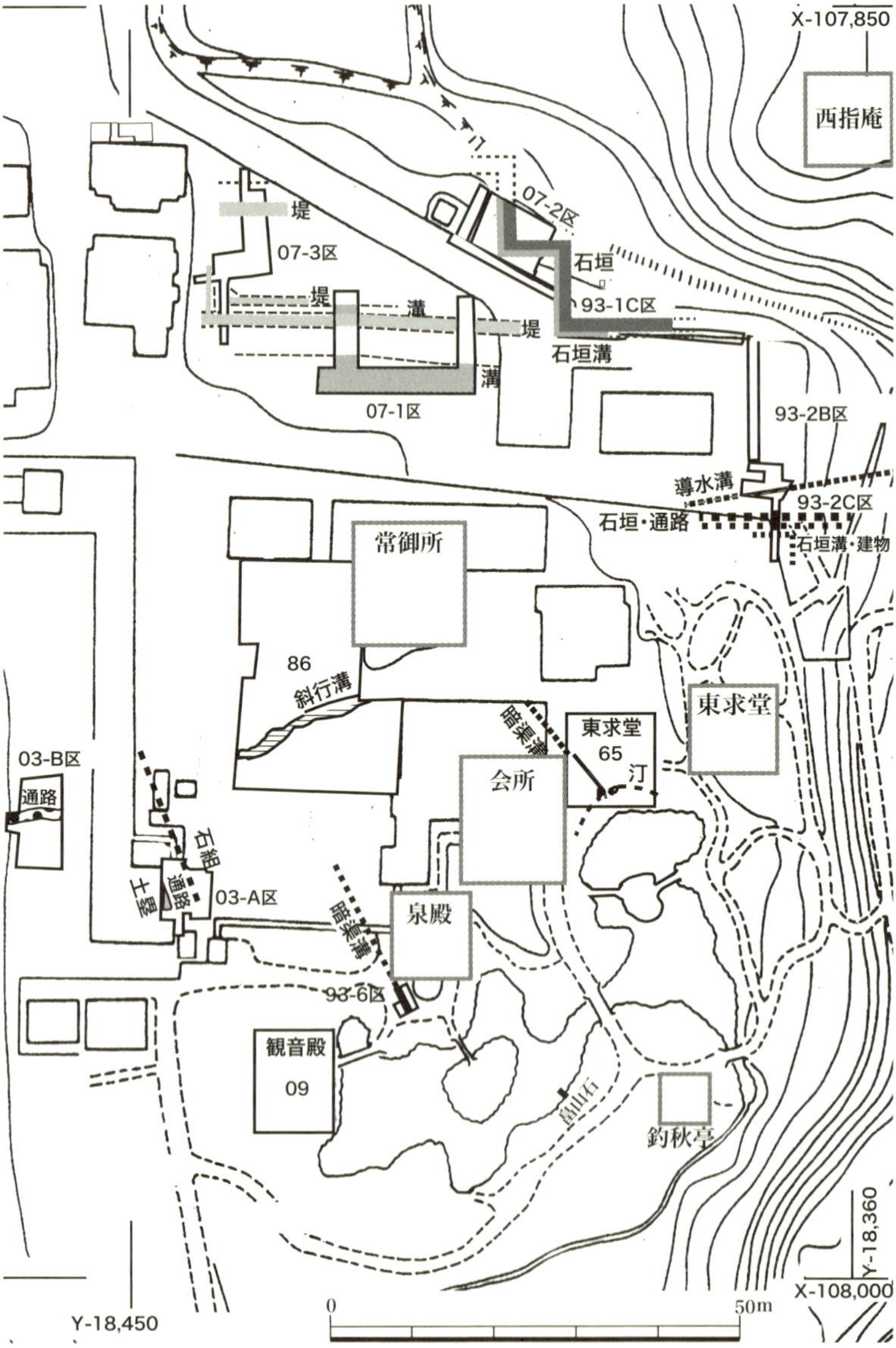

図 16　東山殿・慈照寺関係遺構図と建物の配置図

は常御所・東求堂などの中心建物から上部庭園に登る北側の路と考えられる。これを直線と考えると上部庭園のやや北に外れるが、一〇m近い段差を直線の階段で登ることは考えられないことから、南に回り込みながら上部庭園にたどり着くように階段を設けたと考えると、発掘された庭園の西指庵へ向かう階段に繋がる可能性がある。

通路に近接する導水施設は、花崗岩に精密な加工を施し、外部からの汚濁水と漏水を同時に防ぐための細かな工夫を行う。また、蓋石は二本の導水溝に対応していて、補修の便をも考えている。このような類例のない施設は、a東部山腹裾の湧水を送水する施設、またはb検出地点の東部山腹に溜枡を作り、そこから自然加圧で送水する遺構のどちらかであると考える。山裾際からの送水管とした場合、施設にはほとんど傾斜がないこと、管が細いことが問題となり、送水能力は低い。この遺構は、他の遺構がほぼ正方位をとるのに対し、北東から南西に北で東に約八三度傾く。これは、水源と到達点に存在した施設との関係から成立したと考えられ、直線で延長すると、東部の先端は上部庭園の北部に、西の想定到達点には現在書院がある。bの加圧する送水管と考えると、上部庭園で注目される遺構が検出されている。それは、一九三一〜二年に調査された暗渠溝で、切石造りではないが花崗岩を組み、粘土を周囲に巻き、外部水の流入を遮断した構造をとる。その検出位置は、導水施設を直線で延長した位置の南の山腹で、北に一四mほど展開しないと繋がらないが、関係すると考えると山腹岩盤の破砕帯からの湧泉をそのまま下部の施設まで加圧して引水することができる。この導水施設の先には、浄水を必要とする建物や庭園の噴水施設なども想定が可能だろう[30]。

まとめ——東山殿から慈照寺へ

この間の発掘調査で得られた成果を中心に造営当初の東山殿に関係して記述してきたが、最後に特徴的ないくつかについてまとめ、稿を終えたい。調査当初は敷地の東部を削平し、その余土や池の掘削土で低い西部や南部を埋めて、標高九〇～九二m前後の平坦面を造成したと見ていたが、東求堂東部でも一m前後で旧地表面があり、山側の東部でも鹿ヶ谷断層による崖面など、旧地形を生かして造営が行われた。北部では扇状地の堆積による不安定な土地を克服するため、大規模な石垣と配水溝を組み、高台の安定と湧水処理で敷地への影響を防止した。

① 割石を使う石垣・石組溝

Ａａ３区で土留め石垣と石組側溝をセットで検出した。直角に曲がる折れが二箇所で確認され、さらに数箇所が想定される。構造は丘陵側の北部を土留めするために石垣を組み、その前面の南や西側に石垣溝を造るもので、一九九三年の東側の石垣・石組溝が大きな石を使うのに対して西側は小さく、目的とする高さに応じて調整されていることが判る。石材は花崗岩が主体で矢穴が残るものが八石ほどある。その痕跡は幅一四cm前後が多いが、最大のものは一九cmある。深さは六cm～一〇cm前後ある。[12]その形は逆台形のものと、隅丸逆台形がある。石組溝内からは一六世紀の土師器が出土するが、構築時期は東山殿造営時と考える。土留め石垣は直に数石を積むのではなく、一〇cm前後の控えをもって組む古い形態を残し、築造年代が判り重要である。石垣のある部分は大文字川による段丘で砂・礫が主体となり、寺域の造成で削平したこの不安定な部分を維持・保護のための石垣と考える。

② 花崗岩の導水施設

類例がない精密な遺構である。溝は断面が方形で平滑に加工され、鑿などの痕跡は目立たない。また、加圧しても施設が破損しないように工夫がされている。設置面は当時の地表面で薄く砂で埋めるが、先端の構造が機能や用途に関係して問題となる。加圧がない二条の径五cmの先端での水量は知れているが、想定したように上部庭園からの比高差一〇mの落差を加え、さらに先端を大幅に絞れば噴水としての機能も想定できる[30]。

③ 観音殿の景観

修理工事に伴い発掘調査も行われ、状況が部分的ながら判明した。建物規模は東求堂が三間半四方、観音殿は東西三間、南北四間で、造営尺は三〇・〇六cm前後で、六尺五寸を一間とする。二〇〇九年調査区では造営面は九一・五m（礎石上面）なので、現在の地表面とほぼ同レベルとなる。造営時の周囲の地表面は一m前後下るので、基壇上に建設されたような景観をしていたと理解される。

④ 錦鏡池と主要建物

一九八六年の調査ではトレンチの南部で、土石流に含まれた大きな石を引き抜いて処理した土坑を多数確認[31]した。この南には銀沙灘や向月台があり、錦鏡池へとつながる。その南東には洗月泉があり、池への主要な水源となる。この東部の山中は谷地形をなし、現在も小川が流れる。調査で発見した土石流はこの谷を流れ落ちたと推定でき、錦鏡池の大半は土石流を片付けて造成したと想定される。観音殿の修理工事で地盤の抵抗値が測られた[31]が、地表下四・四五mまでは五～一五で比較的柔らかい砂質土層である。これも土石流に由来すると考えられ、またその西側での一九九三年調査では、土石流が厚く堆積していることが分かった。

池がこのように比較的軟弱な地盤に造成されたのに対して、常御所や会所など北部の主要建物は、土石流の影響がなく、安定した地盤上で造営されたことが分かる。

⑤ 東山殿の造営方位について

北で西に振るとする髙橋潔[11]・飛田範夫[29]の見解もあるが、現存する国宝建物や寺域北部の石垣とその前面の溝はいずれも正方位を示す。従って正確に測量が行われて寺域が設定されたことを知る。正南北のラインが部分的とはいえ、平安京造営時から残っている可能性がある京内から遠く離れた東山の地で、新たな技術で天体観測がなされ、正方位を選択したと推定するが、その史料は明らかにできない。

慈照寺のその後

『後法興院記』明応三年（一四九四）三月二四日条に、「是日一見東山慈照寺…次座敷庭見之、於山上亭有一献事」とあり、西指庵が現存していた。また、天文一九年（一五五〇）には、足利義晴の葬儀が会所で行われ、東求堂に寄宿とあり、このころまでは寺観が整っていた。しかし、この直後から永禄四年（一五六一）にかけての浄土寺村・中尾城・瓜生山城をめぐる攻防の中で、東求堂・観音殿を残して多くの建物は解体・撤去や破壊されたと考えられるが、建物の火災を明確に示すものはこれまでの調査では検出していない、近衛前久が寺を屋敷として東求堂に住まいする天正一三年（一五八五）前後から、境内の現状に合わせた整備の動きがみられ、引き続き元和元年（一六一五）には宮城丹波守によって庭園の大修築が行われる。『鹿苑日録』元和元年閏六月一七日条には、「早朝赴東山慈照寺。朝者宮木丹波殿見講。晩者明叟晟蔵主見設暮煙。丹波再建慈照寺古寺。鑿池水掃除。梵宇一新。々奇可観」と、工事内容が記録されている。寛永一六年（一六三九）には観音殿が修理され、庫裏も建立され寺の復興が進んだ。江戸時代後期には銀沙灘や向月台を築くなど、現状の庭園に近い姿となり、多くの参詣者を呼び寄せた。

最後に、各調査地点で東山殿・慈照寺に関係した遺構が密度高く遺存していたことが確認できたが、常御所や会所などの主要施設の周囲に多数の政務関係施設が存在したとの確証は得られていない。しかし、中には花崗岩の導水管など類例のない遺構もあり、今後東山殿を多様な側面から研究することがさらに必要になっている。

注

（1）龍居松之助「発掘せられたる慈照寺の滝口石組に就て」（『史蹟名勝天然記念物』四―九、一九二九）。
（2）中野楚渓「発掘された東山殿の石庭について」（『史迹と美術』一四、一九三一）。
（3）龍居松之助「慈照寺の所謂相君泉に就て」（『史蹟名勝天然記念物』七―一一、一九三二）。
（4）注6、一七三頁。
（5）『国宝慈照寺東求堂修理工事報告書』（京都府教育委員会、一九六五）。
（6）尼崎博正ほか「銀閣寺（慈照寺）園地の池底と護岸石組みについて」（『史迹と美術』四九五、一九七九）。
（7）村岡正ほか『史跡慈照寺（銀閣寺）旧境内保存整備事業報告』（慈照寺、一九八八）。
（8）書院と宝蔵の建設予定地は〇・二五～〇・五〇mまでが近世の遺物包含層、その下層は無遺物層で、調査対象地から外された。
（9）前田義明ほか「慈照寺銀閣寺境内」（『京都市埋蔵文化財調査概要』昭和六一年度、一九八九）。
（10）南孝雄・百瀬正恒ほか「特別史跡特別名勝慈照寺庭園」（『京都市埋蔵文化財調査概要』平成五年度、一九九六）。
（11）高橋潔ほか『史跡慈照寺（銀閣寺）旧境内』（京都市埋蔵文化財研究所発掘調査報告二〇〇三―〇一、二〇〇三）。
（12）内田好昭『史跡慈照寺（銀閣寺）旧境内』（京都市埋蔵文化財研究所発掘調査報告二〇〇七―一六、二〇〇八）。
（13）内田好昭『史跡慈照寺（銀閣寺）旧境内』（京都市埋蔵文化財研究所発掘調査報告二〇〇八―一一、二〇〇九）。
（14）a『国宝慈照寺銀閣修理工事報告書』（京都府教育庁指導部文化財保護課、二〇一〇）。b引原茂治「国宝慈照寺銀閣発掘調査と予察」（『京都府埋蔵文化財論集』第六集、二〇一〇）。
（15）百瀬正恒「東山殿慈照寺の建物配置と庭園」（『日本史研究』三九九、一九九五）。
（16）東山殿の造営については、a黒川直則「東山山荘の造営とその背景」（『中世の権力と民衆』、創元社、一九七〇）。b森田恭二『足利義政の研究』（和泉書院、一九九三）などがある。

(17) 政治過程の評価については、a鳥居和之「応仁・文明の乱後の室町幕府」（『史学雑誌』九六―二、一九八七）。b野田泰三「東山殿足利義政の政治的位置付けをめぐって」（『日本史研究』三九九、一九九五、本書第四部再録）。c早島大佑「足利義政親政期の財政再建」（『史林』八二―五、一九九九）。

(18) 宮上茂隆は観音殿が移築されたとする。「東山殿の建築とその配置」（『日本史研究』三九九、一九九五）。

(19) 光谷拓実「慈照寺銀閣・東求堂の年輪年代調査」（注14a）。

(20) 西田直二郎「銀閣寺西指庵遺阯」（『京都府史蹟名勝天然記念物調査報告』一二、京都府、一九三一）。

(21) a注2、b龍居松之助「慈照寺の庭園に就いて（三）」（『史蹟名勝天然記念物』七―三、一九三二）。

(22) 「新たに発見の相阿弥の築庭　銀閣寺の貫主菅師に」（『京都日出新聞』一九三一年一一月）。

(23) a1吉水義信「銀閣寺慈照寺庭園」（『名勝調査報告』一、一九三五）。a2吉永義信『慈照寺庭園の変遷を論ず』（『私家本』、一九四〇）。b龍居松之助「慈照寺の庭園に就て一・二・三」（『史蹟名勝天然記念物』七―一・三・五、一九三二）。c森蘊「慈照寺築庭に関する一考察」（『画説』四七、一九四〇）。

(24) 龍居松之助「慈照寺の池に就て」（『史蹟名勝天然記念物』八―一〇、一九三三、八六六頁）。

(25) 龍背橋の南西部、錦鏡池の南岸に花崗岩の「畠山石」がある。高さ一・五五m、底部幅一・〇三m、厚さ〇・二m（略測）前後で、矢穴があることが知られていた（注6）。今回の中塚良氏との調査で、北東辺に七箇が縦に並んでいることが判明した。幅は一三～一五㎝、深さは七～一〇㎝、形状は方形や先端が半円形をするなど各種あり、北部の石垣の矢穴と共通の特徴を持ち、東山殿造営当初のものと判断した。東山殿庭園の修復に関係して一つの判断材料となる。

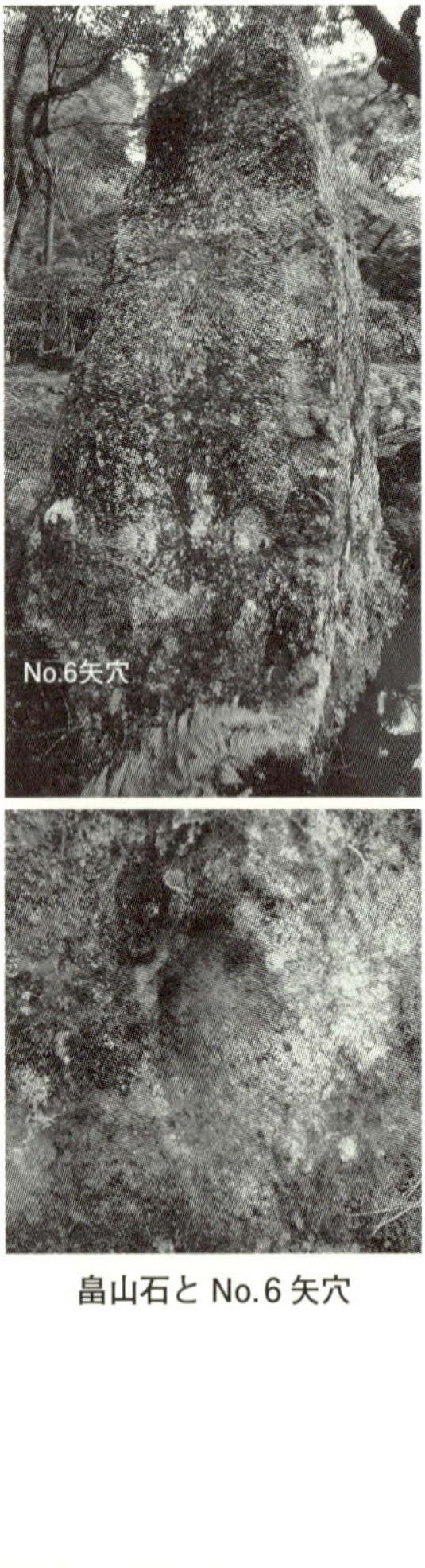

畠山石と No.6 矢穴

(26) 大文字川は常に土砂を排出し、

扇状地を形成してきた。従って現状の川底レベルが東山殿造営時と同じとは決められない。なお、寺の北裏門付近では軟質堆積岩を基盤とする丘陵が寺内に張り出し、やや安定している。

(27) 堀口捨己「君台観左右帳記の建築的研究—室町時代の書院及茶室考三」(『美術研究』一二四、一九四二)。

(28) 川上貢『日本中世住宅の研究』(墨水書房、一九六七)。後に新訂版が中央公論美術出版から二〇〇二年に刊行される。

(29) 飛田範夫『庭園の中世史—足利義政と東山山荘—』(吉川弘文館、二〇〇六、一三七頁)。

(30) 噴水については、金沢城・兼六園管理事務所の加藤力氏から資料の提供と教示を得た。(上田輝喜「噴水調査記」『きくざくら』研究発表文集一一号　二〇〇二)。佐藤昌『噴水史研究』株式会社インタラクション、二〇〇九)。

(31) 注7、前田義明氏から調査時の所見を伺った。

追記　二〇一五年五月に行った中塚良氏との踏査で花崗岩の石切場を発見した。慈照寺から大文字川を遡ること東約五〇〇mの山中で、長さ五〇m、高さが一五mを超える露頭があり、周囲にはコッパ材が多量に堆積し、中には一〇㎝幅の矢穴があるものも混じる。地元ではこの周辺を岩山とし、大光石と呼んでいる。また、龍居松之助は注1の(二)二一三頁で「洗月泉の水源を捜ねて急斜面の山腹を登り行けば、白川石の崖があり」と記述している。東山殿で使われた花崗岩がここから切り出されたとの確証はないが、距離や端材の量から考えて、有力な候補地となる。

座標値は世界系に変換した。

謝辞　境内での調査では、慈照寺の小出量堂・馬杉俊一郎両氏から西指庵の位置や地形などについて御教示を得た。また、各所を見学させていただき大きな成果があった。

(編者追記) 本稿は『日本史研究』三九九(一九九五)所載の論文を改稿・再録したものである。

東山殿足利義政の政治的位置付けをめぐって

野田泰三

はじめに

文明五年（一四七三）一二月一九日、足利義政はこの日元服を済ませた息義尚に征夷将軍職を譲った。しかし義尚はまだ九歳の童子であり、「但十五歳マテハ御判事、可為御代官分云々、毎事新将軍方ハ日野前内府（勝光）可為指南云々」[1]と記されたように、その後も義政が室町殿として政務を執った。日野富子とその兄勝光による執政代行がみられるのはこの時期である。その後、文明一一年一一月、義尚は御判始・評定始・御前沙汰始を行い、ここに義尚執政の条件は整うが、依然幕政は義政の運営するところであった。その憤りの故か、義尚が髻を切り出家せんとした記事がしばしばみられる[2]。

義政は、文明一四年七月に「自准后（義政）御方、天下治世事、可為権大納言殿（義尚）御計之由被申之了」[3]と義尚への政務委譲を宣言し、翌年六月にはかねて造営を進めていた東山山荘の常御所完成にともない移徙、自身を東山殿、義尚を室町殿と称するよう諸臣に命じた[4]。義尚の本格的な執務が開始されるのはこの頃と考えられるが、義政が幕政に関与しなくなったわけではない。設楽薫氏によれば、このような状況を打破し、幕政運営の主体たるべく義尚が敢行したのが長享元年（一四八七）九月の近江出陣であり、奉公衆・奉行衆等の直臣団を義政から切り離して自身の権力基盤となし、独自の政務決裁機構として「評定衆」を設けたのである[5]。

このように文明年間後半から長享年間にかけては義政・義尚両者が幕政運営に関与しており、この時期、両者がどのように権限を分掌・行使していたか、またその際どのようなシステムで政務決裁がなされていたかという問題を解明することは室町幕政史研究上不可欠であろう。しかし当該期室町幕府の権力構造に関する研究は甚だ少ない。鳥居和之氏は文明年間前半にみられる日野勝光・富子の執政と、その後の文明・長享期の義政・義尚両者間における権限の分掌・移行の問題を論じ、その後設楽氏も近江出陣中の義尚の幕政運営について考察するなかで義政との関係について触れているが、東山殿義政の掌握していた権力や幕政上での位置付けについてはなお検討の余地を残している[6]。

本稿では、義政が東山殿と称された文明一五年（一四八三）六月以降、義政の保持していた権限および権限行使にあたっての意思決定（政務決裁）の在り方について検討する。

また執政の場であった東山山荘そのものについても若干のコメントを述べ、あわせて東山殿義政権力の実態を復元的に考察したい。

一　東山殿義政の権限

(1)　義政の権限

本章ではまず鳥居氏の所説を再検討し、当該期義政が保持した権限について考察する。鳥居氏は義政・義尚が分掌した権限を①訴訟裁許、②安堵・宛行（御判御教書の発給）、③守護職補任、④軍事指揮権、⑤執奏、⑥公帖、⑦対外関係、の七項目に分類し、それぞれについて権限の移行を検討した。(7) それによれば、①文明一五年（一四八三）一〇月以降、義尚が公家・武家および禅院を除く寺社の訴訟を、義政が禅院訴訟（但し政所沙汰は義尚の所管）を管轄したが、義尚の雑訴裁許には義政の承認が必要であった。その後義政は文明一八年一二月政務放棄を宣言し、翌文明一九年七月には訴訟裁許を拒否、以後は禅院訴訟も義尚に管轄させようとした、②③ともに長享元年（一四八七、七月二〇日に改元）九月の近江出陣以降、義尚に移行、④文明一八年頃、義尚に移行、⑤文明一六年八月二六日の義尚執奏始以降、義政・義尚ともに執奏を行う、⑥長享二年九月以降、義政の眼病のために義尚に移行、⑦義政の専管、となる。

③④⑤⑦については妥当な結論と考えられるが、ここでは禅宗寺院に関わる①訴訟裁許と⑥公帖発給、②安堵・宛行（御判御教書の発給）について改めて検討を加えてみたい。

まず訴訟裁許についてである。なかでも禅宗寺院に関する訴訟裁許権は遅くまで義政が管轄するところであった。『蔭凉軒日録』文明一八年一二月一四日条には次のような記事を載せる。

往冷泉殿御里、将白天龍寺領賀州横江庄守護押妨之事、……御局曰、年内諸公事不可白次之命有之、故不可及披露……

また同月二〇日条には、堀河局（冷泉局とともに義政女中、後述）の言葉として、

相公《(義政)》邇来依御蒙気、被閣諸公事、殊昨日十九被仰子細者、世上事万無道而已也、然間雖云或被成御内書、或

被成奉書、皆不能承引也、然則起瞋恚耳也、後々事者天下政道一向不可有御存知之旨有之……

と伝える。一四日条では義政は年内の訴訟の取り次ぎを禁じ、また二〇日条では義政の命が聴かれないので以後「天下政道一向不可有御存知」と述べている。これらの記事を以って鳥居氏は義政の政務放棄宣言とされる。

また翌文明一九年七月二日に蔭凉軒主亀泉集証が義政に等持院領丹後国宮津保を守護が押領することに対して下知を請うた際、「宮津事者、摠而公事之儀、不可被聞召入、室町殿江可白乎之由、与伊勢守可相談之由有命」と義政の返答がもたらされた。同日、万松軒領若狭国六笠についての訴訟が披露された際にも、義政は「摠而公事之儀、不可被聞召入、不限此一事云々」と公事裁許を拒否した[8]。鳥居氏のいう義政の訴訟裁許拒否とはこれらの記事を指している。ところが、その三ヶ月後、『蔭凉軒日録』長享元年一〇月三日条には、

午時謁東府（義政）、……就崇寿院領堺之南庄之儀、塔主仲璋和尚一行供　台覧、可成奉書之由有命、及帰乃遣一行於院奉行飯尾（清房）加賀守陳（ママ）所、副以院之申状遣之、堀河殿御白次也

とある。和泉守護が堺南庄の代官職を競望してきたのに対し、直務を望む崇寿院が蔭凉軒を通じて奉行人奉書の発給を申請したもので、義政は崇寿院の希望通り奉書を発給すべきことを命じている。義政の命は集証から近江在陣中であった崇寿院奉行飯尾清房に伝えられたのである。また同月二九日条には、

午後謁東府、平岡延慶院事、細川右京兆政元公一行并慈述書記目安供　台覧、被遂糺明可有御成敗之命有之、就洪恩院領賀州安吉保事、自紹景庵并浄土寺、号有本役、及違乱由、院主鏡湖隠西堂訴状有之、同供　台覧、

遂糺明可有御成敗由有命……

とあり、南禅寺延慶院および西山洪恩院領加賀安吉保についての訴訟を義政の指示によって審理・裁許しようとしていることが判明する。

このように政務放棄・裁許拒否宣言にもかかわらず、禅院に関する訴訟が蔭凉軒を通して義政に披露され、審議・裁許されるという事例は多々みられ、文明一九年七月以降も禅宗寺院の関わる訴訟裁許権は依然義政が留保していたと考えられる。(9)

次に禅宗寺院（五山・十刹・諸山）の住持任命の辞令たる公帖（公文）の発給、(10)即ち禅宗寺院の人事権についてである。長享二年（一四八八）七月下旬病を得た義政はその後も体調がすぐれず、九月八日蔭凉軒集証が「南禅・天龍入寺御判事」を申請したところ、冷泉局より「病後御耳不仁也、被加療治可被成御判云々」との返事を得た。同月二四日、再度「公文両通御判之事」を堀河局を通して義政に伺ったところ、「御目太煩」のため、「御判事、可白江(義尚)之御所」との回答があった。(11)鳥居氏は義政はこの後公帖加判には全く関与しなかったとされ、確かにこれ以降義政自身が加判した形跡は認め難い。

ところが、南禅寺・天龍寺両公帖加判を申請した同じ九月二四日、集証は慈昌西堂以下七名の入寺あるいは坐公文発給の許可を書立を以って伺い、「有御心得」との返事を得、これを受けて同二八日、集証は近江の義尚のもとへ赴き、側近の二階堂政行・結城政広に対面して、「南禅入寺了庵和尚・天龍入寺高先和尚・普門入寺慈昌西堂、三人之書立、与堀河殿賜愚一行相副、二階堂方江渡之」、義尚への披露を依頼した。翌長享三年二月二三日、集証は以参和尚・祖広西堂への南禅寺・真如寺の坐公文発給を義政に披露したが、「孰有御心得、其分可白江州(義尚)御所云々」と了承され、同時に鹿苑寺維馨和尚の退院ならびに真境和尚の入寺も披露したがこれも認可された。(12)

また『蔭凉軒日録』同年三月一三日条には

桂子自江之御陣帰、南禅寺御奉加坐公文十通所望之連署供　台覧、東相公有御免許、可為如其答、白東相公（義政）御免云々、然者御免云々……

とある。義尚は義政が了承したことを確認したうえで坐公文の発給を認めたのである。

以上の事例から、公帖・坐公文の発給にあたっては義政の承認が前提とされていることが確認できよう。義政は病のために義尚に公帖への加判を委任したが、その発給にあたっては義政の承認が前提とされており、義政は事前の承認という形で禅院人事権を留保していたといえよう。長享三年二月に集証が蔭凉職辞退を願ったところ、義政は「先御代何御一期之間被召使、先規如此、縦雖無先規、蔭凉更代無之、我一期之間可堪忍」として強く慰留した[13]。禅院行政を統轄する蔭凉職は義政の管轄下にあり、とすれば禅院人事権も義政の所管であったと考えるのが自然である[14]。

最後に安堵・宛行であるが、義尚の近江出陣以降、義政が発給した御判御教書はわずかしか確認できない。そのうち長享元年一二月二七日付で広福院の寺領を当知行安堵したものについては、その四ヵ月後義尚から同趣旨の御判御教書が発給されており[15]、これを鳥居氏は義尚が義政からの権限委譲を主張すべく発給したものだと説かれる。もう一例を次に掲げる。

（義政花押）
和泉国堺南庄内念仏寺領散在名田畠等段銭・臨時課役以下事、所免除也、早任当知行之旨、可全領知之状如

件

長享弐年三月十七日[16]

堺南庄内の念仏寺領について段銭・臨時課役以下を免除したものであるが、この御教書が発給された際の事情が『蔭涼軒日録』によって窺える。長享二年三月一七日条には、

崇寿院領堺南庄内念仏寺安堵御判事、飯尾三郎（為修）左衛門入道永承久請取之、依長病、不及披露而逝去、当三郎左衛門尉為完、以一行就愚白之、寺家領内有之故、愚亦白之、勝定相公（義持）・普広相公（義教）有御判、以先規、可被成御判乎、冷泉殿曰、公文御判之外、近来被成御判之事有之如何、愚云、先可被伺乎、冷泉被供両御代御判案文・同飯尾三郎左衛門尉為完副状等於　台覧、則可被成御判云々……

とある。「公文御判之外、近来被成御判之事有之如何」という冷泉局の言葉から、義政はこの頃には公帖以外には署判した文書を発給することは稀になっていたことが窺われるが、この場合は御教書が発給された[17]。また同年六月九日に鹿苑院主景徐周麟より院領に対する守護不入（課役免除）の御判御教書の発給申請がなされたが、集証は一一日に義政に披露して「御領掌」との意を得た。七月二日には奉行人飯尾清房によって御教書が調進され、義政の加判を得べく伊勢貞宗のもとに遣わされている[18]。このように事例は多くないが、義政の御判御教書による所領安堵・課役免除がなされていたことが判明する。しかもそれが禅院の事例であることは注目されよう。

近江出陣以降、義尚による御判御教書の発給が多見されるのは事実であるが、御判御教書の発給を伴う安堵・宛行権が義尚の専管事項となったわけではなく、少なくとも禅院については義政もその権限を行使していたこと

を確認しておきたい[19]。

以上にみた通り、禅宗寺院に関する安堵・宛行権、訴訟裁許権、人事権は義政の保持するところであった。このことは、義政が当該期幕府機構、特に奉行人に対する影響力を保持するうえでも資するところが大きかったと思われる。当時は諸山以上の主要寺院だけでなく、必要に応じて塔頭レベルにまで少なからぬ数の別奉行が置かれていたが、この禅院別奉行の任免権も義政の所管となっていた[20]。義尚の近江出陣に伴い奉行人も多くは近江在陣を余儀なくされたが、禅院事務を扱う限り義政の指示を受ける必要があった。さらには別奉行に任命されることによって得られる礼銭等の経済的収入は奉行人にとって魅力あるものだったはずである。義政が諸権限を行使し実務化するにあたっては奉行人の掌握が不可欠であったが、禅院に対する権限を保持したことにより奉行人の掌握も可能となっていたのである。

一方、義尚の近江出陣は奉公衆を自らの麾下に結集し、自身の権力基盤として掌握することが目的であり、出陣にあたっては寺社本所領の還付が謳われたものの、実際には多くの寺社本所領が奉公衆の兵粮料所とされ、寺社本所領がかえって侵害されるという事態を惹起する[21]。このような情勢下では寺社本所からの所領回復を求める訴訟は義尚ではなく義政のもとに提訴される。義政に政治的隠退の意志があったにせよ、義尚近江出陣後の寺社本所領をめぐる状況はそれを許さず、かえって義政に諸権限を行使させることとなったのである。

なお、義政の政務放棄あるいは政務委譲宣言は、文明一三年以降しばしばなされたことが当該期の記録により確認されるが[22]、こうした宣言は一時的で実効性を伴わないことが多く、動勢を実証的に検討することが必要である。

二　義政の意思決定システムと側近衆

前章で考察した諸権限を行使するにあたって、東山山荘の義政のもとではどのようにして意思決定がなされ、実務化されていたのであろうか。本章では義政の意思決定（政務決裁）の在り方及びそれを支えた側近衆について検討してみたい。

(1)　申次・女中申次　―東山山荘における意思伝達―

義政のもとにはその指示・意向を伺うべく、政所執事伊勢貞宗・奉行人・蔭凉軒主など様々な人物が訪れたが、彼らと義政との間ではどのようにして意思伝達がなされていたのであろうか。注目すべきは申次・女中申次と称される人々の存在である。

『蔭凉軒日録』文明一六年（一四八四）八月二八日条には「謁東府《義政》、以昨日三通之書立伺之、白次伊勢因幡守《貞誠》、女中白次堀河殿」、同年九月三日条には「謁東府、……白次伊勢与一《貞遠》公也、女中白次冷泉殿」とあって、義政への取り次ぎ役として申次および女中申次が存在したことが知られる。同記文明一七年一一月一三日条には、

……大裏長橋御局所領在播州、早速可去渡之旨、自禁裏切々御催促之間、台慮難去被思召、速可去渡之旨、可命赤松兵部少輔《政則》之由、以冷泉御局、被仰付伊勢右京亮《貞遠》、……

とあり、義政の命は冷泉局↓伊勢貞遠↓赤松政則（播磨守護）と伝達されたものと考えられる。また同記文明一

八年一二月一一日条には「御逆修諸下行注文鹿苑侍衣持来、乃以悰子渡伊勢右京公、於東府、右京公以冷泉殿供台覧」とあり、逆修下行注文は集証（悰子は集証弟子）→伊勢貞遠→冷泉局→義政と伝えられている。後述するように伊勢貞遠は申次、冷泉局は女中申次である。これらの事例から東山山荘における意思伝達の経路は義政⇅女中申次⇅申次⇅（外部者）となっていることが判明する。[23]

『蔭涼軒日録』文明一六年九月二六日条には「謁東府、……此四ケ条白之、白次伊勢与一公也、女中白次皆御差合之故、不及披露、先可退出云々……」とある。申次はいたものの、女中申次の都合がつかず、義政への披露が成らなかったのである。先述のルートが山荘における正規の意思伝達経路として機能していたことを示していよう。また女中申次は申次と義政との間を仲介する、より奥向きの存在であることも推測するに難くない。近江の義尚の陣中において宇都宮次郎が「外之白次」[24]と称されていることを考慮すれば、幕臣から任じられる申次が「外」の申次、女中申次が「内」の申次と考えることができる。東山山荘においても「外（表）」「内（奥）」の区別がなされており、幕臣の申次は「外」の空間における取り次ぎを担当し、「内」の義政まで取り次ぐには女中申次を介することが必要だったのであろう。[25]

ところで、亀泉集証は文明一六年一〇月一二日、益之宗箴の後任として蔭凉職に補任されるが、その一月後、一一月一〇日には「是日以来、参于御末、以女中御白次、直件々可奉伺之命有之」と、幕臣の申次を介さず直接女中申次に申し入れるよう命じられた。[26]禅院事務統轄者として頻繁に義政と接触を持つ必要のある職掌柄、正規の意思伝達経路を簡略化する措置がとられたものと考えられる。

このような申次・女中申次の制度は従来から存在し、東山山荘独自の制度ではないが、義政の意思決定の在り方を考えるうえで、他の室町殿御所と同様の制度がみられることを指摘しておきたい。

『蔭凉軒日録』をはじめとする当該期の記録類から検出される女中申次・申次は以下の通りである。

【女中申次】左京大夫局（春日局）、冷泉局、堀河局、御阿茶、御佐子局
【申　次】大館政重（刑部大輔）、伊勢貞誠（因幡守）、伊勢貞弘（上野介）、伊勢貞固（弾正忠）、伊勢貞遠（与一・右京亮）、畠山刑部少輔

まず女中申次であるが、左京大夫局（春日局）は、評定衆に列せられ神宮頭人・地方頭人をつとめた摂津満親（入道常承）の女である。御阿茶は美作国人江見伊豆守[27]の女で月江寿桂の姉。堀河局・冷泉局の出自は不明であるが、堀河局は赤松氏との関係が推測されている。御佐子局（あるいは一対局）[28]は奉公衆五番方番頭であった大館持房（入道常誉）の女、相国寺住持・鹿苑院々主を務める景徐周麟の姉であり、義政の側室の一人であった[29]。

次に申次では、大館政重は奉公衆五番方番頭・義政御供衆。畠山刑部少輔は同じく義政の申次を務めた刑部少輔政清の子である[30]。また伊勢氏庶流は奉公衆一番方に多く名をみることができるが、申次にも任ぜられ、しかも東山殿の申次の中では多数を占めることが判明する。伊勢貞誠は義政御供衆をも務めた人物[31]。同貞遠は武家故実書『殿中申次記[32]』の作者でもある。

このように女中申次は義政に近侍する女中が、また申次は御供衆[33]を務めるような義政の近臣から選ばれている。女中申次あるいは申次の職務はその名の通り、外部者と義政との間を仲介しそれぞれの意思・意向を取り次ぐことにある。特に直接義政と接する女中申次には、「冷泉云、以御機嫌可白云々[34]」と記されるように、義政の気分・容態を見極めタイミングよく披露することが求められたのである。また職掌柄、義政の気性・機微を知悉しているため、首尾よく披露を遂げるよう義政への披露に先立ち女中申次との談合・打ち合せが行われたり、時には「中庄事、以寺家一行可達上聞由白之、冷泉殿有意見、近日奉行衆可出仕、可被相待、只今雖白之、可被立御使仁体

無之云々、予含胡止矣」[35]のように、女中申次から披露に関するアドバイスを受けることもあった。蔭凉軒集証は彼女らへの折りにふれての付け届けを忘れてはいない[36]。このように申次・女中申次は義政と外部を取り持つ重要な役職ではあったが、申次自身が義政の政務決裁に関与することはなかった。上杉剛氏は義材期の殿中申次の職務について、「受け付け」的なものに限定されていたと指摘しているが、東山山荘におけるそれも同様だったと言える[37]。

(2) 義政の意思決定

さて、申次・女中申次を介して義政のもとにもたらされた政務案件はどの様に処理(決裁)されたのであろうか。先に触れた延慶院と洪恩院領加賀安吉保の訴訟の場合には披露の場で「被遂糺明、可有御成敗之命」が出され、蔭凉軒集証はそれぞれの寺奉行へ訴状を添えて書状で義政の命を伝えた[38]。その後の経過は不明であるが、恐らくは奉行人のもとで訴人・論人対決のうえで審議がなされ、奉書が発給されたものと考えられる。また長享二年(一四八八)七月一五日、天龍寺香厳院領美濃国大井郷に対する相国寺本光院の押領を退けられんことを請うた香厳院の訴訟が披露された際には、集証から事情説明をうけた義政は「如先規、可為香厳院進退之由、可成奉書由、可命寺奉行之由被仰出」た[39]。このように東山山荘における決裁の在り方は義政の親裁という形がとられていた。披露の場で即座に裁断が下される場合もあれば、諮問や審議・糺明などの手続きが踏まれる場合もあるが、その判断は義政自身が行っており、基本的には極めて専断性の高い意思決定がなされていたのが特徴である。

義政は近江出陣中の義尚、あるいはそれ以降の戦国期幕府に特徴的にみられるように側近衆からなる政務決裁機構を置くことはなかったが、ときに特定の人物に対して諮問を行うことがあった。蔭凉軒主亀泉集証と伊勢貞宗の二人である。禅院関係の訴訟や住持任免の申請は当該期においては蔭凉軒主を通して義政に披露されたが、その際義政が蔭凉軒主に事情説明や参考意見、あるいは支証の提出を求めたり、仏事・法会の執行について意見を徴することもあった[40]。一方、伊勢貞宗は父貞親とともに義政執政期に長く政所執事を務め、義政の御内書調進にあたる[41]など義政の側近中の側近というべき人物であり、義尚の近江出陣には同行せず義政のもとにとどまった。貞宗は政所沙汰を管轄するとともに、諸行事の執行や費用調達、遣明船の発遣など広く諮問に与っている[42]。時には「与伊勢守相議、可白[43]」などと蔭凉軒集証に貞宗との協議が命じられることもあり、両者は義政に重用されていた。亀泉集証は禅宗・仏事関係、伊勢貞宗は幕政全般に関するブレインとして山荘における義政の執務を支えたのである。但しこの場合も両者はあくまでも諮問に与るのみであって、最終決裁権は義政の保持するところであった。

このようにしてなされた決裁の実務化にあたるのは奉行人であり、近江在陣中の奉行衆がしばしば近江・京都間を往反していたことは設楽氏も指摘するところである。のみならず義政のもとには奉行人を統轄する公人奉行であった飯尾元連、政所執事代であった松田数秀（のち公人奉行）が祗候していた[44]。奉行衆中でナンバー1・2の位置を占める両者を膝下に置くことにより他の奉行衆に対する影響力の行使が容易になったであろう。義政は別奉行制を通してだけでなく、奉行人の中枢を掌握することによっても奉行衆に対する影響力を保持していたと言えよう。

(3) 東山殿祗候衆

義尚が奉公衆・奉行衆の大半を引き連れ近江に出陣した後も、依然京都にとどまって義政に近侍した幕臣団が存在する。最後に、「東山殿衆[45]」とも称された義政の側近衆についてふれておきたい。

当該期の記録からは、義政の出行の際扈従する御供衆・走衆が判明する[46]。幕臣の中でも上位に格付けされ、将軍出行に随行して陪膳等の任にあたる御供衆としては、申次としてもみえる大館政重・伊勢貞誠や政所執事伊勢貞宗のほか、細川政賢[47]・細川（淡路）治部少輔・畠山政近・山名豊重・一色兵部少輔・伊勢貞職の名が確認される。

走衆とは奉公衆から選ばれ、将軍の出行に際して前駈けや警護・雑用にあたるものの称で、これには藤民部政盛・後藤親綱・安東平右衛門尉・真下太郎左衛門尉・飯川国資がいる。そのほか東山山荘詰めの番衆（奉公衆）に小早川元平[48]らが、同朋衆として吉阿・周阿・木阿・仙阿（吉阿息）・調阿・海阿・立阿らの名が確認できるが、義政に近侍した幕臣団はそれほど多人数であったとは考えられない。文明一七年八月には土一揆蜂起の際の警固が問題となったが、「若東山怱劇、東相府事、何人可致警固哉、無其仁体、争及寺家之警固乎」と番衆の少なさが懸念されている[49]。『長享元年九月十二日常徳院殿様江州御動座当時在陣衆著到』（長享番帳）は義尚の近江出陣にあたって作成された奉公衆の番帳であるが、そこには「東山殿様祗候人数」として御供衆・奉公衆（一七名）、右筆奉行（一名・松田数秀）、御所侍（一名）、御承侍（三名）、同朋（四名）、御末衆（五名）が書き立てられている。また『永享以来御番帳』の末尾には「慈照院義政公東山江御移之已後御供衆」（四名）をはじめとして御部屋衆（一名）、申次（五名）、走衆（一名）、そして「此外番衆少々」の記載がある[50]。義政に仕えた側近衆はおそらくは五〇名内外の規模だったのであろう。

『蜷川親元日記』文明一五年六月二〇日条には義政が文明一三年一〇月以降住した岩倉長谷御所の番衆交名が残されており、三番に結番された計九名の番衆に対して、義政の東山山荘移徙に先立って山荘への祗候と御物警固が命じられている[51]。このように東山殿に祗候した幕臣には山荘移徙以前から義政の御供衆や番衆を務めていた者が多く、義政との情誼関係から側近衆としてとどめられたものと考えられる。但しこれら側近衆が御供衆・走衆・申次・番衆等の本来の職掌を越えて政務決裁に関与した形跡は認められないことは前述した通りである。

て若干のコメントを行いたい。

三　東山山荘の構造

ここでは一・二章で検討した当該期義政の政治的立場を考慮しながら、東山山荘とその周辺の空間構造について若干のコメントを行いたい。

(1)　東山山荘内部の空間構造

東山山荘の造営過程はすでに先学によって明らかにされている。(52) 文明一四年（一四八二）二月に造営事始がなされ、八月に御末・台所の立柱上棟、翌一五年三月に常御所の立柱があり、その完成を待って六月二七日義政は山荘へ移徙した。その後文明一八年一二月に会所の造営に着手、翌長享元年一一月完成をみた。この間も西指庵・持仏堂（東求堂）などの造営が行われており、作事は延徳二年（一四九〇）正月に義政が死去するまで続けられた。

建築史の立場からは、将軍邸の内部を①寝殿など公式行事・仏事の場となる建築群（晴向施設）、②常御所を中心とする日常住まいの場となる建築群（奥向施設）、③遊宴のための会所を中心とする庭園建築群（奥向施設）、の三群に分類し、東山山荘については晴向施設たる寝殿の欠如、および常御所による寝殿機能の代替が特徴とされている。常御所・会所については既にその内部構造も復元されており、それぞれの空間の機能についても分析が行われている。(53)

東山山荘を論じる場合、会所を中心とした数奇・芸能の場としての機能を重視することが多いが、東山山荘は義政が隠棲あるいは芸能・遊宴を行うだけの場ではなく、執務の場でもあったことを第一に指摘しておきたい。山荘内に寝殿が存在しないことから即政務の場として機能しなかったと結論付けるのは早計であり、一章で述べた義政の執務はまさに常御所や会所で行われていたのである。そして山荘内部は一章でみたように空間的に「内」「外」の区別がなされていた。実際にどのような区分がなされていたのか、義政への申次の在り方を含めて考える必要がある。

第二に、御末・番所といった副次的施設の存在である。御末は公的な対面の場ではなく、申次など側近者の詰所としての機能を有し、外部者が申次に義政への披露を申し入れたり、「与伊勢右京公、於御末雑話、林光院領事・堺南庄事相談」とあるように申次との用談に使われる場であった。[54] 番所も番衆や申次の詰所であり、申次との用談はこの場でもなされた。[55] これらは常御所・会所といった中核施設に比して従来注目されることがなかったが、東山山荘を執務の場として捉えた場合、こうした従来副次的施設と見なされてきた空間をも含めて全体を見直す必要があろう。総門と中門をつなぐエントランス部分の西側に広がる空間は現状では浄土院（総門の北側）および藪（総門の南側）となっているが、この部分も山荘内部に含まれる空間であり、当該期どのような機能を果たしていたのか注目される。[56] 義政に近侍する幕臣の邸宅が存在していた可能性も十分考えられ、今後の調査を待ちたい。

なお従来の研究では、長享三年（一四八九）三月義尚の死去により義政は政務復帰を意図、東山山荘は隠居所から室町殿御所へと性格を変え、急遽同年七月から公式行事の場としての寝殿の造営に着手したと説かれる。しかし長享二年一一月には「東山殿御寝殿料段銭」が賦課・徴収されており、寝殿造営が義尚の死去以前に計画されていたことは明らかであるから、従来の評価はあらためる必要がある。[57]

(2) 東山山荘周辺の空間構造

山荘の周囲の状況については史料も乏しく多くを明らかにすることはできないが、まず指摘できるのは、政所執事でありまた義政の最側近でもあった伊勢貞宗が山荘造営にともない自邸を山荘の近くに移していることである。貞宗邸はもと北小路室町にあり、文明八年以降義尚の御所として利用されることもあった(58)。『蜷川親元日記』文明一五年六月二七日条には義政の東山山荘移徙のあったこの日、赤松氏より「御山荘要脚」とは別に「貴殿《(伊勢貞宗)》へ為北白川新造之祝儀、三千疋被進之」ことが記されており、これ以後貞宗を指して「北白河」あるいは「白河」と表記するようになることから(59)、貞宗も義政に合わせて邸宅を北白川に新造し引き移ったと考えられる。これは政所執事という幕府の要職にありながら近江出陣に同伴されず、義政の側近として京都にとどまった貞宗の立場を考えるうえで興味深い事実である。『長興宿禰記』文明一八年一〇月二九日条には「今日予向北白川南円院宿蜷川中務守《(ママ)》家也……彼院伊勢守弟也」とあって、伊勢氏被官である蜷川氏も近辺に住居を構えていたことがわかる(60)。

また『蔭涼軒日録』文明一九年一月一五日条には

……斎罷謁東府、先往徳阿・栄阿宅、扇子・杉原贈両所伸賀、次往調阿・周阿宅賀、謁殿中、献紅梅両枝……

との記述があり、同朋衆の居宅も山荘近辺にあったのではないかと推測される。その他の奉公衆については判然としないが、伊勢貞宗ら義政近臣の一部は山荘近くに邸宅を構えており、東山山荘を核として一種の武家町が形成されていた可能性がある。

山荘内外の空間構造については、建築史や考古学等関連諸分野の成果を踏まえて議論していく必要があろう。

おわりに　―東山殿義政の室町幕政史上における位置―

以上、東山殿義政の保持した権限、意思決定の在り方、側近衆、山荘内外の空間構造について述べた。禅院行政・外交を統轄、朝廷に対しても影響力を行使するなど、義政の政治権力者としての姿が浮かび上がってくる。東山山荘は義政が精神的安楽を得るための場でもあったが、また様々な意思決定がなされる執務の場でもあったのである。

一五世紀後半は室町幕政史上の大きな転換期であった。幕政運営システムという観点からみれば、管領制や有力守護による重臣会議が衰退し、一方では実務官僚機構たる奉行人制度が整備され、奉行衆は一政治勢力として台頭した。さらに義尚以降の戦国期幕府においては将軍親裁体制が顕著となり、将軍と個人的情誼で結ばれた側近衆（義尚期の「評定衆」、義材期の側近衆、義晴期の「内談衆」など）が政務決裁に与るようになる。(61)近江出陣中の義尚は、大館尚氏・結城政広・二階堂政行の三人の側近からなる「評定衆」という機構を設置し自身の幕政運営を補佐させたが、これがまさに戦国期幕府の嚆矢となったと言える。このような流れのなかで東山殿義政の執政はどのように位置づけられるであろうか。

義政が東山山荘に移徙し、義尚が室町殿と称せられるようになると、原則として幕臣は義尚の掌握するところとなり、義政のもとには以前から重用された一部の幕臣が祗候するのみとなった。このような人的に制限された状況下での義政の執務体制とは、まさに決裁者（義政）と実務官僚（奉行人）からなる将軍親裁体制の最もシンプルな形がとられたと言え、またそれ故義政の専断性が発揮されることとなった。その意味で義政が奉行衆の中枢を押さえていたことの意味は大きいが、幕政史上奉行人制度の成熟という背景があってこそ現出し得た権力形態でもあった。

また近江出陣の名のもとに幕臣団の掌握を図った義尚の施策は寺社本所を犠牲にした奉公衆保護政策であったために、義政のもとに訴訟が提訴され、義政に諸権限を行使させることになった。将軍権力の掌握を目的とした近江出陣がかえって義政の手元に留保されていた権力を行使させることになり、権力の一元的掌握という義尚の意図は皮肉にも達成されなかったことになる。近江出陣によってもたらされた当該期の寺社本所領をめぐる政治・社会情勢が義政の執政を成立せしめた外因として作用したと言えよう。

以上、文献史の立場から東山殿義政の権力について考察した。雑駁な議論ではあるが、分野を越えた共通討論の素材を提供できれば幸いである。

注

(1)『大乗院寺社雑事記』文明六年正月一〇日条。

(2)『長興宿禰記』文明一一年五月二日条、『大乗院寺社雑事記』文明一三年一月一一日条、『資益王記』文明一五年二月八日条など。

(3)『大乗院寺社雑事記』文明一四年七月二五日条。

(4)『親長卿記』文明一五年六月二七日条、『後法興院政家記』同年六月二八日条など。

(5)設楽薫「足利義尚政権考―近江在陣中における「評定衆」の成立を通して」(『史学雑誌』九八―二、一九八九)など。

(6)鳥居和之「応仁・文明の乱後の室町幕府」(『史学雑誌』九六―二、一九八七)。前掲注5設楽論文。

足利義政に関する研究は多いが、従来は応仁・文明の乱勃発による室町幕府崩壊との見方とも相まって、芳賀幸四郎『東山文化の研究』(河出書房、一九四五)や林屋辰三郎「東山文化」(『岩波講座日本歴史　中世3』、岩波書店、一九六三)に代表されるように文化史の方面からの分析が主であった。本報告は政治権力の側面に焦点をあてた分析となっているが、今後は両者を総合的に捉える視角が必要であろう。なお義政の事績をまとめた近年の研究に森田恭二『足利義政の研究』

（和泉書院、一九九三）がある。
（7）前掲注6鳥居論文
（8）『蔭凉軒日録』同日条。
（9）鳥居氏は政所沙汰は義尚の専管であったとされるが、政所沙汰の統轄者である政所執事伊勢貞宗は義政の最側近であり（後述）、義政は貞宗を通じて政所沙汰についても影響力を行使することが可能だったであろう。当該期の幕府政所に関する研究としては森佳子「室町幕府政所の構成と機能―文明期を中心として」（『年報中世史研究』一三、一九八八）がある。
（10）公帖（公文）・坐公文については今枝愛真「公文と官銭」（『中世禅宗史の研究』、東京大学出版会、一九七〇）参照。
（11）いずれも『蔭凉軒日録』同日条。
（12）いずれも『蔭凉軒日録』同日条。
（13）『蔭凉軒日録』同年二月一六日条。
（14）『蔭凉軒日録』長享二年一一月三日条によれば、集証が公文書立を義政に披露し、「自此書立始可白于江之御所云々、毎々先可供　台覧歟」と意向を伺ったところ、義政は「自今以後直可白于江之御所云々」と答えた。これによれば公帖発給に義政の承認は不要とも解釈できるが、以後も集証は義政への披露を行っていること、また先に引用した同記長享三年三月一三日条でも窺えるように義尚も義政の承認を前提としていることから、禅院人事権は義政の留保するところであったと考える。
（15）長享二年三月二四日足利義尚御判御教書。ともに宝鏡寺文書。
（16）関口神社文書。
（17）『蔭凉軒日録』同年三月二四日条。
（18）いずれも『蔭凉軒日録』同日条。
（19）例えば義尚が住持の任免に干渉・口入した例としては『蔭凉軒日録』文明一八年二月一六日条・長享二年二月一九日条など。また禅院訴訟が義尚のもとに提訴された例としては同記長享二年正月二七日条など。
（20）例えば『蔭凉軒日録』文明一七年八月二一日条・同年九月三〇日条など。今谷明「室町幕府奉行人奉書の基礎的考察」（『室町幕府解体過程の研究』、岩波書店、一九八五、初出一九八二）。
（21）『後法興院政家記』長享元年九月二八日条には「抑今度江州寺社本所領事、奉公衆中給兵粮料間、諸領主奉書事雖歎申、無

御下知云々、公家輩在陣之衆等、又両冷泉外無成敗云々、門跡領聖護院……青蓮院……梶井宮等外無成敗」とある。このほか奉公衆による寺社本所領侵害の事例は『蔭凉軒日録』長享二年六月九日条・同年九月二八日条などにみられる。

(22) ①『大乗院寺社雑事記』文明一三年正月一一日条、②『後法興院政家記』文明一三年一〇月二一日条、『大乗院寺社雑事記』同年一〇月二六日・一二月六日条、③『大乗院寺社雑事記』文明一四年七月二五日条、④『蔭凉軒日録』文明一八年一二月一四・二〇日条、⑤『蔭凉軒日録』文明一九年七月二日条など。

(23) 女中申次については蔭木英雄『蔭凉軒日録―室町禅林とその周辺』（そしえて、一九八七）に記述がある。

(24)『蔭凉軒日録』長享二年一〇月一〇日条。

(25) 申次・女中申次に代わって同朋衆が申次を務めている事例も多見されるが（例えば『蔭凉軒日録』文明一六年一一月一八・一九日条など）、この場合は内・外の区別なく自由に取り次ぎを行っているようである。阿弥号を名乗り頭を剃りこぼって法体となった同朋衆の特質がこれを可能にしていたのであろう。

(26)『蔭凉軒日録』同日条。

(27)『蔭凉軒日録』長享二年二月二三日条によれば、江見伊豆守は幕府御料所美作国江見庄の代官を務めており、奉公衆と考えられる。

(28)『大乗院寺社雑事記』長享元年一〇月二三日条。

(29)『大乗院寺社雑事記』文明一七年九月三〇日条の尻付には「東山殿女房／律寺春日局／賀茂新兵衛殿冷泉局／賀茂堀川局／徳大寺殿一対」との記載がある。

(30)『長禄二年以来申次記』（『群書類従』武家部）。

(31)『後法興院政家記』長享元年閏一一月一九日条には近江鈎の伊勢貞誠の陣所より出火したとの記事があり、この時には近江に在陣していたようである。

(32)『群書類従』武家部。『長禄二年以来申次記』の末尾には「申次人数之事」として長禄年中から延徳二年（一四九〇）六月までの申次の交名が載せられている。その中に「東山殿様近年申次人数事」として、大館刑部大輔政重・伊勢右京亮貞遠・畠山中務少輔政近・伊勢上野介貞弘・畠山刑部少輔・伊勢因幡守貞誠の名をあげ、その後に「右、以御自筆被定置者也此以後伊勢肥前守盛種被召加之畢」と記す部分がある。ここに記された七名のうち五名は当該期の記録から申次としての活動が確認された。残る二名については、畠山政近は奉公衆四番方番頭を務めた人物で、この時期には義政御供衆としての活動はみられるものの、申次を務めた形跡は管見の限りでは知られない。また伊勢盛種は義尚の申次としてみえる（『蔭凉軒日録』文明一六年八月二三日条など）。『長禄二年以来申次記』は永正六年（一五〇九）大館尚氏の筆になるものである。尚氏は義尚期以降将軍側近として仕えた幕府重臣であり、その記述は基本的に信頼できよう。

(33) 御供衆については二木謙一「室町幕府御供衆」（『中世武家儀礼の研究』、吉川弘文館、一九八五、初出一九八三）参照。

(34) 『蔭凉軒日録』長享元年九月一〇日条。

(35) 『蔭凉軒日録』文明一七年八月三日条。

(36) 『蔭凉軒日録』文明一八年四月一二・一四日条、文明一九年七月六日条など。

(37) 上杉剛「足利義材政権についての一考察—殿中申次を通じて」（『史友』一七、一九八五）。

(38) 『蔭凉軒日録』長享元年一一月一二日条。

(39) 『蔭凉軒日録』同日条。

(40) 『蔭凉軒日録』文明一八年六月二日条、文明一七年八月二八日条など。

(41) 『蔭凉軒日録』文明一七年七月五日条など。

(42) 『蔭凉軒日録』文明一七年一二月二日条、文明一九年六月一二・二六日条など。

(43) 『蔭凉軒日録』文明一九年三月一二日条。また同記文明一七年四月二一日条、同年八月六日条など。

(44) 前掲注5設楽論文・前掲注6鳥居論文参照。

(45) 『蔭凉軒日録』長享三年四月二〇日条。

(46) 御供衆・走衆の身分・職掌については前掲注33二木論文、同「足利将軍の出行と走衆」（米原正義先生古稀記念論文集刊行会編『戦国織豊期の政治と文化』、続群書類従完成会、一九九三）参照。

(47) 『蔭凉軒日録』文明一九年六月二一日条では義尚御供衆としてもみえている。

(48) 『蔭凉軒日録』文明一六年一二月二一日条、文明一八年二月一四日条など。

(49) 『蔭凉軒日録』同年八月五日条。

(50) ともに『群書類従』雑部。長享番帳の信頼性の高さについては福田豊彦「室町幕府の『奉公衆』—御番帳の作成年代を中心として」（『日本歴史』二七四、一九七一）参照。また永享番帳の記載も本節での検討結果とほぼ合致し、信頼しうると考える。

(51)このうち七名については長享番帳の「東山殿様祇候人数」の中に本人もしくはその一族の名がみえている。

(52)川上貢「義政の御所」(『日本中世住宅の研究』、墨水書房、一九六七)、黒川直則「東山山荘の造営と背景」(日本史研究会史料研究部会編『中世の権力と民衆』、創元社、一九七〇)など。

(53)前掲注52川上論文、宮上茂隆「足利将軍第の建築文化」(『日本名建築写真選集一一　金閣寺・銀閣寺』、新潮社、一九九二)など。

(54)『蔭凉軒日録』長享三年三月二〇日条。また二章(1)でふれた『蔭凉軒日録』文明一六年一一月一〇日条など。

(55)『蔭凉軒日録』文明一八年六月五日条、長享元年八月二三日条など。

(56)本書百瀬論文を参照のこと。

(57)長享二年一一月一四日室町幕府奉行人連署奉書案(本郷文書)。この点については、集会当日、高橋康夫氏より長享二年九月の義尚内大臣昇進にともなう任大臣大饗のための造営ではないかとの御教示を得た。

(58)文明八年一一月の室町殿焼失により同月二二日義尚が移住し(『長興宿禰記』同日条)、文明一四年四月、岩倉長谷に移った義政にかわって小川殿に移徙するまで滞在した(『後法興院政家記』同年四月三〇日条)。翌一五年六月一九日には同居していた母富子と不和を生じ、義尚は再び伊勢邸に移っている(『後法興院政家記』同年六月二一日条)。

(59)『親元日記』文明一七年閏三月七日条、同年四月一六日条など。また『長興宿禰記』文明一八年一〇月五日条にも「伊勢守貞宗邸北白川」とある。

(60)『蔭凉軒日録』長享元年一一月晦日条、同三年三月二八日条。

(61)笠松宏至「室町幕府訴訟制度「意見」の考察」(『日本中世法史論』、東京大学出版会、一九七九、初出一九六〇)、設楽薫「室町幕府の評定衆と「御前沙汰」――「御前沙汰」の評議体制及び構成メンバーの変遷」(『古文書研究』二八、一九八七)など。

(追記)小稿は『日本史研究』三九九号(一九九五年一一月)に掲載された同表題の拙稿を圧縮改稿したものである。

第五部　資料編　中世京都・京郊の構造復元と基礎史料

中世京都北郊の街路・街区構造考証

桃崎有一郎

緒言

本稿は、中世京都北郊の空間構造を総合的に把握するため、その街路構造と重要第宅の所在を復元するものである。同様の作業には川上貢の先駆的成果や髙橋康夫の都市史的業績があるが、なお修正・追補を要する地域がある。本稿は従来手薄な北野社周辺の街路構造や周辺区域との接続関係、特に北山・北野・内野・洛中の面的・線的連続性の確認に意を用いた。典拠は一次史料に限り、一部例外を除き現存地名・地割や近世地誌・古地図類は補助的に参照するに留めた。個別の典拠とそこから復元される局所的な街路構造・第宅配置は別表に列挙して連番を付し、本文中では[番号]で参照した。また典拠・情報を頻繁に相互参照する必要上、章以下段落レベルまで細分して数字・記号を付した。別表と個別考証を総合した結論的全体図は、末尾の中世京都北郊概略図に示してある。なお『大日本史料』は大史、『北野天満宮史料』は北史と略し、東京大学史料編纂所架蔵影写本は東影と略して請求記号を付記し、頻繁に参照する先行研究は略号で示した。(1)

一　北山周辺の街路構造

Ⅰ　北山の西方

i　等持院・真如寺・大祥寺

① 嘉吉三年(一四四三)、足利義勝の葬列は室町第東面北小門を出て、今出川南行・一条西行・西洞院南行・中御門西行・大宮北行し、五辻・千本を経て、高橋で紙屋川を渡って北山に入り、大祥寺・東小路を経て等持院に

入った［1］。大祥寺は『薩戒記』永享二年（一四三〇）二月二八日条に見える「北山大聖寺」だろう。大聖寺は無外如大（無着。足利貞氏室の母）の法統を継ぐ臨済宗の尼寺で、光厳天皇妃無相定円禅尼を室町第の岡松殿に迎えたことに始まるという（『日本歴史地名大系27京都市の地名』〔平凡社、一九七九〕五六九頁「大聖寺」）。等持院東隣の真如寺も無外が建立した正脈庵に起源を持つので[2]、大聖寺もその一帯、等持院・真如寺に北接したと推定される。東小路は北山第周辺から等持院か真如寺の寺地東辺へ至る南北路だろう。北山第惣門と一条を結ぶ南北路八町柳は等持院・真如寺の現寺地から二町程度東にあたるので（→一Ⅱ・ii）、東小路は八町柳より西の南北路だろう。

②　室町期には高倉や室町を北行し、一条や土御門を西行して等持院へ至る経路が見える［2～5・35］。等持院の現寺地は一条の約三町北で、室町期に寺地南端が一条まで及んだのか、右の諸事例で一条～等持院の北行経路が略されたのかは不詳だが（土御門西行の事例では省略が明白）、洛中から最短で等持院に至る経路が一条西行であったことは認められよう。一条から現等持院寺地への北上ならば、木辻大路末が最も可能性が高い（→Ⅱ・i）。

ii　仁和寺

①　建仁二年（一二〇二）、後鳥羽院皇子長仁（道助）親王は仁和寺大聖院入室で斎宮（道祖ヵ）大路北行、今小路を経て威徳寺前を通り一条末東行、成就院の東北を経て大聖院東面に至った［6］。中世前期に仁和寺寺域の東方は紙屋川まで及び（本書第三部桃崎論文）、i①の大聖寺（大祥寺）もその寺域に含まれる。平安京西京極は今日の嵐電妙心寺駅付近にあたり、現妙心寺寺域以西は東西方向でも平安京域外である。仁和寺も右京より西だが皇子入室等の重要儀礼が一定頻度でなされるため、一条大路が西京極を越えて仁和寺の正面（現在の嵐電御室仁和寺駅付近）まで延伸されて「一条末」が整備されていたと推測される。

②　洛中から西猪熊（左京との対称関係から見て、西大宮の西の西靫負（現天神通《てんじんどおり》）だろう）を北行して京外に出、円宗寺前大路西行・大芝大路南行で一条に戻り、西行して仁和寺大聖院に至る経路がある［7-①］。円宗寺は後三条天皇御願寺で、『扶桑略記』延久二年（一〇七〇）二月二六日条に「仁和寺之南傍」、『山州名跡志』（巻之七）に「円宗寺、今亡、其所妙心寺北門ノ乾二町許ナリ、今云円宗寺林」と見え、現仁和寺の南東、現妙心寺の北西にあったと思われる。その前（南面か）を通る東西路円宗寺大路が一条以北（西靫負～仁和寺付近間）にあり、南北路大芝大路と接続した。大芝大路は西京極以西だろう。

③「仁和寺福王子南頬」「仁和寺深井南頬」に酒屋がある［8・9］。福王子は仁和寺門前の更に西方にあり、「南頬」の表記より東西路が門前から西へ伸びたと知られる（深井は未詳）。

iii 嵯峨

洛中〜嵯峨の経路は一例のみ挙げておこう［10］。建長七年（一二五五）の後嵯峨上皇亀山殿移徙は、大宮北行・一条西行・西大宮南行、近衛末で西に折れ、安井西裏南行・中御門末西行・法金剛院東裏南行・春日末西行・法金剛院西裏から再度北上し、嵯峨大路を西行して尺迦堂（清涼寺）に出、その前を南行して亀山殿に至った。安井は後白河院皇女殷富門院亮子内親王の安井御所の故地で（『京都市の地名』一〇二六頁「安井村」）、現右京区太秦安井各町にあたる（特に旧大炊御門沿いに、旧菖蒲小路付近から西へ西京極の外にかけて、太秦安井東裏町・同北御所町・同西裏町がある）。安井西裏から西行して至る法金剛院は東が西京極に面したので、「安井西裏」は一町東の無差小路付近と推測される。右京域には東西路の近衛末・中御門末・春日末が整備されたが、平安京の街路名を踏襲しない南北路安井西裏・法金剛院東裏・同西裏は、安井御所・法金剛院御所の周囲のみに、洛中〜嵯峨の経路の一部として部分的に存続した街路と考えられる。

Ⅱ 北山と一条の接続

北野は西限の紙屋川を挟んで西に仁和寺寺域が、また北西に平野が接した。平野の西、仁和寺寺域の北が北山で、鎌倉期には西園寺家の北山第があった。しかし足利義満の北山第造営時に南限が一条まで南下して仁和寺寺域東部を包摂し、東限も紙屋川まで東進して平野を包摂する形で拡大し、北野社と東西に相対する形となった［11］（本書第三部桃崎論文）。洛中から北山へのアプローチは、南方からの経路（一条西行→北上）と北方からの経路（大宮・高橋経由）とに大別される。まず前者から検討しよう。

i 木辻末

貞治五年（一三六六）の後光厳天皇北山第（西園寺実俊亭）行幸の経路は、左衛門陣（土御門内裏西辺東洞院面）から東洞院北行・一条西行・宮城西大路（西大宮〔現御前通《おんまえどおり》〕）南行・正親町西行・靫負（西靫負）北行・一条西行、木辻を北行して北山殿に至った［12］。木辻大路はほぼ現木辻通《きつじどおり》と一致するが、これを一条から北上すると等持院があり、その北は衣笠山である。等持院付近から北東に進路を変えねば北山第に到達しないので、一度東行したか、木辻大路北端から北東方向への別街路を経由した可能性がある。その街路は、等持院と北山第を結ぶ南北路東小路（→Ⅰ・i①）

と同じ道かもしれない。

ⅱ　八町柳

①　洛中〜北山の経路で最も著名なのは、八町柳を北行して北山第惣門に入る経路だろう。義満期北山の空間構造については細川武稔の考証があるが、本稿の関心に沿って確認・再整理しよう。応安四年（一三七一）の後光厳院御幸始では、上記ⅰとほぼ同じ経路で一条を西行し右京域に達したが（北野社門前迂回の際に土御門まで二町南下した点が異なる）、木辻ではなく八町柳を北行した［13］。康安元年（一三六一）の西園寺実俊右大将拝賀でも、本所西園寺（北山第）から八町柳南行・一条東行で、北野社頭を回避しつつ大宮へ東行した［14］。鎌倉期からこの経路が（北野社頭迂回も含め）北山第への一般的経路であったことは、弘安九年（一二八六）の西園寺行幸［15］が一条西行・西大宮南行以降（土御門でなく正親町末を通った点を除き）［13］と全く同じであることから推知される。

②　①の諸経路でコ字型に北野社頭（南面）を南方へ一〜二町迂回したのは、神前の乗車通行を憚ったためだろう。中世の路頭礼一般に照らして、社頭通行時には乗物（車・馬・輿）から降りて社を拝し、歩行して通過すべきであった(3)。『兵範記』仁平三年（一一五三）三月二七日条［7−②］に守覚法親王の仁和寺渡御で同様の行程を経た理由が「自宮城西大路更南行、不可令過北野伏拝給之故也」と見え、下乗・拝礼の手間軽減という目的が裏づけられる。

③　八町柳は北山第惣門（現平野桜木町）から南下して一条に至る南北路で（細川A）、ほぼ現佐井通《さいどおり》＝道祖大路末にあたる（その経路上に北から平野東柳町・平野八丁柳町の地名が遺る）。八町柳は別名「柳原」ともいい［14］、全長八町の街路が柳の群生する野を貫いたことに由来する名と見られ、当該区域は本来（義満の北山第造営と公武関係者の移住まで）人口密集域でなく「原」であったと知られよう。なお『山城名勝志』（巻七）に「松原今松原村在等持院北」と見え松原（村）の地名が知られ、『管見記』嘉吉二年三月五日条に「騎馬逍遥松原」、同三年正月二六日条に「松原天神法楽猿楽云々」と「松原」が見えるが、松原村は等持院の北とあり、八町柳（柳原）は等持院の東から南東なので、松原と柳原は隣接する別地域だろう。

Ⅲ　北山と高橋の接続

①　洛中〜北山の行程は必ず紙屋川を横断する。鎌倉〜南北朝期には一条西行・八町柳（または木辻末）北行の南方経路が一般的だが（→Ⅱⅱ）、義満の北山第造営以降、紙屋川北方に架かる高橋経由の北方経路が頻繁に用いられ

た。『山城名勝志』（巻之七、高橋の項）に「高橋北野宮北／架紙屋川延五抄云、紙屋川、此川平野明神へまいるとき渡る高橋の河也」と見え、高橋は北野社北方かつ平野社正面に位置した橋と知られる。京内の大炊御門や土御門を西行して宮城大路（大宮）を北行し、直ちに北山第に至るように記す史料がある［16・17］。しかし大宮は紙屋川の東、北山は西で、その間一〇町以上を西行したはずである。記録に徴すると、足利義満の北山第時代に、一条から大宮を北行して北小路で西に折れ、高橋を経て北山殿惣門・東門に至る経路が知られる［18・19］。現衣笠高橋町は北山第故地（鹿苑寺）より二〜三町南だが、いずれの史料も高橋〜北山第の間の南北方向の移動を記さない。ただ、細川武稔が北山第惣門の故地と推定した（細川A）平野桜木町は現蘆山《ろさん》寺通《じどおり》（東西路）に沿って衣笠高橋町の西隣にあるので、かつての高橋も蘆山寺通と同じ南北位置にあり、これを西行して紙屋川を渡ると直ちに北山第惣門に至ったと考えられる。

② 佐々木京極導誉・秀綱父子の宿所が「高橋」にあった［20］。ただしこれを紙屋川の高橋と考えると、通常は将軍御所周辺を中心に洛中に所在した幕臣宿所として孤立しすぎる。これは鴨川東岸の祇園社領で（本書松井桃崎論文表No.181・250・251）、紙屋川とは別に考えるべき（「高橋」は〝水面よりかなり高い断崖に架かる橋〟を意味する普通名詞）だろう。なお『教言卿記』応永一二年（一四〇五）一〇月一四日条の「今暁北山高橋右京□□」という記事も武家関係者の宿所かと思われ、こちらは北山と明記された紙屋川の高橋である。東洞院の傾城であった義満の愛妾高橋殿が「北野殿」と呼ばれた(4)ことを参照すると、高橋は紙屋川を挟んで西岸北山・東岸北野へ若干広がりを持つ地域名と考えられる。

③ 義満の北山殿御八講に関連して「北山簀子橋」が見える［21］。北山との関連から見て紙屋川に架かる橋と考えられるが、高橋との関係は未詳。

Ⅳ 高橋と北野の接続

① 高橋と北野はいかに接続したか。明応四年（一四九五）の将軍義澄鹿苑寺御成は百々から大宮北行、西に折れて千本を経て「北野南少路」を「（北野）社頭御前」まで進み、高橋神明の西脇から鹿苑寺に至った［22］。北野社頭（南端）と高橋の南北位置は明らかに数百m異なり、社頭からの北行経路が略されている。北野社西辺は紙屋川であり街路が存在した形跡がないので、北行路は社地東辺だろう。「西脇」とあるので高橋神明はその南北路の東頬にあった。高橋神明は高橋の至近に違いなく、北

山第惣門から高橋を経て東に延びる東西路が南に折れて、北野社東辺を南下する街路（いずれも北野北大路か（→二Ⅰⅲ））へ接続する地点付近に立地しただろう。高橋付近の紙屋川東岸に神明町の町名が遺り、『山城名勝志』（巻之七、高橋ノ神明の項）に「高橋ノ神明〔今北野宮ノ北、高橋ノ東南一町許坐神明社ナルベシ〕」と見え、紙屋川の高橋から南東に一町離れていた一方、北野社とは至近なのでしばしば両社は同時に参詣された（『親長卿記』明応六年正月一六日条に「今日参詣五霊高橋ノ神明并北野等」、『蔭凉軒日録』文正元年（一四六六）正月一七日条に「詣于今宮霊廟并高橋神明廟、又北野廟」）。

② 上記①の行程のうち、大宮～鹿苑寺（北山）間は恐らく「大宮・五辻・千本・高橋」を経由した嘉吉三年の義勝葬列［1］と同じであり、千本近辺では五辻を西行したと推定される。五辻は高橋より約一町南で、高橋までの北行が略されたと判断される。この略された街路は、北野社北辺・東辺を走る北野北大路（北野北小路）である可能性が高い（→二Ⅰⅲ）。洛中と北野社周辺の接続関係を考えるには北野社境内・周辺の街路構造の復原が必須であるので、章を改めて詳しく検討しよう。

二 北野社周辺の街路構造

Ⅰ 北野社境内の街路

北野社の『諸祠官記録』永享五年（一四三三）七月二六日条（北史古記録一九三頁）によれば、「就山訴、社頭并境内警固之事」を命ぜられた北野社は子院・僧房を「馬場衆」「北少路」「南少路」「北辻子衆」に四分して当たらせた。ここに挙がる主要街路を順次検討する。

ⅰ 百度大路と松原

北野社参詣の経路に、今小路を西行して「西釘貫」を通過し、「松原」を北上して青松院前を西へ折れ、南鳥居を入って「百度大路」を北上し、社殿四足中門に至る経路があった［25］。社殿の四足中門と境内南端の南鳥居を南北に結ぶ百度大路が、境内の中心街路だろう。この道は南端の南鳥居で恐らく東西路南小路と直交したと考えられる（→ⅱ）。

ⅱ 北野南小路・南大路

① 東西路北野南小路が（北野）社頭御前から東の千本まで通じ、間に永円寺が面した［22］。

② 北野南小路は北野社「境内」にあり、「末」に小家・扇屋等があった［23・24］。「末」はこの場合、境内境界

線と接する南小路の末端を意味しよう。東方で大宮を経て洛中に接続したとする史料があるが［22］、「境内」に収まる南小路は大宮まで至るはずがない。大宮と直交する東西路のいずれかと直結した事実を意味しよう。

③　前述のように北野社南鳥居〜今小路間は松原で隔てられ、今小路と松原の間に（恐らく境内を劃する）釘貫があった［25］。この今小路以北で南鳥居に接した街路は、①を参照するに南小路と思われ、北から順に南小路・松原・今小路の位置関係が導かれる。

④　『北野社家日記』明応元年（一四九二）九月一日条に「南小路之末小家可移北辻子由」、延徳二年（一四九〇）七月二五日条に「境内南少路末扇屋在之」と見え、南小路は東に末端があった。中世から現在まで北野天満宮東門に東西路五辻通《いつつじどおり》が直結するので（→四Ⅰi②）、社地南端の南小路の南北位置は五辻以南かつ今小路以北であり、後述の主殿寮領北畠図［76］に描かれた今辻子に近い。確証を得ないが、右衛門府領千本大嘗会野畠（→三ⅣiiB）を挟んで、南小路と今辻子が接続した可能性があろう。

⑤　土倉・酒屋が面する［26〜28］「境内南大路」は南小路と同様に北野社境内で、「南頬」「東南頬」がある東西路で、南北路と交差した（その南北路はⅲの北野社境内東辺に沿う道か）。上掲『諸祠官記録』が北野社境内の主な街路を網羅した可能性が高く、また一条以北の新開街路がしばしば大路・小路・辻子等と態様を変化させた事実を考慮すると（転法輪大路・毘沙門堂大路等）、南大路と南小路が同一街路である可能性は高い。

⑥　なお内野北方（一条以北・五辻以南・朱雀以東・櫛笥以西）の大嘗畠（→三Ⅳi）の「スチカイ（筋違）」から「南少路」を経、今小路を西行して北野社南四足門に至る経路がある［77］。筋違の北西端は今小路より北なので、南小路を南行したと見られ、南小路が社頭を西端とする「型の街路であった可能性を示唆する（→三Ⅳi⑧）。

ⅲ　北野北大路

①　北野北大路という街路には北頬・東頬が存在し、東西路か南北路か判然としない［29・30］。但しいずれも記録者洞院公定の中園殿から西方なので同一街路だろう。西南頬にも酒屋が存在したので［31］、東西路が屈曲し南北路となる「型街路の可能性が高い。中園殿は持明院北大路（四辻）以南・毘沙門堂大路（柳原）以北にあり（→四ⅡiiE）、その西方はほぼ現北野社境内北端にあたる。大路なので社地周辺の主要街路であったと推測され、北野社北方では高橋経由で北山に至る街路（→一Ⅳ）が最も相応しいが、北野社東辺を高橋まで北上すると紙屋川までの東西方向の距離は極めて僅かなので、北大路の主

要部分は南北路部分と考えられ、それは北野社社地南東角から社地東辺を北上して高橋神明の西脇に至る南北路［22］と同じだろう。なお南小路・南大路と同様の理由により（→Ⅰⅱ⑤）、北大路は前掲『諸祠官記録』の「北少路」と同一街路と思われ、かつ境内の街路と推定される。

② 北野北大路が「型の屈曲路ならば、「北野北大路東末南頬釘貫」［32］が高橋方向（西）への屈曲点だろう。社地南東角から松原を南下した位置にも釘貫が存在した事実［25］と併せ、社地東辺の北方と南方にそれぞれ釘貫があった構造が想定できよう。

iv （右近）馬場通

『菟芸泥赴』（第六）に「右近馬場、北野の鳥井の辺、南北にとをれる馬場也」、『京町鑑』に「右近馬場通…右近ばかり今に云伝て、通の名となりぬ」と、近世には北野社東辺南北路「（右近）馬場（通）」が見える。この街路名が室町期に遡ることは前掲『諸祠官記録』が北小路等とともに「馬場衆」を挙げることに明らかで、右近馬場の南北は社地東辺南端から北へ半分程度（現在の北野天満宮の東側道沿い駐車場）にあたる。社地東辺南北路の南半分を（右近）馬場、北半分を北大路（北小路）と呼び分けたのだろう。

v 北野中大路・北辻子

前掲『諸祠官記録』に馬場・北小路・南小路と並び「北辻子衆」が見え、明応元年に民家が南小路末から移転させられた［24］。また『教言卿記』応永一三年（一四〇六）二月二八日条に「北野中大路炎上」と見え、中大路なる街路が知られる。いずれも他に所見が乏しく確証を欠くが、中大路は名称から見て北大路・南大路の中間の東西路と思われ、大路とされる重要性から見て、北野社社地北辺を西行して紙屋川西岸の平野社東鳥居に至る街路かと推察される。近世以降、東鳥居から東へ延びる街路沿いに社家町が形成されたが（東鳥居の東隣に社家長屋町〔古地図は広大な松梅院を描く〕）、その東隣に鳥居前町の町名が遺り、鳥居前町の翔鸞小学校校地〔五辻通北頬〕からは近世社家町跡が出土）、この街路は中世～現代まで五辻通であり、中大路とは別だろう。管見に触れる中大路の所見は室町初期に限られ、後に廃れたと思しい。廃れた結果辻子へと小規模化したと見るならば、中大路が北辻子となった可能性も考えられ、また東鳥居から現在の今出川七本松の五叉路へと南東に延びる上七《かみしち》軒通《けんどおり》と関係する可能性もあるが、確証を得ない。

Ⅱ 北野経王堂と今小路・一条

i 経王堂と北野万部経会

北野社周辺街路と一条以南の接続関係では、足利義満が建立した北野経王堂（願成就寺。経堂とも）と今小路の位置関係が重要になる。経王堂は北野の南馬場（右近馬場）に、明徳の乱戦没者を供養する北野万部経会の会場として建造され、応永八年に落成した（本書第三部桃崎論文。なお本書第三部冨島義幸論文は応永一〇年落成説を採る。後考を俟つ）。

建立当初は正面（南北）約六〇m・奥行（東西）約五〇mの巨大堂宇であったと考えられているが、荒廃のため寛文一〇年（一六七〇）に小堂に縮小され（部材・瓦は近隣の大報恩寺〔千本釈迦堂〕本堂修理に転用）、明治になってこれも解体。昭和二六年以後の大報恩寺本堂修理で交換された旧部材を用いて、同寺境内に小堂宇として再建された(5)。

ii 今小路の範囲と所在

① 現今小路通《いまこうじどおり》は北野社以西も現西大路通《にしおおじどおり》（野寺小路）まで紙屋川を越えて連続するが、中世段階でそこまで延伸される必然性が乏しく、徴証も見えない。今小路通・東今小路町・西今小路町の所在地や周辺街路・町との位置関係から現況と古地図・絵図を照合するに、北野社以東の今小路通は遅くとも近世以降、御前通（西大宮）～七《しち》本松通《ほんまつどおり》（皇嘉門大路）間で位置を保つと認められ、経王堂の立地確認にあたり一つの基準線に用い得る。

② 「今少路北つら」の存在から今小路は東西路と知られ[34]、永享八年に北野社執行承範が今小路の住坊を西行して釘貫を経、松原を北上して青松院前を西に折れ、南鳥居から神拝を遂げた[25]。この位置関係は近世以降の今小路通と矛盾しない。

iii 経王堂

① 経王堂は今日痕跡を留めないが、現今小路通にあたる街路を挟む両側町（現東・西今小路町）に、元和末～寛永初年の作図と推定される『京都図屏風』（『慶長昭和京都地図集成』〔柏書房、一九九四〕同図解説）が「経堂ノ町」と、また寛永一四年（一六三七）の幕府大工頭中井家の実測図下図『寛永一四年洛中絵図』（同前）が「経堂前今小路丁(町)」と注し、経王堂（願成就寺）を今小路の西の末、現御前通西頬、観音寺の南東にほぼ隣接するように描く。これは現今出川通《いまでがわどおり》北頬に面する北野天満宮の石鳥居の位置にあたり、石鳥居南側の広場（タクシープール）と、その北側の参道南端部分が、経王堂の故地と推定される（『山城名勝志』〈巻之七、経王堂〉所引『磧礫集』に「北野ノ経堂ノ艮ノ礎ハ山名氏清ガ墳墓ナリ」と見える山名氏清の墓は、参道南端の東の駐車場付近か）。なお今日、右広場の西に、社地南西角から南へ飛び出す三〇m四方程度の矩形の境内地がある。地図・空中写真と対照するに上記古地図の経王堂所在地と一致するので、寛文縮小後の経王堂の故地に由来する地割ではないか。

② 観音寺（東向観音寺）は近世から今日まで北野社参道の

ほぼ南端の西類にある。『山城名勝志』（巻之七）に「観音寺在北野経堂北、俗呼東向観音、」「経王堂在北野宮南、観音寺傍、」と見える位置関係はほぼ正しい。

③　御前通は西大宮大路で、西大宮の一条以北は右近馬場であった（→Ⅰ.ⅳ）。経王堂が「右近馬場新御堂」（『吉田家日次記』応永一〇年一〇月一五日条〈大史七―六、三一五頁以下〉）、また経王堂建立以前の北野万部経会の場が「北野南馬場」（『荒暦』同二年九月二二日条・一〇月一日条〈大史七―二・一二二頁〉）と呼ばれたように、経王堂の所在地は右近馬場＝西大宮であって、御前通（旧西大宮）に東面した近世まで場所を変えていない。それは室町末期写の北野天満宮所蔵『北野天満宮社頭古絵図』でも、北野社南鳥居前に「経堂」の文字と瓦葺き建物が描かれたことから傍証される。

ⅳ　経王堂と今小路・一条の位置関係

①　室町から一条を西行して「経堂之北」を経て等持院に至り、経堂が一条以南にあるように記す史料［35］があるが、経王堂が一条以北にあった事実（→ⅲ）と矛盾する。延徳二年の足利義政葬列が「経堂南今少路」を経て等持院へ至った経路［36］を勘案しても、経堂南端は今小路であり、右史料は一条・経堂北辺間の北上を略している。なお義政葬列の経路は今小路が等持院に直結したかのように記すが、今小路が紙屋川を越えて西へ等持院まで五～六町延伸される必然性・徴証が乏しく、南下して一条西行した行程が略されたものか。

②　経堂の南の「木戸口」を伝える［37］史料は、その所在が一条であったようにも読めるが、前述（→ⅱ②）の今小路西端釘貫と同一である可能性が高いだろう。

③　今小路～一条間は経堂東辺の西大宮末（現御前通）で接続される。但し経堂西頬北寄に在家があり［38］、経王堂西辺にも南北路が存在した（一条へ至った可能性がある）

④　北野社近辺の今小路の最大の問題は、上京大宮以東の「今小路」（→四ⅡⅱF）との関係である。両者に挟まれた朱雀～櫛笥間の主殿寮領大嘗会畠の指図［76］・関係史料に今小路は見えず、両者は断絶している。近世～現代の今小路通も七本松通（皇嘉門大路）を東端とし、以東の東西路（元《もと》誓願寺《せいがんじ》通《どおり》・笹《ささ》屋《や》町通《ちょうどおり》）とは南北位置が異なり直接接続しない。よって二つの今小路は別街路で、本項で問題とする今小路は北野社近辺に限られる、北野今小路とでも呼ぶべき街路である。一方、朱雀以東の北小路と現今小路通はともに一条の二町程度北で南北位置が非常に近く、本来同一街路であった可能性がある。

三　内野と周辺の街路構造

Ⅰ　右近馬場――北野・内野間のグレーゾーン

大報恩寺領荘園田畠を列挙した応永六年（一三九九）一二月二三日英尊注進状（『大報恩寺文書』、大史七―四・二六三頁）は「内野経王堂、号願成就寺」と記し、経王堂の所在を「内野」とする。永享五年（一四三三）には北野宮寺造営料所「内野畠」が確認され[6]、北野社が内野の一部に領主権を有したと知られるが、『慶長九年引付』（『北野社家日記』六巻）慶長九年（一六〇四）一二月二五日条には所在地が「経堂ノ下一条道限、内野ノ出松原」云々と記され、やはり一条以北～経堂を「内野」とする。内野は大内裏跡地なので本来なら一条より北に広がるはずがないが、右の諸事例から逆に、内野は一条を厳密な北限とせず、北野社近辺（西大宮付近）では一条・今小路を超えて北野社南鳥居前まで広がった地域名と考えるべきである。経王堂があった右近馬場は『梅松論』（下）に「内野の右近馬場辺」と見え、やはり内野と認識されている。経王堂・右近馬場は「北野」南限であり同時に「内野」北限でもあるという、京域と北郊の交わるグレーゾーンであった。『山城名勝志』（巻之八）の「願成就寺経王堂…此堂初在内野、其後此地移」という経王堂移転説は、経王堂の地が内野であったことが近世に忘れられた結果生まれた解釈だろう。

Ⅱ　北野南部・内野北西部と西京

ⅰ　大将軍堂

『拾芥抄』によれば京都に上・中・下の大将軍堂があり、上の大将軍堂は一条北・西大宮西にあった（中の大将軍堂は高辻北・万里小路東、下の大将軍堂は七条北・東洞院西）［39］。西大宮大路末（現御前通）の北端は北野社南端なので、上の大将軍堂は北野経王堂の南に接した（今日、御前通より一筋西の天神通西頬・一条通北頬に大将軍八神社がある）。この近辺では畠巷所が一条大路を挟んで存在し、北野社が地子を徴収した［40］。前述の一条を北に超えた「内野」に該当し、内野への北野社領進出が知られよう。『教言卿記』応永一四年一〇月二一日条に「西京炎上、大将軍堂前在家」と見え、大将軍堂前は「西京」と認識された。西大宮の東が内野、西が西京と領域的に劃されたと推知されよう。

ⅱ　西京と北野

① 北野社は西京七保を支配し[7]、この関係から、著名な文安の麹騒動で「東京酒屋」と争った「西京住人」が北野社に閉籠・放火するに至った（『康富記』文安元年〈一四四

四〉四月二三日条）。同じ史料で「洛陽酒屋」とも記されるので「東京」は洛陽城＝左京の同義語、よって対比される「西京」は右京の同義語である。西京七保は北野社神人の把握・徴税単位で（三枝B）、社地南方の現御前通（西大宮）以西・（七之保＝木辻保を除き）御土居以東・下《しも》立売通《だちうりどおり》（勘解由小路）以北にあった（右京近衛野寺の故地に西《にし》ノ京中《きょうなか》保町《ほちょう》の地名が遺る）。応永三二年に「西京一保北類」の酒屋の存在が知られ［41］、保が特定の街路に沿った両側町であったことを推知させる。

② 北野社との位置関係では、大永六年（一五二六）に将軍義晴が北野社に課した領内（西京・内野）整備命令［42］が参考となる。幕府下級吏僚が処理を命じた穢物は一条大路裏にあり、西京方面から一条は「北野口」で区切られた。西京＝右京で、かつ内野と明瞭に区切られたことから、北野口は右京と旧大内裏を分ける西大宮（大将軍堂の南東角）と推測される。

③ この時幕府は「二条より大すちかい（筋違）を西京くちまでの道、并大宮とり〔を脱カ〕の川をはし（橋）を御かけ可有」と命じた。内野と西京を劃する西京口が注目され、その東西位置は当然西大宮と思われるが、南北位置は明瞭でない。但し北野社に賦課される以上、北野社近傍（内野北部）だろう。また幕府は「内野之内にて候間被仰付」と、それらが内野内部であることを賦課理由としており、ほとんど内野一般を北野社領と見る認識（→Ⅲⅳ）が見出される。

Ⅲ　内野の街路と都市域

i　内野の大筋違

西京口は二条大路と「大すちかい」で接続した［42］。筋違《すじかい》の語義は、前田本『承久記』（勢多にて合戦の事）に「宇都宮四郎頼成と矢じるしたるを射て、河端に立ちて能く引き放つ、河をすぢかひに三町余を射こして山田の次郎が居たる所へ射渡す」、『源平盛衰記』（盲卜事）に「巽の樋口より乾の愛宕を指て、筋違さまに焼ぬと覚ゆ」と見えるのが参考となる。前者は河と直交せずに対岸へ矢を射かけた描写と思われ、後者は安元三年（一一七七）の大火に関して、出火元の樋口（『玉葉』四月二八日条によれば樋口富小路）から北西の愛宕山を目指すように「筋違さまに」延焼したと記す。後者より、「筋違」とは、東西南北に正対する碁盤目状の平安京域で、正方位に対して斜行することと知られよう。長門本『平家物語』（巻第十二）に「内野を筋違に、仁和寺の西の端、常盤の辻にたちやすらひて」云々と見え、洛中～仁和寺間で内野を斜めに横切る経路が存在した。この経路が前述の「大筋違」である可能性は高い。二条から内野に入り西方（仁和寺・西京等）を日指すので、二条のある地点から北西へ進む直進路が存在したことになる。通常、洛中から仁和寺へは一条を西行するので（→一ii）、大筋違は一条大路に出た可能性が高い。

ii　内野南部の開発と洛中

①　内野には大内裏由来の建造物が僅かに残り、特に太政官庁は後三条天皇以来、即位の場としてその都度修造された[8]。ただし全体としては室町期までに諸官庁跡が荒廃を極め、明徳二年（一三九一）の山名討伐戦が物理的に可能であった理由もそこにある。『薩戒記』応永三三年七月二三日条に「今日有政始…予巳剋許着束帯…於待賢門…近代無其形、仍於中御門大宮相計其程也…下車…入門西行、本儀可経路北辺云々、然而当時体、只歩田畠畝間、不及其分別、心中存故実許也、自壬生南行、件路芝原也、荊棘纏足、太難堪、入官東門（太政官庁）、是又無其形、門内猶不掃除、狼藉無極、西行、入左衛門陣代、正庁東軒廊北面、」とあるのによれば、政始のため太政官庁に赴いた記主中山定親は、大内裏参入時に通る待賢門が跡形もないのでその故地で下車した。そこから西行する際、「本来なら路の北辺を経るべき」とある路は、大内裏内に存在した置路（宮城門から内部へ通ずる、一段高い歩行用道路）だろう[9]。その路も失われて故地すら判然とせず、田畠の畝を西へ歩み、壬生と交差する（はずの）辺りで南行したが、そこも雑草生い茂る原野で、草や棘が足に絡んで歩行困難であった。また同記同年一一月一三日条にも「今日鎮魂祭也…参宮内省、於郁芳門跡於今者礎石一無之、仍於大炊御門大宮、相計其程、…宮内省中古猶以無一屋云々、況於于今乎、当神祇官北、春日小路融也云々、則向乾有斜路、予経此路一許町斜行」と見え、鎮魂祭のため宮内省に参ずる経路で通るべき郁芳門跡は礎石さえ残らず、宮内省自体も既に「中古」までに跡形もなく失われていた。興味深いのは郁芳門跡（大炊御門大宮）から神祇官の北（正確には北西）の宮内省跡（春日櫛笥南西）まで「斜路」＝筋違を北西に進んだことで、この筋違を延長すると近衛で朱雀と交差し、一条で西大宮と交差、つまり丁度内野の北西角に至る。二条からの大筋違とは別に、大炊御門大宮から一条西大宮までの筋違の存在を推測できよう。

②　内野の二条以北では、応永三二年に朱雀春日・朱雀冷泉や二条朱雀北西頬の酒屋が確認される［43〜45］。本来春日・冷泉両小路は大内裏内（大宮以西）になく、大宮〜朱雀間の各小路（東から櫛笥・壬生・坊城）末と春日・冷泉が交わった徴証はない。物理的に宮城でなくなった後に（観念的に宮城であり続けたことは、右①で定親が待賢門跡＝宮城門跡で下車した事実に明らか）朱雀が大内裏南端（二条）から北に延伸され、春日朱雀・冷泉朱雀等の新たな交差点と都市域が形成されたのだろう（本書第一部収載高橋C30頁も参照）。

③　『実冬公記』応永二年三月一〇日条に「先年内野合戦時、

土屋并累代家人百余人於一所戦死」とあり、明徳二年の山名討伐戦は「内野合戦」と呼ばれた。この合戦について『薩戒記』正長元年（一四二八）改元記（四月二七日条）に「明字、明徳始出、有後円融院御事、又有兵革、山名陸奥守氏清反逆、但非朝敵、於洛中衆人没命」とあり、年号に「明」字を初めて用いた明徳年間に後円融院崩御と山名氏の乱があったので不吉だとする難陳で、内野合戦の戦死者を「洛中での死者発生」と記す点が注意を要する。大宿直（正親町以南・大宮以西）を含む内野が本来洛中でないことは後々まで記憶されたものの（→ⅲC⑤）、大宮や二条を超えた洛中からの都市開発の侵蝕により、内野外縁部を洛中と見なす認識が兆していたことは見逃せない。

④　なお二条大宮の北、恐らく二条と冷泉の間に北頬を持つ東西路「岩〔辻カ〕上」が開かれていた[46]。戦国期の極小化した上京・下京に含まれない場所だが、都市民集住が大宮を軸に展開していた様子を伝える。それを最も代表するのが、次に述べる大宿直である。

ⅲ　内野東部の開発

A　左近町八町々

旧大内裏大宮西頬の櫛笥東・土御門南・近衛北の東西一町・南北二町はは大内裏左近衛府の跡地で、同所に「左近町八町々」があった[47・48]（「四町々」は一町四方の街区）。北西に接する（一条南・土御門北）主殿寮敷地八町々とともに戦国期までに「禁裏御料所」となり、主殿寮（寮務を世襲した小槻氏）が朝恩の主殿寮領として地子を徴収した。

B　主殿寮敷地八町々

左近町の北西に接する主殿寮敷地八町々[48・49]の北半（櫛笥西・壬生東・一条南・正親町北）は大内裏主殿寮跡で、「公領主殿寮敷地」として戦国期には主殿寮寮務壬生于恒が「当知行」した[50]。前述Aの左近町は近接地として主殿寮が寮領化を進めたものだろう。

C　大宿直

主殿寮領で重要なのが、主殿寮跡南に隣接する一区画、主殿寮敷地八町々の南半（櫛笥西・壬生東・正親町南・土御門北）「大宿直《おおとのい》」である。西陣織の源流たる大宿直（大舎人）織手の歴史と絡めた髙橋康夫の専論（髙橋A）に導かれつつ、史料を補って考察を進めたい。

①　『延喜式』春宮坊式に「凡十一月中卯日、大宿官人歴名申弁官」と見え、同所は本来官人の宿直所であった（「宿」一字で「とのゐ」と訓む）。但し『今昔物語集』（巻第二十四、人妻成悪霊除其害陰陽師語）に「其陰陽師ノ孫モ大宿直ト云所ニ于今有ナリ」と見え、平安後期までに雑居が始まる。その後『（源）頼政集』に「大内守護なから殿上ゆるされぬ事を思はぬにしもなかりける比、行幸

成りて侍りけるに、大宿直なる小家にかくれゐて侍るに」と見え、武士の「大内守護」が始まるとその地政学的役割は大内（平安宮内裏）の警固拠点となったが、承久の乱直前に大内守護源頼茂（頼政の孫）が討滅されて大内守護が廃絶し、鎌倉前期に大内裏自体も廃絶した。『明月記』嘉禄三年（一二二七）正月二五日条に「大宿織手等悉焼亡云々、壬生東土御門北大垣内、是又諸人織綾之牢篭之故歟」と見え、承久の乱の六年後には既に大宿直所跡に「大宿織手」が集住した事実が知られる。

② 大宿直は大宿・大舎人［55］・大宿禰等とも呼ばれたが、大内裏大宿直所に由来するので大宿直（大宿）が本来の名称で、大舎人は発音（「おうとのへ（おほとのゐ）」［52・56］）に、大宿禰は表記に釣られた転訛である。主殿寮跡・大宿直所跡の南北二町が「公領主殿寮敷地」「主殿寮敷地八町々」と一括される主殿寮領で［49・50］、戦国初期には名主・百姓らが勝手に耕作・開発し主殿寮の実効支配を離れていたが、主殿寮が「再興」を試みた。

もっとも、同所と南東の左近町を併せた主殿寮領再興では、北野社領代官と号して北野社社務曼殊院（竹内）門跡被官が押領に及び、北野社僧も同所を社領だと主張している［48・50-①・51］。内野では主殿寮領が、その東限大宮まで社領と認識する北野社領と厳しい境界紛争を抱えた。弘仁五年（八一四）一〇月一〇日左大将藤原冬嗣宣旨（『政事要略』巻七十）に「可禁制宮城以北山野事／四至東限園池司東大道、西限野寺東、南限宮城以北、北限霊厳寺、」と見える園池司東大道を、髙橋は大宮末と推定する（髙橋B一六五頁以下）。「宮城以北山野」が北野なのは明らかで、一条以北では、西は野寺（紙屋川のやや西。現西大路通）から東は大宮まで確かに北野であった。北野社はこれを足掛かりに一条から南に侵蝕して大宿直の領有を図ったのだろう。『大納言為家集』（雑、一六五二番、北野）に「大内の北野の宮のゆふだすきまぢかくかけて世をまもるらし」と詠まれた事実は、北野と大内（大内裏＝内野）を一つの空間とする一般的認識を伝える。

③ 関係史料に「師子酒直先々無懈怠出候処、当年西京・大宿直酒直、為社家堅被仰付可給之由申之間」（文安二年『祭礼引付』、北史古記録二六二頁）、「公方以公人、西京・大宿禰両所へ早々令出仕、大宮の道ニ御車成後可渡之由相触了」（『三年一請会引付』明徳二年八月四日条、同一四五頁）、「以両公人、西京・大宿禰如先々来朔日餝神供早々可調進之由大宿禰相触了」（同応永四年七月二〇日条、同一七〇頁）等と見えるように、西京・大宿直は一体的に把握されて北野祭への奉仕（酒直供出出仕・神供調進）を命じられる北野社領であり、「西京神人并大宿禰神人等長

具足停止事、以雑色自侍所相触了」（同康応元年（一三八九）条、同一三九・一四一頁））と見えるように同社神人の居住地であった。三枝暁子が「室町期における北野祭の経済基盤とは、西京七保と大宿直九保であった」（三枝A一二八頁）と端的に述べたように、西京・大宿直は「保」の集合体である。大宿直九保については寛正二年（一四六一）の北野社の記録（『北野社家引付』（外題「寛正二年禅盛記録内少々写置之」、東京大学史料編纂所架蔵写真帳6173-294-7-1））に「就当社祭礼渡物以下事、大宿直九保内殿守保、当年馬三以下相当之間、可致其沙汰之由、以成鎮法師申遣処、自彼保返答云、当年依飢饉大略町人等餓死仕候…然間、為惣町人、殿守保へ可致合力由申云々」と見え、殿守保が知られる。大宿直の北に隣接する主殿寮跡が殿守保だろう。文中に殿守保「町人」、大宿直九保「惣町人」が見え、大宿直九保は内野北東部のまとまった都市域と考えてよい。

④　主殿寮領八町々には酒屋が複数あり［52・53・58・65］（高橋A三一八頁以下、大宿直所在の宅地一覧表参照）、北半の主殿寮跡地には日吉社末日右方御酒一膳座神人が［54］、南半の大宿直には知恩寺領が存在［55］した。祇園社が祇園祭で「大舎人之鵲《カサヽギ》鉾」（『尺素往来』、『群書類従』文筆部）巡行や馬上役の供出を求めたため、戦国期には（大宿直）大舎人座と紛争が生じた（高橋A三二五頁・三三九頁注36）。北野社・主殿寮のみならず日吉社や末社祇園社も影響力拡大を試み、権益争奪の場と化した様子が窺われる。

⑤　主殿寮跡地西側と思われる区画に土倉・酒屋があり［56］、大宿直の東隣と思われる区画にも酒屋が複数あった［59・60］。史料に「大舎人教坊」「大とのへ大内坊」等と見えるこの東隣区画は大内裏内教坊跡で、「教坊」は「内」の脱落だろう。「大内坊」を髙橋は大宿直西辺（壬生）に比定したが（髙橋A三一八～三二〇頁）、大内裏や大宿直に釣られた内教坊の訛伝だろう。この内教坊跡が大宿直（大舎人）の地名を冠した事実は、大宿直所跡を越えた大宿直の東方拡大を窺わせる。内教坊跡の北（大宿直北東）一町四方は所伝が乏しいが、その北東の一条大宮南西頬に酒屋が確認されるので［61］、都市域の一部であった可能性が高い。総じて大宮以西・一条以南の内野（旧大内裏）では、大宮を超えて洛中都市域が拡大し、一条以南・土御門以北では二町西の壬生まで、土御門以南・近衛以北では一町西の櫛笥まで、都市化・「町」化したと結論される。ただし髙橋の指摘通り、「大宿并洛中」（『吉田家日次記』永徳三年〈一三八三〉六月一九日条）と称された大宿直は「洛中」ではない。なお『壬生家文書』に大宮東・朱雀西・一条南・土御門北の八町四方の

指図があるが［62］、描かれる大蔵省・率分所・長殿や茶苑は中世の景観と考えにくく、過去の大内裏図だろう。

⑥　主殿寮跡地の櫛笥沿いの酒屋を「きたくしけ」と呼ぶ史料があり［52］、同所近辺で櫛笥小路を「北櫛笥」と呼んだ。また応永三三年に「大舎人《大宿直》主殿少路」の酒屋二軒が見え［63・64］、主殿小路の存在が確認される。「殿主少路」という表記［64］もあるが、それは単なる誤写・誤記というより「殿《との》・主《おも》」の発音に釣られた表記であった可能性が高い。「大宿直」が「大舎人」に転訛した事実と併せ、当該地域の都市開発やそれに伴う地名の生成・変遷が、音声の世界で生きる町人によって主に担われたことを推知させる（主殿寮の発音を踏襲した③の殿守保も同様だろう）。これに対して「大宿禰」は文字を多用する階層（廷臣や幕臣等）で、発音を知らず文字だけで伝達された過程で生じた誤写に違いない。

「とのもの小路西頬きたのはし」の酒屋［65］があり、主殿小路は南北路と判明する。主殿寮領八町々の管理上遺されたらしき大宿直区画の指図［66］に位置・方向が明記され、主殿小路は櫛笥西・壬生東・正親町南・土御門北の一町四方を東西に二分した（西半分の土御門面に戒浄院大門があった）。主殿小路が北隣の主殿寮跡地をも貫通したことを伝える史料は管見に触れず、主殿小路の名は主殿寮（跡）正面を起点とすることに由来しよう。

⑦　織部司織手の集住街区形成は早く、『続日本後紀』承和六年（八三九）閏正月一五日条に「織部司織手町災」と見える。九条家本『延喜式』付図平安京左京図や『拾芥抄』によれば、大宿直跡から一町隔てた東（内教坊の東隣）、大宮東・猪熊東・正親町南・土御門北の一町が「織部司」で、南隣（土御門南・鷹司北）一町が「織部町」であった。織部町は貞治二年（一三六三）に高橋秀職が織部正任官を機に拝領したが、良勝なる人物が四年後に取得して子孫らしき経師良秀まで相伝したのを、永享四年に秀職の孫員職が取り返した（『御前落居記録』同年三月八日室町幕府奉行人意見）。大宿直は内教坊を挟んで織部司の至近にあったが、室町中期の「大舎人《大宿直》之内大内坊西頬右馬孫三郎経信」という「織物士」の存在が興味深い［67］。彼は室町期の小歌集『閑吟集』に「おほとのへの孫三郎」と歌われた高名な織手（かその世襲名）で、[10]「大内坊」は内教坊を意味しよう。そこが「大舎人《大宿直》之内」と呼ばれた事実は、中世までに「大宿直」が大宿直所跡一町を越え、東の内教坊跡一町まで包含する二町規模の地域名と化した（いわば広義の大宿直を形成した）ことを意味する。また応永一三年に内蔵寮寮務山科教言が召して「御辛櫃覆南面」を誂えさせた織手の在所「大宿在所ナ

シ本」[68]は、大宿直所の南隣一町区画の梨本（梨下）院跡だろう。広義の大宿直は南方にも拡大し、全体として東西二町（大宮西・壬生東）・南北二町（正親町南・鷹司北）規模の織手集住区を形成したことになる。

⑧ 織部司織手の継承者は、織部司・織部町衰亡後に隣接する（広義の）大宿直を拠点に新たな都市域を形成した。髙橋が跡づけたように、永承三年（一〇四八）に「諸司諸衛諸宮諸臣召使出納雑色人等」が「私機」を設けて「綾羅錦縠織物」を織り「私利を好む」ことが、織部司の訴えで禁じられた。高級品機業は京都で早くから商業化し、これと競合する織部司織手が大宿直織手・大舎人座となる過程には大規模な相剋・再編が予想されるが、一四世紀頃までに「大舎人綾」が名産品化し、内蔵寮御綾織手とは別個に存在して、室町期までに万里小路家を本所とする「大舎人座」を形成した。

⑨ 応仁の乱初段階では、二条以北・油小路以東と大宿直が悉く焼けた[69]。この焼け方から、大宿直は上京と別個の飛び地的な都市域と推知される。『大乗院寺社雑事記』文明七年（一四七五）八月一四日条に「和泉堺高鹽〔潮〕打入、在家数千間・船数百艘・人民数百人被引大流、無跡形失了…浜在家ハ大略京都没落人、大舎人織手師・法花宗僧共也云々」と見え、焼け出された大舎人（大宿直）織手は和泉堺に没落し、劣悪な住環境（海浜）で苦難の疎開生活を送った。彼らが乱後に（遅くとも祇園会神役供出をめぐる紛争が起こった明応九年〈一五〇〇〉までに）京都西陣に大舎人座として復帰し西陣織織手となったことは、髙橋の推定通りだろう。

iv 北野社領内野畠

内野の少なからぬ領域は北野社領(11)と認識された（↓三Ⅱii③）。『北野社家日記』嘉吉元年（一四四一）記（禅融筆「社家条々抜書」、史料纂集本七巻三頁以下）に「右彼内野畠者、為大内御旧跡之間、依非可被捕〔補カ〕人給之地、可為当社御修理料所之由、去応永九年二月廿一日、鹿薗院殿〔義満〕御代被仰出畢、雖然、為皇居之間、被経御執奏、被執下御寄附　綸旨、同可被相副安堵御判之由被仰出、社家知行無相違之処」云々とある。内野畠は大内裏（皇居）跡なので所領化・給付が憚られたが、応永九年に足利義満の執奏で後小松天皇綸旨が下され、義満の安堵御判を副えて北野社修理料所とされた。同長享元年（一四八七）記所載「当宮造営料所御寄附年預」注文（禅予筆「社家記録」、同九〇頁）に「一、勝定院殿宮城内野畠新開　応永廿年七月廿五日／御師禅能法印于時法眼」と見え、その後義持が御師松梅院禅能に内野畠新開を安堵したと知られる。ところが同所載「当社領所々事文正年中禅予言上条々」（同一〇四頁以下）の寛正六年「北野宮寺領　松梅院当知行所々事」の段に「宮城内野畠」、同じく「不知行所々」の段に「宮城内野畠新開料事　（自文安年中）三条殿御知行」と見え、内野の社領は内野畠と内野畠新開に分離していた。

後者は寛正六年一二月日「北野社領　御師松梅院不知行分御判注文事」の「一、宮城内野畠新開寮大明神　（綸旨・院宣三通、御奉書三通）」（同一〇八頁以下）、年未詳「北野社領諸国所々目録」の「一、同国（山城）宮城内野畠并新開右馬寮」（『北野神社文書　筑波大学所蔵文書（上）』三一三号）に該当すると思われ、「料」は「寮」の誤りで右馬寮を指し、大内裏右馬寮跡地（西大宮東・西櫛笥西・大炊御門南・二条北の南北二町）の新開発地と推測される。同所は文安年間から三条殿の知行に帰し、寛正六年段階には不知行であった。三条殿は足利義教に昵近して重用された正親町三条実雅だろう。松梅院では足利義持の庇護を得た禅能が義教期の永享二年に失脚し、同一二年には実雅の所領に下向させられている[12]。

なお右の年未詳目録に「同国（山城）左馬寮領」、『北野社家日記』文安元年五月一三日条所引同一五日神領等知行分注文（史料纂集本七巻七一頁）に「同国（山城）左馬寮領内　九石（此内六貫文菊亭殿勘落）」、同三年一二月一一日条所引盛輪院当知行注文（同八一頁）に「同（山城）家〔国カ〕左馬寮領内　十五貫文」と見えるように、北野社は右馬寮跡地の北に隣接（中御門以南の南北二町）する左馬寮領も獲得していた。「菊亭殿勘落」とは、左馬寮御監を世襲し左馬寮領を相伝した今出川（菊亭）家との激しい競合を意味するが、北野社は義満の絶大な帰依によって内野の所領化に初めて成功し、各所の取得・開発を継続して内野に膝下領を展開させた。

v　内野と洛中

洛中・辺土の領域・境界の変遷は既に髙橋康夫が詳細に跡づけている（本書収載髙橋C31頁以下）。内野と洛中の関係に絞り関係史料を再確認すると、文安元年の造内裏棟別銭の「洛中」賦課では幕府右筆方老若が「竪小路」に分かれて徴収し（『斎藤親基日記』同年閏六月条）、康正二年（一四五六）には「一条以南、九条以北」を「洛中八手」に分けて造内裏棟別銭を徴収した（同同年四月二日条）。早く洛外視された七条以南が含まれるのが興味深いが、洛中をどう八分割したか詳かでない。寛正六年の「洛中」地口銭賦課では洛中を一四分割して徴収した。内訳は大宮から東朱雀（京極の東）までの各南北街路に挟まれた幅一町の区域を縦方向に短冊形に区切って一三区域とし、これに「一条以北」を足している（同同年一二月七日条）。一条以北が「洛中」に含まれたこと、それが一条以南の比較的広域（九条までなら三八町、七条までなら三〇町）と同等の比重を与えられる稠密な都市域と見なされたことが確認されるが、大宮という洛中の西限が注意される（永正一二年〈一五一五〉造酒正役銭散用状〈『史料京都の歴史4　市街・生業』三〇七～三一一頁〉で塩小路東洞院、七条猪熊～大宮間が「辺土」とされたのは、七条以南だからであろう）。これは、裏返せば大宮以西＝内野が洛中でなかった明証である。髙橋が指摘したように、室町幕府の「洛中」認識は現実の都市の姿に即した空間認識であった一方（本書収載髙橋C33頁以下）、「大宿幷洛中」（→iiiC⑤）といわれたように大宿直（を含む内野、大宮以西）は現に「町人」の住む都市域であっても洛中から除外された。外観上洛中と同様に見えても、内野は本来天皇の宮城で、臣下・都市民の生活空間とは劃然と区別されるべきと考えられたのだろう。

Ⅳ　大嘗会畠（北畠）——北野・内野の中間区域

i　主殿寮領大嘗会畠（北畠）の立地と内部構造

①　内野と北野を接続する地理的空間として、主殿寮領大嘗会畠が注目される［70］。『三十二番職人歌合』に「かよふ内野の道のくるしさこそさばかりはとおぼゆれど…まことにさはる陰なき大嘗畠はるかに見わたされて」云々と見え、同所は内野の街路から遠く北方に見渡せる位置にあった（内野は眺望の開けた「野」であった）。

②　同所の四至は「東櫛笥、西朱雀、南一条、北五辻」の東西三町×南北四町＝計一二町で、「主殿寮領北畠十二町」とも呼ばれた。「大嘗会之畠」を「号北畠」と注する史料があるので［70-⑦］、当該区域一二町＝大嘗会畠＝北畠である。「主殿寮要劇北畠検畠目録」により、主殿寮がその運営費として寮家敷地の隣接地の得分を与えられた耕地と知られる。髙橋によって、その成立は元慶五年（八八一）成立の畿内官田四千町のうち仁和四年（八八八）に主殿寮殿部廿人粮料として割き与えられた山城国官田一二町余りに起源すると推定されている（髙橋D七七頁以下）。右目録に「検畠」とあるので田地は存在せず、畠の総面積は七町七段一八〇歩で、一二町中に占める割合は六五％＝三分の二程度であった。

③　主殿寮は一二町全体を主殿寮領と認識したが、内部に様々な得分権や占有者が混在した（髙橋E一二四頁以下）。応仁の乱前後に「大嘗会野畠九段」の地子徴収権を仁和寺法光明院が領し、千本長福寺が徴収「取次」を契約していたが、乱後に長福寺が納入不履行で訴えられている。千本は北畠の北端＝五辻通沿いの朱雀を西に超えた地域名で（→三ⅣiiC）、至近（北西）にほぼ隣接する千本長福寺が現地収納を請け負ったのだろう。

④　大嘗会畠では櫛笥沿いの一条～五辻間で、寺院（願成寺）、侍クラスの堂が複数、僧の住坊、「（主殿）寮官」が給した「殿下厩舎人菊種堂」等、寺院・持仏堂・追善場

所の類が建ち並んだ［71］。五辻面には壬生との交差点の南西角に「伯耆三位殿」（藤原隆季息隆保[13]）の敷地一町があり、西の朱雀へ向かって「殿三位中将殿□墓堂」・在家三宇・摂家一条家被官右衛門尉某の畠が並んだ。殿下厩舎人の堂と併せ、摂家（一条家）と関わる土地利用が目立つ。壬生小路沿いにも南の一条に面して、応永一九年には覚円寺敷地・同領畠地が［72］、後には東福寺正光庵知行地があり［73］、北の五辻に面しては在家・畠が確認される［74］。ただ総じて一二町全体が都市的景観を見せたとは考えにくく、在家・第宅・堂は壬生・五辻、特に五辻沿いに集中していたとの指摘がある（高橋E一二四頁以下）。右を総合すると、当該区域の都市的景観は南北路櫛笥・壬生と東西路五辻に限られたと考えられる。

⑤「主殿寮領北畠図」［76］は文明七年頃の当該区域の街区・街路構造と名称を載せ、既に高橋が、鎌倉期から一部平安中期にも遡る構造を見出せるとして同図の重要性を指摘している（高橋D七七頁以下）。同図は櫛笥～朱雀間の一条以北に、南から一町間隔で武者小路・北小路・今辻子・五辻の東西路を描く。大部分が畠地とはいえ、大宮以西の北郊で東西三町・南北四町規模で整然と街路が存在したことは興味深い。北郊開発に伴う新街路は位置・接続関係・端点の確定が容易でないが（多くは山城国愛宕郡の条里線・条里間道路に由来→四Ⅱii G⑤）、武者小路・北小路等が西で朱雀までは至ったと確定できる。

⑥同図には、一条壬生交差点から北西方面へと斜行し、一条北・壬生西・武者小路南・朱雀東の方形区画を対角線状に分断する街路がある。この地割は、大永六年（一五二六）の将軍義晴北野社参の「大嘗畠スチカイヲ南少路江今少路江字コツノハシヲ上江南四ツアシヨリ御参候」という記述と符合する［77］。「筋違」は正方位の京中街路に対して斜行する街路の謂なので（→三Ⅲi）、「大嘗畠スチカイ《筋違》」は上述の北西方面への街路に違いない。

⑦ただし同図にはそれらしい街路が二本見える。現今小路通は少なくとも近世以降、場所と東端（現七本松通＝皇嘉門大路）が変わらず（→二Ⅱii①）、南北位置は同図の北小路とほぼ一致する。同図南側の（北への傾きが小さい）街路の角度を保ち、三町西へ行くと現今小路通の半町ほど南に達する。途中、幅約八四mの朱雀大路を横断する間にかなり北上しているはずで、この補正を考慮すると当該街路が現今小路通東端を通ると見なし得る。したがって直接的確証を得ないが、同図南側の筋違道が大嘗畠筋違にあたると推測される。

⑧なお義晴社参の右史料［77］は行程が不明瞭だが、大嘗会筋違・今小路間の「南少路」は南北路のようにも読

める。またそれが先に考証した東西路北野南小（大）路（→二Ⅰⅱ）ならば、南小路まで北上してから南下して今小路に至り、再度北上して社頭に至ったことになる。前者の解釈ではこれが北野南小路とは別街路である可能性が生じ、また後者の解釈ではわざわざ筋違という最短経路を採ったのに迂回した点が不自然となる。これも確証を得ないが、北野北大（小）路が「形に屈曲したこと（→二Ⅰⅲ①）を参照すれば、南小（大）路も社頭から東行して南に屈曲し南北路となった可能性を類推できよう。この屈曲点の東西位置が今小路東端と同様に皇嘉門大路ならば、この点と一条坊城を結ぶ線はほぼ主殿寮領北畠図［76］南西部分の北側の筋違と一致する。よって一条坊城～南小路を直結する筋違の存在を想定できよう。

⑨　大嘗会畠の地域名は大嘗会斎場所の所在に由来する。『御譲位御即位御禊行幸大嘗会仮字記』（『神道大系　践祚大嘗祭』所収、文明一〇～一一年一条兼良・吉田兼倶筆）に「あらみ川の祓とて紙屋河にて上卿以下参向して祓の事あり、其後悠紀主基の斎場所、偉鑒門を去て北八十二丈を点じて其所とす」と見え、斎場所は偉鑒門（一条朱雀）の北方八二丈と定められた。平安京の一町は四〇丈四方（『拾芥抄』中、京程部第二十二）、かつ大嘗会畠は朱雀以東なので、斎場所は朱雀以東・坊城以西・今辻子以南・北小路以北（一条の二町北）にあったことになる。同書の「荒見川の祓とて紙屋川と云所にてみそぎ有、是は大嘗会の前斎のはじめ也、人皇〔九重イ〕の内をきよめ百民の心をいさきよふして此大神事をとげらるべきけつ〔潔〕斎の御斎の御禊なり、ト部官人これをおこなふ」という解説も参照するに、荒見川の祓とは大嘗会に先立ち悠紀・主基の斎場所で行われる前斎の冒頭に、上卿以ト が紙屋川で祓（潔斎）する行事であった。

ⅱ　大嘗会畠と北野の接続関係

A　右近馬場

この一帯は、北畠（五辻）から一条・主殿寮敷地を挟んで大宿直（土御門）まで、櫛笥～朱雀間で南北に細長い半都市域が展開した。問題は北野地域との接続関係である。『十訓抄』（第一、第二段）に「天智天皇世につゝしみ給ふ事ありて、筑前国上座郡朝倉といふ所の山中に黒木の屋を造りておはしけるを木丸殿と云、円木にて造故也、今大嘗会の時、黒木の屋とて北野の斎場所に作るは彼時の例也、民を煩はさず、宮造も倹約なるべきといふ由なり」、『百錬抄』仁治三年（一二四二）一一月一一日条に「関白引率諸卿被歴覧北野斎場所」等と見えるように、大嘗会畠斎場所は中世前期に「北野」の一部と認識された。室町期にも応永一九年五月六日目代某渡状（『古文書集』、大史七―一七・三二四頁）

で「北野社領大掌〔営〕野五段畠内」一段が「大とのへ（宿直）とのもの（主殿）少路又四郎」に渡され、同所に北野社領が確認できる。

北野では早く「天神地祇」「雷公」が祀られたが（『続日本後紀』承和三年〈八三六〉二月一日条・『西宮記』臨時一〈甲〉臨時奉幣裏書勘物延喜四年〈九〇四〉一二月一九日条）、後に『扶桑略記』天暦九年（九五五）三月一二日条に「天満天神託宣記云…右近乃馬庭古曽興宴乃地南礼、我彼乃馬庭乃辺仁移居ム、但至所仁ハ可生松良無」と見えるように、菅原道真の霊が「興宴の地である右近馬場へ移住を希望し、そこに松を生やす」と託宣したため、雷公と一体化して北野社が創建された。

重要なのは「右近馬場」という立地で、右近馬場は大同二年（八〇七）に北野に開かれた騎射の埒である（髙橋D七一頁以下）。左近・右近馬場の所在は『河海抄』（巻第五、第六葵、「むま（馬場）はのおと、のほどにたてわづらひて」注釈）に「左近馬場宿屋也云々、左近馬場は一条西洞院、右近馬場は一条大宮也」と見えるが、「大宮」を大宮大路と捉えると右近馬場が左京にある不自然さが生ずるので、「大宮」は右京の西大宮大路である。現北野天満宮東辺も御前通（旧西大宮大路）に面し、御前通の一条以北は中世も「馬場」と呼ばれた（→二Ⅰⅳ）。荒見川（紙屋川）の祓に京内から向かう経路が『権記』寛弘八年（一〇一一）九月一一日条に「悠紀・主基行事并国司守等、於荒見河東解除、件河当平野社東門、自右近馬場北行三町許西面北上□」と見える。現在まで場所を保つと思われる平野社東門まで三町北行する場合、起点の右近馬場は現北野天満宮の南端とほぼ一致する。社地のすぐ南の経王堂が「右近馬場新御堂」と呼ばれた（→二Ⅱⅰ）事実は、右近馬場の南限を一条、北限を北野社南端とする髙橋の推定を補強する。

北野社社地は西大宮（右近馬場）と東限としたが、北野斎場所はそれより四町も東の朱雀を西限とした。社地とは別に地域名として「北野」が朱雀を超えて及んだことになろう（なお九世紀末には西側でも、紙屋川を越えて平野社の四方を囲繞するように平野・北山地域まで北野が広がったこともあるらしい〈髙橋D七五頁〉）。そもそも北野は『西宮記』（臨時五、諸院）に「禁野、北野、有別当少将、交野、以百済王為検校、宇陀野」と列挙される禁野、即ち天皇以外の遊猟が禁じられた特別な「野」であり、大嘗会斎場所の設置も禁野であったこと（天皇位との強い関係）に由来しよう。

B　右衛門府領大嘗会畠

では、北野社社地・主殿寮領大嘗会畠（朱雀以東）間の四町はいかなる空間か。文保元年（一三一七）四月五日後伏見上皇院宣案（「壬生家文書当局所領雑々」、『鎌倉遺文』三四―二六一四四）に「萩原院金光寺領大嘗野畠地事、称右衛門府領、致違乱之処、光藤・雅行等卿、非府領之由、出請文上者、向後止其妨、可被全知行」と見え、鎌倉末期に萩原

院金光寺が「大嘗野」に領した畠地を、右衛門府が府領と主張し知行を強行した事実が知られる。複数の証言により同所は「府領に非ず」と結論されたが、やや降って応永三年五月三日右衛門尉堀川親弘安堵状（『田中教忠氏所蔵文書』、大史七―二・四三四頁）が長福寺納所に「右衛門符〔府〕領大嘗会畠家地等」を安堵している。安堵者の右衛門尉堀川（紀）親弘は多くの官司の年預を務めたことが知られ(14)、右史料は彼が一族と同様に右衛門府年預であった可能性を示唆する。(15)右衛門府は右衛門府領大嘗会畠の存在を主張し続けた。

主殿寮領大嘗会畠との関係が問題となるが、『明徳記』（中、『群書類従』合戦部）に「佐々木ノ治部少輔高詮ハ七百余騎ニテ一条ノ大路ヲ前へ当テ、北野ノ森ヲ背ニシテ大嘗会畠ニ陣ヲ取ル」と見える。内野合戦で佐々木京極高詮勢は一条大路を前に、つまり一条以北で南面して北野の森を背後に控え「大嘗会畠」に陣取った。しかし主殿寮領大嘗会畠で南面した時に、東西四町を隔てる「北野ノ森」が背後に来るはずがない。ここで『京都府地誌』（京都二）の「廃大嘗会畠　本ト右衛門府領ト云フ。其経界、東ハ朱雀、西ハ紙屋川、北ハ柏野、南ハ内野ニシテ、即チ全区ノ総称タリ」という伝承が参考となる。これは朱雀を西限とする主殿寮領大嘗会畠の西に隣接する区域である。『山州名跡志』（巻之十七、大嘗会畠）も「或家記曰」として同じ四至を挙げ、

「禁裏御領〔料カ〕所右衛門府領千本大嘗会野畠家地・此外柏野分少入交之、御地子・御警固之事、被仰付上者、以地子銭有様之内、拾分壱被仰付訖、猶居住屋敷分同免者也：仍補任状如件」という岡田弥太郎宛の天文一三年（一五四四）七月二七日家衡補任状を引用する。右衛門府領千本大嘗会野畠家地等の地子銭徴収権を与え同所の警固役に補仕する内容で、大嘗会畠が「千本《せんぼん》」の地名を冠したことが注目される。

C　千本――所在・由来と北野天神の化現

『門葉記』（如法経六、懺法、慈助）文永九年（一二七二）九月一五日条に「即奉納北野并千本御墓所」と見え、千本は北野と併記される立地にあった。同（七仏薬師法九）観応元年（一三五〇）八月七日条に「放生事／初日分七月晦日／山雀二千本口」と、鳥羽・北山・淀河と並んで京都と洛外を劃する千本口が見える。『梅松論』（下）に「去程に官軍は山上〔比叡〕雲母坂はちふせんより赤山社の前に陣を取…千本口をくだりに敵むかふべしとて、細河ノ人々大将として四国勢、内野の右近馬場辺にひかへて相まつ処に」と見える、叡山方面との経路上に位置する北向の「口」であった。

千本の地名由来は、道真を左遷した罪で業苦を受ける醍醐天皇に冥府で会った日蔵上人が「娑婆に帰って千本の卒塔婆を供養せよ」といわれ、洛北蓮台野で供養した説話が近世以来語られてきた（『山州名跡志』〔巻之十七、千本通〕、

『菟芸泥赴』（第六、千本）等）。しかし千本卒塔婆の供養はその史実も、現地付近の痕跡も、古い伝承も確認できず、街路名となる必然性がなく、後世の付会だろう。近世までに旧朱雀大路末の一条以北に千本通《せんぼんどおり》が生まれ、今日までに京内の旧朱雀大路跡が全て千本通となったため、沿道に「千本」を冠する地名・施設名が簇生したが、千本通は本来「千本に至る街路」であり、問題は千本の位置である。

中世以来、大報恩寺（千本釈迦堂）は確実に千本に含まれた。同寺は承久三年（一二二一）に草創され（『半陶藁』、大史五―一〇・四二二頁以下）、貞応年中（一二二二～四）に尊性法親王に寄進されて以来、妙法院門跡が同寺検校職を相伝した（康永三年〈一三四四〉七月日亮性法親王庁解、山城妙法院文書、『南北朝遺文関東編』二―一五一〇）。寛正五年一二月日大報恩寺衆僧等言上状（『大報恩寺文書』、東影3071.62-120）に「千本大報恩寺衆僧等謹庭中言上」、『薩戒記』永享五年二月一六日条に「向京極前中納言実種隠居千本尺迦堂北方」、『北野社家日記』延徳二年（一四九〇）三月一七日条に「今夜子剋、土一揆社頭ニ令閉籠、同千本釈迦堂閉籠、可遣徳政云々」と見え、大報恩寺は室町期に確実に千本に立地した。室町期には大報恩寺で遺教経聴聞が行われ、「室町殿（足利義政）千本遺教経御聴聞」「令詣千本釈迦堂給」「令聴聞千本経」（『晴富宿禰記』『長興宿禰記』文明一二年二月一一日条・『後法興院政家記』同一三年二月一二日条）等と記録される。類似の仏教行事は『徒然草』（二二八段）に「千本の釈迦念仏は、文永の比、如輪上人これをはじめられけり」と見え、鎌倉後期まで遡る。弘安二年（一二七九）八月日某院庁下文（『山城大報恩院文書』、『鎌倉遺文』一八―一三六八一）にも「千本報恩寺・同阿弥陀堂」と見え、鎌倉期から大報恩寺の立地は千本であった。

管見の限り千本に所在した事実が鎌倉期まで遡れるのは大報恩寺のみなので、千本地域の核の一つが、今日まで変わらない同寺寺地であることは確実だろう。応永六年の大報恩寺領荘園田畠等の注進状（↓三I）に「柏野閻魔堂当寺末寺号引接寺」と見えるのは今日の千本閻魔堂（引接寺）で、『薩戒記』応永三一年八月二二日条に「去夜亥剋千本引接寺門焼失云々、門前在家少々焼亡」と見える。義持期までに北東の柏野まで千本地域は拡大したのだろう。

そして今日まで、大報恩寺は北野社社地東辺から僅か二町余りの距離にあり、東は朱雀までという上述の「北野」地域に全く含まれる。文明六年七月二六日、西軍の大内政弘・土岐成頼・畠山義就らは「押寄北野、焼払西京」い（『親長卿記』）、「北野千本高隆寺辺在家等焼払之」った（『大乗院寺社雑事記』）。両史料からも、千本は明らかに北野の一部または隣接地であった。『山城名勝志』（巻之二）の「北野社東北地号千本」という所伝が裏づけられよう。千本の地名由来も、北野（社）との縁から説明され得る可能性が高い。

　ここで次の伝承が注目される。道真の霊は天慶五年（九四二）の託宣で生前に遊覧した右近馬場に社を移すよう望み、同所に忽ち松が生えたという。天徳四年（九六〇）の『北野天満自在天神宮創建山城国葛野郡上林郷縁起』（『北野天神御伝并御託宣等』所引）では「其後松種忽生、成数歩之林」と単に多数の松とされたが、後に『北野寺僧最鎮記文』（同前）に「託宣云、可生松云々…一夜内数十本松生也」、『天神御絵』に「一夜のうちに数十本の松はおひたりける」、『天神記』に「一夜の中にぞ数十本の松は生出で」、『北野天神絵』に「一夜のうちに数十本の松生て忽に林を成」等と「数十本」となり、更に『北野天神御記』に「一夜ノ中ニ数千本ノ松ハ生出テ」、『洛陽北野天神縁起』に「数千本ノ松ハ其夜ノ中ニヲイタリケリ」、『北野天神御縁起』に「数千本松其夜中生」等と、「数千本」版が派生した。

　注目したいのは、『太平記』（巻第十二、大内裏造営事付聖廟御事）に「天慶九年近江国比良ノ社ノ祢宜、神ノ良種ニ託シテ、大内ノ北野ニ千本ノ松一夜ニ生タリシカバ」と見え、丁度「千本」とする説話が、中世に成立していた事実である。『運歩色葉集』（京都大学附属図書館所蔵、元亀二年（一五七一）写）に「一夜松北野、村上天皇天暦九乙卯、一夜千本生、号ーー、至天文十六丁未五百九十三年也」と見え、戦国期までに当該伝承は「一夜松」の地名を生んだ。『天慶九年三月二日西時天満天神御託宣記』（『北野天神御託宣記文』所引）に「松ハ我ガ像物《カタチノ》也」とあるように、松は道真の象徴である。今日一夜松の地名は失われたが、道真の霊の降臨伝承のため北野では梅と並ぶシンボルとして松に因む地名が多く、大報恩寺正面の南北路皇嘉門大路は現在「七本《しちほん》松通《まつどおり》」と呼ばれ、近世の古地図にはその西頬・今小路通南頬に七本松という松原が描かれる。立地や豊富な伝承から考えて、千本卒塔婆伝承よりは千本松伝承の方が、「千本」地名の由来譚として遙かに必然性があろう。

　千本が北野社東方の大報恩寺寺地周辺であり、同寺地が五辻通北頬で、大報恩寺・五辻通ともに成立時から場所を変えていないと推定されるので、千本の位置も、五辻・皇嘉門大路（現七本松通）の交差点付近と推定される。千本長福寺［70-②・③］の所在地も大報恩寺近辺に絞られよう（→三Ⅳ・i③・三Ⅳ・iiB）。なお応永三二年に「千本北頬」の酒屋があった事実は［80］、千本が集住地として都市的景観を持ち、五辻通が部分的に「千本」という街路名で呼ばれた可能性を伝える。他方、永正一五年一一月二一日室町幕府奉行人奉書（『櫟谷七野神社文書』、東影3071-62-114）に、「上都高沙宮境内事／限東大宮通西頬、限南廬山寺地際、限西千本往還東頬、限北大徳寺領刄堺、」と見えることは、南北路千本通の早い所見として特筆に値しよう。

大嘗会畠に話題を戻せば、千本が五辻通の朱雀（現千本通）以西の地名と考えられることから、戦国期の「右衛門府領千本大嘗会野畠」は五辻の朱雀以西、つまり主殿寮領大嘗会畠の西に存在したと推定できる。前述の応永三年安堵状で右衛門府領大嘗会畠家地等を安堵された「長福寺納所」も千本に所在したと知られ［70—②・③］、右推定を傍証する。中世には紙屋川から東へ向け、北野社社地（西大宮まで）、右衛門府領千本大嘗会畠（朱雀まで）、主殿寮領大嘗会畠（櫛笥まで）が並んだと結論される。

そして洛中（大宮以東・一条以南）と北野・北山を結ぶ経路を諸史料から総合すると、結局、一条東行→八町柳（道祖末）北行か、大宮末北行→五辻西行の二経路に限られる。それは、行幸・御幸・将軍御成や廷臣拝賀等の晴の出行に用いるに足るまともな街路が、洛中―北野・北山間ではこの二経路しか存在しなかったことを意味しよう。それはまた、両地域間の主殿寮領大嘗会畠・右衛門府領大嘗会畠が、若干の在家・堂宇が建ち並ぶとはいえ、地域名通り主に耕作地であって都市域ではなかったことと照応する。北野と洛中は、線的には一条または大宮末～五辻で接続し、面的には主殿寮領大宿直（内野北東部）～大嘗会畠で接続する。しかし都市域は大宿直までで、大嘗会畠は（原野ではないが）耕作地帯であった。北野は質的には耕作地帯たる内野・西京と一体的である一方、都市域たる洛中・上京北辺とは質的に切れている。それが、北野から洛中への出行を「今日出京」（京に出づ）と記すような（『北野社家日記』延徳四年六月四日条、史料纂集本三巻一七六頁）、京都・洛中との空間を断絶的に捉える認識の根底にあろう。

四　一条以北の街路と主要第宅

Ⅰ　一条以北西部（大嘗会畠近辺）の街路

大嘗会畠（櫛笥）以東では園池司所管の桃園が地名化して、遅くとも一〇世紀初頭までに藤原伊尹の桃園殿（後の世尊寺。一条北・大宮西）辺りを中心に開発が進んだ（高橋Ｆ八五頁以下）。そして前述の主殿寮領北畠図［76］により、中世には朱雀～櫛笥間の一条以北に南から武者小路・北小路・今辻子・五辻の東西路が通ったことが明瞭である。

i　五辻

① 五辻の核は、大宮以西北頬の五辻前斎院（鳥羽院皇女頌子内親王）御所五辻殿と、南頬の後鳥羽院御所五辻殿であり［81］、大宮以西・坊城以東三町の北頬に寺院や山僧の里坊等が立ち並んだ具体相を、既に髙橋が復元している（髙橋Ｅ一二六～一三二頁・一三六頁・一四三頁）。た

だし五辻が大宮以東に延びた徴証は管見に入らない。大宮の二町東の堀川小路には幅員の広い堀川が流れ（その広さ故に後に大路と称された）、一条北郊はその東西で明瞭に劃された印象が強いので、五辻の東限は長くとも堀川までだろう。

② 問題は五辻の南北位置である。髙橋は五辻が現五辻通より北にあり、現五辻通は今辻子にあたると推定した。その根拠は、a後鳥羽院五辻御所は五辻南頬で、南限は新所南路（御所南路）である［81–②・④］。b五辻御所の南北規模は一町と推定される（東西が大宮〜櫛笥間一町なので妥当だろう）。c北限の五辻を現五辻通と仮定する。dすると南限の新所南路は一町南の現今出川通にあたる。e現今出川通はかつての北小路である。fすると五辻〜北小路間に存在した今辻子の位置を説明できなくなる（今辻子は五辻以南・北小路以北で、かつ両街路から一町の距離にあったと主殿寮領北畠図［76］に明証を得られるからだろう）。髙橋は、右の推論ではfの矛盾が現れるため、cの仮定を誤りとして、五辻を現五辻通りの一町北の現上立売通《かみだちうりどおり》に比定した（髙橋G一七二頁以下）。

ただ、その比定には再検討の余地がある。第一に、五辻という街路名が時代によって一筋ずれることには違和感がある。また「大宮、五辻、千本、高橋」という洛中↓北山の経路があるが［1等］、千本は五辻通に面し、その地は大報恩寺寺地と推定され、同寺は今日南面して現五辻通の北頬にある。髙橋の推定に従うと中世五辻は同寺北辺を通るが、同寺は京都の現存最古の建造物で安貞元年（一二二七）の創建以来向き・立地を保つと考えられ、五辻通に背を向けたことになって不自然である。

第二に、五辻〜北野社東門の位置関係がある。『明月記』建仁三年（一二〇三）一二月二一日条に北野社参詣経路が「富小路ヲ一条北小路、件路ヲ西行、自壬生程更出野副北、入御東門」と見える［95］。髙橋は傍点部の具体的な該当街路を不詳とし武者小路かと推定したが（髙橋B一六〇頁以下）、これはいわゆる北小路で間違いなく（↓四Ⅰⅲ②）、大嘗会畠まで北小路を西行、壬生で北上し、五辻を西行した経路である。大嘗会畠の北小路以北の景観が「野」であった事実とともに、五辻が北野社東門に直結した徴証として注意される。ところが近世〜現代の北野社社地を考えると、髙橋が推定する五辻は社地の東北角となり、東門と直結するような上記描写に無理がある上、五辻まで一町余計に北上して東門まで南下する必然性が説明しにくい。現北野社東門が五辻通と直結する事実を踏まえても、五辻の南北位置は中世と変わっていないのではないか。

ここで髙橋の推論過程を精査するとeに再検討を要する。現今出川通は東から見て、新町通（町小路のやや西）交差点で北西へ屈曲し、西洞院《にしのとういん》通《どおり》近辺から再び真西へ向き、また南西へ屈曲し始める七本松通（皇嘉門大路）交差点まで南北位置が北へずれている。現今出川通が北小路と一致するのは新町以東に限られる。史料・地図類を対比すると、五辻殿の新所南路は確かに現今出川通にあたり、そこは一条から三町北である。そして主殿寮領北畠図［76］等による限り、この近辺の現今出川通は髙橋が比定する北小路（一条から二町北）ではなく、更に一町北の今辻子に比定すべきである。五辻の南北位置は現五辻通とほぼ変わらず、東は大宮近辺（遠くても堀川）まで、西は北野社東門まで至ったと結論される。

ii　今辻子

① 右のように今辻子は現今出川通の西洞院～七本松（皇嘉門大路）間とほぼ一致し（その両側で南へ斜行する部分は近代の都市開発に由来）、近世古地図に見える場所を動いておらず、七本松以西は現在「上七軒《かみしちけん》」と呼ばれる街路を経て北西へ向かい、北野社東門と直結する。

② 今辻子は主殿寮領北畠図［76］により朱雀～櫛笥間の存在が確実である。宝鏡寺が中世前期に集積した、往年の桃園に由来するらしき園地・宅地の譲状・売券等にその所在が大宮西・今辻子南と見え［82・83］、東は大宮まで延びたことが確実である。一二世紀末以降頻繁に確認される、大宮と直交する東西路今辻子は、『権記』長保二年（一〇〇〇）七月七日条の「北辺北今十字」に遡る（髙橋E一二〇頁以下）。但し今辻子は大宮以東に痕跡を残さない。五辻と同じく、遠くとも堀川までだろう。朱雀以西には、皇嘉門大路末（今小路東端カ）まで北西方向に一条から五辻まで二本の筋違道が通り（→三Ⅳⅰ⑥・⑦）、今辻子やその南の北小路・武者小路等の東西路が存在した必然性が弱い。これら三街路は朱雀を西限としたと推定される。

③ 髙橋は、南北位置と名称の類似から今辻子と今小路を同一街路と推定した（髙橋B一六一頁）。しかし現今小路通の位置や大嘗畠筋違との接続関係等を総合すると、今小路は現今小路通りと場所を変えておらず、今辻子より一町南、つまり北小路と同じ南北位置にあると推定されるので、今辻子とは別街路である。今辻子の名称は、むしろ後鳥羽院御所五辻殿の南面「新所南路」（→四Ⅰⅰ②）に由来するのではないか。

iii　北小路

① 主殿寮領北畠図［76］によれば、朱雀～櫛笥間で一条の二町北に東西路北小路が通った。他に検索すると、西

から壬生・大宮・西洞院・今出川（烏丸末）・万里小路・富小路・京極と交差した明証がある［84～90］。また『明月記』嘉禄元年（一二二五）一一月一五日条に鞍馬住僧領「北小路出雲路地」が見え、東は出雲路（東朱雀の一条以北→四ⅡiiⅠ）まで至ったと髙橋は指摘する（髙橋B一五七頁）。北小路は左京北辺全体を東西に結んだと見てよい。

②　紛らわしいが、七条大路の一筋北に北小路という東西路がもう一本存在した。東は鴨川を越えて南北路大和大路に至り［91］、成立は平安京内のこちらが当然古いと考えられるが、京都の政治的中心が上京・下京に移って一条北郊に北小路が確立すると、「北小路」は即ちこれを指すようになった。七条以北の北小路を「下北小路」と称した徴証［91］は、過渡期に両者が「上」「下」で区別されたことを伝える。これと対応する「上北小路」は、文永四年（一二六七）の火災記録や応永三二年（一四二五）の酒屋交名［92・93］、『廬山寺文書』貞和二年（一三四六）八月三日良聖売券（大史六―一〇・四〇六頁）に「上北小路以南大宮面東頬敷地」と確認される。「七条北小路壬生」という地点表示は［94］、壬生が南北路なので「七条北小路」が一つの東西路を表し、これが下北小路に対応しよう。髙橋は『明月記』［95］に見える「一条北小路」を「一条の北にある小路」一般と見て該当街路を不詳とし武者小路かと推定したが（髙橋B一六〇頁以下）、七条北小路と対比すれば、七条側ではない一条側の北小路、つまり上北小路そのものを指すと見てよい。

ⅳ　武者小路

主殿寮領北畠図［76］により、朱雀～櫛笥間で一条の一町北、北小路の一町南に東西路武者小路が確認される。寛弘八年（一〇一一）の一条天皇葬送は一条院から一条西行・大宮北行・世尊寺北路西行・達智門路末（壬生）から北西へ船岡山近辺の陵墓へ向かった［96］。世尊寺は一条北・大宮西なので（髙橋F八七頁）、その「北路」は一条のすぐ北の東西路、即ち武者小路の前身だろう。大宮以東では猪熊・室町・今出川（烏丸末）・万里小路・富小路と交差した［97～102］。一条から北へ武者小路・北小路が一町間隔で並ぶ位置関係は今出川（烏丸末）・万里小路でも保たれており［101・103・104］、現在でも烏丸通《からすまどおり》～小川通《おがわどおり》（西洞院の約半町西）の約三町半の間で、ほぼ同じ位置に武者小路通が遺る。但し朱雀以西に至った形跡がない（→四Ⅰii②）。武者小路は少なくとも朱雀～富小路間を貫き、東は京極か東朱雀まで至った可能性が高い。室町期には中山定親亭が室町東・武者小路北にあり［105―①］、彼の日記『薩戒記』や関連諸史料に見える参内路・火災記事［105・106］は、全て上述の位置関係と矛盾しない。

Ⅱ　一条以北東部の街路

ⅰ　柳原

A　東西路柳原の立地

柳原は、鎌倉期に持明院大路、南北朝期に毘沙門堂大路と呼ばれ、現在の上立売通と重なる東西路で（髙橋H六七頁以下）、近辺に柳原殿（柳原亭）が存在した。『後愚昧記』応安四年（一三七一）三月二一日条に「今夜行幸柳原亭忠光卿家」、二三日条に「今日譲位也、於柳原忠光卿亭被行其儀、於城外被行譲国儀之例、先規無之歟、兼日雖有其沙汰、京中可然之御所無之故也」とある。日野柳原忠光の第宅であった同所で後光厳天皇は後円融へ譲位し、以後終生の仙洞とした。同所は「城外」（京外）と認識されたが、南北朝内乱で多くの御所が荒廃した結果、洛中も含め最も仙洞に相応しい威儀を備えた第宅となった。応安七年の後光厳院葬送は、柳原殿の西面上土門から室町南行・一条東行して泉涌寺へ向かっており、室町東頬に所在したと知られる[107]。『太平記』（巻第二十七、御所囲事）に「執事（高）師直ノ屋形へ馳加ル人々ニハ…其勢無程五万余騎、一条大路・今出河・転法輪・柳ガ辻・出雲路河原ニ至ルマデ、無透間打込タル」と見える地名群は、一条今出川（烏丸末）から糺河原へ北東方面に向けて列挙されているので、転法輪〜出雲路間の「柳ガ辻」が柳原付近に該当しよう。

足利義満以降の室町第（花御所・花亭）が『荒暦』永徳元年（一三八一）七月二三日条に「将軍第柳原室町」、『大膳大夫有盛記』（武将代々御在所事）に「鹿苑院殿…永和三年（一三七七）…三月十日壬午、大樹新造亭柳原、号花亭、移徙也…康暦元年（一三七九）己未六月廿四日戊子、武将亭松〔柳カ〕原也、寝殿立柱上棟也」、『良賢入道記（歴代残闕日記本）』永徳二年四月二八日条に「新院御幸始也、自中園仙洞御幸左大臣義満亭柳原室町」と記されるので、柳原は北小路以北の東西路である。柳原殿・室町第とも室町東頬で、柳原南頬は室町第なので柳原殿は柳原北頬になる。

B　柳原殿の立地

『柳原第行幸親王宣下記』応安四年三月二一日条（大史六―三三・三七五頁）に「今日聖上遷幸藤中納言忠光卿柳原第今出河以西、室町以東、四辻以南、仙洞之北隣也、故按察資明卿経営之地也、」と見え、柳原殿は仙洞北隣とある。この時期京都に居住した上皇は崇光院のみで、貞治七年（一三六八）に幕府から進上されて以降、永和三年に焼けて義満に回収されるまで室町第（花亭）に居住した。やはり柳原殿は柳原南頬の室町第の北隣、つまり柳原北頬である。また柳原殿の北限が四辻と知られるが、当時の仙洞・廷臣居宅の規模は南北一町以内だろうから、東西路柳原の約一町以内北方が東西路四辻（ほぼ現寺《てら》之《の》内通《うちどおり》）であったと推定される。鎌倉後期に四辻の北に蓮光寺、その北に御霊社が立地したが［108］、現御霊神社（上御霊社）社地は寺之内通の北約二町（東洞院～高倉間）にあり、右推定と矛盾しない。四辻については後に再論する（→四Ⅱⅱ G）。

ⅱ　持明院殿の立地と周辺街路

A　室町の惣門と東四足門

①　持明院殿へのアプローチは、室町からと毘沙門堂大路からに二分される。持明院殿が上西門院御所であった一二世紀末以降、一条西行・室町北行して持明院殿に至る経路が鎌倉期を通じ確認される［109・110］。持明院殿を出て室町南行・武者小路西行する経路［111］や、北小路東行・室町北行し持明院殿に至る経路［112］も見られ、一条・武者小路・北小路から室町に出て、南から持明院殿に至る経路が一般に認められる。

②　室町を北行すると「持明院殿南惣門」に至り［113］、複数の内郭を束ねる外郭南辺の惣門が南向に開いていた。南惣門を北へ抜けると内郭（狭義の持明院殿）の東四足門に至る［114］。室町を北行して「持明院東」「持明院東門」に至る記事［115-①～③］はこの狭義の持明院殿東門＝「御所東門」［115-④］を指す。御所北面から南下して南惣門に至る経路［116］も、内郭北面を出て内郭東面を南下し、外郭惣門に向かったものである。

B　毘沙門堂大路＝柳原

①　北小路から室町北行で持明院殿に至る経路［114］から、惣門南端は北小路以北となる。ここで、南北朝期に万里小路や今出川を北行、毘沙門堂大路西行で持明院殿に至る経路がある［117～119］。毘沙門堂は富小路の東、相国寺大塔の北にあった［120］。現上京区上塔《かみとう》之《の》段町《だんちょう》と、上立売通を挟んだ同町の北の毘沙門町がそれぞれ相国寺大塔・毘沙門堂の故地と考えられ、右の南北関係と一致する。毘沙門堂の面した現上立売通が柳原なので、柳原＝毘沙門堂大路という髙橋の推定（髙橋D七〇頁）が支持される。応安四年の後光厳院御幸始では、仙洞柳原殿から毘沙門堂大路東行・今出川南行・一条西行…の経路が取られた［13］。柳原殿は東西路柳原に南面するので、やはり毘沙門堂大路＝柳原の関係が傍証される。『経俊卿記』嘉禎三年（一二三七）一二月二六日条に見える持明院大路［121］が後の毘沙門堂大路であることは、川上貢が推定した通りである（川上A一〇四頁）。

C　持明院殿の東限

①　毘沙門堂大路西行で持明院殿の惣門に入り、東面四足門に入る経路がある［119］。この惣門・東面四足門は前述の室町北行経路に現れるそれと同一と見られ、惣門は毘

沙門堂大路（柳原）室町の辻、即ち室町第（花御所）北西角と同じ地点と推定される。

② 持明院殿外郭東辺は室町の外郭南辺惣門より東のはずで、かつ今出川北行・毘沙門堂大路西行で持明院殿に至る経路の存在［117・119］により外郭東辺は今出川以西に絞られる。しかし柳原北・室町東には柳原殿があり（↓四Ⅱ・ⅰB）、持明院殿外郭東辺が室町より東にあると柳原殿西辺を侵蝕する。柳原殿が「室町以東」と明記され（同前）、また柳原以北（北大路まで）の室町小路の存在が史料上明らかである事［124−②］から見ても、持明院殿外郭東辺は室町を東へ越えず、惣門とともに南面最東端の室町にあったと推定される。

D 持明院殿の西限＝西大路と中園殿

① 中山定親は武者小路北・室町東の自第から、室町を北行し、武者小路から数えて三町ほどに位置する「横小路」から一町西行して、西門が西大路に面する安楽光院に至る経路を記録した［122］。この「横小路」は北小路からは約二町北になる。室町東頬の北小路以北にある室町第（花御所）が南北二町規模と考えられるので、「横小路」は室町第北辺と一致し、柳原＝毘沙門堂大路を指そう（室町中期までに大路から小路へ縮小したことになる）。

② 持明院殿外郭南西角の安楽光院（川上A一〇四頁以下）が、柳原室町の西一町にあった。安楽光院は方一町より遙かに小さいと思われ、その南西角も柳原室町の西一町＋若干だろう。現在、上立売通（柳原）北頬に新町通を挟んで西に安楽小路町、東に西大路町があり、上記史料と合致する故地と見てよい。町小路と西洞院大路のほぼ中間にある新町通は柳原室町から西に約一町半なので、これも右史料と合致し、西大路＝現新町通と見なし得る。「西大路」の名は後述の「北大路」と同様に持明院殿外郭の一辺＝西限を示すに違いない。川上は外郭西限を現安楽小路町西限に、外郭東限を室町〜今出川の中間に比定したため持明院殿を東西二町半、南北も柳原以北二町半と推測したが（同一〇五頁）、本稿では東限を室町、西限を現新町と見るので東西規模は一町半程度となる。

③ なお「洞院東大路北行、宮城北路西行、洞院東大路了〔ママ〕西ノ西小路北行、自持明院東門入御」という経路［123］の「西小路」は、北行して持明院東門に至るならば室町に該当するが、記述に混乱・矛盾があり（東洞院から西行した後また東洞院を通る）判然としない。

E 中園殿の立地と持明院北大路・持明院西大路

① 洞院公賢・実夏・公定の三代が居住した中園第（中園殿）に、武者小路西行・室町北行・北大路西行で至る経路があり［124］、武者小路以北・室町以西という大まかな

所在と東西路「北大路」を知り得る。北大路東行・室町南行・柳原東行・今出川南行…の経路で中園第から室町第に至る経路［125］との対比から北大路は柳原以北で、中園殿は持明院殿の至近なので諸史料に「持明院（殿）北大路」と見える街路に該当しよう［126－①・②］。

② 洞院公賢は太政大臣拝賀で、北大路西行・西大路南行・新道南行・毘沙門堂大路東行・今出川南行…の経路で内裏押小路殿（押小路北・烏丸西）へ参り、次いで光明院仙洞土御門殿（土御門北・東洞院東）へ参じ、次いで今出川北行・毘沙門堂大路西行の経路で光厳院仙洞持明院殿の惣門へ至り、拝賀後に西大路北行・北大路東行の経路で帰宅した［119］。ここに見える西大路は前述の持明院西辺の西大路（→四ⅡiiD②）と思われ、西大路から北大路を東行して帰宅したとあるので、中園殿の門は持明院殿西辺より東方の北大路沿いにある。

③ 洞院実夏の中園殿は西大路に面した（［128］に「当時居住亭持明院西大路」）。持明院殿も西辺でこれと面したので、西大路東頬に南から持明院殿・北大路・中園殿が並んだことになる（『皇年代略記』永徳二年条に「持明院北中園第洞院大納言公定卿第也」）。中園殿「晴門」は東面南寄りにあるので［119］、西大路北行後に北大路東行で中園殿に至る経路はこの推定と矛盾しない。

④ 室町第から徒歩で中園第まで「纔三四町」であった［127－②］。『兼宣公記』応永九年一一月一九日条に「参室町殿、北少路室町於惣門下下車参入」と見え室町第惣門は北小路室町にあったが、室町面（晴の面）の門の厳密な南北位置は知り難い。ただ室町第は南北二町規模（北小路以北・柳原以南）なので（髙橋Ⅱ六五頁以下）、門から直近の柳原までの室町北行の距離は〇町～二町（ここでは単純化して約一町と仮定）、かつ徒歩なので最短経路（北行→西行）だろう。柳原室町から西へ約一町半までの間は持明院殿であり、柳原に南面する持明院殿より中園殿は北なので、室町北行後に西行した街路は柳原ではなく、更に北の街路である。ここで、全行程「三四町」を三町半と単純化して考えよう。中園殿の西端＝（持明院）西大路は室町から一町半なので、室町から中園殿東門への西行距離は、中園殿の東西規模が一町なら半町、半町なら一町となる（摂家の一条殿や清華家の花山院が方一町なので〈本書第五部松井・桃崎論文の表№372・1478〉、清華家洞院家の第宅規模も、この範囲を外れまい）。これと、室町第西門～柳原室町の一町を全行程三町半から差し引くと、柳原からの北行距離は一町半～二町。管見の限り柳原以北の西行可能な街路は北大路のみなので、これが北大路～柳原の距離となる。それがそのまま持明院殿の南北規模で

あり、鎌倉期院御所の平均的規模を考慮すれば、一町半程度ではなかったか。とすれば、中園第東辺は北大路室町から一町西（町小路の辺り）にあったと見なされる。

⑤　ここで柳原殿の立地（柳原以北・四辻以南→四ⅡiB）を考え併せると、北大路＝四辻（＝現寺之内通）の関係が導かれよう。なお中園殿から柳原を東行し今出川に出て南行する経路［127―①］は、中園殿が東西路柳原に面したかのように読めるが、それでは上記推定と矛盾する（事実、柳原の室町以西は持明院殿があり、持明院西大路までの間に中園殿が入る場所はない）。柳原までの南行を略したか、記主の誤記か、後考を俟ちたい。

F　今小路

①　一条以北に東西路今小路が存在した。既に高橋の考察があるが（高橋B一五三～一五四頁）、四辻の所在（次項）と関わり重要なので、史料を補って補強しよう。東西方向では西から室町（東頬に安嘉門院領）・高倉（百万遍堂〈知恩寺〉）・万里小路（宅地）・富小路（藤原定家別宅）・東朱雀と交差した［129～134・90］（百万遍堂の所在は今出川北小路という伝承もあるが［135］、確実な史料［130］との整合性は不明）。

②　その位置は『拾芥抄』（中、京程部第二十二）に「一条北有小路、武者小路・今小路」と見える。『拾芥抄』が北小路を挙げず、かつ一条から北へ順に列挙するように見える点は、今小路と北小路を同一街路と見なすように読める。また「今小路北屋（北小路北、富小路南〔西カ〕）」という『明月記』の記事［134］も今小路がほぼ北小路に等しいことを窺わせるが、全く等しければ両街路を書き分けまい。北小路東行・京極北行・今小路東行・東朱雀北行という経路の存在［90］は、京極近辺で今小路が北小路の北に別途存在した明証である。右『明月記』より、今小路が北小路から一町以上離れた可能性はあるまい。室町期に三善景衡私領が毘沙門堂小路南・今小路北にあり［136］、今小路は毘沙門堂大路（柳原）以南・北小路以北に絞り得る。両街路間は二町の距離にある（両者を南北端とする室町殿が南北二町）ので、今小路は両街路から一町隔てた中間と推定される。この南北位置は大宮以西の今辻子と一致する一方、皇嘉門大路以西の今小路より一町北にずれている。

③　鎌倉末期の後伏見院仙洞「今小路殿」に、伏見院・花園院が頻繁に御幸した。御幸の頻度の割に所在地を示す史料は乏しいが、『花園天皇宸記』元亨三年（一三二三）一二月二六日条に「有火、出見之処当南方、仮令一条辺歟、下人云、武者小路高倉云々、今小路殿近々之間有（後伏見院）御幸…火勢尤盛、向艮焼来、更乗御々車幸火所、至北小路万里小路立御車、於迅火盛不可止、仍小家等可壊却之

由下知北面等、還御今小路殿…凡南不及一条面、北至北小路以北、西高倉、東富小路云々」とある。武者小路高倉で発火し北西方向へ焼け、北小路北方～武者小路、高倉～富小路を焼いた火災で、今小路殿は罹災域至近にあり、かつ焼けなかった。また後伏見院は（恐らく今小路殿の）類焼防止のため火災現場に向かい、北小路万里小路から先の小家破却を命じた。以上の経緯は、今小路殿が面したはずの今小路が北小路より北方の直近に存在したことを意味し、①の推論を裏づける。今小路殿は南北方向で今小路に面し、東西方向では万里小路～富小路間付近、恐らく万里小路東頬に所在したと推測される。この今小路殿は、『民経記』安貞元年（一二二七）七月一一日条裏書に「今日今小路殿始被立棟門上棟日也」と見える今小路殿と同一第宅か至近である可能性が高い。

④　養和元年（一一八一）の皇嘉門院葬送は御所南小路東行・富小路南行・（鴨川）河原東行・大和大路南行の経路で最勝光院へ向かった。皇嘉門院御所は『吉記』同年一一月二日条に「皇嘉門院令移徙新造御所給…九条以南、当本御所東南」と見え、右の御所南小路は京外九条以南の新街路だが、「御所南小路号今小路」と注され[137]、九条以南にも東西路今小路の存在が知られる。永仁元年（一二九三）の畠売券[138]に見える今小路以南・富小路西頬の畠も「東九条御領内」「九条畠」なので九条以南の今小路である。北郊の今小路を「一条今小路」と記す史料は、この南郊の今小路と区別した事例であろう[129]。

⑤　なお「今小路末」南頬で西大路に面して宅地が存在した[139・140]。九条以南の西大路は管見に触れないので一条以北の持明院西大路と考えられ、今小路の西方が西大路まで延び、かつ西大路が今小路の南方、恐らく北小路まで延びていたと推定される。

G　四辻

①　高橋は四辻を今小路の異称かとし、四辻・五辻を一条から数えて四・五番目の街路（辻子）と解し得るとした（高橋G一七四頁注2）。それらに由来する廷臣の称号を「五辻子宰相入道俗名俊氏」「四辻子新中納言源善成」と記す例があり（『師守記』貞治五年一一月一七日条、同六年八月一八日条）、『海蔵院文書』（東影3071-62-57-1）の五辻を「五辻子」と記す指図とともに高橋説を傍証するが、同説には疑問点が残る。第一に、五辻は一条を含めて北に五筋目だが、一条以北の街路を数詞で呼ぶならば一条を除いて数詞を付すべきではないか。第二に、四辻・五辻より南にあるべき一辻・二辻・三辻が史料上・伝承上・現存地名に一切見出されない。第三に、東西路四辻が持明院北大路（現寺之内通）と同一と思われ（→四ⅡⅱE⑤）、今

小路とは別街路（北方）である上、五辻（室町・今出川付近の柳原とほぼ同じ南北位置）より北にある。

②『明月記』嘉禄元年二月二二日条に「安嘉門院今夜還御本御所云々、日来御于四辻殿、修明門院御所也」と見える女院御所四辻殿は、西園寺公経の今出川新亭から「咫尺」（至近）に見通せる位置にあった[141―①]。公経亭は摂家一条家の一条東殿の東隣で、一条北頬[141―②・③]・室町東・今出川西にあり、今出川面に惣門（その正面に東面北門）があった[141―④〜⑥]。したがってこの第宅から見通せる四辻御所は一条今出川（烏丸末）の東方至近にあった。

③ただし一条に南面する今出川亭の北辺（武者小路だろう）から見て東西路四辻は二町以上北方で、今出川面から東を望んで「咫尺」というには北に偏りすぎる。ところが後鳥羽院御所四辻殿が、一条万里小路北頬に存在した[142]。この立地ならば、同じ一条に面する今出川亭から真東へ三町となり、上述の眺望としてより自然である。

④一条北頬の院御所四辻殿（北辺は武者小路かその至近）と、東西路四辻（現寺之内通）の間は南北三〜四町も隔たり、両者を同一地域・街路とは見なし難い。「四辻今出川辺」で鴨社前社務某が殺害されたという史料[143]があるが、今出川近辺で武者小路やその至近の街路が四辻と称された形跡は皆無で、上述Ⅱ・ｉBの柳原亭の四至記事と対照しても、事件現場は北方の現寺之内通近辺と見るのが自然である。

⑤また一条の北方三町の東西路今小路に面した勘解由小路経光亭が「四辻」と呼ばれた[144]。同所は万里小路以西であることが明らかで、一条万里小路の四辻殿と考え併せれば、「四辻」が本来、万里小路末北方の地名であったことを窺わせる。更に前述（①）の柳原以北の東西路四辻は持明院北大路と同一と見られるので（→四Ⅱｉ E⑤）、両街路（の延長上）の交点に「四辻」の存在を推定し得るが、その由来は明瞭でない。

ただ、平安京西部は山城国葛野郡、東部は同愛宕郡の郡域にあり、両郡郡界が平安京を縦断していた。金田章裕によれば葛野郡は桂・嵯峨付近の西端を一条として東へ数え進む条里、愛宕郡は平安京九条大路付近の紀伊郡との郡界（東西方向）から北へ数え進む条里だが、条里境界線の方角は一致し（葛野郡の里界線が愛宕郡の条界線と接続）[16]、両郡界は堀川付近にあった可能性が指摘されている。高橋は更に絞り、大宮末を一〇世紀以前の両郡界に由来する古道と推定している（高橋B一六六頁）。上賀茂社から賀茂川を西に渡って僅かに西行し、南の一条まで数町も大宮末が存在した事実[145]は、それが平安京から外部へ向かう開発の延長とは考えられず、郡界古道の存在を想定すべきだろう。

建武元年（一三三四）に安堵された大徳寺寺地の南限は東西路安居院大路で、鎌倉期には大宮との交差点に悲田院・篝屋・膳所屋が存在した［146・147］。現大徳寺は船岡山北東にあるが、北限を「船岡山後社」とするかつての大徳寺寺地はそれより南にあったらしい。その南限安居院大路は右史料以外に痕跡を残さない孤立した大路である。髙橋は、現前之町（近世の安居院前之町）の位置や近世地誌から安居院大路を現寺之内通に比定し、葛野郡九条の里間道路と推定し、周辺を旧来の郡界・里間道路が形成する地域とした（髙橋B一六七頁。ただし金田による葛野郡条里復原に従うと、安居院大宮は葛野郡十条の東端である）。また後述のように勧修寺家の芝第（H③）が『兼宣公記』嘉慶二年（一三八八）二月一〇日条に「室町殿御出大聖寺之後…御渡芝之勧修寺第云々」と見え、『後愚昧記』応安元年一〇月一五日条に「乾方有炎上、安居院・芝辺云々」と見える。芝は転法輪（一条の半町北）富小路の三条公忠亭（J）の北西で、安居院と一体的な地域であった。現在、堀川上立売の北西に上京区芝薬師町、その真西の大宮沿いに芝大宮町、その北方至近に花開院町を挟んで（安居院）前之町があり、故地と推定される。

なお髙橋は、応安五年正月二〇日沙弥観教紛失状に見える「北野西大路」が、弘仁五年（八一四）宣旨（→三Ⅲⅲ C②）の野寺東の街路や、『類聚三代格』所収貞観一四年（八七二）一二月一五日太政官符に「平野神社地一町事／在山城国葛野郡上林郷九条荒見西河〔河西カ〕里廿四坪／四至東限荒見川、南限典薬寮園、西限社前東道、北限禁野地、」と見える平野社社前東道（ほぼ西堀川末）とも一致し、葛野郡八条・九条の条間道路と推定した（髙橋B一六六頁）。従うべきだろう。

以上を総合して、北野西大路・安居院大路・舟岡山麓北大道等、平安京北郊で大路と称された街路の多くは平安京造都以前の条里地割における条間・里間道路であった可能性が高いという髙橋の指摘（髙橋B一六八頁）を参考にすると、大宮末より条里制で二里東にあたる里界線（愛宕郡九条）が、ほぼ万里小路末にあたることが注意される。「四辻」の地名が万里小路末に沿って数町単位で一条以北に存在した形跡は、この里界線と現寺之内通付近の条界線の交差点が、「辻（辻子）」の原義たる「十字」（髙橋Ⅰ一一頁）として、「四辻」と呼ばれたことに由来するのではないか。なお検証を要するが一案として示しておきたい。

H　小川通・小川第と芝第

①『誓願寺文書』（東影3071-62-13-1）中の応永三一年八月

日法久院寄進状に「一条小河東つら、口南北十三丈七尺、南市野の垣をかきる、北かめくの南の垣をかきる、奥東西十七ちやう五しやく、東大峯のすしをかきる、西小河をかきる、」、永享一二年（一四四〇）四月二二日一条兼良寄進状に「一条小川東頬地事／小川面南北　拾柒丈五尺／奥限東大峯辻子、限西小川、拾柒丈五尺」、同日兼良安堵状に「一条小川面在家敷地事」、文明一〇年（一四七八）一二月一三日兼良安堵状・同月二六日室町幕府奉行人奉書（大史八―一〇・九〇三頁）に「一条小川面敷地南北廿一丈三尺東西拾七丈五尺事」が見える。『勘仲記』弘安六年（一二八三）一〇月一五日条に「経茂朝臣於一条小河第招引」と見え、鎌倉期は同地に高階経茂の一条小河第が存在した。

② 『尋尊大僧正記』明応二年（一四九三）一一月二一日条に基づき、摂家一条家の一条殿敷地の四至は武者小路以南・一条以北・町以西・小河以東で、南北四六丈余り（ほぼ一町）、町～小川間が五八丈余りであったことが高橋により指摘されている（高橋G一七三頁）。誓願寺領一条小川東頬は、一条殿の西隣もしくは西端となり、南北路小川《こかは》が町小路の一町半西（つまり西洞院の半町西）にあったと知られる（現小川《おがわ》通と一致）。

③ 後円融天皇は永徳二年の譲位後、洞院公定の中園第に住み、翌三年に三条厳子殴打・自害未遂事件で中園第を出て生母崇賢門院の梅町殿に引き取られた。『経嗣公記抄（荒暦）』同年二月二四日条に「右大弁宰相（勧修寺経重）小川宿所可為仙洞、即可還御此所云々、仍洞院前大納言（公定）只今所坐芝宿所可給右大弁、於洞院者可返給彼大納言云々」、同三月二日条に「今夕洞院前大納言帰本亭、右大弁帰芝宿所云々」と見え、後円融院はその後勧修寺経重の小川第を仙洞とし、経重は公定の芝第を譲り受けて居住し、公定は中園第に戻った（芝第はG⑤参照）。明徳二年（一三九一）、和気広成は参議拝賀を足利義満の室町第に行い、室町南行・北小路西行で仙洞小川殿に拝賀し、北小路東行・室町南行で内裏に拝賀した［148］。小川殿惣門が北小路に面し、持明院殿・室町第等の惣門から類推して小川殿が北小路北頬に南面した可能性が高い。

Ⅰ　東朱雀・出雲路

京内～下鴨社の往還は、一条東行・出雲路北行で多々須（糺）河原を経て賀茂川東岸へ渡り、下鴨の糺森へ至るのが一般的であった［145・149～151］。一二世紀初頭までに京極の東に南北路東朱雀が開かれ、その一条以北が出雲路と呼ばれたことは既に指摘がある（髙橋B一五五～一五七頁）。『明月記』嘉禄二年一〇月六日条に「北方有火、出雲路道祖神、」、同安貞元年六月二八日条に「此間又出雲路此家艮方方有失火」等と見えるように、一条京極北東頬の藤原定家宅（髙橋B一四九頁）から見て出雲路大路は北東、出雲路道祖神は北方にあった。道祖神は『源平盛衰記』（笠島道祖神事）に「これは都の賀茂の河原の西、一条の北の辺におはする、出雲路の道祖神の女也けるを」云々と見え、現在の上京区幸神町の幸神社が、近世に移転された道祖神の後身と伝承する。

『明月記』安貞三年一一月四日条に「去夜夜半以前川崎別当好武芸悪僧也、梨本、房出雲地大路、群盗乗車云々、入」、嘉禄二年一一月一九日条に「一寝以後即有火…北二町出雲路之東、川合祝某家云々」と見えるように、出雲路は大路の規模を有し、鴨社祝らが宅地化していた。また正応元年（一二八八）、九条道家息慈実は真木野殿から東行して出雲路に至り、南行して大原辻に至った［152］。『門葉記』（入室出家受戒記二）文永二年（一二六五）一二月三日条に市河宮慈助の出家受戒に関連して「大原辻座主拝堂時路也」と見える。『満済准后日記』『看聞日記』永享五年七月二四日条によれば、山名時凞勢が坂本馬借と大原辻で合戦に及んでおり、大原辻は比叡山・坂本方面から京都へ入る口と推定される。真木野殿は未詳だが、『門葉記』（一二二九、雑決三、青蓮院山務）が大僧正慈実に「号真木野座主」と注し、青蓮院門跡の里坊と知られる。

J　転法輪大路

① 転法輪大路は平安末期に一条北・富小路西に所在した転法輪寺［153］に由来する街路名と見られ、鎌倉前期に富小路と交差する転法輪辻子が確認される［154］。

② 足利義政が幼少時にあった養父烏丸資任亭は万里小路以西の武者小路以南・転法輪以北と『建内記』嘉吉三年（一四四三）七月二三日条にある［155］。ただ髙橋は、右記事が「当時御第者万里小路面、上ハ北少路、下ハ武者小路、西類資任卿亭御宿也」という同記文安四年（一四四七）正月一〇日条と矛盾し、資任亭が北小路万里小路・武者小路高倉の両様に呼ばれた事実から北小路以南・武者小路以北と推定されるので、前者を錯誤としつつも、武者小路・転法輪両街路の位置関係は正しいと見て転法輪は武者小路以南と結論した。従うべきだろう。

③ 髙橋は転法輪辻子の位置を一条の北四五丈余りと推算し、かつ万里小路近辺に限り武者小路から一町近く隔たったと推測した（髙橋B一五〇～一五二頁）。平安京では一町＝四〇丈なので転法輪辻子は一条の北一町余りに位置したことになるが、一条以北は一町ごとに武者小路・北小路が並んだと主殿寮領北畠図［76］から知られるので、髙橋の推算では武者小路と転法輪辻子がほぼ重なり、北畠近辺（朱雀～櫛笥間）と万里小路近辺の間で両街路が屈曲して南北位置を異にしたと見ねばならなくなる。転法輪寺の所在が一条富小路北西であった以上、転法輪辻子の位置は一条に引きつけて考えるべきだろう。

④ 『康富記』応永二四年一〇月二日条に「帥権中納言公

雅卿転法輪三条」、同二五年一二月二日条に「権大納言公光卿転法輪三条」、嘉吉三年九月二三日条に「転法輪三条前右府(公冬)」、宝徳二年（一四五〇）六月九日に「転法輪右大将殿実量卿」、同八月一三日条に「転法輪三条内府(実量)」、『斎藤基恒日記』嘉吉三年九月二三日条に「伝(転)法輪三条家亭(実量)」、『実隆公記』延徳二年（一四九〇）一〇月二三日条に「てほりの中納言」、『為和集』に「転法輪三条実香公」、『言継卿記』大永七年（一五二七）五月一九日条に「三条亜相《てんほうりん》」と見え、清華家三条家の本流が「転法輪三条」の称号を世襲した。

それらが由来する三条公忠亭は北で転法輪大路に面した［156］。応安二年の山門嗷訴が洛中から多々須河原へ退却する際、一条高倉・転法輪万里小路西頬の順に放火し、北東風・東風のため公忠亭が無事であったから、転法輪大路と公忠亭は一条高倉から北寄りの東方、万里小路以東であった。また康暦元年（一三七九）に義満の室町第（花御所）を目指す軍勢が河東（鴨川東方）から一条を西行し万里小路を北行した様子を、公忠は富小路面の門を開いて観察しており［157］、公忠第は富小路西頬の一条に極めて近い場所に位置した。一条面に門があれば最も観察しやすかったはずなので、門はなかったのだろう。一条の至近であるのに同家の称号が転法輪を冠したのは、晴の門が北辺転法輪大路に面したことによろう。そして転法輪大路も一条の至近にあったことになる。かく想定すれば、武者小路以南とする史料［156］に矛盾することなく、武者小路を移動させることもなく、転法輪大路を一条・武者小路の中間の東西路と認定できよう（この場合、一条・転法輪間を約四五丈とする髙橋の推算に再検討の要が生ずる）。東方は京極・東朱雀まで延びた可能性が高いが確証はない。西方も不明だが史料上の所見が皆無なので、万里小路以西にさほど長く延びなかっただろう。鎌倉期の辻子が南北朝期までに大路に拡幅された理由は、清華家三条家の晴の門が面したので、威儀を整えるため整備された可能性が高い。なお『師守記』暦応三年（一三四〇）七月二〇日条に中原師右の持明院殿行幸供奉の経路が「先渡御新亜相経顕卿(勧修寺)権執第…次渡御三条大納言実忠卿第毘沙門堂」と見え、『園太暦』康永三年（一三四四）三月二二日条に「行向内大臣(三条実忠)第三条押小路宿所、先年回禄之後、経廻毘沙門堂寺辺」、『師守記』貞和三年正月二七日条に「今朝家君着束帯給、令向三条中納言公忠卿第給毘沙門堂、是去四日父前内大臣実忠公薨、仍為被語申也」とあるように、公忠の父実忠は三条押小路宿所の焼失後、毘沙門堂近辺に居住した。毘沙門堂大路は転法輪大路の約三町半北方で、右に検討した公忠亭とは別第宅である。

ところで一条京極北東頬にあった藤原定家が「草廬西

小路（縦小路、転法輪、）」と記した事例［158］がある。高橋は、転法輪が定家亭北方の小路を指すと解釈したが（高橋B一五〇頁）、字面上は西面の南北路と解さざるを得ない。定家亭西面が京極末であったことは『明月記』嘉禄二年一一月一三日条に「新屋上棟（西京極末）」とあることに明らかで、素朴に解釈すると京極末＝定家亭西小路（縦小路）＝転法輪となる。京極末の一条から約半町の区間も、同寺北辺東西路と併せて転法輪辻子と呼ばれた（「型に屈曲した）可能性を指摘しておきたい。

結語

中世洛中北部（大宮以東）から大宮以西への面的連続性は、一条以南で都市域たる内野大宿直へ、同以北で若干都市化した耕作地域たる主殿寮領・右衛門府領大嘗会畠へと連続し、大嘗会畠は西の北野社境内へ接続、北野社は紙屋川を挟んで西の北山へ接続したと概括できる。ただし線的には、洛中～北山以西へは一条大路西行の南方経路か、大宮北行・五辻西行の北方経路のみで接続し、内野は大宿直（朱雀）以西に開発された形跡がなく大部分は荒野化しつつ、洛中の二条から右の南方経路へ短絡する筋違道が開発されていた。

北野社東方の一条以北は比較的条坊制に忠実に開発されたが、朱雀以西では一条から北野社へ直結する北西方向の筋違道が開かれ、北大路・南大路・今小路等の独自の街路が境内に設けられて、洛中の延長とは一線を画した空間構造を呈した。北野社領は盛んに内野を侵蝕し、戦国期には内野の整備が北野社の責務と諒解されるに至る。総合的に見て、北野社は社地南西の西京を全く社領化するとともに、社地東南にも進出して内野全体の膝下領化を目指し、理念上北野・内野を一体の地域として掌握しようとした。その結果内野が一条を超え北野社頭まで拡大して北野と混ざり、大内裏（内野）西限の西大宮に沿った一条～北野社社頭（南端）区域は北野でもあり内野でもあるグレーゾーンと化した。ただし北野社領の拡大傾向が大宮を越えた形跡は乏しい。大宮を境に東が洛中、西が北野社勢力圏と劃され、境界線近辺で主殿寮等が官司領確保に執心し、かつ織部司織手の後裔たる大宿直織手が事実上の機業地帯化を進めていた、と概括されよう。そして北山は北野の西に隣接しつつ、北野の影響力は紙屋川で遮断されて、むしろ仁和寺寺域という属性の強い異質な空間として劃された。要するに、洛中・北野・北山は面的に連続し、線的には二本の軸で連結され、それらの軸は必ず北野社に接した（仁和寺方面への南方経路が西大宮で一条を外れ迂回したのは、一条が北野社社頭であった故である)。足利義満の北山開発は、洛中と北山が二本の腕で北野を抱き合う形にになるようなされた。その意義は第三部桃崎論文を参照されたい。

注

(1) 著者五十音順・参照順に挙げる。川上貢「鎌倉時代後半期における洛外院御所の研究」(『日本中世住宅の研究』、墨水書房、一九六七)→川上A、髙橋康夫「西陣の成立」(『京都中世都市史研究』、思文閣出版、一九八三)→髙橋A、同「鎌倉時代における北辺道路網」(同前書)→髙橋B、同「室町期京都の空間構造と社会」(『日本史研究』四三六、一九九八、本書第一部に再録)→髙橋C、同「平安京とその北郊」(同前々書、初出一九八二)→髙橋D、同「北辺の地域変容―十二世紀以降―」(同前書)→髙橋E、同「北辺の地域開発―桃園殿を中心に―」(同前書)→髙橋F、同「おわりにかえて―北辺道路網の推移―」(同前書)→髙橋G、同「室町期京都の都市空間」(中世都市研究会編『中世都市研究9　政権都市』、新人物往来社、二〇〇四)→髙橋H、同「辻子―その発生と展開」(同前々書、初出一九七七)→髙橋I、細川武稔「足利義満の北山新都心構想」(中世都市研究会編『中世都市研究15　都市を区切る』、新人物往来社、二〇一〇)→細川A、同「「北山新都心」に関するノート」(『東京大学日本史学研究室紀要別冊中世政治社会論叢』、二〇一三)→細川B、三枝暁子「北野祭と室町幕府」(『比叡山と室町幕府』、東京大学出版会、二〇一一、初出二〇〇七)→三枝A、同「北野社西京七保神人の成立とその活動」(同前書、初出二〇〇七)→三枝B。

(2) 山家浩樹「無外如大の創建寺院」(『三浦古文化』五三、一九九三)。

(3) 桃崎有一郎「中世洛中における街路通行者と第宅居住者の礼節的関係」(『中世京都の空間構造と礼節体系』、思文閣出版、二〇一〇)。

(4) 松岡心平「室町将軍と傾城高橋殿」(同編『看聞日記と中世文化』、森話社、二〇〇九)。

(5) 『大報恩寺縁起』、京都府教育庁文化財保護課編『国宝建造物大報恩寺本堂修理工事報告書』(一九五四)、「大報恩寺の文化財」(建造物の項、冨島義幸執筆、伊東史朗監修・千本釈迦堂大報恩寺編『千本釈迦堂大報恩寺の美術と歴史』、柳原出版、二〇〇八)、「経王堂伝来の文化財」(建造物の項、同前書)。

(6) 貝英幸「中世後期北野門前と内野」(『佛教大学総合研究所紀要』二〇一三別冊二、二〇一三)。

(7) 網野善彦「西の京と北野社」(『学習院史学』二八、一九九〇)、貝英幸「応仁文明乱後における膝下領の支配とその変質」(『鷹陵史学』二九、二〇〇三)。

(8) 髙橋昌明「大内裏の変貌」(同編『院政期の内裏・大内裏・院御所』、文理閣、二〇〇六)六七頁以下。

(9) 桃崎有一郎「中世里内裏陣中の構造と空間的性質」(前掲注3著書、初出二〇〇四)。

(10) 『京都の歴史3近世の胎動』(学芸書林、一九六八、脇田晴子執筆)一九二頁。

(11) 竹内秀雄「中世に於ける北野宮寺領」(『国史学』五六、一九五一)等をも参照。

(12) 小泉恵子「松梅院禅能の失脚と北野社御師職」(『遙かなる中世』八、一九八七)、桜井英治『破産者たちの中世』(日本史リブレット27、山川出版社、二〇〇五)二〇頁以下。

(13) 『血脈類集記』(八、二品法親王道法、能寛律師)建永元年(一二

〇六）五月二四日条（大史五—六・三〇九頁）に「伯耆三位隆保」と見える。『公卿補任』によれば隆季の息。

(14) 遠藤珠紀「「官司請負制的」局務家相伝諸寮司の運営体制」（『中世朝廷の官司制度』吉川弘文館、二〇一一）一八七頁以下。

(15) 本郷恵子「公家政権の経済的変質」（『中世公家政権の研究』、東京大学出版会、一九九八）二六五頁以下、特に二六九頁。

(16) 金田章裕「郡・条里・交通路」（『平安京提要』、角川学芸出版、一九九四）。

中世京都北郊概念図

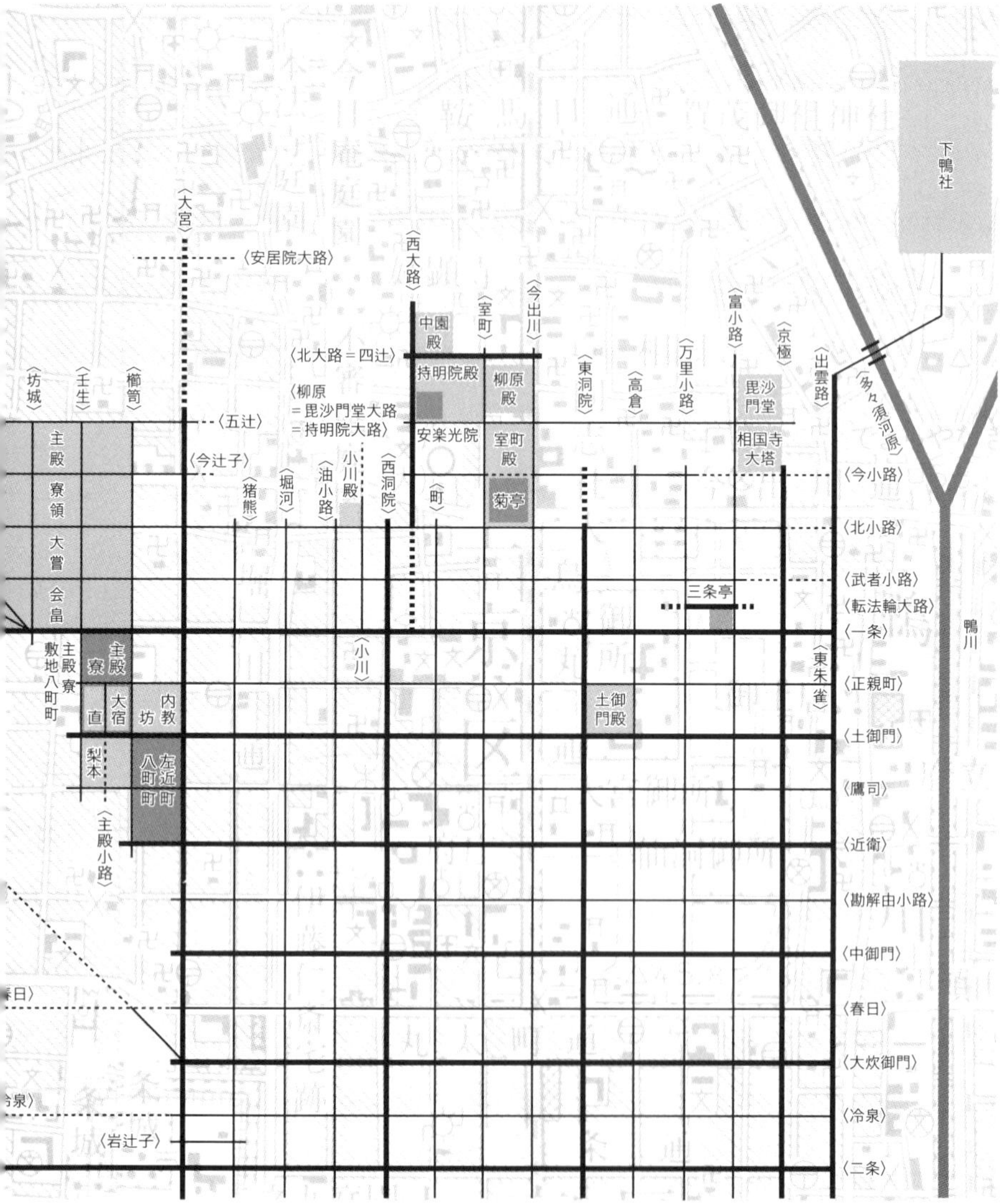
下鴨社
〈大宮〉
〈安居院大路〉
〈西大路〉
中園殿
〈室町〉
〈今出川〉
〈富小路〉
〈京極〉
〈北大路＝四辻〉
持明院殿
柳原殿
〈東洞院〉
〈高倉〉
〈万里小路〉
〈出雲路〉
〈多々須河原〉
〈坊城〉
〈壬生〉
〈櫛笥〉
〈柳原
＝毘沙門堂大路
＝持明院大路〉
毘沙門堂
〈五辻〉
安楽光院
室町殿
相国寺大塔
〈今辻子〉
主殿寮領
大嘗会畠
〈猪熊〉
〈堀河〉
〈油小路〉
小川殿
〈西洞院〉
〈町〉
菊亭
〈今小路〉
〈北小路〉
〈武者小路〉
三条亭
〈転法輪大路〉
〈一条〉
主殿寮敷地八町町
主殿寮
〈小川〉
〈東朱雀〉
鴨川
〈正親町〉
直
大宿
内教坊
土御門殿
〈土御門〉
梨本
左近町
八町町
〈鷹司〉
〈主殿小路〉
〈近衛〉
〈勘解由小路〉
〈中御門〉
〈春日〉
〈大炊御門〉
〈冷泉〉
〈岩辻子〉
〈二条〉

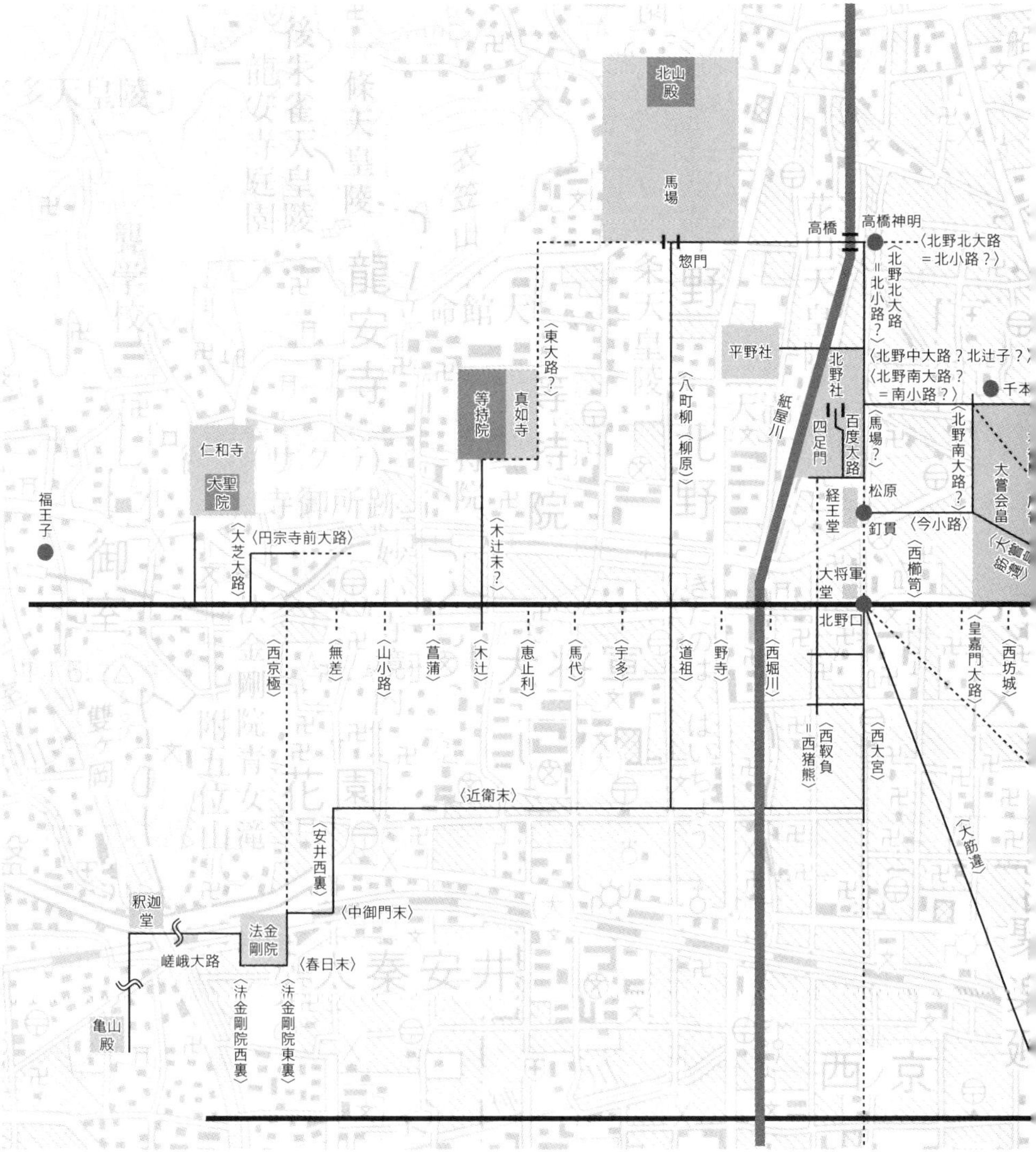
北山殿
馬場
惣門
高橋
高橋神明
〈北野北大路＝北小路？〉
〈北野北大路＝北小路？〉
平野社
〈北野中大路？北辻子？〉
〈北野南大路？＝南小路？〉
千本
〈東大路？〉
〈八町柳（柳原）〉
紙屋川
北野社
四足門
百度大路
〈馬場？〉
〈北野南大路？〉
大嘗会畠
等持院
真如寺
仁和寺
大聖院
福王子
松原
経王堂
釘貫
〈今小路〉
〈西櫛笥〉
〈大宮大路〉
〈木辻末？〉
〈大芝大路〉
〈円宗寺前大路〉
大将軍堂
北野口
〈西京極〉
〈無差〉
〈山小路〉
〈菖蒲〉
〈木辻〉
〈恵止利〉
〈馬代〉
〈宇多〉
〈道祖〉
〈野寺〉
〈西堀川〉
〈皇嘉門大路〉
〈西坊城〉
〈西靫負＝西猪熊〉
〈西大宮〉
〈近衛末〉
〈大筋違〉
〈安井西裏〉
〈中御門末〉
釈迦堂
法金剛院
嵯峨大路
〈春日末〉
亀山殿
〈法金剛院西裏〉
〈法金剛院東裏〉

【編者紹介】

桃崎有一郎（ももさき　ゆういちろう）

1978年東京都生まれ。

慶應義塾大学文学部卒業、同大学院文学研究科後期博士課程単位取得退学。博士（史学）。

日本学術振興会特別研究員（DC・PD）、東京大学史料編纂所学術研究支援員（リサーチ・アシスタント）、立命館大学文学部講師、高千穂大学准教授等を経て、現在、高千穂大学教授。日本中世史専攻。

主要著書　『康富記人名索引』（日本史史料研究会、2008年）、『中世京都の空間構造と礼節体系』（思文閣出版、2010年）、『岩波講座日本歴史 第7巻 中世2』（共著、岩波書店、2014年）

山田邦和（やまだ　くにかず）

1959年京都市生まれ。

同志社大学文学部卒業、同大学院文学研究科博士課程前期修了。博士（文化史学）。

平安博物館助手、古代学研究所助手、京都文化博物館学芸員、花園大学教授を経て、現在、同志社女子大学教授。考古学・都市史専攻。

主要著書　『須恵器生産の研究』（学生社、1998年）、『京都都市史の研究』（吉川弘文館、2009年）、『日本中世の首都と王権都市』（文理閣、2012年）、『歴史のなかの天皇陵』（共編著、思文閣出版、2010年）、『平安京提要』（共著、角川書店、1994年）

平安京・京都研究叢書4
室町政権の首府構想と京都—室町・北山・東山—

2016年10月30日　第1刷発行

編　者　桃崎有一郎・山田邦和
発行者　黒川美富子
発行所　図書出版　文理閣
京都市下京区七条河原町西南角 〒600-8146
電話（075）351-7553　FAX（075）351-7560
http://www.bunrikaku.com
印　刷　新日本プロセス株式会社

ISBN978-4-89259-798-5

二〇〇一年）、『姫路市史　第九巻・史料編中世二』（共著、二〇一二年）、「戦国期の小寺氏」（小和田哲男監修『黒田官兵衛』、宮帯出版社、二〇一四年）

原田正俊（はらだ　まさとし）
一九五九年生まれ。関西大学教授。日本中世史、日本仏教史。『日本中世の禅宗と社会』（吉川弘文館、一九九八年）、『天龍寺文書の研究』（編著・思文閣出版、二〇一一年）、「皇帝の誕生日法会から室町将軍の誕生日祈禱へ」（佐藤文子・原田正俊・堀裕編『仏教がつなぐアジア』勉誠出版、二〇一四年）

前田義明（まえだ　よしあき）
一九五三年生まれ。京都市考古資料館館長。「中期の瓦」（『平安京提要』角川書店、一九九四年）、「鳥羽離宮跡の発掘調査」（『院政期の内裏・大内裏と院御所』文理閣、二〇〇六年）

松井直人（まつい　なおと）
一九八八年生まれ。日本中世史。京都大学文学部等非常勤講師。「南北朝・室町期京都における武士の居住形態」（『史林』九八巻四号、二〇一五年）、「菅浦文書の「発見」とその前後」（『滋賀大学経済学部附属史料館研究紀要』四九号、二〇一六年）

宮上茂隆（みやがみ　しげたか）
一九四〇―一九九八年。建築史家。東京大学工学部建築学科卒、同大学院修士課程修了。一九六八年から八〇年にかけて同学科助手。『薬師寺伽藍の研究』（私家版、一九七八年刊）で工学博士となり、一九八〇年竹林舎建築研究所を設立。一九八三年、二〇年がかりの大坂城本丸設計図を復元完成。一九八九年から九三年にかけて掛川城天守閣の復元設計に携わる。奈良時代寺院から江戸時代城郭に至るまで、日本建築の研究・復元設計を幅広く手掛けた。『法隆寺』（西岡常一と共著、草思社、一九八〇年）、『大坂城』（草思社、一九八四年）

百瀬正恒（ももせ　まさつね）
一九四九年生まれ。考古学（古代から近世の社会構造と土器）。㈶京都市埋蔵文化財研究所に勤務し、日本中世土器研究会、日本貿易陶磁研究会、平安京・京都研究集会などを中心に研究活動を行ってきた。「長岡京の土器」『長岡京古文化論叢』（同朋舎出版、一九八六年）、「平安京出土の中国陶磁」（『貿易陶磁研究』№6、一九八六年）、「各地の土器様相　7・近畿」（『概説　中世の土器・陶磁器』真陽社、一九九五年）、「中世都市京都の路と町」（『中世のみちを探る』高志書院、二〇〇五年）、「中世京都―都市域の様相と生産地・流通・消費」（『中世都市研究12　中世のなかの「京都」』新人物往来社、二〇〇六年）、「長岡京・平安京」（『愛知県史』窯業1〈別編古代　猿投系〉二〇一五年）

執筆者紹介（五十音順）

家永遵嗣（いえなが　じゅんじ）
一九五七年生まれ。学習院大学文学部教授、日本中世政治史。『東京大学日本史学研究叢書1室町幕府将軍権力の研究』（東京大学大学院人文科学研究科国史学研究室、一九九五年）、「足利義満と伝奏との関係の再検討」（『古文書研究』第四一・四二合併号、一九九五年）、「室町幕府の成立」（『学習院大学文学部研究年報』第五四輯、二〇〇八年）、「足利義満・義持と崇賢門院」（『歴史学研究』八五二号、二〇〇九年）、「建武政権と室町幕府との連続と不連続」（『九州史学』第一五四号、二〇一〇年）、「室町幕府と『武家伝奏』・禁裏小番」（『近世の天皇・朝廷研究』第五号、二〇一三年）

木岡敬緒（きおか　たかお）
一九五七年生まれ。竹林舎建築研究所代表。日本建築史。一九八二年竹林舎建築研究所入所。九八年宮上茂隆の死去にともない代表に就任。日本建築の復元設計ならびに歴史研究に携わる。大洲城天守復元（日本建築学会賞受賞）。『大洲城天守閣復元事業報告書』（共著、二〇〇四年、大洲市）、『薬師寺伽藍の研究』（編修、二〇〇九年、草思社）

髙橋康夫（たかはし　やすお）
一九四六年生まれ。日本都市史・建築史。花園大学文学部教授、京都大学名誉教授。一九九四年日本建築学会賞（論文）、二〇〇二年建築史学会賞。『京都中世都市史研究』（思文閣出版、一九八三年）、『洛中洛外――環境文化の中世史』（平凡社、一九八八年）、『図集　日本都市史』（共編著、東京大学出版会、一九九三年）、『京町家・千年のあゆみ　京都にいきづく住まいの原型』（学芸出版社、二〇〇一年）、『京・まちづくり史』（共編著、昭和堂出版、二〇〇三年）、『海の「京都」――日本琉球都市史研究』（京都大学学術出版会、二〇一五年）

田坂泰之（たさか　やすゆき）
一九七二年生まれ。日本中世史。愛媛県教育委員会生涯学習課教育主任。「室町期京都の武家邸宅地について」（図録『京都・激動の中世』京都文化博物館、一九九六年）

冨島義幸（とみしま　よしゆき）
一九六六年生まれ。京都大学大学院工学研究科准教授。日本建築史。『密教空間史論』（法藏館、二〇〇七年）、冨島義幸『平等院鳳凰堂―現世と浄土のあいだ―』（吉川弘文館、二〇一〇年）、復元設計に平泉無量寿院・毛越寺伽藍、法勝寺八角九重塔など。

野田泰三（のだ　たいぞう）
一九六四年生まれ。日本中世史。京都光華女子大学教授。「戦国期における守護・守護代・国人」（『日本史研究』四六四号、

中世後期京都・京郊における公武寺社の在所一覧表

松井直人・桃崎有一郎

本表の趣旨

本稿は、南北朝・室町期京都における公家・武家・寺社とその関係者の居所・所在地を、主に同時代史料により網羅的に検出した表である。本表の作成意図について、先行研究や近年の研究動向との関係を中心に述べておきたい。

近年、室町・戦国期研究では武家の「在京」が関心を集めている。例えば山田徹は南北朝・室町期に関して、都鄙を往来する様々な領主層を「在京領主」として一括把握し、各領主の「在京—非在京」の別によって中世後期社会の展開を捉える視角を提示した(1)。また浜口誠至は、室町・戦国期に幕政に参加した大名を「在京大名」と定義し、主に細川氏を素材に彼らが幕政の補完・代行を行ったことを指摘した(2)。

かかる研究動向の背景には、伊藤俊一が応安大法の画期性を論じる中で、「守護と守護代を京都に招集し、将軍の命を直接に伝え、(遵行の—引用者注)結果の検証をすることで、守護の消極的・積極的な抵抗によって寺社本所領保護策が現地で執行されない問題を解決しようとした」とし、「守護の常時在京を前提とした将軍による守護への強力な働きかけ」とそれに基づく室町期荘園制の安定化を説かれたことなどがあろう(3)。いわゆる「守護在京制」や、様々な領主が在京し幕府(≒将軍権力)と直接対峙した〝場〟である京都が、中世後期の全国支配の要として積極的に評価される傾向が顕著である。しかし、室町期荘園制の安定を実現させた「守護在京の実情・京都での(荘園領主との—引用者注)折衝の実態」を伊藤が今後の課題としたように(4)、「在京」の実態、すなわち生活形態や単位(一族での在京、幕府職制との連動など)・経済基盤には、未だ不明瞭な点が多い。

この現況から改めて注目されるのが田坂泰之の論考「室町期京都の都市空間と幕府」(5)である。田坂は、従前の室町幕府の京都支配研究では空間構造に注目する視角が不在であり、在京武士が京都の空間構造中に占めた物理的な位置(所在地)を解明する必要性を説いた。そして主に南北朝期・室町期の古記録類から武家の居住地を洗い出し、時系列的に八段階に分けて地図化し、次の結論を得た。すなわち①室町将軍邸の敷地移転と他の武家邸宅の所在地変遷は連関すること、②武家の上京集住は義満期に画期が、また義教期にその定着(上京—武家・公家、下京—商業地域)が見られること、③都市全体を見通した武家邸宅の計画的配置は行われず、また武家が一円支配するという意味での「武家の空間」も形成された形跡がないこと、④以上の事実は、室町幕府が廷臣ら諸権

門と相互に支え合って民衆を支配する当該期の政治構造＝「公武統一政権」の反映であること、などである。

田坂の成果は、「中世後期の「武家地」研究は未開拓」[6]という初出時の学界状況においてはもちろん、現在の室町期在京武士の研究においても先駆的意義を有し、尊氏～義政期までの長期間かつ都市京都全体を対象とした視野の広さから、近年も中世後期京都を都市論の視座から論じる際に頻繁に引用される[7]。ただ、当該論文では各時期（各地図）の初出事例のみを拾ったため、件数が史料の残存度合いに左右されて偏る点に課題を残す。そして何より重大なのは、地図上にプロットされた武士住宅所在地の典拠が、紙幅の都合で全く割愛された点である。当該分野の先駆的労作として引用されるべき論考にもかかわらず、現状では学術的に依拠することが事実上不可能なのである。

このような中、松井は田坂の研究視角と成果を継承すべく、戦国期までを視野に入れて、在京武士の所在地に関する史料を網羅的に蒐集して独自に一覧表を作成した。また別に桃崎も、2010年度に立命館大学文学部に配分された補正予算に基づく事業[8]で、研究プロジェクト「南北朝・室町期京都における住宅所在情報の網羅的検出と地図化」を推進していた（承認を頂いた立命館大学文学部と、データ収集を分担して頂いた池松直樹・笹木康平・鈴木耕大郎・田中誠・中村明・本多潤子・松井直人の各氏〔五十音順〕には、この場を借りて桃崎から深謝申し上げる）。これは、廷臣・武士・寺社関係者から百姓の居宅まで、また田畑・山川藪沢など、戦国期以前で所在地を特定可能なあらゆる中世京都の構成要素を、史料から網羅的に蒐集する試みであった。

両者は全く独立した作業だが、本書のベースとなったシンポジウムで松井と桃崎が情報交換するうち、研究目的と作業の少なからぬ部分が重なることを知った。そして、本書発刊はそれらの成果を公表する好機であること、双方を照合・結合しつつ作業を分担することが両人の研究に寄与すること、その成果物が田坂論文の最大の問題点を補って中世京都研究全体に寄与し得ること、などの諸点について合意した。そこで今回、松井と桃崎の表を結合・調整・補訂し、事例掲出の対象時期をおおよそ鎌倉幕府滅亡～応仁の乱勃発に絞り、掲出事例は公家・武家・寺社（とその関係者）の在所（原則として居住目的の土地、寺社は伽藍・社殿の所在地）に絞って、典拠を明示して一覧表化した。

『大日本史料』『大日本古文書』やまとまった古記録など、比較的閲覧・検索しやすい活字史料は網羅的に調査対象とし、気づいた範囲で自治体史や東京大学史料編纂所架蔵影写本などから補った場合もある。また表記の僅かな違いが後に有益な情報となり得ることに鑑み、初出にこだわらず類似の情報を載せる史料を知り得た範囲で網羅的に掲載した（特に内裏・仙洞・将軍御所に顕著）。作業の性質上、網羅性の完璧さは保証し得ず脱漏を免れ得ないが、田坂論文の典拠の共有が学界の喫緊の課題であることに鑑み（田坂が参照したと思しい事例は表で特記し確認可能にした）、拙速を尊んで公表することとした。本表が文献史学・地理学・考古学・文学・建築史学など中世京都を対象とする諸研究に寄与し得るよう願うとともに、当該論考の本書再録と本表の公表を御快諾下さった田坂泰之氏に深甚の感謝を表するものである。

注

(1) 山田徹「室町領主社会の形成と武家勢力」『ヒストリア』(223)、2010。

(2) 浜口誠至『在京大名細川京兆家の政治史的研究』思文閣出版、2014。

(3) 伊藤俊一「室町幕府の荘園政策」『室町期荘園制の研究』塙書房、2010。

(4) 前掲注3伊藤著書。

(5)『日本史研究』(436、1998)。本書第1部再録。

(6) 高橋慎一朗「中世都市京都」(佐藤和彦他編『日本中世史研究事典』、東京堂出版、1995)。

(7) 仁木宏『京都の都市共同体と権力』(思文閣出版、2009) 66頁、高橋慎一朗「中世都市論」(『岩波講座日本歴史 第七巻 中世二』、岩波書店、2014) 263頁。

(8) 教育研究高度化のための支援体制整備事業「歴史都市・京都とその空間文化をめぐる人文学的知の協働」。

凡例

・事例採録の時期的範囲はおおよそ鎌倉幕府滅亡頃から応仁の乱勃発頃までとし、時系列で排列した。ただし当該期の状況を知る上で重要な情報は、右期間に限らず適宜採録した。

・史料原文の改行は /、割書・細書・ルビは〈 〉、校訂注は [ ]、その他注記は ( ) で示した。

・田坂泰之「室町期京都の都市空間と幕府」(本書第1部再録、初出1998) 収載の地図作図で参照されたと判断された史料は、「№」の頭に * を付して示した。

・史料本文は字配り等必ずしも厳密を期していないので、原史料に拠って確認されたい。

・「年月日」欄で、閏月は丸数字で示した。

・「刊本」欄では、必要と認めた場合に、刊本の巻次・頁(または文書番号)を x-y の形で示した。また頻出する史料名・刊本名は以下の略号で示した。大 x-y-z…『大日本史料』x 編之 y、z 頁所載/家わけ x-y…『大日本古文書』家わけ之 x-y 号文書所載/東百…東寺百合文書/南九(南中・南関・南東) x-y…『南北朝遺文 九州編(中国四国編・関東編・東北編)』x 巻 y 号/加南(加室) x-y…『加能史料 南北朝(室町)』x 巻 y 頁所載/群(続群) x-y…続群書類従完成会本『群書類従(続群書類従)』x 輯 y 頁所載/引付集成上 x…桑山浩然編『室町幕府引付史料集成 上』x 頁所載/室文集成…今谷明・髙橋康夫編『室町幕府文書集成 奉行人奉書篇』(思文閣出版、1986)/八坂 x-y…『八坂神社記録』x 巻 y 頁所載/相生 x-y…『相生市史』x 巻 y 頁所載/福島県史 x-y…『福島県史 第7巻資料編2 古代・中世資料』x 巻 y 頁所載/榎原雅治2011基盤Bx…『古記録の史料学的な研究にもとづく室町文化の基層の解明』(2008～2009年度科学研究費補助金基盤研究(B)研究成果報告書、研究代表者榎原雅治、2011) x 頁所載。

・特定の地域・街路の居住者や特定人物の在所を検索する便宜のため、二つの付表を作成した。居住者名・施設名から本表の「№」欄を参照する索引と、地名(地域・街路名等)から居住者名・施設名(寺社等)を検索する対照表である。併せて活用されたい。

・付表の排列は、いずれも漢字音順・画数順である。

No.	典拠	年月日	地名	居住者・施設名	史料本文
1	増鏡12浦千鳥	延慶1(1308).8.26	正親町	花園天皇	春宮(富仁親王)は正親町殿(後の土御門内裏)へ行啓なりて剣璽わたさる, 八月廿六日践祚なり
2	増鏡13秋のみ山	文保2(1318).2.-	冷泉万里小路	後醍醐天皇	御門(後醍醐)坊にておはしましし時のまゝに冷泉万里小路殿寝殿に移り住ませ給へるに
3	増鏡13秋のみ山	正中1(1324).4.17	大炊御門富小路	洞院実泰/洞院公賢	今日の使(賀茂祭近衛使)は徳大寺中将公清也, 春宮の大夫(洞院)公賢の聟にておはすればにや, 左大臣(洞院公賢父実泰)の大炊御門富小路の御家よりぞ出でたゝれける
4	増鏡14春の別れ	嘉暦1(1326).8.-	土御門東洞院	陽徳門院媄子内親王	八月になりて陽徳門院の土御門東の洞院殿へ行啓はじめあり
5	増鏡17月草の花	正慶2(1333).5.7	北山	西園寺公宗	西園寺の大納言公宗は北山へおはしにけり
6	増鏡17月草の花	正慶2(1333).5.8	三条坊門万里小路	中院通顕/中院通冬	内大臣殿(中院通顕)は御子の別当通冬伴ひ給て, 八日の明ぼのゝいまだ暗き程に我御家の三条坊門万里小路におはしまし著きたるに
7	西園寺家記録13(南中4-3304)	元亨2(1322).7.23	北山	西園寺実衡	定 家門条々事…一, 西園寺并北山屋事〈同領内在山林用地等〉/可為実衡卿沙汰, 但有要時寄宿事, 雖庶子等許之
8	本朝皇胤紹運録(大6-25-887)	元弘1(1331).10.6	土御門東洞院	光厳天皇	渡剣璽〈自六波羅奉渡〉土御門東洞院殿
9	続史愚抄(大6-1-74)	元弘3(1333).6.4	二条富小路	後醍醐天皇	二条富小路殿
10	大徳寺文書(鎌倉遺文42巻32643号)	元弘3(1333).10.29	唐鋤鼻	大徳寺/不動堂	当寺東路以東敷地六十六丈, 自唐鋤鼻至不動堂前南北九十丈, 可被管領者
11	行幸部類記(葉室大納言長光卿記)(大6-1-566)	建武1(1334).5.9	北山	西園寺公宗	今夕為御方違可有行幸北山第…予前行第一也, 於大炊御門京極, 官人一人・左衛門佐氏光等前行供奉也, 幸路京極北行, 郁芳門大路西行, 宮城大路北行, 著御北山第
12	皆川文書(福島県史7-866)	建武1(1334).8.28	五条東洞院西南角	長沼秀行	下野国長沼庄, 并小薬郷, 陸奥国長沼庄南山内古々郷・湯原郷等地頭職, 五条東洞院西南角地等, 可令管領者, 天気如件, 悉之, 以状
13	太平記(大6-2-2)	建武1(1334).10.5	二条高倉	後醍醐天皇	鳳闕ノ西二条高倉ニ馬場殿トテ俄ニ離宮ヲ立ラレタリ
14	臨川寺文書(大6-2-251)	建武2(1335).1.25	臨川寺北	二階堂道蘊	臨川寺北道蘊屋地, 所被寄附当寺也, 可令管領給者, 天気如此, 仍執達如件/建武二年正月廿五日/左中将(中院具光)/夢窓和尚方丈
15	建武記(大6-2-304)	建武2(1335).3.1	押小路京極	大番役所	訴論人参内事, 記録所・決断所沙汰, 已被定其道々畢, 諸国輩猥不可参禁中, 於五畿内訴論人者, 相触于押小路京極役所可参入
16	官務記(大6-2-394)	建武2(1335).4.26	冷泉万里小路	後醍醐天皇	今日内々行幸冷泉万里小路新造御所
17	双峰国師語録(和学講談所本)(大6-2-730)	建武2(1335).11.23	東九条	大聖寺	正法山大聖寺〈在洛東九条〉
18	官公事抄(大6-2-962)	建武3(1336).1.10	二条富小路	後醍醐天皇	二条富小路皇居炎上〈或記云, 京極内裏云々〉, 主上幸山門
19	東寺王代記(大6-2-962)	建武3(1336).1.10	京極	後醍醐天皇	京極内裡炎上, 主上幸山門
20	三刀屋文書(大6-3-20)	建武3(1336).1.27	西山	峰堂	廿七日合戦, 自加茂河原, 迄于七条河原, 抽軍忠之旨, 伯耆四郎左衛門尉并安東弥二郎入道等令見知者也, 同時合戦伯耆中務丞相共, 於一条河原并桂河以下所々致軍忠, 迄于西山峰堂令発向之条御見知之上…
21	上杉系図大概(大6-3-41)	建武3(1336).1.-	中御門京極	祇陀林地蔵堂	兵庫頭憲房…新田足利合戦時, 於京都中御門京極祇陀林地蔵堂自殺, 或曰於四条河原討死
22	白河古事考所収文書(福島県史7-522)	延元1(1336).4.2	四条東洞院	結城顕朝	祖父宗広所領, 父親朝に与えずして顕朝に授く…一, 京都屋地〈四条東洞院〉

No.	典拠	年月日	地名	居住者・施設名	史料本文
23	山内家文書（家わけ15-470）	建武3（1336）.6.23	京都西岸寺御堂	山内通継	譲渡 所領事…一，京都西岸寺御堂事，右件所領者通継重代相伝私領也
24	毛利家文書（家わけ8-15）	建武3（1336）.6.30	北小路堀川／北小路町	毛利時親／赤松範資	建武三年六月晦日，山門合戦破之間，了禅□［為］老体在京無益之間…下向芸州之刻，為在京料所，吉田郷，山田村，京屋地二所〈一所北少洛［路］堀河，一所北少洛［路］町〉先宛給畢…屋地二所，為（毛利）元春判形，令沽却赤松美作守（範資）畢
25	皇年代記略（大6-25-881）	建武3（1336）.8.15	押小路烏丸	二条良基／光明天皇	権大納言良基卿押小路烏丸亭有立王事
26	洞院家記（大6-3-661）	建武3（1336）.8.15	二条烏丸	二条良基／光明天皇	践祚，新主二条烏丸殿〈権大納言良基卿家〉
27	皇代略記（大6-3-905）	建武3（1336）.12.10	一条室町	後醍醐天皇／一条経通	出御東寺（後醍醐天皇），幸一条室町内大臣（一条経通）第〈以此亭暫為皇居〉
28	陸奥南部文書（南関1-736）	建武4（1337）.8.11	中御門	中御門冬定／中御門宗重	譲与 庄園文書所領楽器本譜等事…一，中御門屋地
29	皇年代略記（大6-4-372）	建武4（1337）.9.2	土御門東洞院	光明天皇	遷幸土御門東洞院御所
30	続史愚抄（大6-4-372）	建武4（1337）.9.2	一条室町／土御門東洞院	一条経通／光明天皇	自左大臣〈（一条）経通〉一条室町第，行幸土御門東洞院殿〈非遷幸儀云〉，為皇居
31	新善光寺文書（大6-4-439）	建武4（1337）.11.17	一条大宮	新善光寺	奉寄 一条大宮新善光寺
32	建武三年以来記（大6-4-754）	建武5（1338）.3.9	三条坊門万里小路	足利直義	建武五年三月九日，等持院殿（尊氏）令□…□［三条坊］門万里小路第給〈大休寺殿御在所〉，四月八日御帰座
33	園太暦（観応2.3.4条）	建武5（1338）.3.9	三条坊門万里小路	足利直義	行幸三条坊門万里小路第，還御土御門東洞院殿皇居
34	（同上）	建武5（1338）.3.9	土御門東洞院	足利直義／光明天皇	（同上）
*35	師守記	暦応2（1339）.7.12	白河	阿弥陀院	今日申刻白河阿弥陀院焼亡，本尊同焼失云々，其外数十間焼失云々
*36	師守記	暦応2（1339）.9.1	三条坊門	足利直義	自今日武衛（足利直義）第三条坊門被始八講云々，〈親父仏事云々〉
*37	師守記	暦応2（1339）.10.6	西山	法皇寺	今朝為御野遊，御渡西山皇法［法皇］寺…（翌日条）今日自法皇寺御帰宅
38	中院一品記（大6-5-790）	暦応2（1339）.11.5	正親町以南，土御門以北，東洞院東頬	光明天皇	参内〈正親町以南，土御門以北，東洞院東頬〉於一条東洞院下車
39	師守記	暦応2（1339）.11.6	今小路高倉	百万遍堂	今夜子剋許，今小路高倉百万遍堂焼亡了
40	師守記	暦応2（1339）.11.6	毘沙門堂	毘沙門堂	今夜申剋毘沙門堂辺焼亡
*41	師守記	暦応2（1339）.11.9	三条高倉東洞院間北頬	明石縫殿（幕府奉行人）／足利直義	今夜亥斜，三条高倉・東洞院間北頬焼亡，武家奉行自明石縫殿宿所失火出来云々，武衛（足利直義）第三条坊門近々之間，武士以下多馳参云々，然而無程静謐，幸甚々々
42	師守記	暦応2（1339）.11.20	土御門／持明院殿	光明天皇	今夜行幸持明院殿，皇居土御門殿修理料也云々…仙洞為禁裏之間，以中園殿為院御所云々
43	（同上）	暦応2（1339）.11.20	中園殿（亭，第）（洞院公賢亭，北大路西大路北東）	光厳上皇／洞院公賢	（同上）
44	新善光寺文書（大6-5-848）	暦応2（1339）.12.17	一条大宮	新善光寺	寄進 一条大宮新善光寺
45	師守記	暦応3（1340）.1.1	土御門／持明院殿	光明天皇	今暁自持明院殿還幸，土御門殿修理□□［後也］

No.	典拠	年月日	地名	居住者・施設名	史料本文
46	師守記	暦応3(1340).3.5	六角	中原師守	六かくとのへ(紙背文書宛所)
47	師守記	暦応3(1340).3.10	二条堀川	隼社	(裏書)隼社事, 左京二条坐神一座隼神社之由, 載延喜式神名帳候歟…神社抄云…二条堀川角/隼神
48	師守記	暦応3(1340).3.28	一条北大宮西	世尊寺	世尊寺〈権大納言(藤原)行成為願主, 在一条北大宮西〉…世尊寺亦一条北大宮西, 山城国愛宕郡上林郷云々
49	師守記	暦応3(1340).3.28	一条北大宮西	衆林寺	衆林寺ハ一条北大宮西云々
50	師守記	暦応3(1340).7.5	萩原殿	光厳上皇	伝聞, 去夜(光厳)法皇御所〈萩原□[殿ヵ]〉□□□盗人云々
51	中院一品記(大6-6-221)	暦応3(1340).7.6	姉小路烏丸	土御門親賢	早旦出京, 宿于姉小路烏丸土御門黄門(親賢)亭, 為明日出仕也
52	師守記	暦応3(1340).7.20	毘沙門堂	三条実忠	先(中原師右)渡御新亜相(勧修寺)経顕卿〈執権〉第…次渡御三条大納言実忠卿第〈毘沙門堂〉
53	譲補記(大6-6-280)	暦応3(1340).8.19	勘解由小路油小路東頬	紀親文/勘解由小路兼言	御入洛(紀親文, 任紀伊国造), 自東寺前先陣皆加後陣供奉, 即勘解由小路油小路〈油小路面東頬〉為御宿所〈平門内也〉, 陰陽師大蔵大副[輔]〈兼言〉家也
54	中院一品記(大6-6-531)	暦応3(1340).10.3	二条東洞院	福田院	今日亡母七年忌也, 於二条東洞院福田院, 如形作善等令修也
55	五八代記(大6-21-352)	暦応3(1340).12.27	三条坊門	足利直義	同(暦応)三年十二月廿七日, 於三条坊門〈左兵衛(足利直義)亭〉以此次第修護摩
56	中院一品記(大6-6-544)	暦応4(1341).1.1	正親町東洞院	光明天皇	次参内〈正親町東洞院也〉, 於一条東洞院下車
57	師守記	暦応4(1341).1.21	四条坊門高倉(付近)/六角万里小路(付近)	中原師右(文庫)	今夜子剋, 自四条坊門高倉辺火出来, 至六角万里小路, 六角面半町焼失, 文庫等依風下已欲焼失, 然而無為無事, 御家中大慶此事也
58	中院一品記(大6-6-628)	暦応4(1341).1.22	中御門大宮	唐橋在登	予於中御門大宮菅三位在登卿〈前左大弁三位〉宿所出立
59	師守記	暦応4(1341).2.10	三条坊門	足利直義	今朝午剋三条坊門左武衛(足利)直義朝臣被参八幡
60	金蓮寺文書(大6-6-777)	暦応4(1341).④.28	四条京極	金蓮寺	浄阿上人申四条京極敷地事
61	法観寺文書(大6-6-823)	暦応4(1341).6.15	六条東洞院	円福寺	六条東洞院円福寺事, 為法観寺末寺之由, 被聞食之旨, 院御気色所[候脱ヵ]也
62	山城妙心寺文書(南関2-1311)	暦応5(1342).1.29	仁和寺花園	萩原殿/妙心寺	仁和寺花園御所跡, 可令管領給者, 依御気色執達如件
63	中院一品記(大6-7-71)	暦応5(1342).3.20	勘解由小路/粟田口	帥法印(仏所)/花山院長定	申刻許有焼亡, 法勝寺塔云々, 其後金堂・講堂成灰燼, 先勘解由小路仏所帥法印宿所火出来云々, 阿弥〈陀歟〉堂先焼失云々…彼火飛粟田口花山院(長定)山荘, 多宝塔焼云々
64	東百せ(南関2-202)	暦応5(1342).3.23	高辻東洞院	佐々木仲親/佐々木五郎左衛門尉/二階堂道本	号東寺雑掌, 掠申高辻東洞院敷地事…抑彼屋者, 佐々木備中入道(仲親)侍所管領之時, 令点定之, 居住之刻, 死去之間, 子息同五郎左衛門尉相続之処, 道本無居所之由, 於武家就嘆申之, 為信濃入道行珍奉行, 被借用彼屋渡給之畢
65	五八代記(大6-21-351)	暦応5(1342).4.10	万里小路	法身院/賢俊(二宝院)	暦応五年四月十日, 於万里小路坊(賢俊), 授許可俊性〈観心院〉
66	中院一品記(大6-7-532)	暦応5(1342).4.20	土御門油小路〈土御門面, 油小路以西北頬〉	中院通顕/大中臣蔭直	家君(中院通顕)渡御新所…件亭土御門油小路屋〈土御門面油小路以西北頬〉, 故祭主二位蔭直卿宿所也, 而譲与息女, 々々〈当時宇都宮常陸介守綱妻也〉令沽却之間, 当時便宜之所依無之, 仰額田・八田両庄雑掌, 召公用被留了
*67	師守記	康永1(1342).5.8	三条坊門	足利直義/能勢三位/佐々木近江次郎/河津了全	伝聞, 今夜武衛(足利直義)参院, 帰宅以後, 自三条坊門第出火〈中門云々〉, 能勢三位□・・・□丑斜也云々, 佐々木近江次郎・河津了全両取消之, 三人則有勧賞□希代事也**【※水月明鑑(大6-16-336に能勢蓮阿弥[頼任]・同判官代太郎頼連見ゆ)】**

No.	典拠	年月日	地名	居住者・施設名	史料本文
*68	師守記	康永1(1342).6.2	六角東洞院	佐々木六角氏頼(崇永)	今日佐々木三郎兵衛尉頼氏[氏頼ヵ]宿所六角東洞院旧跡立屋,今日立柱上棟也
69	常楽台主老衲一期記(大6-37-34)	康永1(1342).-.-	大谷/塩小路油小路	顕性	為湯治宿五条坊門室町旅所/不及帰参大谷宿,塩小路油小路顕性宿所越年了
70	常楽台主老衲一期記(大6-37-34)	康永1(1342).-.-	五条坊門室町	存覚/顕性	為湯治宿五条坊門室町旅所
71	常楽台主老衲一期記(大6-37-34)	康永1(1342).-.-	塩小路油小路	存覚/顕性	不及帰参大谷宿,塩小路油小路顕性宿所越年了
72	祇園社家記録	康永2(1343).7.11	百度大路	顕詮(桐坊)	(高倉)章有判官今日可参社,以次可見参之由自昨日申之間,今日於百度大路桐房対面
73	祇園社家記録	康永2(1343).7.14	四条	四条道場(金蓮寺)	四条道場阿弥陀経ニ参
74	祇園社家記録	康永2(1343).7.24	五条室町	矢部	倉栖許ヨリノヒハリ毛馬,今夕於五条室丁[町]矢部殿ニテ売之,三貫二百文也
75	祇園社家記録	康永2(1343).8.15	四条坊門	顕詮	此宿所四条坊門屋上ニ白骨〈首〉在之,東讃州下人見付,則取棄了
76	祇園社家記録	康永2(1343).9.8	四条坊門	山口弾正左衛門母	山口〈弾正左衛門〉母儀移住四条坊門宿所云々,山口夫渡
77	祇園社家記録	康永2(1343).10.7	四条坊門	山口弾正左衛門	一山口弾正左衛門許状有之,坊門(四条坊門ヵ)宿所借給之条悦入云々,奥ニハ老母居住之間,難治之由返答了
78	祇園社家記録	康永2(1343).10.15	北小路(上北小路)	百万返寺	上北小路百万反寺上棟今日也
79	祇園社家記録	康永2(1343).10.23	四条坊門	山口弾正左衛門	山口弾正今夕自清水移住坊門(四条坊門ヵ),母儀同宿云々
80	祇園社家記録	康永2(1343).10.27	四条壬生	坂上明清	行豊前守(坂上)明清許〈四条壬生〉対面
81	祇園社家記録	康永2(1343).11.9	中御門万里小路	冷泉経隆	行役夫等奉行経隆許〈中御門万里少路,申次豊後新左衛門〉,申状付之,可相尋于官方云々
82	祇園社家記録	康永2(1343).12.27	三条富小路	曽下(曽我ヵ)	近日又唐鞍神人事…被改差符〈右方光吉〉被返付正弘了,仍〈今日〉正弘差定了〈三条富小路曽下[我ヵ]号云々〉
83	祇園社家記録	康永2(1343).12.29	北小路	智恩院	今年歳末米下行分/…枋遣所々/…北少路〈智恩院〉〈三合〉
*84	師守記	康永3(1344).1.16	正親町々与西洞院	正親町三条公秀/高師泰	今朝巳剋正親町々与西洞院焼亡,帥卿〈公秀卿〉并高越後守師泰等宿所焼亡,帥卿寄宿山徒弁〈法印〉宿也,自師泰宿所出火云々
85	海蔵院文書(大6-8-108)	康永3(1344).2.27	五辻大宮	承顕僧都/近衛基嗣	五辻大宮敷地〈承顕僧都跡〉西寄東西十二丈,南北五十六丈,可令管領給由,院御気色所候也
86	海蔵院文書(大6-8-108)	康永3(1344).3.18	五辻大宮	金輪院/楞伽寺/富明王	金輪院避状案文 避進 五辻大宮敷地事,合壱所者〈口東西拾肆丈,奥南北参拾丈〉,右所者五辻親王家(富明王)相承之地也,而為楞伽禅寺御建立,御要望之間,厳命難黙止之上…
87	園太暦	康永3(1344).3.22	三条押小路/毘沙門堂/北小路(上北小路)室町/柳原	三条実忠	幕下已下行向内大臣(三条実忠)第三条押小路宿所,先年回禄之後,経廻毘沙門堂寺辺,其体更不能行如此儀,仍借請(今出川)公直朝臣室町第…自北小路室町連々至柳原辺…(実忠拝賀)先向内府第〈借請菊第為本所,為当時居所隣家之間,不及乗車所行向也〉
88	(同上)	康永3(1344).3.22	菊亭(菊第,北小路(上北小路)室町)/中園殿(亭,第)(洞院公賢亭,持明院北大路持明院西大路北東)隣家	今出川公直	(同上)
89	(同上)	康永3(1344).3.22	菊亭(菊第,北小路(上北小路)室町)隣家	洞院公賢	(同上)

No.	典拠	年月日	地名	居住者・施設名	史料本文
90	園太暦	康永3(1344).3.22	今出川(付近)/毘沙門堂大路/持明院殿	光厳上皇	(三条実忠拝賀)先参仙洞,其路室町南行,北小路東行,今出河北行,毘沙門堂大路西行,至持明院殿
91	師守記	康永3(1344).4.8	四条高倉	聖雲房	今日家君先御聴聞四条高倉聖雲房説法
92	師守記	康永3(1344).4.29	三条坊門	足利直義	今日於武衛(足利直義)第〈三条坊門〉有鞠
*93	師守記	康永3(1344).5.11	樋口東洞院南角東	斯波高経	今夕酉剋,左兵衛督源(足利)直義朝臣,被渡精進□□[屋樋]□[口ヵ]東□□[洞院]南角東修理大夫高経宿所云々
94	師守記	康永3(1344).5.11	六角富小路	中原師右(文庫)	今夜子刻,六角富小路六角北東頬自蘭陽火事出来,東角北角四五間焼亡,文庫近之間,以外仰天
95	師守記	康永3(1344).5.16	鷹司高倉~東洞院	足利尊氏/武家大名	今夜丑剋鷹司高自[倉ヵ]東頬火出火,吹付西頬,至東洞院焼亡〈南頬也〉,将軍(尊氏)第棟門雖付火打消之云々,武家大名宿所少々焼亡云々,武士馳参将軍第事不知数云々
*96	師守記	康永3(1344).6.7	北小路富小路	佐伯為右	是日申刻上北小路富小路辺焼,四郎外記(佐伯)為右宿焼失云々
97	山城妙法院文書(南関2-1510)	康永3(1344).7.-	花園	常楽院	花薗常楽院検校職事
98	山城妙法院文書(南関2-1511)	康永3(1344).7.-	白河小坂	妙法院門跡	白河小坂坊舎敷地
99	師守記	康永3(1344).9.3	三条坊門	足利直義	家君(中原師右)於三条坊門武衛(足利直義)第,御対面上杉伊豆守(重能)
100	大通寺文書(大6-8-502)	康永3(1344).11.2	西八条	遍照心院	寄進/西八条遍照心院/山城国中村地頭職〈六波羅料所〉事
101	園太暦	康永3(1344).12.22	三条坊門万里小路	足利直義	今暁寅刻当巽有火,後聞,左兵衛督(足利直義)三条坊門万里小路亭失火云々,執天下執権之人也,奇異々々
102	師守記	康永3(1344).12.22	三条坊門万里小路	足利直義	(貞和五年三月一九日条裏書勘物)今暁寅斜三条坊門万里小路左兵衛督(足利直義)宿所焼亡
103	島津文書(大6-8-550,南九2-2072)	康永3(1344).12.22	三条	足利直義	今暁三条御所炎上畢,依此事大隅薩摩両国地頭御家人等不可馳参之由,可被相触国中之状,依仰執達如件
104	徳永文書(大6-8-551,南九2-2085)	康永4(1345).2.1	三条	足利直義	三条御所炎上事(康永三年十二月二十二日),如去年十二月廿二日御教書者,依此事筑前肥後豊前三ヶ国地頭御家人等不可馳参之由,可被相触国中云々
*105	師守記	康永4(1345).2.21	六角東洞院→三条坊門	足利直義	今旦辰剋左兵衛督源(足利)直義卿,自六角東洞院第移徙三条坊門新造第云々
106	師守記(大6-7-652)	康永4(1345).2.27	四条高倉~姉小路堀川	友阿(左衛門大夫入道)/国兼(新左衛門尉)	今夜子刻許大焼亡,自四条高倉至姉小路堀川焼失,東西数十町焼亡云々,無比類火事,此内左衛門大夫入道友阿并新左衛門尉国兼宿所焼亡,友阿宿所去年新造,無程逢火事
*107	師守記	康永4(1345).3.9	春日高倉南頬	九条隆教	今夜子剋,春日高倉南頬焼亡〈九条二位隆教卿宿所ヨリ火出来〉,自高倉至万里小路南頬云々
108	京都御所東山御文庫記録光明院宸記(大6-8-941)	康永4(1345).4.17	六条	長講堂	而未四刻(春日)神木已欲及入洛,已著御宇治辺,又称可奉入長講堂六条辺,点定神人等宿所之由聞之
109	師守記	康永4(1345).4.18	仁和寺前	長井広秀	今日左兵衛督(足利)直義卿被参五社〈先左女牛若宮,次祇園社,次北野,次平野,次松尾等也〉,乗輿云々,自平野被渡仁和寺前大膳権大夫(長井)広秀宿所
*110	小早川家文書(家わけ11-62,南関3-1551)	康永4(1345).5.13	四条堀川同油小路	小早川重景/千葉胤泰	小早河出雲四郎左衛門尉重景与千葉大隅次郎胤泰相論四条堀川同油小路敷地等事,任諸官評定文,可令下知重景給之由,別当殿仰所候也
*111	師守記	康永4(1345).5.28	六角京極/六角東洞院	長井広秀	今日長井前大膳権大夫広秀,自六角京極宿六角東洞院佐々木備中大夫判官宿所,在国江州之間借住云々

No.	典拠	年月日	地名	居住者・施設名	史料本文
*112	(同上)	康永4(1345).5.28	六角東洞院	佐々木六角氏頼(崇永)	(同上)
113	京都御所東山御文庫記録光明院宸記(大6-7-166)	康永4(1345).7.28	東洞院	光明天皇	而昨今両日甚雨滂沱,昼夜雖暫時無間断,仍忽洪水蕩々,処々河水盈溢,屋舎田園多以漂泊云々,京中今出川并堀川西洞院河原又以溢,京中無水大路等皆以如江河,此院西面〈東洞院面〉流水浩々,後聞,古老云,六十年来未有如此之水災云々
*114	師守記	康永4(1345).8.7	七条東洞院	石塔頼房	伝聞,今夕石堂五郎入道自奥京着,着七条東洞院子息宿所云々
*115	師守記	康永4(1345).8.17	一条	四条(鷲尾)隆職	今夜戌斜行願寺〈皮[革]堂是也〉焼亡,本堂戌亥角夜刀神自灯明火出来云々…後聞,今夜四条宰相(鷲尾)隆職卿寝殿同焼亡云々,皮[革]堂南一条面云々
116	(同上)	康永4(1345).8.17	一条面	行願寺/革堂	(同上)
117	師守記	康永4(1345).10.23	四条高倉	中原師守家墓所	今日先妣月忌始也…予於四条高倉,供養三尊聖容并二親覚妙等影像
118	京都御所東山御文庫記録光明院宸記(大6-9-506)	貞和1(1345).12.27	七条	季成(姓不詳,左近中将)/多久俊	(内侍所神宴)左近中将季成朝臣,近衛召人右近将監(多)久俊等不参,各宿所在七条辺,及深更所下人等成畏怖,不能加催促
119	五八代記(大6-21-345)	貞和2(1346).2.25	三条坊門	足利直義	同(貞和二年)二月廿五日 於三条坊門亭(足利直義)六字護摩始行
120	田中教忠所蔵文書(大6-10-414)	貞和2(1346).3.24	高辻高倉東南角	川尻肥後守(幸俊ヵ)	契約 敷地事,在高辻高倉東南角〈丈数見本券〉右件地者,藤原氏女相伝之私領也…現銭拾貫文所契約申川尻肥後守殿也,但於三ヶ年之中者不可請申,至其以後者,弁本銭之時可返給候
121	常楽台主老衲一期記(大6-37-35)	貞和2(1346).6.27	綾小路町	存覚/道性	窃退六条,寄宿綾小路町〈道性宿所〉
122	新撰往生伝(大6-10-41)	貞和2(1346).9.11	一条猪熊	廬山寺	猪熊禅仙師〈号本光上人,廬山寺開山也,此寺旧在一条猪熊,豊太閤移之京極,其旧跡今尚云廬山寺町矣〉
123	園太暦	貞和2(1346).10.2	二条東洞院	徳大寺忻子(長楽門院)/堀川基子(西華門院)	今日内府(徳大寺公清)直衣始云々…立車於一条町口辺見物…参長楽門院(徳大寺忻子)〈二条東洞院,西華門院(堀川基子)御同宿也〉
124	祇園社記続録第4(八坂4-457)	貞和2(1346).10.3	祇園南大門百度大路石塔西頬	神保聡氏(佐々木京極氏被官)/暹進	売渡 祇園南大門百度大路石塔西頬口南北肆丈三尺,奥東西陸丈捌尺五寸地事…直銭拾参貫文仁限永代所奉売渡神保殿也
125	師守記	貞和3(1347).1.12	三条坊門	足利直義	今日於三条坊門武衛(足利直義)第有的云々
126	師守記	貞和3(1347).1.25	四条	地蔵堂	今日四条坊地蔵堂長老参入
127	師守記	貞和3(1347).1.26	三条坊門	足利直義	今朝鎌倉大納言尊氏卿〈征夷大将軍〉舎弟左兵衛督(足利)直義卿,被参詣八幡宮,自三条坊門第立出云々
128	師守記	貞和3(1347).1.27	中御門高倉	中御門宣明	次令向中御門前宰相宣明卿宿所〈中御門高倉〉
129	師守記	貞和3(1347).1.27	毘沙門堂	三条実忠/三条公忠	今朝家君(中原師右)着束帯給,令向三条中納言公忠卿第給〈毘沙門堂〉,是去四日父前内大臣〈実忠公〉薨,仍為被語申也
130	師守記	貞和3(1347).2.6	四条高倉	聖雲房	四条高倉聖雲房
131	五八代記(大6-21-345)	貞和3(1347).2.12	三条	足利直義	同(貞和三年)二月十二日 於三条殿(足利直義)愛染王法…同五月七日 於三条殿 愛[染王脱ヵ]法御参御祈…同十一月廿八日 於三条殿同(大威徳法)護摩
132	師守記	貞和3(1347).2.27	四条坊門	地蔵堂	今日家君有御同車,予・外記・大夫等,入御四条坊門地蔵堂,被構風炉
133	師守記	貞和3(1347).3.28	陣外(土御門東洞院内裏至近)	水無瀬具兼	家君(中原師右)先令向執筆(徳大寺公清)陣外(内裏至近の休廬)給,水無瀬三位宿所也

No.	典拠	年月日	地名	居住者・施設名	史料本文
134	師守記	貞和3(1347).5.25	四条朱雀(東朱雀)	金蓮寺	自今日於四条朱雀(東朱雀)浄阿弥陀仏寺始別時,来月二日故長老(金蓮寺浄阿)七年云々
*135	師守記	貞和3(1347).6.8	二条京極	吉良満義	今日午剋許,左兵衛督源(足利)直義卿室家平産〈男子〉,産所二条京極吉良左京大夫満義朝臣宿所也
136	園太暦(大6-11-123)	貞和3(1347).6.17	八条	戒光寺	八条戒光寺長老、上人
137	園太暦	貞和3(1347).7.11	正親町	長講堂	去夜小除目…中務丞平幹寛〈正親町長講堂修造功〉
138	東百ヤ(大6-11-120)	貞和3(1347).8.15	六条	六条八幡宮	六条若宮
139	祇園社記続録(大6-11-88,南中2-1574)	貞和3(1347).8.29	五条	五条天神社/天神社(五条天神)	感神院/注進 別当御得分色々事…一,諸社領并末社…五条天神社神主職〈自院召次猿方時,不及御管領〉
140	祇園社記続録(大6-11-88,南中2-1574)	貞和3(1347).8.29	上大将軍堂/中大将軍堂/下大将軍堂	上大将軍堂/中大将軍堂/下大将軍堂	感神院/注進 別当御得分色々事…上大将軍堂神主、[職]〈称相伝不従御所勘〉/中大将軍堂神主、[職]〈当時御得分不存知,有名無実歟〉/下大将軍堂神主、[職]/一年中以八百疋請之云々,但近年之儀不存知
141	祇園社記続録(大6-11-88,南中2-1574)	貞和3(1347).8.29	京極	京極寺	感神院/注進 別当御得分色々事…京極寺社別当職
142	師守記	貞和3(1347).10.14	三条坊門	足利直義	今日鎌倉大納言(尊氏)息女□[他ヵ]界〈五歳〉,武衛(足利直義)被養之云々,於武衛第三条坊門他界云々
143	師守記	貞和3(1347).11.24	四条坊門高倉与東洞院間(付近)	中原師右(文庫)	今夜戌刻,四条坊門高倉与東洞院間焼亡,文書等大略捜文庫了,然而無為
144	師守記	貞和3(1347).12.6	錦小路堀川	源季景/俊慶	今夜丑剋許,錦小路堀川焼亡,少納言阿闍梨房(俊慶)宿焼失〈下北面(源)季景宅也〉【※師守記-貞和3.4.19に「下北面…源季景」】
*145	師守記	貞和3(1347).12.7	二条東洞院西頬	綾小路重資	今朝午刻,二条東洞院西頬焼亡,綾小路前中納言重資卿宿所焼亡云々
146	師守記	貞和3(1347).12.13	四条坊門	地蔵堂	今夕妙心房所労危急之間,被出四条坊門地蔵堂…(翌日条)今暁寅刻妙心房入滅〈年八十四〉,可哀々々
147	師守記	貞和3(1347).12.15	春日/東洞院ヵ	出羽左京亮	(中原師右)令向春日出羽左京亮宿所給,焼亡近之間,為被訪也(七日,二条東洞院西頬焼亡す)
148	師守記	貞和3(1347).12.15	樋口油小路	空阿弥陀堂	今夜亥刻,樋口油小路焼亡,空阿弥陀堂焼失云々
*149	師守記	貞和3(1347).12.16	持明院北大路/持明院殿	松殿忠冬/光厳上皇	今暁卯刻,持明院北大路焼亡,松殿前中納言忠冬卿宿所許焼亡,仙洞(持明院殿)近々之間人々馳参云々,武家執事武蔵守(高)師直同参云々
150	園太暦目録(大6-11-41)	貞和3(1347).12.16	中園殿(亭,第)(洞院公賢亭,持明院北大路持明院西大路北東)(付近)	松殿忠冬/洞院公賢	近隣松殿前中納言(忠冬)宿所火事
*151	師守記	貞和3(1347).12.18	六条烏丸	弥阿弥陀仏道場/六条道場(歓喜光寺)ヵ/武家之輩	今夜亥剋六条烏丸焼亡,六条弥阿弥陀仏道場焼亡,其外武家之輩宿所多焼亡,此間火災以外也,為之如何
152	五八代記(大6-21-347)	貞和4(1348).1.18	三条	足利直義	同(貞和四年)正月十八日…於三条殿(足利直義),普賢延命法…同六月十七日 於三条殿 同(愛染王法)…同(十一月)廿八日 於三条殿 同(愛染王法)
153	園太暦	貞和4(1348).10.27	土御門/押小路	崇光天皇	今日譲国并立太子節会也,旧主土御門殿〈日来内裏〉猶可為御所之間,春宮行啓押小路第〈関白(二条良基)第〉

No.	典拠	年月日	地名	居住者・施設名	史料本文
154	(同上)	貞和4(1348).10.27	押小路	崇光天皇/二条良基	(同上)
155	園太暦	貞和4(1348).11.10	(持明院)北大路/(持明院)西大路	洞院公賢	今日予(洞院公賢)可奏太相国慶也…先参内(二条良基第)…路次北大路西行,西大路南行,新道南行,毗沙門堂大路東行,今出河南行,一条西行,室町南行,土御門東行,烏丸南行,鷹司東行,洞院東大路南行,至押小路,於陣外移駕按車…次参土御門殿…其路東洞院北行,於陣口税駕立車…次参持明院殿,路次今出川北行,毗沙門堂大路西行,入惣門…次帰家,其路西大路北行,北大路東行,於東面門前下車
156	(同上)	貞和4(1348).11.10	洞院東大路/押小路	崇光天皇/二条良基	(同上)
157	(同上)	貞和4(1348).11.10	毘沙門堂大路/持明院殿	光厳上皇/光明上皇	(同上)
158	園太暦	貞和4(1348).12.23	二条/土御門	崇光天皇	当時皇居二条第(二条良基第),東礼也,陣座在左,土御門殿者西礼,陣座在右
159	(同上)	貞和4(1348).12.23	二条	二条良基	(同上)
*160	太平記(3-33)	貞和4(1348).-.-	一条今出川	高師直/宣旨ノ三位(民部卿三位,護良親王母)	此ノ師直ハ一条今出川ニ,故兵部卿(護良)親王ノ御母堂宣旨ノ三位殿ノ住荒シ給ヒシ古御所ヲ点ジテ,棟門唐門四方ニアケ,釣殿・泉殿・棟梁高ク双テ,奇麗ノ壮観ヲ逞クセリ
*161	太平記(3-34)	貞和4(1348).-.-	東山ノ枝橋	高師泰/唐橋在登	越後守師泰ガ悪行ヲ伝聞コソ不思議ナレ,東山ノ枝橋ト云所ニ,山庄ヲ作ラントテ,此地ノ主ヲ誰ゾト問ニ,北野ノ長者菅宰相(唐橋)在登卿ノ領地ト申ケレバ,軈テ使者ヲ立テ,此所ヲ可給由ヲ所望シケルニ…
162	師守記	貞和5(1349).3.5	四条朱雀	浄阿弥陀	時正結願也,家君聴聞四条朱雀(東朱雀)浄阿弥陀日中給
*163	師守記	貞和5(1349).3.14	土御門東洞院	足利尊氏	今夜戌剋鎌倉前大納言〈尊氏卿征夷大将軍〉宿所土御門東洞院焼亡,武士等多馳参云々,天神社并侍所相残云々
*164	師守記	貞和5(1349).3.14	一条	高師直	将軍(尊氏)被渡一条執事(高師直)宿所云々
165	在盛卿記(大6-12-552)	貞和5(1349).3.14	鷹司東洞院	足利尊氏/鷹司宗雅	戊午[戌刻ヵ]計将軍(尊氏)亭焼失,鷹司東洞院也,□鳥[件亭ヵ]者頭中将(鷹司)宗雅朝臣宿所也,少々令造直多年御座候也,六月廿日庚辰,将軍御所上棟也,造立之間座武蔵守(高)師直宿所給
166	皇年代私記(大6-12-552)	貞和5(1349).3.14	鷹司	足利尊氏	今夜鎌倉大納言(尊氏)鷹司第火事
167	園太暦	貞和5(1349).3.14	武者小路今出川/土御門	足利尊氏	戌刻有火事,相尋之処,武者小路今出川辺云々,而重説,土御門将軍(尊氏)第云々,已陣中也,仍大夫(洞院実夏)怱令参内
168	師守記	貞和5(1349).3.19	五条坊門壬生	地蔵堂	今日五条坊門壬生地蔵堂焼亡
169	師守記	貞和5(1349).6.20	正親町東洞院	足利尊氏	今日鎌倉前大納言〈尊氏卿〉新造屋上棟也,去三月十四日炎上,在所正親町東洞院…(八月一一日条)今日将軍(尊氏)新造第徙移[移徙]云々
*170	師守記	貞和5(1349).⑥.4	五条坊門京極	仁木義長	今日雷高辻富小路并五条坊門京極仁木右馬助宿所中門洛[ママ]云々
171	五八代記(大6-21-348)	貞和5(1349).8.2	三条	足利直義/足利義詮	同(貞和五年)八月二日 於三条殿(足利直義)六字法…同十月十日 於三条殿(足利義詮)六字法…同十二月廿七日 於三条殿 同(愛染王法)
172	師守記	貞和5(1349).8.25	三条坊門	足利直義	今日於三条坊門武衛(足利直義)第有評定
173	園太暦	貞和5(1349).9.13	今出川/菊亭(菊第)	今出川公直	今日左将軍(西園寺公重)可有任槐事云々…日者経廻西郊竹林院,自昨日出京,借住(今出川)公直朝臣今出川〈号菊第〉宿所

No.	典拠	年月日	地名	居住者・施設名	史料本文
174	(同上)	貞和5(1349).9.13	竹林院	西園寺公重	(同上)
175	建武三年以来記(大6-12-993)	貞和5(1349).10.2	錦小路堀川	細川顕氏/足利直義	大休寺殿(足利直義)移居錦小路堀河細川奥州(顕氏)宿所給,依可有宝篋院殿(義詮)御上洛也
*176	師守記	貞和5(1349).10.25	錦小路堀川	足利直義/足利義詮	今日左馬頭義詮朝臣被左兵衛督(足利直義)錦小路堀川宿所云々,乗輿,執事武蔵守(高)師直簾已下扈従云々
*177	東寺王代記(大6-12-1010)	貞和5(1349).10.26	錦小路堀川/三条坊門	足利直義	宰相中将義詮〈于時左馬頭〉自東京著,左兵衛督〈(足利)直義〉移住錦小路堀河宿所,左馬頭被移三条坊門亭,定奉行頭人被行政道了
*178	(同上)	貞和5(1349).10.26	三条坊門	足利義詮	(同上)
*179	師守記	貞和5(1349).12.26	中御門大宮	唐橋在登	□[先]令向相国陣外中御門大宮在登卿宿所給
180	祇園社家記録	貞和6(1350).1.1	五条	五条天神社/天神社(五条天神)	食始,寅一[刻]於五条天神〈得方参詣〉沙汰之
181	祇園社家記録	観応1(1350).1.3	高橋(祇園社近辺)	佐々木京極秀綱	高播磨守(師冬)下向関東,昨日門出于佐々木源三判官秀綱宿所〈高橋〉今日進発
182	祇園社家記録	貞和6(1350).1.14	四条坊門	高丹州(吉良氏被官ヵ)/横地遠江守ヵ(奉公衆ヵ)	自高丹州許請文来,昨日車悦入,又四条坊門屋可借給云々,横地(遠江守ヵ)又上洛之間,難治之由返答了【※天正本太平記に横地遠江守見ゆ】
183	園太暦	貞和6(1350).1.16	正親町東洞院	宰相局(仙洞女房)	(徳大寺実時少将拝賀)為出立,自今朝父子出京,正親町東洞院仙洞女房宰相局為隣家云々
184	(同上)	貞和6(1350).1.16	正親町東洞院(付近)	徳大寺公清/徳大寺実時	(同上)
185	祇園社家記録	貞和6(1350).2.14	三条油小路北西角	石瀬二郎(諏方円忠代官イヌマノ中務使者)	高木先給主諏方大進房(円忠)代官イヌマノ中務使者石瀬二郎来…後日可来之由返答了,宿所三条油小路北西角之ユハラタメ〈ノミタニノ歟〉云々
186	五八代記(大6-21-349)	観応1(1350).2.27	三条	足利義詮	同(貞和六年)二月廿七日 於三条殿(義詮)仏眼法…同(観応元年)五月十九日 於三条殿 同(愛染王法)…同九月廿一日 於三条殿 仏眼法
187	祇園社家記録	観応1(1350).3.12	正親町烏丸北東頬	妙御局母	参将軍(尊氏)…播磨殿御局見参了,妙御局母儀他界,被出宿所〈正親町烏丸北東頬大門〉之間,以使者訪了,命鶴殿(饗庭)他行
188	祇園社家記録	観応1(1350).3.18	堀川	堀川具孝	向太[大]理(堀川具孝)〈堀川〉,他行
*189	祇園社家記録	観応1(1350).5.15	土御門万里小路	法身院/賢俊(三宝院)	去夜土御門万里少路焼亡〈三宝院向〉
190	祇園社家記録	観応1(1350).5.16	中御門大宮	唐橋在登	菅宰相(唐橋)在登〈及八十歳仁歟,中御門大宮〉為西院宮(大覚寺寛尊法親王)児五々殿(吾護丸)被殺害,子息一人・青侍一人同被殺云々,前代未聞珍事々々
191	(同上)	観応1(1350).5.16	西院	寛尊法親王(大覚寺)	(同上)
192	祇園社家記録	観応1(1350).5.19	高辻堀川西南頬	山口弾正母	行山口弾正母儀許〈高辻堀川西南頬〉,不具参
193	東寺三密蔵目録3仏眼御修法記(大6-30-483)	観応1(1350).7.-	三条坊門	足利義詮	武家(義詮)三条坊門殿
194	祇園社家記録	観応1(1350).8.11	北小路(下北小路)室町～針小路	弘誓院	申一自北小路室丁[町]油単屋火出,至于針小路焼亡,弘誓院焼了,七条弥二郎(赤松師範ヵ)并北坂禅尼八条坊門宿所焼了,以外大焼亡也
195	(同上)	観応1(1350).8.11	八条坊門室町	七条弥二郎/赤松師範ヵ	(同上)
196	(同上)	観応1(1350).8.11	(同上)	北坂禅尼	(同上)

No.	典拠	年月日	地名	居住者・施設名	史料本文
197	久我家文書(南中2-1857)	観応1(1350).8.13	八条室町	久我長通/平頼盛	外家相伝池大納言(平頼盛)領…八条室町地方四町〈池大納言建□…□跡也〉…洛中名区/千種町方四町〈大王(具平親王)名跡〉/源氏町方四町〈同,往古籠町八町□…□地底有船,于今不朽□…〉/小六条方四町半〈同,六条右大臣殿(源顕房)□…□梶井尊胤親王無□…〉/土御門高倉四町〈土御門右大臣殿(源師房)□…□依将軍(尊氏)所望雖□…□如元申之,可管□…□号称尤可執存□…〉/中院方四町/三条櫛笥〈後久我太政大臣殿(通光)跡也,先公(通雄)御代被預智教上人〉/河崎北泉〈土御門内大臣殿(通親)跡也,後久□[我ヵ,通光ヵ]…□久居住之,号北泉大光明寺□…〉/六条朱雀大光明寺〈付寺領散□…〉/春日西洞院方四町〈当時居住至于□…□三代槐府(内大臣通基・太政大臣通雄・太政大臣長通)也〉
198	(同上)	観応1(1350).8.13	千種町	久我長通/具平親王	洛中名区/千種町方四町〈大王(具平親王)名跡〉
199	(同上)	観応1(1350).8.13	源氏町	久我長通	洛中名区…源氏町方四町〈同,往古籠町八町□…□地底有船,于今不朽□…〉
200	(同上)	観応1(1350).8.13	小六条	久我長通/源顕房/尊胤法親王(梶井)	洛中名区…小六条方四町半〈同,六条右大臣殿(源顕房)□…□梶井尊胤親王無□…〉
201	(同上)	観応1(1350).8.13	土御門高倉	久我長通/源師房/足利尊氏	洛中名区…土御門高倉四町〈土御門右大臣殿(源師房)□…□依将軍(尊氏)所望雖□…□如元申之,可管□…□号称尤可執存□…〉
202	(同上)	観応1(1350).8.13	中院方四町	久我長通	洛中名区…中院方四町
203	(同上)	観応1(1350).8.13	三条櫛笥	久我長通/久我通光/久我通雄/智教	洛中名区…三条櫛笥〈後久我太政大臣殿(通光)跡也,先公(通雄)御代被預智教上人〉
204	(同上)	観応1(1350).8.13	河崎北泉	久我長通/土御門通親/久我通光ヵ/大光明寺	洛中名区…河崎北泉〈土御門内大臣殿(通親)跡也,後久□[我ヵ,通光ヵ]…□久居住之,号北泉大光明寺□…〉
205	(同上)	観応1(1350).8.13	六条朱雀	久我長通/大光明寺	洛中名区…六条朱雀大光明寺〈付寺領散□…〉
206	(同上)	観応1(1350).8.13	春日西洞院方四町	久我通基/久我通雄/久我長通	洛中名区…春日西洞院方四町〈当時居住至于□…□三代槐府(内大臣通基・太政大臣通雄・太政大臣長通)也〉
207	祇園社家記録	観応1(1350).8.20	六角	佐々木六角氏頼(崇永)	鎌倉殿〈左馬頭殿(義詮)〉自濃州御上洛…佐々木六角判官(氏頼)〈江州守護〉預召具上洛
208	祇園社家記録	観応1(1350).8.20	四条坊門	諏訪神左衛門尉(幕府奉行人)	諏訪神左衛門借住四条坊門【※天野文書(大6-24-389)に諏方神左衛門尉見ゆ】
209	祇園社家記録	観応1(1350).9.11	四条坊門	雑賀貞阿(幕府奉行人)	行四条坊門,雑賀民部大夫(貞阿)招請,酒献了【※東百乙号外一之六(大6-21-401)に雑賀民部大夫貞阿見ゆ】
210	祇園社家記録	観応1(1350).9.12	勘解由小路富小路	二階堂時綱(行諲)	二階堂三川入道(行諲,時綱)許対面,去夜火事近々〈勘解由小路富小路〉事驚入之由申了
211	祇園社家記録	観応1(1350).10.21	四条東洞院	志賀満(細川被官ヵ)	行高橋中務許,見参,越前保事,守護細川兵庫助許ヘノ状取了…任表書可付志賀満之由被仰之間,持向彼宿〈四条東洞院〉之処,他行云々
212	祇園社家記録	観応1(1350).10.25	四条坊門	倉栖	於四条坊門倉栖見参,酒献了
213	園太暦	観応1(1350).10.27	錦小路	足利直義	今朝世上以外忩々,彼是云,錦小路左兵衛督入道(足利直義)去夜逐電
*214	祇園社家記録	観応1(1350).11.6	中御門西洞院	土岐蜂屋某	去夜,(土岐)周清房舎弟右衛門蔵人,自公方被討了…又自侍所押寄土岐蜂屋宿所〈中御門西洞院〉処,逐電云々
215	園太暦	観応1(1350).11.8	北小路	西園寺鐘子(永福門院)	永福門院(西園寺鐘子)自今夕被来坐,世上物忩之間,女房独住非無怖畏,就中北小路里辺千葉軍勢多寄宿,狼藉之企触耳,仍難治之間,談女房被合宿彼方也

No.	典拠	年月日	地名	居住者・施設名	史料本文
216	園太暦	観応1(1350).11.8	北小路富小路	兼俊(藤原ヵ)	抑今日内府(西園寺公重)上幕下表…於北小路富小路(藤原ヵ)兼俊朝臣宿所有此事
217	敦有卿記(大6-14-162)	観応1(1350).12.29	土御門東洞院/持明院殿	崇光天皇	主上還御本宮〈土御門東洞院,此間依世上擾乱御持明院殿〉
218	醍醐寺文書(大7-29-402)	貞和6(1350).-.-	中御門大宮	唐橋在登	貞和六年祖師(隆舜)法務僧正,自中御門大宮菅原亭(唐橋在登)勤行,毎日准歩儀,但阿闍梨自宿坊門前乗手輿,於真言院四足門前下輿
219	園太暦	観応2(1351).1.10	一条	足利義詮	軍卒等群集宰相中将(義詮)一条第辺,剰已四宮河原辺寄来
220	園太暦	観応2(1351).1.14	内裏裏築地	須賀清秀(足利尊氏近習)	伝聞,須賀壱岐守清秀又有可走南方之気,仍可打止之旨,相公(義詮)同丶下知,押寄宿所〈内裏々築地丶〉,従類両三相戦,此間本人逃出,蹺跣安居院西行,大宮北行,不知行方云々
*221	建武三年以来記(大6-14-423)	観応2(1351).1.15	高辻万里小路	仁木頼章	卯刻仁木兵部少輔頼章宅〈高辻万里小路〉・同左馬助宅〈五条坊門〉両所自放火云々
*222	(同上)	観応2(1351).1.15	五条坊門	仁木義長	(同上)
*223	園太暦	観応2(1351).1.15	二条京極	千手堂	宰相中将(義詮)自四条河原責上相戦之間,将軍(尊氏)又自二条廻後,自三方責戦,桃井(直常)引退,将軍又同引退,二条京極千手堂・吉良左京大夫(満義)等館取陣,桃井法勝寺取陣云々
224	(同上)	観応2(1351).1.15	二条京極(付近)	吉良満義	(同上)
225	園太暦	観応2(1351).2.21	一条猪熊	太子堂	申斜有火,一条猪熊太子堂歟…(翌日条)太子堂放火云々
226	園太暦	観応2(1351).2.22	土御門高倉	足利尊氏	今暁火出土御門高倉鎌倉大納言(尊氏)留守屋寝殿云々,此間散々壊取,僅所残焼也,在丶輩沙汰歟,但太子堂放火云々,如此輩沙汰歟,可尋決
227	太平記(天正本)(大6-14-849)	観応2(1351).2.27	三条富小路	上杉重能/足利尊氏	(足利)尊氏ハ摂州松岡城ヨリ帰洛有テ上杉伊豆守重能カ宿所三条富小路ニ移住アリ
228	観応二年日次記(大6-14-880)	観応2(1351).3.10	三条坊門	足利義詮	(義詮)三条坊門亭へ上著云々
229	雑事要録(大6-15-896)	観応2(1351).3.14	高辻高倉	旦過庵/新浄光院	譲与 敷地事 合〈壱所 五条坊門東洞院倉敷地 壱所 高辻高倉旦過庵敷地,壱所 同(高辻高倉)新浄光院敷地〉
230	園太暦	観応2(1351).4.4	三条坊門	足利義詮	伝聞,今日武家評定始也,宰相中将(義詮)為探題於三条坊門亭行之,兵衛督入道(足利直義)行向彼亭,其後押小路東洞院新亭有移徙事云々
231	(同上)	観応2(1351).4.4	押小路東洞院	足利直義	(同上)
232	観応二年日次記(大6-15-857)	観応2(1351).5.25	土御門室町	駿川入道/浄華院	駿川入道出京,土御門室町ノ浄花院住居云々
233	東寺三密蔵目録3仏眼御修法記(大6-30-483)	観応2(1351).5.-	春日町	覚雄(地蔵院)	春日町御旅宿
234	観応二年日次記(大6-30-484)	観応2(1351).6.2	三条坊門	足利義詮/覚雄(地蔵院)	自今日地蔵院殿(覚雄)三条坊門亭〈相公羽林(義詮)〉ニ被参住
235	観応二年日次記(大6-16-516)	観応2(1351).7.23	近衛万里小路	房玄(地蔵院)	(房玄)近衛万里小路宿坊
236	肥前松浦文書(南中3-2085)	観応2(1351).7.-	二条京極	足利尊氏	今年(観応2)正月十五日合戦之時懸入最前,自三条川原迄于法勝寺後,抽軍功御敵切落条…随而其夜二条京極御座(尊氏),仍登京極面惣門築地之上致警固
237	建武三年以来記(大6-16-175)	観応2(1351).8.5	三条坊門	足利尊氏	等持院殿(尊氏)自石山御帰洛,居三条坊門第給
238	祇園社家記録	正平7(1352).1.5	四条面南頬	小串秀信(奉公衆)	四条面南□[頬ヵ]小串(秀信)北御壇供代参百文,朝乗〈寄方〉持来,是ハ日向入道并白拍子□地トテ,先々沙汰分也,彼地小串買得云々【※東百み32-48(大6-16-794)に小串下総権守,園太暦正平7.閏2.16に小串下野守秀信,東百ゐ41-51(大6-12-192)に小串下野権守見ゆ】

No.	典拠	年月日	地名	居住者・施設名	史料本文
239	祇園社家記録	正平7(1352).1.12	一条富小路	安倍資為ヵ	以承仕催促院庁畢…而先尋一条富小路院庁(安倍資為ヵ)之処,今小路万里小路正員ニ可尋之由申間,承仕則罷向之処,大炊御門西洞院□[年ヵ]預紀左衛門(遠弘ヵ)ニ可尋之由申間
240	(同上)	正平7(1352).1.12	大炊御門西洞院	紀遠弘ヵ	(同上)
241	祇園社家記録	正平7(1352).1.15	四条面南頬	小串秀信(奉公衆)	此外日向入道・五郎大夫両人,〈今号小串(秀信)地〉代銭四百文〈社家取之〉,此内百文,寄方〈朝乗〉畠作之間免之
242	祇園社家記録	正平7(1352).1.26	北小路(上北小路)室町	和気益成妻女	上北少路室町宮内大輔(和気)益成妻女,去年十二月十九日他界之間,或遁世者於伏見沙汰了
243	祇園社家記録	正平7(1352).2.12	六条	歓喜光寺(六条道場)	権長吏顕増法印死去〈七十三〉,於六条道場也
244	祇園社家記録	正平7(1352).2.13	六角万里小路東南頬辻子	肥後前司某(美作国布施庄地頭)	安居会料所作州布施庄地頭肥後前司〈二条京極□[篝ヵ]〉許へ良詮遣之〈宿所六角万里小路東南頬辻子〉
245	祇園社家記録	正平7(1352).2.24	二条東洞院東北頬	舟木入道/佐藤九郎兵衛入道	行舟木入道〈当時号佐藤九郎兵衛入道〉許〈二条東洞院東北頬五番目〉
246	五八代記(大6-21-350)	正平7(1352).2.27	三条	足利義詮	正平七年二月七日 於三条殿(義詮)相[愛]染王法
247	園太暦	文和1(1352).②.1	正親町東洞院	堀川具親	今日丑刻,堀川入道内府(具親)宅正親町東洞院焼失云々
248	祇園社家記録	正平7(1352).②.15	北小路白河	仏光寺	未刻就下北少路白川仏光寺〈一向衆堂〉破却事,寺家(延暦寺)公人十余人,帯政所集会事書〈閏二月九日云々〉下洛
249	園太暦	文和1(1352).②.20	三条坊門	足利義詮	午刻許有火,是義詮朝臣三条坊門館,御所方軍士放火云々,其辺又一両所有火,其外無殊事,上辺没落軍士横行,多川原上賀茂辺過之,懸長坂路没落,是奥州手也
250	祇園社家記録	観応3(1352).3.4	高橋	佐々木京極高氏(導誉)	社頭土倉注進状…至佐渡判官入道導誉(佐々木京極高氏)居住高橋屋者,本主是法管領歟
251	祇園社家記録	観応3(1352).4.4	高橋	佐々木京極高氏(導誉)	一八幡有落居者,鎌倉殿(義詮)可有御座于判官入道(佐々木京極高氏)宿所〈高橋〉之由,有其沙汰歟之間,軍勢等称可寄宿社僧坊,各打札之
*252	祇園社家記録	観応3(1352).4.7	東寺角房	粟飯原清胤	昨日神供闕如事,社家注進状,今日持参佐渡判官入道々誉(佐々木京極高氏)許〈東寺〉令見了…此事又為申御所奉行粟飯原禅門(清胤),罷向彼宿〈東寺角房〉之処,為鎌倉殿(義詮)御共罷向三宝院(賢俊)宿〈北少路西洞院常住寺〉之由申之間…
*253	(同上)	観応3(1352).4.7	北小路西洞院	常住寺/賢俊(三宝院)	(同上)
*254	(同上)	観応3(1352).4.7	東寺	佐々木京極高氏(導誉)	(同上)
255	祇園社家記録	正平7(1352).4.7	百度大路	幸兼(祇園社権別当,若狭法眼)/仙舜(治部都維那)/玄親(祇園社権大別当,因幡阿闍梨)/円範法眼跡/隆晴(祇園社大別当権長吏)/定尊(祇園社権別当,下野房)	子刻,自百度大路釘貫脇西頬,自権別当若狭法眼幸兼坊火出〈子息元社僧大輔房幸円物□放火云々〉,北者至于治部都維那仙舜坊焼失,南者至于権大別当因幡阿闍梨玄親房南小屋焼畢,社僧坊四宇〈仙舜・幸兼・円範法眼跡《智大別当権長吏隆晴法印常住》・権別当下野房定尊〉炎上畢,此辺数十年間無火災之処,今度或社家衰微,歎入外無他
*256	建武三年以来記(大6-16-544)	観応3(1352).5.13	錦小路京極	中条秀長(奉公衆)/足利義詮	相公羽林(義詮)夜前自東寺移居錦小路京極中条備前々司(秀長)許了
257	神護寺交衆任日次第(大6-16-544)	観応3(1352).5.13	八坂	佐々木京極高氏(導誉)	宰相中将殿(義詮)入京,佐渡判官入道(佐々木京極高氏)八坂之宿,自余軍勢等悉帰本宿云々
258	祇園執行日記(大6-16-452)	正平7(1352).5.28	六条猪熊	澄尊(松井房)	松井房澄尊等猿猴殺害事…京都住屋六条猪熊并澄尊住坊差遣寺家社家公人并犬神人可破却云々…

No.	典拠	年月日	地名	居住者・施設名	史料本文
259	祇園執行日記(大6-17-416)	正平7(1352).5.29	四条東洞院	祇園社神事所	四条東洞院神事所事…
260	実相寺文書(大6-17-670,南中3-2311)	観応3(1352).7.17	北小路堀川	南滝院坊舎	譲与 師跡事/南滝院 北小路堀河坊舎
261	祇園社家記録	観応3(1352).8.17	正親町東洞院	崇光天皇	当今(後光厳)践祚并御元服,当殿下〈二条殿(良基)〉御沙汰,於正親町東洞院内裏也
262	師守記(大6-17-629)	文和1(1352).9.23	三条万里小路与高倉間南頬(付近)	中原師守	今日丑刻三条万里小路与高倉間南頬焼亡,近々間仰天,文書已下悉納文庫了,然而無為
263	新善光寺文書(大6-17-572)	文和1(1352).10.2	一条大宮	新善光寺	一条大宮新善光寺文書紛失事
264	祇園社家記録	文和1(1352).10.14	四条坊門京極	三宝院壇所/賢俊(三宝院)	三宝院壇所〈四条坊門京極〉
*265	祇園社家記録	文和1(1352).11.25	四条万里小路六王真西	蒲生彦六郎(佐々木六角氏被官)	造営料所麻生庄事,施行正文并御教書案,予直付江州守護代官并井河入道,郡奉行蒲生彦六郎在京〈四条万里小路六王真西〉可申談云々,今一方奉行儀俄中務在国云々
266	祇園社家記録	文和1(1352).12.3	三条京極	三条京極寺	三条京極寺賀茂田
267	祇園執行日記(大6-17-429)	文和1(1352).12.15	今小路万里小路東頬	行賢(師阿闍梨)	二和尚 行賢阿闍梨(師阿闍梨,今少路万里少路東頬在門)
268	祇園社家記録(八坂1-323)	文和1(1352).12.29	祇園社西大門南頬	小串秀信(奉公衆)	西大門南頬小串地御油并壇供用途秋地子分六百文百姓等事〈公文等也〉
269	園太暦	文和2(1353).2.22	大炊御門	洞院実守	抑今日入夜前大納言(洞院)実守卿選使者…示曰,大炊御門旧宅事避賜之間,加如形之修理,可居住之支度所,有志無力…
270	前田家所蔵文書(大6-17-728,南中3-2448)	文和2(1353).3.5	正親町室町	正親町三条公秀/光尚(陰陽師)	家地等事/一,正親町室町家地〈新造当時居住,《元為空地,》新恩之間,院宣之外無文書,丈数以下見指図〉,/一,同(正親町室町)西頬角地〈元陰陽師光尚地也,依為空地申賜之,分賜家人以下,丈数見院宣〉/一,大炊御門富小路敷地,手継文書在之,元亨〈北寄〉与隆長卿確論之時令相違古文書了,所詮避出狭少之地,成広博地畢,見指図,建武炎上之後為空地,数代之旧跡地,子孫若有力量可企土木也
271	(同上)	文和2(1353).3.5	大炊御門富小路	正親町三条公秀/吉田隆長	(同上)
272	東寺三密蔵目録(大6-24-261)	文和2(1353).5.4	東山	吉祥薗院	東山吉祥薗院
273	園太暦	文和2(1353).5.24	押小路/四条坊門富小路	二条良基/足利義詮	今日聞,可臨幸関白(二条良基)押小路亭之旨,武家(義詮)奏聞,是義詮朝臣四条坊門富小路私宅,近々可守護申之支度歟
274	皇年代私記(大6-18-107)	文和2(1353).6.6	押小路烏丸	二条良基/後光厳天皇	先幸関白押小路烏丸第
275	園太暦	文和2(1353).6.9	土御門油小路	伴野出羽守(長房ヵ)	申刻許当南有火 此間検断侍所土岐族長山〈頼基〉屋云々,其後又有火,伴野出羽守土御門油小路屋云々,面々自放火
276	東百イ(大6-19-598)	文和3(1354).7.-	針小路櫛笥	金蓮院坊	立申敷地券契紛失状事…爰去年〈文和貳〉六月九日宮方大勢乱入洛中之時,所々悪党人等討入東寺坊中,捜取資材雑具之刻,件敷地等券契以下,於金蓮院坊〈針小路櫛笥〉同令紛失畢
277	壬生家文書1-127	文和3(1354).10.14	樋口壬生	壬生師恒/壬生匡遠ヵ	樋口壬生(壬生)師恒宿禰旧跡地,可被管領之由,天気所候也…主殿頭殿(壬生匡遠ヵ)
278	建武三年以来記(大6-19-628)	文和4(1355).1.16	綾小路東洞院	桃井直常/小山氏政ヵ	今日桃井自坂本入洛,其勢千騎許云々,越前守護之子息同入洛,桃井着小山館〈綾小路東洞院〉

No.	典拠	年月日	地名	居住者・施設名	史料本文
279	建武三年以来記（大6-19-638）	文和4（1355）.1.22	七条壬生（付近）	壬生（小槻）某ヵ（建武三年以来記記主）	武衛（足利直冬）未刻許時西山入洛，内野取陣〈大極殿跡辺云々〉，山名・石堂以下輩相従，其勢不幾云々，石堂七条末東行，壬生北行，過蓬門前之間，不慮令見物了，其勢百騎許也，今夕又於二条河原終夜令坐云々，今夜如意山焼篝火，桃井之所為云々【※清獬眼抄安元3.4.28に「大夫史（小槻）隆職宿禰〈綾小路南，壬生西〉」，同条所載罹災地指図に壬生東，坊城東，五条坊門北，綾小路南の隆職亭見ゆ】
280	建武三年以来記（大6-19-638）	文和4（1355）.1.23	四条京極	足利直冬／念仏堂	武衛（足利直冬）自夜前及今日晩蘙坐河原，晩後入京中，坐四条京極念仏堂之由風聞
281	建武三年以来記（大6-19-638）	文和4（1355）.1.24	錦小路京極	足利直冬／中条	武衛（足利直冬）坐錦小路京極中条館云々
282	源威集（大6-19-705）	文和4（1355）.2.15	樋口京極	国府社	東寺ノ敵打出〈平半〉条理［里ヵ］小路ヲ一手令出間，思々ニ懸合，小田佐竹勢ハ樋口京極国府社ノ前，細川相州（清氏）六条室町，土岐勢者七条坊門…洛中之事ナレハ見物衆五条橋ヲ桟敷トス
283	源威集（大6-19-729）	文和4（1355）.3.8	七条東洞院	赤松則祐	西御勢打立，桂川ヲ越，四条・六条ニ責入，従太［大］宮西ニ陳［陣］ヲ取処ニ，六条於太［大］宮ニ備中国人秋場先登ニ責戦テ…当日武将今比叡ノ細川相州（清氏）之陳ヱ入御間，武田陸奥守信武将命ヲ請テ甲斐国一揆等相従テ阿弥陀峰ニ陳ス，細川相州打立，七条東洞院赤松（則祐）宿所ニ走入，矢倉ヲ揚ケ壁ヲ塗リ，仁木越州小山一手ニ成テ六条西洞院長講堂之前，土岐勢従塩小路八条東洞院救済院⊠内迄，各々矢倉ヲ揚壁鹿垣ヲ堅ス
284	（同上）	文和4（1355）.3.8	六条西洞院	長講堂	（同上）
285	（同上）	文和4（1355）.3.8	八条東洞院	救済院	（同上）
286	賢俊僧正日記（大6-19-763）	文和4（1355）.3.16	万里小路	法身院	今日出京，著万里小路法身院
*287	園太暦	文和4（1355）.4.23	三条西洞院	細川清氏／仁木義長	後聞，今日義長〈仁木〉与清氏〈細川〉有間，企合戦…是清氏之領三条西洞院敷地，義長企造作，依此事歟
*288	賢俊僧正日記（大6-20-64）	文和4（1355）.11.15	三条坊門高倉	仁木頼章／足利義詮	〈裏書〉鎌倉殿（義詮）御亭 三条坊門 高倉〈仁木左京大夫（頼章）宿所〉道場南向四間 壇所馬屋〈新造也〉
289	荘厳寺文書（加南1-124）	文和4（1355）.11.28	六条末東山汁谷道場	汁谷道場／地持庵／仏光寺／興聖寺／加賀爪行貞／秀村（隠岐守）	一所 六条末東山汁谷道場敷地 四至〈限北ハ大道，限東面地持庵敷地，限南面仏光寺高岸，限西面興聖寺与仏光寺敷地〉加賀爪甲斐権守行貞 隠岐守秀村 両人寄進〈尊氏ノ代文和四年十一月廿八日〉
290	続史愚抄（大6-20-265）	延文1（1356）.1.10	土御門油小路	上長講堂	長講堂于時在土御門油小路，因称上長講堂
291	園太暦	延文1（1356）.7.18	三条坊門	足利義詮	今暁卯刻，東大寺八幡宮神輿入洛，奉振棄五条東洞院路次，其上神木奉懸神鏡，鎌倉宰相中将（義詮）三条坊門亭朱［東ィ］明門面［西ィ］棟門内被振棄
292	東百ヨ（大6-21-124）	延文1（1356）.8.6	高辻東洞院西頬地内西寄	安威性遵（幕府奉行人）	東寺御影堂領高辻東洞院西頬地内西寄，南北参丈陸尺東西陸丈五尺，為路所請申也，御用之時者，雖為何時，可返進之状如件
*293	金蓮寺文書（大6-20-686）	延文1（1356）.8.18	四条京極四町町	佐々木京極高氏（導誉）／金蓮寺／釈迦堂	"四条京極四町々〈除釈迦堂地〉事，可被領掌之状如件／延文元年八月十八日（義詮花押）／佐渡大夫判官入道殿（佐々木京極高氏）（尊氏袖花押）／奉寄進／四条京極金蓮寺敷地町々事／右於当敷地者，導誉（高氏）拝領地也，爰依有所願，相副御下文，永代奉寄進金蓮寺也
294	後深心院関白記	延文2（1357）.1.8	近衛町～室町	近衛道嗣	為方違立車於（近衛亭）門外〈近衛町与室町間〉

No.	典拠	年月日	地名	居住者・施設名	史料本文
295	革命勘類裏書文書（南関4-2753）	延文2（1357）.3.10	春日京極	越前前司某	春日京極敷地事,如元可被領掌之状,依仰執達如件（宇都宮蓮智・三須禅休連署）…越前々司殿
296	金蓮寺文書（大6-21-456）	延文2（1357）.10.8	四条京極	金蓮寺	四条京極敷地一町,管領不可有相違之由,天気所候也
297	三宝院文書（大6-21-730）	延文3（1358）.1.28	土御門高倉	高倉天神社／天神社（高倉天神）	近江国愛智香庄,所有御寄附土御門高倉天神社也…三宝院僧正（光済）御房
298	建武三年以来記（大6-21-807）	延文3（1358）.4.30	二条万里小路	足利尊氏	等持院殿（尊氏）於二条万里小路第御他界
299	武家年代記裏書（165）	延文3（1358）.8.22	春日東洞院	伊勢貞継／足利義満	鹿苑院（義満）誕生,春日東洞院伊勢入道照禅之亭
300	山科家古文書（東京大学史料編纂所架蔵写真帳）	延文3（1358）.11.-	中御門以南,西洞院以西	山科教行	内蔵頭（山科教行）殿雑掌謹言上,欲早被経御奏聞被成 綸旨於武家（義詮）,藤民部入道聖祐,乍称帯地方管領預状,不及被見,押妨往古院町,責取作麦地子条,無其謂上者,厳密被停止彼違乱,任 綸旨被全御管領中御門〈以南〉西洞院〈以西〉敷地事
301	皇年代略記（大7-1-194）	延文3（1358）.12.12	一条東洞院	日野東洞院資教	（後円融院）誕生〈於一条東洞院資教亭,則渡御于柳原殿〉
302	（同上）	延文3（1358）.12.12	一条東洞院／柳原殿	後円融天皇	（同上）
303	後深心院関白記	延文4（1359）.12.28	近衛道嗣第（近衛室町北東）北西	尊胤法親王（梶井）	酉刻乾方有火事,相尋之処,梶井（尊胤法親王）御坊云々
304	後深心院関白記	延文5（1360）.1.9	下辺	佐々木京極高氏（導誉）	晴,入夜雨降,夜半許下辺有火事,後聞,佐渡判官入道々誉（佐々木京極高氏）宿所云々
305	京都大学文学部所蔵御遺言条々（南中3-1934）	延文5（1360）.7.29	北小路／吉田／北小路南	勧修寺経顕／勧修寺経方／勧修寺経重	処分／所領家地文書以下事…家地事／北小路屋地〈在類地〉吉田地〈在類地〉／以上可為経方分／北小路南屋地／可為阿賀分,一期之後可返家門
306	編年算題集（大6-24-153）	康安1（1361）.5.12	東山	吉祥薗院	東山吉祥薗院
307	根津嘉一郎氏所蔵文書（大6-23-627）	康安1（1361）.6.28	正親町東洞院	後光厳天皇	於正親町東洞院禁裏被始行（最勝講）,御代始
*308	武家年代記（105）	康安1（1361）.9.23	今熊野	今川範氏	九廿三夜将軍家（義詮）渡御新熊野今川入道（範氏）宿所,為（細川）清氏誅伐云々
309	東海一鋭別集（大6-24-98）	康安2（1362）.4.19	東山	建仁寺	京之東山建仁禅寺
310	雑々見聞集（大6-24-156）	康安2（1362）.7.7	東山／八坂	吉祥薗院	東山〈八坂〉吉祥薗院
311	東寺金剛蔵聖教目録（大6-24-220）	康安2（1362）.7.7	東山	果宝／吉祥薗院	於東山吉祥薗寂室…
312	天野文書（加南2-207）	康安2（1362）.8.5	七条	斯波高経	天野安芸入道寛誉（遠政）,多年軍忠之仁候…（康安二年）八月五日／前参河守（吉見）氏頼／謹上 七条殿（斯波高経）
313	豊前豊津小笠原系譜（大6-27-756）	康安2（1362）.8.29	洛西／嵯峨	天竜寺	洛西嵯峨霊亀山天竜寺
314	太平記38（大6-24-482）	貞治1（1362）.9.-	七条	七条道場（金光寺）	七条ノ道場
315	師守記	貞治1（1362）.10.2	東寺→六角東洞院	足利義詮	鎌倉宰相中将〈義詮卿〉自東寺被帰渡六角東洞院宿所,摂州静謐之故也
*316	師守記	貞治1（1362）.10.16	岡崎	佐々木六角氏頼（崇永）	今日鎌倉宰相中将（義詮）被渡佐々木判官入道（六角氏頼）岡崎宿云々,依招引也
317	師守記	貞治1（1362）.11.16	唐橋室町	岩蔵姫宮	岩蔵姫宮雑掌申唐橋室町地事
318	師守記	貞治1（1362）.11.29	二条町	四条（鷲尾）隆右	同（四条宰相隆右卿）雑掌越訴申二条町地事

No.	典拠	年月日	地名	居住者・施設名	史料本文
319	師守記	貞治1(1362).12.2	六角東洞院	足利義詮	今夜佐々木大夫判官入道〈法名宗永〉(六角氏頼)子息千手〈十三歳〉於鎌倉宰相中将(義詮)六角東洞院第加首服,先於岡崎宿取上□□[首,着]立烏帽子・水干,参大樹第云々,新冠名字義信云々
320	(同上)	貞治1(1362).12.2	岡崎	佐々木六角氏頼(崇永)/佐々木六角義信	(同上)
321	師守記	貞治1(1362).12.19	二条町	四条(鷲尾)隆右	四条宰相(鷲尾)隆右卿雑掌越訴申二条町地事
322	鹿王院文書(大6-24-688)	貞治1(1362).-.29	乙訓郡山東	大覚寺	右馬寮領乙訓郡山東内大覚寺
323	後愚昧記	貞治2(1363).1.1	一条東洞院西頬	日野時光	左大将(洞院実夏)拝賀,自陣家〈藤中納言(日野時光)宅,一条東洞院西頬,禁裏咫尺也〉出立,幕下息前中納言公定卿嫁藤黄門息女,依彼由緒也,抑彼拝賀料已全分不足,大略難遂之間,以当時居住亭〈持明院西大路〉沽却或禅僧〈普門寺長老云々〉,其価万五千疋,遂此節了云々…又後日聞,件亭自普門寺[欲脱ヵ]壊取之処,自武家(義詮)抑留之,於万五千疋料之[ママ]者,称可返償之由,仍不壊之云々
324	(同上)	貞治2(1363).1.1	持明院西大路	洞院実夏/普門寺長老	(同上)
325	師守記	貞治2(1363).①.3	五条高倉	薬師堂	今日家君(中原師茂)密々聴聞五条高倉薬師堂覚一検校平家給
326	師守記	貞治2(1363).①.11	大炊御門	中原師利	師利朝臣大炊御門宿所炎上之時…
327	師守記	貞治2(1363).①.14	西山富坂	洞院公定	(洞院公定)無他界之儀,去冬物狂気出来…(父実夏)追放家中,当時隠居西山富坂辺之由奉候,未及出家云々
328	師守記	貞治2(1363).①.23	大炊御門東洞院	伊勢貞継	自今日大樹(義詮)於大炊御門東洞院伊勢入道(貞継)宿所,被始湯治
329	師守記	貞治2(1363).①.24	千本	中院通冬	今日前大納言正二位源朝臣通冬薨…於千本宿所被薨
330	師守記	貞治2(1363).①.29	北小路町	邦世親王/白雲寺/勧修寺経顕	今日未剋許北小路町兵部卿邦世親王(後二条天皇孫,邦良親王息)御在所并白雲寺焼亡,失火歟,勧修寺一品〈経顕卿〉第近々,定仰天歟
331	師守記	貞治2(1363).2.4	六角東洞院	足利義詮	今日鎌倉大納言〈義詮卿〉□…□後□大炊御門□[東ヵ]洞院伊世入道(貞継)宿所,被帰六角東洞院宿所了
332	(同上)	貞治2(1363).2.4	大炊御門東洞院	伊勢貞継	(同上)
333	師守記	貞治2(1363).2.16	今出川/六角東洞院	足利義詮	今日□[鎌]倉大納言(義詮)今□[出]川山荘徙移[移徙]云々,申刻大樹(義詮)乗車□…□[六]角東洞院宿所□…(今出川山荘は室町第,後の花御所ならん)
334	師守記	貞治2(1363).2.16	錦小路	安倍春言/安倍尚言	錦小路陰陽師(安倍)春言子息讃岐権守尚言賜状
335	師守記	貞治2(1363).2.29	二条町	四条(鷲尾)隆右/院町	四条宰相(鷲尾)隆右卿申二条町敷地事…二条町地事,院庁(安倍)資宗為院町之旨,先年載請文言上之間,就其有沙汰
336	霊雲院文書(大6-25-401)	貞治2(1363).2.30	勘解由小路木辻	勘解由小路木辻社	勘解由少路木辻社前田壱段小
337	小早川家文書(大6-25-127)	貞治2(1363).6.29	四条油小路	小早川重宗	京都四条油小路屋地
338	後愚昧記	貞治2(1363).7.20	四条京極	四条道場(金蓮寺)	去夜戌刻許,吉田肥前房源覚(秀仲)〈佐渡判官入道導誉(佐々木京極高氏)専一家人也〉於四条京極道場(金蓮寺)〈常阿弥堂〉前辺被誅了
339	森川文書(大6-25-460)	貞治2(1363).12.3	嵯峨	東野殿御所	遍照寺領嵯峨東野殿御所内田畠武町武段

No.	典拠	年月日	地名	居住者・施設名	史料本文
340	東海一鋭別集（大6-25-16）	貞治2（1363）.-.-	東山	建仁寺	東山建仁禅寺
341	師守記	貞治3（1364）.2.8	三条坊門油小路	念仏堂／弘阿弥陀	今夜亥剋許三条坊門油小路念仏堂弘阿弥陀入滅
342	後愚昧記	貞治3（1364）.2.29	三条	世尊寺行忠／三条公忠	勘解由小路二位（世尊寺）行忠卿〈予管領三条地三条面ニ居住，号洞所屋，自武家（義詮）居之，難堪事也〉送状云，居住地傍顕地猶可立屋之由也，返事自是之由示了
343	大友文書（大6-25-949）	貞治3（1364）.2.-	佐女牛大路／大谷	大友氏時	注進 氏時当知行散在所領諸職等事…京都佐女牛大路屋地六ヶ所，同大谷地弐所〈先祖墓所宿所地等〉，右注進如件
344	後愚昧記	貞治3（1364）.3.16	北野社公文所禅陽法印宿所	山名氏冬	入夜山名中務少輔（氏冬）〈不知実名〉上洛，宿北野社公文所禅陽法印宿所云々
345	貞治三年除目記（九条忠基日記）	貞治3（1364）.3.27	一条東洞院	日野時光	今日除目初日也，余奉仕執筆…向陣外宿所〈藤中納言（日野）時光卿亭，一条東洞院，彼亭宮御方有御座也〉
346	師守記	貞治3（1364）.4.29	仁和寺	等持院／足利尊氏墓所	鎌倉大納言〈義詮卿〉被渡仁和寺等持院〈贈左府（尊氏）墓所〉
*347	師守記	貞治3（1364）.5.29	四条坊門朱雀（東朱雀ヵ）	中条長秀（元威，奉公衆）／足利満詮	今夕酉剋鎌倉大納言（義詮）妾物一対〈通清法印息女〉平産〈男子（満詮）〉云々，産所四条坊門朱雀（東朱雀ヵ）中条兵庫入道（長秀，元威）宿所也【※花営三代記永和1.8.25に中条兵庫頭入道沙弥元威見ゆ】
348	師守記	貞治3（1364）.8.10	三条坊門万里小路～富小路	足利義詮	今日鎌倉大納言（義詮）可立宿所料地破之，三条坊門［万脱ヵ］里小路与富小路間四町候云々
349	師守記	貞治3（1364）.8.11	三条坊門万里小路	足利義詮	今朝三条坊門万里小路武家（義詮）第釿始并立柱云々
*350	師守記	貞治3（1364）.8.12	勘解由小路京極	伊庭入道（佐々木六角氏被官）	今日雷勘解由小路京極佐々木判官入道（六角氏頼）若党伊庭入道宿落云々，然而不損人云々
*351	師守記	貞治3（1364）.8.25	近衛西洞院／烏丸	進藤為重（近衛道嗣祗候人）／山名時氏	入夜戌剋許，山名伊豆前司（時氏）自美作国上洛，武家（義詮）一族也，件人多年御敵也…宿者近衛西洞院〈烏丸〉近衛殿祗候人進藤筑前前司為重宿所也云々
352	師守記	貞治3（1364）.8.26	大炊御門油小路	少納言法眼	尊勝寺ハ付大炊御門油小路少納言法眼了
353	師守記	貞治3（1364）.8.29	四条高倉	正雲房寺	今□［日］四条高□［倉］正雲房寺妙法経十種□［供］養云々
354	師守記	貞治3（1364）.9.15	万里小路	中原師茂	今朝武家（義詮）近習二宮以善覚，当時家君（中原師茂）管領万里小路地□［口］二丈許，可立家之由，或在家任所望候
355	太平記（3-442）	貞治3（1364）.10.3	七条東洞院→三条高倉	斯波高経	同（貞治3）十月三日，道朝（斯波高経）ガ宿所，七条東洞院ヨリ俄ニ失火出来テ，財宝一モ不残，内厩ノ馬マデモ多焼失ヌ…サレドモ道朝ヤガテ三条高倉ニ屋形ヲ立テ，大樹（義詮）ニ偲尺シ給ヘバ…
356	在盛卿記（武将代々御在所事）（大7-12-221）	貞治4（1365）.2.11	三条坊門南，姉小路北，万里小路東，富小路西	足利義詮	武将（義詮）令移新亭，三条坊門南，姉少路北，万里小路東，富小路西，以西為面
357	在盛卿記（大7-12-221）	貞治4（1365）.2.11	三条坊門	足利義詮	宝篋院殿様（義詮）三条坊門御所御移徙也
358	春日神主祐賢記（大6-27-345）	貞治4（1365）.3.5	三条以北，高倉西頬	斯波高経／斯波氏	（斯波高経）被造新屋於三条以北高倉西頬，并子息兄弟館同町内構之処…
*359	師守記	貞治4（1365）.4.10	六角東洞院	佐々木六角氏頼（崇永）	今夜丑剋許鎌倉大納言（義詮）妾物一対〈当時号北向殿云々〉平産〈九ヶ月男子〉，産所六角東洞院佐々木判官入道（六角氏頼）宿所被借用之
360	師守記	貞治4（1365）.4.10	西八条	西八条寺／遍照心院	大樹（義詮）子息去夜誕生男子卒云々，内々盗出，被渡西八条寺云々

No.	典拠	年月日	地名	居住者・施設名	史料本文
*361	師守記	貞治4(1365).4.16	三条東洞院	斯波高経	今日入道修理大夫(斯波)高経朝臣三条東洞院宿所上棟也云々
362	師守記	貞治4(1365).4.26	三条高倉	斯波高経	今夜入道修理大夫(斯波)高経朝臣〈法名道朝〉移徙[徙]三条高倉新造宿所云々
363	師守記	貞治4(1365).5.22	大炊御門西洞院	大光明寺	今日先代故入道相模守平(北条)高時相当三十三廻忌陰之間,大樹(義詮)被修仏事於大炊御門西洞院大光明寺
364	師守記	貞治4(1365).6.11	三条坊門万里小路	等持寺/赤橋登子	今夜少納言□□[菅原](東坊城)秀長□…□故大方□尼(足利尊氏室赤橋登子)贈従一位宣命・位記等持参本所三条坊門万里小路等持寺
365	師守記	貞治4(1365).6.22	大炊御門西洞院	大光明寺	今日於大炊御門西洞院大光明寺,有結縁灌頂云々
*366	師守記	貞治4(1365).6.27	七条	赤松則祐/足利義詮子某	今日大樹(義詮)子息被渡赤松則祐律師七条宿所云々,則祐之養君也
367	三宝院文書(大6-27-737)	貞治5(1366).4.11	六条坊城	喜楽寺	歓喜寺々領六条坊城敷地〈喜楽寺跡〉
368	三宝院文書(大6-27-738)	貞治5(1366).4.11	六条坊城(西南頬)	仏名院	(指図)
369	田中教忠所蔵文書(大6-27-737)	貞治5(1366).4.11	塩小路河原口	塩小路河原口道場	しおのこうちかわらくちの御たうちやう(道場)
370	東金堂細細要記(大6-27-369)	貞治5(1366).6.28	五条西洞院/同東南頬	春日神人集会所(兼大宿所)/念仏道場	(春日神人)集会所〈兼大宿所〉者五条西洞院,自西、、[洞院]東南頬念仏者道場候也
371	吉田家日次記(大6-27-690)	貞治5(1366).7.5	東洞院	花山院兼定	花山院東洞院面〈裏築地内〉
372	吉田家日次記(大6-27-690)	貞治5(1366).7.6	近衛東洞院	花山院兼定	今日予謁四条中納言〈隆家卿〉対面,昨夕花山院(兼定)与羽林(四条顕保)闘諍事訪之,黄門云,凡事之次第迷惑之外無他,花山院者大臣之時,猶以以[衍]近衛面為本之間,於東洞院面者無相違也,何況今大納言也,旁不得其意【※九条家本延喜式左京図,一条四坊三町(近衛南,勘解由小路北,東洞院東,高倉西)に華[花]山院あり】
373	吉田家日次記(大6-27-684)	貞治5(1366).7.15	大炊御門	大炊御門道場(聞名寺)	大炊御門道場
374	吉田家日次記(大6-27-365)	貞治5(1366).8.11	八条東洞院	弘誓院	八条東洞院弘誓院
375	東金堂細細要記(大6-27-370)	貞治5(1366).8.12	楊梅西洞院	六条殿	(春日神木)御帰坐行烈次第…会合所ニテハ思々ニ貝ヲヨル,内僉議ハテ、催貝ヲフイテ門ヲ出テ,ヤマモ、ヘ通テ六条殿ノ後ヲ西洞院ヘ出テ六条殿ノ西浦[裏ヵ]ヨリ南向ノ四足入…院内ニ余テ四足ヨリ外西トイノ浮橋ヨリ東一丁余在之
376	東金堂細細要記(大6-27-371)	貞治5(1366).8.12	五条西洞院	信楽寺	(春日神人)当堂次第集会所ハ信楽寺〈五条西ノトイ(洞院)南ノツラ〉…五条ヲ東ヘ東ノトイヲ南ヘ六条院ニヨル
377	(同上)	貞治5(1366).8.12	六条東洞院	六条院	(同上)
378	吉田家日次記(大6-27-684)	貞治5(1366).8.13	近衛	近衛道場	近衛道場
*379	師守記	貞治5(1366).10.5	姉小路烏丸	仁木義尹	今日武家侍所仁木中務少輔源頼夏始行沙汰,於仁木左京大夫入道(義尹)宿所姉小路烏丸行之云々
*380	師守記	貞治5(1366).10.13	大炊御門東洞院	伊勢貞継	自今日鎌倉前大納言(義詮)於伊勢入道(貞継)大炊御門東洞院宿所,被始塩湯云々
381	師守記	貞治5(1366).10.25	三条坊門	足利義詮	今日鎌倉前□[大]納言(義詮)被帰三条坊[門脱ヵ]宿所,□□[自去ヵ]十三日塩湯於伊勢入道宿所有之
*382	師守記	貞治5(1366).11.17	一条西洞院	貞阿弥陀仏道場	一条西洞院貞阿弥陀仏道場焼亡,五辻子宰相入道〈俗名俊氏〉宿所同焼亡云々

No.	典拠	年月日	地名	居住者・施設名	史料本文
*383	(同上)	貞治5(1366).11.17	一条西洞院(付近)	五辻俊氏	(同上)
384	吉田家日次記(大6-27-656)	貞治5(1366).11.17	一条西洞院	念仏堂	一条西洞院念仏堂焼失
385	吉田家日次記(大6-27-656)	貞治5(1366).11.19	一条西洞院	五辻俊氏	一条西洞[院脱]五辻宰相入道(俊氏)旅宿
386	吉田家日次記(大6-27-759)	貞治5(1366).11.26	四条京極	四条京極道場/四条道場(金蓮寺)	四条京極道場尼衆
387	吉田家日次記(大6-27-598)	貞治5(1366).12.19	冷泉/一条/北小路室町	卜部兼直子孫/卜部兼豊/卜部兼凞	今日入道殿被仰新大卿〈兼繁宿禰〉云,副官事珍重也,就其居所事,於当流者,参大(卜部兼直)以来于今冷泉也,於一条家者,此二三代為一条也,而為一条之条,其理又不可叶歟,又於冷泉者,当家々嫡之外無其例,故兼継宿禰〈参大弟改世〉号京極畢,於冷泉者,兼凞副官之後可称号也,向後庶子不可称号之上者,今又不可叶也,所詮北小路歟,又室町歟之間,可被称号,両小路之間可有計也云々,新大卿申云,冷泉事誠五代已為家嫡被称号畢,兼繁不可称号之条,可存知也,然者当時居住北小路猪熊也,又此御亭北小路室町也,相兼両方之上者,可号北小路大副云々,入道殿重被仰云,於冷泉之称号者,家嫡之外不可称号也,所詮北小路之称号可有其謂之由被仰了,大卿又申云,得其意了,可為北小路云々,問答之旨趣如此也,云冷泉之称号,云家之文,家嫡之外雖子孫不可称号也
388	(同上)	貞治5(1366).12.19	京極	卜部兼継	(同上)
389	(同上)	貞治5(1366).12.19	北小路猪熊	卜部兼繁	(同上)
390	続史愚抄(大6-27-800)	貞治6(1367).1.20	土御門	後光厳天皇	土御門里内
391	師守記	貞治6(1367).4.8	三条	中原師茂	今日自三条面地口六丈・奥十丈,麹屋家主女性請申之
392	師守記	貞治6(1367).4.13	三条万里小路	世尊寺行忠	関白殿下(二条良基)令渡三条万里小路勘解由小路侍従宰相(世尊寺)行忠□…
393	師守記	貞治6(1367).4.21	六角	中原師茂	今日六角面在家取棟別
394	師守記	貞治6(1367).4.24	三条/六角	中原師茂	三条御地内六角面,自東角口十丈・奥八丈被預下候
395	師守記	貞治6(1367).4.24	中原師守宿所(三条・六角付近)東隣	中原師香	(裏書)今夜予向東隣掃部頭(中原師香)許
*396	師守記	貞治6(1367).5.16	高辻子(高辻)高倉与東洞院間北頬	斎藤基名(幕府奉行人)	今日但馬入道々仙入,家君対面給,是療病院事,洛中棟別万疋許有之…在所高辻子高倉与東洞院間北頬地也,近衛殿御管領也,元斎藤左衛門入道(基名)屋敷也
*397	師守記	貞治6(1367).5.24	錦小路白河	光堂/土岐頼康(善忠)	今夕土岐大膳大夫入道善心[忠](頼康)自濃州上洛,為訪申関東武衛(足利基氏)事歟,居住錦小路白河〈河東〉光堂云々
*398	師守記	貞治6(1367).5.24	四条坊門富小路	十禅師社	今日四条坊門冨小路十禅師祭也
*399	師守記	貞治6(1367).6.14	菊亭殿(北小路(上北小路)室町南東)	崇光上皇	次参仙洞〈菊亭殿〉
*400	師守記	貞治6(1367).6.14	三条東洞院与高倉間南頬	粟飯原詮胤	今日鎌倉大納言義詮卿〈征夷大将軍〉三条東洞院与高倉間南頬粟飯原弾正左衛門(詮胤)宿所構桟敷〈五間〉被見物云々

No.	典拠	年月日	地名	居住者・施設名	史料本文
401	師守記	貞治6(1367).6.14	清水坂	楠木正儀	今日楠木(正儀)代官〈河内守護代也〉河辺下向云々, 此間清水坂取宿云々, 其勢三十騎許有之云々
*402	師守記頭書(大6-28-139)	貞治6(1367).6.30	三条油小路	山名時氏	今日鎌倉前大納言(義詮)子息大夫義満〈童形〉被渡山名左京大夫入道(時氏)宿所三条油小路, 乗輿, 有種々引出云々
*403	師守記	貞治6(1367).7.1	三条高倉与六角□[高ヵ]倉	大内詮弘(奉公衆)	今日将軍(義詮)近習大内修理亮(詮弘)若党与山名左京大夫入道(時氏)家人渡辺若党喧□, 大内□□二□□害, 渡辺若党□世者一人被殺害, 近習輩多馳集大内許, 三条高倉与六角□[高ヵ]倉, 渡辺宿六角高倉与万里小路間北頬也, 然而両方被殺害間, 無殊事, 静謐云々, 神妙々々【※貞治六年中殿御会記(大6-27-901)に大内修理亮詮弘見ゆ】
*404	(同上)	貞治6(1367).7.1	六角高倉与万里小路間北頬	渡辺(山名時氏被官)	(同上)
*405	師守記	貞治6(1367).7.8	三条西洞院	大草妙香(奉公衆)/上杉憲顕	今夜上椙民部大輔入道〈俗名憲顕〉上洛, 自上野国上洛云々, 被寄宿三条西洞院大草入道妙香宿所云々
406	師守記	貞治6(1367).7.13	嵯峨辺	斯波氏経	後聞, 今暁寅剋入道修理大夫源(斯波)高経〈法名道朝, 従四下〉他界…嫡子左京大夫入道〈俗名氏経〉遁世, 居住嵯峨辺云々
*407	竜湫和尚語録(大6-28-182)	貞治6(1367).7.13	清水山	斯波義将	大日本国山城州清水山居住奉三宝弟子義将, 今月今日伏値先君東光寺殿勝峯大禅定門七周忌
408	師守記	貞治6(1367).7.29	四条高倉	仁勝寺	今日四条高倉仁勝寺事始云々
409	師守記	貞治6(1367).8.2	七条	斯波高経	七条入道(斯波高経)入滅之上者, 子息等可有免許之料云々
410	大徳寺文書(大6-28-887)	貞治6(1367).8.3	紫野	無量寿院	譲与 紫野無量寿院地事/西限堀, 東限畔〈西寄有山〉/合一所五段者, 北限畔, 南限道
*411	師守記	貞治6(1367).8.27	四条坊門西洞院	仁木義長	今日大樹(義詮)被渡四条坊門西洞院仁木右京大夫入道宿所, 泉新造之間, 招引之云々
*412	師守記	貞治6(1367).9.4	七条	斯波高経	今夜七条修理大夫入道々朝(斯波高経)息治部大輔義将参大樹(義詮), 対面云々
*413	師守記	貞治6(1367).9.14	六角万里小路四条坊門与六角間東頬/嵯峨	細川頼之	今日申剋, 細河右馬頭頼之渡住六角万里小路四条坊門与六角間東頬, 細川御局里, 此間居住嵯峨, 今日出京云々
*414	(同上)	貞治6(1367).9.14	六角万里小路四条坊門与六角間東頬	細川御局(御タカ)	(同上)【※祇園執行日記(大6-35-88)応安4.9.21に細川御局〈御タカ〉見ゆ】
*415	師守記	貞治6(1367).9.16	北野	洞院実守	家君(中原師茂)…参向洞院前大納言〈実守卿〉北野在所給
*416	師守記	貞治6(1367).9.16	北山	西園寺実俊	家君(中原師茂)…次参向西園寺右府(実俊)北山第給
*417	師守記	貞治6(1367).9.23	錦小路	安倍尚言	錦小路陰陽□[師]前□□[讃岐ヵ]権守(安倍)尚言
*418	師守記	貞治6(1367).9.26	三条万里小路東角地	中原師守	今朝善覚并源左衛門尉国隆被遣小串(詮行ヵ)宿所牛王辻子, 是三条万里小路東角地事, 代々管領之間, 以此地号三条大外記, 而御拝領之由, 伝奉候, 実事候哉, 不審之間, 尋申之趣也, 近辺可立屋之由, 自大樹(義詮)奉賜候之間, 来月可立屋之由, 存候, 而如此奉候之上者, 此分可伺申云々
*419	(同上)	貞治6(1367).9.26	牛王辻子	小串詮行ヵ(奉公衆ヵ)	(同上)【※貞治六年中殿御会記(大6-27-901)に小串二郎右衛門尉詮行見ゆ】
420	三宝院文書(大6-28-468)	貞治6(1367).9.27	三条坊門	鎮守八幡宮	当社(鎮守八幡宮)〈三条坊門〉

No.	典拠	年月日	地名	居住者・施設名	史料本文
421	師守記	貞治6(1367).9.29	嵯峨辺	赤松則祐	今朝鎌倉前大納言(義詮)子息義満〈童形〉被渡嵯峨天竜寺云々,是受衣天竜寺長老春屋和尚〈妙葩〉料也云々,其後可被渡赤松妙禅律師(則祐)山庄云々
*422	師守記	貞治6(1367).9.29	正親町烏丸	正親町三条実継	大外史并大夫史兼治等被参向新内府(正親町三条実継)第〈正親町烏丸第〉
423	地蔵院文書(大6-28-497)	貞治6(1367).10.4	衣笠	細川頼之/地蔵院	西ノ岡衣笠山ハ,古ノ歌人衣笠内大臣(藤原家良)之旧跡也,貞治六年,管領細川武蔵守頼之公買得被成候,則於此所地蔵院御建立同十月四日,衣笠山ヲ開キ,同五日,大工始,同六日,地蔵院と御名付被成候
424	後愚昧記	貞治6(1367).12.8	仁和寺	真如寺	大樹(義詮)去夜遂以入滅畢…今夕以平生之儀渡仁和寺真如寺云々
425	花営三代記(群26-66)	貞治6(1367).12.29	六条(角ヵ)万里少路	細川頼之	於執事(細川頼之)〈六条万里少路〉亭自〈虫触〉時堅被守此法畢
426	花営三代記(群26-66)	貞治7(1368).1.8	六角東洞院	佐々木六角氏頼(崇永)ヵ	八日,御所為御方違入御□□□入道亭六条[角イ]東洞院畢
427	門葉記70門首行状3(大7-6-215)	貞治7(1368).1.29	室町	崇光上皇	始修仙洞〈室町殿〉修理鎮[宅脱ヵ]御修法
428	三宝院文書(大6-29-126)	応安1(1368).2.18	三条坊門	足利義満	左馬頭(義満)亭三条坊門
429	鹿苑院殿御元服記(大6-29-237)	応安1(1368).4.27	六条	六条八幡宮	新八幡〈六条,篠村,御所鎮守〉
430	門葉記29長日如意輪法3(大6-29-266)	応安1(1368).5.3	正親町室町	正親町三条実継	内府(正親町三条実継)第〈正親町室町〉
431	門葉記29長日如意輪法3(大6-29-266,287)	応安1(1368).5.3	正親町東洞院	正親町実綱	新中納言〈(正親町)実綱卿〉亭〈正親町東洞院〉陣中也…(指図あり.東洞院大路の裏築地を挟み土御門内裏の西隣,東面東洞院面に唐門あり)
432	門葉記29長日如意輪法3(大6-29-266)	応安1(1368).5.3	(土御門東洞院内裏至近)	日野東洞院資教	次御出立所事…(日野東洞院)資教〈故時光卿子〉宅行程雖可為神妙(内裏への距離),家主服間也
433	後愚昧記	応安1(1368).5.20	一条大宮	仏心寺	土岐大膳大夫入道(頼康),於仏心寺〈一条大宮,禅僧寺也〉為親父(土岐頼清)卅三廻追善修仏事云々
434	妙顕寺文書(大6-29-355)	応安1(1368).5.-	二条堀川	妙見寺	妙見寺雑掌正立申二条堀河敷地事
435	石清水文書(大6-30-215)	応安1(1368).7.25	三条大宮	律院	三条大宮律院
436	山門嗷訴記(大6-30-39)	応安1(1368).8.28	一条西洞院	大峯所	北野神輿二基同時入洛,奉振棄一条西洞院〈号大峯所〉
437	日吉神輿御入洛見聞略記(大6-30-42)	応安1(1368).8.28	東洞院土御門	後光厳天皇	山門大衆頂戴神輿忽入洛〈自一条西行,至東洞院土御門里内辺云々,所志有之歟〉
438	友山録(32)	応安1(1368).9.3	新熊野	吉良義貴	大日本国平安城東新熊野寄住中務大輔従五位上奉三宝弟子孝男源朝臣(吉良)義貴,応安元年九月念三月,伏値 先考寂光寺殿松岩猷公大禅定門(吉良満義)十三周之忌辰,造立 大日如来一尊,就于所居私第…
*439	仲光卿記(大6-30-86)	応安1(1368).9.27	錦小路町西南角	安東高泰(奉公衆)	錦小路町西南角敷地,安東信濃守入道(高泰)違乱事,比丘尼了鏡申状〈副具書〉如此【※貞治六年中殿御会記(大6-27-902)に安東信濃守高泰見ゆ】
440	法観寺文書(大6-38-56)	応安1(1368).10.-	錦小路万里小路錦小路面南頬	普翠庵	奉寄進 普翠庵/屋地事〈錦小路万里小路,錦小路面南頬〉
441	友山録(大6-30-116)	応安1(1368).11.18	錦綉巷堀川街(錦小路堀川)	今川貞世(了俊)	大日本国山城州平安城錦綉巷堀川街居住前奥州太守孝男奉三宝弟子了俊(今川貞世),応安元年十一月十八日,伏値先妣普賢院殿明山照公大禅定尼七周忌辰…

No.	典拠	年月日	地名	居住者・施設名	史料本文
442	大本中禅師外集(大6-30-125)	応安1(1368).11.20	東山	建仁寺大竜庵	都城東山建仁禅寺大竜庵
443	柳原家記録77勅裁口宣仲光卿記(大6-30-150)	応安1(1368).12.11	大炊御門烏丸北頬	中院通氏	大炊御門烏丸北頬東西五丈六尺,南北拾五丈六尺敷地
444	柳原家記録77勅裁口宣仲光卿記(大6-30-155)	応安1(1368).12.18	御子左(三条大宮)	御子左為遠	御子左(三条大宮)敷地止甲乙人等違乱,可令全管領給之由,天気所候[也脱]…進上 左兵衛督(御子左為遠)殿【※百練抄治暦4.6.26に「天皇従閑院遷幸三条大宮第〈御子左〉」と見ゆ】
445	祇園社記(大6-30-419)	応安2(1369).4.20	三条京極	三条京極寺	京極寺〈三条京極事也〉
446	日吉神輿御入洛見聞略記(大6-30-421)	応安2(1369).4.20	土御門万里小路	法身院/光済(三宝院)	宸儀潜臨幸法身院〈長者僧正玄[光]済住坊,土御門万里小路〉
447	後愚昧記	応安2(1369).4.20	転法輪大路/万里小路(付近)	三条公忠	日吉神輿入洛事…須臾之後衆徒等不経本路引退之,或経転法輪大路〈此屋北門前〉,或経北小路・今小路等,皆引退于多々須河原也,如此引退サマニ所々放火,先一条高倉辺,次転法輪万里小路西頬小宅等也,此荒屋雖近々,境節艮并東風吹之間,不及仰天
448	白河証古文書(大6-30-488)	応安2(1369).6.19	四条東洞院	結城顕朝	譲与 所領等事…京都屋地〈四条東洞院〉
449	久我家文書(大6-31-326,南九4-4795)	応安2(1369).10.-	一条室町	壬生(源)雅宗	奉寄進/私領等事/合…一条室町敷地并旧領券契等□[事]
450	後愚昧記	応安3(1370).1.13	正親町室町	正親町三条実継	内府(正親町三条実継)拝賀間事,条々尋之,彼亭〈正親町室町〉指図送之
451	後愚昧記(大6-33-19)	応安3(1370).2.29	正親町高倉	後光厳天皇/藤原懐国番匠	亥時許,正親町高倉〈内裏陣中〉炎上…後聞,火起,蔵人(藤原)懐国放火番匠男屋之故云々
452	兼治宿禰記(大6-32-186)	応安3(1370).7.3	土御門東洞院	後光厳天皇	参陣之〈土御門東洞院,西礼皇居〉
*453	後愚昧記	応安4(1371).1.16	一条東洞院	日野東洞院資教	新宰相中将〈(西園寺)公兼卿〉今日申拝賀…自陣家〈(日野東洞院)資教家,一条東洞院〉参仕,不用車,退出之後,自陣家窃乗八葉車,先来前右大将〈(今出川)公直〉亭〈菊亭,仙洞(崇光院)合壁〉,自彼所歩行,参 仙洞拝賀,退出時又駕八葉車,還西園寺云々
*454	(同上)	応安4(1371).1.16	菊亭(菊第)/菊亭(菊第)隣	今出川公直/崇光上皇	(同上)
455	(同上)	応安4(1371).1.16	西園寺	西園寺公兼	(同上)
*456	師守記	応安4(1371).2.26	錦小路万里小路	安威性遵(幕府奉行人)	子剋,錦小路万里小路辺焼亡,安威入道(性遵)宿所焼失云々
457	広橋家文書(大6-33-352,南中4-3847)	応安4(1371).3.6	大炊御門油小路/高陽院町	花山院家賢/勘解由小路兼綱/広橋(勘解由小路)仲光	遺跡条々/大炊御門油少路地〈前中納言(花山院)家賢卿跡也,依参南山為闕所拝領了,高陽院町内也,公領勿論也〉
458	広橋家文書(大6-33-352,南中4-3847)	応安4(1371).3.6	土御門烏丸/正親町烏丸/中御門京極/京極以西,中御門以北,巽角/中御門西洞院	勘解由小路光業/勘解由小路兼綱/広橋(勘解由小路)仲光	遺跡条々/…土御門烏丸屋地/屋於寝殿者買得,見文書,其外奥屋造作地〈丈数見綸旨〉者,為正親町烏丸私領替,被下勅裁,委旨見文書…而当時居住敷地〈土御門烏丸〉申給之時…中御門京極〈丈数見文書,京極以西,中御門以北,巽角也,東西南北各十五丈〉/此地者為中御門西洞院私領替,祖父納言殿(勘解由小路兼仲)令預後宇多院勅裁給,仍故入道殿(同光業)御伝領…
459	広橋家文書(大6-33-352,南中4-3847)	応安4(1371).3.6	三条京極/京極以東,北頬/正親町烏丸	広橋(勘解由小路)仲光	遺跡条々/…三条京極地〈京極以東,北頬,東西十四丈,南北八丈余歟〉/為正親町地替,可子孫相伝之由,被下綸旨了,而当時居住敷地〈土御門烏丸〉申給之時,為正親町烏丸地替申給了,然者於三条地者,於今者可為朝恩分歟

№.	典拠	年月日	地名	居住者・施設名	史料本文
460	後愚昧記	応安4(1371).3.21	柳原	日野柳原忠光	今夜行幸柳原亭〈忠光卿家〉
461	師守記	応安4(1371).3.21	柳原	日野柳原忠光	今夜自土御門殿行幸柳原第〈藤中納言(日野柳原)忠光卿宅〉
462	(同上)	応安4(1371).3.21	柳原/土御門	後光厳天皇	(同上)
463	後愚昧記	応安4(1371).3.23	柳原	日野柳原忠光	今日譲位也,於柳原(日野)忠光卿亭被行其儀,於城外被行譲国儀之例,先規無之歟,兼日雖有其沙汰,京中可然之御所無之故也
464	柳原第行幸親王宣下記(大6-33-375)	応安4(1371).3.23	今出川以西,室町以東,四辻以南/仙洞(崇光院室町第,柳原室町南東)之北隣	後光厳天皇/日野柳原忠光/日野柳原資明	今日聖上(後光厳)遷幸藤中納言〈(日野柳原)忠光卿〉柳原第〈今出河以西,室町以東,四辻以南,仙洞(崇光院室町第)之北隣也,故按察(日野柳原)資明卿経営之地也〉
465	後深心院関白記	応安4(1371).3.23	柳原/土御門	後光厳天皇	今日天皇譲位也,儲皇先於柳原内裏〈清凉殿儀〉有御元服事…事了渡御土御門殿,於一条今出川辺,伺見其儀
466	皇年代略記(大7-1-194)	応安4(1371).3.23	室町/柳原	日野柳原忠光/後光厳上皇/後円融天皇	父帝(後光厳)先退本宮,幸(日野柳原)忠光卿室町〈号柳原〉亭…同日親王遷御土御門殿
467	師守記	応安4(1371).③.21	柳原/北山	後光厳上皇	新院(後光厳)自柳原殿御幸北山殿〈前右大臣(西園寺)実俊公第〉
468	(同上)	応安4(1371).③.21	北山	西園寺実俊	(同上)
469	後愚昧記	応安4(1371).4.1	智恵光院	佐川(土佐国人)	智恵光院辺騒動,相尋之処,土佐国住人佐川〈仮名,実名不知之〉居住件寺中,而執事為四国管領之間,仰可発向南方之由之処,固辞之間,為誅伐,差遣執事被官軍勢并侍所軍勢之処,不能討取之,佐川逃脱了
470	武家五壇法記(大6-34-64)	応安4(1371).5.10	三条坊門万里小路	足利義満	武家(義満)三条坊門万里小路亭
*471	祇園社家記録	応安4(1371).7.3	六条坊門東洞院	報恩寺法喜房	六条坊門東洞院報恩寺法喜房
472	行幸記(大6-34-354)	応安4(1371).11.22	柳原/今出川大路/四辻小路	後円融天皇/後光厳上皇	為御方違行幸新院(後光厳)仙洞…行幸 柳原殿路次/出御右衛門陣 洞院東大路北行 一条大路西行 室町大路北行 北小路東行 今出川大路北行 四辻少路西行 迄于御所
473	神木御動座度々大乱類聚(大6-34-426)	応安4(1371).12.2	東洞院(付近)/六条	長講堂	神木入洛,為武家(義満)沙汰引宇治橋之間,自南〈西歟〉路入洛,至東寺前,大宮北行,七条東行,東洞院北行,六条西行,奉入于長講堂
*474	祇園社家記録	応安5(1372).7.11	八坂前	祇園社僧/富樫昌家	加賀富樫介(昌家)上洛,八坂前ニ住之間,此辺社僧房ニ手者共皆自一昨日打札,今日皆寄宿了
*475	祇園社家記録	応安5(1372).7.20	五条町～六条坊門町/室町通	矢野是林(幕府奉行人)	去夜子□[刻ヵ]火災,自五条町至六条坊門町室町通焼了,矢野十郎入道(是林)東屋,如去年焼之間,罷向訪了,西屋ハ無為,中沢樋口室町屋無為賀了,正玉房地蔵堂無為一見了,一,参六条道場,火事無為事賀了【※東白ぬ44-2(年未詳5.13矢野是林書状案)に沙弥是林見ゆ】
*476	(同上)	応安5(1372).7.20	樋口室町	中沢信綱(幕府奉行人)	(同上)【※辰市家旧記1(大6-27-328)に〈同(南都奉行)仲沢〉信綱見ゆ】
*477	(同上)	応安5(1372).7.20	五条町～六条坊門町(付近)/室町通(付近)	正玉房/地蔵堂/六条道場(歓喜光寺)/歓喜光寺	(同上)
*478	祇園社家記録	応安5(1372).7.22	八坂	円明聖寺/富樫昌家	富樫介(昌家)〈在京,住八坂円明聖寺〉神馬一疋〈黒〉引之
479	祇園社家記録	応安5(1372).7.23	二条烏丸	二条烏丸道場	於二条烏丸道場,現一房〈本教一房〉見参

No.	典拠	年月日	地名	居住者・施設名	史料本文
480	祇園社家記録	応安5(1372).8.19	桂	観音寺	桂観音寺
481	祇園社家記録	応安5(1372).9.15	六角室町	桃井直知	桃井(直知)殿宿六角室町ニ罷向,対面,酒被出之
482	祇園社家記録	応安5(1372).10.19	錦小路堀川	那須	行那須許〈錦小路堀川〉,新造対面
483	後愚昧記	応安5(1372).11.14	北山	日野宣子/西園寺実俊/後光厳上皇	北山へ新院(後光厳)有御幸云々,凡連々北山有御幸,是二品(日野宣子)腹前右府〈(西園寺)実俊公〉息女,為御愛物之故也云々,二品宅在北山,幸彼所云々,前右府亭へハ無御幸也云々
*484	祇園社家記録	応安5(1372).11.16	五条西洞院西南頬	岡(富樫昌家被官)	富樫(昌家)若党岡入道,自八幡今日上洛,宿改之,五条西洞院西南頬云々
485	祇園社家記録	応安5(1372).11.25	樋口烏丸西南頬	大和左近蔵人(細川被官)	美談材木事…今日管領〈細川頼之〉対面時,直上管領之,今日奏者大和左近蔵人〈宿樋口烏丸西南頬云々〉
486	花営三代記(群26-84)	応安5(1372).12.20	三条西洞院	大草太郎左衛門尉(奉公衆)	関東一方管領上杉兵部少輔(能憲)上洛,着三条西洞院大草太郎左衛門尉亭,同六年四月七日暁下向了
487	祇園社家記録	応安5(1372).12.26	三条西洞院西南角	上杉能憲(大草氏邸)	上椙(能憲)〈近日上洛,三条西洞院西南角,昨日参賀〉
*488	祇園社家記録	応安5(1372).12.27	姉小路高倉辺	安威新左衛門(詮有ヵ)(幕府奉行人)	今夜戌□[刻],姉小路高倉辺火災,安威新左衛門家焼之
489	後愚昧記	応安6(1373).1.7	北小路(上北小路)	勧修寺経顕	自北小路面上土門,前内府(勧修寺経顕,五日死去)出了,彼門永不用之由,有其説
490	後深心院関白記	応安6(1373).3.2	近衛道嗣第至近(近衛東洞院)	花山院兼定	亥刻有火事,花山院(兼定)裏築地之在家也,雖程近,非怖畏之限
491	(同上)	応安6(1373).3.2	花山院兼定第至近(近衛東洞院)	近衛道嗣	(同上)
492	三宝院旧記(大6-38-227)	応安6(1373).10.17	三条坊門万里小路	足利義満	将軍(義満)亭〈三条坊門万里小路〉
493	後愚昧記	応安6(1373).12.7	仁和寺	等持院/足利義詮墓所	今日故大樹〈前大納言義詮卿〉七ヶ年正日仏事也,於仁和寺等持院〈大樹墓所〉禅僧行仏事
494	尊経閣古文書纂(大6-39-251)	応安6(1373).12.13	六条油小路西頬	冷泉守重/上光房阿闍梨御房	(端裏書)冷泉少将殿売券…/沽却 私領屋敷地事/合貳段半〈在所六条油少路西頬〉
495	日吉神輿御入洛見聞略記(大6-38-61)	応安6(1373).-.-	一条万里小路南頬	日吉神輿造替行事所	院庁為奉行,造替所仮屋数十間新造〈一条万里小路南頬〉
496	後深心院関白記	応安7(1374).1.15	近衛道嗣第(近衛室町北東)以北/仙洞柳原殿(柳原室町北東)至近)	中山親雅	午刻北方有火事,(中山)親雅朝臣宿所云々,無程消了,仙洞(柳原殿)近々之間,以(河鰭)季村朝臣申入事由了
497	洞院公定公記(大6-40-72)	応安7(1374).1.15	武者小路室町	中山親雅	巳竟剋武者少路室町有火,中山少将親雅宿所也
498	豊原信秋記(大6-42-128)	応安7(1374).4.10	二条	二条道場	二条道場
499	(同上)	応安7(1374).4.10	押小路	押小路道場	押小路道場
500	(同上)	応安7(1374).4.11	二条烏丸	二条烏丸道場	二条烏丸道場
501	豊原信秋記(大6-40-419)	応安7(1374).5.9	二条	二条道場	旧院(後光厳)御百个日御仏事,申付二条道場致沙汰了
*502	後愚昧記	応安7(1374).6.15	三条高倉西頬	坊門中将(信守ヵ)	後聞,今暁坊門中将〈某,不知実名(信守ヵ)〉為敵被殺害了云々,其宅三条高倉西頬云々,賊徒数十人寄来云々,彼羽林管領之地得利之間,敵人所為云々,敵人ハ一門族云々【※建内記永享11.2.16に坊門故中将信守朝臣見ゆ】

No.	典拠	年月日	地名	居住者・施設名	史料本文
503	後愚昧記	応安7(1374).6.20	一条南頬,万里小路以東	日吉神輿造替行事所	神輿一基ハ行事所前〈一条南頬,万里小路以東〉奉置之
504	醍醐寺文書(大6-41-52)	応安7(1374).7.17	三条坊門万里小路	足利義満	将軍(義満)家〈三条坊門万里小路〉
505	柳原家記録(勅裁口宣 仲光卿記)(大6-41-185)	応安7(1374).10.11	正親町高倉	高倉永季/藤原懐国	正親町高倉敷地〈(藤原)懐国管領跡〉東西九丈五尺南北十丈,可令管領給者,天気如此
506	東金堂細細要記(大6-41-338)	応安7(1374).12.17	五条烏丸	如意輪堂	御帰坐之為体,大都如暦応・貞治之例,当同集会所五条烏丸如意輪堂也
507	師守記	応安7(1374).12.24	大炊御門	大炊御門道場(聞名寺)	大炊御門道場焼失
508	東百チ(大6-42-332)	応安7(1374).-.-	七条大宮	吉祥院	借書引付…七条大方[宮ヵ]吉祥院参詣酒肴借
509	仲光卿大祀御教書案(南中5-4151)	永和1(1375).6.27	近衛以南,中御門以北,猪熊以東,油小路以西	大嘗会主基行事所	大嘗会主基行事所警固事,可被仰武家(義満),其間者□□近衛以南,中御門以北,猪熊以東,油小路以西,在地人等自今夕可守護之由,可令下知給之旨,天気所候也
510	学衆方評定引付(東百ラ)(相生7-190)	永和2(1376).8.20	東洞院	宇野祐頼ヵ(赤松氏被官)	奈々局状案…それにおもひよらすひんかしのとうゐんとの(東洞院殿,宇野祐頼ヵ)よりこの事たつね申され候ける御返事とて…
511	学衆方評定引付(東百ラ)(大6-48-312)	永和2(1376).9.5	八条院町	東寺/赤松家人	当所(八条院町)百姓小家,赤松家人令売[ママ]得之,去々年冬地子〈聊致沙汰云々〉以来更以不致弁
512	後愚昧記	永和2(1376).9.6	富小路	三条公忠	大樹(義満)為蹴鞠向賀茂瓦屋…超過此門前〈富小路面也〉
513	無規矩(大6-48-165)	永和2(1376).10.10	東山	別源円旨/建仁寺	大日本国山城州東山建仁禅寺
514	門主伝(大7-6-222)	永和2(1376).12.16	土御門	後円融天皇	紫宸殿〈土御門殿〉
515	後愚昧記	永和3(1377).1.12	四条坊門京極	中条長秀(元威,奉公衆)	今日申刻許大樹妾〈故(日野)時光卿女,資教妹,一腹也,元年来宮仕禁裏,号新典侍,而為二品尼計略遣武家(義満)了,大樹(義満)寵愛之〉産女子〈産所,四条坊門京極中条兵庫入道(長秀,元威)宿所云々〉了,而為逆生之間即死去云々
516	後愚昧記	永和3(1377).1.20	大炊御門西洞院	大光明寺	大炊御門西洞院大光明寺
517	後愚昧記	永和3(1377).2.18	北小路(上北小路)室町(付近)	崇光上皇/四辻季顕/足利義詮/日野柳原忠光/日野土御門保光	申刻許乾方有炎上,南風猛烈,仙洞〈伏見殿(崇光院)御所,号花御所,元(四辻)季顕卿宅,而故大樹(義詮)買得之後,進上皇也〉・菊亭(今出川公直第)・日野〈柳原〉大納言(忠光)宿所・藤中納言(土御門保光)宅・其外小屋等又焼失了,触余炎之間,御霊社回禄了,火起自北小路室町〈西頬〉小宅云々,件宅御陵巫居住所云々
518	(同上)	永和3(1377).?.18	菊亭(菊第)	今出川公直	(同上)
519	後己心院殿御記(九条忠基日記)	永和3(1377).2.18	今出川公直亭(北小路(上北小路)室町南東)(付近)/室町殿(北小路(上北小路)室町北東)(付近)	日野時光/崇光上皇/日野土御門保光	今日申刻許有火事,如法上辺云々,遣人令見処,菊第(今出川公直亭)并日野大納言(時光)亭云々…已仙洞(崇光院室町殿)以下数ヶ所炎上,頗以無□[比ヵ]類火事云々,尤可驚,前藤中納言(土御門保光)亭同令焼畢
520	(同上)	永和3(1377).2.18	菊亭(菊第)	今出川公直	(同上)

№.	典拠	年月日	地名	居住者・施設名	史料本文
521	洞院公定日記(〈大阪女子大学〉女子大文学国文篇15)	永和3(1377).2.18	北小路(付近)/室町(付近)	日野柳原忠光/後光厳天皇/今出川公直/崇光上皇/御霊社/洞院公定	未竟刻当南近辺火出来,北少路辺云々,凡仰天之処,魔風自坤方吹覆,余煙押懸東北方室町面東西東数宇忽滅亡…其町順宇[外柳原ヵ]日野大納言忠光卿宿所両宇〈一宇仙洞(後光厳)之時為私居所新造屋也〉悉為灰爐,又南弟[菊第ヵ]前幕下(今出川公直)宿所并仙洞(崇光)御留守〈故大樹(義詮)構屋也〉御所(花御所)等一時魔滅…余焔猶懸此蓬屋(洞院公定)近辺,仰天失東西,然而無為,冥助也,其火越数町吹付五[御]霊社,悉焼失了
522	洞院公定日記(〈大阪女子大学〉女子大文学国文篇15)	永和3(1377).2.19	北小路(付近)/室町(付近)	崇光上皇/日野柳原忠光/良憲	仙洞(崇光)・(日野柳原)忠光卿住安居院良憲僧正坊云々
*523	後愚昧記	永和3(1377).2.28	北山	広橋仲子(崇賢門院)/日野宣子	今日上臈著帯也…三品(広橋仲子)先垂[乗]此車,自北山〈二品(日野宣子)宿所所同宿也〉被坐儲(橘)知繁卿宿所〈北小路富小路〉
*524	(同上)	永和3(1377).2.28	北小路(上北小路)富小路	橘知繁	(同上)
*525	在盛卿記(大膳大夫有盛記-武将代々御在所事)(続群31下)	永和3(1377).3.10	柳原	足利義満	鹿苑院殿(義満)…永和三年…三月十日壬午,大樹(義満)新造亭〈柳原,号花亭〉移徙也…康暦元年己未六月廿四日戊子,武将亭松[柳ヵ]原也,寝殿立柱上棟也
526	洞院公定日記(〈大阪女子大学〉女子大文学国文篇15)	永和3(1377).3.20	六角/三条坊門殿(三条坊門南,姉小路北,万里小路東,富小路西)(付近)	細川頼之/足利義満/佐々木六角氏頼	今日下辺炎上以外,人々語云,六角辺云々,管領(細川頼之)宿所・将軍(義満)亭等近々,下辺皷騒云々,又家人崇永(佐々木六角氏頼)宿所焼了
527	後愚昧記	永和3(1377).6.26	北山	広橋仲子(崇賢門院)/日野宣子	既産気(三条厳子)分出来之由,夜中令告二品(日野宣子)并三品(広橋仲子)〈主上(後円融天皇)御母儀〉了,彼両人所住北山也
528	後愚昧記	永和3(1377).8.28	北山	日野宣子/後円融天皇	宮御方(幹仁,後円融天皇)今日可有渡御北山二品(日野宣子)宿所之由,至昨夕治定
529	東百ツ71	永和3(1377).9.11	東寺御影堂御領高辻東洞院与五条間西頬	東寺/海部氏重	東寺御影堂御領高辻東洞院与五条間西頬口〈南北〉参丈六尺南〈東西〉拾伍丈所請願也有限地子毎年弐貫九百文二季〈仁〉無懈怠可致其沙汰…海部氏重(花押)/請人 有弁(花押)/同道栄(花押)
530	後愚昧記	永和4(1378).5.2	正親町高倉	後円融天皇	戌刻終頭有炎上,正親町高倉小屋也,内裏東面門前也,然而無為珍重々々
531	尊道親王行状(大7-6-205)	永和4(1378).10.16	土御門東洞院	後円融天皇	禁中〈土御門東洞院〉
*532	花営三代記(群26-100)	永和4(1378).12.25	中御門東洞院	伊勢貞継	将軍家(義満)御台所(日野業子)自御産所中御門東洞院伊勢入道(貞継)亭御還
*533	後愚昧記	永和5(1379).1.2	一条万里小路	安倍資為	院庁〈前大蔵少輔(安倍)資為〉被管者,依毬杖,与一条高倉番匠(割注略)諠譁出来,番匠為院庁家人被刃傷了,仍番匠等結党寄来院庁宅〈一条万里小路,万里小路面〉切門柱
534	長門小早川家文書(南中5-4475)	永和5(1379).2.13	四条油小路	小早川義春	譲与 所領事…京都四条油小路屋地
535	迎陽記	康暦1(1379).2.29	大炊御門西洞院	上野顕兼	大炊御門西洞院土岐宿所(頼康)上野左馬助拝領之,昨日悉壊取云々
*536	後愚昧記	康暦1(1379).3.6	四条京極	佐々木京極高秀/日野裏松資康	佐々木(京極)大膳大夫〈高秀〉四条京極住宅,為本庄左衛門尉(宗成)〈(日野東洞院)資教家人,大樹(義満)妻室(日野業子)乳父〉奉行壊取之,渡藤中納言(日野裏松)資康卿〈将軍(義満)妻舎兄〉許云々,可退治之旨,成御教書於江州守護〈佐々木宗領,当時幼稚,号(佐々木六角)亀寿丸〉之間,為闕所之故也…七日…又高秀宅於寝殿者不壊之,東寄の新宅許壊取了云々

No.	典拠	年月日	地名	居住者・施設名	史料本文
*537	後愚昧記	康暦1(1379).4.2	河東	光堂/土岐詮直	土岐伊予入道子息(詮直)〈大膳大夫入道善忠(頼康)甥〉為善忠代官上洛,光堂〈河東辺〉辺寄宿云々
*538	花営三代記(群26-102)	康暦1(1379).4.13	祇園	白堂/佐々木京極高秀	佐々木佐渡大膳大夫(京極高秀)上洛〈祇園白堂ニ寄宿〉
539	後愚昧記	康暦1(1379).④.14	富小路	三条公忠	未初刻,武士等多上辺へ馳上之由,路人称之,仍開富小路面門見之,自河東方軍兵数万騎一条西行,万里小路北行,大樹(義満)上亭〈今出川辺,号花御所〉事出来之間,馳参之由称之云々,分明無其説,大樹兄弟(義満・満詮)于時在彼所云々,武士等囲繞之,在京大名等無残者云々,酉刻許南方有炎上,武蔵守(細川)頼之朝臣宅以下放火,皆以没落了云々
540	(同上)	康暦1(1379).④.14	今出川辺	足利義満	(同上)
*541	後愚昧記	康暦1(1379).5.7	清水坂/五条橋/五条富小路	斯波義将	新中納言〈(日野裏松)資康卿〉為賀執事事,向左衛門佐(斯波義将)宿所〈清水坂,号玉堂〉,帰路之時,於五条橋南爪,車没水中…於車者破損了,仍以輿立入松田左衛門尉貞秀宿所〈五条富小路〉於彼著改衣装
*542	(同上)	康暦1(1379).5.7	五条富小路	松田貞秀(幕府奉行人)	(同上)
543	迎陽記	康暦1(1379).12.7	仁和寺	等持院/足利義詮墓所	今日宝篋院贈左府(義詮)十三回正忌也,今日於仁和寺等持院有仏事
544	田中繁三所蔵文書(南九5-5593)	康暦2(1380).4.-	八町柳/北山/道祖大路以東	西園寺実俊	一所八町柳田地伍段〈限東北山殿御領,限西道祖大路《以東》,限南大御門,限北北山殿御領〉
545	田中繁三所蔵文書(南九5-5593)	康暦2(1380).4.-	五条坊門櫛笥	福昌寺	右,彼所々所領田畠等者,自往古為福昌寺領〈在所五条坊門運[櫛ヵ]笥〉当知行無相違地也
546	迎陽記	康暦2(1380).5.18	北山	日野宣子	武家(義満)御文談式日,仍参仕之処,密々御出北山二品(日野宣子)局許
547	荒暦(年報三田中世史研究12)	永徳1(1381).7.23	柳原室町	足利義満	将軍(義満)第柳原室町
548	後愚昧記	永徳1(1381).9.24	北山	広橋仲子(崇賢門院)	准后(広橋仲子)亭〈北山〉
549	後愚昧記	永徳1(1381).12.2	仁和寺/土御門室町	浄華院	武家八講初日也…於等持寺[院ヵ]行之,件寺者当時禅院也,元来ハ号浄華院,浄土宗寺也,向阿上人(浄華房証賢)開山也,浄花院ハ当時在土御門室町也【※康暦1.12.7に仁和寺等持院と見ゆ】
550	(同上)	永徳1(1381).12.2	仁和寺	等持院/足利義詮墓所	(同上)
551	北野天満宮史料古記録(神輿造替記録)(66)	永徳1(1381).12.18	一条富小路	日吉神輿造替行事所	神輿造替事始…仍一条富小路行事所十八日夜催遣…
552	後愚昧記(大7-1-246)	永徳2(1382).4.9	中園殿(亭,第)(洞院公定亭)	洞院公定	今日行幸中園亭〈洞院大納言公定宅〉
553	良賢入道記(歴代残闕日記)	永徳2(1382).4.9	北大路/中園殿(亭,第)(洞院公定亭)	洞院公定	行幸中園殿〈洞院大納言公定卿第〉…行幸中園第路次〈出御左衛門陣〉洞院東大路北行, 一条大路西行,今出川大路北行,武者小路西行,室町小路北行,北大路西行,迄于彼第
554	皇年代略記(大7-1-194)	永徳2(1382).4.11	土御門/持明院北(大路)/中園殿(亭,第)(洞院公定亭)	後円融天皇/洞院公定	為禅位,退土御門皇居,行幸持明院北中園第〈洞院大納言公定卿第也〉
555	良賢入道記(歴代残闕日記)	永徳2(1382).4.28	中園殿(亭,第)(洞院公定亭)/北大路	後円融天皇/洞院公定	新院(後円融)御幸始也,自中園仙洞御幸左大臣〈義満〉亭〈柳原室町〉…路次北大路東行,室町南行,柳原東行,今出川大路南行,一条大路西行,室町北行,迄于彼亭

No.	典拠	年月日	地名	居住者・施設名	史料本文
556	(同上)	永徳2(1382).4.28	柳原室町	足利義満	(同上)
*557	後愚昧記	永徳3(1383).1.4	押小路烏丸	二条良基	自左府(三条実冬)亭直向摂政(二条良基)亭〈押小路烏丸〉,於泉屋対面云々
558	経嗣公記抄(荒暦)(年報三田中世史研究13)	永徳3(1383).2.10	北山	後円融天皇/広橋仲子(崇賢門院)	或説云,今暁新院(後円融)逐電給云々…北山准后(広橋仲子)俄院参,可遷御北山辺之由被申歟
559	東京大学史料編纂所所蔵勝山小笠原文書(南中6-4782)	永徳3(1383).2.12	京都	小笠原清順(長基)	譲与 所領等…壱所 京都屋地矣
560	後愚昧記	永徳3(1383).2.16	梅町	後円融天皇/広橋仲子(崇賢門院)	新院(後円融)遷幸梅町殿〈准后(広橋仲子)在所〉
561	経嗣公記抄(荒暦)(年報三田中世史研究13)	永徳3(1383).2.17	北山	後円融天皇/広橋仲子(崇賢門院)	新院(後円融)去夜密々入御北山(広橋仲子第)
562	経嗣公記抄(荒暦)(年報三田中世史研究13)	永徳3(1383).2.24	小川	後円融上皇	右大弁宰相(勧修寺経重)小川宿所可為仙洞,即可還御此所云々,仍洞院前大納言(公定)只今所坐芝宿所可給右大弁,於洞院者可返給彼大納言云々
563	(同上)	永徳3(1383).2.24	小川/芝	勧修寺経重	(同上)
564	(同上)	永徳3(1383).2.24	芝	洞院公定	(同上)
565	後愚昧記	永徳3(1383).3.1	梅町/小川	後円融天皇	新院(後円融)自梅町亭(広橋仲子第)可還幸小川亭〈右大弁(勧修寺)経重卿宅〉事,可為明後日〈三日〉
566	(同上)	永徳3(1383).3.1	梅町	広橋仲子(崇賢門院)	(同上)
567	(同上)	永徳3(1383).3.1	小川	勧修寺経重	(同上)
568	年報三田中世史研究13(年報三田中世史研究13)	永徳3(1383).3.2	芝	勧修寺経重	今夕洞院前大納言(公定)帰本亭,右大弁(勧修寺経重)帰芝宿所云々
569	経嗣公記抄(荒暦)(年報三田中世史研究13)	永徳3(1383).3.3	北山	広橋仲子(崇賢門院)	新院(後円融)自北山(広橋仲子第)還御…近臣両三人参会小川御所(勧修寺経重第)云々
570	(同上)	永徳3(1383).3.3	北山/小川	後円融天皇	(同上)
571	後愚昧記	永徳3(1383).5.15	妙戒院	妙戒院/町野某	今日関東使者〈町野某云々〉上洛,宿妙戒院〈法勝寺門徒,律僧寺也〉
572	筑後大友文書(南九5-5784,南関6-4151)	永徳3(1383).7.18	佐女牛大和大路/大谷	大友親世	京都佐女牛大和大路屋地六ヶ所/同大谷地二ヶ所曩祖(大友能直)宿所地
573	北野天満宮史料古記録(神輿造替記録)(125)	永徳3(1383).8.6	一条富小路	日吉神輿造替行事所	一条富少路行事所三間(神輿造替),当社へ被渡也
574	吉田家日次記(大6-35-272)	永徳3(1383).8.9	五条烏丸→一条面南頬,西万里小路,東富小路	新玉津島社	今日五条烏丸新玉津島社被遷一条万里小路〈一条面南頬,西万里小路,東富小路〉
575	金光寺文書(長楽寺蔵七条道場金光寺文書の研究153)	永徳4(1384).-.-	高辻高倉北西	今川範国	一所 高辻高倉北西[別筆「東面」]〈口十七丈八尺五寸/奥十五丈八尺〉今河殿沙弥心省(範国)寄附
576	吉田家日次記(大7-6-385)	永徳-(1381-4).-.-	一条富小路/五条	新玉津島社	去永徳之比,以一条富小路〈日吉神輿造替行事所跡〉敷地申賜之〈新玉津島社〉,自五条奉移此所,而此在所武士〈大和入道理政親類歟〉拝領,不浄有恐之間,達上聞,以仁和寺之勝地,新造神殿,構定築地云々

№.	典拠	年月日	地名	居住者・施設名	史料本文
577	(同上)	永徳-(1381-4).-.-	一条富小路	日吉神輿造替行事所/大和理政(奉公衆)	(同上)
578	両足院文書(東京大学史料編纂所架蔵写真帳)	至徳1(1384).6.29	三条南烏丸西并六角北烏丸西	杉原光盛	御判 左京三条南烏丸西并六角北烏丸西屋地〈丈数等見本券〉事,相伝,杉原大和五郎光盛可令領掌之状如件
579	祇園社家記録	至徳4(1387).-.-	錦小路北頬	白毫院	社辺御寄進下地請足/…錦少路北頬〈白毫院,ムロタ殿寄進云々,下地〉
580	祇園社家記録	至徳4(1387).-.-	錦小路南頬	宝城房	社辺御寄進下地請足/…錦小路南頬請足〈宝城房下地〉
581	祇園社家記録	至徳4(1387).-.-	四条北頬	太子堂	社辺御寄進下地請足/…四条面北頬〈太子堂〉
582	祇園社家記録	至徳4(1387).-.-	四条北頬	四条道場(金蓮寺)	社辺御寄進下地請足/…四条面北頬,四条道場尼時衆下地
583	祇園社家記録	至徳4(1387).-.-	平大路東頬	実好院	社辺御寄進下地請足/…平大路東頬…羽川〈実好院〉下地
584	祇園社家記録	至徳4(1387).-.-	百度大路東頬	角坊	社辺御寄進下地請足/…百度大路東頬〈角坊〉
585	祇園社家記録	至徳4(1387).-.-	百度大路東頬	鳥坊	社辺御寄進下地請足/…百度大路東頬〈鳥坊〉
586	祇園社家記録	至徳4(1387).-.-	四条南頬	士仏房	社辺御寄進下地請足/…四条面南頬〈士仏房〉
587	祇園社家記録	至徳4(1387).-.-	四条南頬	資道房	社辺御寄進下地請足/…四条面南頬〈資道房〉
588	祇園社家記録	至徳4(1387).-.-	錦小路南頬	知恩院	社辺御寄進下地請足/…錦少路南頬〈知恩院〉
589	祇園社家記録	至徳4(1387).-.-	四条南頬	善浄房	社辺御寄進下地請足/…四条面南頬〈善浄房〉
590	祇園社家記録	至徳4(1387).-.-	四条北頬	香蔵房	社辺御寄進下地請足/…四条面北頬〈香蔵房〉
591	祇園社家記録	至徳4(1387).-.-	祇園中道西頬	弘福寺	社辺御寄進下地請足/…祇園中道西頬〈弘福寺〉
592	祇園社家記録	至徳4(1387).-.-	一条面北頬	知色庵	社辺御寄進下地請足/…一条面北頬〈知色庵〉
593	祇園社家記録	至徳4(1387).-.-	錦小路北頬	鳥堂	社辺御寄進下地請足/…錦少路北頬〈鳥堂下地云々,当年勘落〉
594	祇園社家記録	至徳4(1387).-.-	綾小路面北頬	阿弥陀堂	社辺御寄進下地請足/…□[綾少路]面北頬〈阿弥陀堂下地云々〉
595	祇園社家記録	至徳4(1387).-.-	三条	安国寺	社辺御寄進下地請足/…三条羽川〈安国寺〉
596	祇園社家記録	至徳4(1387).-.-	錦小路	太子堂	社辺御寄進下地請足/…錦少路〈太子堂〉
597	祇園社家記録	至徳4(1387).-.-	錦小路北頬	禅忍房	社辺御寄進下地請足/…錦少路北頬〈禅忍房下地〉
598	祇園社家記録	至徳4(1387).-.-	祇園中道西頬	弘福寺	社辺御寄進下地請足/…祇園中道西頬〈弘福寺〉
599	祇園社家記録	至徳4(1387).-.-	綾小路北頬	護念寺	社辺御寄進下地請足/…綾少路北頬〈護念寺〉
600	祇園社家記録	至徳4(1387).-.-	二条南頬	観音堂	社辺御寄進下地請足/…二条南頬〈観音堂下地〉
601	祇園社家記録	至徳4(1387).-.-	今朱雀	光明寺	社辺御寄進下地請足/…今朱雀〈光明寺〉
602	祇園社家記録	至徳4(1387).-.-	錦小路北頬	三尊院	社辺御寄進下地請足/…錦少路北頬〈三尊院〉
603	祇園社家記録	至徳4(1387).-.-	四条面南頬	土肥房	社辺御寄進下地請足/…四条面南頬〈土肥房〉
604	祇園社家記録	至徳4(1387).-.-	四条面南頬	土佐房	社辺御寄進下地請足/…四条面南頬〈土左房〉
605	兼宣公記	嘉慶2(1388).2.10	芝	勧修寺経重	室町殿(義満)御出大聖寺之後…御渡芝之勧修寺(経重)第云々

No.	典拠	年月日	地名	居住者・施設名	史料本文
606	尊道親王行状（大7-6-205）	康応1（1389）.10.-	西大路／西山	尊道法親王	康応元年十月上旬ヨリ西山殿御出京（尊道），西大路殿御坐
607	大和西大寺文書，相模極楽寺文書（南関6-4538，南東2200）	明徳2（1391）.9.28	三条	長福寺	諸国末寺帳…山城国…〈三条〉長福寺
608	大和西大寺文書，相模極楽寺文書（南関6-4538，南東2200）	明徳2（1391）.9.28	中御門西洞院	常福寺	諸国末寺帳…山城国…〈京中御門西洞院〉常福寺
609	明徳記（群20-241）	明徳2（1391）.12.26	中御門堀川	一色詮範	御所ハ廿六日ノ辰ノ刻ニ一色ノ左京大夫（詮範）ノ亭，中ノ御門堀川ノ宿所へ御出成ル
610	東百ヰ	明徳3（1392）.2.-	六角油小路	山名家風輩	目安 東寺雑掌頼憲申六角油小路敷地〈口六丈三尺五寸南十丈〉間事，右当所者故片岡法眼覚賀数代相伝之地也，而相副代々手継証文所寄附当寺御影堂也，爰近年山名家風輩乍請乞於下地々子無沙汰之間歎存之処，幸彼等没落之上者故公人被打渡任任寄進之間，為全知行粗言上如件
611	京都大学所蔵地蔵院文書（南中6-5426）	明徳3（1392）.5.24	西山	地蔵院	洛陽西山地蔵院
612	荘厳寺文書（時宗中世文書史料集233）	明徳3（1392）.9.6	六条坊門ヨリ南堀川ヨリ堀川面／転法輪屋敷	遊佐国長（畠山氏被官）	一所 西家屋敷三段小 一所 平野田六段 宇古川 一所 六条坊門ヨリ南堀川ヨリ堀川面〈口南北一丈五尺／奥 十五丈〉…一所 転法輪屋敷〈東へ廿三丈／南へ卅二丈〉各々遊佐河内守国長寄進 明徳三年九月六日
613	御神楽雑記（大7-1-2）	明徳3（1392）.⑩.5	土御門東洞院	後小松天皇	禁裏〈土御門東洞院皇居〉
614	官公事抄（大7-1-12）	明徳3（1392）.⑩.5	土御門東洞院	後小松天皇	里内〈土御門東洞院〉
615	妙顕寺文書（大7-1-246）	明徳4（1393）.7.8	押小路以南，姉小路以北，堀河以西，猪熊以東	妙本寺	押小路以南，姉小路以北，堀河以西，猪熊以東地事，為妙本寺敷地可有知行之状如件
616	御的日記（大7-1-462）	明徳5（1394）.1.17	勘解由小路	斯波義将	明徳五年正月十七日〈執事越前左衛門佐勘解由小路殿（斯波義将）〉
617	東百ち1-廿一口方評定引付（1-9）	明徳5（1394）.2.21	大宮東唐橋南角	大悲心院跡	（端書）請文案／謹請／大悲心院跡御敷地〈大宮東，唐橋南角，茶木原之南并北堀分〉事
618	迎陽記（大7-1-561）	明徳5（1394）.7.1	正親町	一条経嗣	（一条経嗣着陣）御出門，正親町西行，東洞院南行，入四足門（内裏）
619	兼宣公記	明徳5（1394）.7.1	油小路	武蔵入道某後家／細川頼之ヵ後家	遣五色於油少路尼公〈故武蔵入道（細川頼之ヵ）後家〉宿所
620	結縁灌頂記（大6-24-336）	応永1（1394）.7.27	八坂	果宝墓所	八坂墓所
*621	兼宣公記	応永1（1394）.11.28	正親町高倉	高倉永行／後小松天皇	寅剋許当艮有炎上，陣中云々…正親町高倉（高倉）永行朝臣宿所也，禁裏以外近々，雖然余煙不及弘，尤珍重
622	荒暦（大7-1-914）	応永2（1395）.1.7	室町／北小路（上北小路）	足利義満	（義満拝賀）其路室町南行，北小路西行，大宮南行，一条東行，東洞院南行，至陣頭
623	（同上）	応永2（1395）.1.7	一条／東洞院	後小松天皇	（同上）
624	実冬公記	応永2（1395）.1.7	室町／北小路（上北小路）	足利義満	（義満拝賀）室町南行，至北小路西行，大宮南行一条

No.	典拠	年月日	地名	居住者・施設名	史料本文
*625	荒暦（大7-1-971）	応永2（1395）.3.10	五条坊門高倉	多胡某（山名満幸被官→佐々木京極高詮被官）	申時計，或人告云，只今山名播磨守（満幸）被誅戮云々，後聞，此間倫立入或小家〈五条坊門高倉〉，件家者，播磨守旧臣タコ（多胡）ノ〈其字不知之〉某宿所也，彼男年来雖令□直，播磨守牢籠之刻，属佐々木治部少輔（京極高詮）〈当時検断侍所也〉，雖然憑旧好，此十余日逗留彼宿所…【※二尊院文書観応2.3.25室町幕府御教書（大6-14-898），多胡孫四郎の出雲国淀新庄への濫妨の停止を山名時氏に命ず】
626	草野文書（大分県史料13-373）	応永2（1395）.6.1	六条猪熊	田原貞広	京六条いのくまの屋地三反事，祖父貞広御所ほうこうニよて拝領候，代々于今いたるまて奉公さうそくせしめ，当知行候了
627	東院毎日雑々記（大7-2-114）	応永2（1395）.9.18	万里小路	慈恩院	罷万里小路宿所〈慈恩院〉畢
628	三宝院文書（大7-2-246）	応永2（1395）.9.30	六角富小路	村上主計助（奉公衆ヵ）	渡申地事 合一所〈六角富小路東西弐拾丈，南北弐拾丈，此内西端弐丈九尺，北端弐丈一尺〉右任被仰下之旨，村上主計助殿所打渡申也
629	佐々木文書（大7-2-140）	応永2（1395）.10.22	四条富小路北東頬	佐々木京極高詮	四条富小路北東頬地〈四条面四丈，富小路面弐拾丈〉事，所宛行佐々木治部少輔入道浄泰（京極高詮）也
630	荒暦（大7-2-145）	応永2（1395）.11.5	一条経嗣第（一条室町）南方	斯波義将／斯波義重	寅刻南方炎上，火焔熾盛也，以人令見之処，管領（斯波義将）宿所焼亡，治部大輔（斯波）義重宿所同以焼了，凡払地云々，希代事也
631	荒暦（大7-2-490）	応永3（1396）.8.15	今熊野	結城満藤	抑今朝結城越後守満藤没落，在今熊野辺云々
632	在盛卿記（大膳大夫有盛記-武将代々御在所事）（大7-2-779，大7-3-252）	応永4（1397）.4.16	北山	足利義満	応永四年丁丑四月十六日戊戌，北山亭立柱上棟也，人々多進馬於室町殿（義満）／同五年四月令移徙給，此度山荘之儀，非式之移徙之礼
633	祇園社記（大7-2-830）	応永4（1397）.6.11	高辻東洞院	祇園社御旅所（大政所）	祇園社御旅所〈号大政所〉高辻東洞院敷地一町事，打物師屋地外，如元一円所被返附社家也
634	厳島文書（大7-2-842）	応永4（1397）.6.-	五条坊門京極／六条車大路	厳島社領	安芸国厳島社領所々事…一，京都之地事／五条坊門京極〈号榊殿〉，六条地〈六条車大路〉
*635	小早川家文書（家わけ11-77）	応永5（1398）.5.13	四条油小路	小早川弘景	譲与…京都四条油小路屋地
636	東寺文書観智院法印御房中陰記（大7-3-337）	応永5（1398）.7.27	西八条	遍照心院	西八条僧七人／西八条炎上〈長老坊并御堂自新坊火出云々〉
637	迎陽記（大7-3-529）	応永5（1398）.8.13	萩原殿／伏見殿	伏見宮栄仁親王	今日伏見入道親王（栄仁）御方，令移萩原殿給，伏見殿ハ被渡申室町殿（義満）云々
638	佐々木文書（愛知県史資料編9，中世2，345）	応永5（1398）.12.13	京極	佐々木京極高詮	参川国渥美郡内（割注略）所打渡京極殿代状如件
639	迎陽記	応永6（1399）.4.10	東山	如意寺	室町殿（義満）渡御東山如意寺
*640	迎陽記	応永6（1399）.6.25	北山	結城満藤	晴，罷向結城越州（満藤）宿所〈北山〉政所奉行事賀之
641	東院毎日雑々記（大7-4-20）	応永6（1399）.8.18	京極	佐々木京極高詮	京極拝領山城国入部
642	古文書（後鑑33）（大7-4-32）	応永6（1399）.9.5	西八条	遍照心院	西八条遍照心院雑掌申塩小路朱雀田地壱町并款冬田事

No.	典拠	年月日	地名	居住者・施設名	史料本文
643	宝鏡寺文書(大7-4-124)	応永6(1399).10.10	今小路/毘沙門堂小路/仁和寺弥勒寺/入江/北山神明寺	三善景衡	紛失状事…一,洛城今小路〈南ハ今小路,北ハヒシヤ門堂小路,東西二十五丈〉敷地事/一,仁和寺弥勒寺〈一ヶ所号辻,東西八丈,南北十四丈,一ヶ所号号[衍ヵ]号入江,東西十三丈,南北十二丈〉敷地両所事/一,北山神明寺田内若水□裏〈東西三十九丈,南北四十九丈七尺〉敷地事/右件所々者三善景衡重代相伝之私領也…爰彼所々公験并手実等正文数通,依所縁預置于梅松殿〈崇賢門院御所〉御所祇候之尼衆心性房之処〈仁〉,去応永陸年十月六日夜彼御[所脱ヵ]炎上之時,悉以令焼失畢…/三善景衡(花押)
644	(同上)	応永6(1399).10.10	仁和寺	弥勒寺/仁和寺弥勒寺	(同上)
645	(同上)	応永6(1399).10.10	北山	神明寺	(同上)
646	(同上)	応永6(1399).10.10	梅松殿	広橋仲子(崇賢門院)	(同上)
647	大報恩寺文書(大7-4-263)	応永6(1399).12.23	内野/北野	北野経王堂(経堂)/願成就寺/北野輪蔵堂/覚蔵坊	大報恩寺領庄園田畠…当時知行分…内野経王堂,号願成就寺,北野輪蔵堂,号学[覚]蔵坊…〈当寺末寺〉柏野閻魔堂〈号引接寺〉
648	(同上)	応永6(1399).12.23	柏野	閻魔堂/引接寺	(同上)
649	大報恩寺文書(大報恩寺縁起)(大7-5-184)	応永6(1399).-.-	内野/北野	北野経王堂(経堂)/願成就寺	北野経王堂願成就寺者,将軍義満公建立也,其由致者,山名氏清依返逆[反],義満起兵,戦於内野,得氏清首,凱歌而帰,然氏清天下勇士,是故為彼霊及一族追福,始万部経于内野,為其道場所建立也
650	山城名勝志(巻之七,経王堂)所引磧礫集	応永6(1399).-.-	北野	北野経王堂(経堂)/願成就寺/山名氏清墓所	竹内法親王ノ仰ニ云,北野ノ経堂ノ艮ノ礎ハ山名氏清ガ墳墓ナリ,乱世ニマギレテ,イツシカ唱ヘ失ヒタリ
651	小早川文書(大7-4-449)	応永7(1400).2.9	四条油小路	小早川弘景	譲与…京都四条油小路屋地
652	兼敦朝臣記(加室1-97)	応永7(1400).7.4	北山	畠山基国(徳元)	早旦予向管領畠山右衛門佐禅門〈徳元(基国)〉亭,〈北山〉
653	兼敦朝臣記(加室1-98)	応永7(1400).7.20	北山	斯波義種	准后(義満)御出修理大夫(斯波義種)北山宿所云々,去夜移徙
654	宝鏡寺文書(大7-4-711)	応永7(1400).11.10	五辻大宮	景愛寺塔頭所/千福寺/光明寺	五辻大宮北西頬〈栗林水落南北玖丈余〉・同西北頬〈千福寺・光明寺等跡,東西拾七丈余,指図在別紙〉敷地事
*655	東百天地之部12-廿一口方評定引付(1-37)	応永8(1401).2.9	北山	斎藤玄輔(幕府奉行人)	斎藤上野入道(玄輔),可有会釈歟事,披露之処,於北山新造屋,□[若]有之,追相兼家見事,可有沙汰之由,衆議,治定了
656	迎陽記(1-170)	応永8(1401).2.13	北山	遊佐長護(畠山氏被官)	今日□[罷]向北山右佐(遊佐長護)宿,読合
657	続史愚抄(大7-4-926)	応永8(1401).2.28	土御門東洞院	後小松天皇	今夜寅刻,土御門東洞院里内火…主上駕御腰輿行幸法身院〈満済僧正坊,在鷹司東洞院〉…此日又遷征夷大将軍〈義持,権中納言〉室町花第
658	(同上)	応永8(1401).2.28	鷹司東洞院	法身院/満済(三宝院)/後小松天皇	(同上)
659	(同上)	応永8(1401).2.28	室町	足利義持/後小松天皇	(同上)
660	皇年代略記(大7-4-925)	応永8(1401).2.29	土御門東洞院	後小松天皇	土御門東洞院皇居回禄
661	柳原家記録109太元秘記(大7-4-925)	応永8(1401).2.-	室町	足利義持/後小松天皇	室町内裏(直前に土御門内裏焼亡)

No.	典拠	年月日	地名	居住者・施設名	史料本文
662	吉田家日次記（大7-4-919）	応永8（1401）.3.3	室町	足利義持／後小松天皇	内裏〈室町殿〉（直前に土御門内裏焼亡）
663	康富記	応永8（1401）.5.9	近衛西洞院	獄門	今日紫野今宮祭也，近衛西洞院獄門内構旅所，侍所所司代・又所司代長松奉行也
664	椿葉記（大7-5-62）	応永8（1401）.7.4	伏見殿／萩原殿／嵯峨／洪恩院／有栖川	伏見宮栄仁親王	かくて二三年はふしみ（伏見）に（栄仁親王）御さ（坐）あるほとに，同（応永）八年七月四日の夜御所回禄しぬ…さてこのよし准后（義満）へ申さるゝほとに，はきはら（萩原）殿は荒廃して又還御なるへきやうもなし，御修理せらるへきほとゝて，さか（嵯峨）の洪恩院〈小川禅尼山荘〉へ入申さる，一両年へて又有栖川なるところへ〈勘解由小路武衛（斯波義将）山荘〉うつし申されて，七八年ハさか（嵯峨）にまします
665	（同上）	応永8（1401）.7.4	嵯峨（洪恩院）	小川禅尼	（同上）
666	（同上）	応永8（1401）.7.4	嵯峨／有栖川	斯波義将	（同上）
667	迎陽記（大7-5-62）	応永8（1401）.7.4	伏見	伏見宮栄仁親王／庭田経有	今夜丑刻伏見殿回禄，代々皇居，無念事也，此間入道親王（栄仁）御座也，此所修理大夫（橘）俊綱宿所也，進京極大殿（藤原師実），又被進白河院云々，弘安回禄被再興御所也云々一宇不残〈庭田（経有）許相残云々〉
668	吉田家日次記（大7-5-814）	応永9（1402）.1.1	北山	敷地神社／天神社（わら天神）	次参天神社〈同北山也，奉号天神森云々，或人云，当初真実之松岡也云々，若然者霊所不能左右歟，神詠厳重之故也，但不知慥説也〉
669	吉田家日次記（大7-5-880）	応永9（1402）.1.6	鷹司町	近衛良嗣／西洞院知高	先参内大臣殿（近衛良嗣）〈鷹司町前兵衛佐（西洞院）知高宿所也，去々年以来御旅宿也〉
670	東寺長者続紙（大7-5-346）	応永9（1402）.1.8	北小路室町	丹波頼直	（丹波）頼直朝臣宿所〈北小路室町〉
671	吉田家日次記（大7-5-347）	応永9（1402）.1.11	一条東洞院	日野東洞院資教	今日武家評定始也，於将軍（義持）御第〈一条東洞院日野大納言（資教）宿所也，室町殿去年以来皇居也，仍令移住此所給了〉被行之
*672	吉田家日次記（大7-5-372）	応永9（1402）.1.17	北小路（上北小路）富小路	畠山基国（徳元）	今日御的始也，大樹（義持）為御旅所依無便，将軍大納言殿（義持）御出管領右衛門佐入道（基国）宿所〈北小路富小路〉有此事，北山殿（義満）同□時御渡云々
673	東百天地之部-廿一口方評定引付（1-55）	応永9（1402）.4.13	北山	北野義綱（性守，赤松氏被官）	赤松内北野入道（義綱，性守）北山家見事，可在之事，二百疋分宝ム院可在随身由，治定了【※東百ヌ永徳2.8.9赤松義則奉行人連署奉書案に喜多野壱岐守，東百ニ至徳4.5.8同連署奉書封紙に壱岐守義綱，東百ノ応永12.7.22同連署奉書案に喜多野壱岐守入道性守見ゆ】
674	東百天地之部-廿一口方評定引付（1-55）	応永9（1402）.4.13	北山ヵ	上原性祐（赤松氏被官）	同（赤松）内仁上原家見事，同可有之事
675	吉田家日次記（大6-47-200）	応永9（1402）.5.24	蓮台野／知恩院	吉田家墓所	今朝進浄俊於蓮台野，可渡墳墓〈祖父（卜部兼豊）〉於知恩院哉否取鬮了，可渡云々，是去月廿七日，先人（吉田兼煕）御在世之時，御墳墓之地可為蓮台野歟之旨申入之処，彼辺已為人々宿所，墓所等多棄捐之，彼跡構住所之間，始終之儀難測，可為知恩院歟之旨有仰
676	吉田家日次記（大7-5-557）	応永9（1402）.5.27	武者小路町	中山親雅／足利義持	卯一点中山使者馳来云，彼（中山親雅）所労危急…彼居所〈室町殿（義持）惣門脇也〉為陣中之上，武者小路町宿所為本居所，於此在所者白地之儀也，仍為移彼所已乗輿了，仍向町亭之処，已危急，仍忩馳出門外処，無程事終云々
677	宋朝僧捧返牒記（古文書研究69，2010）	応永9（1402）.9.5	仁和寺	法住寺	入夜牒使僧二人并侍者僧以下京着，被入仁和寺法住寺，帰唐之間可寄宿彼寺云々，被居兵士於彼寺門，依不可被入唐僧於洛中也云々

No.	典拠	年月日	地名	居住者・施設名	史料本文
678	兼宣公記	応永9(1402).11.19	北小路(上北小路)室町	足利義持	抑今日□…□土御門新皇居…相具靴参室町殿(義持),北少路室町,於惣門下々車参入…於御車前蹲居,於武者少路以南騎馬者也…公卿次第供奉歟〈南行室町,東行鷹司,北行洞院東大路,自左衛門陣入御〉
679	(同上)	応永9(1402).11.19	土御門/土御門東洞院(付近)	後小松天皇	(同上)
680	吉田家日次記(大7-5-762)	応永9(1402).11.19	土御門以北,正親町以南,高倉以西,東洞院以東	後小松天皇	今日遷幸土御門殿〈土御門以北,正親町以南,高倉以西,東洞院以東,以東洞院面為晴,可為西礼間事,去年勅問人々被経御沙汰了,西面門二宇《四脚》,東面門一宇,北面一宇〉,此御所去年以来被懸諸国段銭,北山殿(義満)被造進之了,不日之成功,天下之大慶也
681	醍醐枝葉抄(続群31-508)	応永9(1402).11.-	正親町富小路	極楽院/畠山満基(奉公衆)	一和尚在所正親町富小路極楽院トテ候,一所会合在所ニテ候ヲ,無故畠山播州(満基)空地トテ掠給ラレ,屋形ヲ立ラレ候
682	孝円御寺務応永九年記(大7-5-781)	応永9(1402).12.2	北山惣門ノ内	広橋仲子(崇賢門院)	(北山)惣門ノ内女院(崇賢門院広橋仲子)御所
683	吉田家日次記(大7-6-477)	応永10(1403).2.7	大炊御門町	ト部兼音	次向(ト部)兼音,彼旅店〈大炊御門町〉前令過之間,不慮被取入之了
684	吉田家日次記(大7-6-491)	応永10(1403).3.3	中御門高倉	吉田兼之	次向(吉田)兼之旅店〈中御門高倉〉
685	吉田家日次記(大7-6-493)	応永10(1403).3.24	一条西洞院	念仏堂	一条西洞院念仏堂
686	吉田家日次記(大7-6-315)	応永10(1403).10.15	右近馬場(西大宮一条以北)	北野経王堂(経堂)	昼程聴聞一万部妙経,自去七日,於右近馬場新御堂(北野経王堂)〈為此経被新造,及両三年了〉以千百口之僧侶〈自諸国上洛〉毎日人別一部〈八巻〉信読之,北山殿(義満)御願也
*687	吉田家日次記(大7-6-399)	応永10(1403).12.3	武者小路小川	足利満詮	今日小河中納言殿〈(足利)満詮,従三位,四十二歳,北山殿(義満)御舎弟〉御出家…北山殿入御彼御第〈武者小路小川〉,則令剃給歟
688	東百り(大7-6-412)	応永10(1403).12.-	東限大宮,西限朱雀,南限九条,北限八条	東寺	東寺領山城国散在田地并敷地文書粉[紛]失目録事/合/一所当寺境内〈東限大宮,西限朱雀,南限九条,北限八条,此内一町号乾町《朱雀以東,八条以南》,一町号西薗《坊城以東,八条以南》〉
689	(同上)	応永10(1403).12.-	朱雀以東,八条以南	乾町(東寺境内)	(同上)
690	(同上)	応永10(1403).12.-	坊城以東,八条以南	西薗(東寺境内)	(同上)
691	荘厳寺文書(加室1-121)	応永12(1405).3.5	高辻油小路与堀川間北頬	吉見詮頼	一所 敷地高辻油小路与堀川間北頬 口東西十五丈一尺,奥南北十九丈 吉見兵部大輔(詮頼)寄進【※師守記応安4.10.25に吉見兵部大輔詮頼見ゆ】
692	荒暦(大7-7-122)	応永12(1405).4.26	正親町	高倉永行	午刻向陣家〈正親町高倉宰相入道常永(高倉永行)宿所,禁中直廬当時無其所之間,自此亭出仕可然之由,兼日自北山殿(義満)有御計,所点給也者〉
693	荒暦(大7-7-132)	応永12(1405).4.27	北山/裏松	日野裏松重光	日野大納言(裏松重光)〈当時居住北山裏松亭〉
694	荒暦(大7-7-132)	応永12(1405).4.28	土御門高倉	三条厳子(通陽門院)	通陽門院御所〈土御門高倉陣中也,此間号御里,今日為御出立所(義満参内),兼被申請歟〉
695	教言卿記	応永12(1405).5.14	鷹司烏丸	山科教冬	南ニ煙上,鷹司烏丸辺歟之由申之間,忩帰了,即一条ニテ予宿所ト見付,亡輿ヲ忩々舁了,早焼,所詮烏丸頬〈東南〉向右兵衛督(山科教冬)下部小屋ヨリ火出云々
696	教言卿記	応永12(1405).7.24	一条~正親町油小路	迎称寺	扇屋,正親町ト一条アヒ東頬,堂[道ヵ]場之後,油小路面〈号川内屋〉
697	教言卿記	応永12(1405).8.10	北小路室町	山科教言/粟田口長方	北小路室町ノ地,東西〈七丈〉・南北七丈渡之,是ハ粟田口少納言長方卿地也

No.	典拠	年月日	地名	居住者・施設名	史料本文
698	東百く2-東寺廿一口供僧方評定引付(1-144)	応永12(1405).11.4	下醍醐	清滝宮	去八月下旬, 下醍醐清滝宮炎上, 即造立, 去月立柱上棟云々
699	教言卿記	応永12(1405).11.15	河東	聖護院	昼ハ九条下司家焼亡, 夜ハ河東聖護院辺在家焼亡云々
700	教言卿記	応永13(1406).6.13	高辻北烏丸東	樋口道場	樋口ノ道場
701	祇園社記(大7-7-19)	応永13(1406).⑥.17	高辻北烏丸東	御旅所	祇園社領境内敷地田畠等并旅所敷地高辻北烏丸東〈一保四町〉事
702	教言卿記	応永14(1407).2.24	北野	北野経王堂(経堂)/願成就寺/北野輪蔵堂/覚蔵坊	今夜北野経所辺在家焼亡云々
703	教言卿記	応永14(1407).5.27	三条東洞院	通玄寺	〈扇屋〉三条東洞院〈通玄寺〉西頬云々
704	教言卿記	応永15(1408).3.22	北山	広橋仲子(崇賢門院)	(北山殿行幸中)今夜行幸崇賢門院(広橋仲子)御所, 筵道御歩儀, 堅固内々儀也
705	荘厳寺文書(加室1-122)	応永15(1408).4.3	鷹司町西頬北寄	浦上性貞ヵ(赤松氏被官)	一所 鷹司町西頬北寄 口南北十五丈, 奥東西廿三丈, 浦上美作守(性貞ヵ)寄進
706	東院毎日雑々記(大7-10-3)	応永15(1408).5.2	一条猪熊	良兼(一乗院)	門主様(一乗院良兼)御上洛, 則令上洛了著一条猪熊宿所
*707	教言卿記	応永15(1408).6.7	北山	足利義持	北山殿可為(義持)御座之由治定云々, 目出々々, 次新御所(義嗣)ハ春日殿(摂津能秀女)御里ニ先御座被定, 目出々々
*708	(同上)	応永15(1408).6.7	春日	足利義嗣/春日殿(摂津能秀女)	(同上)
709	東百く4-廿一口方評定引付(1-209)	応永15(1408).6.19	三条	長福寺	神泉苑築垣修造事…大勧進為南都唐院長老, 唐院被申預三条長福寺, 造営事可被相談彼寺之由, 自勘解由小路(斯波義将)被仰当寺
710	鹿王院文書(大7-11-23)	応永15(1408).11.26	嵯峨/小淵	小淵観空寺	鹿王院雑掌申末寺勝光庵領嵯峨小淵観空寺散在田畠事, 大覚寺雑掌違乱之由就訴之…
711	大館持房行状	応永15(1408).-.-	三条	足利義持	応永十五年戊子, 天山相公(義満)薨, 時(大館)満信二十八歳也, 顕山相公(義持)継立, 於是満信最見親信, 三条相府(義持)使満信置第, 与相府其邸, 相公頻々見臨, 三条(三条坊門)故地至今領焉
712	(同上)	応永15(1408).-.-	下御所(三条坊門南, 姉小路北, 万里小路東, 富小路西)(至近)	大館満信(奉公衆)	(同上)
713	教言卿記	応永16(1409).1.16	北小路(上北小路)東洞院	相国寺	北小路東洞院相国寺前焼亡, 在家放火云々, 法印至前在家焼止, 此辺近々, 凡仰天々々
714	科註妙法蓮華経(大7-11-427)	応永16(1409).2.5	六条堀川	本国寺妙法華院	京都六条堀河本国寺妙法華院
715	教言卿記	応永16(1409).3.19	四条	四条道場(金蓮寺)	焼亡, 四条道場(金蓮寺)云々
716	教言卿記	応永16(1409).3.19	正親町町(付近)	浄華院/後小松大皇	又今夜焼亡正親町々, 次浄花院等云々, 禁裏近之間, 俄衣冠ニテ教興朝臣参人也
717	東寺王代記(大7-11-388)	応永16(1409).3.24	北山(馬場)	御工所	北山馬場御工[所]
*718	教言卿記	応永16(1409).③.3	北山	斯波義将	北山勘解由小路殿(斯波義将)在家放火云々
719	本国寺年譜(大7-14-227)	応永16(1409).③.28	六条堀川西北頬	日伝/本国寺/日経(一意房)	譲与 本国寺 東[京]都六条西[面]堀河以西北頬町四方・仏殿・御影堂〈大蓮明院〉・十羅刹堂〈大蓮華〉
720	東百そ(大7-11-481)	応永16(1409).6.9	東限堀川, 西限朱雀, 南限九条, 北限八条	東寺	東寺境内〈東限堀川, 西限朱雀, 南限九条, 北限八条〉

No.	典拠	年月日	地名	居住者・施設名	史料本文
721	教言卿記	応永16(1409).6.24	三条坊門	足利義持	京都下御所〈三条坊門〉(義持)新造御事始云々〈延引〉,目出々々
722	在盛卿記(大7-12-19)	応永16(1409).7.18	三条坊門	足利義持	三条坊門新造事,立柱也
723	田中教忠所蔵文書(大7-13-8)	応永16(1409).8.10	七条町～西洞院(付近)	七条道場(金光寺)	きしんしたてまつる屋地あん□…/合壹所者〈屋地在所七条町西洞院□…口三丈,奥十一丈五尺〉/右かの屋地・あんしち[庵室ヵ]・くら[倉]は,七てう□…□金光寺へなかくきしんしたてまつるものなり/七てうまちこそてやかう□…[阿弥陀仏ヵ]
*724	祇園社記雑纂(八坂4-127)	応永16(1409).8.-	六角東洞院北東頬	佐々木六角氏被官	紙端陰面ニ云,佐々木殿,三井之付 案 祇園社諸司神人等事,右当社領六角東洞院北東頬口南北五丈,奥東西十丈敷地事,御被官輩及違乱之条,難叶神意
725	東寺王代記(大7-12-216)	応永16(1409).10.17	三条坊門	足利義持	三条坊門新造御所
726	在盛卿記(大7-12-221)	応永16(1409).10.26	三条坊門	足利義持	勝定院殿様(義持)同(三条坊門)御所御移徙也…令移徙三条坊門御所給
727	若狭国税所今富名領主代々次第(大7-12-222)	応永16(1409).10.26	北山/三条[坊門脱ヵ]万里小路	足利義持	当将軍家義持,北山より三条[坊門脱ヵ]万里小路本御所に御移有之,同御一族達大名様も皆々御移有之
*728	教言卿記	応永16(1409).11.6	下(三条坊門御所)	足利義嗣	新御所下御所ニ被新造,今日上棟云々,目出々々
*729	教言卿記	応永16(1409).11.6	北山→勘解由小路	斯波義将	勘解由小路殿(斯波義将)今日ヨリ京ニ移住云々
730	長楽寺文書(加室1-123)	応永16(1409)以前	六条坊門与樋口間東頬	今川泰範	六条坊門与樋口間東頬〈東西廿六丈五尺,南北卅丈余〉道場敷地寄進 今河上総介(泰範)殿
731	斯波家譜(大7-13-186)	応永17(1410).5.7	勘解由小路室町	斯波義将	義将朝臣勘个[解]由小路室町に屋形を作り候ひしより,称号を錦小路とは申候
732	東百く5-廿一口方評定引付(1-238)	応永17(1410).6.6	嵯峨	法花寺/斯波義重(義教,道孝)/織田浄祐(斯波義将被官)	為勘解由小路(斯波義将)訪可有点心沙汰事武衛(斯波義教),嵯峨法花寺被座之間,点心送彼寺…就中織田主計(浄祐)方点心料,二百疋可遣之【※東百る最勝光院方評定引付応永20.6.8(大7-19-197)に織田主計,浄祐見ゆ】
733	島津家文書(大7-13-268)	応永17(1410).6.11	四条	四条道場(金蓮寺)	四条道場(金蓮寺)
734	島津家文書(大7-13-269)	応永17(1410).6.11	一条	一条(迎称寺)/一条正規道場	一条正規道場(迎称寺)
735	公宴部類記(荒暦)(大7-13-355)	応永17(1410).8.19	内裏(土御門東洞院)(付近)	東坊城秀長	秉燭以後向陣家〈式部大輔(東坊城秀長)新亭也〉,自此所為出立也…出門歩行参内…自高倉西方逐電
736	東百ゐ(大7-14-315)	応永17(1410).9.-	白川	熊野/阿弥陀堂(熊野境内)	聖護院門跡雑掌謹支申/白川熊野境内阿弥陀堂敷地事
737	教興卿記	応永17(1410).10.16	北小路	山科教興	筆団乱旋伝授之,於北小路宿所〈東向泉〉在此儀
738	東百く5-廿一口方評定引付(1-247)	応永17(1410).11.22	八条坊門	無量光院	八条猪熊屋敷壱所〈自八条南,自猪熊西,八条西南頬,口東西四丈五尺六寸五寸[ママ],奥南北十六丈四尺五寸〉/応永十四年九月十六日,自八条坊門無量光院円宗上人澄厳七貫文買得之了
739	東百く5-廿一口方評定引付(1-248)	応永17(1410).12.18	西八条	遍照心院	款冬田〈号七反田〉安堵御判到来間事/彼下地,西八条(遍照心院)可致違乱之由風聞
740	京都府寺志稿(大7-15-92)	応永18(1411).3.-	岩倉	大雲寺/義運	其後第十二世義運大僧正,応永十八年三月,洛北岩倉大雲寺山内西方院北大門ノ内ニ山荘ヲ建テ…
741	京都御所東山御文庫記録(大7-14-308)	応永18(1411).4.15	中御門北町西	精明神/新宮社	精明神御建立事…中御門北町西新宮社境内〈南北十五丈,東西十三丈七尺〉可為社敷地事(P.310に指図あり)

No.	典拠	年月日	地名	居住者・施設名	史料本文
742	諸領綸旨御教書諸訴状雑々請文（大7-17-326）	応永18(1411).5.2	柏野	引接寺／閻魔堂	大報恩寺領庄園田畠［等脱ヵ］目録／当時知行分／…柏野閻魔堂〈号引接寺〉
743	東百た宝荘厳院方評定引付（大7-17-316）	応永18(1411).8.28	白河	阿弥陀堂	東寺雑掌申白河阿弥陀堂以下敷地事／聖護院押領阿弥陀堂敷地事
744	兼宣公記	応永18(1411).11.28	姉小路万里小路	足利義持	参室町殿(義持)〈姉小路万里□□［小路］〉…鷹司東行，東洞院南行，三条坊門東行，至万里小路，於唐門北腋下車参進…（義持内大臣拝賀）次第連軒，於二条万里小路下家司立行列，□□［北行］万里小路，鷹司西行至陣…直自左衛門陣出給，北行，有御参親王（躬仁）御所〈依程近歩儀也〉…次内相府令参御車給…北行東洞院，至一条西行，至室町南行，至鷹司東行，至左衛門陣…於土御門東洞院有下御(躬仁親王元服)
745	五八代記（大7-15-252）	応永19(1412).2.4	三条	足利義持	三条殿御所〈将軍家(義持)，内大臣〉
746	山科家礼記	応永19(1412).2.11	三条坊門朱雀（東朱雀ヵ）	庵	彼岸今日マテ，三条坊門朱雀（東朱雀ヵ）庵へ碧厳談儀［義］丁［聴］聞ニ罷向
747	山科家礼記	応永19(1412).2.25	一条	観音堂風呂	一条観音堂風呂ヲ御焼アリテ一献アリ，女中様皆々御入アリ
748	山科家礼記	応永19(1412).2.26	東洞院	松寺某（摂津満親家人）	東洞院
749	山科家礼記	応永19(1412).3.7	勘解由小路朱雀（東朱雀ヵ）	勘解由小路朱雀道場	勘解由小路朱雀(東朱雀ヵ)道場風呂ニ裏松殿（日野重光）御入アリトテ，御出居（山科教興）モ御出アリ
750	壬生家文書2-394	応永19(1412).4.2	一条壬生北頬	覚円寺	覚円寺敷地一条壬生北頬〈東西十六丈，南北参拾壱丈五尺〉，同寺領角畠大并壬生以西南頬弐段大□在田畠等知行不可有相違
751	東百メ（大7-17-333）	応永19(1412).4.29	唐橋～信濃小路	実相寺	売渡 田地事／合壱段者／東寺鎮守八幡宮御油田／四至〈限東実相寺，限南信乃小路，限西地類，限北唐橋〉
752	山科家礼記	応永19(1412).5.2	大宮	日野東洞院資教家人	次東洞院殿（日野資教）候人大宮宿所ニテ，山名殿（時熈）中間右衛門三郎博奕銭故及口論，大宮若党ヲ殺害之間，右衛門三郎モ当座ニテ被討了，次及深更，下京焼失了
753	山科家礼記	応永19(1412).5.4	壬生	法性院	今日壬生法性院ニテ千阿出家了
754	不知記（大7-16-588）	応永19(1412).8.28	一条東洞院	日野東洞院資教／後小松上皇	行幸一条東洞院第〈入道一位（日野東洞院）資教卿宿所被点之〉
755	東寺王代記（大7-16-591）	応永19(1412).8.28	東洞院	後小松上皇／日野東洞院資教	行幸云々，東洞院亭被定院御所
756	教興卿記	応永19(1412).9.27	三条坊門万里小路	足利義持	仙洞御幸始室町殿（義持）〈三条坊門万里小路御所事也〉
757	御的日記（大7-17-408）	応永20(1413).1.17	富小路	細川満元	同二十年正月十七日〈執事細川右京亮［兆ヵ］（満元），富小路殿〉
758	鹿王院文書（大7-18-194）	応永20(1413).6.3	六条烏丸／中院町	久我通宣	六条烏丸敷地〈号中院町，除地在之〉事，任去応永十八年九月十四日久我大納言（通宣）寄附之旨，為当院領，知行不可有相違者，院宣如此
759	応永六七年記（大7-18-16）	応永20(1413).6.5	北小路（上北小路）	日野烏丸豊光	日野烏丸殿〈今ハ北小路云々〉
760	皆川文書（福島県史7-866）	応永20(1413).6.25	京都	長沼義秀	□［譲］孫子亀若丸所…京都・鎌倉屋地等事
761	貞応二年二月主殿領下文外（大7-18-246）	応永20(1413).6.-	一条油小路	四条（油小路）隆信	四条（油小路）中納言（隆信）〈在当時一条油小路宿所〉
762	教興卿記	応永20(1413).7.-	鷹司東洞院	中原職藤ヵ	鷹司東洞院出納［中原職藤ヵ］宿所焼失了，為近所之間，雖為仰天，属無為之間…
763	満済准后日記	応永20(1413).9.25	岡崎	常住院	岡崎常住院御祈護摩結願

No.	典拠	年月日	地名	居住者・施設名	史料本文
764	大通寺文書(大7-20-193)	応永21(1414).5.30	西八条	遍照心院	西八条遍昭[照]心院寺領敷地〈目録在別紙〉事
765	三宝院文書(大7-19-400)	応永21(1414).6.8	三条坊門	三条八幡宮(御所八幡)	三条坊門八幡宮小別当御房
766	満済准后日記	応永21(1414).6.20	東洞院	観音堂	於東洞院宿観音堂,松波と一色口論云々
767	満済准后日記	応永21(1414).7.8	四条	四条法華堂	四条法華堂,依山門訴詔,衆徒等任申請御沙汰云々,仍本堂法勝寺五大堂ニ御寄進,長老坊犬神人給之,自余并地等ハ被寄十禅師云々
768	寺門事条々聞書(大7-20-393)	応永21(1414).10.17	近衛西洞院	谷坊春英/奥御賀丸ヵ	(谷坊春英)宿所ハ近衛西洞院御賀法師北裏小家宿云々
*769	満済准后日記	応永21(1414).10.20	五条辺	長尾(上杉氏被官)	公方様(義持)渡御聖護院云々,今夜五条辺焼失,上杉被官人長尾家云々
770	鹿王院文書(『鹿王院文書の研究』137)	応永21(1414).11.24	一条万里小路北角一条面	飯尾為継(幕府奉行人)	沽却申 屋地事 合壱所者〈在一条万里小路北角,一条面,東西七丈三尺,南北七丈二尺五寸〉右屋地者,(飯尾)為継相続居住之在所也,而依有要用,相副証文,直銭弐拾参貫文仁,限永代,所奉沽却鹿王院実也
771	建内記	応永21(1414).12.5	東洞院	後小松天皇/日野東洞院資教	仙洞〈東洞院殿〉
772	応永二十一年御方違行幸記(大7-20-427)	応永21(1414).12.5	東洞院	後小松上皇/日野東洞院資教	行幸仙洞〈東洞院殿〉
773	白峯寺文書(大7-20-434)	応永21(1414)ヵ.12.11	富小路	細川満元ヵ	頓証寺額并御法楽百首和歌事,周防入道(安富宝密)依申沙汰,御願之次第,殊以珍重候,就中額事,室町殿(義持)御執奏之間,依被染宸筆候,被副進御製候…/十二月廿一日　宋雅(飛鳥井雅縁)/富少路殿(細川満元ヵ)
774	相州文書(大7-24-353)	応永22(1415).2.13	七条	金光寺	遊行上人当所関勘過事,被仰下之旨,畏奉候了,彼門下七条・藤沢時衆上下無煩可被勘過之由,堅可加下知候
775	京都御所東山御文庫記録(大7-22-57)	応永22(1415).2.24	一条大宮	新善光寺	一条大宮新善光寺并寺領等事/五辻長福寺長老
776	(同上)	応永22(1415).2.24	五辻	長福寺	(同上)
777	鹿王院文書(大7-22-60)	応永22(1415).3.2	東限烏丸,西限室町,南限楊梅,北限(六条)坊門/小六条	大内盛見	請申 鹿王院領京城小六条屋地事 合五町々四至〈東限烏丸,西限室町,南限楊梅,北限(六条)坊門〉右屋地者,雖為厳重之寺領,依為便宜地,所申請也,至地子者…縦雖為在国,三ヶ年之間,無懈怠可致其沙汰,其後者,必可返進者也,仍請状如件(大内盛見在京代官内藤盛貞・安富永選連署)
778	称光院大嘗会御記(大7-23-27)	応永22(1415).10.29	二条東洞院〜高倉	輪光院	(後小松院)御桟敷管領〈細川右京大夫入道(満元)〉造進之〈二条東洞院高倉之合南頬,輪光院築地北〉(称光天皇御禊行幸)
779	益直記(大7-23-35)	応永22(1415).10.29	中御門堀川	一色中務少輔(持範ヵ)	御禊行幸也…但於盛尚者〈室町殿(義持)下家司兼対[帯]也〉参室町殿御休所一色中務[式部ヵ]少輔宿所(持範ヵ),〈中御門堀河〉行幸御供奉御出立申沙汰之故也
780	建内文書(大7-24-124)	応永22(1415).-.-	錦小路南頬	松田善通(幕府奉行人)	錦小路南頬〈松田対馬殿(善通)下地〉
781	満済准后日記	応永23(1416).1.13	押小路	足利義嗣	公方様(義持)渡御押小路殿(義嗣)云々
782	看聞日記	応永23(1416).3.6	五条万里小路(付近)	上杉一族	京都大焼亡,自五条万里小路火出来,数十町焼云々,上杉一族屋形炎上云々
783	続史愚抄(大7-24-410)	応永23(1416).7.1	東洞院/土御門烏丸(付近)	後小松上皇/日野東洞院資教	東洞院殿(日野東洞院資教亭)〈院御所〉火〈自土御門烏丸火起〉

No.	典拠	年月日	地名	居住者・施設名	史料本文
784	看聞日記	応永23(1416).7.1	正親町烏丸(付近)	浄華院/正親町持季/万里小路時房/後小松上皇/称光天皇/薬師堂土蔵/下毛野武遠	申初点火自正親町烏丸焼出〈浄花院之脇云々,於浄花院者無為也〉,先裏築地宰相中将(正親町持季)宿所,次万里小路前中納言(豊房)并頭弁〈時房朝臣〉,次仙洞炎上,此外烏丸薬師堂土蔵在家等及十二町焼亡云々,内裏門〈四足〉火炎付之間打消了,紫宸殿ニも火既欲付,室町殿兄弟(義持・義嗣)被馳参,他所へ可有行幸之由被申…万里小路・裏築地等,重書具足一而不残悉焼失云々,併天魔所為勿論也,後聞,随身下毛野武遠宿所より火出,武遠者留守之間下部出火云々,仍下部則逐電了
785	看聞日記	応永23(1416).7.25	宝泉坊	斯波義重/斯波義淳	勘解由小路右衛門督入道(斯波義重)并子息左衛門佐(斯波義淳)〈前管領〉,甲斐・緒田以下数輩当所ニ来,為納涼云々,宝泉坊ニ寄宿
786	義量公参内并院参始参仕記(大7-27-213)	応永23(1416).12.13	姉小路万里小路	足利義持	室町殿(義持)〈姉少路万里少路御所〉
787	兼宣公記	応永24(1417).1.1	三条万里小路	足利義持	乗車参室町殿(義持)〈東行鷹司,至万里少路南行,至二条東行,至富少路南行,至押少路西行,至万里少路南行,於三条坊門万里少路下車,自唐門参昇中門〉参御前…(義持参内)御路北行,万里小路北行,至中御門西行,至東洞院北行…経左衛門陣
788	看聞日記	応永24(1417).4.13	五条坊門	矢田地蔵堂	抑今夜五条坊門辺有焼亡,矢田地蔵堂炎上云々
789	続史愚抄(大7-27-213)	応永24(1417).6.19	東洞院	後小松上皇/日野東洞院資教	東洞院仙洞(日野東洞院資教亭)造畢
790	行幸部類記(大7-27-251)	応永24(1417).7.23	正親町東洞院/烏丸	後小松上皇/日野東洞院資教	有仙洞〈東洞院殿(日野東洞院資教亭)〉行幸/行幸東洞院殿路次/出御左衛門陣/洞院東大路北行/正親町小路西行/烏丸小路北行/迄于御所
791	教興卿記	応永24(1417).7.28	東洞院	後小松上皇	今日於東洞院仙洞舞御覧也
792	康富記	応永24(1417).8.20	五条坊門大宮	法華衆	被殺者,五条坊門大宮居住法華衆也
*793	康富記	応永24(1417).9.29	樋口東洞院→四条東洞院	革王子	詣斎賀州(斎藤基喜)亭,留守云々,子息申置了,彼宿所四条東洞院革王子南隣也,元樋口東洞院也
*794	(同上)	応永24(1417).9.29	四条東洞院	斎藤基喜(幕府奉行人)	(同上)
795	田中穣氏旧蔵典籍文書(大7-29-251)	応永24(1417).12.8	七条	七条道場(金光寺)	七条金光寺〈河原口御道場〉奇[寄]進申屋地事
*796	看聞日記	応永25(1418).3.3	北小路(上北小路)今出川(付近)/一条今出川(付近)/仏之辻子(付近)	衣服(エミ)寺/日野東洞院資教(旅宿)/橘知興/称光天皇/後小松上皇	抑今暁京有焼亡,自北小路今出川焼出〈自酒屋火出云々〉,仏之辻子ヲ南へ,衣服寺并相国寺法界門一条南頬へ焼出,日野一品禅門旅店〈号御宿〉・(橘)知興朝臣宿所等八町炎上了,禁裏・仙洞(後小松)近々間候云々,大工源内次郎参委細申之,岩神辺同焼亡云々
797	看聞日記	応永25(1418).3.4	北小路(上北小路)今出川(付近)	綾小路信俊	仙洞并鹿苑院火事【※前項参照】近々驚人之由(庭田)重有朝臣為御使参申,源宰相(綾小路信俊)宿所も近々也
798	大徳寺文書(大7-30-224)	応永25(1418).5.9	土御門万里小路～富小路	土御門定長	土御門殿(定長)御地事,万里少路半町・土御門面壱町・富少路半町,為御所御敷地上者,鴨造営地口役可止其責候也
799	看聞日記	応永25(1418).6.10	一条烏丸	薬師堂	夜前一条烏丸薬師堂焼失云々,去々年炎上了,御堂造営不周備之処又焼失,灯炉火ニ焼云々,冥慮如何々々
800	康富記	応永25(1418).7.26	五条東洞院	因幡堂	或云,五条東洞院因幡堂者,園城寺末寺也,而因幡堂者為聖護院之末寺之由申之,叛三井寺云々

No.	典拠	年月日	地名	居住者・施設名	史料本文
801	康富記	応永25(1418).8.21	勘解由小路朱雀(東朱雀ヵ)	勘解由小路朱雀道場	今夜亥刻,勘解由小路朱雀(東朱雀ヵ)道場炎上
802	康富記	応永25(1418).9.1	土御門万里小路~高倉(付近)	称光天皇	今夜,土御門万里小路与高倉之間焼失,禁裏近々間仰天,乍去軈火滅之間,諸人大慶也
*803	康富記	応永25(1418).9.6	四条坊門大宮	犬堂	自来九日,於四条坊門大宮犬堂,千一検校与珍一検校可語勧進平家云々
804	看聞日記	応永25(1418).11.21	土御門高倉	阿五(女官)	今夜土御門高倉焼亡,女官〈阿五〉宿所炎上云々
805	九条家文書(大7-30-357)	応永25(1418).12.23	九条富小路	不断光院	京城九条富小路不断光院散在田畠并屋地等目録事/畠事/壱段小〈在所今小路高倉糠辻子,字角畠〉
806	(同上)	応永25(1418).12.23	今小路高倉糠辻子	不断光院領	(同上)
807	看聞日記	応永26(1419).3.13	六角	大慈院/六角堂	今暁大慈院炎上,六角堂近所也,御堂無為云々,冥慮也
*808	康富記	応永26(1419).4.1	六角富小路~六条富小路	細川義之/中原師夏/中原師胤/飯尾善右衛門(細川氏被官)	未剋許六角富小路細河讃州(義之)亭焼亡,自彼屋形失火出云々,及六条富小路北頬九町焼了,六角前大外記師夏朝臣・局[務]大外記(中原)師胤朝臣宿所同焼亡了,飯尾善右衛門亭同焼失,不便也々々,局務文書皆炎上云々
809	看聞日記	応永26(1419).4.2	三条富小路	細川義之	昨日炎上,三条富小路細河讃州(義之)屋形炎上,八丁町焼失云々
810	康富記	応永26(1419).4.4	押小路	中原師豊	局務外史(中原)師胤朝臣・大炊頭(中原)師夏朝臣等,去一日宿所炎上之後,押小路常慶禅門(中原師豊)之所被合宿之由承及之間,彼亭行向奉訪之処,師胤朝臣留守云々
811	東百ち3-廿一口方評定引付(2-11)	応永26(1419).4.7	細川義之宅(三条富小路)(近辺)	首藤(赤松持貞家人)	朔日,讃岐(細川義之)屋形回六[禄],其時,越州(赤松持貞)家人首藤宿所以下,大略如回六,仍二日,諸方訪了
812	康富記	応永26(1419).5.5	三条坊門万里小路	三条八幡宮(御所八幡)	三条坊門万里小路八幡宮此間造替也,今日遷宮云々
813	康富記	応永26(1419).5.26	六条	六条道場(歓喜光寺)	今夜酉刻,六条道場焼失,仏殿許残云々
814	看聞日記	応永26(1419).5.26	六条	六条道場(歓喜光寺)	今夜有焼亡,後聞,六条導場也,仏殿并鎮守社相残,自余皆焼失云々
815	薩戒記	応永26(1419).8.21	東洞院	後小松上皇	今日可有行幸(後小松)院〈東洞院殿〉也…東洞院南行,鷹司西行,烏丸北行,入院御所西面南四足,於裏築地南端大将已下々馬副御輿
816	師郷記	応永27(1420).4.15	勘解由小路烏丸	広橋仲子(崇賢門院)	自今日,於崇賢門院御所〈勘解[由脱ヵ]小路烏丸〉被行如法念仏,鹿苑院殿(義満)御追善也
817	看聞日記	応永27(1420).8.30	北山→北野南大路	岡殿	岡殿北野南大路ニ御在所出来御移住云々,〈本御在所〉北山荒廃之間,自室町殿(義持)被計申在所被進云々
*818	康富記	応永27(1420).10.23	三条京極	安富(細川氏被官)	今夜三条京極安富家焼亡間〈領内者也〉,黒煙見宇治
*819	花営三代記(群26-117)	応永28(1421).1.14	中御門東洞院	佐々木岩山持秀(奉公衆)	中御門東洞院佐々木岩山四郎(持秀)宿所炎上,有御所様御出【※花営三代記応永31.1.1に岩山四郎持秀見ゆ】
820	東百ち4-廿一口方評定引付(2-61)	応永28(1421).3.15	三条	日野裏松栄子	〈三条殿〉御台熊野御参詣御祈祷事
*821	康富記	応永29(1422).1.5	一条町北	一条兼良	則晩参内府(一条兼良)御所〈一条町北〉予内々直垂也
*822	康富記	応永29(1422).5.19	冷泉室町	妙行寺	冷泉室町妙行寺法華談義聴聞
823	康富記	応永29(1422).5.22	室町殿(三条坊門殿)近々	大館満信(奉公衆)	今夜大館殿屋形内風呂一宇焼失,室町殿(義持)近々之間,諸人仰天云々

No.	典拠	年月日	地名	居住者・施設名	史料本文
824	康富記	応永29(1422).5.26	高倉九条	海住山清房	詣高倉九条(海住山清房),連歌会也
825	看聞日記	応永29(1422).9.12	六条	紀益直	抑六条庁[紀]益直被補院庁務,八幡御幸御奉幣等致奉行云々,此事一条庁[安倍]資行御幸奉行事被仰之処,文書不所持之間,先例不覚悟之由申,仍自室町殿(義持)申御沙汰被補益直云々
826	(同上)	応永29(1422).9.12	一条	安倍資行	(同上)
827	看聞日記	応永30(1423).1.13	正親町土御門(付近)	称光天皇/後小松上皇	抑後聞,今夜正親町土御門辺焼亡,禁仙近々御仰天,御具足等被出云々,仙洞四足門火付打消云々,無為珍重也
828	兼宣公記	応永30(1423).4.25	仁和寺	等持院	室町殿(義持)御落餝御事…其後可有渡御仁和寺等持院云々
*829	康富記	応永30(1423).10.12	楊梅西洞院	紀定直	院庁定直〈楊梅西洞院北頬〉許行向,父益直去八月廿三日死去之間訪之
830	康富記	応永30(1423).10.21	六条室町	地蔵堂	今夜,六条室町地蔵堂炎上,不及他云々
831	満済准后日記	応永31(1424).1.1	三条	三条八幡宮(御所八幡)	室町殿(義持)未明三条八幡御参社
832	兼宣公記	応永31(1424).2.5	北山	鹿苑寺	室町殿(義持)御出北山鹿苑寺
833	兼宣公記	応永31(1424).3.21	北野	日野裏松義資/梅香院	早旦詣北野裏松(義資)宿〈梅香院〉
834	兼宣公記	応永31(1424).4.20	嵯峨/野宮	摂取院/足利義持妹某	嵯峨野宮殿〈接[摂]取院〉御坊主〈室町殿(義持)御妹〉今朝御円寂〈御年十九歳〉也
835	満済准后日記	応永31(1424).5.5	高尾	土岐持頼	伊勢守護土岐世安(持頼),高尾辺隠居風聞在之
836	兼宣公記	応永31(1424).7.15	一条富小路	仁清坊	一条富小路仁清坊・二条油小路赤松左京大夫(満祐)宿所等雷公落,此外嵯峨・河東辺ニも落云々,稀代珍事,為之如何
837	(同上)	応永31(1424).7.15	二条油小路	赤松満祐	(同上)
838	満済准后日記	応永31(1424).8.10	四条	四条道場(金蓮寺)	四条道場悉焼失,一宇不残,頗時衆共自放火云々
839	兼宣公記	応永31(1424).8.10	四条	四条道場(金蓮寺)	当南□□炎上,四条道場云々
840	薩戒記	応永31(1424).8.10	四条京極	四条京極道場/金蓮寺	丑剋許巽方有火,四条京極道場(金蓮寺)云々,有衆僧錯乱事,其故歟
841	看聞日記	応永31(1424).8.10	四条	四条道場(金蓮寺)	抑今夜〈丑時〉四条導場炎上云々
842	看聞日記	応永31(1424).8.11	四条/七条	四条道場(金蓮寺)/七条道場(金光寺)	四条導場炎上事,自焼云々,其故者,四条導場を可為七条導場末寺之由,自公方(義持)被仰…四条上人無力随仰,七条上人ニ被受十念云々,然間四条大衆共上人追出了,称一寺滅亡,時衆共自焼没落云々
843	満済准后日記	応永31(1424).8.13	秋野	如意寺/東山天神/天神社(東山天神)	如意寺境内地内南禅寺僧墓所可建立由申入間,内々被仰聖護院所処,彼敷地〈号秋野〉事,東山天神ノ敷[地脱ヵ]間,聊有其憚…彼在所元来南禅寺為管領地,彼在所等令建立処,明徳元年以来常住院被申賜後南禅寺管領停止了,然者根本此在所葬所条勿論也
844	兼宣公記	応永31(1424).8.24	三条坊門富小路北東頬	西向尼(日野裏松栄子母)/日野裏松義資	向御所御西向尼公御事切云々,累日御病也,/西向□□□[尼公者]故烏丸一位(日野裏松)資康卿妾,室町殿(義持)御台(栄子)御母儀,柳営御□[祖]母堂□,向御所者三条坊門富少路北東頬也,於此所円寂給,裏松〈(日野)義資卿〉中納言移住此近所,御台方御事為申次也云々
845	兼宣公記	応永31(1424).8.24	三条坊門富小路(隣接ヵ)	広橋兼宣	(同上)

No.	典拠	年月日	地名	居住者・施設名	史料本文
846	薩戒記	応永31(1424).8.24	押小路南富小路東	西向尼(日野裏松栄子母)	午剋一品〈将軍右近中将義量母儀故従一位(日野裏松)資康卿女栄子〉母儀〈資康卿後室,号西向〉逝去云々,仍向彼門前〈押小路南,富小路東〉謁日野中納言〈(裏松)義資〉
847	兼宣公記	応永31(1424).10.14	因幡堂(五条北,高辻南,烏丸東,東洞院西)東門前(五条北,高辻南東洞院東)	飯尾為行(幕府奉行人)	抑未初程巽方騒動,不審之処 八幡神人依有訴訟事百人許参洛,列参奉行人飯尾加賀守(為行)宿所,被仰付侍所〈京極〉欲召捕之処,余手之間及闘諍畢…飯尾加賀守宿所因幡堂東門前也
848	満済准后日記	応永31(1424).10.29	烏丸	斯波義淳	今日相国寺御幸…将軍御方(義量)自武衛(斯波義淳)亭〈烏丸〉,御出
849	花営三代記(群26-136)	応永31(1424).12.29	三条坊門/春日	伊勢貞経	大御所様(義持)佳例ニ春日家風呂成,三条坊門(伊勢)貞経家去廿一日依死穢不成也,北野御神事云々,春日清スルトイヘトモ不成也,富樫介入道ノ亭風呂成也,御台御風呂アリ,春日家成也
*850	花営三代記(群26-137)	応永32(1425).1.4	春日東洞院	伊勢貞経	大御所(義持)御成,所々次第事,赤松越後守持貞,其ヨリ次建門院,其ヨリ伊勢守貞経,春日東洞院家也,御風呂始也
*851	師郷記	応永32(1425).4.23	鷹司東洞院(付近)	広橋兼宣/山科教右	今夜戌刻,鷹司東洞院焼亡,広橋一位(兼宣)宿所堀停之,然而三百人宅多以焼失,山科内蔵頭教右朝臣許炎上
852	看聞日記	応永32(1425).4.23	近衛鷹司四町々(付近)	称光天皇/広橋兼宣/山科教有	昨日炎上近衛鷹司四丁町焼亡,陣中近々内裏御仰天云々,広橋も近々,門々火付打破云々,山科教有朝臣宿所炎上,御八講論義時分之間騒動,講問如形事了云々,後円融院天狗ニ成御之間,御仏事中可有焼亡之由,兼京童部所謂也,果而如此不思議也
853	薩戒記	応永32(1425).5.2	二条南万里小路西	等持寺八講堂	今日等持寺御八講初日也…参八講堂〈二条南,万里小路西〉
854	東百ち6-廿一口方評定引付(2-186)	応永32(1425).5.18	西八条	遍照心院	西八条領住人上総房下女杖打事…急以両雑掌,遣西八条寺,任此趣,可相触云々
855	薩戒記	応永32(1425).6.2	三条北,万里小路東	足利義持	其後入道殿(義持)院参之時,(後小松)上皇被仰出此事…築裏築地之所,内裏・院御所・入道殿〈号室町殿,三条北,万里小路東〉,已上三ヶ所也
856	薩戒記	応永32(1425).6.2	町/一条	一条経嗣/一条兼良	右府(一条兼良)被命曰…昔我亭前,自町面至一条面築廻之,通路有東一方〈一条面也〉,於町方無之,是非裏築地之躰,袖築地也,故成恩寺関白(一条経嗣)所為也云々
*857	花営三代記(群26-142)	応永32(1425).6.14	三条富小路	細川満元	祇園祭礼神輿還御,御所様(義持)同台,細川右京大夫入道(満元)亭御桟敷江成,佳例也,三条富小路也
858	薩戒記	応永32(1425).⑥.28	富小路東/毘沙門堂	相国寺大塔/毘沙門堂	次相国寺大塔中〈件塔在寺外,入道内府(義持)御建立,粉色之間也,在富小路東,毘沙門堂南也〉
859	満済准后日記	応永32(1425).7.4	東山	岩栖院/細川満元	右京大夫(細川満元)山荘東山岩栖へ御出(義持)云々
860	薩戒記	応永32(1425).8.14	柳原(付近)	賢徳院(相国寺)/常徳院(相国寺)/雲頂院(相国寺)/鹿苑院(相国寺)/鎮守八幡宮/称光天皇/後小松上皇	未始剋北方有火,柳原辺云々,早鐘声頻聞,令下人見之処,相国寺塔中[頭ヵ]賢徳院云々,乱風忽起,飛炎及数町,常徳院,雲頂・鹿苑等院悉焼亡,其後火付相国寺僧堂,自僧堂付惣門,次方丈,次法堂,次仏殿,次山門,次風炉,及鎮守八幡宮悉焼,北風頻吹,遂吹付法界門〈在一条面,号妙荘厳域〉,彼大路東西小家等悉焼,予亭頗危,仍女房等乗車向新善光寺〈一条大宮〉,記禄[録]等大略渡他所了,火已欲及一条南,風煙掩 禁裏・仙洞,仍予乗馬馳参院,諸人皷騒,武士等満門内,上皇御池中橋上…入道内相府(義持)〈今日参籠清和院給〉於一条東洞院,仰侍所令懐[壊]小家等,及酉終火鎮之後退出,此火自賢徳起云々

No.	典拠	年月日	地名	居住者・施設名	史料本文
861	(同上)	応永32(1425).8.14	一条東洞院	相国寺(法界門)	(同上)
862	(同上)	応永32(1425).8.14	一条大宮	新善光寺	(同上)
863	看聞日記	応永32(1425).8.14	今出川以東,富小路以北[ママ],万里小路以西,一条以北(付近)	衣服(エミ)寺/恵見寺/田向経良/三善興衡/称光天皇/後小松上皇	抑未剋京有焼亡,一時許焼了,在所不審之処,及晩風聞,相国寺鹿苑院以下塔頭々々悉炎上云々,法界門衣服〈エミ〉寺同焼失,今出川以東,富小路以北[ママ],万里小路以西,一条以北焼了,前源宰相(田向経良)宿所焼失,不便無極,窮困過法,結句失家不運無是非者歟,菊弟[第](今出川実富)ハ無為云々,是又不思議也,故(三善)興衡朝臣宿所近年相国寺成塔頭云々,其も焼失了,禁裏・仙洞余烟已火燃付,公武人々大勢馳参打消,無為無事也,室町殿(義持)清和院地蔵参籠之折節也,仰天々々,西北風吹,ほそくつ此辺まて飛来,併天魔所為勿論也
864	(同上)	応永32(1425).8.14	今出川以東,富小路以北[ママ],万里小路以西,一条以北(付近)	今出川実富	(同上)
865	師郷記	応永32(1425).8.14	一条面/今出川武者小路/富小路	乾徳院(相国寺)/相国寺/鹿苑院(相国寺)/法界門(相国寺)/鎮守八幡宮	今日未斜,自相国寺塔頭乾徳院火出来〈鹿苑院北〉折節北風以外,則余焔及鹿苑院,則移隔寺,仏殿以下不残一宇払地,南自惣門及人屋〈法界門以下〉,門外鎮守八幡宮社壇以下無所残,一条面至今出川武者小路,東至富小路法界門以下悉以炎上,非言語之所及,室町殿(義持)参籠清和院之間,御出被訪 禁裏・仙洞,余焔一条面北頬於在家火止了,事之次第非直也,天下之驚歎,只在此事者也,酉斜許火止候了/今日炎上所々,北小路万里小路日吉社,其南十禅師社壇・智恵光院・一条高倉恵見寺薬師堂(法界門西脇),其外小社等不及注也,相国寺塔頭,已上六ヶ所炎上,相残塔頭六ヶ所云々
866	(同上)	応永32(1425).8.14	北小路(上北小路)万里小路	日吉社/十禅師社壇/智恵光院	(同上)
867	(同上)	応永32(1425).8.14	一条高倉	恵見寺薬師堂/衣服(エミ)寺	(同上)
868	看聞日記	応永32(1425).8.28	一条油小路	田向経良	源宰相(田向経良)今日新宅へ移住,一条油小路云々,此屋闕所染殿屋を沽却,古屋ニ令相博云々,四辻宰相中将(季保)依仰令奉行云々
869	師郷記	応永32(1425).9.24	春日町	金光寺	今日未剋,春日町辺炎上,余焔及金□[光ヵ]寺〈泉涌寺末寺〉仏殿以下悉炎上,其外人屋数多焼了
870	看聞日記	応永32(1425).9.24	大炊御門西洞院	金光寺	昼,大炊御門西洞院辺四五町炎上,律僧寺金光寺焼失云々
871	師郷記	応永32(1425).9.30	勘解由小路朱雀(東朱雀)	宗福寺	今日申剋,勘解由小路朱雀(東朱雀)宗福寺〈□[律ヵ]院〉炎上,但仏殿以下鍾[鐘]楼・門等相残寮舎以下焼亡
872	薩戒記	応永32(1425).10.13	一条万里小路東	五辻重仲	於万里小路正親町下人云,焼亡,仍相尋之処,一条万里小路東也,遣雑色於蔵人(五辻)重仲宅,即消了
873	満済准后日記	応永32(1425).10.14	三条	足利義持	三条殿御所

No.	典拠	年月日	地名	居住者・施設名	史料本文
874	薩戒記	応永33(1426).1.15	三条坊門～五条坊門/室町～東洞院～万里小路	細川満久/大館満信(奉公衆)/六角堂/頂法寺	巳終剋, 南方有火, 五条坊門北東洞院東云々, 午剋許或人曰, 火及三条, 頗近室町殿〈入道内相府(義持)御所, 姉小路北, 万里小路東也〉云々, 仍乗馬馳参, 又召進車, 人々多参入, 入道殿乗馬, 於西門下御覧, 火出三条坊門東至万里小路西, 細川讃岐守(満久)并大館(満信)已下武士家多焼畢, 然而室町殿無事, 尤以珍重, 申剋火滅, 予参東面, 構見参退出, 凡今日火南五条坊門, 北三条坊門, 東万里小路以東, 西出室町云々, 希代大焼亡也, 都合百九十町云々, 後聞, 六角堂(頂法寺)坊舎・小堂等悉焼, 而本堂一宇無為事, 偏仏力之所致云々, 如此免火事及六个度云々
875	(同上)	応永33(1426).1.15	姉小路北万里小路東	足利義持	(同上)
876	満済准后日記	応永33(1426).1.15	中京/姉小路～高辻/室町～富小路	六角堂/因幡堂/佐々木六角満高/細川満久/大館満信(奉公衆)	今日巳半許ヨリ中京焼亡, 上ハ自姉小路, 下至高辻, 其間八町歟, 西ハ室町ノ東頬, 東ハ富小路西頬ニ至テ悉焼失, 其中ニ六角堂ノ本堂・因幡堂・六角(佐々木満高)家等相残云々, 自巳半申頭マテ焼了, 以外大焼亡也, 細河讃岐守(満久)・大館上総守(満信)等焼失
877	満済准后日記	応永33(1426).1.28	一条猪熊	善住坊(禅住坊ヵ)	今日一条猪熊善住坊[禅住坊ヵ]〈山徒〉焼失, 同小家廿余間焼失, 付火云々
*878	薩戒記	応永33(1426).2.1	一条南室町西	吉良俊氏	後聞, 一条南室町西吉良(俊氏)家燃上, 付火云々, 但則滅歟
*879	薩戒記	応永33(1426).2.3	富小路春日	畠山満家被官	丑刻許巽方有火, 富小路春日云々, 武家管領被官人家云々
880	薩戒記	応永33(1426).3.6	三条坊門北東洞院西	中原師勝(性存)	夜半計南方有火, 後聞, 三条坊門北東洞院西云々, 大外記(中原)師勝朝臣宅焼失了云々
*881	康富記	応永33(1426).3.6	押小路東洞院与三条坊門間西頬/押小路南頬	中原師勝(性存)/中原師夏/中原師野	今宵及暁更, 押小路東洞院与三条坊門間西頬焼亡, 局務外史〈師勝朝臣〉〈父子同居〉宿所, 并大炊頭〈師夏朝臣〉, 権大外史〈師野〉住宅等皆回禄畢, 局務宿所押小路南頬也, 於文書者取出之由, 明日局務令□…
882	康富記	応永33(1426).3.7	押小路烏丸西北	二条持基	次参二条殿〈殿下御所, 押小路烏丸西北〉
883	康富記	応永33(1426).3.8	壬生	宝幢三昧寺	詣壬生地蔵〈宝幢三昧寺〉
*884	康富記	応永33(1426).3.29	一条西洞院北頬辻子内	中原師世/一条西洞院道場/一条道場(迎称寺)	未剋, 詣西大路宿所(中原師世)〈一条西洞院北頬辻子内道場, 此間仮被坐所也〉
885	薩戒記	応永33(1426).7.8	三条坊門南京極西	遊佐兵庫允(畠山氏被官)	丑剋巽方有火, 三条坊門南京極西云々, 遊佐兵庫允宅也
886	北野天満宮史料古記録(目安等諸記録書抜)(283)	応永33(1426).8.-	嵯峨	清涼寺	嵯峨清涼寺〈号釈迦堂〉寺僧等謹言上
*887	満済准后日記	応永33(1426).10.7	御所(三条坊門万里小路殿)東笠懸馬場東	富樫満成/遊佐兵庫允(畠山氏被官)	月次御壇所可被造在所事, (義持)御所(三条坊門万里小路殿)東笠懸馬場東, 此間富樫兵部大輔(満成)宿所, 富樫逐電後遊佐兵庫ニ被下之
888	薩戒記	応永33(1426).12.27	姉小路万里小路	足利義持	早旦参入道内相府殿(義持)〈姉小路万里小路〉
889	満済准后日記	応永34(1427).1.5	五条烏丸～東洞院	因幡堂	今夜京五条烏丸ト東洞院ト之間焼失云々, 因幡堂北也
890	満済准后日記	応永34(1427).3.5	土御門	法身院/満済(三宝院)	筑後都維那泰允, 於京門跡北〈土御門〉今夜被殺害了云々
891	満済准后日記	応永34(1427).8.21	三条坊門	足利義持	自今夕於室町殿(義持)〈三条坊門〉御所愛染准大法始行

№.	典拠	年月日	地名	居住者・施設名	史料本文
*892	建内記	応永35(1428).1.5	五条堀川	赤松満祐	為賀新春之慶向方々…赤松（満祐）〈五条堀川旅店,依吉川庄□為書下去年下□,持向太刀,又与太刀〉
*893	建内記	応永35(1428).1.17	一条室町	四辻季保	於一条室町謁四辻宰相中将〈季保〉相尋之処…
*894	建内記	応永35(1428).1.19	中御門万里小路	日野裏松義資	日野中納言〈義資卿〉中御門□□［万里ヵ］小路亭
*895	建内記	応永35(1428).1.20	二条	高倉永藤	次向前藤宰相入道〈永藤,法名常充〉二条宿所,今日出家云々
896	建内記	応永35(1428).2.26	一条烏丸	四辻季保	次向四辻宰相中将〈季保〉一条烏丸亭
*897	建内記	応永35(1428).2.26	北小路（上北小路）	勧修寺経興	次向勧修寺前中納言〈経興〉北小路亭
898	建内記（大日本古記録本1-p84）	応永35(1428).3.-	三条坊門万里小路	足利義教	室町殿〈三条坊門万里小路御所也,勝定院殿（義持）平日御坐也,来廿一日准后（義円,義教）可有渡御云々〉【※日付不明.21日以前】
899	兼宣公記（加室1-227）	応永35(1428).3.21	三条坊門京極	富樫持春	室町殿（義教）今日御移徙,姉小路□□［北小］路御下之儀,依方角昨日自裏松（日野義資）亭渡御加賀守護〈三条坊門京極〉宿所
900	薩戒記	応永35(1428).4.26	院御所（一条東洞院殿）（付近）	四辻季保	（洞院実凞拝賀）自四辻宰相中将季保卿宿所出立云々,彼宅（後小松）院御所近辺
*901	土岐家聞書（群23-244）	応永期(1394-1428)	八町柳／西は堀川,東は油小路,北は押小路,南は三条坊門大門は堀川西	土岐氏	一御主殿に唐破風・沓脱あり…鹿苑院殿（義満）北山の御所の御時は,此屋形は［八脱ヵ］町柳に有と云々,その後洛中へひかれ,西は堀川東は油小路,北は押小路,南は三条坊門なり,大門は堀川西なり,北山にて年々御成以来,御代々御成ありし屋形なり,応仁乱中まで也
902	建内記	正長1(1428).5.7	五辻	建聖院	〈五辻〉建聖院
903	師郷記	正長1(1428).6.7	四条京極	佐々木京極持光	今日祇園御輿迎也,所々風流超過例年了,室町殿（義教）・大方殿（義持後室日野裏松栄子）・御南向（義持妾徳大寺実時女）以下渡御佐々木（京極持光）亭〈四条京極〉御浅［栈］敷也
*904	建内記	正長1(1428).6.14	三条富小路	細川持元	祇園御霊会也,室町殿（義教）渡御〈細川〉右京大夫（持元）三条冨少路宿所,御栈敷有御見物者也
905	建内記	正長1(1428).6.21	土御門室町	浄華院	〈土御門室町〉浄華院
*906	建内記	正長1(1428).6.24	押小路室町	二条持基	室町殿（義教）今日御出執柄（二条持基）第〈押少路室町〉
907	薩戒記	正長1(1428).7.9	内裏（正親町高倉南東）艮角	天満宮	今夜内裏艮角小社〈号天満宮,在築垣外〉傍榎木〈大木也〉無風折
908	薩戒記	正長1(1428).7.19	土御門南高倉西	三条公光／三条厳子（通陽門院）／後花園天皇	万里小路大納言〈時房〉内々奉仰新帝（後花園）践祚間事致沙汰,三条前右大臣（公光）亭〈故通陽門院御所,土御門南,高倉西,四分一家也〉暫可為皇居
909	薩戒記	正長1(1428).7.27	土御門南高倉西	三条公光／三条厳子（通陽門院）／三条実冬／後花園天皇	歴覧高倉殿〈土御門南,高倉西,四分一家,三条前右大臣（公光）亭,本故通陽門院御所也,崩御後賜故三条太相国（実冬）,于今居住,依可為新主内裏,近日修造〉
910	薩戒記	正長1(1428).7.28	正親町北烏丸東	後小松上皇	先参院（後小松）〈正親町北,烏丸東〉…戌終剋,若宮（後花園）渡御於高倉殿〈高倉西,土御門南,寝殿南面,三条前右大臣（公光）第,本故通陽門院御所也〉…出御,自西四足門〈左衛門陣代〉東洞院南行,土御門東行,高倉南行,毎辻引斑幔
911	（同上）	正長1(1428).7.28	高倉西土御門南	三条公光／三条厳子（通陽門院）／後花園天皇	（同上）

No.	典拠	年月日	地名	居住者・施設名	史料本文
912	薩戒記	正長1(1428).8.17	(持明院)西大路/横小路	安楽光院	参安楽光院〈室町北行,自武者小路経三許町有横小路,而[西]行一町,路北有御寺,西大路面有西門〉
913	薩戒記	正長1(1428).10.9	土御門北西洞院西	飛鳥井雅縁/飛鳥井雅世	午剋弔飛鳥井入道(雅縁)喪家〈土御門北,西洞院西〉,北門外謁息宰相〈雅世〉…同四日葬于嵯峨宗福寺
914	(同上)	正長1(1428).10.9	嵯峨	宗福寺	(同上)
*915	満済准后日記	正長1(1428).10.15	中御門高倉南東(春日万里小路付近)	日野裏松義資	中御門高倉焼失,裏松中納言(日野義資)宿所西北也,三光院焼失,奉行松田対馬守(貞清)宿所等焼失
*916	(同上)	正長1(1428).10.15	中御門高倉(付近)	三光院/松田貞清(幕府奉行人)	(同上)
917	薩戒記	正長1(1428).10.15	春日北高倉東	日野西盛光	丑剋許南東方有火,頗近于皇居候歟,又花山院近辺歟由,下人等所申也,仍馳参内,于時火中御門以南也,皇居無恐,仍青侍等遣花山院,是又雖無恐,已一町之内也,坤風頻吹及中御門北・高倉東,此後火滅,凡起春日北・東洞院東,至中御門北・高倉東,但日野中納言(日野西盛光)亭〈春日北,高倉東〉免災,又不及中御門中納言(俊輔)亭〈中御門北,万里少路西〉,又少納言入道(清原)良賢真人〈少納言宗業并大外記業忠等同宿〉宅,雖及隔壁免此災,幸甚々々
918	(同上)	正長1(1428).10.15	中御門北万里小路西	中御門俊輔	(同上)
919	(同上)	正長1(1428).10.15	中御門北,高倉東,春日北,東洞院東(付近)	清原良賢/清原宗業/清原業忠	(同上)
920	(同上)	正長1(1428).10.15	中御門北,高倉東(付近)	花山院持忠	(同上)
921	薩戒記	正長1(1428).10.16	花山院(近衛東洞院)南/勘解由小路南,東洞院東	慶林寺/五辻家経後家跡	午剋向花山院謁亜相(持忠)…夜前火事,慶林寺〈在花山院(持忠)南,勘解[由脱ヵ]少路南,東洞院東也,比丘尼処也,此寺五辻中納言(藤原)家経卿後家旧跡也,其後為家督進止也〉度々燃上也,然而様々打滅之由被談,為家門尤為悦
922	(同上)	正長1(1428).10.16	慶林寺(勘解由小路南,東洞院東)北	花山院持忠	(同上)
*923	建内記	正長1(1428).10.16	勘解由小路	清閑寺家俊	訪昨夜炎上近所,又賀無為之儀者也,所謂吉田大納言(清閑寺家俊)〈勘解由小路第〉・中御門中納言(俊輔)〈中御門第〉・烏丸中納言入道(豊光)〈同(中御門第)〉・日野中納言(義資)・九条宰相(海住山清房)・浄瑚庵〈少納言入道(清原良賢)宿之〉等也
*924	(同上)	正長1(1428).10.16	中御門	中御門俊輔/日野烏丸豊光	(同上)
*925	(同上)	正長1(1428).10.16	勘解由小路(付近)/中御門(付近)	日野裏松義資/海住山清房/清原良賢/浄居庵(浄瑚庵)	(同上)
926	満済准后日記	正長2(1429).2.4	三条	足利義持	此御所〈三条殿〉
927	建内記	正長2(1429).7.13	押小路室町	二条持基	次参詣執柄(二条持基)〈押小路室町也〉
*928	小早川家文書(家わけ11-78)	正長2(1429).7.20	四条油小路	小早川盛景	譲与 所領事…京都四条油小路屋地

No.	典拠	年月日	地名	居住者・施設名	史料本文
*929	康富記	正長2(1429).8.8	五条坊門猪熊	円福寺	後日伝承,摂政殿(二条持基)姫君御喝食〈十歳〉,今日令円寂給,即奉入円福寺〈五条坊門猪熊〉於彼寺有御出家
930	康富記	正長2(1429).8.16	土御門富小路	丹波定長	就之定長朝臣即帰□宿所〈土御門富小路〉被注例被持参
*931	康富記	正長2(1429).8.21	三条万里小路	大館満信(奉公衆)	主計詣大館(満信)宿所〈三条万里小路〉留守也…仍予・盛時直向清和泉守許〈高辻西洞院也〉
*932	(同上)	正長2(1429).8.21	高辻西洞院	清秀定(幕府奉行人)	(同上)
933	師郷記	永享1(1429).9.11	姉小路	姉小路八幡	室町殿(義教)祇園・北野御社参也…先御参姉小路八幡,次北野,次祇園也
934	薩戒記	永享1(1429).10.7	小川	勧修寺経成	向勧修寺中納言〈経成〉亭〈小川〉
935	薩戒記	永享1(1429).10.15	北山	西園寺実永	向前右府(西園寺実永)亭〈北山〉
936	薩戒記	永享1(1429).10.15	北野	北野経王堂(経堂)	北野万部経堂
937	薩戒記	永享1(1429).12.2	一条北室町東西頬	中山定親/四辻季保	丑刻許一条北・室町東西頬焼亡,西風頻吹,火勢差東飛行,蓬篳(中山定親第)雖程近,依此風無怖畏…四辻宰相中将〈季保〉家焼了
938	満済准后日記	永享1(1429).12.2	仙洞(一条東洞院殿)西一条	四辻季保	今暁仙洞西一条辺焼失,四辻宰相中将季保卿小屋焼失
939	満済准后日記	永享2(1430).1.8	中御門西洞院	成仏寺	自今日後七日法如恒例歟,阿闍梨(妙法院僧正賢長)宿坊事中御門西洞院成仏寺〈律院〉也
940	薩戒記	永享2(1430).1.12	嵯峨	香厳院/大覚寺	今日詣香厳院〈嵯峨〉并大覚寺僧正(義昭)殿〈同〉・大聖寺〈北山〉等
941	(同上)	永享2(1430).1.12	北山	大聖寺	(同上)
*942	建内記	永享2(1430).2.22	三条坊門東洞院	一色持信	室町殿(義教)今日渡御一色兵部少輔(持信)三条坊門東洞院宿所云々
943	薩戒記	永享2(1430).2.25	一条烏丸	太子堂	御月忌(中山満親)如例,午刻向太子堂〈一条烏丸〉
944	醍醐寺文書(家わけ19-2633)	永享2(1430).3.3	三条室町南北東西角四半町	高師光	奉寄進 屋地之事 合壱所者,三右在所者,三条室町南北東西角四半町,口〈東西弐拾☒丈,南北弐拾丈二尺〉彼敷地者,普代高尾張次郎(師光)当知行屋地也,雖然依有敬神,左女牛若宮御灯油,永代寄進申処実正也
945	満済准后日記	永享2(1430).6.11	四条	四条道場(金蓮寺)	室町殿(義教)今朝四条道場へ渡御
*946	建内記	永享2(1430).7.16	土御門万里小路	法身院/満済(三宝院)	今日渡御(義教)三宝院〈土御門万里小路,門主准后,前大僧正満済〉
*947	薩戒記	永享2(1430).7.25	姉小路北万里小路東	足利義教	参室町殿(義教)〈于時姉小路北万里小路東御所也〉
*948	満済准后日記	永享2(1430).8.19	三条京極ヵ	白山御[小ィ]社	仍三条京極歟白山御[小ィ]社御座(義教),於彼御社前被取御鬮処,可被改御産所云々
949	御前落居記録(引付集成上10)	永享2(1430).11.3	北小路町北頬肆丁町内	金阿(赤松貞村被官)	妙法寺領〈号穴浦堂〉敷地北小路町北頬肆丁町内事…一 赤松伊豆守(貞村)被官人〈小柴,今者金阿云々〉分事,雖捧地方奉書,応永廿年十日[月ヵ]廿五日,任以前御 判等之旨,被付寺家訖
*950	建内記	永享2(1430).12.27	鷹司烏丸	広橋兼郷(宣光,親光)	於新藤中納言(広橋宣光,親光,兼郷)鷹司烏丸宿所着御直衣給
951	大館持房行状	永享2(1430).-.-	永昌坊(四条坊門)	大館満信(奉公衆)	今(大館)持房父子,蔵身洛中…満信七十一歳,卒于永昌坊(四条坊門)之宅,公(持房)五十一歳
952	建内記	永享3(1431).3.2	一条大宮	素玉庵	室町殿(義教)今日渡御一条大宮素玉房庵室也
953	御前落居奉書(引付集成上66)	永享3(1431).5.16	中御門高倉南西頬	熊谷下野守(奉公衆)	中御門高倉南西頬口拾三丈奥拾六丈玖尺,同西南頬口柒丈奥弐拾参丈捌尺五寸屋地〈裏松中納言家(日野義資)知行分〉事,早可令領知之由候也…熊谷下野入道殿

No.	典拠	年月日	地名	居住者・施設名	史料本文
954	満済准后日記	永享3(1431).6.17	栂尾	禅淳坊	此律僧栂尾内槇尾ト云所居住，禅淳坊ト号云々
955	満済准后日記	永享3(1431).7.22	七条	七条道場(金光寺)	申初雷鳴，七条道場前・柳原落云々
*956	御前落居奉書(引付集成上71)	永享3(1431).8.18	鷹司油小路西北頬	治部宗秀(幕府奉行人)	鷹司油小路西北頬〈東西弐拾丈，南北十丈〉屋地〈治部越前守宗秀跡〉事，為御寄付時宝院地替，可被沙汰付御霊殿雑掌之由，所被仰下也
*957	在盛卿記(史籍集覧24-554)	永享3(1431).9.4	北小路(上北小路)富小路	山名時熈/畠山満慶	山名右衛門督入道(時熈)，畠山修理大夫入道(満慶)両人，北小路室町借住於宿勘之
*958	満済准后日記	永享3(1431).9.23	上御所(室町第)以北	富樫持春	今日将軍(義教)御方違冨樫介(持春)亭…上御所(室町第，柳原以南)ヨリ北方ニ可有御方違在所曽持無之，仍冨樫介亭此以前可渡造，去月〈八月〉廿二日被仰了，早速造畢
959	満済准后日記	永享3(1431).11.10	北小路(上北小路)→小川	常磐井宮直明王	今日内々被仰条々，常磐井[宮脱ヵ](直明王)当時在所北小路亭被移小河，彼地ニハ遁世者等可被置之由被仰了，雖然能々御思案処，当時宮居住在所お追立，如遁世者可被置条，可為何様哉由思食云々，予申云，仰雖其謂候，彼宮非累代屋敷，鹿苑院殿(義満)御代中御門万里少路へ(直明父満仁親王)被渡了，勝定院殿(義持)御代又為故裏松(日野重光)宿所，只今在所北小路へ被渡候キ，仍如此連々相違間，不可有苦歟由存旨申了
960	(同上)	永享3(1431).11.10	中御門万里小路→北小路(上北小路)	常盤井宮満仁親王	(同上)
961	大徳寺文書(家わけ17-1535)	永享3(1431).11.28	正親町万里小路東頬	松波量世/斎藤祐定(畠山氏被官)	沽却 屋地事/合壱所者〈正親町万里小路東頬弐拾丈四方〉/右件屋地者，雖為私領，直銭弐拾貫文，相副本文書，限永代沽却申処也，更以不可有他妨者也，仍為後日状如件…〈松波〉量世(花押)/斎藤因幡守(祐定)殿
962	満済准后日記	永享3(1431).12.3	一条以北	足利義教	自今日於将軍(義教)新造御所〈号室町殿，一条以北〉鎮宅修法始行之
963	建内記	永享3(1431).12.3	鷹司烏丸	広橋兼郷(宣光，親光)	(義教)渡御新藤中納言〈(広橋)兼郷〉鷹司烏丸亭
*964	看聞日記	永享3(1431).12.3	伏見宮御所(東洞院東，高倉西，一条南，正親町北)(付近)	四条隆富	(四条)隆富朝臣宿替之，別在所買得，今夜移住云々，(伏見宮)御所近所也
965	建内記	永享3(1431).12.12	室町殿(北小路(上北小路)室町)至近→小川	常磐井宮直明王	常盤井宮(直明王)御所事，上御所〈室町殿(義教)〉御近所也，就御用被点，進小川殿小御所，昨夜御移徙云々
*966	看聞日記	永享3(1431).12.15	小河	常磐井宮直明王	今日室町殿(義教)御持僧群参云々，常磐井宮(直明王)初参，彼御所被壊渡，小河御所加修理，有御移住，公方(義教)被申沙汰，其御礼旁初参歟
*967	建内記	永享3(1431).12.17	一条以北	畠山満家(道端)	室町殿(義教)渡御畠山左衛門督入道道端(満家)上宿所〈一条以北□□□〉，御移徙以後初度也
*968	建内記	永享3(1431).12.27	中御門烏丸	斯波義淳	今夜御参 内・御 院参也，是歳末御礼参也，先渡御讃州(細川持常)宿所〈移徙已後初度〉…次渡御管領中御門烏丸(斯波義淳)宿所，為貢馬御覧也
969	満済准后日記	永享4(1432).1.28	五条	法喜坊	将軍(義教)渡御南禅寺，還御ニ五条小庵〈号法喜坊，律僧也〉梅為御覧被成給
970	満済准后日記	永享4(1432).2.25	春日	伊勢貞国	早旦出京，申初参室町殿(義教)処，伊勢(貞国)宿所〈春日〉へ渡御

No.	典拠	年月日	地名	居住者・施設名	史料本文
971	満済准后日記	永享4(1432).3.10	二条富小路	畠山三河入道	御産所畠山三河入道宿所,二条冨少路
972	看聞日記	永享4(1432).5.24	北山	鹿苑寺	聞,去廿日北野社僧七八人児一両人相伴,下京辺勧進くせ舞見物,面々酔気之間,北山鹿苑寺未見之由申,帰路彼寺へ罷向
973	満済准后日記	永享4(1432).8.16	春日	伊勢貞国	将軍(義教)夜前伊勢(貞国)宿所〈春日〉,御方違ニ御座
974	看聞日記	永享4(1432).10.11	一条	観音堂	又(四辻)季保卿・(四辻)季俊朝臣書告文(密通嫌疑),自昨日至十二日三ヶ日〈一条之〉観音堂ニ両人座守失云々
*975	看聞日記	永享4(1432).10.20	伏見宮御所境内	山下浄秀(奉公衆)	抑若輩(田向)長資朝臣,(四条)隆富朝臣,(庭田)重賢以下月次連歌,今日始山下(浄秀)〈室町殿(義教)近習,此境内居住〉張行云々,於禅啓小庵為会所云々【※康富記文安5.8.18に山下将監入道浄秀,宝徳1.8.12に小番二番衆山下将監入道見ゆ】
*976	御前落居奉書(引付集成上95)	永享4(1432).11.8	錦小路富小路東頬京極面	中条満平(奉公衆)	錦小路富小路東頬〈南北弐拾丈,東西壱町〉但京極面〈南北拾八丈,中条伊豆入道跡〉屋地事,可被沙汰付城存検校由,所被仰下也
977	薩戒記	永享5(1433).1.1	北小路(上北小路)北室町東	足利義教	参左大臣殿(義教)〈北小路北,室町東〉
978	薩戒記	永享5(1433).1.4	鷹司	広橋兼郷(宣光,親光)	日野中納言〈兼郷〉家〈鷹司〉
979	薩戒記	永享5(1433).1.23	中山定親第(武者小路北室町東)北隣	高倉永藤	入夜向藤宰相入道〈(高倉)永藤卿也,在予北隣〉
980	薩戒記	永享5(1433).2.3	一条室町	一条兼良	今日於前摂政(一条兼良)亭〈一条室町〉可有和哥会
981	薩戒記	永享5(1433).2.16	千本	京極実種/大報恩寺(千本釈迦堂)	向京極前中納言実種隠居〈千本尺迦堂北方〉
982	看聞日記	永享5(1433).2.29	鷹司高倉	高倉永基	今夜鷹司高倉辺炎上,(高倉)永基朝臣宿所近所仰天,然而無為云々
983	看聞日記	永享5(1433).3.5	上柳原/室町	足利義教	去夜上柳原焼亡,室町殿(義教)近々,公家武家馳参,南御方御所台所ニ已火付,然而打消無為云々
984	看聞日記	永享5(1433).3.6	六条坊門西洞院	明盛	去夜六条坊門西洞院炎上,明盛宿所近々已欲焼,然而無為云々
985	満済准后日記	永享5(1433).4.20	五条辺	大内満世	大内中務大輔(満世)〈号馬場〉,今夜於京都被打了,去月初新介(大内持盛)方ヲハ罷出,遁世分ニテ神宮参詣以後,五条辺小家ニ令宿処,大内雑掌安富掃部聞出,山名(時熈)内者山口遠江守等相語押寄之間,自害云々
*986	満済准后日記	永享5(1433).7.4	転法輪万里小路	畠山持永/今出川教季	遊佐河内守,畠山左馬助(持永)敷[衍ヵ]転法輪万里小路菊亭(今出川教季)[敷脱ヵ]地東寄廿丈余請文持参了
987	草根集3(私家集大成5 50,正徹IV)	永享5(1433).①.2	北小路(上北小路)猪熊	山名凞貴	中務大輔(山名凞貴),北少路猪熊なる所に家を引っつしすまれしに…
988	薩戒記	永享5(1433).8.18	一条大宮	新善光寺	新善光寺〈一条大宮〉長老(聖祇)入滅
989	薩戒記	永享5(1433).9.2	紫野	大徳寺	於紫野大徳寺有駄餉事
990	満済准后日記	永享6(1434).1.19	六条	大内持世/唐人宿所	大内(持世)六条家唐人宿ニ可成条可為何様哉,可見知旨可申付云々
991	満済准后日記	永享6(1434).1.22	六条	大内持世/唐人宿所	大内(持世)六条家可被点唐人宿,不可有子細歟
992	師郷記	永享6(1434).2.9	鷹司西洞院	足利義勝/波多野元尚(奉公衆)	室町殿(義教)若公(義勝)〈裏松中納言(日野義資)妹腹也〉御誕生〈御産所鷹司法明院波多野(元尚)宿所也〉

No.	典拠	年月日	地名	居住者・施設名	史料本文
*993	御産所日記(群23-303)	永享6(1434).2.9	鷹司西洞院	波多野元尚(奉公衆)	御産所波多野因幡入道元尚宿所,鷹司西洞院
*994	看聞日記	永享6(1434).2.14	六角〜七条坊門 西洞院〜万里小路	大内持世/因幡堂/万寿寺/六条道場(歓喜光寺)/河原院	京方有焼亡…六角町ト室町之相合南頬より火出〈付火云々〉七条坊門まて焼,西ハ西洞院〈東頬まて〉東ハ万里小路まて焼畢,其中因幡堂〈本尊ハ不焼,取出云々〉・万寿寺〈寺内悉焼失,草創以来不焼云々〉・六条道場・聖天〈河原院〉・大内(持世)屋形・正七土蔵等也,其外在家不知数,東西六町余,南北十四町余云々,(頭書「追聞,都合二百八十町云々」)近比大焼亡言語道断也,殊因幡堂・万寿寺,不堪驚歎事也,併天魔所為勿論事歟
995	満済准后日記	永享6(1434).2.14	六角西洞院/六条高倉	因幡堂/万寿寺	自午末京中炎上,自六角西洞院火出来,西ハ高倉ヲ限,下ハ六条ヲ限テ十二町歟,東西ハ六町歟炎上了,猛風最中也,諸人面ヲ不向式云々,因幡堂焼失,於本尊者奉取出云々,十二神少々取出云々,万寿寺焼失,大内宿所等,凡其数及数千云々,希代事也
996	師郷記	永享6(1434).2.14	六角室町〜七条坊門	万寿寺/因幡堂/六条道場(歓喜光寺)/浄光院/如意輪堂/信楽寺/盛元寺/矢田地蔵/玉津島社/新玉津島社/菅大臣御社/天神社(五条天神社ヵ)	今日午剋,自六角室町火出来〈折節風烈〉,下至于七条坊門,申斜火止,堂舎以下焼失,言語道断事也,万寿寺・因幡堂・六条道場炎[災ヵ],浄光院・如意輪堂・信楽寺・盛元寺・矢田地蔵・玉津島(新玉津島社)・菅大臣御社(五条天神社ヵ)等炎上了,焼失所々悉払地了
997	満済准后日記	永享6(1434).3.19	六角	六角堂/佐々木六角満綱	戌半歟六角堂炎上,六角(満綱)亭焼失,南北七町,東西四町焼失云々
998	師郷記	永享6(1434).3.19	三条烏丸	六角堂	今日秉燭時分,自三条烏丸火出来,六角堂本堂以下悉炎上了,本尊奉取出
*999	看聞日記	永享6(1434).3.20	六角烏丸〜四条坊門万里小路	六角堂/大慈院/佐々木六角満綱	抑夜前焼亡,六角烏丸より火出,至四条坊門万里小路,東西南北廿町焼失,六角堂〈本尊不焼,取出云々〉,大慈院・六角〈佐々木(満綱)〉屋形等炎上云々,六角堂於御堂者度々炎上不焼,而今度為灰燼,末世至極,可悲可悲,去月焼亡因幡堂・万寿寺以下炎上,今月又六角堂等霊地払塵炎上,天魔所為歟,天下怪異歟,可驚事也
1000	満済准后日記	永享6(1434).5.12	仁和寺	法住寺/唐人宿所	次唐人宿事,仁和寺法住寺御治定云々
1001	師郷記	永享6(1434).6.1	六条	六条法華堂/唐人宿所	今日唐人入京,以六条法華堂先為宿所云々
1002	満済准后日記	永享6(1434).6.1	大宮猪熊	大宮猪熊道場/唐人宿所	唐人入洛西終云々,昨日兵庫ヲ罷出,一宿瀬河云々…今日直可着,被定置宿〈大宮猪熊道場〉処,唐使申状,不懸御目以前,先可罷着宿条,唐朝法不然,若来五日可懸御目者,猶可被点下中宿云々,仍六条法花堂昨日俄用意落着云々
1003	(同上)	永享6(1434).6.1	六条	六条法華堂/唐人宿所	(同上)
1004	看聞日記	永享6(1434).6.5	樋口大宮	樋口大宮道場/唐人宿所	唐使室町殿(義教)参入之儀厳重…樋口大宮道場為宿,自其参入
1005	首藤石川文書(福島県史7-549)	永享6(1434).6.5	四条坊門油小路	芦名盛政/芦名盛久	譲与子息五郎盛久所々事 合…一京屋地〈四条坊門油小路〉
1006	師郷記	永享6(1434).6.26	三条坊門	三条八幡宮(御所八幡)	今夜三条坊門八幡大木転倒云々
*1007	看聞日記	永享6(1434).7.5	六条坊門大宮	長福寺	今日室町殿(義教)唐人宿〈六条坊門大宮長福寺《時衆寺》〉入御
*1008	看聞日記	永享6(1434).11.4	大炊御門富小路	畠山義忠	夜前焼亡,畠山大夫(義忠)屋形云々,太[大]炊御門富小路也,非類火一身焼亡云々

No.	典拠	年月日	地名	居住者・施設名	史料本文
1009	醍醐寺文書（加室2-477）	永享6（1434）.-.-	上柳原	富樫持春／籾井常坦（常相）	上柳原社地ニハ,今ハ富樫（持春）屋形立候,四町之事候ヘハ,籾井（常坦ヵ,常相ヵ）所ヘも相かヽり候哉,其間事者不存知仕候【※九条満家公引付永享4.7.19籾井常坦請取状（九条家歴世記録2-59）に〈籾井備後入道〉常坦,建内記（8-159）文安4.5記紙背永享3.4.29籾井常相請取状に〈籾井〉常相見ゆ】
1010	師郷記	永享7（1435）.3.9	一条今出川	西園寺公名	今日県召除目始也,執筆右大将〈（西園寺）公名〉…執筆御硯局務進使者於彼休所〈一条今出川〉給之了
1011	看聞日記	永享7（1435）.6.1	鷹司富小路（付近）	後花園天皇	抑昼程ニ鷹司富小路辺ニ焼亡,土蔵一,小菴一炎上云々,陣中近辺仰天云々
1012	看聞日記	永享7（1435）.6.8	烏丸	二条持基	室町殿（義教）下御所〈小御所,故大方殿御方一宇〉関白（二条持基）ニ被進,今日被引渡,烏丸面ニ被造云々,本所為一力被作,経営大儀云々,今月中造畢,室町殿可被入申云々
1013	看聞日記	永享7（1435）.8.8	京極	法成寺	今暁京極法成寺辺炎上云々
1014	看聞日記	永享7（1435）.11.8	大炊御門	大炊御門道場（聞名寺）	夜前太[大]炊御門導場炎上云々
1015	師郷記	永享7（1435）.12.19	一条東洞院	伏見宮貞成親王（後崇光院）	〈新造〉宮御所〈一条東洞院〉御移徙也（貞成親王）,自室町殿渡御于彼御所
1016	看聞日記	永享8（1436）.3.6	押小路東洞院	比丘尼庵	自晩至夜大風吹如辻風,其時分押小路東洞院焼亡,比丘尼菴一宇炎上云々…大風時分相国寺廊下吹破顛倒云々,在家等不吹破而顛倒如何,天魔所為歟
1017	看聞日記	永享8（1436）.4.22	三条坊門油小路	或阿弥陀仏道場	昼有焼亡,三条坊門油小路或阿弥陀仏導場云々
1018	看聞日記	永享8（1436）.4.23	一条烏丸正親町以西	伏見宮貞成親王（後崇光院）	造作同前,敷地事,源宰相・定直等令奉行,破地東洞院西ハ御所奉公之物共置之,一条烏丸正親町以西ハ方々所望人々頒給,権門達方々所望計会也
1019	看聞日記	永享8（1436）.4.29	一条〜正親町烏丸	入江殿／西雲庵／典侍（内裏上臈）／正親町三条実雅／広橋兼郷（宣光,親光）	敷地外様人々支配打渡,定直令奉行,入江殿・西雲庵・内裏上臈典侍・三条（正親町三条実雅）・日野（広橋兼郷）,方々権門所望,地狭少之間面々不足及嗷訴計会也,自辻子以西烏丸面・一条・正親町等外様人置之,越中〈伏見土蔵〉地一所申給,御礼捶等献之
1020	看聞日記	永享8（1436）.5.19	近衛堀川	成仏寺	抑山前百姓与観音寺百姓,今日被書湯起請於成仏寺〈近衛堀川,三福寺末寺〉書之
1021	看聞日記	永享8（1436）.6.23	一条高倉	庭田重有／日野西国盛	抑東敷地〈御所高倉面〉源宰相（庭田重有）所望之由,西雲被伺申,件地誰人候哉御尋之由奉,新中納言（日野西）国盛卿,其外在家候之由令申
1022	看聞日記	永享8（1436）.8.17	梅津	正親町三条尹子	今日公方（義教）上様（正親町三条尹子）梅津山荘御移徙也,此間造畢,瑩玉営作云々,上様御山荘也,仍公方被入申云々
1023	看聞日記	永享8（1436）.10.13	小松谷	律僧寺	公方（義教）ハ小松谷〈律僧寺〉渡御云々
1024	看聞日記	永享8（1436）.11.14	押小路西洞院	赤松満祐	押小路西洞院辺炎上,赤松（満祐）屋形而云々,在家許炎上云々
1025	看聞日記	永享8（1436）.12.12	四条西洞院	六条法華堂	朝,四条西洞院法華堂炎上
1026	師郷記	永享9（1437）.1.7	押小路室町	二条持基	白馬節会…内弁陛座時分南方有火事〈卯剋也〉,禁中騒動以外也,押小路室町西類殿下（二条持基）御所御前也
1027	看聞日記	永享9（1437）.3.4	三条高倉（付近）	等持寺／通玄寺	焼亡云々,起出見之,冷泉烏丸云々,焼了後下方又炎上,三条高倉云々,等持寺・通元[玄]寺近々小路一隔而無為云々
1028	薩戒記（八幡御参詣記）	永享9（1437）.3.21	常磐大路	財園寺	東洞院南行,至羅城門大路…於財園寺〈常磐大路云々〉又扣御輿（義教）

No.	典拠	年月日	地名	居住者・施設名	史料本文
1029	看聞日記	永享9(1437).6.19	塩小路西洞院(付近)	稲荷社	抑塩小路西洞院辺稲荷社忌竹切,竹口より酒涌出云々
1030	蔭凉軒日録	永享9(1437).9.6	六条	六条道場(歓喜光寺)	六条道場御成(義教)
1031	師郷記	永享10(1438).4.2	樋口油小路	樋口油小路道場	未剋許樋口油小路道上[場ヵ]炎上了
1032	看聞日記	永享10(1438).4.2	樋口油小路	樋口油小路道場	昼,樋口油小路炎上,導場・酒屋等焼云々
1033	師郷記	永享10(1438).8.13	五条坊門室町(付近)/西洞院以東,室町以西(付近)/三条坊門(付近)	二条持基	未剋自五条坊門室町火出来,西洞院以東,室町以西,上至三条坊門,希代火事也,殿下(二条持基)無為,不思議事也,可謂珍重
1034	看聞日記	永享10(1438).8.13	高辻室町(付近)/三条坊門(付近)/烏丸町～室町(付近)	二条持基	昼〈自未刻至申末〉焼亡,自高辻室町出火,至三条坊門焼了,東西ハ烏丸町,室町辺まて焼失,近比之大焼亡也,店屋大略焼了,二条殿(持基)已欲焼,然而無為也
1035	看聞日記	永享10(1438).9.3	七条	七条道場(金光寺)	南御方・近衛・右衛門督・重賢等七条導場念仏聴聞参,及晩被帰,壬生地蔵も参云々
1036	(同上)	永享10(1438).9.3	壬生	壬生地蔵	(同上)
1037	蔭凉軒日録	永享10(1438).10.8	七条	七条道場(金光寺)	七条道場御引物之請取懸之御目(義教)
*1038	本能寺文書(室文集成上70)	永享10(1438).11.2	冷泉富小路西頬南寄	斎藤朝日持長(奉公衆)	六角大宮非人以下風呂敷地〈東西拾三丈南北拾五丈〉但野畠分〈両季地子参貫三百拾五文〉事,以冷泉富小路西頬朝日因幡入道(持長)本宅地内〈南寄口八丈三尺奥十丈〉為彼地子相当替所被付本能寺也**【※経覚私要抄宝徳1.8.28に朝日因幡守持長見ゆ】**
*1039	(同上)	永享10(1438).11.2	六角大宮	非人以下風呂	(同上)
1040	看聞日記	永享10(1438).11.12	一条烏丸	後園(公方御所侍)	早旦一条烏丸辺小家一宇炎上,驟打消了,公方(義教)御所侍後園家云々
1041	看聞日記	永享10(1438).11.16	姉小路町～西洞院	伊勢外宮	抑明盛法橋申,姉小路町西洞院之間,伊勢外宮御座,今日遷宮云々
1042	東益之故宅花石記(『禿尾長柄帚』上,五山新4-51)	永享10(1438).-.-	三条堀川北	東益之	東京三条堀川之北,有故宅,別筑一廬,為投老地
1043	建内記	永享11(1439).2.5	今出川	正親町三条実雅	左衛門督〈(正親町三条)実雅卿〉今出川亭
1044	建内記	永享11(1439).2.16	三条坊門西洞院	坊門信守/高倉永藤	三条坊門西洞院敷地,坊門故中将信守朝臣与高倉故宰相入道(永藤)正長元年相論事
1045	建内記	永享11(1439).2.18	押小路	香光院/二条持基	彼香光院者二条(持基)家門内也,臨期閉通路門戸,引注連被分清穢,俄自押少路面開通路,為香光院門也
*1046	建内記	永享11(1439).6.7	四条京極	佐々木京極高数	室町殿(義教)渡御〈四条京極〉京極(佐々木高数)宿所御桟敷,有御見物(祇園御霊会)
*1047	建内記	永享11(1439).6.14	上京	細川持之	祇園御霊会也…御移徙上御第之後及多年無今日之御見物,細川(持之)宿所引渡上在所,仍御桟敷壊却之故歟,於京極宿所者如初在下,仍御桟敷如元無其煩,当年七日御見物也,〈近年無御見物歟〉
*1048	建内記	永享11(1439).6.28	土御門南,西洞院以西	飛鳥井雅世	中納言(飛鳥井雅世)私宅〈土御門南[面ィ],西洞院以西〉
1049	熱海白川文書(福島県史7-493)	永享11(1439).10.16	大炊御門万里小路	結城氏朝	大炊御門万里少路〈東西拾丈南北弐拾丈〉屋地事,早任去十日御教書,同月十四日御施行等之旨,可被沙汰付白川弾正少弼氏朝代之状,如件,

No.	典拠	年月日	地名	居住者・施設名	史料本文
1050	武家年代記裏書(176)	永享12(1440).5.15	勘解由小路堀川	一色義貫	一色修理大夫義貫,於大和之陣中命武田治部少輔誅之,同十六,京都勘ケ[解]由小路堀川亭,被官人自放火,則数十人切腹,驚耳目了
*1051	斎藤基恒日記	永享12(1440).5.16	勘解由小路堀川	一色義貫	一色五郎教親為請取勘解由小路堀川匠作(一色義貫)宿所進発之処,彼被官人等出合,数十人或討死或切腹,則懸火了,彼等之振舞驚耳目,古今希有云々,被官人私宅等,被下方々了
1052	清和院文書(京都大学文学部架蔵写真帳)	永享12(1440).6.3	正親町富小路東北頬	土岐持頼	寄附 清和院,正親町富小路東北頬敷地〈土岐大膳大夫持頼跡丈数在別紙〉事,右当院奉寄所状如件
1053	斎藤基恒日記	嘉吉1(1441).1.26	春日東洞院	伊勢貞国	政所内評定旅[被]行,執事(伊勢)貞国/於春日東洞院被行之
1054	斎藤基恒日記	嘉吉1(1441).5.6	東山白山	永寿寺	洛中洛外寺庵悉被入御仏事銭了/此時永寿寺〈東山白山事歟〉僧五人分五百文施入
1055	看聞日記	嘉吉1(1441).5.10	六条	六条法華堂	昼,下方炎上,六条法花堂焼失云々
1056	看聞日記	嘉吉1(1441).5.11	六角	佐々木六角満綱/通玄寺	夜,通玄寺近辺炎上云々,六角〈佐々木(満綱)〉宿炎上
1057	建内記	嘉吉1(1441).5.25	一条烏丸	宝伝寺	竹原村東方〈当時半分〉代官職事,補任一条烏丸宝伝寺智旭上人者也
1058	看聞日記	嘉吉1(1441).5.25	一条	中山定親	(紀)定直参申,一条敷地之中小分,中山(定親)可申請之由申云々,権門諸方申難儀事也
1059	看聞日記	嘉吉1(1441).6.8	白河	玉凰寺	妙心寺坊主参…委細閑談,白河ニ玉鳳寺と云寺ハ,花園院御所一宇并門等被渡,本尊丈六阿弥陀仏,是ハ花園左大臣(源有仁)家持仏堂本尊也云々,彼寺妙心寺可管領由緒なれとも他寺ニ成由被語
1060	建内記	嘉吉1(1441).6.13	祇園大路	竜樹寺	室町殿(義教)万疋御施入竜樹寺〈祇園大路,景崇和尚〉
*1061	建内記	嘉吉1(1441).6.14	中御門高倉→中御門万里小路	清原業忠	今夕向清大外記(業忠)中御門万里小路文亭〈自中御門高倉去年運渡之造作,頗如新造〉,賀移住也
*1062	建内記	嘉吉1(1441).6.24	西洞院以西,冷泉以南,二条以北	赤松教康	今夕有前代未聞珍事,赤松彦次郎教康〈故則祐律師曽孫,故上総介大膳大夫入道義則孫,当時左京大夫大膳大夫入道満祐《法名性具》子也〉依諸敵御退治嘉礼成申渡御…未斜室町殿(割注略,義教)渡御彼(赤松教康)宿所〈西洞院以西,冷泉以南,二条以北〉…彦次郎教康・左馬助(則繁)〈叔父也〉二条西行,大宮南行,落行西国之処,逐懸人無之云々,言語道断次第也…今夕赤松宿所自放火之後,又経程伊与守(赤松義雅)〈大膳大夫入道弟也〉一条以北町以西宿所自放火,又左馬助〈同弟也〉宿所自放火,其外彼一族被管人多以放火逐電云々
*1063	(同上)	嘉吉1(1441).6.24	一条以北,町以西	赤松義雅	(同上)
*1064	建内記	嘉吉1(1441).7.11	正親町以南,高倉以東	日野裏松重政	今夕向(日野裏松)重政入道宿所〈正親町以南,高倉以東旅店也〉
*1065	建内記	嘉吉1(1441).7.28	花山院(近衛東洞院)南八丁町	大内持世/大内持世被官	故大内(持世)宿所元ハ在下〈六条歟〉其後炎上了,(大内)持世朝臣〈今度自去年〉上洛以後,以花山院南八丁町宿所并被菅人居所之地ニ有御計,仍自九州舎屋壊渡之,已少々造作了,只如夢事トモナリ,於新造宿所逝去也
*1066	建内記	嘉吉1(1441).7.28	花山院(近衛東洞院)	花山院持忠	(同上)

No.	典拠	年月日	地名	居住者・施設名	史料本文
*1067	建内記	嘉吉1(1441).8.3	春日以南,万里小路以西	畠山持国(徳本)/畠山基国(徳元)/万里小路時房	畠山尾張入道〈持国朝臣事也,法名可尋〉今日〈自河内国〉上洛,先御代下国,舎弟為惣領,而当御代(義勝)人々御免之間,彼又安堵上洛也,上宿所称不快,可居住下宿所,追可引渡上舎屋也,先以春日以南万里少路以西旧宅〈此地予(万里小路時房)旧跡也,近年地利無沙汰也〉〈彼元此宿所,父入道(基国,徳元)逝去之後移上了〉令修理,京着者也
1068	建内記	嘉吉1(1441).8.13	近衛猪熊	日野東洞院資親	(日野東洞院資親)近衛猪熊宿所
1069	建内記	嘉吉1(1441).9.6	五条	五条法華堂	昨日五条法花堂炎上,下辺今日又炎上,已(土一揆)打入洛中
1070	建内記	嘉吉1(1441).9.21	四条	四条道場(金蓮寺)	四条河原〈四条道場東河原云々〉
*1071	建内記	嘉吉1(1441).⑨.14	三条実雅第(武者小路今出川)北	伊勢貞国/瑞春院	御台御方(普広院殿(義教)御後室御事也)(正親町三条尹子)被立御寺〈瑞春院〉〈左衛門督(正親町三条実雅)亭以北,伊勢入道(貞国)宿所前〉
1072	建内記	嘉吉1(1441).⑨.14	入江	三時知恩院[寺ヵ]	入江殿〈三時知恩院事也〉
1073	建内記	嘉吉1(1441).10.20	室町殿(北小路(上北小路)今出川北西)南東	伊勢貞国	今夕,室町殿(義勝)自上御亭先還[渡]御伊勢入道(貞国)宿所〈自御所当巳方歟,多年御座之所也〉,被用御輿〈網代〉,路次有警固人〈号辻固〉,次自彼許御出細川右京大夫持之朝臣宿所〈当乾方歟〉〈当時執事也,号管領〉,為御方違也
1074	(同上)	嘉吉1(1441).10.20	室町殿(柳原室町南東)北西	細川持之	(同上)
1075	建内記	嘉吉1(1441).10.23	上御所(北小路(上北小路)室町)	足利義満/足利義持/足利義教	勝定院殿(義持)以此第為御所,至応永十六年温等持院(尊氏)・宝篋院(義詮)御旧蹤,新造甲第為御所,此御第荒廃了,普広院殿(義教)初比以下御所為御所,永享比被温鹿苑院殿(義満)佳躅,如元建立〈悉新造也〉,此御第〈上御所事也〉為御所
1076	(同上)	嘉吉1(1441).10.23	下御所(三条坊門万里小路)	足利尊氏/足利義詮/足利義持/足利義教	(同上)
1077	建内記	嘉吉1(1441).10.23	北小路(上北小路)以北,今出川以西	瑞春院	普広院殿(義教)御後室〈一位殿,尼御前,御黒衣,贈内府《(正親町三条)公雅公》女,左衛門督《(正親町三条)実雅卿》妹也,奉号御台,又奉号上様〉(正親町三条尹子)今日午刻御移徙新造御寺(瑞春院)〈北小路以北,今出河以西〉也
1078	建内記	嘉吉1(1441).10.29	正親町町西頬	日野土御門長淳	(日野土御門)長淳入道遺跡正親町町西頬敷地事
1079	建内記	嘉吉1(1441).11.20	北小路室町東頬	足利義勝	武家〈室町殿御事也,従五位下源義勝,御第室町面東頬,北少路以北《猶去北也》〉評定始也
*1080	建内記	嘉吉1(1441).12.12	武者小路室町	中山定親	今夜中山中納言〈定親卿〉拝賀也…今夜於出立所〈彼亭在武者小路室町也〉有盃酌
1081	建内記	嘉吉1(1441).12.14	二条万里小路	等持寺八講堂(宗鏡堂)	勝定院贈太相国(義持)御忌明年正月十八日也,被引上,自今日於等持寺八講堂〈在二条万里小路,号宗鏡堂〉被始行之
1082	大館持房行状	嘉吉1(1441).-.-	鷹司	大館持房(奉公衆)	内府与夫人相計,以言相公,相公曰,持房無罪,是満信所使然也,向者持房不与満信相見,則持房如故,持房謹聞命侍相府,即日還賜故所食十余邑,又賀銭三百貫,同日還焉,因賜地鷹司坊,令営私第
1083	建内記	嘉吉2(1442).4.6	万里小路時房第(正親町烏丸近辺)前	誉田入道(畠山氏被官)	蓬屋門前誉田入道許,招請畠山三位入道(持国),有猿楽鼓笛音声,坐聞

No.	典拠	年月日	地名	居住者・施設名	史料本文
*1084	師郷記	嘉吉2(1442).5.3	武者小路(付近)	壬生晨照/坍和筑前入道ヵ(奉公衆ヵ)/正親町三条実雅/中山定親	戌剋許武者小路西室大外史(壬生晨照)宿所炎上, 坍和(筑前ヵ)入道家同焼失了, 三条(正親町三条実雅)・中山(定親)等亭無為, 珍重事也【※蜷川家文書1-30(幕府番帳案, 文安年中)に(五番)坍和筑前入道見ゆ】
1085	康富記	嘉吉2(1442).6.3	嵯峨	畠山持国(徳本)継母	畠山左衛門入道(持国)継母尼公, 於嵯峨円寂云々
*1086	康富記	嘉吉2(1442).6.11	土御門烏丸南西頬	和気保成/後土御門天皇	今日向医師〈和気〉保成朝臣許, 土御門烏丸南西頬宿所也, 去月廿五日, 皇子(成仁王, 後土御門天皇)於此所有御誕生
1087	康富記	嘉吉2(1442).6.18	将軍堂北後	清水寺法楽院	清水寺法楽院〈将軍堂北後也〉
*1088	康富記	嘉吉2(1442).6.24	土御門室町	三福寺	三福寺〈土御門室町〉
1089	康富記	嘉吉2(1442).6.25	大炊御門堀川北西	山名教之/冷泉院町	冷泉院町内艮町〈大炊御門堀河北西〉事, 山名兵部少輔(教之)〈伯耆守護〉為造屋形被申賜之由有風聞之□[間ヵ]計会仕候由申入了
1090	康富記	嘉吉2(1442).8.22	春日万里小路	畠山持国(徳本)	畠山左衛門督入道〈従三位持国卿, 法名[ママ]〉管領職之出仕始也…春日万里小路屋形也, 出西面門, 万里小路北行
*1091	康富記	嘉吉2(1442).9.18	近衛室町辺	冷泉持和	今日参冷泉中将持和朝臣宿所〈近衛室町辺也〉
*1092	康富記	嘉吉2(1442).10.5	正親町富小路	丹波盛長	今夜向大膳大夫(丹波)盛長朝臣宿所, 正親町富小路也, 家見事也
1093	小早川家文書(家わけ11-20)	嘉吉2(1442).10.29	七条大宮篝地四半町/東山霊山内平松敷地	小早川凞平	七条大宮篝地四半町, 東山霊山内平松敷地等〈各小早川美作守持平知行分〉事, 早任今月廿六日下知状之旨, 可被沙汰付小早川又太郎凞平代之由, 所被仰下也
*1094	康富記	嘉吉2(1442).11.28	室町殿(北小路(上北小路)室町北東)裏辻(裏築地)内	一色教親	今夜北野辺, 并室町殿(義勝)釘貫辺, 有物忩事, 其謂者, 故一色義貫被官人延永等余党, 愁訴不達之間, 或可閉籠北野社内, 或可押寄一色左京大夫(教親)宿所〈室町殿裏辻内也〉之由, 有巷説之間, 武士騒動云々, 雖然無其実云々
1095	康富記	嘉吉2(1442).11.28	冷泉院町内艮町	松波次郎左衛門/冷泉院町	六位外記史等申, 冷泉院町内艮町〈丈数有之〉事, 先度被仰了, 無音如何様事候哉, 不日可被明申之由候也…貞元在判/貞基在判/松波次郎左衛門尉殿
1096	康富記	嘉吉2(1442).11.30	冷泉室町	大内某(奉公衆ヵ)	今夜々半冷泉室町〈北東〉酒屋并大内宿所等焼亡【※蜷川家文書1-30(幕府番帳案, 文安年中)に(五番)大内安芸入道・同下野入道・同修理亮見ゆ】
1097	康富記	嘉吉2(1442).12.6	近衛	花山院持忠	今晩於華山院四足門辺〈近衛面〉殺傾城并下女, 未知殺手云々
1098	建内記	嘉吉3(1443).2.18	一条	一条道場(迎称寺)	今日成房〈一条〉道場躍聴聞云々
1099	建内記	嘉吉3(1443).2.19	二条以南, 町以東(付近)	大炊御門信量/二条持基	今日下辺有火事, 二条以南町以東云々, 暴風之時分人々驚動之処, 静謐, 珍重々々, 大炊御門前内府(信量)近所也, 青侍等馳参了, 執柄(二条持基)又近所也
1100	看聞日記	嘉吉3(1443).2.19	三条坊門町～二条	二条持基	哺時, 二条坊門町二条まで炎上, 二条殿(持基)近々間, (庭田)重賢朝臣為御使申, 対面云々
1101	建内記	嘉吉3(1443).3.8	一条以南, 万里小路以東	万里小路時房	今夜一条以南万里小路以東〈一条面中程〉風呂炎上, 烈風之時分也, 近所之間仰天之処, 早々静謐, 冥慮之至也
1102	建内記	嘉吉3(1443).3.20	武者小路室町	中山定親	向中山新大納言〈定親卿〉亭〈北小路[三字抹消]武者小路室町〉
*1103	建内記	嘉吉3(1443).3.20	武者小路今出川	正親町三条実雅	向帥大納言亭〈武者小路今出川〉, 賀都督慶
1104	建内記	嘉吉3(1443).4.13	七条	松尾社神輿御旅所	一昨日松尾国祭也, 於東寺西辺神幸時, 駕輿丁神人等及喧嘩…六基悉奉振棄路次田頭云々…後日奉舁入七条御旅所云々

No.	典拠	年月日	地名	居住者・施設名	史料本文
1105	康富記	嘉吉3(1443).4.26	正親町東洞院	正親町持季	今夜洞院大納言〈実凞卿〉被奏右大将慶〈去年三月兼任幕下〉,自正親町宰相中将持季卿亭令出立給,陣外也,仍各歩儀也,出東洞院面大門北行,内裏々辻内南行,自左衛門陣有御参…自芝亭御乗車〈八葉,御小直衣〉令向裏辻亭(正親町持季亭)給…(以下別記)其後剋限〈亥〉令出東門面給,北行裏築地外,廻北端折右,裏築地内南行,自右衛門陣御参内…其後経本路御退出,於本所裏辻殿有吉書…々[事]畢後令還芝殿給云々
1106	(同上)	嘉吉3(1443).4.26	芝	洞院実凞	(同上)
1107	建内記	嘉吉3(1443).5.9	嵯峨→下京	小倉宮聖承	南方小倉宮〈後醍醐院玄孫,後村上曽孫,後亀山院御孫,故恒敦宮(良泰親王)御子…近年自嵯峨移住下京辺給〉近日所労〈邪気云々〉円寂云々
1108	建内記	嘉吉3(1443).5.10	九条	唐橋在豊	宣命事,大内記(唐橋)在豊朝臣可草進之処,依遠所〈在九条,無使者云々〉不遣得御教書
1109	康富記	嘉吉3(1443).5.11	土御門町	妙楽寺	土御門町妙楽寺〈曼荼羅堂〉勧進平家聴了
*1110	康富記	嘉吉3(1443).5.20	九条富小路	唐橋在豊	大内記(唐橋在豊)九条富小路也
1111	建内記	嘉吉3(1443).6.3	烏丸	安富(大内教弘被官)	九州大内(教弘)娶山名故中務大輔凞貴女〈十六歳〉…今夜門出,先向大内之京之雑掌安富烏丸宿所,今夜即進発
1112	八坂神社文書(下1-222)	嘉吉3(1443).6.6	六角東洞院屋地	楢崎忠頼(佐々木六角氏被官)	請申祇園神領六角東洞院屋地事,東西へ参丈六尺五寸,南北へ五丈弐尺弐寸所請申也…仍預状如件
1113	康富記	嘉吉3(1443).6.8	六条室町	賀茂清繁	六条室町〈前民部少輔〉陰陽師加[賀]茂清繁従五位上一級事…有勅許
1114	康富記	嘉吉3(1443).6.15	三条坊門高倉	上池軒円祐	故三位法眼子民部卿〈新発円祐〉本領事,致訴訟之処,先河内国一ヶ所・三条坊門高倉旧跡敷地等,如元可知行之由,被成下御教書之間,祝著云々
1115	康富記	嘉吉3(1443).6.19	東山	双林寺/景雲庵	是今日高麗人参于室町殿(義勝)…東山双林寺之傍景雲庵為休所云々,今日三条東洞院北行,中御門西行,室町北行参御所惣門云々
1116	薩戒記(大納言拝賀部類記所引)	嘉吉3(1443).6.19	武者小路北室町東	中山定親	今日申大納言慶…次参室町殿(義勝)…即退出帰亭〈武者小路北,室町東〉
1117	建内記	嘉吉3(1443).7.23	春日以北,万里小路以東西面	畠山持国(徳本)	室町殿御遺跡新君(義政)事,今日午刻諸大名於管領〈畠山三位入道持国朝臣,法名徳本〉宿所〈春日以北,万里少路以東,西面〉評定,奉定之,及奏聞
1118	建内記	嘉吉3(1443).7.23	武者小路以南,転法輪以北,万里小路以西	日野烏丸資任/足利義政	頭右中弁資任朝臣〈号烏丸也,日野也〉奉養君(義政)御坐彼亭〈武者小路以南,転法輪以北,万里小路以西,東面《唐門》〉
1119	康富記	嘉吉3(1443).8.28	北小路(上北小路)北室町東	足利義教/足利義勝	後承,室町殿〈北小路北,室町東,普広院殿(義教)并慶雲院殿(義勝)御座所也〉可被引移他所也,何処可然哉之由,内々有御沙汰之処,正親町室町与一条間東頰可為御所之由,今日被定歟云々,但自明年可被始作事歟云々
1120	看聞日記	嘉吉3(1443).8.28	一条室町東頰	足利義政	今朝大名三頭〈但管領(畠山持国)不参,斯波(義健)・細川(勝元)・山名(持豊)参〉,於室町殿評定,来霜月若公(義政)三条へ移住,三年可有御座,新造御所ハ一条室町〈東頰四丁町〉治定,静造営,三年霜月ニ移住,三条ハ他所移住,按察ハ〈八幡〉善法寺家へ移住〈正親町三条旧跡〉,評議治定云々,下ハ大名等移事大儀也,仍上ニ可有御座云々…世転変如夢
1121	看聞日記	嘉吉3(1443).9.14	一条高倉之角	稲荷大明神	一条高倉之角有小社〈御所築地外,東北之角〉,稲荷大明神也

No.	典拠	年月日	地名	居住者・施設名	史料本文
1122	師郷記	嘉吉3(1443).9.23	烏丸	足利義政	入夜世間物忩以外事也,夜半許〈子終剋也〉内裏焼亡,物忩雖有怖畏参之処,高倉西門不入人之間,不能参入…室町殿(義政)〈烏丸亭〉御用心
*1123	康富記	嘉吉3(1443).9.23	北正親町,南土御門,東高倉,西東洞院	後花園天皇	今夜子刻,内裏焼亡〈于時皇居土御門殿也,北正親町,南土御門,東高倉,西東洞院,方四町々也,以西為晴,西面有二門,南者四足,左衛門陣是也,北者唐門也,長橋局通也,北者上土門也,東者棟門也,為里内之間,南方無門者也〉…主上密々幸陽明左府殿(近衛房嗣)第〈近衛北,室町東也〉…或語□[云ヵ],凶賊二三百人,於神泉苑成群集〈或著甲冑者在之,悉不帯兵具歟云々〉可打入管領(畠山持国)宿所〈大炊御門万里小路〉之由風聞,又可乱入室町殿(義政)〈北小路万里小路〉之由有其聞之間□…□〈番衆・外様已下〉俄馳参室町殿致警固…先有入御于正親町宰相持季卿第〈内裏之咫尺也,四辻少将季春一人候御供云々〉…〈伏見殿(貞成親王)自夜中令出御所給テ,刑部卿(慈光寺)持経朝臣ノ宅一条万里小路南頬宿所ニ御座アリ〉
*1124	(同上)	嘉吉3(1443).9.23	近衛北室町東	近衛房嗣	(同上)
*1125	(同上)	嘉吉3(1443).9.23	大炊御門万里小路	畠山持国(徳本)	(同上)
*1126	(同上)	嘉吉3(1443).9.23	北小路(上北小路)万里小路	足利義政	(同上)
*1127	(同上)	嘉吉3(1443).9.23	内裏之咫尺(正親町東洞院南西)	正親町持季	(同上)
*1128	(同上)	嘉吉3(1443).9.23	一条万里小路南頬	慈光寺持経	(同上)
*1129	康富記	嘉吉3(1443).9.24	一条万里小路高倉間南頬	慈光寺持経	伏見殿〈入道親王御所(貞成親王)〉去夜彼火事剋潜有渡御于刑部卿源持経朝臣(慈光寺)宅〈一条万里小路高倉間南頬也,無大門〉…予早朝参申入了…須臾予退出了,其後参近衛殿(房嗣)…大門〈四足,室町面南〉・小門〈同室町面北也,師織戸也〉等門役事,以武家(義政)近習小番衆〈大館〉被致警固…今夕左大臣殿(近衛房嗣)令移住他所給〈土御門与鷹司之間室町西頬三福寺也,浄土宗也,為御師壇云々〉…今夕伏見殿自持経朝臣宅有還御于伏見殿御所〈一条東洞院南東〉
*1130	(同上)	嘉吉3(1443).9.24	室町/土御門与鷹司之間室町西頬	近衛房嗣	(同上)
*1131	(同上)	嘉吉3(1443).9.24	土御門与鷹司之間室町西頬	三福寺	(同上)
*1132	(同上)	嘉吉3(1443).9.24	一条東洞院南東	伏見宮貞成親王(後崇光院)	(同上)
1133	師郷記	嘉吉3(1443).9.26	正親町町	日野東洞院資親	今日申剋管領(畠山持国)被管人寄右大弁宰相(日野東洞院資親)亭〈正親町町〉欲召取之間,右大弁折節出行,留守青侍十人許召取之,於右大弁者,於路次〈武者小路今出川〉召取之,管領宿所ニ被置之
*1134	康富記	嘉吉3(1443).11.25	西七条	中御門明豊	西七条鳥居脇有弁(中御門明豊)宿
1135	康富記	嘉吉3(1443).12.18	千本	歓喜寺	行向千本歓喜寺,謁尚模書記
1136	康富記	嘉吉3(1443).12.19	土御門	後花園天皇	造土御門殿仮屋立柱上棟并行事所始也

No.	典拠	年月日	地名	居住者・施設名	史料本文
1137	宝鏡寺文書（室文集成上82）	嘉吉3(1443).12.29	五辻	建聖院	五辻建聖院事，正月十五日以後被渡進之由，被仰出候也
1138	建内記	嘉吉4(1444).1.1	万里小路時房亭（正親町烏丸）内ノ西辺	樹下社	鹿島宮〈在吉田社艮〉神供事，内々示棚守，樹下社〈在家門（万里小路時房家）ノ内西辺〉神供□［事］，神主阿古法師□［丸］旧跡〈在春日万里小路〉鎮守御供等事，神主阿古法師丸元来以料所致其沙汰也
1139	（同上）	嘉吉4(1444).1.1	春日万里小路	阿古法師丸（樹下社神主）	（同上）
1140	康富記	嘉吉4(1444).1.10	春日万里小路東南	畠山持国（徳本）	是日室町殿（義政）有渡御於管領畠山左衛門入道（持国）宿所〈春日万里小路亭〉〈室町殿渡御始事〉当御代渡御之初度也，自烏丸殿〈北小路万里小路御所也〉至管領宿所〈春日万里小路東南〉有路次辻固，諸大名被致警固者也
1141	（同上）	嘉吉4(1444).1.10	北小路（上北小路）万里小路	足利義政	（同上）
*1142	康富記	嘉吉4(1444).1.16	勘解由小路富小路南頬	勘解由小路在貞	依兼約，向賀茂（勘解由小路）在貞朝臣宿所〈勘解由小路富小路南頬〉
1143	建内記	嘉吉4(1444).1.24	五辻	南芳軒	南芳軒今朝彼庵之地〈五辻面〉被立門云々，於建聖院地可立門之由被妨之間，依相支属無為，大慶也，自景松庵所告送也，彼土民於東地〈建聖院地也，きう住宅自南芳被壊了，雖可支不及其儀也〉暫先可立仮屋之由，南芳被相計云々，件地不可置土民，可用通路之謂云々
1144	建内記	嘉吉4(1444).1.30	五辻	景惣庵	賢秀首座〈てい書記同道〉入来，夜部強盗賊乱入于五辻景惣庵…弓取済々在木戸辺，番衆両人〈松尾并芦田，各山名（持豊）被管人，近日為用心相語勤番也〉起遇合戦，松尾被刃傷，其疵所々也，盗賊人々同被刃傷…松尾半死半生，盗人事認血之処，大宮以南及一条辺，猶可正認之由，仰付了云々
1145	康富記	文安1(1444).3.13	六条	長講堂	長講堂〈六条殿〉伝奏按察大納言（三条西）公保卿
*1146	康富記	文安1(1444).3.22	大炊御門堀川猪熊間南頬	曽我教助ヵ（奉公衆ヵ）／冷泉院町	伴人々向曽我（教助ヵ）亭，大炊御門堀川猪熊間南頬也，是院町内也，此屋銭冬地子等，于今無沙汰之処，近日令沽却此屋之由，定使申之間，為申定也
*1147	康富記	文安1(1444).3.27	正親町万里小路北西角	東坊城益長	自陣外菅左大丞益長卿亭〈正親町万里小路北西角宿所，正親町面有門二〉
1148	建内記	文安1(1444).4.4	武者小路今出川	摂津満親（常承）	今夜晩鐘之後有火事，武者少路今出川摂津掃部頭入道常承（満親）宅也
*1149	康富記	文安1(1444).4.4	今出川武者小路西頬	摂津満親（常承）	〈摂津掃部（満親）方家炎上事〉今夜々半過程，地方頭人摂津掃部頭入道（満親，常承）住宅〈今出川武者小路西頬〉焼亡，其余煙及隣里小家，承及分付火也云々
1150	師郷記	文安1(1444).4.5	今出川	摂津満親（常承）／正親町三条実雅／中山定親	今暁掃部頭入道（摂津満親）宿所〈今出川〉炎上，被官人等家々少々焼失，不及他所，都督卿咫尺之間今朝罷向了，尹大納言（中山定親）亭同咫尺，仍同罷向了
1151	康富記	文安1(1444).4.5	今出川	正親町三条実雅／三条西公保／摂津満親（常承）／紀氏郷	参三条殿（正親町三条実雅）〈今出川〉并按察殿（三条西公保）等，昨夜南隣火事驚入之由訪申入了…向摂津掃部（満親）方旅宿，訪火事〈越前守（紀）氏郷家也〉

No.	典拠	年月日	地名	居住者・施設名	史料本文
1152	建内記	文安1(1444).4.8	正親町東洞院以西	正親町持季	賀茂祭近衛使参 内路次事,日来之儀,自室町経法界門内,万里小路南行,鷹司西行,至東洞院置石参 土御門内裏了,当時 内裏之儀,室町南行,正親町東行,至(正親町)持季卿小門前〈東洞院以西也〉辺可下車,次可参 内〈当時 内裏,正親町以北,東洞院以東,伏見宮日来御所也〉…次可経一条大路進退事,一条面当時 内裏北也〈無門〉,可下車歟〈皇居可憚四面之故也〉,乍乗馬可過歟〈臨時祭舞人等乍乗馬過陣中,准拠也〉…今日以状内々示合清大外記(業忠)之処,一条面事,旧院北無其憚,無門者不可及沙汰歟云々,此条仙洞者有門面許憚之歟〈于時旧院一条面門者,堅固之小門也,若依其儀歟〉,内裏者四面相憚歟
1153	(同上)	文安1(1444).4.8	正親町以北,東洞院以東	後花園天皇/伏見宮貞成親王(後崇光院)	(同上)
1154	建内記	文安1(1444).4.11	鷹司東洞院/安居院	中原職豊/中原職富/摂津能秀	二﨟出納(中原)職豊来,仰含頭右大弁(日野烏丸)資任朝臣申趣之処,鷹司東洞院敷地事,為安居院敷地〈籠光照院殿内〉替地,去応永十三年故職富〈于時一﨟出納,職豊曽祖父也〉拝領,其時故裏松(重光)申沙汰歟,但不被成下御奉書哉,催促申之由,見古案等,其後〈故職貞之時《彼祖父也》為勧修寺故中納言〈経成〉奉行,応永廿八年被成下安堵奉書了,其後故広橋大納言(兼宣)奉行,被止摂津左馬助(能秀)違□[乱]□被成下奉書了,云彼云是,更非御□…□由来也
1155	(同上)	文安1(1444).4.11	安居院	籠光照院	(同上)
1156	建内記	文安1(1444).4.18	東洞院以東,一条以南,高倉以西,正親町以北	後花園天皇	賀茂祭也…北陣了直渡一条者,其程不可有幾,仍北陣了北行更西折〈一条也〉,自裏築地外南折南行,経正親町西行畢,自堀川渡一条歟〈可尋〉,行列外記古来在一条堀川以西東傾立車云々…於 内裏北〈一条面也,当時内裏自去年九月東洞院以東《四足門在南,棟門在北,前在裏築地》,一条以南《無門,築地也》,高倉以西《上土門引入テ□…□其外(庭田)重賢朝臣宿□[所ヵ]民屋等也》,正親町以北《無門,女官宿所已下也》《以上注也》〉供奉人下馬有無兼被経御沙汰
1157	建内記	文安1(1444).4.18	東洞院/正親町/一条東洞院	後花園天皇	吉田祭也…万里小路南行,鷹司西行,東洞院北行,□…□坤角辺下車…裏築地内并正親町,参入 内裏四足門〈一条東洞院面也〉□…□前
1158	(同上)	文安1(1444).4.18	一条以南,高倉以西	庭田重賢	(同上)
1159	建内記	文安1(1444).4.23	勘解由小路烏丸/土御門(付近)	右衛門督内侍	右衛門督内侍申尾張国長田郷・播磨国福田保并勘解由小路烏丸敷地事,去年九月土御門殿炎上之時,証文紛失由被聞食了,当知行之上者,弥可全領掌之由可被成下 勅裁之由,以尹大納言(中山定親)被仰下云々
1160	建内記	文安1(1444).4.26	土御門以南,高倉以西	三条公冬/伏見宮貞成親王(後崇光院)	本所〈伏見宮御所,当時土御門以南,高倉以西,《三条》前右府《公冬公》第,自旧冬被点之御所也〉不開大門,適以開小門〈土門〉
1161	康富記	文安1(1444).4.26	土御門高倉南西角	三条実量/伏見宮貞成親王(後崇光院)/庭田幸子(敷政門院)	(庭田幸子准后宣下)及晩更中務輔(源)家種〈束帯々剣〉持参詔書於伏見殿〈于時土御門高倉南西角権大納言(三条)実量卿亭也,自去年冬為竹園(貞成親王)御所,国母(庭田幸子)御同宿也〉

No.	典拠	年月日	地名	居住者・施設名	史料本文
1162	建内記	文安1(1444).4.28	高倉/一条/正親町	後花園天皇	今朝 内裏東面〈高倉〉上〈一条〉下〈正親町〉被構□…□,高倉面〈東西〉在家悉可移住宅於他所之由,自□…□被相触之,為火事用心也,尤可然,自去年有其沙汰事也,□…□築々地有其用意也
1163	康富記	文安1(1444).5.10	六条	六条八幡宮	未剋,六条〈佐女牛〉八幡宮神殿煙立也
1164	康富記	文安1(1444).⑥.12	土御門高倉与万里小路間北頬中程	川忠行	行向内豎勘解由(川)忠行亭〈土御門高倉与万里小路間北頬中程也〉
*1165	康富記	文安1(1444).7.10	鷹司東洞院	山下浄秀(奉公衆)	山下今夜替北隣宿,移住鷹司東洞院旅店
1166	康富記	文安1(1444).8.10	一条堀川	浄菩提寺	後聞,於一条堀川浄菩提寺,千一検校・珍一検校等,勧進平家語之,今日始之云々
*1167	康富記	文安1(1444).8.14	正親町高倉西南角	天満宮	正親町高倉〈西南角〉天満宮祭礼也
*1168	康富記	文安1(1444).8.25	綾小路猪熊	涌泉寺	伝聞,綾小路猪熊涌泉寺坊主〈恵泉〉今日死去云々
*1169	康富記	文安1(1444).8.27	五条坊門猪熊	円融寺	是日,五条坊門猪熊円融寺〈浄土宗〉故長老暢意上人第七回之忌日也
*1170	康富記	文安1(1444).9.15	一条万里小路与正親町間東頬	五辻政仲	依招引,詣新蔵人(五辻)政仲宿所〈一条万里小路与正親町間東頬〉
*1171	康富記	文安1(1444).9.28	土御門東洞院	後花園天皇	去年九月廿三日炎上内裏之御門四足〈土御門東洞院面,号左衛門陣〉残之処,自武家(義政)被執奏申,被寄上長講堂〈土御門油小路南東寺也,律院也〉云々
*1172	(同上)	文安1(1444).9.28	土御門油小路南東	上長講堂/長講堂	(同上)
*1173	康富記	文安1(1444).10.3	勘解由小路京極～東朱雀間北頬	宗福寺	申剋勘解由小路京極朱雀(東朱雀)間北頬宗福寺〈律院〉,庫裏炎上,本堂無為也云々
*1174	康富記	文安1(1444).10.8	北小路(上北小路)/御領殿辻子	聖寿寺	今夜,北小路聖寿寺之戌亥角有焼亡,彼寺之寮也云々,御領殿辻子奥也,小家二于許焼歟云々
1175	康富記	文安1(1444).10.9	北小路(上北小路)聖寿寺之戌亥角(付近)	坊城俊秀/聖寿寺/林越中/藤原浄春(加賀入道,坊城俊秀被官)	参坊城勧修寺(俊秀),去夜火事【※前項参照】近所之間,訪申之,林越中・加賀入道(藤原浄春)等私宅又合壁也,訪之
1176	師郷記	文安1(1444).12.12	錦小路町	細川勝元被官	亥剋許,錦少路町火事,細川九良[郎](勝元)被管人於彼辺被殺害之間,傍輩等馳向放火云々
*1177	師郷記	文安2(1445).2.5	柳原	富樫康高	今日酉刻,富樫〈康高云々〉柳原宿所敵人打入,当座被討者十一人云々,然而康高逃出無為,敵人両三人被討,惣領加賀守護(富樫成春)所為云々
1178	師郷記	文安3(1446).1.23	岡崎	三条公冬	次参前右府(三条公冬)山荘〈岡崎〉
1179	斎藤基恒日記	文安3(1446).5.28	高倉	日野烏丸資任/足利義政	花御所御寝殿以下,被曳移(義政)高倉御所〈元烏丸家(資任)亭也〉,御作事納下行方飯和性通(飯尾貞連)・飯濃(飯尾)貞元・(斎藤)玄良等承之
*1180	師郷記	文安3(1446).6.26	正親町高倉	徳大寺公有	今夜徳大寺大納言(公有)殿被申拝賀,自正親町高倉宿所〈以外狭少之処也〉出立
1181	師郷記	文安3(1446).7.24	一条西洞院	百万反ノ堂	時々雷鳴,及暁天殊甚,一条西洞院百万反ノ堂ニ令落,柱一二本裂メ有之云々
1182	綱光公記暦記(東京大学史料編纂所研究紀要20)	文安4(1447).1.3	近衛東洞院	後花園天皇	殿下(近衛房嗣)関白御拝賀云々…抑行列近衛東洞院致[到ヵ](土御門内裏)陣

No.	典拠	年月日	地名	居住者・施設名	史料本文
1183	建内記	文安4(1447).1.10	万里小路面,北小路(上北小路)以南,武者小路以北,西頬	足利義政/日野烏丸資任	当時御第(義政)者,万里少路面,上ハ北少路,下ハ武者少路,西頬,(日野烏丸)資任卿亭御旅宿也
1184	建内記	文安4(1447).1.27	六条坊門猪熊	常福寺/浄福寺	常〈浄〉福寺〈在六条坊門猪熊〉送大般若経□[札]
1185	建内記	文安4(1447).3.1	中御門東洞院	持宝	〈東大寺前別当〉東大寺尊勝院法印大僧都持宝入来,就極官事先度兼約之間,為示遣招使者於宿坊〈中御門東洞院〉之処,一両日在京,即来臨也
1186	建内記	文安4(1447).3.6	正親町以北,東洞院以西,烏丸	後小松上皇	後小松院遺詔…旧院(後小松院)仙洞〈在正親町以北,東洞院以西,晴面者烏丸也〉不可為伏見宮御所事〈是二〉…仙居事,後年被壊渡以寝殿・対屋等被進伏見宮,点東洞院以東〈仙居之東也〉被造進了,伏見宮御移住数年,近年為皇居也
1187	(同上)	文安4(1447).3.6	正親町以北,東洞院以東	伏見宮貞成親王(後崇光院)	(同上)
1188	建内記	文安4(1447).3.14	土御門以南,高倉以西	伏見宮貞成親王(後崇光院)/伏見宮貞常親王/三条公冬	無品式部卿貞常親王可有叙品 宣下事云々…彼持参本所〈父入道無品貞成親王御所,当時土御門以南,高倉以西《東面有棟門》,三条前右大臣(公冬)第被点之,近年為御所御同宿也〉
1189	建内記	文安4(1447).3.14	二条家門(押小路室町北東・烏丸以西)内	光香院/香光院/二条持通	中御門大納言〈宗継卿〉新妻者,月輪右衛門督〈家輔卿〉息女也,元為喝食在光香院[香光院ヵ]〈二条(持通)家門内也〉
1190	建内記	文安4(1447).3.15	近衛以北,鷹司以南,室町以東	近衛房嗣	申文内覧,於里第(近衛房嗣)〈近衛以北,鷹司以南,室町以東為面〉有此事
1191	康富記	文安4(1447).4.3	一条	一条道場(迎称寺)	先人(中原英隆)御命日也,一条道場玉樹庵坊主〈与伴〉供養也
1192	康富記	文安4(1447).4.13	小川	坊城俊秀	今夜左大弁(坊城)俊秀朝臣申貫首拝賀者也…自宿所〈小川〉被出
1193	建内記	文安4(1447).4.24	中御門以北,万里小路以東,富小路以西	中御門宗継女	賀茂祭也…典侍中御門大納言〈宗継卿〉沙汰立之,彼女継子,先日被任典侍了,中御門以北〈万里小路以東,富小路以西〉門〈上土門,ヤマトフキ破損之故也〉在南面
*1194	康富記	文安4(1447).4.27	中御門室町北西角	甲斐将久(常治,斯波義健執事)	是夜々半許,中御門室町北西角甲斐入道(将久,常治)〈斯波千代徳(義健)被官人〉宿所炎上,自持仏堂失火云々,但不及他人家者也,庫内火入,同焼失云々
1195	建内記	文安4(1447).5.9	一条	衣服(エミ)寺	参詣一条衣服寺薬師者也,仍諸方釘貫近日早閉失帰路,可開四足門前釘貫由種々懇望之処,不承引,仍無力少々穿通之時,号狼藉欲打留之間,両方已欲及珍事
*1196	康富記	文安4(1447).5.23	五条大宮	清原宗種	今日土佐入道ー〈元少外記従五位下清原宗種〉卒去云々,自去月比違例也〈六十五歳云々〉,五条大宮有宅
1197	建内記	文安4(1447).5.28	室町以西,勘解由小路以北	甲斐将久(常治,斯波義健執事)	伝聞,志波千代徳丸(斯波義健)〈七条入道々朝(高経)玄孫,勘解由小路入道々将(義将)曽孫,三位入道々孝《俗名義教,初一重》孫,故治部大輔《名字忘却(義淳)子》〉執事甲斐美濃入道常治(行久)進退作法狼藉尾籠之間…彼甲斐私宅在室町以西,勘解由小路以北,去月[アキママ]炎上了,放火歟失火歟不分明之処,傍輩等窃付火,伺出門之隙相企之処,着具足令用心出門之間,全身云々,今寓織田主計入道宅,未及造作云々
1198	建内記	文安4(1447).6.7	高辻烏丸	祇園社御旅所(大政所)	祇園御輿迎也…所閉籠御旅所〈高辻烏丸,号大政所〉之輩可誅戮之由,神許

No.	典拠	年月日	地名	居住者・施設名	史料本文
1199	建内記	文安4(1447).6.14	高辻万里小路	清隆寺	利阿弥陀仏自去月七日同伴,今日彼又帰寺也〈高辻万里小路,清隆寺云々〉
*1200	建内記	文安4(1447).7.3	上辺	前田(細川氏被官)/一色氏被官人	今日上辺有火事,細川(勝元)内前田宿所云々,侍所〈一色(教親)事也〉被管人在彼近所,不打消之条奇恠之由,細川被管人語之,一色被管人聞付之,即刃傷令殺害之間,自細川可寄一色許之由,有其沙汰,物忩云々
*1201	康富記	文安4(1447).7.3	柳原	葛野/小川(細川持賢被官)/赤沢ヵ(細川持賢被官)/大神景勝/松坊	須臾之後,上辺有火事,柳原也云々,(頭書「葛野ト云者家ヨリ失火出来,小川・アカサウ[赤沢ヵ]此三人家焼云々,笛吹安芸守(大神)景勝宅焼亡,公方御笛取出云々」)細河典厩(持賢)之被官人小川等宿所炎上,其余烟及松坊了,松坊焼亡,今日参会之仁也,言語道断,痛敷存之
1202	康富記	文安4(1447).7.4	柳原	清久定(細川氏被官)	早朝向清将監(久定)許,昨日之近辺之火事訪也,留守也
1203	康富記	文安4(1447).7.5	嵯峨	天竜寺	今夜,嵯峨天竜寺焼亡〈亥刻〉,都聞寮付火也云々,七道[堂ヵ]皆焼了,風呂・多宝院・雲居庵等免炎云々,応安六年九月廿八日炎上之後,今度炎上歟
1204	建内記	文安4(1447).7.8	正親町烏丸	薬師堂	正親町烏丸薬師堂送香水
1205	康富記	文安4(1447).7.13	六角油小路	詫美太郎	今夜息女佳賀御,帰六角油小路多久見(詫美太郎)方,子息七郎男婦也〈此七郎,斯波千代徳(義健)殿参之仁也云々〉【※康富記宝徳3.11.7に詫美太郎見ゆ】
*1206	建内記	文安4(1447).7.16	芝	山名持豊	近日有浮説事,山名右衛門督宗峯(持豊)…可治罰之由,被成 綸旨於畠山三位入道〈徳本(持国)〉之旨,虚説盈満…彼宿所〈芝辺也〉辺勇士不知其数云々
1207	建内記	文安4(1447).7.19	七条油小路	東寺	土一揆発向七条油小路〈以南東寺辺〉,大名両三輩相禦之,及火事了,土一揆済々被誅戮云々,御所辺閉釘貫,為土一揆御用心云々
*1208	康富記	文安4(1447).8.29	春日万里小路西頬	三光院/富樫成春	是日,加賀国半分守護富樫次郎〈亀童(成春),十五歳〉出仕申,富樫入道教家子息也,与叔父介,此間就守護職相論,殆及世上物忩,雖然於今者属無為,就忩別珍重也,騎馬二人也云々,承及分,春日万里小路西頬三光院ニ寄宿云々
1209	康富記	文安4(1447).9.15	四条坊門京極	本願寺	今日,薬院使(和気)保家朝臣為母服之間,四条坊門京極之本願寺被籠居也
*1210	康富記	文安4(1447).10.7	中御門室町与町間南頬	織田浄祐ヵ(斯波義健被官)	入夜向織田主計(浄祐ヵ)宿〈中御門室町与町間南頬也,非本宿所〉,彼孫子為読書,可見参之由申故也…論語序端一行授之
1211	康富記	文安4(1447).10.21	檀那寺	檀那寺/飯尾為数(幕府奉行人)	晩向飯尾左衛門大夫(為数)宿〈檀那寺宅〉
1212	建内記	文安4(1447).11.26	白河	建聖院	白河建聖院当住文渓和尚,為南禅寺蔵経渡朝御使下向高麗
1213	建内記	文安4(1447).11.27	土御門以南,東洞院以西	三条公冬/伏見宮貞成親王(後崇光院)	入道無品貞成親王〈奉号伏見宮,崇光院皇孫,大通院(栄仁)親王第二宮,当今御実父,但依□…□[後小松院御猶子儀ヵ]非御父子之儀〉有太上天皇尊号…次按察大納言〈執事別当也〉已下可参本所之人々率参伏見殿〈土御門以南,東洞院以西,々頬元三条前内府(公冬)第,近比為伏見殿御所也〉
1214	康富記	文安4(1447).11.27	土御門高倉北西角	三条公冬/伏見宮貞成親王(後崇光院)	是日,太上天皇尊号宣下(伏見宮貞成親王)也…洞中儀,土御門高倉北西角三条前右府〈公冬卿〉第也,東面為晴,自去嘉吉元年冬以来,以伏見殿為皇居,仍以此亭為伏見殿御在所,此第依狭少,近日有御造作
1215	建内記	文安4(1447).12.3	近衛以南,東洞院以西	海住山清房	勘解由少路大納言〈(海住山)清房卿〉拝賀也,自近衛以南東洞院以西宿所出立…称近所歩儀,頗数町也,不便々々,貧気無力之謂也

№.	典拠	年月日	地名	居住者・施設名	史料本文
1216	康富記	文安4(1447).12.10	綾小路壬生	安倍盛時	左少史(安倍)盛時宿所〈綾小路壬生〉行向面謁
1217	康富記	文安4(1447).12.18	土御門町与鷹司間西頬	佐々木大原持綱(奉公衆)	火事近々之間,参鷹司殿(房平)者也,火事在所土御門町与鷹司間西頬,佐々木大原(持綱)宿所失火出来,熊谷・清筑後守(貞綱)〈奉行人〉宿所等遇類火難了【※康富記宝徳2.7.5に源持綱〈佐々木小[大]原備中守〉見ゆ】
1218	(同上)	文安4(1447).12.18	土御門町与鷹司間西頬(付近)	鷹司房平/熊谷某(奉公衆ヵ)/清貞綱(幕府奉行人)	(同上)【※蜷川家文書1-30(幕府番帳案,文安年中)に(三番)熊谷次郎左衛門尉,(五番)同右京亮,同上総介見ゆ】
1219	康富記	文安5(1448).1.3	土御門町(付近)	斎藤基恒(幕府奉行人)/斎藤基貞(幕府奉行人)	今夜土御門町焼亡,西山許焼亡,奉行斎藤遠江守(基恒)家,斎藤加賀(基貞)家焼亡
1220	康富記	文安5(1448).1.17	上辺	清久定(細川氏被官)	今朝上辺焼失,清親衛(久定)東隣也,親衛宅無為云々
1221	師郷記	文安5(1448).1.27	高辻油小路	荘厳寺	今日賊首実検,官人大判事(坂上)明世・秀弘〈六位〉向高辻油小路辺道場,請取賊首,於河原可請取之由,官人雖申之,称別 勅,於彼所請取云々【※師郷記同日条に荘厳寺と見ゆ】
*1222	康富記	文安5(1448).1.27	高辻堀川与油小路間北頬	荘厳寺	是日姉小路判官〈五位〉坂上明世〈大判事〉・堀川志〈六位〉大石雅弘〈以上両人〉請取賊首者也…雖然件賊首,自元高辻堀川辺之寺預置之間,不及河原,於高辻堀川荘厳寺〈与油小路間北頬也〉門,有此儀
1223	康富記	文安5(1448).2.28	一条東洞院南東	伏見宮貞成親王(後崇光院)/伏見宮貞常親王/後花園天皇	是日入夜,有行幸於仙洞伏見殿,程近之上,為俄事之間,以非常儀,被用歩儀行幸者也〈当時皇居者,一条東洞院南東伏見殿御所也,嘉吉二[三ヵ]年已来為皇居,仙洞者,土御門高倉南西角,三条前右府公光[冬ヵ]亭也,嘉吉二年[三ヵ]已来為伏見殿(貞成親王)御所,去年十一月尊号仙洞(後崇光院)是也,国母准后(庭田幸子)并式部卿親王(貞常親王)皆為御同宿者也〉
1224	(同上)	文安5(1448).2.28	土御門高倉南西角	伏見宮貞成親王(後崇光院)/伏見宮貞常親王/庭田幸子/三条公冬	(同上)
1225	康富記	文安5(1448).4.5	一条西洞院	武藤用定(奉公衆)	入夜依兼約向武藤遠江守(用定)許〈一条西洞院〉【※師郷記文安2年紙背文書(史料纂集本4-p.29)に武藤遠江守用定見ゆ】
1226	康富記	文安5(1448).4.5	清水坂	珍皇寺	今夜,珍皇寺〈在清水坂,号六道〉炎上〈未知其謂,可尋之〉,塔房等焼了,本堂無為云々
1227	康富記	文安5(1448).4.18	一条堀川	浄菩提寺	路次正親町西行,室町南行,土御門西行,猪熊北行,少[時脱ヵ]於武者小路猪熊辺扣車,相待判官出仕,及申剋判官(堀川)員弘渡自大宮辺,其以前行列車於一条堀川浄菩提寺門西方,向南立之
1228	康富記	文安5(1448).4.18	土御門万里小路	清厳正徹	酉剋土御門万里小路〈東南角〉(清厳)正徹書記〈当代歌仙〉庵焼亡,其火東半町焼,彼庵此間造畢,明後日可移徙之由治定処,如此失火出来云々
1229	師郷記	文安5(1448).4.18	土御門万里小路	清厳正徹	今日酉剋,土御門万里小路有火事,自(清厳)正徹書記〈当時哥読〉庵火出来云々
1230	康富記	文安5(1448).4.19	勘解由小路高倉→中御門万里小路	浄居庵(浄瑚庵)/清原業忠/乾篤蔵主/周紹蔵主	是日,浄居庵立柱上棟也,先年自勘解由小路高倉,被引渡中御門万里小路之時,用脚不足之間,于今不取立,如形如木屋被造置之,本坊主乾篤蔵主当時被住甲斐国,其留守之間,周紹蔵主為坊主被住之

No.	典拠	年月日	地名	居住者・施設名	史料本文
1231	師郷記	文安5(1448).5.4	春日烏丸	寿阿(弥)(医師)	今夜々半許,医師、、法印〈元号寿阿弥是也〉為夜討被殺害,家〈春日烏丸〉被放火,子両人同被殺害,嫡子被疵半死半生云々
1232	康富記	文安5(1448).5.4	春日烏丸与東洞院南頬	寿阿(弥)(医師)	後聞,今夜,医師寿阿法印之宿所〈春日烏丸与東洞院南頬也〉夜討乱入,寿阿并其子禅僧〈南禅寺之小僧云々〉矢庭被討之,嫡子治部卿逃失,其外若党一人死去,宿所并文庫焼亡,庫内火入之間,医書文書已下悉焼失歟云々
1233	康富記	文安5(1448).6.21	小川	誓願寺	小川誓願寺
1234	康富記	文安5(1448).6.29	一条	一条道場(迎称寺)	今朝,一条道場内玉樹庵坊主〈尼時衆重一房〉入来
1235	師郷記	文安5(1448).7.26	北小路富小路	北野兵庫(赤松満祐被官)	今朝故赤松(満祐)被官人北野兵庫,隠居北小路富小路辺,自山名(持豊)方欲召捕之処逃去,但於路次打留之
1236	康富記	文安5(1448).8.3	大炊御門高倉南頬	大炊御門高倉道場/大炊御門道場(聞名寺)ヵ/蔭山道筠	蔭山兵庫入道道筠,今朝於大炊御門高倉南頬道場円寂
*1237	康富記	文安5(1448).8.4	鷹司町東南角	日野武者小路資世/丹波頼豊遺跡/御霊御旅所	暁天,又鷹司町東南角焼亡,日野武者小路宿所炎上,丹波頼豊朝臣遺跡同炎上,御霊御旅所無為,珍重々々
1238	康富記	文安5(1448).8.17	正親町烏丸	丹波盛長	(中原)康顕詣典薬頭丹波盛長朝臣宿所〈正親[町脱ヵ]烏丸〉
1239	康富記	文安5(1448).9.2	中原康富第(正親町東洞院)東隣	高畠弾正忠	自庭田殿,就東隣御地事,為使節小川掃部来談之,予付進状了…付申庭田殿愚(中原康富)状案/先度申請之東隣御地ニかりそめニ置候高畠(弾正忠)をハ,来月中ニ立候て,兼申入候様…部屋をひろけ候はんと存候し処に,計会故に,少延引仕にて候【※享徳2.10.10に東隣旧主高畠,高畠弾正忠見ゆ】
1240	華頂要略,門主伝22(室文集成上100)	文安5(1448).12.6	針小路高倉	成恩院	成恩院敷地〈針小路高倉〉事,下郷虎千代称河原散在,雖申子細,為洛中之上者,不及沙汰者哉,早当知行之旨,不可有相違之由,所被仰下也
1241	康富記	文安6(1449).2.13	冷泉西洞院	中原師孝	即伴国子向(中原)師孝宿所〈冷泉西洞院東頬也〉面謁之
1242	康富記	文安6(1449).2.19	土御門猪熊	高橋員職	次向高大史〈(高橋)員職〉宿所〈土御門猪熊〉
1243	最勝光院方引付(東百る)(家わけ10-53)	文安6(1449).4.6	中御門烏丸ト東洞院北頬	長富(大内教弘使内藤代官)	大内(教弘)四月廿日上洛間…内頭[藤]代官名字長富在所中御門烏丸ト東之東[洞]院北ツラ也
1244	康富記	文安6(1449).5.26	二条東洞院北頬	大地蔵堂	或云,此廿日比,自若狭国,白比丘尼トテ二百余歳ノ比丘尼令上洛,諸人成奇異之思,仍守護召上歟,於二条東洞院北頬大地蔵堂,結鼠戸,人別取料足被一見云々
1245	康富記	文安6(1449).5.27	一条西洞院北頬	地蔵堂	或説云,自東国比丘尼上洛,此間於一条西洞院北頬地蔵堂,致法花経之談義云々,五十ハカリノ比丘尼也,同宿比丘尼二十人許在之云々
*1246	康富記	文安6(1449).6.18	六条室町	賀茂清栄	向六条室町陰陽助清栄許
1247	康富記	文安6(1449).6.22	東山	浄土寺	今夜及暁,東山浄土寺殿焼亡,自護摩堂出火,出慈恵大師御影,々々堂免炎云々,御本坊又無為云々
*1248	康富記	文安6(1449).7.11	冷泉烏丸	金山(持真ヵ,備中入道ヵ,奉公衆ヵ)	次向近習〈三番〉金山(持真ヵ,備中入道ヵ)方宿〈冷泉烏丸〉【※証羊集(大7-20-70)に金山持真,蜷川家文書1-30(幕府番帳案,文安年中)に(四番)金山備中入道見ゆ】

No.	典拠	年月日	地名	居住者・施設名	史料本文
1249	康富記	文安6(1449).7.11	春日万里小路南東	畠山持国(徳本)	〈室町殿渡御畠山殿事〉是日晩室町殿(義政)有渡御畠山左衛門督入道(持国)屋形〈春日万里小路南東〉,今日被構役所於門云々,是於御所中可有御移徙事在之間,為御方違也云々,今夜御逗留也〈無辻固云々〉
1250	康富記	文安6(1449).7.20	鷹司室町	鷹司房平	参左大臣殿〈一上(鷹司)房平公,鷹司室町第〉
*1251	康富記	文安6(1449).7.22	北小路(上北小路)富小路	日野烏丸資任	巳刻二臈外記康顕(割注略)向日野中納言〈(烏丸)資任卿亭,北小路富小路宿〉亭
1252	康富記	文安6(1449).7.22	正親町万里小路	東坊城益長	次向菅相公〈(東坊城)益長卿亭,正親町万里小路〉亭
*1253	康富記	文安6(1449).7.22	中御門大宮	唐橋在直	此後一臈外記可廻覧于式部大輔(唐橋在直)〈長者前参議,宿所中御門大宮〉・権大輔(唐橋在豊)〈前参議也,宿所九条高倉末〉等許云々
*1254	(同上)	文安6(1449).7.22	九条高倉末	唐橋在豊	(同上)
1255	康富記	宝徳1(1449).8.23	一条高倉正親町間西頬	綾小路政賢	是夜綾小路新相公〈政賢朝臣,去三月任〉被申参議拝賀…宿所在陣外〈一条高倉正親町間西頬也,当時内裏之東裏也〉
1256	(同上)	宝徳1(1449).8.23	一条高倉正親町間西頬の西隣	後花園天皇	(同上)
1257	康富記	宝徳1(1449).8.26	正親町京極南西頬	清和院	自昨日,於清和院〈正親町京極南西頬,浄土宗寺也〉法華宗妙行寺住持法花経談義始行之
*1258	康富記	宝徳1(1449).8.28	中御門東洞院与勘解由小路間西頬中程	摂津満親(常承)	大方様(日野裏松重子)并若公様,於摂津掃部入道常承(満親)宿所〈中御門東洞院与勘解由小路間西頬中程也〉構御桟敷,有御見物
*1259	康富記	宝徳1(1449).9.4	押小路室町	中原師勝(性存)	次詣押小路下総入道〈性存(中原師勝)〉亭〈押小路室町也〉
1260	康富記	宝徳1(1449).9.13	千本	歓喜寺/聖天/花界院僧	早朝向北野宮仕随増宿所,西京隼人町七反地子,自松梅院執次之仁也,件地子花界院之僧〈千本歓喜寺西頬也,聖天之西也〉有借銭
*1261	康富記	宝徳1(1449).10.11	五条坊門東洞院与綾小路間東頬/高倉	松井(医師)	今夜五条坊門東洞院与綾小路間東頬焼亡,及高倉云々,医師松井宅炎上云々
1262	康富記	宝徳1(1449).10.13	正親町面(正親町東洞院康富第西)	藤沢安清(細川氏被官)	前管領細河右京大夫(勝元)是日被参詣伊勢太神宮,叔父右馬頭入道(持賢)并野州(持春)等同参詣,藤沢勘解由(安清)為供之間,昨夜山下隼人等,為餞送罷向西隣了,各携一ケ矣
1263	康富記	宝徳1(1449).⑩.9	土御門万里小路→一条東洞院西南角	綾小路有俊	綾小路左兵衛督有俊朝臣参会,被語云,去々月やらん土御門万里小路宿所炎上之時,書籍本大略焼失,第一累代名物之和琴同焼了云々,一条東洞院西南角敷地可企造作之由被語之
*1264	康富記	宝徳1(1449).12.12	今出川一条与正親町間東洞院西頬	洞院実熈/綾小路有俊	其後参執筆(洞院実熈)御宿〈今出川一条与正親町間東洞院西頬,綾小路有俊朝臣宿所,新造也〉
*1265	小早川家文書(家わけ11-84)	宝徳2(1450).1.29	四条油小路	小早川弘景	譲与 所領事…京都四条油小路屋地
*1266	康富記	宝徳2(1450).2.21	一条油小路西頬	細川成之	細川六郎〈従五位下源成《シゲ》之,阿波参川両国守護,去年十二月親父卒去也〉今月十八日被任兵部少輔,外記宣旨今日成之,局務被持向彼宿所〈一条油小路西頬,直垂大口〉
1267	師郷記	宝徳2(1450).3.5	大炊御門油小路	常楽寺	自今日大炊御門油小路常楽寺,以五十人僧,十日浄土三部経千部可読誦云々
*1268	師郷記	宝徳2(1450).3.26	土御門東洞院	四条(油小路)隆夏	今夜左大将殿(一条教房)御拝賀也,自四条大納言(油小路隆夏)亭〈土御門東洞院〉御出立

No.	典拠	年月日	地名	居住者・施設名	史料本文
1269	康富記	宝徳2(1450).5.24	武者小路大宮	新善光寺	三条帥大納言殿〈(正親町三条)実雅卿〉, 於新善光寺〈武者小路大宮〉自昨日一七ヶ日令執行逆修給云々
1270	師郷記	宝徳2(1450).6.12	正親町	丹波盛長	前典薬頭丹波盛長朝臣亭行向之…旧跡正親町旧宅并敷地事, 同載御教書令安堵之云々
1271	康富記	宝徳2(1450).6.27	正親町室町	三条実量	是夜任大臣節会也, 権大納言右大将〈(三条)実量卿, 権大一, 正三〉任内大臣給…局務〈束帯〉直参正親町室町第, 被進入大将如元宣旨
*1272	康富記	宝徳2(1450).6.27	一条堀川南西	鵜高(細川常有被官)	晩鐘時分, 一条堀川南西有焼亡, 後聞, 和泉守護細川刑部大輔(常有)欲討被官人守護代鵜高, 押寄彼宿所, 及難儀之間付火, 雖然鵜高落失不知行方云々, 寄手多被疵, 鵜高若党両三人討死云々
1273	康富記	宝徳2(1450).7.10	三条坊門万里小路	等持寺	是日, 等持寺〈三条坊門万里小路〉仏殿立柱上棟也
1274	康富記	宝徳2(1450).7.13	五条坊門猪熊	円福寺	参円福寺墳墓〈五条坊門猪熊〉
1275	康富記	宝徳2(1450).7.19	綾小路万里小路	細川頼久ヵ	或語云, 和泉守護細川兵部少輔(頼久ヵ)去年被誅山臥之間, 都鄙山臥楯籠新熊野社頭, 呼集諸国山臥, 率大勢, 一昨日可押寄兵部少輔屋形〈綾小路万里小路〉
1276	康富記	宝徳2(1450).8.6	勘解由小路猪熊	川行寛	於文殿(川)行寛宅〈勘解由小路猪熊〉直講(中原師益)著装束, 参官
1277	康富記	宝徳2(1450).8.13	大炊御門烏丸	大炊御門信宗/大炊御門信量	転法輪三条内府(三条実量)御息〈九歳, 中将公敦朝臣御弟〉為大炊御門前内大臣〈信宗公〉御養子, 今日有渡御大炊御門烏丸御所云々
*1278	康富記	宝徳2(1450).8.17	土御門高倉西南	伏見宮貞成親王(後崇光院)	今夜内大臣〈(三条)実量公, 右大将〉殿被奏内府慶, 土御門高倉〈西南〉宿所, 自嘉吉三年為院(後崇光院)御所, 仍当時居住在所者, 土御門東洞院〈南東〉也, 為狭少, 正親町室町宿所為荒廃, 可然之在所無之間, 自帥大納言〈武者小路今出川北西〉亭令参内給…路次今出川南行, 一条西行, 室町南行, 土御門東行, 烏丸南行, 鷹司東行, 迄東洞院置石北辺
*1279	(同上)	宝徳2(1450).8.17	土御門高倉西南/土御門東洞院南東/正親町室町	三条実量	(同上)
*1280	(同上)	宝徳2(1450).8.17	武者小路今出川北西	正親町三条実雅	(同上)
1281	康富記	宝徳2(1450).9.28	五条坊門堀川	清澄寺	青女(中原康富室阿茶)伴外祖母, 詣五条坊門堀川清澄寺云々
1282	康富記	宝徳2(1450).10.4	五条坊門西洞院	中原康富女加々御	五条坊門西洞院加々御(中原康富女)宿所
1283	康富記	宝徳2(1450).10.21	土御門大宮	大宮長興	詣官務(大宮長興)亭, 官庫段銭〈播磨・丹後両国千百貫文定云々〉此間連々収納之間, 土御門大宮宿所令造作, 昨日立門云々
1284	康富記	宝徳2(1450).10.30	土御門大宮	大宮長興	過官務(大宮長興)新造土御門大宮亭
*1285	康富記	宝徳2(1450).11.13	土御門室町	清承(浄南院)	今夜官務〈(大宮)長興宿禰〉令移徙正親町大宮〈南東〉宿所云々, 此間土御門室町浄南院清承家為本物返令借住, 今年為造住宅文庫等, 申請播磨・丹波両国段銭千貫令経営宿所也
*1286	(同上)	宝徳2(1450).11.13	土御門室町→正親町大宮南東	大宮長興	(同上)
*1287	康富記	宝徳2(1450).11.15	正親町大宮与土御門間東頬	大宮長興	昼程詣官務(大宮長興)新造亭〈正親町大宮与土御門間東頬〉, 一昨日移住云々

No.	典拠	年月日	地名	居住者・施設名	史料本文
*1288	康富記	宝徳3(1451).3.10	鷹司町	二階堂忠行	室町殿(義政)女中様御産,姫君也云々,彼女中一色北野娘云々,二階堂山城守(忠行)宿所〈鷹司町〉為御産所
1289	康富記	宝徳3(1451).3.13	六条油小路	長講堂	是日,六条油小路長講堂御経供養也,後白河法皇御聖忌日也
1290	大徳寺文書(家わけ17-2665)	宝徳3(1451).6.21	正親町富小路西頬	馬淵道久	預申 御地〈正親町富小路西頬/御敷内〉事 合口〈南北〉壱丈九尺,奥〈東西〉拾壱丈参尺者,御地子壱尺別五拾文宛,毎年七月・十二月両度尓可致其沙汰也…仍為後日請状如件…〈馬淵近江入道〉道久
1291	師郷記	宝徳3(1451).6.27	出雲路	三条公冬	今日内府(三条実量)息中将殿(公敦)元服〈歳十三〉,於前右大臣殿(三条公冬)出雲路第有此儀
*1292	康富記	宝徳3(1451).7.17	六条室町	賀茂清栄/賀茂清尚	次向六条室町前修理権大夫(賀茂)清栄許,弔妻之喪了,以清尚為養子之間,清尚於西隣庵致中陰
*1293	(同上)	宝徳3(1451).7.17	四条高倉	仁勝寺	次参四条高倉仁勝寺
1294	康富記	宝徳3(1451).8.10	近衛室町烏丸間	丹波治康	依兼約,向〈医師〉左京大夫(丹波)治康朝臣許〈近衛室町烏丸間〉
1295	臥雲日件録抜尤	宝徳3(1451).8.27	北山	法住寺	北山法住寺
1296	康富記	宝徳3(1451).9.11	正親町東洞院	中原康富	おほきまちのひかしのとういんけき(正親町東洞院外記)どの(中原康富)【※9月記末尾収載9.24紙背文書9.11借状】
*1297	康富記	宝徳3(1451).9.29	一条烏丸	富松但馬守	於一条烏丸富松(但馬守)亭有一盞
*1298	(同上)	宝徳3(1451).9.29	祇園大路北頬	大仏之堂	於祇園大路北頬大仏之堂有菊一覧了
1299	康富記	宝徳3(1451).10.10	嵯峨→武者小路万里小路	日野裏松重子	是日大方殿(日野裏松重子)〈公方(義政)御母堂〉自嵯峨有還御室町殿〈武者小路万里小路〉者也,去月廿四日俄有御出,可有御隠居嵯峨之由被仰了
1300	(同上)	宝徳3(1451).10.10	武者小路万里小路	足利義政	(同上)
*1301	康富記	宝徳3(1451).10.12	大炊御門京極南西	井納蔵人(畠山氏被官)	去九日来臨之井納宿所〈大炊御門京極南西〉罷向了
*1302	康富記	宝徳3(1451).11.13	六条東洞院	万寿寺	山門公人・馬借・犬神人等今朝発向万寿寺〈六条東洞院禅院〉
1303	康富記	宝徳3(1451).11.13	土御門	富松但馬守	帰路過富松(但馬守)宿〈土御門〉了
1304	康富記	宝徳3(1451).12.6	綾小路万里小路	細川頼久	和泉半国守護細河阿波守(頼久)屋形〈綾小路万里小路〉行向,留守也,嵯峨出云々【※草根集12(康正2.3.14続歌,私家集大成-正徹Ⅳ-9328)に細川阿波守頼久見ゆ】
*1305	康富記	宝徳3(1451).12.6	五条富小路高辻之間東頬南寄	香西藤井(細川氏被官)	和泉守護代香西藤井許〈五条富小路高辻之間東頬南寄也〉行向
1306	康富記	宝徳3(1451).12.30	四条	四条道場(金蓮寺)	今夜,四条道場焼亡〈本堂并寮等悉以焼失〉
1307	師郷記	宝徳4(1452).1.12	一条烏丸(至近)	後花園天皇	今夜丑剋,一条烏丸炎上,禁裏咫尺之間,人々少々被参云々
1308	師郷記	宝徳4(1452).3.4	一条東洞院北頬(至近)	後花園天皇	今夜丑刻,一条東洞院北頬炎上,禁裏咫尺也,人々馳参云々
1309	師郷記	宝徳4(1452).3.28	正親町高倉北頬	高倉永豊青侍	今夜子刻,正親町高倉北頬炎上,前藤相公(高倉永豊)青侍四人家也,其外不移他所,当年 禁裏三方咫尺炎上,希代事也
1310	(同上)	宝徳4(1452).3.28	正親町高倉北頬(至近)	後花園天皇	(同上)

No.	典拠	年月日	地名	居住者・施設名	史料本文
1311	草根集10（私家集大成5-50, 正徹Ⅳ）	享徳1(1452).8.21	安居院大宮	常光院	安居院大宮常光院といふ所に, 人々続歌よみし中に
1312	師郷記	享徳2(1453).2.15	一条西洞院	一条西洞院道場／一条道場（迎称寺）ヵ	今日於一条西洞院道場, 佐渡本間被召捕之, 日中時分云々, 下人一人於当座被討之, 両方被疵者有之云々
1313	師郷記	享徳2(1453).5.9	押小路	中原師勝(性存)	其次向押小路(中原師勝宿所)
1314	師郷記	享徳2(1453).5.19	一条大宮	新善光寺	於新善光寺〈一条大宮〉如法念仏令聴聞之
1315	康富記	享徳2(1453).5.22	北畠	四条(北畠)房郷	早朝向清備前守之処, 於路次行逢〈北畠辺, 四条殿東辺也〉
1316	康富記	享徳2(1453).7.26	二条京極	南御所（足利義教妹)	〈室町殿御軽服事〉今日南御所〈御黒〉御円寂也〈御腹云々, 五十八〉, 普広院殿（義教）之御妹也, 仍室町殿（義政）御叔母也, 為御軽服者也, 伝承, 昨夕依御危急, 室町殿有渡御于南御所〈二条京極云々〉
1317	康富記	享徳2(1453).8.11	一条東洞院	清六郎左衛門尉(細川氏被官)	清六郎左衛門於一条東洞院宿参会
1318	康富記	享徳2(1453).8.23	五条坊門西洞院	詫美七郎（斯波義健被官)	向五条坊門西洞院〈詫美七郎〉【※康富記文安4.7.13に「此七郎, 斯波千代徳（義健）殿参之仁也」と見ゆ】
1319	康富記	享徳2(1453).8.27	北小路（上北小路）室町北東頬	日野裏松勝光	是日室町殿（義政）有渡御日野中納言（裏松勝光）亭〈北小路室町北東頬也〉, 有猿楽云々
*1320	康富記	享徳2(1453).8.29	一条室町	堤弥三郎（伊勢氏被官)	向堤弥三郎宿〈一条室町〉, 面謁
1321	康富記	享徳2(1453).10.21	土御門京極	池庵	今夜, 土御門京極池庵風呂, 自是止［ママ］予以下女中并三井親子入之
1322	康富記	享徳3(1454).1.20	中御門万里小路	清原業忠	先参中御門万里小路, 奉謁前給事中（清原業忠)
1323	康富記	享徳3(1454).2.6	今出川	中原康顕	過今出川隼人(中原康顕)宿
*1324	師郷記	享徳3(1454).4.3	近衛万里小路	土肥（奉公衆ヵ, 外様衆ヵ）	今夜□名土肥以下十七人没落云々, 土肥宿所〈近衛万里小路〉及暁放火了, 依之, 洛中騒動以外事也【※蜷川家文書1-30（幕府番帳案, 文安年中）に（二番）土肥三郎左衛門尉, (外様衆) 同美濃守, 同次郎見ゆ】
1325	師郷記	享徳3(1454).5.27	鷹司室町	近衛房嗣	今夜有火事, 鷹司室町也, 近衛殿（房嗣）御前云々, 強盗之所為云々
1326	康富記	享徳3(1454).7.2	冷泉院町	法華堂／堀川道場／冷泉院町	冷泉院町反［夏ヵ］地子, 自法花堂五貫文, 自堀川道場一貫五百文致沙汰
1327	(同上)	享徳3(1454).7.2	堀川	堀川道場	(同上)
1328	康富記	享徳3(1454).7.4	北小路（上北小路）室町	日野裏松勝光	室町殿（義政）為御方違, 日野中納言（勝光）亭〈北小路室町〉御出云々
*1329	康富記	享徳3(1454).7.10	一条猪熊～武者小路間西頬	細川氏久	室町殿（義政）姫君御誕生云々, 御母儀〈御新参局子《ネ》阿茶子ト申云々〉内造使在直朝臣妹也, 御産所細川治部少輔（氏久）宿所也, 一条猪熊与武者小路間西頬也, 備中守護也
1330	康富記	享徳3(1454).7.14	五条猪熊	円福寺／中原康富家墳墓	予(中原康富)代々墳墓, 在五条猪熊円福寺
1331	師郷記	享徳3(1454).8.2	大炊御門京極～冷泉	畠山持国(徳本)被官	今夕大炊御門京極有火事, 及冷泉之, 前管領〈畠山持国〉被管者両人没落, 仍放火云々, 去四月余殃也
1332	康富記	享徳3(1454).8.11	三条坊門万里小路	三条八幡宮（御所八幡）	後日伝聞, 今夜, 畠山被官人遊佐手者与賀井庄手者同志討相戦云々, 於三条坊門高倉万里小路間御所八幡にての事也云々

No.	典拠	年月日	地名	居住者・施設名	史料本文
1333	康富記	享徳3(1454).8.14	正親町高倉西南角	天満宮	正親町高倉〈西南角〉天満宮祭也,神幸如例
1334	康富記	享徳3(1454).8.19	中御門万里小路西南角	清原業忠	昨日参中御門万里小路〈西南角〉文亭之処,主人〈前少納言(清原業忠)〉自今朝令移上池軒(胤祐)給…畠山左衛門督入道〈徳本(持国)〉息伊予守(義就)与従父〈故尾張守(持富)〉兄弟子弥三郎(義富),就霍執事,彼屋形近辺為釘貫内,合戦相待朝暮之時分也,為類火,釘貫内非無怖畏,仍仮被寄宿医師民部卿宿所者也,奉謁局務,被語云,我身可寄宿官務(大宮長興)宿所〈正親町大宮也〉也云々
1335	(同上)	享徳3(1454).8.19	正親町大宮	大宮長興	(同上)
1336	康富記	享徳3(1454).8.21	中御門朱雀(東朱雀ヵ)/近衛朱雀(東朱雀ヵ)	畠山持国(徳本)/畠山義忠	夜半過,中御門朱雀・近衛朱雀(東朱雀ヵ)辺焼亡,伝聞分,畠山勢,先度連々没落,牢人等悉押寄放火云々,畠山左衛門督入道〈徳本(持国)〉潜寄宿畠山匠作入道(義忠)屋形云々
1337	師郷記	享徳3(1454).8.22	中御門富小路	隅田能治(畠山義就被官)	入夜,亥剋許,中御門富小路隅田(隅田能治)宅放火,及暁天遊佐(国助)宅又放火了
*1338	康富記	享徳3(1454).8.22	中御門富小路南東/同西頬	遊佐国助(畠山義就被官)/隅田能治(畠山義就被官)	〈畠山予州(義夏,義就)没落京都事〉入夜又世間忩々,内裏室町殿(義政),諸軍勢如昨日馳参,及暁天中御門富小路〈南東〉遊佐河内守(国助)家自出火,同西頬隅田(能治)家同自放火云々,翌日伝承分,畠山伊予守,遊佐・隅田等暁没落,畠山左衛門入道(持国)者匠作(畠山義忠)屋形被移住云々【※新撰長禄寛正記・応仁記に遊佐河内守国助見ゆ.寛正1.10.10戦死す】
*1339	康富記	享徳3(1454).8.22	五条坊門西洞院	詫美七郎(斯波義健被官)	早朝向五条坊門西洞院詫美七郎許
1340	斎藤基恒日記	享徳3(1454).8.22	七条	七条道場(金光寺)	畠山伊与守義夏(義就)河内国没落,於七条道場遁世
1341	康富記	享徳3(1454).8.23	中原康富亭(正親町東洞院西北)東隣	三宅(畠山義富被官)	今暁(中原康富亭)東隣小家可闕所之由,畠山弥三郎(義富)内三宅申之,打札,又自仙洞(後崇光院,伏見宮貞成親王)被打札云々
1342	師郷記	享徳3(1454).8.28	建仁寺	建仁寺再来院/畠山持国(徳本)	今朝畠山左衛門督入道(持国),自修理大夫入道(畠山義忠)宿所移住建仁寺再来院,是隠居之分云々
*1343	康富記	享徳3(1454).8.29	春日万里小路与大炊御門間東頬四ヶ町	畠山義富	畠山弥三郎(義富),今日移住畠山徳本(持国)屋形〈春日万里小路与大炊御門間東頬四ヶ町也〉,此間細川京兆(勝元)被官人磯谷四郎兵衛尉宅被隠置云々,近日京兆屋形被移之,今日自京兆屋形被出歟,可尋也
1344	康富記	享徳3(1454).9.7	土御門富小路東頬	池庵	次向土御門富小路東頬池庵,謁彼老尼,被坐彼庵之故也
1345	康富記	享徳3(1454).9.11	一条烏丸与東洞院間南頬	土蔵(扇)	今夜土一揆等,号徳政,一条烏丸与東洞院間南頬土蔵〈扇〉并正親町烏丸〈薬師堂〉南頬土蔵等押寄
1346	(同上)	享徳3(1454).9.11	正親町烏丸	薬師堂	(同上)
1347	康富記	享徳3(1454).10.19	土御門	斎藤修理亮(細川勝元被官)	参管領(細川勝元),以斎藤修理亮〈土御門宿所〉申入了
1348	師郷記	享徳3(1454).11.30	樋口大宮	樋口大宮道場	今日酉剋,樋口大宮道場炎上,不残一宇云々,余炎及猪熊東頬在家云々
1349	康富記	享徳3(1454).11.30	樋口~六条坊門　大宮~猪熊	樋口大宮道場	酉剋,樋口大宮道場炎上〈与六条坊門間也,猪熊西大宮東四ヶ町也〉,類火及猪熊東云々
1350	康富記	享徳3(1454).12.4	六角万里小路北東頬	中原師孝	又故(中原)師孝旧跡六角万里小路北東頬敷地事等,奉書可申出也

No.	典拠	年月日	地名	居住者・施設名	史料本文
*1351	康富記	享徳4(1455).1.9	六角万里小路	佐々木六角久頼	今日室町［殿脱ヵ］(義政)御姫君御誕生也,御袋大館兵庫頭(教氏)妹也,御産所佐々木六角(久頼)宿所六角万里小路也,雖然俄有御産気,於兵庫頭宿所〈鷹司烏丸西頬〉有御誕生,即以之為御産所云々
*1352	(同上)	享徳4(1455).1.9	鷹司烏丸西頬	大館教氏(奉公衆)	(同上)
1353	師郷記	享徳4(1455).1.16	大炊御門東洞院	四条(油小路)隆夏	今夜関白殿(鷹司房平)御拝賀也,自四条前大納言〈(油小路)隆夏卿〉大［炊脱ヵ］御門東洞院第御出立
1354	康富記	享徳4(1455).1.16	土御門東洞院北西角	四条(油小路)隆夏	今夜殿下(鷹司房平)御拝賀也…殿下,自陣下四条前大納言(油小路)隆夏卿亭,有御参内〈亜相亭,土御門東洞院北西角〉…御拝賀,先仙洞〈土御門高倉也,程近御歩行〉
1355	(同上)	享徳4(1455).1.16	土御門高倉	伏見宮貞成親王(後崇光院)	(同上)
*1356	康富記	享徳4(1455).1.16	北小路(上北小路)今出川西頬	正親町三条公綱/正親町三条実雅	三条大納言〈(正親町三条)公綱〉拝賀,自本所〈北小路今出川西頬,自帥(同実雅)殿亭出門給〉
1357	師郷記	享徳4(1455).2.24	出雲路	三条公冬	今日三条前右府(公冬)於出雲路第出家〈六十五〉
*1358	康富記	享徳4(1455).2.27	五条高倉	佐々木鞍智高春(奉公衆)	依兼約向佐々木鞍智(高春)宿所〈五条高倉〉
*1359	康富記	享徳4(1455).3.6	四条京極	佐々木京極持清	依兼約奉伴新三品并局務官務民部卿〈医師〉等,詣京極亭〈佐々木大膳大夫(京極持清)四条京極宿所〉
1360	康富記	享徳4(1455).3.21	二条富小路	庭田幸子(敷政門院)ヵ	詣円福寺,用時,今日長老令参二条富小路女院(敷政門院庭田幸子旧跡ヵ)給【※幸子は文安5年死去】
1361	師郷記	享徳4(1455).3.25	正親町万里小路	徳大寺公有	今夜右大臣(洞院実熈)拝賀着陣也…自正親町万里小路徳大寺(公有)宿所出立云々
*1362	康富記	享徳4(1455).4.4	勘解由小路猪熊与大宮間北頬	日野武者小路資世	去廿九日夜焼所一見,欲訪人々之処,未知宿之間,空帰畢,奉訪頭弁(日野武者小路資世)了,勘解由小路猪熊与大宮間北頬被坐故也,雑舎半欲焼云々
1363	康富記	享徳4(1455).④.8	一条大宮与正親町間西頬隣	大宮長興	一条大宮与正親町間西頬炎上,官務(大宮長興)宿所向也
1364	康富記	享徳4(1455).④.28	一条堀川	浄菩提寺	神宮還向之人々(割注略)午一点被着上大路宿〈玉屋〉…外記(中原)康顕〈分配〉依巡役,於一条堀川浄菩提寺門西脇立行列
1365	康富記	康正1(1455).8.7	冷泉室町	法華堂	参州同入来,昼,奉伴之冷泉室町法花堂,法花経談義聴聞了
1366	康富記	康正1(1455).8.15	近衛西洞院	吉田兼名	入夜,藤沢向吉田神主(兼名)亭〈近衛西洞院〉
1367	康富記	康正1(1455).9.5	春日町西南頬角	一言観音寺坊主	春日町西南頬〈角〉一言観音寺坊主〈不知実名,禅僧入道僧也云々〉被召捕之,侍所佐々木大膳大夫(京極持清)手者等発向囚之云々,関東潜通之科在之云々
1368	康富記	康正1(1455).9.19	土御門富小路	池庵	妙徳庵坊主并小僧供養了,於土御門富小路池庵致僧斎〈米雑用昨日所送也〉,是青女之継母慶祐比丘尼一周忌来廿四日也,引上之
1369	康富記	康正1(1455).10.6	中原康富第(正親町東洞院)西	藤沢安清(細川氏被官)	西隣〈藤沢(安清)〉憑子也
1370	康富記	康正1(1455).10.27	近衛西洞院東頬	豊原家秋	昨日楽人大和守(豊原)家秋朝臣参会,語云,去月十一日,家秋宿所〈近衛西洞院東頬也〉山鴿［鳩ヵ］飛来庭前樹,暫不飛去之間,少生執之,可放八幡山之由相議之処…

No.	典拠	年月日	地名	居住者・施設名	史料本文
1371	康富記	康正1(1455).11.4	武者小路今出川	正親町三条実雅	是日,室町殿(義政)有渡御於三条殿〈師殿,武者小路今出川〉,大方殿(日野裏松重子)同有御出云々
1372	康富記	康正1(1455).11.19	五条坊門西洞院	詫美七郎(斯波義健被官)	向五条坊門西洞院,謁詫美七郎許
1373	康富記	康正1(1455).12.11	土御門室町与烏丸間南頬辻子奥西頬	堤有家(伊勢貞親被官)	向堤右京亮(有家)許〈土御門室町与烏丸間南頬,辻子奥西頬也〉,諏訪信濃守(忠郷)引導也,樽代百疋振舞之
*1374	斎藤基恒日記	康正1(1455).12.29	相国寺水車	赤松有馬元家/正実坊/籾井某	赤松有馬上総介元家遁世,遺跡被仰付同名治部少輔入道一衍[ママ],於住宅〈相国寺水車正実旧宅〉被成御倉,籾井給之
1375	師郷記	康正2(1456).1.15	鷹司殿(鷹司室町)	鷹司房平	今日未剋,自鷹司前関白殿(房平)御第火出来,近衛前関白殿(房嗣)御第同時炎上,其外大館(持房・教氏)宿所〈鷹司殿東〉同炎上了,折節風烈,然而〈不及他所〉静謐了,其後不経半時,勘解由小路烏丸北頬炎上了,武衛(斯波義敏)家人少々有之云々,希代事也,今日所々火欲出来云々/近衛殿御文書大略被取出云々,鷹司殿御文書悉焼失云々
1376	(同上)	康正2(1456).1.15	近衛殿(近衛以北,鷹司以南,室町以東)	近衛房嗣	(同上)
1377	(同上)	康正2(1456).1.15	鷹司殿(鷹司室町)東隣	大館持房(奉公衆)/大館教氏(奉公衆)	(同上)
1378	(同上)	康正2(1456).1.15	勘解由小路烏丸北頬	斯波義敏被官	(同上)
1379	斎藤基恒日記	康正2(1456).1.15	土御門/近衛室町東頬	鷹司房平/近衛房嗣/大館持房(奉公衆)/大館教氏(奉公衆)	巳刻,鷹司殿(房平)・近衛殿(房嗣)・大館上総入道殿(持房)・同兵庫頭(教氏)許,自土御門至近衛室町東類[頬ヵ]火,三岐丁[左義長]余災云々
1380	経覚私要抄	康正2(1456).1.18	鷹司殿(鷹司室町)(付近)/近衛殿(近衛以北,鷹司以南,室町以東)(付近)	大館持房(奉公衆)/大館教氏(奉公衆)	辰刻自清承法橋方以口状申云,去十五日陽明両家(近衛房嗣・鷹司房平)炎上,言語道断次第也,火ハ鷹司殿出テ,近衛殿ハ後焼了,日中程事也,若サキウチヤウ(左義長)ノ火飛付歟,不分明云々,大館(持房・教氏)屋形モ同時焼了…近衛殿〈前関白房嗣公〉ハ被移住御領[霊]殿,鷹司殿〈前関白房平公〉ハ清承法橋宿所寄宿
1381	(同上)	康正2(1456).1.18	鷹司殿(鷹司室町)→清承(浄南院)宿所(土御門室町)	鷹司房平	(同上)【※康富記宝徳2.11.13に「土御門室町浄南院清承家」見ゆ】
1382	(同上)	康正2(1456).1.18	近衛殿(近衛以北,鷹司以南,室町以東)→御領[霊]殿	近衛房嗣	(同上)
1383	経覚私要抄	康正2(1456).3.22	二条烏丸	行願寺	則此分以門跡使仰遣長賢宿〈二条烏丸行願寺〉畢
1384	斎藤基恒日記	康正2(1456).4.11	土御門	後花園天皇	造 内裏〈土御門殿〉立柱上棟
1385	師郷記	康正2(1456).5.29	七条	七条道場(金光寺)	今夜々半許,七条道場炎上了
1386	師郷記	康正2(1456).8.29	一条東洞院	伏見宮貞成親王(後崇光院)	今日申剋 法皇(後崇光院,伏見宮貞成親王)於仙洞〈一条東洞院〉薨給〈御歳八十五〉

No.	典拠	年月日	地名	居住者・施設名	史料本文
1387	遠藤白川文書（福島県史7-464）	康正2（1456）.12.27	錦小路東洞院与四条間東頬屋地四町	結城直朝	錦小路東洞院与四条間東頬屋地四町之事，任去十月廿六日御遵行之旨，可沙汰付白河修理大夫（結城直朝）代状，如件…（京極）持清（花押）／多賀出雲入道殿
1388	経覚私要抄	康正3（1457）.5.5	九条万里小路周辺	大聖寺	然後室町殿（義政）既入大聖寺之由申之間，面々着狩衣，午初点入御，道事，大聖寺ヨリ西ヱ御マハリ，九条ヲ東エ，万里少路［ヨ脱ヵ］リ北行，自其至棟門給
*1389	大徳寺文書（家わけ14-1555）	康正3（1457）.-.-	土御門万里小路四町々内屋地	千秋勝季（奉公衆）	当庵（大徳寺如意庵）領土御門万里小路四町々内四半町余千秋形［刑］部少輔（晴季）押領事…先年 花御所御移徙之刻，御近辺敷地被仰付奉公衆，号一旦居住違乱迷惑次第也…／千秋刑部少輔晴季謹支言上…洛中土御門万里小路四町々内屋地分事，拝領以来数代令知行者也，抑彼地事，就被立 御殿，各々被置御近辺之処…（晴季二答状案）此地被仰付者，康正三年之度也，然者及八十余年当知行之在所…其時被仰付之人数数多在之者歟【※康正3年は9.28に長禄改元】
1390	経覚私要抄	長禄1（1457）.10.25	五条（付近）	因幡堂	土一揆東寺為取陣…又入夜土一揆至五条辺時，蔵方者因幡堂ニ取陣之間，相合合戦為之，仍至七条辺土一揆被追下次，則七条堀川ニ付火之間，家二三間焼了，土一揆如元東寺ニ引入了，蔵方者籠因幡堂云々
*1391	大徳寺文書（家わけ14-1550）	長禄1（1457）.-.-	土御門万里小路	千秋勝季（奉公衆）	土御門万里小路地子銭未進之事…土御門万里小路…自長禄元年至寛正四年冬／千秋（勝季）方
1392	師郷記	長禄2（1458）.①.4	嵯峨（二尊院傍）	正親町三条実雅／二尊院	今日予参内府（正親町三条実雅）嵯峨山庄，去年被新造之云々，二尊院傍也
1393	師郷記	長禄2（1458）.①.5	武者小路	三条西公保	今日参武者小路入道内府（三条西公保）第
1394	師郷記	長禄2（1458）.①.22	一条高倉	吉田兼名	吉田神主被祈祷之間，（吉田）兼名卿 ［アキママ］木所〈一条高倉〉進幣帛云々
1395	大徳寺文書（家わけ14-1547）	長禄2（1458）.4.27	土御門富小路	陶山勝宗（奉公衆）	奉納／土御門富少路地子事／合参貫文者／右所且納申之状如件…〈陶山〉勝宗（花押）
1396	経覚私要抄	長禄2（1458）.7.25	二条万里小路	経覚（大乗院）	朝飯以下事終大納言殿（九条政忠）向坊城顕長亭，予ハ二条万里少路小屋借用所向了，以為行体〈裹頭，直綴〉歩行ニテ室町殿辺見物了
1397	熱海白川文書（福島県史7-494）	長禄2（1458）.11.6	錦小路東洞院与四条間東頬屋地四町々	結城直朝	〈御判〉錦小路東洞院与四条間東頬屋地四町々屋地事，早任当知行旨，白河修理大夫（結城）直朝領掌不可有相違之状，如件
1398	蔭凉軒日録	長禄2（1458）.12.5	室町	足利義政	可被移御所于室町御所也
1399	碧山日録	長禄3（1459）.3.27	洛東	東勝院	于時館洛東々勝院
*1400	大徳寺文書（家わけ14-1550）	長禄3（1459）.-.-	正親町万里小路	下条兵庫助（奉公衆）	土御門万里小路地子銭未進之事…正親町万里小路七 自長禄三至寛正四年冬／下条（兵庫助）方分【※1551号に下条兵庫助見ゆ】
1401	碧山日録	長禄4（1460）.3.16	六条（付近）	佐々木鞍智高春（奉公衆）	赴春公（佐々木鞍智高春）之招，日落而帰時歴六条街，有一老婦
1402	蔭凉軒日録	長禄4（1460）.3.26	高倉	日野裏松重子	公方様（義政）巳刻参詣于七観音也，直御成高倉御所（日野裏松重子）
1403	長禄四年記（東京大学史料編纂所研究紀要3）	長禄4（1460）.7.7	春日／東洞院	伊勢貞親	御成（義政），御風呂伊勢守（貞親）宿処［所］〈春日東洞院〉
1404	長禄四年記（東京大学史料編纂所研究紀要3）	長禄4（1460）.7.8	今出川	伊勢貞親	御成（義政），御風呂，明後日八幡御社参御精進風呂也，伊勢守（貞親）〈今出川宿所也〉

№.	典拠	年月日	地名	居住者・施設名	史料本文
1405	長禄四年記（東京大学史料編纂所研究紀要3）	長禄4（1460）.9.20	富小路	遊佐国助（畠山義就被官）	畠山右衛門佐（義就）殿下国…則遊佐河内守（国助）宿所以下所々自火，冨小路お下ニ，二条お東洞院へ，東洞院ヲ下ニ，河内国へ下向云々
1406	長禄四年記（東京大学史料編纂所研究紀要3）	長禄4（1460）.⑨.4	六角富小路	本法寺	六角冨小路寺（本）法寺，甲乙人等破取者也，依上意也
1407	長禄四年記（東京大学史料編纂所研究紀要3）	長禄4（1460）.⑨.29	今出川	伊勢貞親	御成（義政），御風呂，伊勢守（貞親）宿所今出川也
1408	長禄四年記（東京大学史料編纂所研究紀要3）	長禄4（1460）.10.30	今出川	伊勢貞親	御成（義政），御風呂，伊勢守（貞親）宿所今出川
1409	長禄四年記（東京大学史料編纂所研究紀要3）	長禄4（1460）.11.24	芝	芝薬師	今日公方様（義政）三日清和院・河［革］堂・芝薬師御参，三月御参也
1410	経覚私要抄	寛正2（1461）.3.26	六角	六角堂	就中諸国者共成乞食，京都へ上集，自去年十月比洛中表［充ヵ］満不知幾千万云事，自正月一日自室町殿（義政）被引執行五六日，然而余多之間，早被止之，其後願阿ト云者，勧衆人六角堂ノ北ニ一町分仮屋ヲ打テ入置乞食…此死人共五条河原ニ堀ヲ堀［掘］テ三町計埋云々，京少路ニモ所々被埋之
1411	蔭凉軒日録	寛正2（1461）.3.27	四条	四条道場（金蓮寺）	河原施食警固之事伺之，所司代可命之由，命于飯尾左右衛門大夫也，於四条道場而此山之大衆可着道具也
1412	蔭凉軒日録	寛正2（1461）.11.25	七条	七条道場（金光寺）	今晨七条道場御成（義政）
1413	碧山日録	寛正3（1462）.1.6	東山	佐々木鞍智高春（奉公衆）	赴昌運之忌斎，於春公（佐々木鞍智高春）之宅東山之正宗相会
1414	綱光公記暦記（東京大学史料編纂所研究紀要22）	寛正3（1462）.2.1	高倉	日野重子	参賀室町殿（義政）…次御台御方（日野富子）・高倉御所（日野重子）等如例
1415	碧山日録	寛正3（1462）.3.18	七条	蓮社	往時有号一遍上人者，七条蓮社・相州藤沢道場之祖也
1416	碧山日録	寛正3（1462）.6.29	西洞院	明栄寺	過西洞［院脱ヵ］坊明栄寺
1417	綱光公記暦記（東京大学史料編纂所研究紀要22）	寛正3（1462）.6.29	春日	伊勢貞親	如例年，及晩春日伊勢（貞親）宿所御風炉渡御云々
1418	綱光公記暦記（東京大学史料編纂所研究紀要22）	寛正3（1462）.7.10	高倉	日野重子	即参高倉殿（日野重子），南門立柱上棟也
1419	山科家礼記	寛正3（1462）.7.14	二条	福田院	二条のふくてん（福田）院のはかへみんわうもん，あやよね入道殿御まいり候也
1420	山科家礼記	寛正3（1462）.7.19	御倉町	斎藤新兵衛（幕府奉行人ヵ）被官	御倉町地斎藤新兵衛被官の地子催促候処，屋□申候間，新兵衛所へ使遣候処，使アリ又主出来候也
1421	蔭凉軒日録	寛正3（1462）.10.21	七条	禅仏寺	土一揆蜂起之由，自七条禅仏寺註進之
1422	経覚私要抄	寛正4（1463）.1.23	押小路烏丸	楠葉新右衛門尉／押小路烏丸道場	楠葉新右衛門尉為先陣今日上了，宿事申二条（持通）之処，押少路烏丸導［道］場ヲ用意由被申送之間，為検知上了
1423	経覚私要抄	寛正4（1463）.2.5	押小路	行願寺	押小路行願寺へ榼一双・柿等遣了
1424	碧山日録	寛正4（1463）.3.6	東山	佐々木鞍智高春（奉公衆）	安子父高弘，請其兄春公（佐々木鞍智高春）於東山私第，享宴終日
1425	経覚私要抄	寛正4（1463）.5.27	二条烏丸	行願寺	今夕移〈二条烏丸〉行願寺了
1426	大乗院寺社雑事記	寛正4（1463）.8.11	一条高倉	日野裏松重子	高倉ヨリ一条ヲ西行，御葬礼之儀式於等持院可有之

No.	典拠	年月日	地名	居住者・施設名	史料本文
1427	蔭凉軒日録	寛正4(1463).8.12	四条	四条道場(金蓮寺)	前日等持院御荼毘(高倉殿日野裏松重子死去)已以後,結縁諷経之時,四条与七条両道場有前後之争,故所司代京極方使伊勢守問尋于愚,答曰,宗門渡諷経,元来以参来次第勤之由,仍四条以先次第勤之云々,余宗亦同前云々
1428	(同上)	寛正4(1463).8.12	七条	七条道場(金光寺)	(同上)
1429	蔭凉軒日録	寛正4(1463).9.23	高倉	日野裏松重子	高倉之旧殿(故高倉殿(日野裏松重子)御所),可被寄于諸寺院之記録,以伊勢守奉懸于御目也,被寄于勝智院以後,有其余殿,則可被寄于佗之由被仰出也,以高倉御所被成寺,則為願望之由,頻々平日逍遥被仰也
1430	経覚私要抄	寛正4(1463).10.17	三条	十市遠清親	十市(遠清)在京之間,☒一双・柿折一遣之了,旅宿三条親所也
1431	蔭凉軒日録	寛正4(1463).12.7	八条	遍照心院	八条遍照心院売却仏殿,自大智院可買得也,依競望伺之,無子細被仰出也…遍照心院沽却仏殿,可買得于大智院之由,以烏丸弁殿被仰付也,窃被報于愚老
1432	蔭凉軒日録	寛正5(1464).2.24	室町	禅仏寺	花之時禅仏寺室町小路掃地[除]等のこと,出御奉行布施下野守并飯尾左衛門大夫両奉行,雑掌召之命之
1433	蔭凉軒日録	寛正5(1464).5.5	春日東洞院	伊勢貞親	晩来春日東洞院御風呂御成之事,伊勢守(貞親)謹申之参例也
1434	経覚私要抄	寛正5(1464).6.14	三条坊門	通玄寺	為祇園会見物,向〈三条坊門〉通玄寺
1435	綱光公記暦記(東京大学史料編纂所研究紀要24)	寛正5(1464).9.30	千本	千本之院/大報恩寺(千本釈迦堂)塔頭ヵ,地蔵院ヵ	詣鹿苑寺…帰路之次,千本之院中有一盞張行
1436	綱光公記別記(東京大学史料編纂所研究紀要24)	寛正5(1464).12.2	今出川	足利義視	参今出河殿(浄土寺義尋(足利義視)還俗)
1437	大報恩寺文書(東大史料編纂所影写本3071.62-120)	寛正5(1464).12.-	千本	大報恩寺(千本釈迦堂)	千本大報恩寺衆僧等謹庭中言上
1438	政所賦名引付(引付集成上396)	寛正5(1464).-.-	一条京極西北頬	高屋松法師丸(細川持賢被官)	高屋松法師丸代〈細典厩(細川持賢)御被官〉…同名次郎左衛門尉宗祐ニ去寛正五年祖父弥次郎あつけ置家事,〈一条京極西北頬〉就一乱焼失之上者,彼屋・家具等事者不及是非,本銭三百九十貫文事者可返弁旨,約月遥已後一乱出来之間,任預状之旨,可返弁之由,可被成御奉書云々
1439	蔭凉軒日録	寛正6(1465).5.24	八条	遍照心院	洪蔵主被申之,八条遍照心院奉行之事,以飯尾兵衛大夫被望之,仍以彼状伺之,御領掌也,命于飯尾兵又寺家也
1440	蔭凉軒日録	寛正6(1465).6.9	二条西洞院	光雲寺	二条西洞院光雲寺領,散在地之上,闕所屋為寺家可致成敗之由被仰出,仍命于布施下野守被成御奉書也
*1441	蜷川親元日記(1-356)	寛正6(1465).7.20	冷泉京極南東	小串政行(奉公衆)	同御剣〈国友〉以貴殿(伊勢貞親)御産所江〈小串次郎右衛門尉政行冷泉京極南東家〉被送進之
1442	蜷川親元日記(1-381)	寛正6(1465).8.4	春日万里小路	三光院	今夜三光院火,春日万里少路
1443	蜷川親元日記(2-4)	寛正6(1465).10.7	東山	法輪院	東山法輪院納豆卅被進之
*1444	蜷川親元日記(2-17)	寛正6(1465).11.3	一条堀川西頬	細川常有	上様御産所江御宿初〈御出酉時云々〉御産所細川刑部少輔(常有)殿亭一条堀川西頬也〈和泉両守護申沙汰也〉

No.	典拠	年月日	地名	居住者・施設名	史料本文
1445	蜷川親元日記(2-23)	寛正6(1465).11.10	東山	太子堂	東山太子堂より橦柑一折
*1446	蜷川親元日記(2-55)	寛正6(1465).12.20	北小路(上北小路)今出川北東頬	伊勢貞親	若君様渡御〈(伊勢)貞親朝臣亭北小路今出川北東頬〉
*1447	政所賦銘引付(引付集成上305)	寛正6(1465).-.-	四条高倉与綾小路之間東頬屋地	多賀高忠(佐々木京極持清被官)/禅親(松梅院)	多賀豊後守高忠…四条高倉与綾小路之間東頬屋地事,松梅院禅親沽却之間,寛正六年令買得知行之処,鈴木小次郎忠親,号有長禄元年借書,違乱云々
1448	斎藤親基日記	寛正7(1466).1.4	春日	伊勢貞親	同(四)日春日〈勢州亭〉御風呂御成
1449	蔭凉軒日録	文正1(1466).1.8	一条	薬師堂	今日始発行詣于一条薬師堂焼香
*1450	応仁記(群20-360)	文正1(1466).4.-	勘解由小路	斯波義廉	義廉ハ尾張ノ守護代織田兵庫助,其弟与十郎ニ軍ヲ副被召上,越前遠江ノ勢モ召上ラル,京都ニハ甲斐・朝倉・由宇・二宮ノ被官共,多勢ト申ニ計ナシ,勘解由小路ノ屋形ニハ所々櫓ヲ挙,掻盾ヲカキ相待ケル
1451	後法興院記	文正1(1466).12.20	相国寺(一条今出川北東)(西方)	細川被官家/鹿苑院(相国寺)/河前堂	午刻許北方有火事,細川(勝元)被官者家云々,西風事外吹送間,四五町吹越,相国寺之塔頭一鹿苑院等以下焼失,其火又吹越河前堂〈七観音之内〉焼云々,近比大焼亡也
1452	斎藤親基日記	文正1(1466).12.20	相国寺(一条今出川北東)(付近)	細川勝元/内藤(細川勝元被官)/寺町(細川勝元被官)/鹿苑院(相国寺)/法住院(相国寺)/鎮守八幡宮/一色治部少輔	自右京兆(細川勝元)門前在家出火,内藤・寺町等火,余炎飛行而鹿苑院之塔婆南門〈此外無為〉,蔭凉軒之東門,廊下,惣寺門并風呂,東司,鎮守,法住院以下回録,一色治部少輔許在家所々同火
*1453	斎藤親基日記	文正1(1466).12.25	千本	地蔵院/畠山義就	畠山右衛門佐義就帰洛,千本地蔵院為宿所
*1454	応仁記(群20-367)	応仁1(1467).1.5	二条京極	神保長誠(畠山政長執事)	政長ノ執事神保宗右衛門尉長誠聞此由ヲ,此方ヨリ佐殿ノ御在所カケ,今度恨ヲ可散所ニ,屋形請取ニ勢遣アランコソ所招幸ナレ,然バナニガシモ屋形ノ近所へ移ラムト二条京極ノ宅ヨリ(政長)屋形ノ前ナル仏陀寺へ上テ,屋形ト一所ニ持続ケテ,櫓昇盾密ク挙,外堀内堀ホリ廻
*1455	(同上)	応仁1(1467).1.5	畠山政長屋形(春日万里小路)前	仏陀寺	(同上)
*1456	応仁記(群20-370)	応仁1(1467).1.15	春日万里小路	畠山政長	独身ニシテ勝負決セン事累年ノ本望ナリ,手勢計ニテ明日政長宿所春日万里ノ小路へ可押寄可決勝負
*1457	広光卿記(大8-1-157)	応仁1(1467).4.17	一条烏丸	日野柳原尚光	乗燭之程向柳原亭〈一条烏丸西頬〉
1458	大乗院寺社雑事記	応仁1(1467).5.17	室町殿四足(北小路(上北小路)以北,室町面東頬)前	一色義直	一色(義直)在所〈室町殿(義政亭)四足前〉
*1459	応仁記(群20-375)	応仁1(1467).5.26	花御所(北小路(上北小路)以北,室町面東頬)西	一色義直	花ノ御所(義政亭)ノ四ツ足ノ前ハ一色京兆(義直)ノ亭ナレバ…
*1460	応仁記(群20-378)	応仁1(1467).5.26	十王堂/花開院	十王堂/花開院/塩冶(奉公衆)	世保五郎并京極六郎・武衛(斯波)義敏ノ衆ヲ十王堂ヲ下ニ花開院塩屋ガ宿所へ被向
*1461	応仁記(群20-379)	応仁1(1467).5.26	一条大宮	細川勝久	又廬山寺ノ南一条大宮ハ細川備中守(勝久)ガ館也

No.	典拠	年月日	地名	居住者・施設名	史料本文
1462	綱光公記暦記(東京大学史料編纂所研究紀要25)	応仁1(1467).5.26	一条/猪熊	卜部兼種	一条大路猪隈合戦,(卜部)兼種宿祢(宿所)以下放火
1463	綱光公記暦記(東京大学史料編纂所研究紀要25)	応仁1(1467).5.26	安居院	安居院坊	安居院坊為合戦場炎上…猪隈僧正坊(良春ヵ)同焼失
1464	(同上)	応仁1(1467).5.26	猪熊	良春ヵ	(同上)
1465	宗賢卿記(榎原雅治2011基盤B)	応仁1(1467).6.11	中御門堀川	一色義遠ヵ	月次神今食不及沙汰,依合戦中也,…一色五郎(義遠ヵ)〈中御門堀川〉以下被官人・清式部丞・同四郎左衛門尉・小笠原〈両人〉・杉原・一条道場以下諸所焼失了
1466	綱光公記暦記(東京大学史料編纂所研究紀要25)	応仁1(1467).6.11	堀川	一色義遠ヵ	京極(持清)以下向内野,一色五郎〈堀河〉家放火
*1467	経覚私要抄	応仁1(1467).6.12	中御門堀川	一色義遠ヵ	一両日以前大焼候ハ,一色五郎(義遠ヵ)屋形中御門堀川を,京極陣ニ可取之由申間自焼云々,折節大風吹テ北へ焼行之間,讃州屋形(成之)辺マテ焼了,仍讃州内者共多逢此災云々
*1468	(同上)	応仁1(1467).6.12	中御門堀川(付近)北方	細川成之	(同上)
1469	綱光公記暦記(東京大学史料編纂所研究紀要25)	応仁1(1467).6.12	室町殿(北小路北,室町東)(付近)	八幡社	飯尾下総守為数於御所門外〈八幡前〉被誅云々
1470	大乗院寺社雑事記	応仁1(1467).6.13	一条町(より北)	細川教春	十一日焼亡ハ,一条町ヲ上下ニ焼了,上ハ常葉井御所・白雲院大門・細川之下野(教春)屋形ニ至テ焼亡了,惣而所々毎日合戦ハ於十四箇所在之,姉小路亭焼了【※斎藤親基日記応仁1.1.11に細川下野民部少輔教春見ゆ】
1471	経覚私要抄	応仁1(1467).6.15	四条	四条道場(金蓮寺)	只今四条時衆自朝倉方下之,昨日武田(信賢)二条辺へ下之由聞及,朝倉待受相戦之間,武田勢八十計残少被打取了
*1472	後法興院記	応仁1(1467).6.17	鷹司烏丸	富樫政親	午刻終東方有火事,冨樫宿所〈鷹司烏丸〉也,自放火云々,家門以外近々也,木下土蔵〈家門地上也〉既焼了
1473	後法興院記	応仁1(1467).8.9	六角	佐々木六角高頼	去夜六角(佐々木高頼)宿所令自焼云々,山名(持豊)一揆也
1474	綱光公記暦記(東京大学史料編纂所研究紀要25)	応仁1(1467).9.21	広橋家宿所(鷹司烏丸)	広橋綱光	宿所(広橋綱光)炎上云々,存内事也,可歎々々,瑞雲院殿(勘解由小路兼綱)御代以来居住,已星霜積旧宅也
1475	綱光公記暦記(東京大学史料編纂所研究紀要25)	応仁1(1467).10.3	相国寺(一条北,今出川東)(付近)	籾井某	今日又敵陣責入,武家御蔵籾井宿所責落,〈右京大夫(細川勝元)被官安富民部(元綱)〉相国寺乱入
1476	応仁記(群20-392)	応仁1(1467).-.-	花御所(柳原室町南東)北	籾井某/富樫政親	花ノ御所ノ北モミ飯(籾井)ガ古屋敷,富樫介(政親)ガ跡ヨリ攻入ラント…
1477	応仁記(群20-411)	応仁1(1467).-.-	一条大宮	円弘寺/仏心寺	一条大宮ニ円弘寺・仏心寺
1478	大乗院寺社雑事記	明応2(1493).11.21	一条/武者小路/町/小川	一条冬良	一条殿御知行御地事,南ハ一条通,北ハ武者小路,東ハ町,西ハ小河ヲ附[限]ル御地也,南北行四十六丈三尺,東西行五十八丈余
1479	大谷本願寺通紀(大6-14-627)	未詳	出雲路	出雲路本堂/出雲路院	乗専…住京出雲路〈…出雲路本堂…今京一条浄教寺,是出雲路院旧跡也,浄教寺本在東辺石薬師街,近年移一条室町東南隅也〉
1480	(同上)	未詳	出雲路/東辺石薬師街/一条室町東南隅	浄教寺	(同上)
1481	山城名勝志21(大6-16-143)	未詳	東洞院三条北	曇華院	曇華院 在東洞院三条北

No.	典拠	年月日	地名	居住者・施設名	史料本文
1482	地蔵院文書（大6-28-497）	未詳	衣笠山	衣笠家良／地蔵院／細川頼之	西ノ岡衣笠山ハ古ノ歌人衣笠内□［大］臣（藤原家良）之旧跡也，貞治六年管領細川武蔵守頼之公買得被成候，於此所地蔵院御建立
1483	地蔵画像記（大6-28-499）	未詳	千本	千本辺之堂	地蔵院当代住持周韶，一日謁北野廟之次，於千本辺之堂暫［暫］憩，其堂本尊無量寿仏也
1484	戒浄院敷地指図（壬生家文書2-195）	未詳	土御門北壬生東／主殿小路西	戒浄院	（指図）
1485	拾芥抄（下，諸寺部第9，諸寺）	未詳	一条北西大宮西	大将軍堂（上大将軍堂）	大将軍堂〈上，一条北・西大宮西，中，高辻北・万里小路東，下，七条北・東洞院西，已上有三箇所〉
1486	（同上）	未詳	高辻北万里小路東	大将軍堂（中大将軍堂）	（同上）
1487	（同上）	未詳	七条北東洞院西	大将軍堂（下大将軍堂）	（同上）
1488	山城醍醐寺文書（南九6-6808）	未詳	佐女牛	佐女牛若宮	醍醐寺方管領諸門跡等目録…佐女牛若宮別当職…三条坊門八幡宮別当職…高倉天神別当職
1489	（同上）	未詳	三条坊門	三条坊門八幡宮	（同上）
1490	（同上）	未詳	高倉	高倉天神社／天神社（高倉天神）	（同上）
1491	山城名勝志（巻之七，北野御旅所）	未詳	勘解由小路北紙屋川西	北野御旅所	北野御旅所〈在勘解由小路北，紙屋川西〉／北野宮小神次第云，三社御旅所〈老松，文子〉坐自本社南八町，〈文子社西京下立売北惣土堤東坐，老松社文子社北一町許森内坐〉

居住者・施設名索引

凡例

・居住者名と施設名は、漢字音順・画数順に排列した。
・居住者名は概ね、判明する限り、上～中級廷臣・武士等を〈一般的家名＋名〉で、下級官人等を（小槻姓壬生・大宮家を除き）〈姓＋名〉で、僧を名で（禅僧のみ〈道号＋名〉で）立項した。また女院は〈家名＋名（院号）〉で、宮号を持つ皇族は〈宮号＋名〉で立項した。
・判名する限り、付加的情報（法名・別名・属性・所属等）を各人・各施設名に付記した。
・内裏と仙洞を区別するため、天皇と上皇は別個に立項した。
・佐々木京極・正親町三条等、複合的家名を名乗る者は、煩を厭わず複合的家名で立項した。また廷臣の四条院各家（鷲尾・北畠・油小路等）は〈四条某〉として、日野流各家（烏丸・土御門・東洞院・武者小路・裏松・柳原等）は〈日野某〉として立項した。
・時衆道場は、〈某道場（某寺）〉として立項した。

地名→居住者・施設名対照表

安居院→安居院坊, 常光院, 摂津能秀, 中原職富, 中原職豊, 籠光照院

衣笠→細川頼之, 地蔵院

衣笠山→衣笠家良, 細川頼之, 地蔵院

一条（付近）→衣服（エミ）寺, 一色治部少輔, 橘知興, 五辻俊氏, 後花園天皇, 後小松上皇, 四条隆富, 四辻季保, 寺町（細川勝元被官）, 称光天皇, 細川勝元, 大宮長興, 内藤（細川勝元被官）, 鎮守八幡宮, 日野東洞院資教（旅宿）, 法住院（相国寺）, 籾井某, 鹿苑院（相国寺）

一条→安倍資為, 安倍資為ヵ, 安倍資行, 衣服（エミ）寺, 一条経嗣, 一条経通, 一条兼良, 一条正規道場, 一条西洞院道場, 一条冬良, 一条道場（迎称寺）, 一条道場（迎称寺）ヵ, 円弘寺, 河前堂, 革堂, 覚円寺, 乾徳院（相国寺）, 観音堂, 観音堂風呂, 吉田兼名, 吉良俊氏, 恵見寺, 恵見寺薬師堂, 五辻俊氏, 五辻政仲, 五辻重仲, 後円融天皇, 後園（公方御所侍）, 後花園天皇, 後小松上皇, 後小松天皇, 後醍醐天皇, 広橋兼郷（宣光, 親光）, 光明天皇, 行願寺, 高屋松法師丸（細川持賢被官）, 高師直, 今出川実富, 三善興衡, 四条（鷲尾）隆職, 四条（油小路）隆信, 四辻季保, 斯波義将, 斯波義重, 慈光寺持経, 衆林寺, 相国寺, 相国寺（法界門）, 称光天皇, 浄教寺, 浄菩提寺, 新玉津島社, 新善光寺, 仁清坊, 壬生（源）雅宗, 世尊寺, 正親町三条実雅, 西雲庵, 西園寺公名, 清六郎左衛門尉（細川氏被官）, 細川教春, 細川氏久, 細川氏被官, 細川勝久, 細川常有, 細川成之, 赤松義雅, 宣旨ノ三位（民部卿三位, 護良親王母）, 善住坊（禅住坊ヵ）, 素玉庵, 足利義教, 足利義政, 足利義詮, 太子堂, 大将軍堂（上大将軍堂）, 大峯所, 大和理政（奉公衆）, 地蔵堂, 知色庵, 中原師世, 中山定親, 鎮守八幡宮, 庭田重賢, 庭田重有, 貞阿弥陀仏道場, 堤弥三郎（伊勢氏被官）, 鵜高（細川常有被官）, 典侍（内裏上臈）, 田向経良, 土蔵（扇）, 稲荷大明神, 洞院実凞, 日吉神輿造替行事所, 日野時光, 日野西国盛, 日野東洞院資教, 日野裏松重子, 日野柳原尚光, 入江殿, 念仏堂, 畠山満家（道端）, 飯尾為継（幕府奉行人）, 百万反ノ堂, 富松但馬守, 武藤用定（奉公衆）, 伏見宮貞常親王, 伏見宮貞成親王（後崇光院）, 仏心寺, 宝伝寺, 法界門（相国寺）, 北野経王堂（経堂）, 卜部兼凞, 卜部兼種, 卜部兼直子孫, 卜部兼豊, 万里小路時房, 薬師堂, 廬山寺, 良兼（一乗院）, 綾小路政賢, 綾小路有俊, 鹿苑院（相国寺）

因幡堂（東門前）→飯尾為行（幕府奉行人）

烏丸（付近）→下毛野武遠, 後花園天皇, 後小松上皇, 佐々木六角満綱, 称光天皇, 浄華院, 正親町持季, 大慈院, 二条持基, 日野東洞院資教, 万里小路時房, 薬師堂土蔵, 六角堂

烏丸→安富（大内教弘被官）, 因幡堂, 右衛門督内侍, 押小路烏丸道場, 勘解由小路兼綱, 勘解由小路光業, 祇園社御旅所（大政所）, 久我通宣, 御旅所, 金山（持真ヵ, 備中入道ヵ, 奉公衆ヵ）, 後園（公方御所侍）, 後光厳天皇, 後小松上皇, 後土御門天皇, 広橋（勘解由小路）仲光, 広橋兼郷（宣光, 親光）, 広橋綱光, 広橋仲子（崇賢門院）, 光香院, 光明天皇, 行願寺, 香光院, 山科教冬, 山名時氏, 杉原光盛, 四辻季保, 斯波義淳, 斯波義敏被官, 寿阿（弥）（医師）, 樹下社, 如意輪堂, 進藤為重（近衛道嗣祗候人）, 新玉津島社, 仁木義尹, 正親町三条実雅, 正親町三条実継, 西雲庵, 足利義政, 太子堂, 大館教氏（奉公衆）, 大炊御門信宗, 大炊御門信量, 大内盛見, 大和左近蔵人（細川氏被官）, 丹波治康, 丹波盛長, 中院通氏, 長富（大内教弘使内藤代官）, 堤有家（伊勢貞親被官）, 典侍（内裏上臈）, 土御門親賢, 土蔵（扇）, 樋口道場, 楠葉新右衛門尉, 二条烏丸道場, 二条持基, 二条持通, 二条良基, 日野東洞院資教, 日野柳原尚光, 入江殿, 富樫政親, 富松但馬守, 武家之輩, 伏見宮貞成親王（後崇光院）, 宝伝寺, 弥阿弥陀仏道場, 妙御局母, 薬師堂, 誉田入道（畠山氏被官）, 六角堂, 六条道場（歓喜光寺）ヵ, 和気保成

永昌坊→大館満信（奉公衆）

塩小路（付近）→稲荷社

塩小路→塩小路河原口道場, 顕性, 存覚

押小路→押小路烏丸道場, 押小路道場, 後光厳

天皇，光香院，光明天皇，行願寺，香光院，三条実忠，崇光天皇，西向尼（日野裏松栄子母），赤松満祐，足利義嗣，足利義詮，足利直義，大番役所，中原師夏，中原師勝（性存），中原師豊，中原師野，土岐氏，楠葉新右衛門尉，二条持基，二条持通，二条良基，比丘尼庵，妙本寺
横小路→安楽光院
下京→小倉宮聖承
下醍醐→清滝宮
下辺→佐々木京極高氏（導誉）
花園→萩原殿，常楽院，妙心寺
花開院→花開院，佐々木塩冶（奉公衆），十王堂
河崎→久我長通，久我通光カ，大光明寺，土御門通親
河原口→塩小路河原口道場
河東→光堂，聖護院，土岐詮直
勘解由小路（付近）→花山院持忠，海住山清房，浄居庵（浄瑚庵），清原良賢，日野裏松義資
勘解由小路→伊庭入道（佐々木六角氏被官），一色義貫，右衛門督内侍，花山院長定，乾篤蔵主，勘解由小路兼言，勘解由小路在貞，勘解由小路朱雀道場，勘解由小路木辻社，紀親文，慶林寺，五辻家経後家跡，広橋仲子（崇賢門院），甲斐将久（常治，斯波義健執事），斯波義将，斯波義敏被官，斯波義廉，周紹蔵主，宗福寺，浄居庵（浄瑚庵），清閑寺家俊，清原業忠，摂津満親（常承），川行寛，帥法印（仏所），二階堂時綱（行諲），日野武者小路資世，北野御旅所
岩倉→義運，大雲寺
祇園→佐々木京極高秀，白堂
祇園社西大門→小串秀信（奉公衆）
祇園大路→大仏之堂，竜樹寺
祇園中道→弘福寺
菊亭（菊第）→今出川公直，崇光上皇
菊亭（菊第）隣→洞院公賢
吉田→勧修寺経顕，勧修寺経重，勧修寺経方
九条→海住山清房，大聖寺，東寺，唐橋在豊，不断光院
牛王辻子→小串詮行カ（奉公衆カ）
御子左→御子左為遠
御倉町→斎藤新兵衛（幕府奉行人カ）被官
御領（霊）殿→近衛房嗣
御領殿辻子→聖寿寺
京極（付近）→吉良満義
京極→安富（細川氏被官），伊庭入道（佐々木六角氏被官），越前前司某，勘解由小路兼綱，勘解由小路光業，祇陀林地蔵堂，吉良満義，京極寺，金蓮寺，賢俊（三宝院），厳島社領，後醍醐天皇，広橋（勘解由小路）仲光，高屋松法師丸（細川持賢被官），国府社，佐々木京極高氏（導誉），佐々木京極高秀，佐々木京極高数，佐々木京極高詮，佐々木京極持光，佐々木京極持清，三条京極寺，三宝院壇所，四条京極道場，四条道場（金蓮寺），釈迦堂，宗福寺，小串政行（奉公衆），神保長誠（畠山政長執事），仁木義長，井納蔵人（畠山氏被官），清和院，千手堂，足利義詮，足利尊氏，足利直冬，大番役所，池庵，中条，中条秀長（奉公衆），中条長秀（元威，奉公衆），中条満平（奉公衆），長井広秀，南御所（足利義教妹），日野裏松資康，念仏堂，白山御（小ィ）社，畠山持国（徳本）被官，富樫持春，法成寺，卜部兼継，本願寺，遊佐兵庫允（畠山氏被官）
京都→小笠原清順（長基），長沼義秀
頬辻子→一条西洞院道場，一条道場（迎称寺），中原師世
近衛（付近）→後花園天皇，広橋兼宣，山科教有，称光天皇，大館教氏（奉公衆），大館持房（奉公衆）
近衛→奥御賀丸カ，花山院兼定，花山院持忠，海住山清房，吉田兼名，近衛道嗣，近衛道場，近衛房嗣，谷坊春英，獄門，山名時氏，進藤為重（近衛道嗣祗候人），成仏寺，尊胤法親王（梶井），大館教氏（奉公衆），大館持房（奉公衆），大嘗会主基行事所，大内持世，大内持世被官，丹波治康，中山親雅，土肥（奉公衆カ，外様衆カ），日野東洞院資親，畠山義忠，畠山持国（徳本），豊原家秋，房玄（地蔵院），鷹司房平，冷泉持和
錦小路→安威性遵（幕府奉行人），安東高泰（奉公衆），安倍春言，安倍尚言，結城直朝，源季景，光堂，今川貞世（了俊），三尊院，俊慶，松田善通（幕府奉行人），細川顕氏，細川勝元被官，禅忍房，足利義詮，足利直義，足利直冬，太子堂，那須，知恩院，中条，中条秀長（奉公衆），中条満平（奉公衆），鳥堂，土岐頼康（善忠），白毫院，普翠庵，宝城房

堀川(付近)→細川成之

堀川→一色義遠ヵ, 一色義貫, 一色詮範, 一色中務少輔(持範ヵ), 吉見詮頼, 堀川具孝, 堀川道場, 源季景, 国兼(新左衛門尉), 今川貞世(了俊), 山口弾正母, 山名教之, 俊慶, 隼社, 小早川重景, 浄菩提寺, 成仏寺, 清澄寺, 細川顕氏, 細川常有, 赤松範資, 赤松満祐, 千葉胤泰, 曽我教助ヵ(奉公衆ヵ), 荘厳寺, 足利義詮, 足利直義, 那須, 鵜高(細川常有被官), 土岐氏, 東益之, 東寺, 南滝院坊舎, 日経(一意房), 日伝, 本国寺, 本国寺妙法華院, 妙見寺, 妙本寺, 毛利時親, 友阿(左衛門大夫入道), 遊佐国長(畠山氏被官), 冷泉院町

桂→観音寺

建仁寺→建仁寺再来院, 畠山持国(徳本)

源氏町→久我長通

五条(付近)→因幡堂, 上杉一族

五条→因幡堂, 円福寺, 海部氏重, 歓喜光寺, 五条天神社, 五条法華堂, 岡(富樫昌家被官), 香西藤井(細川氏被官), 佐々木鞍智高春(奉公衆), 矢部, 矢野是林(幕府奉行人), 斯波義将, 春日神人集会所(兼大宿所), 如意輪堂, 松田貞秀(幕府奉行人), 信楽寺, 新玉津島社, 正玉房, 清原宗種, 赤松満祐, 大内満世, 地蔵堂, 中原康富家墳墓, 長沼秀行, 長尾(上杉氏被官), 天神社(五条天神), 東寺, 念仏道場, 飯尾為行(幕府奉行人), 法喜坊, 薬師堂, 六条道場(歓喜光寺)

五条坊門(付近)→二条持基

五条坊門→円福寺, 円融寺, 顕性, 厳島社領, 矢田地蔵堂, 松井(医師), 仁木義長, 清澄寺, 細川満久, 存覚, 多胡某(山名満幸被官→佐々木京極高詮被官), 詫美七郎(斯波義健被官), 大館満信(奉公衆), 地蔵堂, 中原康富女加々御, 頂法寺, 福昌寺, 法華衆, 六角堂

五辻→近衛基嗣, 金輪院, 景愛寺塔頭所, 景物庵, 建聖院, 光明寺, 承顕僧都, 千福寺, 長福寺, 南芳軒, 富明王, 楞伽寺

岡崎→佐々木六角義信, 佐々木六角氏頼(崇永), 三条公冬, 常住院

高橋(祇園社近辺)→佐々木京極高氏(導誉), 佐々木京極秀綱

高倉(付近)→花山院持忠, 後花園天皇, 三光院, 四条隆富, 松田貞清(幕府奉行人), 称光天皇, 清原業忠, 清原宗業, 清原良賢, 中原師右(文庫), 中原師守, 通玄寺, 等持寺, 日野裏松義資

高倉→阿五(女官), 安威新左衛門(詮有ヵ)(幕府奉行人), 衣服(エミ)寺, 因幡堂, 蔭山道筠, 海住山清房, 乾篤蔵主, 吉田兼之, 吉田兼名, 九条隆教, 久我長通, 恵見寺薬師堂, 源師房, 後円融天皇, 後花園天皇, 後光厳天皇, 後小松天皇, 後醍醐天皇, 高倉永季, 高倉永基, 高倉永行, 高倉永豊青侍, 高倉天神社, 国兼(新左衛門尉), 今川範国, 佐々木鞍智高春(奉公衆), 斎藤基名(幕府奉行人), 三条厳子(通陽門院), 三条公光, 三条公冬, 三条実冬, 三条実量, 斯波高経, 斯波氏, 慈光寺持経, 周紹蔵主, 松井(医師), 上池軒円祐, 浄居庵(浄瑚庵), 新浄光院, 仁勝寺, 仁木頼章, 正雲房寺, 成恩院, 清原業忠, 聖雲房, 川尻肥後守(幸俊ヵ), 川忠行, 禅親(松梅院), 足利義政, 足利義詮, 足利尊氏, 足利直義, 粟飯原詮胤, 多賀高忠(佐々木京極持清被官), 多胡某(山名満幸被官→佐々木京極高詮被官), 大炊御門高倉道場, 大炊御門道場(聞名寺)ヵ, 大内詮弘(奉公衆), 旦過庵, 中御門宣明, 中原師守家墓所, 庭田幸子, 庭田幸子(敷政門院), 庭田重賢, 庭田重有, 天神社(高倉天神), 天満宮, 渡辺(山名時氏被官), 唐橋在豊, 稲荷大明神, 藤原懐国, 藤原懐国番匠, 徳大寺公有, 日野烏丸資任, 日野西国盛, 日野西盛光, 日野裏松重子, 日野裏松重政, 百万遍堂, 不断光院領, 武家大名, 伏見宮貞常親王, 伏見宮貞成親王(後崇光院), 坊門中将(信守ヵ), 万寿寺, 明石縫殿(幕府奉行人), 薬師堂, 友阿(左衛門大夫入道), 熊谷下野守(奉公衆), 綾小路政賢, 輪光院

高辻(付近)→二条持基

高辻→安威性遵(幕府奉行人), 因幡堂, 海部氏重, 祇園社御旅所(大政所), 吉見詮頼, 御旅所, 香西藤井(細川氏被官), 今川範国, 佐々木五郎左衛門尉, 佐々木仲親, 佐々木六角満高, 斎藤基名(幕府奉行人), 山口弾正母, 新浄光院, 仁木頼章, 清秀定(幕府奉行人), 清隆寺, 細川満久, 川尻肥後守(幸俊ヵ), 荘厳寺, 大館満信(奉公衆), 大将軍堂(中大将軍堂), 旦過庵, 東寺, 樋口道場, 二階堂道本, 六

角堂
高尾→土岐持頼
高陽院町→花山院家賢,勘解由小路兼綱,広橋(勘解由小路)仲光
糠辻子→不断光院領
今朱雀→光明寺
今出川(付近)→衣服(エミ)寺,一色治部少輔,橘知興,後小松上皇,光厳上皇,寺町(細川勝元被官),称光天皇,細川勝元,内藤(細川勝元被官),鎮守八幡宮,日野東洞院資教(旅宿),法住院(相国寺),籾井某,綾小路信俊,鹿苑院(相国寺)
今出川→伊勢貞国,伊勢貞親,衣服(エミ)寺,河前堂,乾徳院(相国寺),紀氏郷,恵見寺,後光厳天皇,後小松上皇,高師直,今出川公直,今出川実富,三条西公保,三善興衡,相国寺,称光天皇,瑞春院,正親町三条公綱,正親町三条実雅,西園寺公名,細川氏被官,摂津満親(常承),宣旨ノ三位(民部卿三位,護良親王母),足利義視,足利義詮,足利義満,足利尊氏,中原康顕,中山定親,鎮守八幡宮,田向経良,洞院実熈,日野柳原資明,日野柳原忠光,富樫持春,法界門(相国寺),綾小路有俊,鹿苑院(相国寺)
今出川大路→後円融天皇,後光厳上皇
今小路→行賢(師阿闍梨),三善景衡,百万遍堂,不断光院領
佐女牛→佐女牛若宮,大友氏時,大友親世
嵯峨(洪恩院)→小川禅尼,伏見宮栄仁親王
嵯峨→香厳院,斯波義将,斯波義重(義教,道孝),斯波氏経,宗福寺,小淵観空寺,小倉宮聖承,織田浄祐(斯波義将被官),正親町三条実雅,清涼寺,細川頼之,赤松則祐,摂取院,足利義持妹某,大覚寺,天竜寺,東野殿御所,二尊院,日野裏松重子,畠山持国(徳本)継母,伏見宮栄仁親王,法花寺
三条(付近)→首藤(赤松持貞家人),中原師守,通玄寺,等持寺
三条→安国寺,安富(細川氏被官),観音堂,久我長通,久我通光,久我通雄,御子左為遠,広橋(勘解由小路)仲光,高師光,三条京極寺,三条公忠,三条実忠,三条八幡宮(御所八幡),山名時氏,杉原光盛,斯波高経,斯波氏,石瀬二郎(諏方円忠代官イヌマノ中務使者),十市遠清親,上杉憲顕,上杉重能,上杉能憲(大草氏邸),仁木義長,世尊寺行忠,細川義之,細川持元,細川清氏,細川満元,曽下(曽我カ),足利義持,足利義詮,足利尊氏,足利直義,粟飯原詮胤,大館満信(奉公衆),大草太郎左衛門尉(奉公衆),大草妙香(奉公衆),大内詮弘(奉公衆),智教,中原師香,中原師守,中原師茂,長福寺,通玄寺,東益之,曇華院,日野裏松栄子,白山御(小ィ)社,坊門中将(信守カ),明石縫殿(幕府奉行人),律院,六角堂
三条坊門(付近)→佐々木六角氏頼,細川頼之,足利義満,二条持基
三条坊門(隣接カ)→広橋兼宣
三条坊門→庵,伊勢貞経,一色持信,河津了全,覚雄(地蔵院),弘阿弥陀,高倉永藤,佐々木近江次郎,三条八幡宮(御所八幡),三条坊門八幡宮,上池軒円祐,仁木頼章,西向尼(日野裏松栄子母),細川満久,赤橋登子,足利義教,足利義嗣,足利義持,足利義詮,足利義満,足利尊氏,足利直義,大館満信(奉公衆),中院通顕,中院通冬,中原師夏,中原師勝(性存),中原師野,頂法寺,鎮守八幡宮,通玄寺,土岐氏,等持寺,二条持基,日野裏松義資,念仏堂,能勢三位,富樫持春,富樫満成,坊門信守,遊佐兵庫允(畠山氏被官),六角堂,或阿弥陀仏道場
山東(乙訓郡)→大覚寺
四条→革王子,祇園社神事所,金蓮寺,結城顕朝,結城直朝,香蔵房,国兼(新左衛門尉),佐々木京極高氏(導誉),佐々木京極高秀,佐々木京極高数,佐々木京極高詮,佐々木京極持光,佐々木京極持清,斎藤基喜(幕府奉行人),士仏房,四条京極道場,四条道場(金蓮寺),四条法華堂,志賀満(細川氏被官カ),資道房,七条道場(金光寺),釈迦堂,小串秀信(奉公衆),小早川義春,小早川弘景,小早川盛景,小早川重景,小早川重宗,浄阿弥陀,仁勝寺,正雲房寺,聖雲房,千葉胤泰,善浄房,禅親(松梅院),足利直冬,太子堂,多賀高忠(佐々木京極持清被官),地蔵堂,中原師守家墓所,土佐房,土肥房,日野裏松資康,念仏堂,坂上明清,蒲生彦六郎(佐々木六角氏被官),友阿(左衛門大夫入道),六条法華堂
四条坊門(付近)→佐々木六角満綱,大慈院,中

原師右（文庫），六角堂
四条坊門→横地遠江守ヵ（奉公衆ヵ），犬堂，賢俊（三宝院），顕詮，高丹州（吉良氏被官ヵ），雑賀貞阿（幕府奉行人），三宝院壇所，山口弾正左衛門，山口弾正左衛門母，諏訪神左衛門尉（幕府奉行人），十禅師社，仁木義長，細川御局（御タカ），細川頼之，倉栖，足利義詮，足利満詮，大館満信（奉公衆），地蔵堂，中条長秀（元威，奉公衆），二条良基，本願寺，芦名盛久，芦名盛政
四辻→後光厳天皇，日野柳原資明，日野柳原忠光
四辻小路→後円融天皇，後光厳上皇
芝→勧修寺経重，山名持豊，芝薬師，洞院公定，洞院実煕
姉小路（付近）→佐々木六角氏頼，細川頼之，足利義満
姉小路→安威新左衛門（詮有ヵ）（幕府奉行人），伊勢外宮，因幡堂，国兼（新左衛門尉），佐々木六角満高，姉小路八幡，仁木義尹，細川満久，足利義教，足利義持，足利義詮，大館満信（奉公衆），土御門親賢，妙本寺，友阿（左衛門大夫入道），六角堂
枝橋（東山）→高師泰，唐橋在登
紙屋川→北野御旅所
紫野→大徳寺，無量寿院
持明院西大路（付近）→今出川公直，松殿忠冬，洞院公賢
持明院西大路→安楽光院，尊道法親王，洞院公賢，洞院実夏，普門寺長老
持明院殿→光厳上皇，光明上皇，光明天皇，松殿忠冬，崇光天皇，洞院公賢
持明院北大路（付近）→松殿忠冬，洞院公賢
持明院北大路→後円融天皇，光厳上皇，松殿忠冬，洞院公賢，洞院公定
七条（付近）→壬生（小槻）某ヵ（建武三年以来記記主）
七条→季成（姓不詳，左近中将），吉祥院，金光寺，四条道場（金蓮寺），斯波高経，七条道場（金光寺），石塔頼房，小早川煕平，松尾社神輿御旅所，赤松則祐，禅仏寺，足利義詮子某，多久俊，大将軍堂（下大将軍堂），中御門明豊，東寺，蓮社
七条坊門→因幡堂，河原院，菅大臣御社，玉津島社，矢田地蔵，如意輪堂，浄光院，信楽寺，新玉津島社，盛元寺，大内持世，天神社（五条天神社ヵ），万寿寺，六条道場（歓喜光寺）
室町（付近）→御霊社，後光厳天皇，今出川公直，四辻季顕，常磐井宮直明王，崇光上皇，足利義詮，大館教氏（奉公衆），大館持房（奉公衆），洞院公賢，洞院公定，二条持基，日野時光，日野土御門保光，日野柳原忠光，八幡社，良憲
室町→一条経通，一条兼良，一色義直，一色教親，因幡堂，賀茂清栄，賀茂清尚，賀茂清繁，菅大臣御社，歓喜光寺，岩蔵姫宮，吉良俊氏，玉津島社，近衛道嗣，近衛房嗣，顕性，後円融天皇，後光厳上皇，後光厳天皇，後小松天皇，後醍醐天皇，弘誓院，甲斐将久（常治，斯波義健執事），光香院，光尚（陰陽師），光明天皇，香光院，高師光，高倉永藤，佐々木六角満高，三条実忠，三条実量，三福寺，山科教言，四辻季保，矢田地蔵，矢部，矢野是林（幕府奉行人），斯波義将，斯波義重，七条弥二郎，駿川入道，如意輪堂，浄華院，浄教寺，浄光院，織田浄祐ヵ（斯波義健被官），信楽寺，新玉津島社，壬生（源）雅宗，崇光上皇，正玉房，正親町三条公秀，正親町三条実継，清承（浄南院），盛元寺，細川持之，細川満久，赤松師範ヵ，禅仏寺，足利義教，足利義持，足利義勝，足利義政，足利義満，粟田口長方，存覚，尊胤法親王（梶井），大館教氏（奉公衆），大館持房（奉公衆），大館満信（奉公衆），大宮長興，大内盛見，大内某（奉公衆ヵ），丹波治康，丹波頼直，地蔵堂，中原師勝（性存），中山親雅，中山定親，中沢信綱（幕府奉行人），頂法寺，堤弥三郎（伊勢氏被官），堤有家（伊勢貞親被官），天神社（五条天神社ヵ），桃井直知，二条持基，二条持通，日野裏松勝光，日野柳原資明，日野柳原忠光，富樫持春，富樫政親，法華堂，北坂禅尼，卜部兼煕，卜部兼直子孫，卜部兼豊，万寿寺，妙行寺，籾井某，鷹司房平，冷泉持和，六角堂，六条道場（歓喜光寺），和気益成妻女
櫛笥→久我長通，久我通光，久我通雄，金蓮院坊，智教，福昌寺
車大路→厳島社領
石薬師街→浄教寺
主殿小路→戒浄院

小路光業，紀遠弘ヵ，紀定直，吉田兼名，久我長通，久我通基，久我通雄，金光寺，賢俊（三宝院），五辻俊氏，広橋（勘解由小路）仲光，光雲寺，岡（富樫昌家被官），高師泰，高倉永藤，谷坊春英，獄門，山科教行，山名時氏，春日神人集会所（兼大宿所），上杉憲顕，上杉能憲（大草氏邸），上野顕兼，常住寺，常福寺，信楽寺，進藤為重（近衛道嗣祇候人），仁木義長，正親町三条公秀，成仏寺，清秀定（幕府奉行人），細川清氏，赤松教康，赤松満祐，足利義勝，詫美七郎（斯波義健被官），大光明寺，大草太郎左衛門尉（奉公衆），大草妙香（奉公衆），大内持世，大峯所，地蔵堂，中原康富女加々御，中原師孝，中原師世，長講堂，貞阿弥陀仏道場，土岐蜂屋某，念仏堂，念仏道場，波多野元尚（奉公衆），飛鳥井雅縁，飛鳥井雅世，百万反ノ堂，武藤用定（奉公衆），豊原家秋，坊門信守，万寿寺，明栄寺，明盛，六条殿，六条道場（歓喜光寺），六条法華堂

西八条→遍照心院

清水山→斯波義将

清水坂→斯波義将，珍皇寺，楠木正儀

千種町→久我長通，具平親王

千本→花界院僧，歓喜寺，京極実種，聖天，千本之院，千本辺之堂，大報恩寺（千本釈迦堂），大報恩寺（千本釈迦堂）塔頭ヵ，地蔵院ヵ，地蔵院，中院通冬，畠山義就

粟田口→花山院長定，帥法印（仏所）

大宮（付近）→大宮長興

大宮→円弘寺，吉祥院，御子左為遠，近衛基嗣，金輪院，景愛寺塔頭所，犬堂，光明寺，衆林寺，小早川凞平，承顕僧都，常光院，新善光寺，世尊寺，清原宗種，細川勝久，千福寺，素玉庵，大宮猪熊道場，大宮長興，大悲心院跡，長福寺，東寺，唐橋在直，唐橋在登，唐人宿所，樋口大宮道場，日野東洞院資教家人，日野武者小路資世，非人以下風呂，富明王，仏心寺，法華衆，律院，楞伽寺

大谷→顕性，大友氏時，大友親世

大将軍堂→下大将軍堂，上大将軍堂，中大将軍堂

大炊御門→伊勢貞継，蔭山道筠，花山院家賢，勘解由小路兼綱，紀遠弘ヵ，吉田隆長，金光寺，結城氏朝，広橋（勘解由小路）仲光，山名教之，四条（油小路）隆夏，少納言法眼，上野顕兼，常楽寺，井納蔵人（畠山氏被官），正親町三条公秀，曽我教助ヵ（奉公衆ヵ），大光明寺，大炊御門高倉道場，大炊御門信宗，大炊御門信量，大炊御門道場（聞名寺），大炊御門道場（聞名寺）ヵ，中院通氏，中原師利，洞院公賢，洞院実守，洞院実泰，畠山義忠，畠山義富，畠山持国（徳本），畠山持国（徳本）被官，卜部兼音，冷泉院町

大徳寺東路→大徳寺，不動堂

大和大路→大友親世

内野→覚蔵坊，願成就寺，北野経王堂（経堂），北野輪蔵堂

内裏裏築地→須賀清秀（足利尊氏近習）

檀那寺→檀那寺，飯尾為数（幕府奉行人）

智恵光院→佐川（土佐国人）

竹林院→西園寺公重

中院→久我長通

中院町→久我通宣

中園殿（亭，第）（洞院公賢亭）→光厳上皇，洞院公賢

中園殿（亭，第）（洞院公賢亭）近隣→松殿忠冬，洞院公賢

中園殿（亭，第）（洞院公賢亭）隣家→今出川公直

中園殿（亭，第）（洞院公定亭）→後円融天皇，洞院公定

中御門（付近）→花山院持忠，海住山清房，三光院，松田貞清（幕府奉行人），浄居庵（浄瑚庵），清原業忠，清原宗業，清原良賢，細川成之，日野裏松義資

中御門→伊勢貞継，一色義遠ヵ，一色詮範，一色中務少輔（持範ヵ），乾篤蔵主，勘解由小路兼綱，勘解由小路光業，祇陀林地蔵堂，吉田兼之，隅田能治（畠山義就被官），広橋（勘解由小路）仲光，甲斐将久（常治，斯波義健執事），佐々木岩山持秀（奉公衆），山科教行，斯波義淳，持宝，周紹蔵主，浄居庵（浄瑚庵），常盤井宮満仁親王，常福寺，織田浄祐ヵ（斯波義健被官），新宮社，成仏寺，清原業忠，精明神，摂津満親（常承），大嘗会主基行事所，中御門宗継女，中御門宗重，中御門俊輔，中御門宣明，中御門冬定，長富（大内教弘使内藤代官），土岐蜂屋某，唐橋在直，唐橋在登，日野

烏丸豊光，日野裏松義資，畠山義忠，畠山持国（徳本），遊佐国助（畠山義就被官），熊谷下野守（奉公衆），冷泉経隆

中京→因幡堂，佐々木六角満高，細川満久，大館満信（奉公衆），六角堂

猪熊→円福寺，円融寺，高橋員職，山名熈貴，浄福寺，常福寺，細川氏久，川行寛，善住坊（禅住坊ヵ），曽我教助ヵ（奉公衆ヵ），太子堂，大宮猪熊道場，大嘗会主基行事所，中原康富家墳墓，澄尊（松井房），田原貞広，唐人宿所，樋口大宮道場，日野東洞院資親，日野武者小路資世，卜部兼種，卜部兼繁，妙本寺，涌泉寺，廬山寺，良兼（一乗院），良春ヵ，冷泉院町

町（付近）→後小松天皇，斎藤基恒（幕府奉行人），斎藤基貞（幕府奉行人），七条道場（金光寺），浄華院，清貞綱（幕府奉行人），大炊御門信量，二条持基，熊谷某（奉公衆ヵ），鷹司房平

町→安東高泰（奉公衆），伊勢外宮，一言観音寺坊主，一条経嗣，一条兼良，一条冬良，院町，覚雄（地蔵院），勧修寺経顕，歓喜光寺，御霊御旅所，近衛道嗣，近衛良嗣，金阿（赤松貞村被官），金光寺，高師泰，佐々木大原持綱（奉公衆），四条（鷲尾）隆右，矢野是林（幕府奉行人），織田浄祐ヵ（斯波義健被官），新宮社，正玉房，正親町三条公秀，西洞院知高，細川教春，細川勝元被官，精明神，赤松義雅，赤松範資，足利義持，存覚，丹波頼豊遺跡，地蔵堂，中山親雅，道性，二階堂忠行，二条持基，日野土御門長淳，日野東洞院資親，日野武者小路資世，白雲寺，浦上性貞ヵ（赤松氏被官），邦世親王，卜部兼音，妙楽寺，毛利時親，六条道場（歓喜光寺）

転法輪→今出川教季，足利義政，日野烏丸資任，畠山持永，遊佐国長（畠山氏被官）

転法輪大路→三条公忠

土御門（付近）→右衛門督内侍，後小松上皇，斎藤基恒（幕府奉行人），斎藤基貞（幕府奉行人），称光天皇，清貞綱（幕府奉行人），東坊城秀長，日野東洞院資教，熊谷某（奉公衆ヵ），鷹司房平

土御門→阿五（女官），一条経通，戒浄院，勘解由小路兼綱，勘解由小路光業，久我長通，近衛房嗣，賢俊（三宝院），源師房，後円融天皇，後花園天皇，後光厳上皇，後光厳天皇，後小松天皇，後土御門天皇，広橋（勘解由小路）仲光，光厳天皇，光済（三宝院），光明天皇，高橋員職，高倉天神社，佐々木大原持綱（奉公衆），斎藤修理亮（細川勝元被官），三条厳子（通陽門院），三条公光，三条公冬，三条実冬，三条実量，三福寺，四条（油小路）隆夏，駿川入道，上長講堂，浄華院，水無瀬具兼，崇光天皇，清厳正徹，清承（浄南院），千秋勝季（奉公衆），川忠行，足利尊氏，足利直義，大館教氏（奉公衆），大館持房（奉公衆），大宮長興，大中臣藤直，丹波定長，池庵，中院通顕，長講堂，庭田幸子，庭田幸子（敷政門院），堤有家（伊勢貞親被官），天神社（高倉天神），土御門定長，陶山勝宗（奉公衆），洞院公定，伴野出羽守（長房ヵ），飛鳥井雅縁，飛鳥井雅世，富松但馬守，伏見宮貞常親王，伏見宮貞成親王（後崇光院），法身院，満済（三宝院），妙楽寺，陽徳門院媄子内親王，鷹司房平，綾小路有俊，和気保成

東九条→大聖寺

東山→永寿寺，加賀爪行貞，果宝，岩栖院，吉祥薗院，興聖寺，景雲庵，建仁寺，建仁寺大竜庵，佐々木鞍智高春（奉公衆），秀村（隠岐守），汁谷道場，如意寺，小早川熈平，浄土寺，細川満元，双林寺，太子堂，地持庵，仏光寺，別源円旨，法輪院

東寺→佐々木京極高氏（導誉），足利義詮

東寺角房→粟飯原清胤

東洞院（付近）→後花園天皇，広橋兼宣，山科教右，四条隆富，四辻季保，清原業忠，清原宗業，清原良賢，中原師右（文庫），長講堂，東坊城秀長，徳大寺公清，徳大寺実時

東洞院→安威性遵（幕府奉行人），伊勢貞経，伊勢貞継，伊勢貞国，伊勢貞親，一条経通，一色持信，因幡堂，宇野祐頼ヵ（赤松氏被官），円福寺，花山院兼定，花山院持忠，海住山清房，海部氏重，革王子，観音堂，祇園社御旅所（大政所），祇園社神事所，救済院，近衛道嗣，堀川基子（西華門院），堀川具親，慶林寺，結城顕朝，結城直朝，五辻家経後家跡，後円融天皇，後花園天皇，後光厳天皇，後小松上皇，後小松天皇，弘誓院，光厳天皇，光明天皇，高畠弾正忠，佐々木岩山持秀（奉公衆），佐々木五郎左衛門尉，佐々木仲親，佐々木六角氏被官，

佐々木六角氏頼(崇永),佐々木六角氏頼(崇永)ヵ,佐藤九郎兵衛入道,宰相局(仙洞女房),斎藤基喜(幕府奉行人),斎藤基名(幕府奉行人),三条公冬,三条実量,三宅(畠山義富被官),山下浄秀(奉公衆),四条(油小路)隆夏,四辻季保,志賀満(細川氏被官ヵ),斯波高経,持宝,石塔頼房,寿阿(弥)(医師),舟木入道,楢崎忠頼(佐々木六角氏被官),出羽左京亮,小山氏政ヵ,松寺某(摂津満親家人),松井(医師),相国寺,相国寺(法界門),水無瀬具兼,崇光天皇,正親町持季,正親町実綱,清六郎左衛門尉(細川氏被官),細川満久,赤松則祐,摂津満親(常承),足利義詮,足利義満,足利尊氏,足利直義,粟飯原詮胤,大館満信(奉公衆),大将軍堂(下大将軍堂),大内持世,大内持世被官,大地蔵堂,中原康富,中原師夏,中原師勝(性存),中原師野,中原職藤ヵ,長沼秀行,長井広秀,長富(大内教弘使内藤代官),頂法寺,通玄寺,土蔵(扇),東寺,桃井直常,藤沢安清(細川氏被官),洞院実凞,徳大寺忻子(長楽門院),曇華院,二階堂道本,二条良基,日野時光,日野東洞院資教,飯尾為行(幕府奉行人),比丘尼庵,武家大名,伏見宮貞常親王,伏見宮貞成親王(後崇光院),福田院,法身院,報恩寺法喜房,万寿寺,満済(三宝院),明石縫殿(幕府奉行人),陽徳門院媖子内親王,鷹司宗雅,綾小路重資,綾小路有俊,輪光院,六角堂,六条院
唐橋→岩蔵姫宮,実相寺,大悲心院跡
唐鋤鼻→大徳寺,不動堂
樋口→革王子,空阿弥陀堂,国府社,今川泰範,斯波高経,壬生匡遠ヵ,壬生師恒,大和左近蔵人(細川氏被官),中沢信綱(幕府奉行人),唐人宿所,樋口大宮道場,樋口油小路道場
道祖大路→西園寺実俊
栂尾→禅淳坊
二条(付近)→吉良満義,大炊御門信量,二条持基
二条→院町,吉良満義,堀川基子(西華門院),経覚(大乗院),後醍醐天皇,光雲寺,光明天皇,行願寺,高倉永藤,佐藤九郎兵衛入道,四条(鷲尾)隆右,舟木入道,隼社,神保長誠(畠山政長執事),崇光天皇,赤松教康,赤松満祐,千手堂,足利尊氏,大地蔵堂,庭田幸子(敷政門院)ヵ,等持寺八講堂,等持寺八講堂(宗鏡堂),徳大寺忻子(長楽門院),南御所(足利義教妹),二条烏丸道場,二条持基,二条道場,二条良基,畠山三河入道,福田院,妙見寺,綾小路重資,輪光院
入江→三時知恩院(寺ヵ),三善景衡
梅松殿→広橋仲子(崇賢門院)
梅津→正親町三条尹子
梅町→後円融天皇,広橋仲子(崇賢門院)
白河→阿弥陀院,阿弥陀堂,阿弥陀堂(熊野境内),玉凰寺,建聖院,光堂,土岐頼康(善忠),仏光寺,妙法院門跡,熊野
白山→永寿寺
柏野→引接寺,閻魔堂
八条→戒光寺,乾町(東寺境内),救済院,弘誓院,西薗(東寺境内),西八条寺,赤松家人,東寺,遍照心院
八条室町→久我長通,平頼盛
八条坊門→七条弥二郎,赤松師範ヵ,北坂禅尼,無量光院
八町柳→西園寺実俊,土岐氏
八坂→円明聖寺,果宝墓所,祇園社僧,吉祥薗院,佐々木京極高氏(導誉),富樫昌家
毘沙門堂→三条公忠,三条実忠,相国寺大塔,毘沙門堂
毘沙門堂大路→光厳上皇,光明上皇
百度大路→円範法眼跡,角坊,顕詮(桐坊),玄親(祇園社権大別当,因幡阿闍梨),幸兼(祇園社権別当,若狭法眼),神保聡氏(佐々木京極氏被官),仙舜(治部都維那),暹進,鳥坊,定尊(祇園社権別当,下野房),隆晴(祇園社大別当権長吏)
不動堂前→大徳寺,不動堂
富小路(付近)→後花園天皇,佐々木六角氏頼,首藤(赤松持貞家人),細川頼之,足利義満
富小路(隣接ヵ)→広橋兼宣
富小路→安倍資為ヵ,衣服(エミ)寺,因幡堂,乾徳院(相国寺),勘解由小路在貞,吉田隆長,橘知繁,隅田能治(畠山義就被官),恵見寺,兼俊(藤原ヵ),後小松上皇,後醍醐天皇,香西藤井(細川氏被官),極楽院,今出川実富,佐々木京極高詮,佐々木六角満高,佐伯為右,斎藤朝日持長(奉公衆),三条公忠,三善興衡,山名時凞,十禅師社,松田貞秀(幕府奉行人),

木辻→勘解由小路木辻社
万里小路（付近）→佐々木六角氏頼，佐々木六角満綱，三条公忠，称光天皇，上杉一族，細川頼之，足利義満，大慈院，中原師右（文庫），中原師守，日野裏松義資，六角堂
万里小路→阿古法師丸（樹下社神主），安威性遵（幕府奉行人），安倍資為，衣服（エミ）寺，因幡堂，下条兵庫助（奉公衆），河原院，乾篤蔵主，恵見寺，経覚（大乗院），結城氏朝，賢俊（三宝院），五辻政仲，五辻重仲，後小松上皇，後醍醐天皇，光済（三宝院），行賢（帥阿闍梨），今出川教季，今出川実富，佐々木六角久頼，斎藤祐定（畠山氏被官），三光院，三条八幡宮（御所八幡），三善興衡，慈恩院，慈光寺持経，周紹蔵主，十禅師社壇，松波量世，称光天皇，浄居庵（浄瑚庵），常盤井宮満仁親王，新玉津島社，仁木頼章，世尊寺行忠，清原業忠，清巌正徹，清隆寺，細川御局（御タカ），細川満久，細川頼久，細川頼久ヵ，細川頼之，赤橋登子，千秋勝季（奉公衆），川忠行，足利義教，足利義嗣，足利義持，足利義政，足利義詮，足利義満，足利尊氏，足利直義，大館満信（奉公衆），大将軍堂（中大将軍堂），大聖寺，大内持世，智恵光院，中院通顕，中院通冬，中御門宗継女，中御門俊輔，中原師孝，中原師守，中原師茂，頂法寺，田向経良，渡辺（山名時氏被官），土御門定長，土肥（奉公衆ヵ，外様衆ヵ），東坊城益長，等持寺，等持寺八講堂，等持寺八講堂（宗鏡堂），徳大寺公有，日吉社，日吉神輿造替行事所，日野烏丸資任，日野裏松義資，日野裏松重子，畠山基国（徳元），畠山義富，畠山持永，畠山持国（徳本），畠山政長，飯尾為継（幕府奉行人），肥後前司某（美作国布施庄地頭），富樫成春，富樫満成，普翠庵，仏陀寺，蒲生彦六郎（佐々木六角氏被官），法身院，房玄（地蔵院），万寿寺，万里小路時房，満済（三宝院），遊佐兵庫允（畠山氏被官），綾小路有俊，冷泉経隆，六角堂，六条道場（歓喜光寺）
妙戒院→町野某，妙戒院
野宮→摂取院，足利義持妹某
油小路→一条道場（迎称寺），花山院家賢，勘解由小路兼言，勘解由小路兼綱，紀親文，吉見詮頼，空阿弥陀堂，顕性，広橋（勘解由小路）仲光，弘阿弥陀，山名家風輩，山名時氏，四条（油小路）隆信，治部宗秀（幕府奉行人），石瀬二郎（諏方円忠代官イヌマノ中務使者），小早川義春，小早川弘景，小早川盛景，小早川重景，小早川重宗，少納言法眼，上光房阿闍梨御房，上長講堂，常楽寺，細川成之，細川頼之ヵ後家，赤松満祐，千葉胤泰，荘厳寺，存覚，詫美太郎，大嘗会主基行事所，大中臣蔭直，中院通顕，長講堂，田向経良，土岐氏，東寺，樋口油小路道場，念仏堂，伴野出羽守（長房ヵ），武蔵入道某後家，冷泉守重，芦名盛久，芦名盛政，或阿弥陀仏道場
有栖川→斯波義将，伏見宮栄仁親王
楊梅→紀定直，大内盛見，六条殿
鷹司（付近）→後花園天皇，広橋兼宣，山科教右，山科教有，称光天皇，清貞綱（幕府奉行人），大館教氏（奉公衆），大館持房（奉公衆），熊谷某（奉公衆ヵ），鷹司房平
鷹司→御霊御旅所，近衛房嗣，近衛良嗣，後小松天皇，広橋兼郷（宣光，親光），広橋綱光，高倉永基，佐々木大原持綱（奉公衆），三福寺，山下浄秀（奉公衆），山科教冬，治部宗秀（幕府奉行人），西洞院知高，足利義勝，足利尊氏，大館教氏（奉公衆），大館持房（奉公衆），丹波頼豊遺跡，中原職藤ヵ，二階堂忠行，日野武者小路資世，波多野元尚（奉公衆），富樫政親，武家大名，浦上性貞ヵ（赤松氏被官），法身院，満済（三宝院），鷹司宗雅，鷹司房平
鷹司東洞院→摂津能秀，中原職富，中原職豊
洛西嵯峨→天竜寺
洛東→東勝院
裏松→日野裏松重光
柳原（付近）→中山親雅
柳原→雲頂院（相国寺），葛野，賢徳院（相国寺），後円融天皇，後光厳上皇，後光厳天皇，後小松上皇，二条良忠，小川（細川持賢被官），松坊，称光天皇，常徳院（相国寺），清久定（細川氏被官），細川持之，赤沢ヵ（細川持賢被官），足利義満，大神景勝，鎮守八幡宮，日野柳原資明，日野柳原忠光，富樫康高，富樫持春，富樫政親，籾井常坦（常相），籾井某，鹿苑院（相国寺）
綾小路→阿弥陀堂，安倍盛時，護念寺，小山氏政ヵ，松井（医師），細川頼久，細川頼久ヵ，禅

別表　局所的復元図の典拠

※改行は / で示し、『大日本史料』は x 編之 y の z 頁を大 x-y-z と略記した。

1.【建内記、嘉吉 3 (1443).7.23】以如在之儀、奉出仁和寺等持院（足利義勝遺骸）…自小侍所東面北小門、今出川、一条、西洞院、中御門、大宮、五辻、千本、高橋、大祥寺、東小路、次入御御寺云々、為避北野御旅所御前如此、俄被用此路云々、

2.【大乗院寺社雑事記、寛正 4 (1463).8.11】（八日に高倉殿死去）今暁卯剋於等持院御葬礼在之、公方（義政）御共云々、夜中高倉殿ヨリ等持院マテ御出様如常、但御車輿、力者六人、出車二両、高倉ヨリ一条ヲ西行、御葬礼之儀式於等持院可有之、先内々御出儀也、公方ハ北小路ヲ御成云々、申剋還御、

3.【将軍義尚公薨逝記（大 8-27-158）、延徳 1 (1489).3.30】つこもりには入洛なし奉らせ給ふ…大津・関山をこえて、京にそいらせ給ふ、一条をにしへなし奉るに、室町とかや大ちのほとに、御さきにましゝけるかみ様の御輿…なきかなしませ給ふをうけたまはるにも…北山のふもと等持院に入たてまつりぬ、

4.【久守記（大 8-27-155）、延徳 1 (1489).3.30】自江州室町殿御帰陣体也、公家衆先陣、次五番衆、八時東洞院上、近衛・室町上、一条西、北山之等持院…一条ヨリ室町殿輿計等持院也、一条ニテ御台御コシノ内ニテ、コヘモヲシマスムツカリケリ、

5.【山科家礼記、寛正 4 (1463).8.11】（日野重子葬礼）過夜寅刻、高倉御所等持寺〔院カ〕へ御出、路次者車御輿シタスタレヲカケラル、力者六人、御ソハノリ堀川殿、御供出車二両八葉、キはナき計、其後御輿廿四五張、路次高倉南へ一条ヲ西、油少路を南へ、土御門ヲ西へ、室町殿（義政）御出立、

6.【伏見宮御記録（利五十四、仁和寺御入寺御出家部類記所引本所記建仁 2.11.27 条、大史 4-7-223 以下)】今日太上天皇第二長仁親王御年六歳、七条院御猶子、母右衛門督信清女以師弟之儀初入御大聖院御所（道法法親王)、早旦自七条院御所于時三条殿渡御二条殿密儀也…申刻渡御、自二条殿、東洞院北行至于一条、大炊御門辻被立院御車、一条西行至于西大宮、々々南行至于近衛、々々西行至于斎宮大路、々々々々北行、自今小路経威徳寺前、至于一条末、西行経成就院東北（割注略)、至于大聖院東面…、

7-①.【玉蘂、嘉禎 4 (1238).3.8】今日相具小童童名福王向仁和寺法親王（道深）室…其路一条西行、西大宮南行、正親町西行、猪熊北行、土橋南行、円宗寺前大路西行、大芝大路南行、更出一条西行、到大聖院門前税車、

7-②.【兵範記、仁平 3 年 (1153).3.27】若宮渡御仁和寺宮…自大炊御門西行、自大宮北行、自一条西行、自宮城西大路更南行、不可令過北野伏拝給之故也、自正親町末西行、自西猪隈末北行、自一条末又西行、経円宗寺南西両面、着御北院、

※猪熊（西猪熊）は、左京大宮と右京西大宮の対称関係を勘案するに、西大宮の一筋西の西靫負であろう。

8.【北野天満宮史料古文書 (62)、応永 32 (1425).11.10】（酒屋交名）仁和寺福王子南頬頬良賢在判

9.【同上】（酒屋交名）土佐　仁和寺深井南頬光秀在判

10-①.【仙洞御移徙部類記（下、P.265）第 19 後嵯峨院甲所引師弘記、建長 7 (1255).10.27】今日嵯峨亀山殿御移徙也…路次、万里小路北行　大炊御門西行　大宮北行　一条西行　西大宮南行　近衛末西行　安井西裏南行　中御〔門脱〕末西行　法金剛院東裏南行　□□末西行　法金剛院西裏北行　嵯峨大路西行　尺迦堂前南行　至于御所、

10-②.【同（下、P.286）第 19 後嵯峨院甲所引中原為季記、建長 7 (1255). 10.27】路次/万里小路北行　大炊御門西行　大宮北行　一条西行　西大宮南行　近衛末西行　安井西裏南行　中御門末西行　法金剛院東南□〔行〕　春日末西行　法金剛院西北行　嵯峨大路西行　尺迦堂前南行至于御所、

11.【山城名勝志（巻之七、紙屋川）所引古今

秘抄】教長卿云、紙屋といふは内にはべるくろきかみすくところなり、それをながれいでたる河いまに仁和寺の東のさかひに侍り、それを世俗にはかみやがはといふ也、
【河海抄、巻第七、第十一　並一蓬生、「うるはしきかんやかみ・いにしへのみちのくにのかみ」注釈】紙屋紙也、陸奥国紙檀紙也、陸奥国より檀紙をすきはじむ、檀はまゆみの木なり、万葉に陸奥国のまゆみのかみとあり、紙屋川とは北野・平野の中を南へながれたる河なり、仁和寺川とも号云々、此所にて紙をすき始けり、
【山城名勝志（巻之七、紙屋川）】御室の僧の云、仁和寺昔は寺院広大にして東は紙屋川の端迄ひまなく造りつゞけ侍しとかや、

12.【師守記、貞治5（1366）.10.9】行幸北山第（西園寺実俊亭）路次/出御左衛門陣/一条大路西行/宮城西大路南行/正親町小路西行/靫負小路北行/一条大路西行/木辻大路北行/迄于彼第/東洞院北行と可載歟、
【師守記、貞治5（1366）.11.4】路次折紙/行幸土御門殿路次/出御左衛門陣/木辻大路南行/一条大路東行/靫負小路南行/正親町小路東行/宮城西大路北行/同北大路東行/洞院東大路南行/迄于御所、

13.【師守記、応安4（1371）.閏3.21】今日新院御幸始也…新院自柳原殿御幸北山殿前右大臣（西園寺）実俊公第…/御路/沙門堂大路東行、今出川南行、一条西行、西大宮西〔南ヵ〕行、土御門末西行、靫負北行、一条西行、八町柳北行、迄御所、

14.【後愚昧記、康安1（1361）.2.24】今夜右大将（西園寺）実俊卿拝賀也、本所西園寺先参内…次参仙洞（崇光院）□□□〔今出川〕大納言公直卿亭…路次、八町柳南行或号柳原、一条東行北野前廻南、大宮南行、土御門東行、烏丸南行鷹司東行、/自内裏路、/鷹司西行、烏丸北行、土御門西行、西洞院北行、一条東行、東洞院北行、北少路西行、室町北行、

15.【勘仲記、弘安9（1286）.8.24】（西園寺行幸）次仰路次事、出御左衛門陣、高倉小路ヲ北へ、三条大路ヲ西へ、洞院東大路（東洞院）ヲ北へ、待賢門（中御門）大路ヲ西へ、宮城東大路（大宮）ヲ北へ、一条大路ヲ西へ、宮城西大路（西大宮）ヲ南へ、正親町小路末ヲ西へ、靫負小路ヲ北へ、一条大路ヲ西へ、八町柳ヲ北へ、迄于彼第、

16.【行幸部類記（葉室大納言長光卿記）（大6-1-566）、建武1（1334）.5.9】今夕為御方違可有行幸北山第…予前行第一也、於大炊御門京極、官人一人・左衛門佐氏光等前行供奉也、幸路京極北行、郁芳門大路西行、宮城大路北行、著御北山第、

17.【実躬卿記、正応1（1288）.2.12】今夕為御方違行幸北山第…子終出御、禁裏富小路殿為西礼之御所之間…富小路東〔北ヵ〕行、大炊御門西行、中御門烏丸院被立御車…油小路北行、土御門西行、大宮北行、至北山第門内、

18.【迎陽記（大7-8-846）、応永14（1407）.3.23】（北山院入内始）御車出東門…御路/経高橋并北小路大宮等、一条東行、東洞院南行、正親町北陣東行、高倉南行、到内裏東門、

19.【北山殿行幸記（大史7-9-802,804）、応永15（1408）.3.8】そう門のうち一町あまりのばゞには、西東わけてひまなくひしとうえならべたる桜、やへひとへこきまぜて、いまを盛とこの御幸を待かけたるも心有かほ也…御道は左衛門のちん代より北へ、一条を西へ、大宮を北へ、きた小路よりたかはしを西へ、北山とのゝ惣門にいたるとぞきこえし、
【教言卿記、応永15（1408）.3.8】行幸北山殿…申半刻出御、御路東洞院北行、一条西行、大宮北行、北小路西行、西刻著御也、

20.【祇園執行日記、貞和6（1350）.1.3】高播磨守（師冬）下向関東、昨日門出于佐々木源三判官秀綱宿所（高橋）、今日進発、
【同、正平7（1357）.4.4】八幡有落居者、鎌倉殿（足利義詮）可有御座丁判官入道（佐々木導誉ヵ）宿所高橋之由、有其沙汰歟之間、軍勢等称可寄宿社僧坊、各札打之、

21.【応安三年宸筆御八講記（大7-5-789）、応永9（1402）.11.20】於洛陽上路北山殿（義満）御八講参勤北山簀子橋北辺宿所一見了、

22.【北野社家日記、明応4（1495）.9.17、史料纂集本7巻p164】為御遊覧鹿薗寺へ御成在之、細川京兆執申之云々、御成路次第、

トウ丶丶ヲ大宮へ、千本ヨリ北野南少路ヲ社頭御前へ、高橋神明西脇より北山へ御成也、仍南少路永円寺俄ニ御成、

23.【同、延徳 2.7.25、史料纂集本 2 巻 p117】境内南少路末扇屋在之、

24.【同、明応元 (1492).9.1、史料纂集本 3 巻 p222】南小路之末小家可移北辻子由…、

25.【北野天満宮史料古記録（諸祠官記録）(p.197)、永享 8 (1436).3.12】当社執行職大転法眼承範自御社務被仰付事…同八月六日令　神拝…承範神拝之規式、住坊ハ松浦今少路之小家ヨリ被令出仕…路次事、今少路之西釘貫松原ノ中ヲノホリニ青松院前ヲ西へ南鳥居入テ百度大路四足中門ニ入テ、御前執行之座ニ着座、

26.【北野社家日記、明応 6 (1497).5.6、史料纂集本 8 巻 p54】境内南大路南頬南舜光土倉敷地之内東寄口東西参丈事、

27.【北野天満宮史料古文書 (62)、応永 32(1425).11.10】（酒屋交名）民部　北野南大路南頬昌慶在判

28.【同上】（同上）因幡　北野南大路東南頬祐賢在判

29.【洞院公定日記（大 6-42-28)、応安 7(1374).1.3】今夜子畢刻当西方有火、北野北大路北頬云々、

30.【園太暦、観応 2 (1351).4.18】入夜子刻当西有火、後聞、北野北大路東頬大略悉為灰燼、武士等充満、不浄勿論、事起於神慮歟、可畏々々、

31.【北野天満宮史料古文書 (62)、応永 32(1425).11.10】（酒屋交名）筑前　北野北大路西南頬実通在判

32.【北野天満宮史料古記録（法花堂記録）p322、北野社旧記（大 7-11-288)、応永 15 (1408).2.25】売渡進　北野北大路東末南頬釘貫脇地事/合壹所者　大〔丈カ〕数別紙在之/右此在所者、依有要用、直銭貳拾貫文売渡畢、

33.【北野天満宮史料古文書 (62)、応永 32(1425).11.10】（酒屋交名）出羽　北野今在家北西頬祐尊在判

34.【北野天満宮史料目代日記（明応九年目代盛増日記）明応 9 (1500).8.8、p173】今少路北つらくそふミ三郎か家、

35.【北野社家引付（大 8-27-155)、延徳 1 (1489).3.30】御陣御所様、明日御死骸御上之由在之、仍北山等持院可有御葬…晦日…路次者室町を上ニ、一条を西へ、経堂之北を直ニ等持院へ御成在之、

36.【北野社家日記、延徳 2.1.23、史料纂集本 2 巻 p27】東山殿様御荼毘、今日於等持院在之、仍御成辰刻、両御所様御成也、…路次者、経堂南今少路有御通也、

37.【北野天満宮史料古記録（御社参記録）(p.249)、康正 3 (1457).2.25】自経堂之南木戸口、至于一条西、御成（義政）路掃除之事、最初一日者自坊中河原者廿人申付…次内野之土取事不可然之由、飯尾下総守（為数）令談合、土取禁制之打制札訖…一、経堂南之木戸布衣以下色掌人数多在之間、木戸西之脇カタ戸ヲ破、路ヲ作セ訖、仍御社参已後、任大工損色之旨、境内酒屋土蔵相懸出銭、

38.【北野社家日記、明応元 .9.17、史料纂集本 3 巻 p230】経堂西頬北寄在家、

39.【拾芥抄、下、諸寺部第九、諸寺】大将軍堂上、一条北・西大宮西、中、高辻北・万里小路東、下、七条北・東洞院西、已上有三箇所、

40.【北野天満宮史料目代日記（明応九年目代盛増日記）(P.161)、明応 9 (1500).4.7】今少路の成孝之被官与二郎を此方へめして堅あひたつね候、さる間、一条之南つら大しやうくん（将軍）ゑゆく道はた（畠）巷所壹所、此間かくし候て地子事をも不出候、近比曲事のよし申候、又北つらニ壹所、

41.【北野天満宮史料古文書 (62)、応永 32(1425).11.10】（酒屋交名）備後　西京一保北頬良盛在判

42.【北野天満宮史料目代日記（大永六年将軍社参ニ付諸役一件）p486)、大永 6 (1526).2.7】同七日、公方（義晴）の御さう敷（雑色）・御こしかき（輿舁）・ふれくち（触口）皆々罷上候、我々能永両人松梅院江めしつれ候て罷出候、申分ハ、二条より大すちかいを西京くちまての道并大宮と〔を脱カ〕りの川をはし（橋）を御かけ可有由申候、内野之内にて候間被仰付と申、その外西京より北野口の間ニ壹条うらニゑもつ（穢物）あり、又あか土をほる所もあり、被仰付ふしん（普請）させられ候て可然由申、しくわんにんのまへを松光院のかと石はし（橋）のとをり（通）までの御さうち（掃除）

させ候へのよし申候、

43.【北野天満宮史料古文書(62)、応永32(1425).11.10】(酒屋交名)春日朱雀南東頬越前在判

【同上】(同上)上総　春日朱雀西北頬定参在判

44.【同上】(同上)輔　冷泉朱雀北西頬賢世在判

【同上】〔同上〕サウキ　冷泉朱雀北西頬賢世在判

45.【同上】(同上)越前　二条朱雀北西頬暁通在判

46.【同上】(同上)上野　二条大宮北岩上〔辻ヵ〕北頬明秀在判

47.【壬生家文書(主殿寮敷地関係文書案-陣官人重友申文案)、図書寮叢刊本5-p122/No1042(2)】左右〔衍ヵ〕近町八町□〔々ヵ〕地子銭事、此間石黒与介方依押領無謂…、

48.【同(同-主殿寮雑掌等目安案)、図書寮叢刊本5-p121/No1042(1)】目安　主殿寮雑掌・同陣官人等謹言上/禁裏御料所内野の内、とのもんれう(主殿寮)の敷地八町々、同左近町八町々の事、朝恩として拝領之処、石黒与介方以御下知御恩ニ給とかうし押領之間、自禁裏近衛殿へ被仰出、御屋形へ被尋仰之処、北野社領代官とかすめ申候条、非社領在所を社領と号する事、無謂之間、急度可致放状之由、社□〔僧〕祥輪院ニ雖被仰、兎角難渋之上者、社務竹内殿として被放被官了…、

49.【同(同-主殿寮雑掌恒吉申文案)、図書寮叢刊本5-p122/No1042(3)】主殿寮敷地八町□〔々ヵ〕地子銭事、急度可有納所…、

50-①.【同(壬生于恒書状草案)、図書寮叢刊本4-p86/No993】禁裏御料所〔以上五文字見せ消ち〕公領主殿寮敷地(東限櫛笥、西限壬生、南限土御門、北限一条〔東限以下割注見せ消ち〕)并陣官人等知行在内野、帯証文、為朝恩当知行之処、御与力石黒与介号北野社領代官押領之間、対彼社務為　叡慮之〔傍書「依」〕尋仰…、

50-②.【主殿寮雑々(大日本史料９９P.260)、永正16(1519).4.5主殿大夫等契約状】とのもれうのしき地、ひかしはくしけをかきり、にしはみふをかきり、南はつちみかとをかきり、きたは一てうをかきり、

51.【壬生家文書(壬生于恒書状案)、図書寮叢刊本4-p101/No1011】とのもんれう(主殿寮)の敷地八町々の事、近年名主百姓等ほしきまゝにして無正体間、再興の事申付候処、去年七月ニ石黒与介御屋形の御下知と号、押領之企難儀之条、達　叡慮候へハ、近衛殿へ被仰出、則御屋形へたつね被仰候、仍いしくろに御尋候へハ、北野の社領にて自社家代官を仕候と申候、然者北野へ可被仰出、京兆更非被申付儀候云々、仍北野長者竹内殿へ被仰候処、社僧浄輪院をめして被尋仰候へハ、自京兆為給恩被宛行といへとも、社領のよし承及候上者補任を可有候、

52.【北野天満宮史料古文書(32)、応永26(1419).10.9】(酒屋せんあ)おうとのへ(大宿直)きたくしけ(北櫛笥)ふち/きたくしげのさかや/にしのつら、

53.【同(35)、応永26(1419).10.9】(酒屋まこ二郎)在所おほとのい(大宿直)おうち大ち〔おうきまち=正親町ヵ〕きたのつら、

54.【真乗院文書(日吉社未日右方御酒一膳座神人交名)、史料京都の歴史4市街・生業p246以下、応仁1(1467).4.-】沙弥民部入道　大宿直正親町北頬　諸真戸通在之前竹戸、脇切戸在之、

55.【山城名勝志(巻之三、大舎人主殿小路)所引文書、寛正4(1463).5.10】知恩寺領大舎人主殿小路屋地・一条小川当寺敷地等事、早任寄進状并当知行旨、寺家領掌不可有相違之由、所被仰下也、仍執達如件/寛正四年五月十日/掃部頭判/当寺住持、

56-①.【北野天満宮史料古文書(34)、応永26(1419).10.9】(土蔵上野)おうとのへ(大宿直)おうきまち(正親町)にしきたのつら、

56-②.【同(62)、応永32(1425).11.10】(酒屋交名)しやうふくゐん大舎人《〔大宿直〕》正親町西北頬長澄在判

57.【壬生家文書(図書寮叢刊本2、402号)、永享9(1437).3.12】(浄心)沽却地之事/在大宿直正親町壬比〔西北ヵ〕頬中程/四至東西参丈七尺　奥南北拾一丈余…〔端裏書「法光寺□…□河頬〈明応九・七・廿四〉皆以謀書也」〕、

58.【北野天満宮史料古文書(62)、応永32(1425).11.10】(酒屋交名)大舎人《〔大宿直〕》カヘヤ北頬道弥在判

59.【同上】(同上)弥六　大舎人《〔大宿直〕》教坊東頬宗久在判

60.【同(33)、応永26(1419).10.9】(酒屋弥三郎)大とのへ(大宿直)大内坊ひんかしのつら、

61.【同(62)、応永32(1425).11.10】(酒屋交名)

越後　一条大宮南西頬真宝在判
62.【壬生家文書（主殿寮等指図）、図書寮叢刊本5-p39/No947】
63.【北野天満宮史料古文書(62)、応永33(1426).2.16】（酒屋交名）〔大宿直〕大舎人主殿少路次郎三郎在判
64.【同(62)、応永32(1425). 11.10】（同上）大舎人殿主少路北〔東カ〕頬心生在判
65.【同(37)、応永26(1419). 10.9】（酒屋信種）大とのへ（大宿直）とのも（主殿）の小路西頬きたのはし、
66.【壬生家文書（戒浄院敷地指図、図書寮叢刊本2、p195)】
67-①.【高野山文書（高野山天野舞童装束注文）、続宝簡集57、506号、文安6(1449).6.-】結紋紗以下之織物士之在所/大舎人之内大内坊西頬右馬孫三郎経信、
67-②.【閑吟集】おほとのへの孫三郎が織手をこめたる織衣…、
68.【教言卿記、応永13.11.2】御辛櫃覆南面織手召寄誂之、大宿（大宿直）在所ナシ本（梨本）云々、
69.【経覚私要抄、応仁1(1467).7.】又今度京都焼亡事、自龍光院注進…一、鷹司東洞院ヨリ二条マテ、鷹司烏丸ヨリ二条マテ、鷹司室町ヨリ二条マテ、御領〔霊〕ノッシヨリ近衛町マテ、自其かすか（春日）まて/一、小河北少路ノ通ヨリ西洞院ヲ下へかすかまて/土御門油少路ヨリ中御門まて/一、一条ヨリ上ハ、くほの堂（窪寺）より内野まて/大トの井（大宿直）悉焼了/近衛殿（房嗣）・鷹司殿（房平）焼候ハす候、
70-①.【壬生家文書（主殿寮領北畠図添状)、図書寮叢刊本5-p131/No1048、文明3(1471).11.6】（端裏書「自壬生続之」)/主殿寮領北畠/東櫛笥/西朱雀/南一条/北五辻/文永七年十一月八日検注之図在之/此内寺院等他領相交…、
70-②.【同（壬生家領支証目録案〔壬生晴富筆〕、図書寮叢刊本4-p60/No969)、文明9(1477)】一、主殿寮敷地散在注文在別奉書二通文明九・同十二/大嘗畠九段、主殿寮領千本長福寺無沙汰事、長福寺注進之目録正文備之、
70-③.【同（仁和寺法光明院雑掌申状案、図書寮叢刊本2-p133/No426)、文明14(1482).10.-】当院（仁和寺法光明院）領大嘗会野畠九段地子之事、千本長福寺仁取次之事令契約之処、今度一乱以後、構兎角虚言、不致其沙汰、剰壬生官務押領云々、
70-④.【同（主殿頭壬生于恒申状草案)、図書寮叢刊本4-p74/No977】一、「北畠十二町」〔五字見せ消ち〕寮家敷地并北畠又号大嘗畠、
70-⑤.【同（壬生晴富申状案)、図書寮叢刊本5-p117/No1037】法光明院申主殿寮領大嘗野畠九段本役事…、
70-⑥.【同（主殿寮要劇北畠検畠目録)、図書寮叢刊本5-p132/No1049】注進/主殿寮要劇北畠検畠目録事/合漆町漆段佰捌拾歩之中…、
70-⑦.【同（壬生于恒陳状草案、図書寮叢刊本2-p220/No519)】将又被備　上覧札之案者、寮家敷地之儀也、非大嘗会之畠事又号北畠…、
71.【同（主殿寮北畠在家等注進状)、図書寮叢刊本5-p104/No1013】注進/主殿寮北畠在家等/一、在家　自一条北、自壬生西□/角願成寺/次左衛門大夫入道堂/□〔念カ〕尺房/西院　刑部左衛門尉堂跡/殿下厩舎人菊種堂寮官国□〔兄カ〕給/北畠大同人□□/次一町　伯耆三位殿　□…□同/一、五辻面/西角　右衛門尉一条大臣殿祇候、畠、作麦/次来王御前、在家三宇/殿三位中将殿□〔御カ〕墓堂/…、
72.【同（後小松天皇綸旨案、図書寮叢刊本2-p103/No394)、応永19(1412).4.2】覚円寺敷地一条壬生北頬東西十六丈、南北参拾壱丈五尺・同寺領角畠大并壬生以西南頬弐段大、□在等知行不可有相違、
73.【同（東福寺正光庵知行地指図案、図書寮叢刊本2-p195/No489)】
74.【同（洛中壬生近辺地主交名案、図書寮叢刊本2-p198/No491)】…一、壬生西面/新大夫殿御局物張/□心房　畠作麦/□麦作人□楽/御□一宇/一、壬生面東頬/美濃房/一、五辻面角/式部房在家□□/法橋在家一宇、東開地角、
75.【同（主殿寮敷地図、図書寮叢刊本2-p163/No450)】
76.【同（主殿寮領北畠図)、図書寮叢刊本4-

p128/No1047】

77.【北野天満宮史料目代日記（大永六年将軍社参ニ付諸役一件）（P.493）、大永6（1526）.11.11】公方様（義晴）御成道のしゆんろ（順路）、大嘗畠スチカイヲ南少路江今少路江字コツノハシヲ上江南四ツアシヨリ御参候、

78-①.【御譲位御即位御禊行幸大嘗会仮字記、神道大系（践祚大嘗祭）、文明10.2.-- 一条兼良・文明11.12.-- ト部兼倶】一、荒見川の祓とて紙屋川と云所にてみそぎ有、是は大嘗会の前斎のはじめ也、人皇〔九重ィ〕の内をきよめ百民の心をいさきよふして此大神事をとげらるべきけつ（潔）斎の御斎の御禊なり、ト部官人これをおこなふ、

78-②.【同上】あらみ川の祓とて紙屋河にて上卿以下参向して祓の事あり、其後悠紀主基の斎場所、偉鑒門を去て北八十二丈を点じて其所とす、（平安京1町＝40丈（拾芥抄、中、京程部第二十二））

79.【河海抄、巻第五、第六葵、「むまはのおとゝのほどにたてわづらひて」注釈】左近馬場宿屋也云々、左近馬場は一条西洞院、右近馬場は一条大宮（西大宮）也、

80.【北野天満宮史料古文書（62）、応永32（1425）.11.10】（酒屋交名）式部　千本北頬春賢在判

81-①.【仙洞御移徙部類記（上、P.144。また大史4-8-P.196）第15後鳥羽院丙上所引三中記、元久1（1204）.8.8】参五辻殿前大納言（坊門）信清卿造進、給播磨国造営御堂、先令候〔作ヵ〕御所也、於御堂僅上棟許也、件御所、五辻南、大宮西、当櫛笥末也、

81-②.【同（上、P.148）第15後鳥羽院丙上所引都禅記、元久1（1204）.8.8】今日上皇移徙五辻御所給…大炊御門西行、自洞院東大路北行、一条西行、大宮北行、経御所南路入御自西門、

81-③.【同（上、P.158）第15後鳥羽院丙上所引不知記、元久1（1204）.8.8】今日五辻殿御渡也…其路大炊御門西行至于東洞院、北行至于一条、西行至于大宮、於五辻殿殿上人各取松明列立、

81-④.【同（上、P.153）第15後鳥羽院丙上所引中都記、元久1（1204）.8.8】今日上皇可有御移徙于五辻殿…幸路郁芳門大路西行、洞院東大路北行、一条大路西行、宮城東大路北行、新所南路西行、於西面門下、暫抑御車、

82-①.【宝鏡寺文書（播磨清末私領譲状、鎌倉遺文4-2239）、建保4（1216）.6.29】譲渡私領地壱処事/合/東口南北弐丈漆尺伍寸/西口南北弐丈漆尺伍寸/積弐拾肆丈漆尺伍寸/在左京自今辻子南、自大宮西、大宮面也、

82-②.【同（沙弥願西等売券、大史5-32、p204）、建長1（1249）.7.10】譲渡　私領地壱処事/在一条以北、大宮以西、今辻子以南大宮面/口南北二丈七尺五寸/奥東西九丈者、

83.【同（平安遺文3904）、治承4（1180）. 2.28大学頭菅原某園池相博券】（端書「いますしのけん」）…相博渡　地壱処事/合/ 在園池従大宮西　従今辻子南角　南北肆丈壱尺捌寸　東西玖丈/右件地者、相伝之領也、而依有要用、相博仏師源順地正親町帯刀町地肆拾参丈陸尺弐寸壱分了、

【同（同4029）、寿永（1182）1.6.16僧源順園池売券】沽却　私地壱処事/合/ 在薗池従大宮西　南北肆丈壱尺　従今辻子南　東西玖丈、

【同（鎌倉遺文2-1169）、正治2（1200）.12.5僧頼円家地売券】沽却　私領地壱所事/合/在自大宮西、自今辻子南角也、/ 南北肆丈壱尺　東西玖丈/右、件地者僧頼円山王房之年来私領也、而依有直要用…限永年播磨宗近売渡処実也、

84.【壬生家文書（輪蔵寺領安堵状案、図書寮叢刊本2-p165/No453）、明応9（1500）.9.11】輪蔵寺分北少路壬生西八□屋奥□…/丈数/東西廿壱丈弐尺/南北十弐丈八尺/以上/当寺領北小路壬生東北面、東西廿壱丈弐尺、南北十弐丈八尺事、無相違可有領知也、

85.【実躬卿記、永仁1（1293）.3.5】今暁有炎上、当乾方、後聞、北小路大宮妙覚寺焼云々、

86.【祇園執行日記、正平7（1357）.4.7】此事又為申御所奉行粟飯原禅門（清胤）、罷向彼宿東寺角房之処、為鎌倉殿（義詮）御共罷向三宝院宿北少路西洞院常住寺之由申之間…、

87.【後愚昧記、応安5（1372）.4.15】今朝被疵猪北小路今出川辺出来、多喫損人民、於北小路大宮辺被〔為ヵ〕村民被殺云々、

88.【平戸記、寛元2年（1244）.3.4】今朝北小路万里小路焼亡、

【後愚昧記、応安4(1371).4.1】〈北小路万里小路〉智恵光院辺騒動、

89.【明月記、安貞1(1227).1.5】此北小路、北、富小路、西、犬王大夫ト云鴨氏人宅群盗入散散、出一条方云々、

90.【糺河原勧進能記（山城名勝志、道祖神社の項所引）、寛正5.4.5】御路室町ヲ南、北小路ヲ東、京極ヲ北、今小路ヲ東、朱雀ヲ北、道祖神ノ前ヨリ河原、

91-①.【平戸記、仁治3(1242).6.5】向下北小路大和大路辺、

91-②.【山城醍醐寺文書（鎌倉遺文29-22528)、嘉元4(1306).2.22正乗堂舎等寄進状】京中下北少路町敷地事、

92.【民経記、文永4(1267).12.30】上北小路富小路辺有火事、

93-①.【北野天満宮史料古文書(62)、応永32(1425).11.10】（酒屋交名）能登　上北少路室町北東頰承兼在判

93-②.【同上】（同上）筑前　上北少路万里少路西北頰有音在判

93-③.【同上】（同上）大弐　上北少路富少路西北頰定有在判

94.【明月記、安貞1(1227).閏3.13】為違夏節、行七条北小路壬生監物景房宅、

95.【同、建仁3(1203).12.22】（後鳥羽上皇北野社御幸供奉）殿下出御、自閑路御参会、予乗車御共、富小路ヲ一条北小路、件路ヲ西行、自壬生程更出野副北、入御東門、

96-①.【小右記、寛弘8(1011).7.8】（一条天皇葬送）御葬送所巖陰、長坂坂東云々、

96-②.【権記、同日条】経西北舎東北、自乾方築垣壊出、於一条路、自大宮路北折、自世尊寺北路西折、自達智門路末、斜指船岡南西脚、更北折、添紙屋河北上御山作所、

96-③.【歴代編年集成（大史2-7-5)、同日条】葬北野永坂内本善寺前、

【続詞花和歌集（大史2-7-6）九、哀傷】一条院をいはかげ（巌陰）におさめたてまつりて侍けるを…、

97.【玉蘂、嘉禎3(1237).1.14所引高嗣（葉室定嗣）記（葉黄記）】（近衛兼経嫁九条道家女）御亭近衛以北、室町以東也、日来前関白殿（近衛家実）御同宿也、依此事、自旧年、移渡武者小路猪熊亭給、此御所未被立寝殿、室町西南有板棟門、北有土門、

98-①.【壬生家文書（鎌倉遺文3-1440)、元久1(1204).3.10美濃船木荘文書紛失状案】高階氏譲長藤原信子、々々譲嫡男菅原資高、多年領掌敢無他妨、然間去三日武者小路室町居処焼失之時、文書并寺家代々返抄等紛失已畢、

98-②.【玉蘂、嘉禎4(1238).3.8】武射〔者〕小路室町女房二条局宿所、行親造営云々、

98-③.【兼宣公記、応永31(1424).11.17】天明程当北有炎上、武者少路室町辺酒屋云々、

99.【後愚昧記、応安4(1371).閏3.21】今日新院（後光厳）御座柳原藤中納言（忠光）亭、此所為仙洞、脱之後御幸始也、為邂逅事之間、於不可説蝸屋所召仕之雑色男宅也、武者小路今出川西横、蜜々窺見之、

100.【薩戒記、応永32(1425).1.30】子終剋許北方有火、今出川武者小路也、小庵一宇焼失云々、

101.【本朝世紀、仁平2(1152).5.12】一条北武者小路万里小路有炎上、

102.【教言卿記、応永13(1406).5.9】武者小路富小路風呂始、

103-①.【康富記、享徳4(1455).1.16】三条大納言公綱卿拝賀、自本所北小路今出川西頰、自帥殿（養父正親町三条実雅）亭出門給、行粧毛車也、

103-②.【同、宝徳2(1450).8.17】帥大納言（正親町三条実雅）武者小路今出川北西亭、

104.【建内記、文安4(1447).1.10】当時御第（足利義政）者、万里少路面、上ハ北少路、下ハ武者少路、西頰資任卿（烏丸）亭御旅宿也、

105-①.【同、嘉吉1(1441).12.12】（中山定親中納言拝賀）今夜於出立所彼亭在武者小路室町也有盃酌、

【大納言拝賀部類記所引薩戒記、嘉吉3(1443).6.19】今日申大納言慶…次参室町殿…即退出帰亭武者小路北、室町東、

105-②.【薩戒記、応永25(1418).4.17】賀茂祭也、典侍（中山）政子…自此亭出立…武者小路東行、高倉南行、一条車〔東〕行、万里小路南行、鷹司西行、東洞院北行、参陣御覧畢、正親町西行、西洞院北行、自万里小路帰家、

106-①.【同、応永33(1426).2.3】丑剋許巽方有火、富小路春日云々、武家管領(畠山満家)被官人家云々、

106-②.【同、応永33(1426).7.8】丑剋巽方有火、三条坊門南京極西云々、遊佐兵庫允宅也、

106-③.【同、永享1(1429).2.30】丑終刻東方有火、一条万里小路北東角云々、

106-④.【同、永享1(1429).12.2】丑刻許一条北・室町東西頬焼亡、西風頻吹、火勢差東飛行、蓬篳雖程近、依此風無怖畏、

107.【後愚昧記、応安7(1374).2.2】新院(後光厳)御葬礼也(泉涌寺)…行次事/自(柳原殿)西面上土門出御、南行室町、東行一条、南行烏丸、東行鷹司、南行万里小路、東行二条、南行京極、東行五条、南行東大路、南行蓮華王院西、至落橋、

108.【紀伊歓喜寺文書(鎌倉遺文13-19847)、文永5(1268).1.-恵鏡譲状案】奉譲渡　伽藍壹所事/在四辻以北御霊社南名蓮光寺、

109.【吉記、文治1(1185).1.5】今日為御祈〔行ヵ〕始可有御幸上西門院御所之由、俄被仰下…参院…其路、出東門、西行御所北大路、至于河原、自二条西行、至于京極、北行至于大炊御門、西行至于東洞院、北行至于一条、西行至于室町、北行至于持明院殿、

110-①.【実躬卿記、正応5(1292).1.9】今夕為御方違　行幸持明院殿室町院御所…右衛門陣出御、二条西行、東洞院北行、一条西行、室町北行、至持明院殿、

110-②.【同、永仁3(1295).8.22】今夜為御方違　行幸持明院殿…御路、富小路北行、大炊御門西行、東洞院北行、一条西行、室町北行、至持明院殿、

110-③.【同、乾元1(1303).8.3】今夜陽徳門院　御幸始也、予可供奉之間…参土御門殿…御路、東洞院北行、一条西行、室町北行、至持明院殿、

111.【仙洞御移徙部類記(下、P.354)所収諸院宮御移徙部類記所引平戸記、寛喜2(1230).8.21】今日北白河殿御移徙也…参北白河院持明院殿…次出御、室町南行、武者小路西行到町、更又南行一条大路、東行到室町、又南折行陽明門大路、又東行烏丸、南行到待賢門大路、更東折洞院東大路、又南行郁芳門大路、□行到朱雀大路、更北折行、更到陽明門大路、又東折到河原、北行自鷹司末東行、過天満宮前、到北白河□□、

112.【後深心院関白記、応安4(1371).3.12】大納言(近衛兼嗣)申慶…参内路次室町南行、近衛東行、今出川北行、東洞院北行、到左衛門陣、/参院路次出右衛門陣、一条西行、今出川北行、北小路西行、室町北行、到仙洞、/退出路次室町南行、北小路東行、今出川南行、一条西行、西洞院南行、鷹司東行、

113.【民経記、安貞1(1227).4.14】(九条教実右大臣拝賀)出室町面南端門、入北白川院持明院殿南惣門…室町南行、至北小路東行、今出川南行、

114.【同、安貞1(1227).4.13】(近衛兼経任内大臣拝賀)于時内府御土御門堀川関白殿(近衛家実)御亭、出堀川面南端門南行、到土御門面東行、至西洞院北行、一条東行、至町北行、至北小路東行、至室町北行、北白川院待〔持〕明院殿南惣門、至東四足門…出惣門、北小路於西行至町南行、土御門東行、至東洞院南行、至六条西行、於宣陽門院長講堂六条面四足門外下馬、

115-①.【同、安貞2(1228).10.14】今夜為御方違可有行幸持明院殿…予仰云、東陣ヲ出御、□〔洞ヵ〕院ノ西大路ヲ北へ、郁芳門大路ヲ東へ、洞院ノ東ノ大路ヲ北へ、一条大路ヲ西へ、室町ノ小路ヲ北へ、持明院東ヲ入御、

115-②.【同、寛喜3(1231).9.6】今夜為御方違可有行幸持明院殿云々…出御、西洞院北行、大炊御門東行、東洞院北行、一条西行、今出川末北行、武者小路西行、室町北行、入御持明院東門、

115-③.【同、天福1(1233).4.17】(利子内親王入内)路次、出御持明門〔衍〕院東門、室路〔町〕南行、武者小路東行、今出川小路南行、至一条大路東行、東洞院南行、大炊御門大路西行、町小路南行、至二条町口、殿上人等下馬、扣御車於西洞院面北門前、

115-④.【同、寛喜3(1231).8.11】為御方違、有行幸持明院殿…仰云、東陣ヲ出御、郁芳門大路ヲ東へ、洞院東大路ヲ北へ、武者小路

ヲ西へ、室町小路ヲ北へ、御所東門ヲ入御、

115-⑤.【同、寛喜3(1231).11.11】(春宮初度行啓、北白河院持明院殿)西洞院北行、大炊御門東行、東洞院北行、至今出川武者小路西行、室町北行、

116.【明月記、文暦1(1234).8.11】(後堀河院葬送、持明院殿出御)今夕御路、出北面、自当時門前之樹東路、自南惣門前、室町ヲ南行、北小路ヲ〔脱文アランヵ〕南行、土御門ヲ東行、高倉ヲ南行、六条ヲ河原ニ出テ、如去年御路、最勝光院南ヲ観音寺大路也、

117.【園太暦、貞和4(1348).7.20】今日右幕下(竹林院公重)拝賀云々…故入道右府菊亭為出立所…行路室町南行、武者小路東行、今出河北行、沙門堂大路西行…参仙洞(持明院殿)云々、

118.【同、康永3(1344).10.23】今日可有行幸仙洞云々…行幸万里小路北行、毘沙門堂大路西行也、

119.【同、貞和4(1348).11.10】今日予(洞院公賢)可奏太相国慶也、且家修理、装束此間聊刷、且晴門東面南棟門未葺檜皮、此間知任朝臣沙汰之、又東面築地覆、少々厚覆沙汰之也…先参内…路次北大路西行、西大路南行、新道南行、沙門堂大路東行、今出河南行、一条西行、室町南行、土御門東行、烏丸南行、鷹司東行、洞院東大路南行、至押小路、於陣外移駕按車…次参土御門殿此御所下車所先例不同歟、然而年来存知脱御所暫者於陣口辺下車也、仍今度如此…其路東洞院北行、於陣口税駕立車…対面了退、出門北行、至北陣口乗車(車并前駈馬等廻云々、次参持明院殿、路次今出川北行、沙門堂大路西行、入惣門、於東面四足門以南半町許、是依為春宮陣也、税駕立車…上皇出御此所…啓慶於春宮御方…次参広義門院御方、其儀入中門経南庭…次帰家、其路西大路北行、北大路東行、於東面門前下車、

120.【薩戒記、応永32(1425).閏6.29】次相国寺大塔中件塔在寺外、入道内府(足利義持)御建立、粉色之間也、在富小路東、毘沙門堂南也、

121.【経俊卿記、嘉禎3(1237).12.26】今夜安嘉門院新御所御移徙也…路次/北白川殿惣門西行、川原南行、一条□…□富小路北行、至持明院大路、

122.【薩戒記、正長1(1428).8.17】参安楽光院室町北行、自武者小路経三許町有横小路、而〔西〕行一町、路北有御寺、西大路面有西門、

123.【玉蘂、安貞2(1228).3.20】此日始行幸于時〔衍ヵ〕北白川院于時御持明院…出御、自左衛門陣、洞院西大路北行、郁芳門大路東行、洞院東大路北行、宮城北路西行、洞院東大路了西ノ〔ママ〕、西小路北行、自持明院東門入御、

124-①.【後愚昧記、永徳2(1382).4.9】今日行幸中園亭洞院大納言公定宅、

124-②.【良賢入道記(歴代残闕日記本)、永徳2(1382).4.9】行幸中園殿洞院大納言公定卿第…行幸中園第路次/出御左衛門陣　洞院東大路北行、　一条大路西行、　今出川大路北行、　武者小路西行、　室町小路北行、　北大路西行、　迄于彼第、

125.【同、永徳2(1382).4.28】新院御幸始也、自中園仙洞御幸左大臣(足利)義満亭柳原室町、予令同車見物上下輩不知数、桟敷等少々在之、未斜御出門、路次北大路東行、室町南行、柳原東行、今出川大路南行、一条大路西行、室町北行、迄于彼亭、

126-①.【旧越前島津家文書(鎌倉遺文20-14935)、弘安6(1283).8.-沙弥行照解】同(弘安五年)十月廿四日夜、強盗令乱入行照之宿所持明院北大路、

126-②.【実躬卿記、乾元1(1302).6.13】早旦持明院殿北大路辺遊行…是遣水懸樋事可検知之由、去夜依勅定也、

127-①.【荒暦、永徳2(1382).11.2】今日(後円融)院褻御幸始左府(足利義満)第云々…御路柳原東行、今出川南行、一条西行、室町北行云々、

127-②.【実冬公記、永徳2(1382).4.11】予退出参室町亭…於予者連車中園亭、纔三四町、人々歩行、

128.【後愚昧記、貞治2(1363).1.1】左大将(洞院実夏)拝賀、自陣家藤中納言(日野時光)宅、一条東洞院西頬、禁裏咫尺也出立、幕下息前中納言公定卿嫁藤黄門息女、依彼由緒也、抑彼拝賀料已全分不足、大略難遂之間、以当時居住亭持明院西大路沽却或禅僧普門寺長老云々、其價万五千疋、遂此節了云々、

129.【東寺百合文書へ（鎌倉遺文5-3095)、貞応2(1223).5.3後高倉院庁下文案】（端裏書「院町事貞応目六安嘉門院（邦子内親王）御領目録、庁資忠献之云々」）…/京御領…/一条今小路北室町東四十九丈…、

130.【師守記、暦応2(1339).11.6】今小路高倉百万遍堂焼亡了、

131.【祇園執行日記（大6-26-429)、文和1(1352).12.15】二和尚　行賢阿闍梨帥阿闍梨、今少路万里少路東頬在門、

132.【大徳寺文書之二806、永徳2(1382).2.23/至徳2(1385).4.-】今少路御地并中鴨北鬼垣内田地等証文/今少路御地并中鴨北鬼垣内并上柳田御文書事、預置之処、先日丹州下向之時分、為盗人捜取候之間…/立申紛失状事/在今少路万里少路東頬地并中鴨社北鬼垣内并上柳田文書事、

133.【真乗院文書（日吉社未日右方御油座神人交名)、史料京都の歴史4市街・生業』p247以下、応仁1(1467).4.-】僧定舜周〔同ヵ〕宿/千夜叉丸　今小路万里小路南東頬、片板戸通在之前竹戸、脇切戸在之、

134.【明月記、安貞3(1229).10.11】又出行今小路富小路小家、借新大夫局宜秋門院隣家書譲文、

【同、寛喜3(1231).9.23】戌時許宿今小路北屋北小路北、富小路南〔西ヵ〕以此所為本所、

135.【知恩寺歴志略（大史4-11-610以下)】開山法然源空上人……依賀茂神勅、移賀茂河原屋今出川北小路、河原屋当寺是也、当時一条以北、九重之外、為賀茂河原賀茂河西、一条以北、上賀茂之境内也、故名賀茂河原屋、又安慈覚大師之所彫刻釈迦像、故号今出川釈迦堂、其後永徳三年鹿園院相国欲創相国寺、而置当寺於小川西…、

136.【宝鏡寺文書（大7-4-124)、応永6(1399).10.10】立申　紛失状事…一、洛城今小路南ハ今小路、北ハヒシヤ門堂小路、東西二十五丈敷地事…右件所々者三善景衡重代相伝之私領也、

137.【明月記、養和1(1181).12.5】寅刻御閉眼（皇嘉門院）以後、聖人退出…出御自東門為如在之礼之時、不壊築垣例也、但用小門也、仍用東門、自御所南小路号今小路東行、自富小路南行、自河原東行、至于大和大路東折、入御自最勝金剛院西面北四足路之門、

138.【九条家文書（乗信屋地配分状、鎌倉遺文24-18405)、永仁1(1293).11.21】（端裏書「九条畠放券文　永仁元々十一廿一日とみのこうち也」）放券/中道寺領事/合伍戸主余弐拾参丈五尺者除東北角小社定/在東九条御領内、自今小路已南、冨小路面西頬、今小路面/東西十三丈八尺、冨小路面口南北二十一丈、南界口東西十/三丈七〃尺、

139-①.【本願寺敷地手実公験等案（鎌倉遺文6-3962)、寛喜2(1230).2.23藤原氏女家地売券案】沽却/領地壱処事/合壱戸主積伍拾丈者/口南北伍丈弐尺/奥南北肆尺東西拾丈者/在今小路末南、西大路東面、

139-②.【山城本願寺文書（鎌倉遺文11-8270)、正嘉2(1258).7.27平氏女屋地売券案】沽却　屋地壱処事/合壱戸主余積伍拾壱丈/口南北伍丈弐尺伍寸、奥南北四丈五尺/奥東〔西脱ヵ〕壱丈伍尺/在今小路末南限西大道、限東堺クヒ、限北類地、限南類地、

140.【山城本願寺文書（鎌倉遺文7-5156)、嘉禎3(1237).7.13源氏女戸主売券案】沽却領地壱処事/合壱戸主積伍拾丈、口南北伍丈弐尺奥南北肆丈肆尺　東西拾丈者/在今小路末南西大路東西、

141-①.【玉蘂、嘉禎4(1238).1.24】（一条実経任大将）大将饗、於入道相国（西園寺公経）今出川新亭可行之由有命、而定高卿於四辻女院御所馬場頭滅、其間大略如咫尺、隔小路也、惣門見通頗似可思慮、然者於一条室町亭可行歟、

141-②.【明月記、嘉禄2(1226).10.14】小時退出参東亭（一条東殿)、夜前（西園寺公経）移徙東隣新亭云々、

141-③.【華頂要略（5、門主伝4、良快)、貞永1(1232).閏9.5】相国禅門（西園寺公経）今出川一条第、

141-④.【実躬卿記、嘉元1(1303).8.28】法皇自今日　御幸西郊（亀山殿）…先臨幸今出川西第室町面、

141-⑤.【同、嘉元1(1303).11.10】法皇為御方違御幸今出川第西屋、室町面、

141-⑥.【勘仲記、正応2(1289).10.8】於今出川面北門惣門内下車、

142.【承久三年四年日次記（大史4-6-P.357）、承久3（1221）.6.19】一院（後鳥羽）還御四辻殿一条万里小路（一条以北ナラン）、
143.【後愚昧記、永徳1（1381）.9.27】今夜鴨社前社務祐―於四辻今出川辺被殺害了、
144-①.【民経記、嘉禄2（1226）.12.15】今日中納言殿（勘解由小路経光）令参岡崎殿（法勝寺大乗会）給、其次予著東帯同参…予称所労之由逐電、向高橋、次中納言殿自女院御所令退出給、次令帰給四辻子、
144-②.【同、安貞1（1227）.5.27】予向春日旧屋、或女房相伴帰四辻黄門（勘解由小路経光）御亭、
144-③.【同、安貞1（1227）.8.14】今日中納言殿（勘解由小路経光）令参行放生会給…今小路東行、万里小路南行至一条、一条西行至東洞院、東洞院南行至中御門、中御門西行至油小路、油小路南行至大炊御門、大炊御門西行至大宮、大宮南行至七条、七条西行至朱雀引替、
145.【葉黄記、宝治2年（1248）.2.10】（後嵯峨上皇御幸）賀茂・北野幸路/冷泉門出御西行　東洞院北行、一条東行、出雲路北行、参御川合・鴨社　鴨社西鳥居　出御西行川原北行号御幸路　参御賀茂社　賀茂南鳥居前西行　大宮南行　一条西行　西大宮北行参御北野社/還御/西大宮南行　一条東行大宮南行　土御門東行　東洞院南行　冷泉東行至于御所、
146.【大徳寺文書之一49、建武1（1334）.5.6後醍醐天皇綸旨】当寺（大徳寺）敷地事、東限船岡山東崎、南限安居院大路、西限竹林、北限同山後社、可令管領給者、/天気如此、仍執達如件、
147-①.【吾妻鏡、仁治2（1241）.4.25】又若狭四郎忠清依御下知違背之科、可造進安居院大宮篝屋并膳所屋之旨、今日同被仰付、
147-②.【扶桑鐘銘集（鎌倉遺文23-18104）、正応6（1293）.2.3山城悲田院鋳鐘願文】安居院大宮悲田院鐘銘、
148.【明徳二年記録（和気広成記、東京大学史料編纂所架蔵写真帳6173-83）、明徳2（1391）.1.6】明徳二年正月六日劔〔叙ヵ〕従三位…同二月廿七日、奏慶…先参室町殿…次参仙洞（後円融院御所小川殿）、室町南行、北小路西行、惣門内ニ車ヲ遣懸引入轅…次参内裏、北小路東行、室町南行、土御門東行、烏丸南行、鷹司東行、東洞院北行、至陣口下車、
149.【玉葉、文治3（1187）.11.14】此日加茂行幸也…申終到下御社御路経西洞院、二条大宮、土御門、又西洞院、一条、出雲路河原等也、
150.【賀茂御幸記、寛元4（1246）.4.29】今日賀茂御幸也…出御東四足、万里小路北行、大炊御門西行、東洞院北行、土御門東行、高倉北行、一条東行、経出雲路至下社、南二鳥居下人々下馬、
151-①.【実躬卿記、永仁3（1295）.5.18】為洪水見物遣出川原口、出雲路川端小堂通〔道ィ〕祖神流了、
151-②.【公衡公記、正和4（1315）.4.25】今日聖真子神輿一基先奉献…令過此宿所常磐井殿京極面給之間…神輿渡…（祇園社より）四条西行、京極北行、一条東行、出雲路大路北行、経河原、自西坂本御登山云々、
151-③.【後愚昧記、応安1（1368）.8.29】神輿入洛可為必定之由風聞之間…山名…陣多々須河原沙門堂艮角竹外…丑刻終神輿入洛、出雲路南行、一条西行、奉振棄一条東洞院陣置石外、
152.【門葉記160山務3（後妙香院慈実）】正応元年八月二十八日、御拝堂事…一、日次事…御下山同二日…一、御路次自真木野殿/出門東行至出雲路、出雲路南行至大原辻、
153.【宝鏡寺文書（平遺3564）、嘉応3（1171）.1.15僧証兼家地去状案】奉渡/転法輪寺敷地拾伍戸主之内壱戸主事/在自壱条北自富小路西、
154.【明月記、寛喜3（1231）.3.28】夜深宿西小屋転法輪辻子南、富小路まへ、少輔入道密々寄宿屋請受、
155.【建内記、嘉吉3（1443）.7.23】普広院殿（足利義教）第五男（義政）…頭右中弁（烏丸）資任朝臣…奉養君御座彼亭武者小路以南、転法輪以北、万里小路以西、東面〈唐門〉、
156.【後愚昧記、応安2（1369）.4.20】日吉神輿入洛事…先陣既及内裏陣辺一条東洞院之時、後陣尚及富小路以東…須臾之後衆徒等不経本路引退之、或経転法輪大路此屋北門前、或

経北小路・今小路等、皆引退于多々須河原也、如此引退サマニ所々放火、先一条高倉辺、次転法輪万里小路西頬小宅等也、此荒屋雖近々、境節艮并東風吹之間、不及仰天、

157.【同、永和2(1376).9.6】大樹(足利義満)為蹴鞠向賀茂瓦屋…超過此門前富小路面也、【同、康暦1(1379).閏4.14】未初刻武士等多上辺へ馳上之由、路人称之、仍開富小路面門見之、自河東方軍兵数万騎一条西行万里小路北行、大樹上亭今出川辺、号花御所事出来之間、馳参之由称之云々、

158.【明月記、寛喜3(1231).7.3】草廬西小路縦小路、転法輪、死骸逐日如増、

別表・局所的復元図

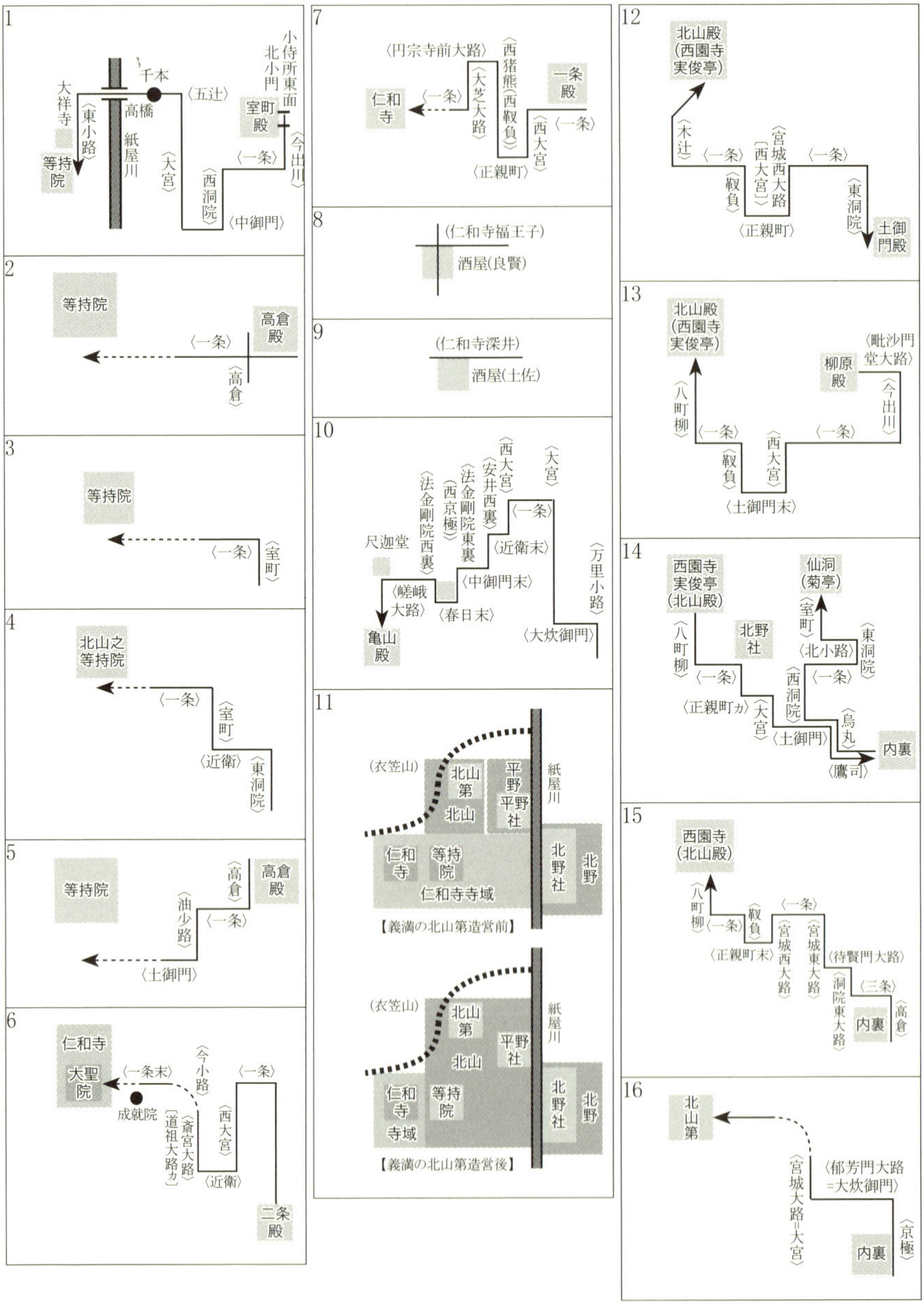

1
千本
大祥寺
〈東小路〉
高橋
紙屋川
等持院
〈五辻〉
〈大宮〉
〈西洞院〉
〈中御門〉
〈一条〉
室町殿
小侍所東面北小門
〈今出川〉
2
等持院
高倉殿
〈一条〉
〈高倉〉
3
等持院
〈一条〉
〈室町〉
4
北山之等持院
〈一条〉
〈室町〉
〈近衛〉
〈東洞院〉
5
等持院
高倉殿
〈高倉〉
〈油少路〉
〈一条〉
〈土御門〉
6
仁和寺
大聖院
成就院
〈一条末〉
〈今小路〉
〈斎宮大路〉
〔道祖大路カ〕
〈西大宮〉
〈一条〉
〈近衛〉
二条殿
7
〈円宗寺前大路〉
仁和寺
〈一条〉
〈大芝大路〉
〈西猪熊（西靫負）〉
〈正親町〉
〈西大宮〉
一条殿
〈一条〉
8
(仁和寺福王子)
酒屋(良賢)
9
(仁和寺深井)
酒屋(土佐)
10
尺迦堂
〈法金剛院西裏〉
〈西京極〉
〈法金剛院東裏〉
〈西大宮〉
〈安井西裏〉
〈大宮〉
〈一条〉
〈近衛末〉
〈中御門末〉
〈嵯峨大路〉
〈春日末〉
亀山殿
〈万里小路〉
〈大炊御門〉
11
(衣笠山)
北山第
北山
平野
平野社
紙屋川
仁和寺
等持院
仁和寺寺域
北野社
北野
【義満の北山第造営前】
(衣笠山)
北山第
北山
平野社
紙屋川
仁和寺
寺域
等持院
北野社
北野
【義満の北山第造営後】
12
北山殿（西園寺実俊亭）
〈木辻〉
〈一条〉
〈靫負〉
〈宮城西大路（西大宮）〉
〈正親町〉
〈一条〉
〈東洞院〉
土御門殿
13
北山殿（西園寺実俊亭）
〈八町柳〉
〈一条〉
〈靫負〉
〈西大宮〉
〈土御門末〉
〈一条〉
柳原殿
〈毗沙門堂大路〉
〈今出川〉
14
西園寺実俊亭（北山殿）
〈八町柳〉
北野社
〈一条〉
〈正親町カ〉
〈大宮〉
〈土御門〉
〈西洞院〉
仙洞（菊亭）
〈室町〉
〈北小路〉
〈東洞院〉
〈一条〉
〈烏丸〉
〈鷹司〉
内裏
15
西園寺（北山殿）
〈八町柳〉
〈一条〉
〈靫負〉
〈正親町末〉
〈一条〉
〈宮城西大路〉
〈宮城東大路〉
〈待賢門大路〉
〈洞院東大路〉
〈三条〉
内裏
〈高倉〉
16
北山第
〈宮城大路＝大宮〉
〈郁芳門大路＝大炊御門〉
〈京極〉
内裏

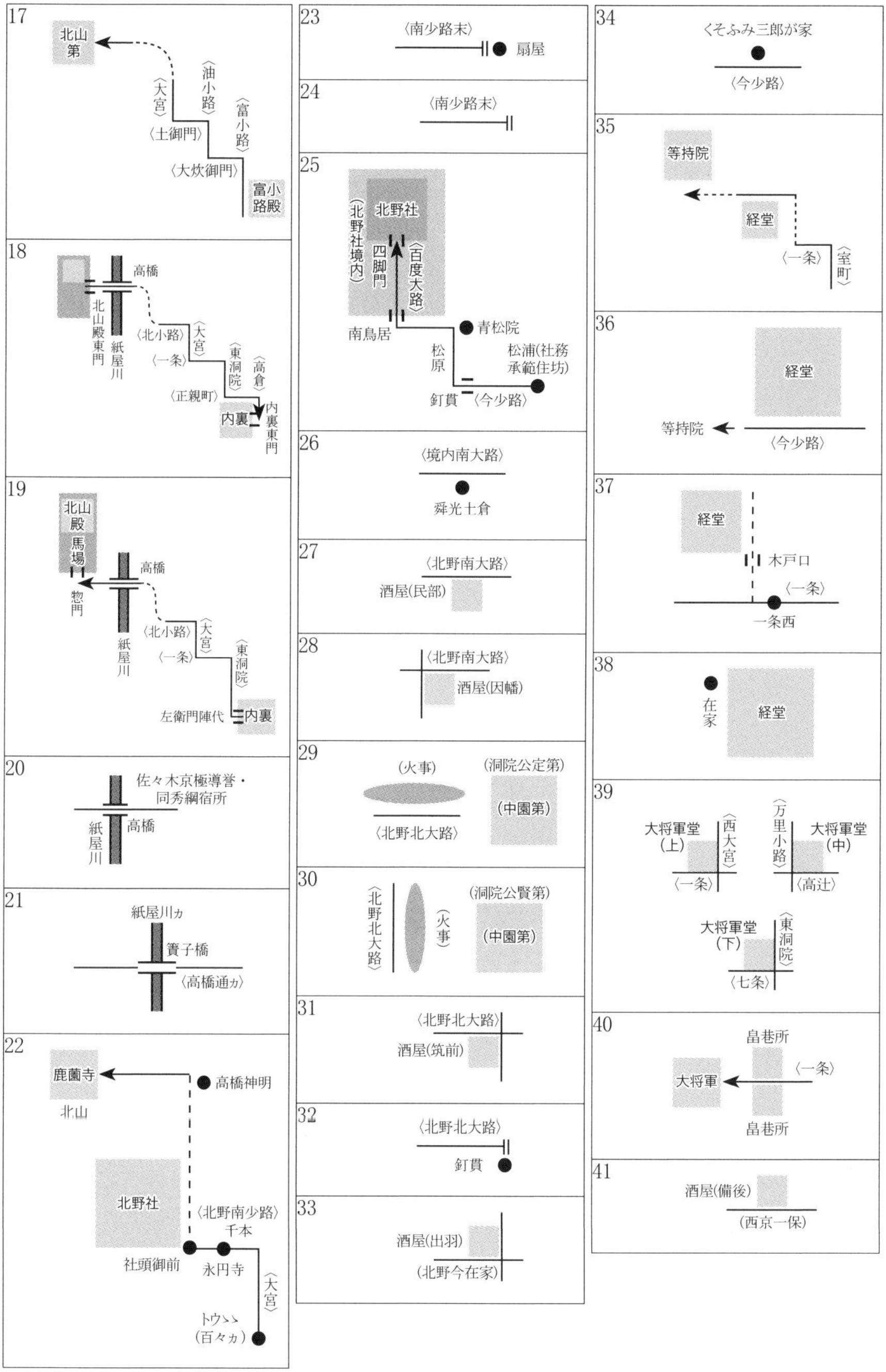
17
北山第
〈大宮〉
〈油小路〉
〈富小路〉
〈土御門〉
〈大炊御門〉
富小路殿
18
高橋
北山殿東門
紙屋川
〈北小路〉
〈大宮〉
〈一条〉
〈東洞院〉
〈高倉〉
〈正親町〉
内裏
内裏東門
19
北山殿
馬場
高橋
惣門
紙屋川
〈北小路〉
〈大宮〉
〈一条〉
〈東洞院〉
左衛門陣代
内裏
20
佐々木京極導誉・
同秀綱宿所
紙屋川
高橋
21
紙屋川ヵ
簀子橋
〈高橋通ヵ〉
22
鹿薗寺
北山
高橋神明
北野社
〈北野南少路〉
千本
社頭御前
永円寺
〈大宮〉
トウゝゝ
(百々ヵ)
23
〈南少路末〉
扇屋
24
〈南少路末〉
25
北野社
〈北野社境内〉
四脚門
〈百度大路〉
青松院
南鳥居
松原
松浦(社務
承範住坊)
釘貫
〈今少路〉
26
〈境内南大路〉
舜光十倉
27
〈北野南大路〉
酒屋(民部)
28
〈北野南大路〉
酒屋(因幡)
29
(火事)
(洞院公定第)
(中園第)
〈北野北大路〉
30
〈北野北大路〉
(火事)
(洞院公賢第)
(中園第)
31
〈北野北大路〉
酒屋(筑前)
32
〈北野北大路〉
釘貫
33
酒屋(出羽)
〈北野今在家〉
34
くそふみ三郎が家
〈今少路〉
35
等持院
経堂
〈一条〉
〈室町〉
36
経堂
等持院
〈今少路〉
37
経堂
木戸口
〈一条〉
一条西
38
在家
経堂
39
大将軍堂
(上)
〈西大宮〉
〈一条〉
〈万里小路〉
大将軍堂
(中)
〈高辻〉
大将軍堂
(下)
〈東洞院〉
〈七条〉
40
畠巷所
〈一条〉
大将軍
畠巷所
41
酒屋(備後)
〈西京一保〉

42
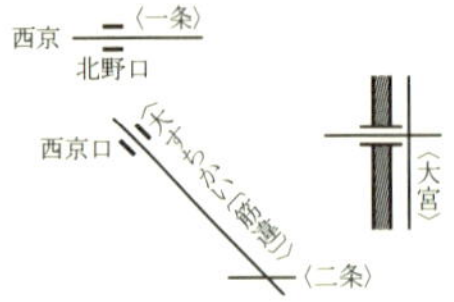

43
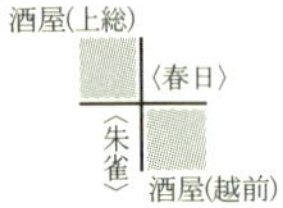

44
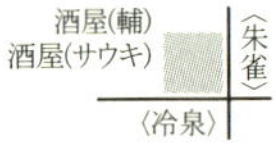

45
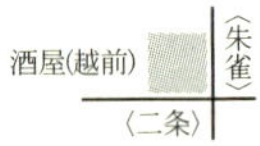

46
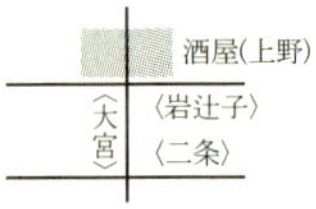

47
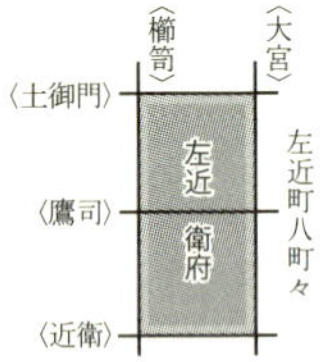

48
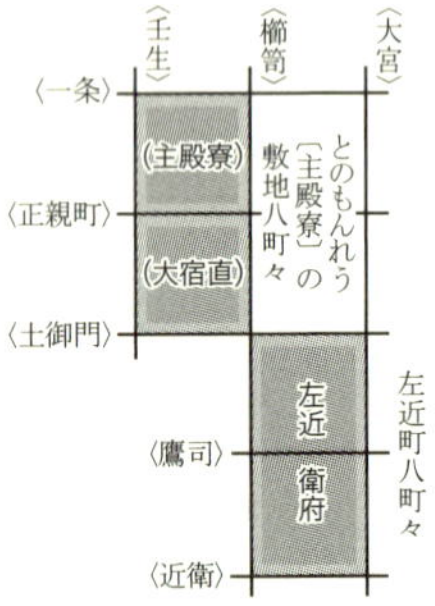

49
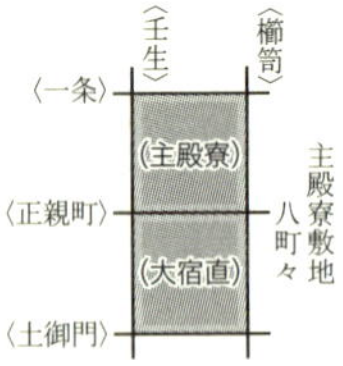

50
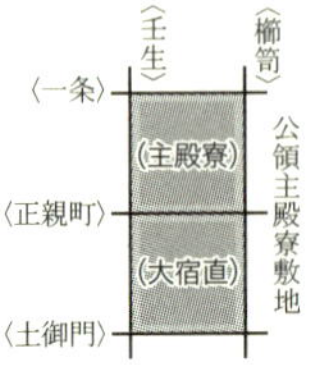

51
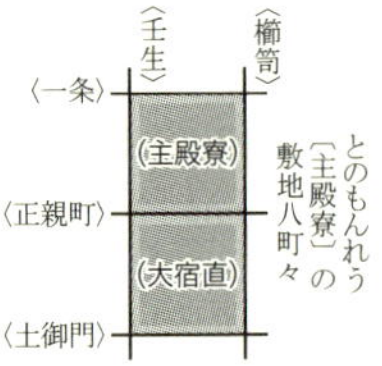

52
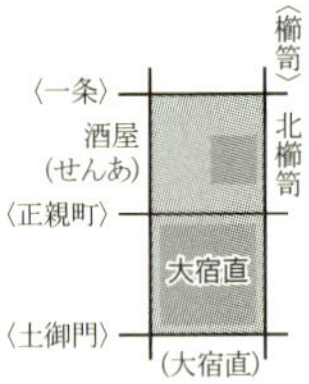

53
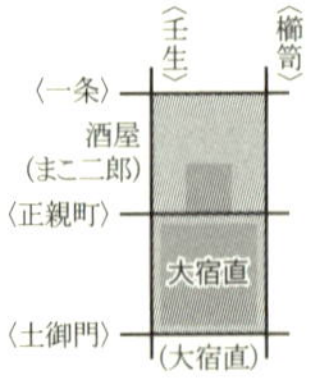

54
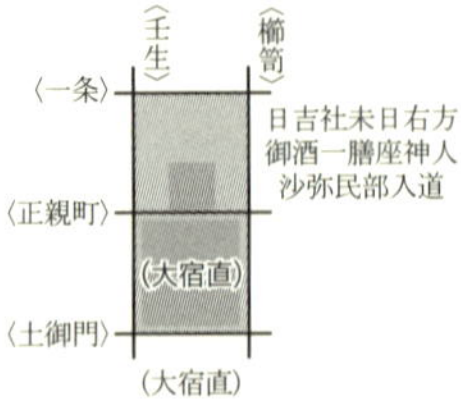

55
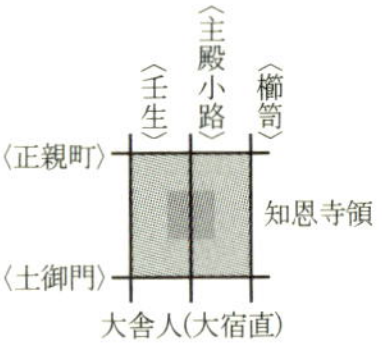

56
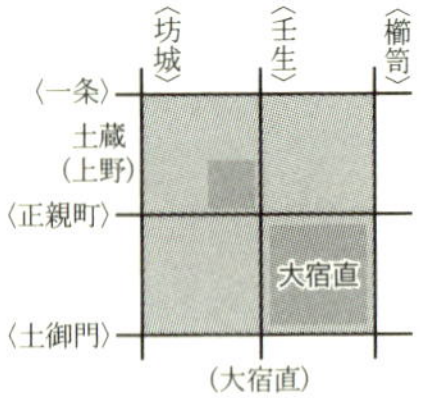

57
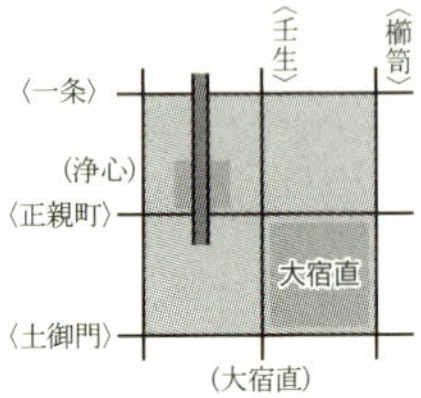

58
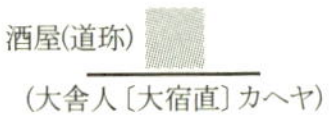

59
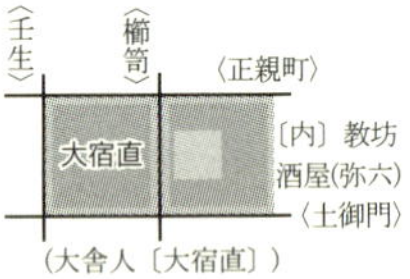

60
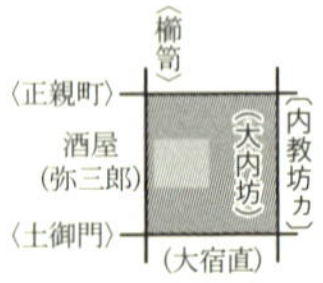

61
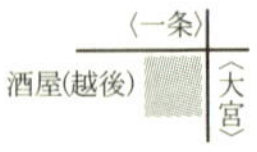

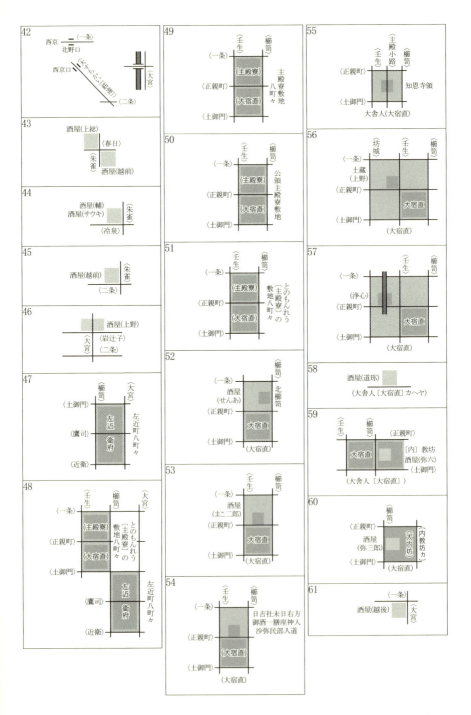

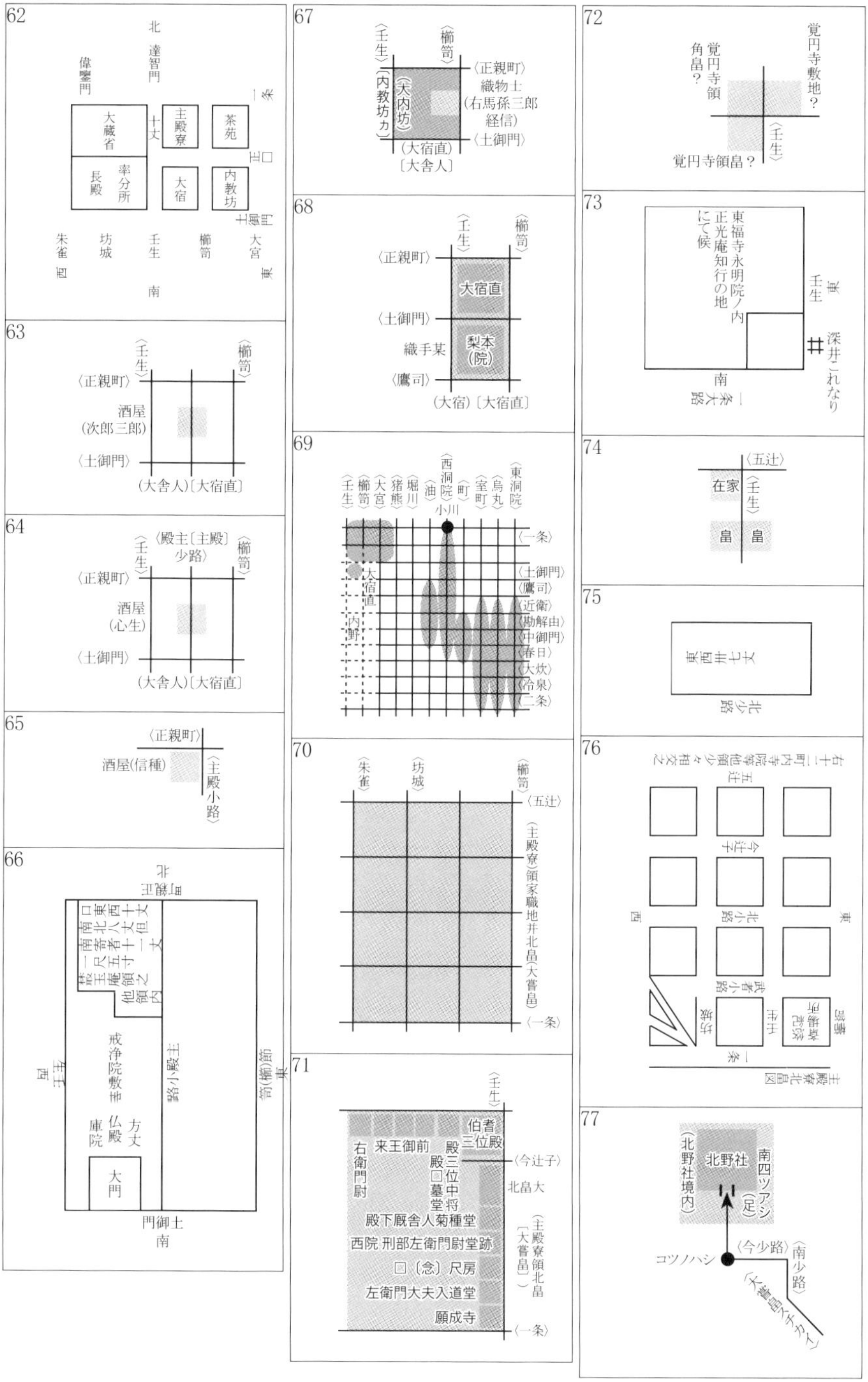
62
北
達智門
偉鑒門
一条
大蔵省
十丈
主殿寮
茶苑
正口
長殿
率分所
大宿
内教坊
土御門
朱雀
坊城
壬生
櫛笥
大宮
西
東
南
63
〈壬生〉
〈櫛笥〉
〈正親町〉
酒屋
（次郎三郎）
〈土御門〉
（大舎人）〔大宿直〕
64
〈殿主〔主殿〕少路〉
〈壬生〉
〈櫛笥〉
〈正親町〉
酒屋
（心生）
〈土御門〉
（大舎人）〔大宿直〕
65
〈正親町〉
酒屋（信種）
〈主殿小路〉
66
北
正親町
東西十丈但口南北八丈一尺五寸南寄者十一丈
禁殿主庵領之
他領内
戒浄院敷寺地
方丈
仏殿
庫院
大門
主殿小路
西
壬生
東
櫛笥（櫛）
南
土御門
67
〈壬生〉
〈櫛笥〉
〈正親町〉
〈内教坊カ〉
（大内坊）
織物士
（右馬孫三郎経信）
〈土御門〉
（大宿直）
〔大舎人〕
68
〈壬生〉
〈櫛笥〉
〈正親町〉
大宿直
〈土御門〉
織手某
梨本（院）
〈鷹司〉
（大宿）〔大宿直〕
69
〈壬生〉
〈櫛笥〉
〈大宮〉
〈猪熊〉
〈堀川〉
〈油〉
〈西洞院〉
〈町〉
〈室町〉
〈烏丸〉
〈東洞院〉
小川
〈一条〉
〈土御門〉
〈鷹司〉
〈近衛〉
〈勘解由〉
〈中御門〉
〈春日〉
〈大炊〉
〈冷泉〉
〈二条〉
大宿直
内野
70
〈朱雀〉
〈坊城〉
〈櫛笥〉
〈五辻〉
〈主殿寮〉領家職地并北畠（大嘗畠）
〈一条〉
71
〈壬生〉
伯耆三位殿
右衛門尉
来王御前
殿三位中将殿
▢墓堂
〈今辻子〉
北畠大
殿下厩舎人菊種堂
西院
刑部左衛門尉堂跡
▢〔念〕尺房
左衛門大夫入道堂
願成寺
〈主殿寮領北畠〔大嘗畠〕〉
〈一条〉
72
覚円寺敷地？
覚円寺領角畠？
〈壬生〉
覚円寺領畠？
73
東福寺永明院ノ内正光庵知行の地にて候
東
壬生
深井これなり
南
一条大路
74
〈五辻〉
在家
〈壬生〉
畠
畠
75
文七廿四東
北小路
76
右十二町内寺院等他領少々相交之
五辻
今辻子
北小路
西
東
武者小路
一条
主殿寮北畠図
77
（北野社境内）
北野社
南四ツアシ（足）
コツノハシ
〈今少路〉
〈南少路〉
〈大嘗会ノミチカ〉

78
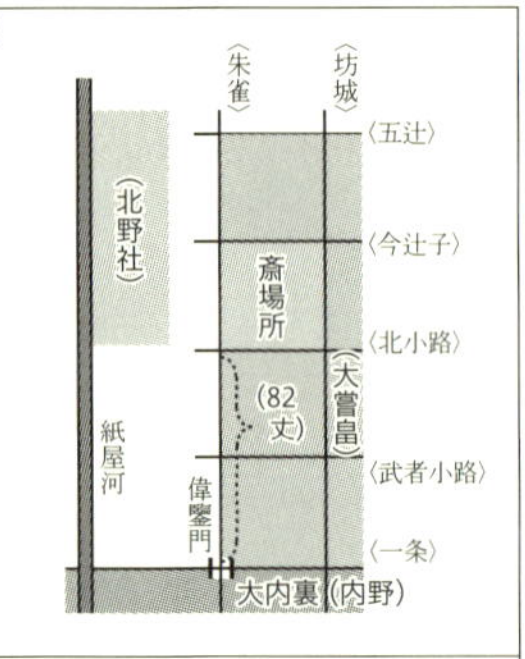

79
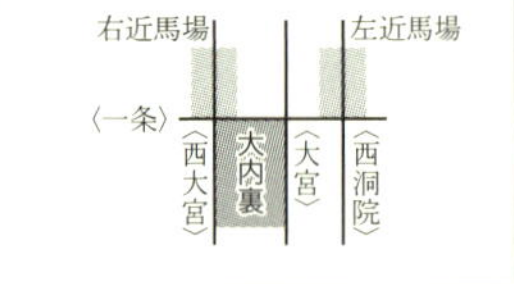

80
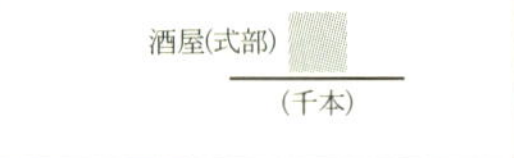

81
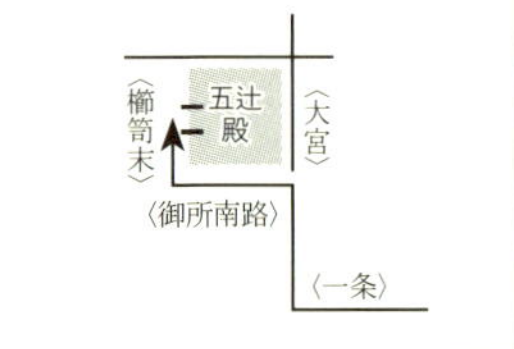

82
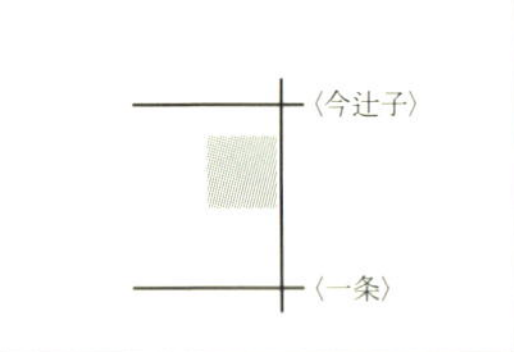

83
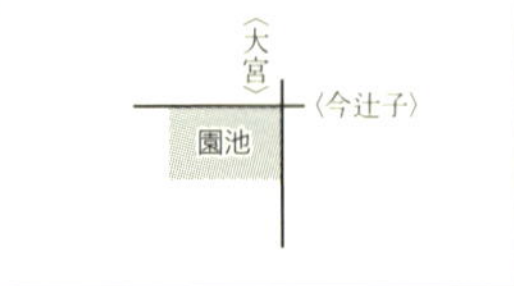

84
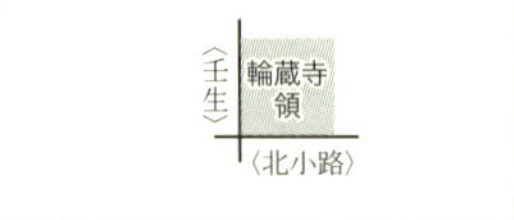

85
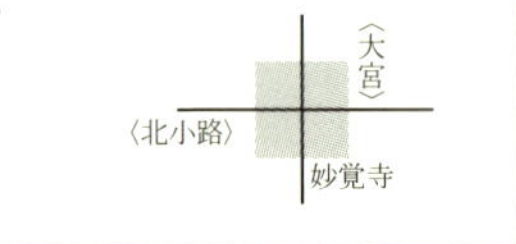

86
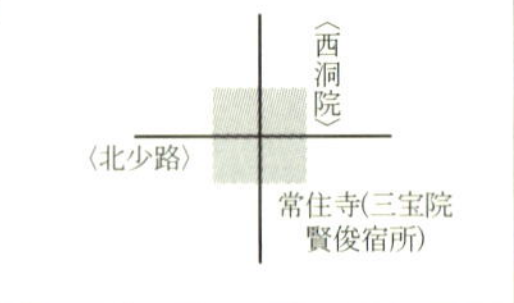

87

88
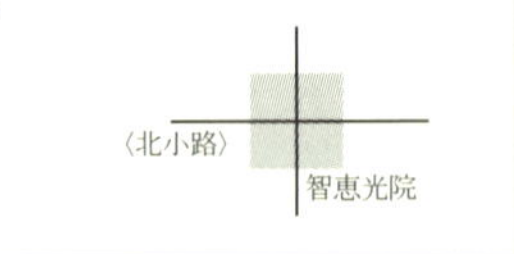

89
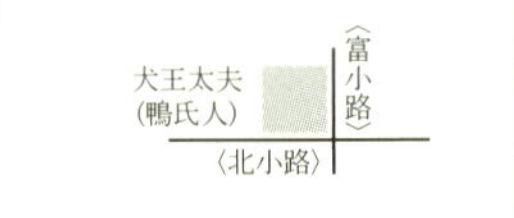

90
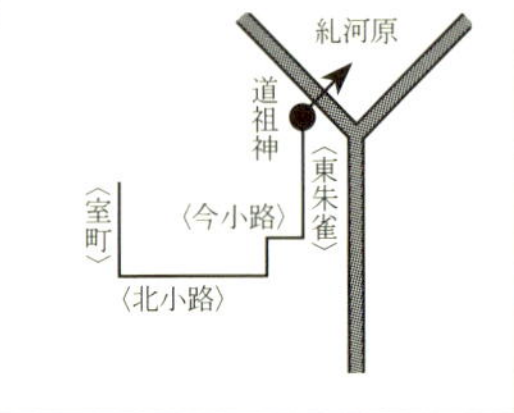

91
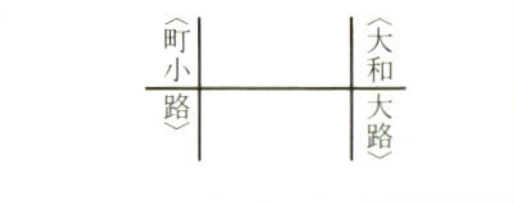

92

93
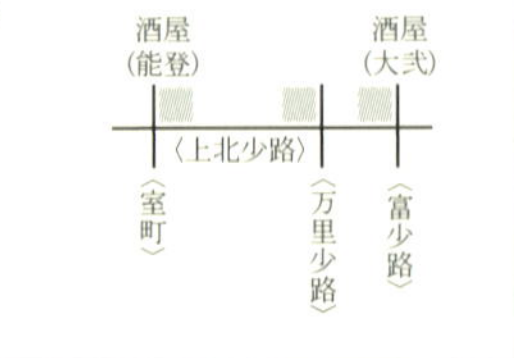

94
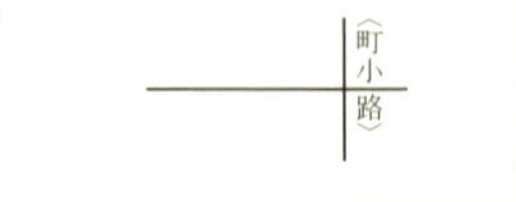

95
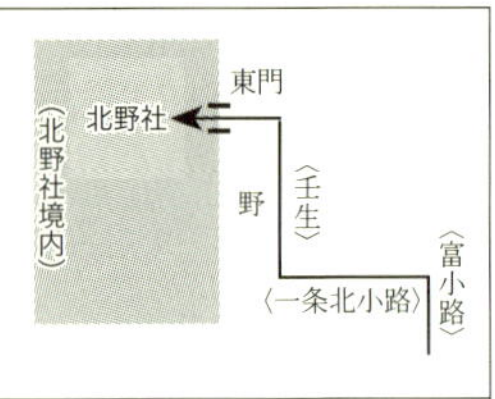

96
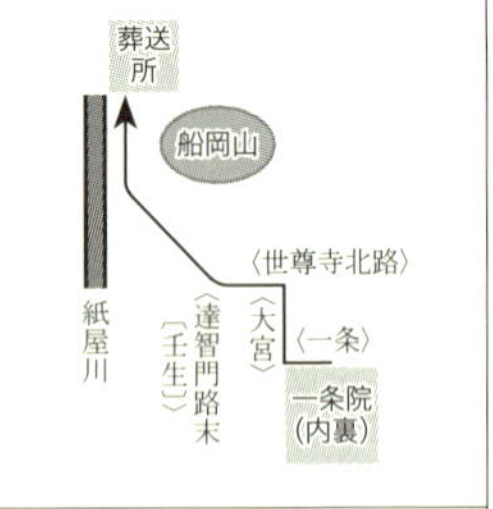

97
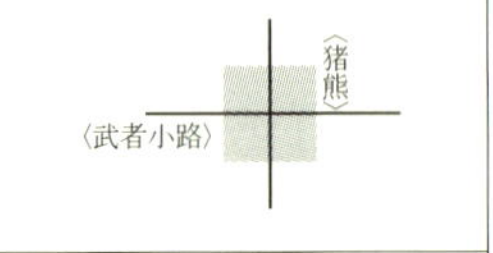

98
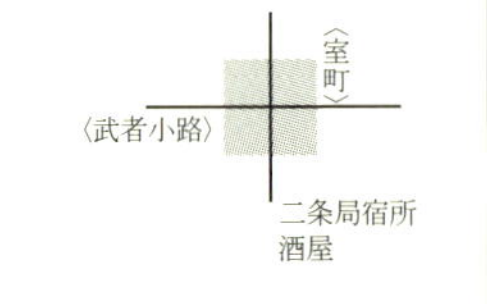

99
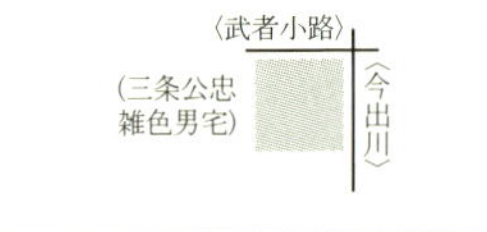

100

101
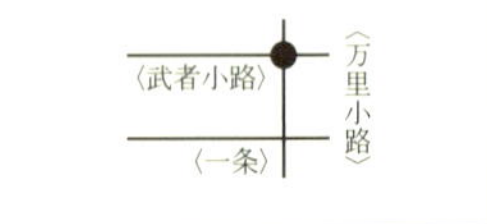

102
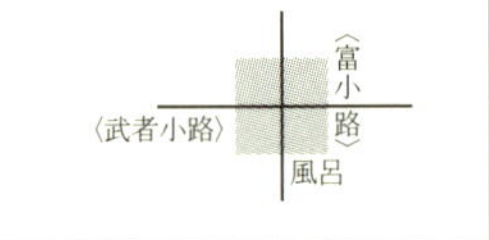

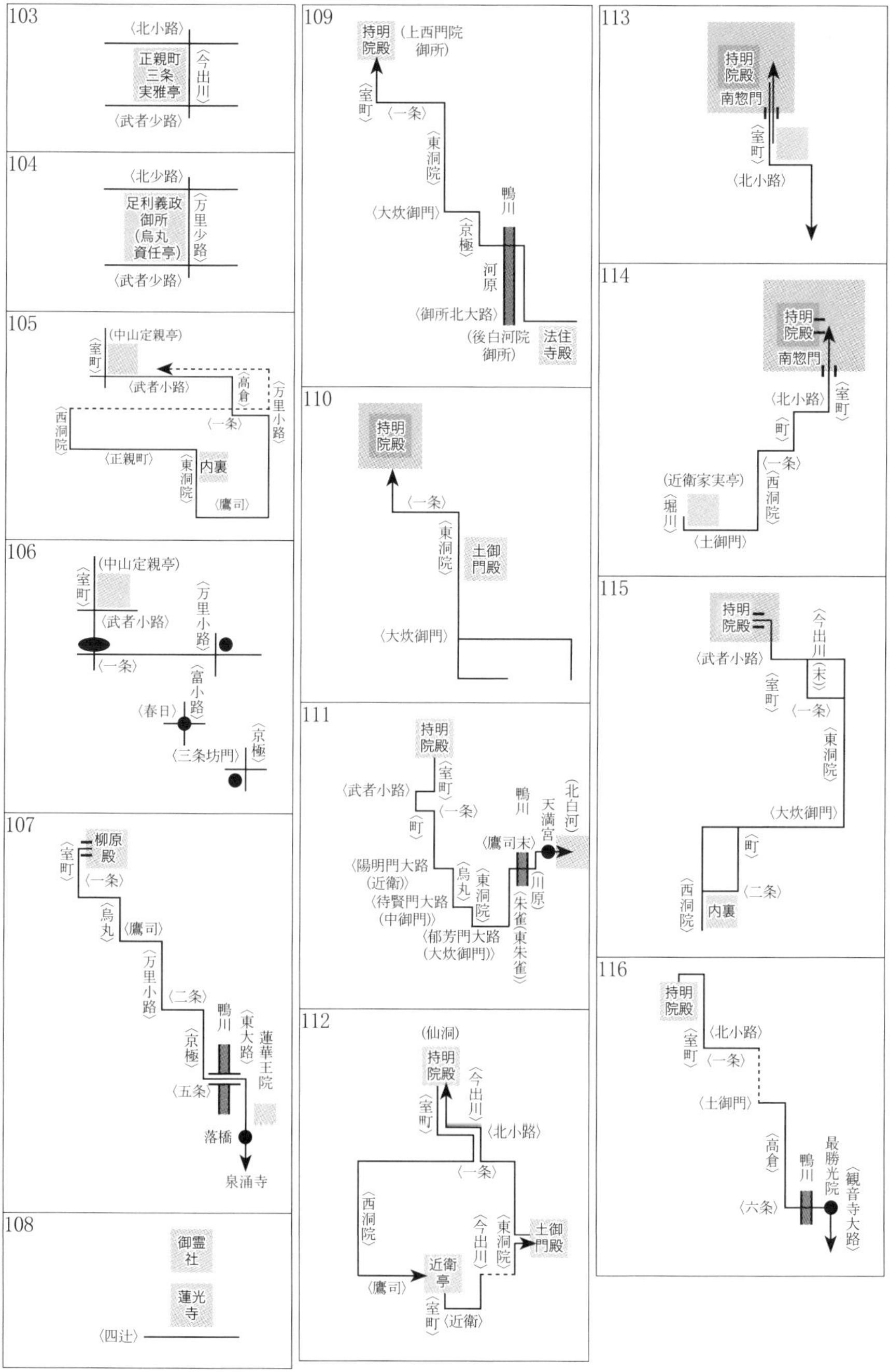
103
〈北小路〉
正親町三条実雅亭
〈今出川〉
〈武者少路〉
104
〈北少路〉
足利義政御所（烏丸資任亭）
〈万里少路〉
〈武者少路〉
105
(中山定親亭)
〈室町〉
〈武者小路〉
〈高倉〉
〈万里小路〉
〈西洞院〉
〈一条〉
〈正親町〉
〈東洞院〉
内裏
〈鷹司〉
106
(中山定親亭)
〈室町〉
〈武者小路〉
〈万里小路〉
〈一条〉
〈富小路〉
〈春日〉
〈三条坊門〉
〈京極〉
107
〈室町〉
柳原殿
〈一条〉
〈烏丸〉
〈鷹司〉
〈万里小路〉
〈二条〉
鴨川
〈東大路〉
蓮華王院
〈京極〉
〈五条〉
落橋
泉涌寺
108
御霊社
蓮光寺
〈四辻〉
109
持明院殿
(上西門院御所)
〈室町〉
〈一条〉
〈東洞院〉
鴨川
〈大炊御門〉
〈京極〉
河原
〈御所北大路〉
(後白河院御所)
法住寺殿
110
持明院殿
〈一条〉
〈東洞院〉
土御門殿
〈大炊御門〉
111
持明院殿
〈室町〉
〈武者小路〉
〈一条〉
鴨川
天満宮
〈北白河〉
〈町〉
〈鷹司末〉
〈陽明門大路（近衛）〉
〈烏丸〉
〈東洞院〉
〈川原〉
〈待賢門大路（中御門）〉
〈朱雀〉
〈東朱雀〉
〈郁芳門大路（大炊御門）〉
112
(仙洞)
持明院殿
〈今出川〉
〈室町〉
〈北小路〉
〈一条〉
〈西洞院〉
〈今出川〉
〈東洞院〉
土御門殿
近衛亭
〈鷹司〉
〈室町〉
〈近衛〉
113
持明院殿
南惣門
〈室町〉
〈北小路〉
114
持明院殿
南惣門
〈北小路〉
〈室町〉
〈町〉
〈一条〉
(近衛家実亭)
〈西洞院〉
〈堀川〉
〈土御門〉
115
持明院殿
〈今出川〉
〈武者小路〉
〈末〉
〈室町〉
〈一条〉
〈東洞院〉
〈大炊御門〉
〈町〉
〈二条〉
〈西洞院〉
内裏
116
持明院殿
〈北小路〉
〈室町〉
〈一条〉
〈土御門〉
〈高倉〉
鴨川
最勝光院
〈観音寺大路〉
〈六条〉

117

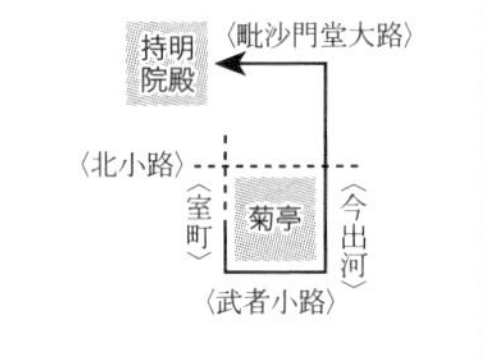

118

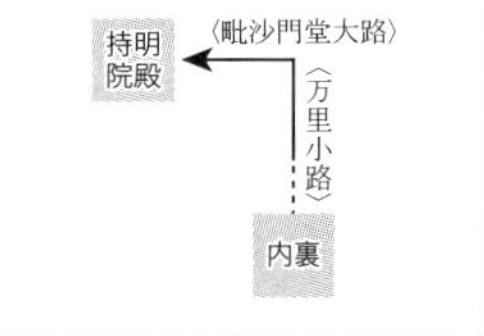

119

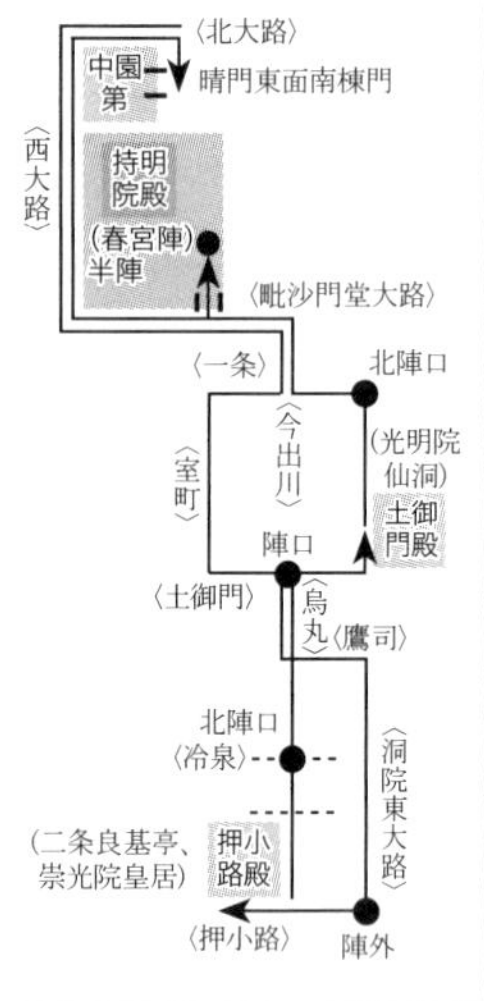

120

121

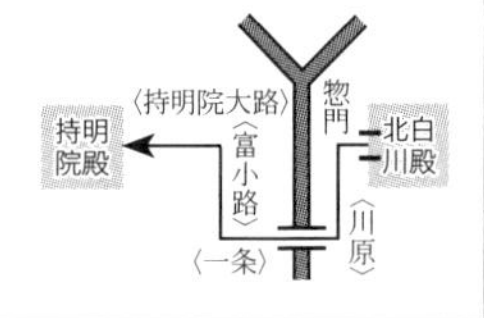

122

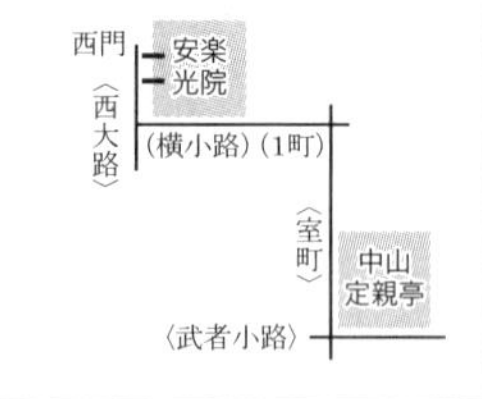

123

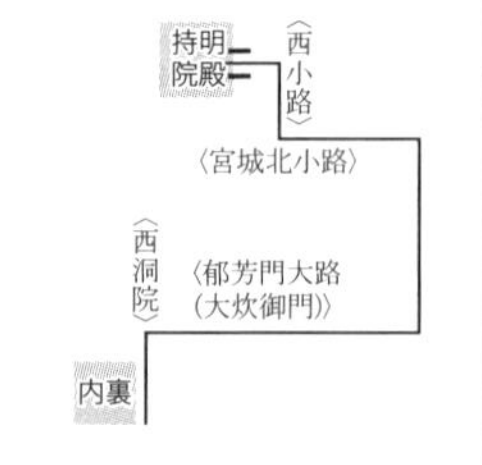

124

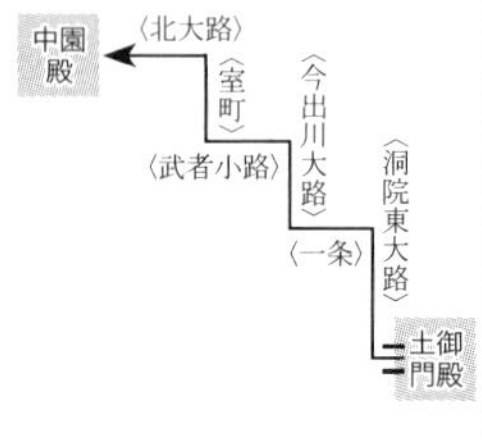

125

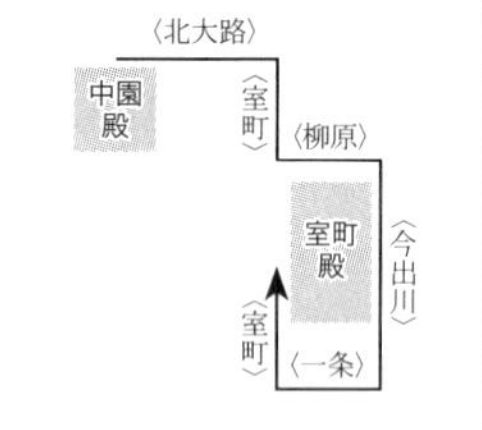

126

127

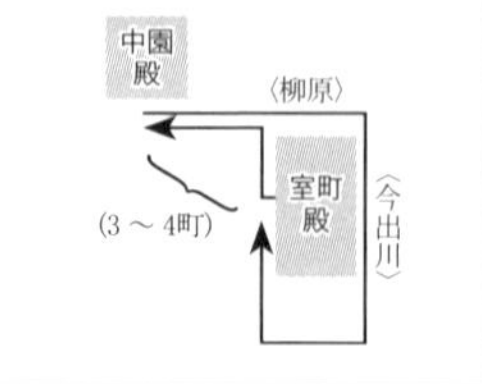

128

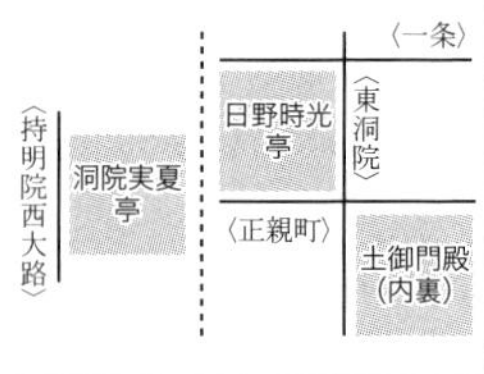

129

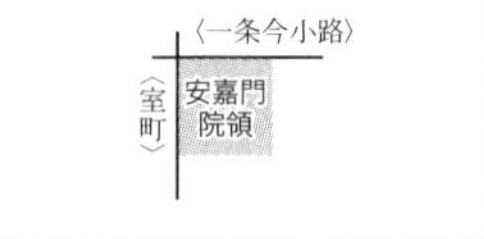

130

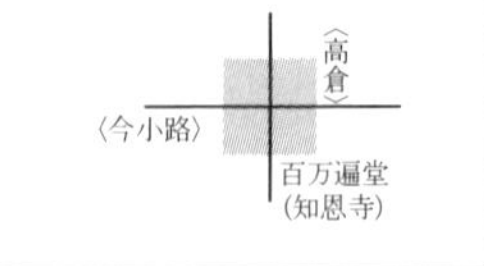

131

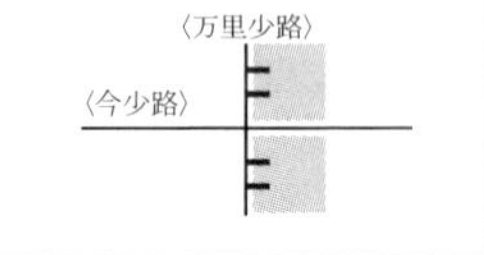

132

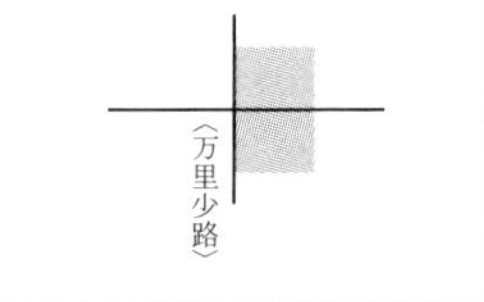

133

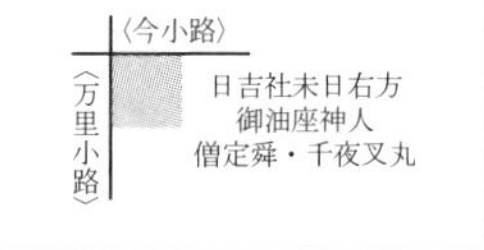

134

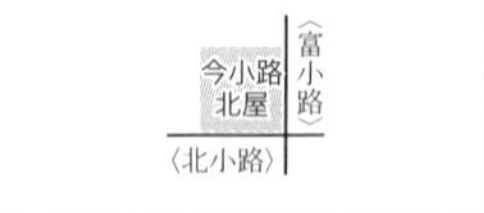

135

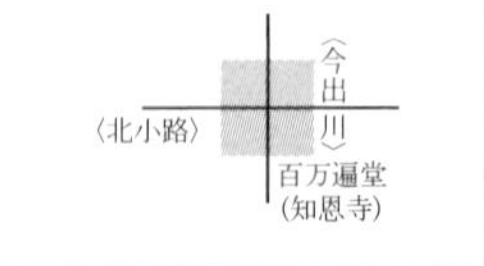

136

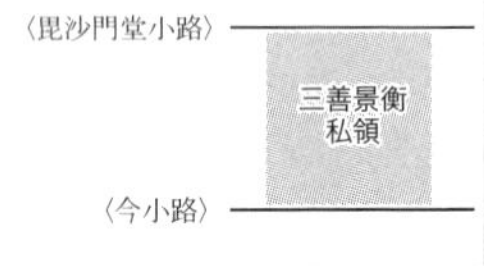

137

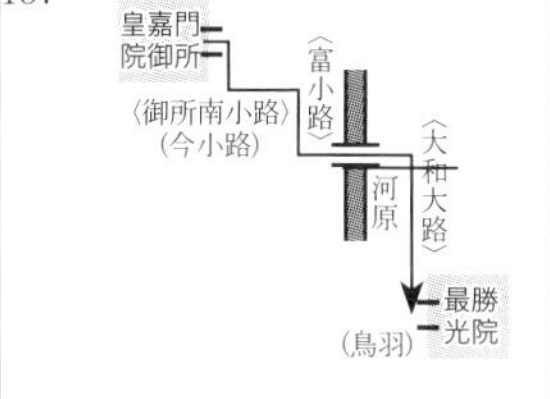

138

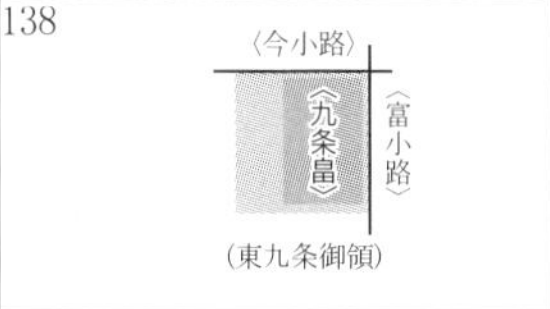

139

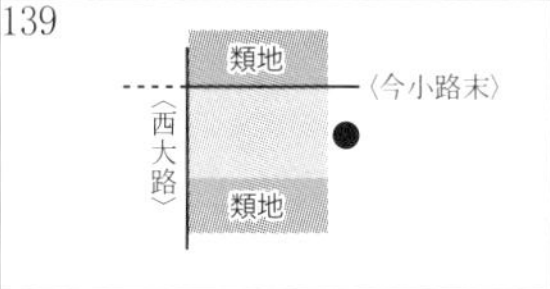

140

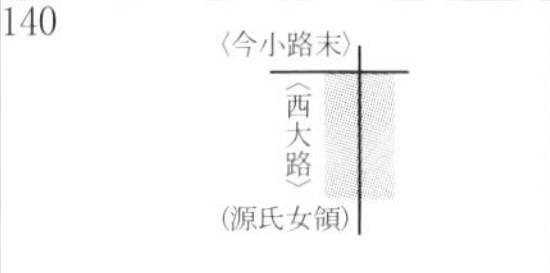

141

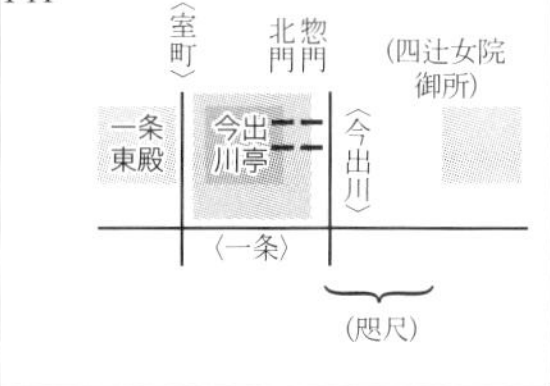

142

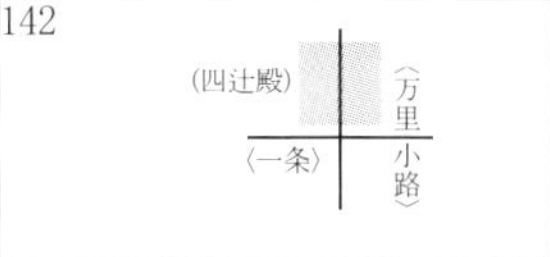

143

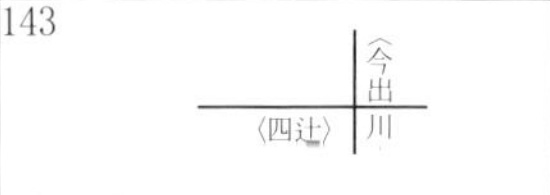

144

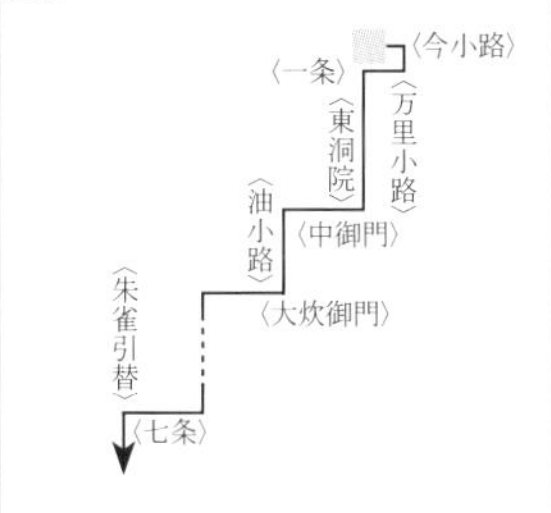

145

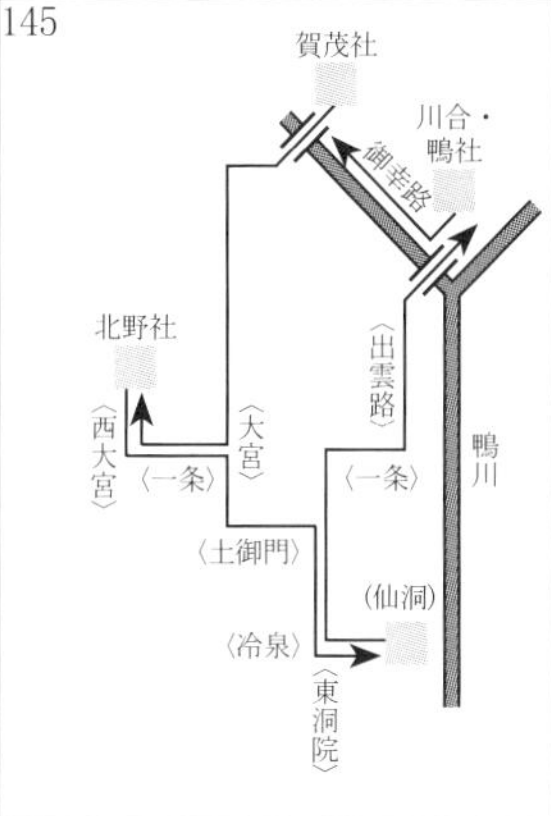

146

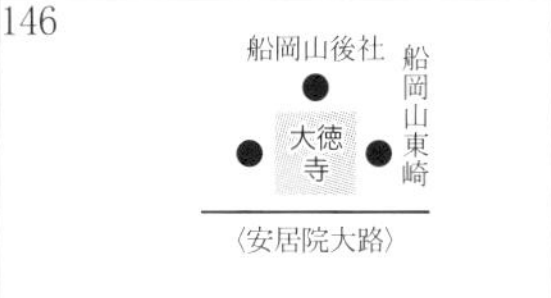

147

148

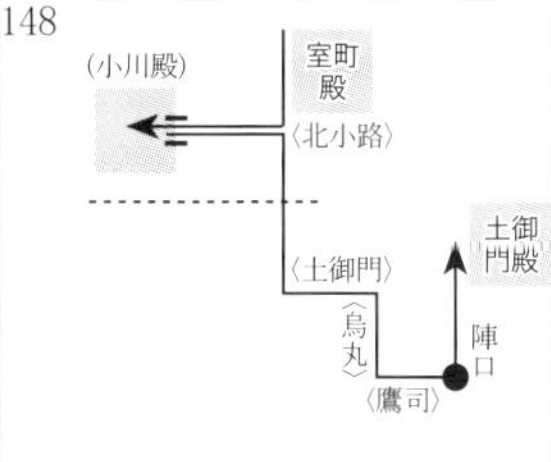

149

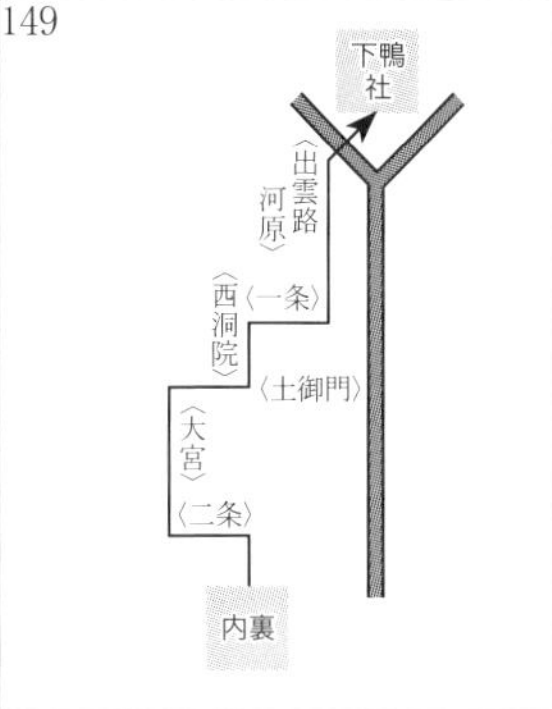

150

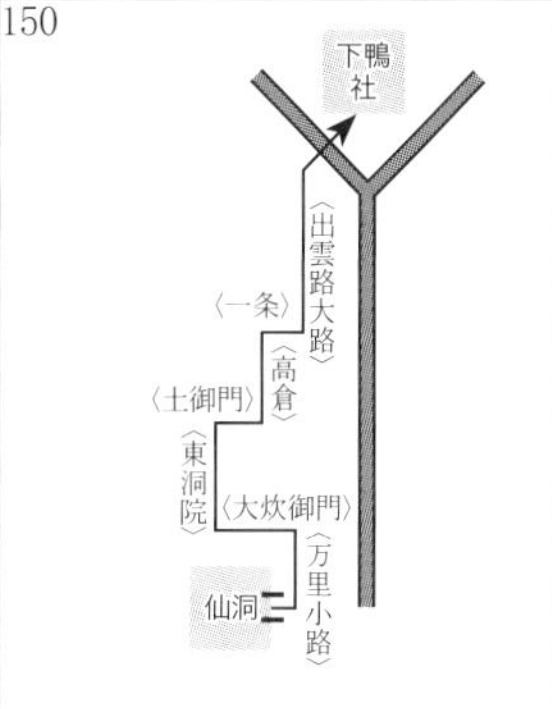

151

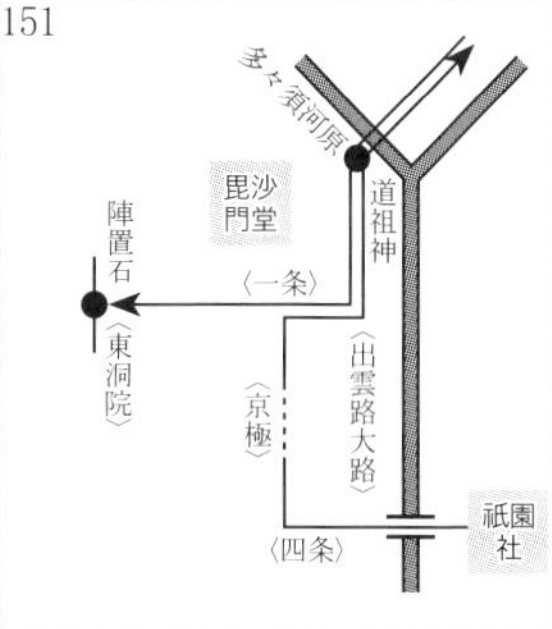

152

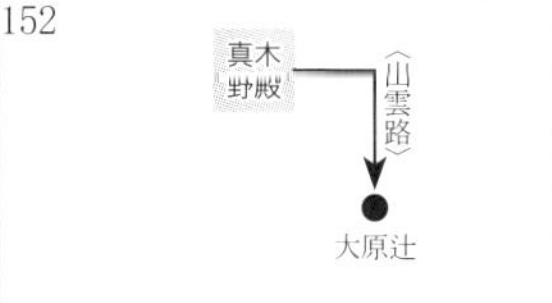

153

154

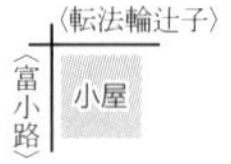

155

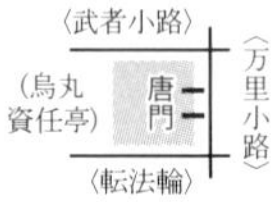

156

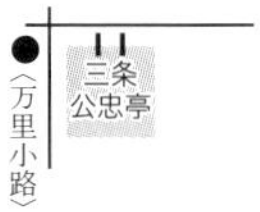

157

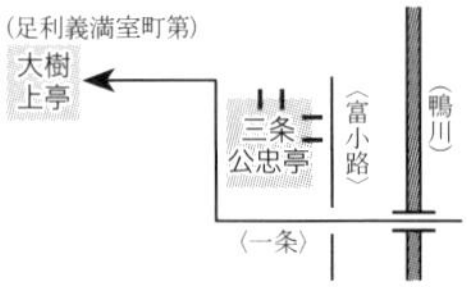

158

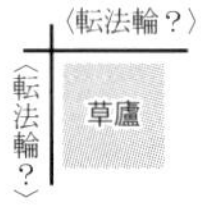